Cracking the Coding Interview, 6th Edition

提升程式設計師
的
面試力 修訂版

189道面試題目與解答｜第六版

U0086944

獻給 *Davis* 與 *Tobin*，
以及你們帶來的所有美好事物。

概念與演算法

知識基礎

更多面試題目

X　解答 251

XI　進階主題 801

請到 *www.CrachingTheCodingInterview.com* 下載完整解決方案，提供您的解答或查看其他語言的解答版本，與其他讀者討論本書中問題，詢問問題、回報錯誤，查看本書的勘誤表以及詢求更多建議。

親愛的讀者，

讓我們這樣開場吧。

我不是招聘人員，而是一名軟體工程師。正因為如此，我懂被要求當場拿出出色的演算法，然後在白板上寫出完美的程式碼是什麼感覺。我之所以會懂，是因為不論是在 Google、Microsoft、Apple、Amazon 或其他公司的面試中，我被要求做過同樣的事情。

我懂，也是因為我一直坐在桌子的另一邊，要求面試者這樣做。我在成堆的履歷表中尋找那些我認為有可能通過面試的工程師。我在他們解決或試圖解決具有挑戰性的問題時對他們進行評估。我曾在 Google 的招聘委員會辯論過，一位面試者的表現是否足以獲得工作機會。我瞭解整個招聘過程，因為我經歷過很多次。

而您，親愛的讀者，您可能正在為面試做準備，也許是明天，也許是下週，也許是明年。本書的目標在於幫助您鞏固對電腦科學基礎的理解，然後學習如何應用這些基礎來提升程式設計師的面試力。

《提升程式設計師的面試力》第 5 版更新到第 6 版時，增加了 70% 的內容：包括附加問題、修改的解決方案，新的章節介紹，更多的演算法策略，所有問題的提示，和其他內容。請您一定要造訪我們的網站 CrackingTheCodingInterview.com，與其他面試者聯絡，發現新的資源。

我為您和您將要發展的技能感到興奮。充分的準備將使您獲得廣泛的技術和溝通技巧。不管您花了多少力氣，這都是值得的！

我鼓勵您們仔細閱讀這些入門章節。它們包含一些重要的見解，這些見解可能會造成「雇用」和「不雇用」的差別。

請記得，面試是很難的！我在 Google 當面試官的那些年裡，我看到一些面試官問的是「簡單」的問題，而另一些則問了比較難的問題。但您知道嗎？回答簡單的問題並不會讓您更容易得到這份工作。不是您完美地解決問題（也很少有求職者能做到這一點！）才會收到錄用通知。相反地，重點是要把問題回答的優於其他面試者。所以，當您遇到棘手的問題時請不要緊張，因為別人可能也認為這很難，不完美也沒關係。

好好學習，多練習，祝您好運！

Gayle L . McDowell
Founder/CEO, CareerCup.com
另著有《*Cracking the PM Interview*》與《*Cracking the Tech Career*》

哪裡出了點問題

我們再次沮喪地走出招聘會議。當天我們審核的 10 位面試者中，沒有一位會收到錄用通知。我們在想，我們是不是太苛刻了？

我尤其感到失望，因為我們拒絕了一個*我的*面試者，是我以前的學生也是由我引薦的人。他在華盛頓大學（University of Washington）的平均績點為 3.73，這是世界上最好的電腦科學學院之一。他精力充沛，他很有創造力，他很機靈，他努力工作，他在所有面向都是一個真正的極客。

但我不得不同意招聘委員會的其他成員：資料沒有顯示他適合。即使我強而有力的推薦能說服他們重新考慮，也肯定會在招聘過程的後期階段被拒絕，他的危險信號太多了。

雖然他很聰明，但他在解決面試中的問題時還是很吃力。大多數成功的應試者都能很快地回答第一個問題，這個問題是一個眾所周知的問題的一個變體，但他在開發演算法時遇到了麻煩。當他提出一個解決方案時，他也沒有考慮為其他場景優化的解決方案。最後，當他開始撰寫程式碼時，他用最初的解決方案快速地撰寫完程式碼，但程式碼中充滿了他未能捕捉到的錯誤。儘管他並不是我們所見過的最差的面試者，但他遠遠不及「合格標準」。

幾週後，當他在電話裡詢問面試情況時，我掙扎著不知該告訴他什麼。請更聰明些嗎？不，我知道他很聰明。做一個更好的程式設計師？不，他的技術和我所見過的一些最好的不相上下。

像許多積極的面試者一樣，他做了充分的準備。他讀過 K&R 的經典 C 語言書籍，也複習過 CLRS 著名的演算法教科書。他可以詳細地描述平衡樹的無數種方法，而且他可以用 C 語言做任何理智的程式設計師都不會想做的事情。

我不得不告訴他一個不幸的事實：那些書還不夠。學術書籍為您的研究做準備，它們可能會讓您成為一個更好的軟體工程師，但它們不足以讓您通過面試。為什麼？我給您一個提示：您的面試官還在學校求學的時候，沒見過紅黑樹。

要提升程式設計師的面試力，您需要為*真正的*面試問題做準備。您必須針對實際的問題進行練習，並學習它們的模式。重點是關於開發一個新的演算法，而不是記住現有的問題。

《提升程式設計師的面試力》是我在頂尖公司面試的親身經驗，以及後來透過這些面試來指導面試者的結果。這是與面試者數百次交談得到的結果，是由面試者和面試

官提出的成千上萬個問題的結果，這是看到這麼多公司提出這麼多面試問題的結果。這本書從成千上萬的可能問題中挑選出來 189 個最好的面試問題。

我的方法

本書的重點是演算法、寫程式以及設計問題。為什麼把重點放在這些上呢？因為雖然您可能也會被問到行為方面的問題，但是那些問題的答案會和您的履歷一樣五花八門。同樣地，雖然許多公司會問所謂的「瑣碎」問題（例如，「什麼是虛擬函式（virtual function）？」），但是練習這些瑣碎問題所能培養出的技能也僅限於非常特定的知識。本書將簡要介紹其中的一些問題，藉以向您展示這類問題大概是什麼樣子，但我選擇將篇幅分配給更多要學習的領域。

我的愛好

教學是我的愛好，我喜歡幫助人們理解新概念，並為他們提供工具，以幫助他們在熱愛的領域中脫穎而出。

我的第一次正式教學經歷是在 University of Pennsylvania 的一所學院中，當我成為一門電腦科學本科課程助教的第二年，我又去當了其他幾門課程的助教，最後我在那裡開設了自己的電腦科學課程，側重於實作技能。

在作為 Google 工程師時，培訓和指導新工程師是我最喜歡做的事情之一。我甚至用我 20% 的時間在 University of Washington 教授兩門電腦科學課程。

多年後的今天，我繼續教授電腦科學的概念，但這次的目標是幫助新創公司的工程師為他們的收購面試做準備。我看到了他們的錯誤和掙扎，而我開發了一些技巧和策略來幫助他們解決這些問題。

《提升程式設計師的面試力》、《Cracking the PM Interview》、《Cracking the Tech Career》以及《CareerCup》實現了我對教學的熱情。即使是現在，您也可以經常在 CareerCup 網站上看到我在幫助那些需要幫助的使用者。

請加入我們的行列。

Gayle L . McDowelll

I

面試流程

在大多數頂尖科技公司（以及許多其他公司），演算法和程式碼問題是面試流程中最重要的部分。請把這些當成是測試您解決問題的能力，面試官想要評估您解決以前沒見過的演算法問題的能力。

一般情況下，您在面試中可能只會回答一個問題。45 分鐘並不算長，在這段時間內解決幾個不同的問題是很困難的。

在整個答題過程中，您應該勇敢地儘量大聲地說出來，並解釋您的思考過程。您的面試官有時會跳出來幫您；請讓他們幫您。這是一件很正常的事，但並不代表著您做得很差（當然，不需要提示就更好了）。

面試結束時，面試官會憑感覺決定您的表現。雖然可能會依您的表現作出評分，但它實際上不是一個定量的評估，不會有圖表顯示您在每個評估項目上得到了幾分。

相反地，面試官會根據以下幾點來評估您的表現：

* 分析能力：您需要很多協助才能解決問題嗎？您的解決方案有多理想？您花了多長時間才找到解決辦法？如果您必須設計 / 架構一個新的解決方案，您是否能很好地把這個問題架構建出來，並考慮了不同決策的優缺得失？

* 撰寫程式技能：您能成功地將您的演算法轉換成合理的程式碼嗎？程式碼乾淨有序嗎？您考慮過潛在的錯誤嗎？您的風格好嗎？

* 技術知識 / 電腦科學基礎：您在電腦科學和相關技術方面有很強的基礎嗎？

* 經驗：您在過去做過好的技術決定嗎？您做過有趣的、有挑戰性的專案嗎？您是否表現出充滿熱忱與精力、積極主動，和其他重要的特質？

* 文化適應 / 溝通技巧：您的個性和價值觀是否適合公司和團隊？您和面試官溝通得好嗎？

這些點的權重將根據問題、面試官、角色、團隊和公司而有所不同。對於一個標準的演算法問題來說，幾乎完全偏重在前三點上。

▶ 為什麼？

在一個面試者開始這個面試訓練流程時，一個最常會有的問題是到底為什麼要做這個訓練？畢竟：

1. 很多優秀的面試者在這類面試中表現不佳。

2. 如果確實有過答案，您可以去查答案。

3. 在現實世界中，很少需要使用諸如二元搜尋樹之類的資料結構。如果您確實需要用到，您當然會去學習它。

4. 在白板上寫程式碼是一種人為刻意的環境。顯然，在現實世界中，您永遠不會在白板上寫程式碼。

這些抱怨不無道理。事實上，我同意以上所有的觀點，至少部分同意。

與此同時，我們有理由對某些職位（非所有職位）採取這種考核方式。您是否同意這個邏輯並不重要，但理解為什麼要問這些問題是一個好主意，這有助於您深入瞭解面試官的心態。

錯過了一些優秀的人是可以接受的

這讓人難過（也讓面試者沮喪），但卻是事實。

從公司的角度來看，錯過一些優秀的面試者其實是可以接受的。這家公司打算培養一大批優秀的員工。他們可以接受他們錯過了一些優秀的人。當然，他們不希望這樣做，因為這樣會增加他們的招聘成本。不過，這是一個可以接受的折衷方案，只要他們仍然能夠聘用足夠多的優秀人才就行了。

他們更關心的是誤判了優秀的人：那些在面試中表現出色，實際上沒那麼優秀的人。

解決問題的技巧是有價值的

如果您能夠解決幾個難題（可能在一些幫助下），那麼您可能非常擅長開發最優的演算法，因為您夠聰明。

聰明的人傾向於把事情做好，這在公司是很有價值的。當然，這不是唯一重要的事情，但它確實是一件好事。

基本的資料結構和演算法知識是有用的

許多面試官會認為，基本的電腦科學知識實際上是有用的。需要理解樹、圖、串列、排序和其他知識的時刻確實會週期性地出現。而當它出現的時候，這種理解就真的很有價值。

您能在需要用時才學習嗎？當然可以。但是如果您不知道二元搜尋樹的存在，您就很難知道您應該使用它。如果您知道它的存在，那麼您大概就已經懂得它的一些基礎知識了。

有些面試官認為資料結構和演算法是一種很好的「間接能力」，即使這些技能本身並不難學，但他們認為這與成為一名優秀的開發人員有相當大的關係。它代表著您要麼掌握了一個電腦科學程式（要掌握這種程式，代表您已經學習並累積了相當廣泛的技術知識），要麼就是自學了這些東西。不管怎樣，這都是一個好跡象。

出現資料結構和演算法知識還有另一個原因：因為若要問出一個考驗解決問題的能力的問題，很難**不講到**它們。事實證明，絕大多數能解決問題的解答都涉及這些基本知識。當足夠多的面試者都瞭解這些基本知識時，就很容易形成一些典型的問題。

白板讓您專注於重要的事情

在白板上寫出完美的程式碼是非常困難的。幸運的是，您的面試官並沒有期待要看到完美的程式碼。實際上每個人都會寫出一些 bug 或小的語法錯誤。

白板的好處在於，在某種程度上，您可以專注於大局。您沒有編譯器，所以不需要編譯程式碼。您不需要撰寫整個類別定義和樣板程式碼。您可以關注程式碼中有趣的、「有肉的」部分：與問題真正相關的函式。

這並不是說您應該只寫虛擬碼或者正確性不重要。大多數面試官不接受虛擬碼，也期待錯誤越少越好。

白板也傾向於鼓勵面試者多發言，解釋他們的思考過程。當面試者使用電腦時，與面試官之間的交流就會大大減少。

每個人、每間公司或每種情況下皆有不同

以上部分是為了幫助您瞭解公司方的思維。

您好奇我個人的想法嗎？在正確的情況下，如果做得好，這是可以拿來合理判斷一個人解決問題的能力，因為做得好的人往往相當聰明。

然而，它往往做得不是很好。您的面試官可能很糟糕，或者他們問的問題很糟糕。

它也不適合所有的公司。有些公司應該更重視員工以前的經驗，或者需要特定技術的技能，所以這類問題並不能評量這些面向。

它也不能衡量一個人的職業道德或專注能力。然而，幾乎沒有面試流程能真正評估這一點。

無論如何，這都不是一個完美的流程，但什麼才是一個完美的流程呢？所有的面試流程都有其缺點。

最後我想說的是：它就是這樣，所以讓我們盡我們所能吧。

▶ 問題是怎麼選出來的？

面試者經常會想四處問某一家特定的公司「最近」面試的問題是什麼。光是問這個問題就顯露出面試者根本搞錯了為什麼要問這些面試問題。

在絕大多數的公司裡，沒有規定面試官應該問什麼問題。相反地，每個面試官都會選擇自己的問題。

由於要問什麼問題是可以自由選擇的，所以沒有什麼叫做「Google 最近的面試問題」，除非是問到某位在 Google 工作的面試官最近問過什麼問題。

今年 Google 問過的問題與三年前的問題並沒有太大不同。事實上，Google 會提出的問題通常與類似公司（Amazon、Facebook 等）提出的問題沒有什麼不同。

不同公司之間存在一些廣泛的差異。一些公司專注於演算法（通常使用一些系統設計），而另一些公司則非常喜歡需要知識才能回答的問題。但是對於一個給定的問題類別來說，幾乎沒有什麼能讓它「屬於」一家公司，而不是另一家公司。Google 演算法問題本質上和 Facebook 演算法問題是一樣的。

▶ 一切都是相對的

如果沒有絕對的評分系統，您是如何被評分的？面試官想在您身上看到什麼？

好問題。當你能理解這個問題時，這個答案實際上就很有意義了。

面試官透過您在同一問題上相對於其他求職者的表現進行評分，這是一個相對的比較。

例如，假設您想出了一個又新又酷的智力題或數學問題。您問您的朋友 Alex 這個問題，他花了 30 分鐘來解決它。您問 Bella，她花了 50 分鐘解決它。Chris 解不出來。Dexter 需要 15 分鐘，但您必須給他一些重要的提示，如果沒有那些提示，他可能會花更長的時間。Ellie 花了 10 分鐘，並提出了一個您甚至沒有意識到的替代方法，Fred 需要 35 分鐘。

您結束的時候會說，「哇，Ellie 做得真不錯。我敢打賭她數學一定很好。」也許 Chris 運氣不好。您可以多問幾個問題，以確定這是不是運氣造成的。

面試時的問題也是如此。面試官是透過比較您和其他人的表現來瞭解您。其他人指的不是她**本**週面試的那幾位面試者，而是她**曾**經問過同一個問題的所有面試者。

因此，遇到難題並不是一件壞事。當您覺得遇到難題時，其他人一定也這麼覺得。這並不會降低您做得更好的可能性。

▶ 常見問題

我面試後沒有立即得到回覆，我是被拒絕了嗎？

不，公司的決策可能會被延遲，原因有很多。一種非常簡單的情況是，您的其中一位面試官還沒有提供他們的回饋。很少有公司的政策是不回應被拒絕的面試者。

如果您在面試後的 3-5 個工作日內沒有收到公司的回覆，一定要（禮貌地）和招聘人員聯繫。

我被拒絕後可以重新再面試同一間公司嗎？

基本上是可以的，但您通常需要等待一段時間（6 個月到 1 年）。您搞砸的第一次的面試通常不會對您有太大影響，很多人曾被 Google 或微軟拒絕，但後來又被錄用。

幕後

大多數公司的面試方式都非常相似。我們將提供一個概述，說明公司如何面試和他們在尋找什麼。這些資訊將能指引您的面試準備工作，以及您在面試中和面試後的反應。

一旦您被選中參加面試，通常您會經過一次篩選面試，這一般是透過電話進行的。頂尖學校畢業的面試者可能會親自參加這些面試。

不要被這個名字給騙了；「篩選」面試通常會含有程式碼和演算法方面的問題，面試的門檻可以和當面面試一樣高。如果您不確定面試是否是技術性的面試，問問您的招募人員您的面試官是什麼職位（或者面試可能包括哪些內容）。一般來說工程師會進行技術面試。

許多公司已經採用了線上同步文件編輯器，但是有些其他公司會希望您在紙上撰寫程式碼並透過電話告訴他們您寫了什麼。有些面試官甚至會在通話結束後，出一些「家庭作業」給您，或者只是讓您把自己寫的程式碼透過電子郵件發給他們。

在被帶到現場面試之前，您通常會經歷一到兩次篩選面試。

在現場面試中，您通常會與 3 到 6 位面試官面試。其中一位可能會跨過午餐時間，這種午餐面試通常不是技術性的，面試官甚至可能不會送交回饋。您很適合與這位面試官討論您的興趣愛好，也很適合詢問公司文化。其他面試將主要著重於技術性，涉及程式碼、演算法、設計／架構和行為／經驗問題的組合。

在不同公司或甚至不同團隊中，由於公司的優先順序、規模或單純只是因為隨機性，造成面試問題在上述主題中呈現不同的分佈。面試官在面試問題上通常有很大的自由度。

面試結束後，面試官會針對您的面試提出一些回饋。某些公司的面試官會聚在一起討論您的表現，然後做出決定；某些公司的面試官會向招募經理或招募委員會送交一份

推薦信，以做出最後的決定；某些公司的面試官甚至不做決定，他們的回饋會被送到招募委員會去做決定。

大多數公司會在一週後進行下一步（聘雇、拒絕、進一步面試，或者只是再安排接下去的流程）。有些公司的反應比較快（有時甚至是同一天！），有些公司則需要更長的時間。

如果您已經等了一個多星期沒有消息，您應該跟招募人員聯繫。如果您的招募人員也沒有回應，這並不代表您被拒絕了（至少對任何一家大型科技公司來說這都不代表被拒絕，而且幾乎所有公司也一樣）。讓我再重複一遍：不回覆與您的狀態無關，不回覆是因為還沒有做出最終決定，一旦做出了最終決定，所有招募人員就會告訴所有求職者已經有結果了。

也確實有可能會發生延遲的情況。如果您覺得延遲了，那就跟招募人員聯繫一下，但一定要有禮貌。招募人員和您一樣，他們也會有忙碌和健忘的時候。

▶ Microsoft 的面試

Microsoft 需要聰明的人、極客和熱愛科技的人。他們可能不會考您 C++ API 的輸入和輸出是什麼，但會要求您在白板上寫程式碼。

在一場典型的 Microsoft 面試中，您會在早上的某個時間出現在 Microsoft，填寫一些初始的表格。您會有一個簡短的面試，招募人員會給您一個簡單的問題。招募人員的目的通常是幫您做準備，而不是盤問您的技術問題。如果您被問到一些基本的技術問題，可能是因為這位招募人員想讓您輕鬆地進入面試，這樣當「真正的」面試開始時，您就不會那麼緊張了。

請善待您的招募人員。您的招募人員可能是您最大的支援者，如果您在第一次面試中受挫，他們甚至會要求重新面試您。他們可以為您爭取工作，也可以不爭取！

接下來的一整天，您通常會和兩個不同的團隊做四到五次面試。許多公司是在會議室會見面試官，而 Microsoft 則是直接在面試官的辦公室面談。這是一個瞭解團隊文化的好時機。

根據團隊的不同，面試官可能會也可能不會把他們對您的回饋告訴面試流程裡的其他人。

當您完成一個團隊的面試時，您可能會與招募經理交談（通常被稱為「as app」，是「as appropriate（適任）」的縮寫）。如果是這樣，那就是一個好跡象！這可能代表著您通過了該團隊的面試。現在就看招募經理的決定了。

您有可能會在那一天得到結果，也可能是一個星期。若一週後仍沒有收到人力資源部的訊息，請發一封友好的電子郵件要求更新狀態資訊。

如果您的招募人員反應不積極，那是因為她很忙，而不是因為您被默默拒絕了。

一定要準備的問題：

「您為什麼想在 Microsoft 工作？」

在這個問題中，Microsoft 希望看到您對技術充滿熱情。一個很好的回答可能是：「自我有印象開始，我就一直在使用 Microsoft 的軟體，我對 Microsoft 如何創造出一款優秀的產品印象深刻」。例如，我最近一直在使用 Visual Studio 學習遊戲程式設計，它的 API 非常棒。

特點：

只有在您表現得很好時，才會見到招募經理，所以如果您見到招募經理的話，這是一個很好的跡象！

此外，Microsoft 傾向於給團隊更多的個別控制權，產品的種類也是多樣化的。由於不同的團隊會想尋找不同的東西，所以 Microsoft 內部工作的體驗可能也會有很大的不同。

▶ Amazon 的面試

Amazon 的招募流程通常以電話面試開始，在這樣的電話面試中，面試者要與一個特定的團隊進行面試。如果在一小段時間裡，一個求職者有兩次或兩次以上的面試，這要麼代表面試官裡有人沒有被說服，要麼代表他們在考慮讓面試者進入一個不同的團隊或職位。在少數不尋常的情況下，在少數情況下，例如當面試者是內部員工或最近才面試過另一個不同的職位，就可能只需要做一次電話篩選即可。一個面試者可能只需要做一次電話篩選。

面試您的工程師通常會要求您透過一個共用的文件編輯器來撰寫簡單的程式碼，他們還會提出一系列廣泛的問題來探索您所熟悉的技術領域。

接下來，您要飛往西雅圖（或您正在面試的辦公室），與一到兩個團隊進行四到五次面試，這些團隊是根據您的簡歷和電話面試來選擇您。您必須在白板上寫程式碼，一些面試官會看重其他技能。每位面試官都會被分配要去探索您的一個特定的領域，而且這些領域之間可能看起來非常不同。在送交自己的回饋之前，他們無法看到其他人的回饋，而且在招募會議之前，他們不被鼓勵討論這些回饋。

其中有一位「標準提高（bar raiser）」面試官負責保持面試高標準。他們參加特殊的培訓，並獨立於您要面試的團隊，以制衡團隊本身。如果一個面試看起來很困難、很不一樣，那您就很有可能遇到標準提高面試官了。這個人在面試方面有豐富的經驗，在招募決定上有否決權。但請您要記住：您在面試中表現遭遇困難的樣子，並不代表著您實際上表現得差。您的表現是相對於其他面試者來評判的，而不是在簡單的「準確百分比」基礎上評估。

一旦您的面試官輸入了他們的回饋就會開會討論，他們將是做出雇傭決定的人。

雖然 Amazon 的招募人員通常非常善於和求職者聯絡更新，但偶爾也會出現延誤。如果您一週內沒有收到 Amazon 的來信，建議您發一封友好的電子郵件過去。

一定要準備的問題：

Amazon 非常注重擴縮性問題，所以一定要為擴縮性問題做好準備。要回答這些問題，您不需要有分散式系統方面的背景知識。請參閱系統設計（System Design）和擴縮性（Scalability）那一章中的建議。

此外，Amazon 傾向於詢問許多關於物件導向設計的問題。有關示範問題和建議，請參閱物件導向設計那一章。

特點：

會從不同的團隊請來標準提高面試官，以保持高標準。您必須使這個人和招募經理都留下深刻的印象。

與其他公司相比，Amazon 傾向於在招募過程中進行更多的新嘗試。這裡描述的流程只是典型的情況，但是由於 Amazon 有著喜歡做新嘗試的習慣，所以這個流程不一定是通用的。

▶ Google 的面試

關於 Google 面試的可怕謠言有很多，但它們大多只是謠言。Google 的面試與 Microsoft 和 Amazon 並沒有太大的不同。

第一次電話篩選由 Google 的工程師執行，所以請您預期會遇到棘手的技術問題。這些問題可能與程式碼有關，有時透過共用文件進行。應徵者通常被要求遵守相同的標準，在電話視訊上被問及的問題與現場面試的問題類似。

在您的現場面試中，您會面試 4 到 6 個人，其中一個是午餐面試官。面試官的回饋不能告訴其他的面試官，所以您可以放心，每次面試都是新的開始。您的午餐面試官不會送交回饋，所以這是一個問誠實問題的好機會。

面試官通常不會給出具體的重點，也沒有「結構」或「系統」來告訴您什麼時候該問什麼。每個面試官可以按照自己的意願進行面試。

面試官將會把書面回饋送交給由工程師和經理組成的招募委員會（hiring committee，HC），以作出聘用 / 不聘用建議。回饋通常分為四類（分析能力、撰寫程式碼能力、經驗和溝通能力），總分為 1.0-4.0 分。招募委員會通常不包括您的任何面試官。如果有，那純粹是碰巧而已。

若要聘雇，面試官會希望至少有一位面試官是「熱情的支持者」，換句話說，3.6 分、3.1 分、3.1 分和 2.6 分的簡歷會比全部都是 3.1 分的要好。

您不一定要在每次面試中都表現出色，而且您做視訊面試時，手機畫面品質通常也不會是影響最終決定的重要因素。

如果招募委員會決定要聘雇，您的履歷將被送交給薪酬委員會，然後再送交給執行管理委員會。做出決定可能需要幾個星期，因為有太多的流程關卡和委員會。

一定要準備的問題：

作為一個以 web 起家的公司，Google 關心的是如何設計一個可擴縮的系統。因此，一定要準備好回答系統設計和可擴縮性方面的問題。

Google 看重的是分析（演算法）技能，而不是您的經驗。您應該對這些問題做好充分的準備，即使您認為您之前的經驗更重要。

特點：

您的面試官不是做出聘雇決定的人。相反地，他們輸入回饋資訊，並將資訊傳遞給招募委員會。招募委員會推薦的決定仍可能（雖然很少發生）被 Google 的管理層拒絕。

▶ Apple 的面試

和公司本身一樣，Apple 的面試流程也沒有什麼官僚作風。面試官看重的是優秀的技能，但是對職位和公司的熱情也很重要。雖然您有沒有在用 Mac 作業系統並不是先決條件，但至少應該熟悉這個系統。

面試流程通常從招募人員的電話視訊開始，目的是對您的技能有一個基本的瞭解，然後是一系列團隊成員的技術電話視訊。

一旦您被邀請進入公司園區，招募人員通常會向您介紹整個招募過程。接下來，您將與團隊成員以及與您的團隊一起工作的關鍵人物進行 6 到 8 次的面試。

您要有心理準備會有一對一和二對一的面試。準備好在白板上寫程式碼，並確保您所有的想法都清晰的傳達。午餐是和您未來可能的主管一起吃的，雖然看起來比較隨意，但仍然是面試。每個面試官通常專注於一個不同的面向，公司不鼓勵面試官與其他面試官分享回饋，除非他們想讓後續面試官深入瞭解一些事情。

快結束的時候，面試官會互相交換意見。如果每個人仍然覺得您是一個可行的面試者，您將與您申請的組織的主管和副總裁進行面試。雖然這個面試不會太正式，但如果您得到這次機會，這是一個很好的跡象。如果你沒有通過面試，聘雇決定也可能在幕後發生，而您就會被直接帶出大樓，（直到此時）您都不會知道自己沒有通過面試。

如果您完成了與主管和副總裁的面試後，所有的面試官都會聚集在會議室，給您一個正式的肯定或否定的評價。副總裁一般不會出席，但如果他們對招募結果不滿意，他仍然可以否決。招募人員通常會在幾天後與您聯絡，但您可以隨時聯繫他或她，以瞭解最新情況。

一定要準備的問題：

如果您知道您在面試的是哪個團隊，一定要多瞭解那個產品。您喜歡它什麼？您會改進什麼？提供具體的建議可以顯示出您對這份工作的熱情。

特點：

Apple 公司經常進行二對一的面試，但是請不要為此感到壓力，這和一對一的面試是一樣的！

此外，Apple 公司的員工都是 Apple 的死忠粉絲，您應該在面試中表現出同樣的熱情。

▶ Facebook 的面試

一旦被選中參加面試，面試者通常會進行一兩次電話篩選，電話篩選將是技術性導向的，包括撰寫程式碼，通常是使用線上文件編輯器。

在電話面試之後，您可能會被要求完成一項包括程式碼和演算法的家庭作業，在寫這個作業時請注意您的程式碼風格。如果您過去沒有在一個有完整的程式碼審查的環境中工作過，那麼最好先請人來審查您的程式碼。

您的現場面試，主要會是和其他的軟體工程師進行，但是招募經理只要有時間也會參與。所有的面試官都受過全面的面試訓練，而與您面試的人與您被錄用的機率無關。

在現場面試中，每個面試官都被賦予一個「角色」，這有助於確保沒有重複的問題，讓他們對面試者有一個全面的瞭解。這些角色是：

* 行為（絕地武士（Jedi））：這個面試將評估您在 Facebook 環境下成功的能力。您能很好地融入公司的文化和價值觀嗎？您對什麼感到興奮？您如何應對挑戰？你也要準備好談論您對 Facebook 的興趣，Facebook 需要有熱情的人。在這次面試中，您可能還會被問到一些程式碼問題。

* 程式碼和演算法（忍者（Ninja））：這些會問的是程式碼和演算法問題，很像您在這本書裡看到的。這些問題被設計成具有挑戰性的。您可以使用任何您想要的程式設計語言。

* 設計／架構（海盜（Pirate））：應徵後端軟體工程師的人，可能會被問到系統設計問題；應徵前端或其他專業的人，將被問及與該學科相關的設計問題。您應該以開放態度討論不同的解決方案及其折衷方案。

您可以預期會和兩個「忍者」和一個「絕地武士」面試。有經驗的面試者通常也會得到與「海盜」面試的機會。

面試結束後，面試官在與其他面試官討論您的表現之前必須送交書面回饋。這可以確保您在一次面試中的表現不會對其他面試官的回饋產生影響。

一旦每個人都送交回饋後，您的面試團隊和招募經理就會一起合作做出最後的決定。他們達成一致決定，並向招募委員會送交最終的招募建議。

一定要準備的問題：

作為「精英」科技公司中最年輕的一家，Facebook 希望開發人員具有創業精神。在面試中，您應該表現出您喜歡快速建立東西。

他們想知道的是，您可以使用任何選擇的語言拼湊出一個優雅的、可擴縮的解決方案。是不是懂 PHP 並不是特別重要，因為 Facebook 另外還使用 C++、Python、Erlang 和其他語言做大量的後端工作。

特點：

Facebook「一般」是為公司整體面試一群開發人員，而不是為某個特定的團隊。如果您被錄用了，您將參加一個為期六週的「訓練營」，這將幫助您積累大量的程式碼經驗。您將從高階開發人員那裡獲得指導，學習最佳實作，若您在面試中曾被分配到某個專案，經過這階段訓練後能更自由性地選擇專案。

▶ Palantir 的面試

不像有些公司會為公司整體面試一群開發人員（即您面試的對象是整間公司，而不是裡面的特定團隊），Palantir 的面試是針對某個特定團隊。有時，您可能會被重新導向到另一個更合適的團隊去。

Palantir 的面試流程通常從兩個電話面試開始。這些面試大約 30 到 45 分鐘，主要是偏重在技術性主題。請連帶介紹一些您之前的經驗，特別是演算法問題。

您也被要求參加 HackerRank 程式碼考試，它將評估您撰寫最優演算法和正確程式碼的能力。較沒有經驗的人（例如社會新鮮人），特別有可能會受邀參加這樣的考試。

在這之後，成功通過考試的面試者會被邀請到公司，並將與最多五人進行面試。現場面試的內容會包含您以前的經驗、相關的領域知識、資料結構和演算法，以及設計…等。

您可能還會看到有人為您示範 Palantir 的產品，此時請拋出一些好的問題以展示您對公司的熱情。

面試結束後，面試官會和招募經理討論回饋。

一定要準備的問題：

Palantir 重視聘用到優秀的工程師。許多求職者表示，Palantir 的問題比他們在 Google 和其他頂尖公司遇到的問題更難回答。但這並不一定代表更難獲得工作機會（儘管這些問題確實可以讓人得不到工作機會）；這代表著面試官更喜歡有挑戰性的問題。如果您正在面試 Palantir，您應該徹底瞭解核心資料結構和演算法，集中精力準備最難的演算法問題。

如果您正在面試的職位屬於後端，也要溫習一下系統設計。這是整個過程中很重要的一部分。

特點：

撰寫程式碼是 Palantir 面試流程中常見的一部分。雖然在面試流程中您可以坐在電腦前，根據需要查找資料，但不要因為這樣就完全毫無準備地走進辦公室。這些問題可能極具挑戰性，您的演算法的效率將會被評分，做完整的面試準備將對您有所幫助。您也可以在 HackerRank.com 網站上練習程式設計挑戰題目。

特殊情況

本書的使用方式有很多種，也許您是工作經驗豐富、但從來沒有參加過這樣的面試的人，也許您是測試人員或專案經理，或者您其實是想用這本書加強面試別人的能力。這一章節是給所有這些「特殊情況」準備的小禮物。

▶ 有經驗的應試者

有些人認為，您在本書中看到的演算法程式問題只適用於應屆畢業生，這並不完全正確。

對更有經驗的工程師來說，面試時會關注演算法問題的程度雖然減少，但也只是稍微減少而已。

如果一家公司會向沒有經驗的面試者問演算法問題，他們往往也會問有經驗的面試者。無論對錯，他們都認為這些問題中所展示的技能對所有開發人員都很重要。

一些面試官可能會對有經驗的面試者降低一些標準。畢竟，這些面試者已經有好幾年沒上過演算法課了，他們缺乏練習。

另一些人則認為應該用更高的標準來看待有經驗的面試者，他們認為經驗越豐富的人遇到過的問題就越多。

所以平均起來，並無增減。

這個原則的例外是系統設計和架構問題，以及關於您簡歷的問題。通常情況下，學生不會學習到太多的系統架構，因此只有專業人士會面對這樣的挑戰。您在這些面試問題中的表現將根據您的經驗水準進行評估。然而，學生和剛畢業的學生仍然會被問到這些問題，應該做好準備盡可能地解決它們。

此外，由於您已有更多的經驗，所以有經驗的面試者會被期待更能回答諸如「您遇到過的最困難的問題是什麼？」這類的問題，您對這些問題的回答應該要表現出您的經驗。

▶ 測試人員與測試軟體設計工程師

測試軟體設計工程師（software design engineers in test，SDETs）需要撰寫程式碼，但是目的是要測試功能而不是建立功能。因此，他們必須同時是很棒的程式設計師和很棒的測試人員，所以請加倍準備！

如果您申請的是測試軟體設計工程師，請採用以下方法進行準備：

*   **準備核心測試問題**：例如，您如何測試一個燈泡？一支鋼筆？或一台現金出納機？Microsoft Word？測試章節中將為您準備關於這些問題的更多背景知識。
*   **程式碼實作問題**：測試軟體設計工程師被拒絕的最大原因是寫程式的技巧。雖然對測試軟體設計工程師的程式碼的要求通常比典型的開發人員要低，但是測試軟體設計工程師在程式碼和演算法方面仍然非常強大。請確保您已練習了普通開發人員會遇到的所有程式碼和演算法問題。
*   **測試程式碼實作問題**：一個非常常見的測試軟體設計工程師問題的格式是「請寫程式碼做 X」，接著是「好的，現在測試它」，即使問題沒有特別要求這樣做，您應該問自己「我如何去測試這個？」，請記住，任何問題都可能是測試軟體設計工程師問題！

強大的溝通技巧對測試人員來說也是非常重要的，因為您的工作需要與許多不同的人一起工作，請認真閱讀行為問題小節。

職涯建議

最後，給您一個職涯建議：如果您和許多求職者一樣，以為測試軟體設計工程師職位是進入一間公司比較「簡單」的方式，那麼您要知道，許多求職者會發現從測試軟體設計工程師職位轉到開發職位非常困難。如果您心裡就是打算這麼做，那請確保您的程式碼和演算法技能不落後，並嘗試在一到兩年內轉換。否則，您可能會發現在開發面試中很難被認真對待。

永遠不要讓您的程式設計技能退化。

▶ 產品（專案）管理

「PM」角色在不同公司甚至同公司內部都有很大的不同。例如，在 Microsoft，一些 PM 本質上可能是客戶的代言人，在市場行銷扮演客戶的角色。不過，在整個業界來說，其他類型的 PM 花在撰寫程式碼的時間可能會很多，在面試中可能會檢驗這種 PM 的程式碼技巧，因為這是他們工作的一個重要部分。

一般來說，PM 職位的面試官希望面試者能在以下面向展示自己的技能：

- **處理歧義**：這通常不是面試中最關鍵的部分，但是您應該知道面試官在這裡尋找的是技能。面試官希望看到的是，當面對模稜兩可的情況時，您不會不知所措，也不會停滯不前。他們希望看到您正面處理問題：尋找新的資訊，優先處理最重要的部分，並以結構化的方式解決問題。這通常不會直接被測試（雖然可以），但它可能是面試官在一個問題中尋找的許多東西之一。

- **以顧客為中心（態度）**：面試官希望看到您以顧客為中心的態度。您是否認為每個人都應該用您的方法去使用這個產品？或者您是那種站在客戶的立場上，試圖理解他們想要如何使用產品的人？像「為盲人設計鬧鐘」這樣的問題可以用來評估您的這些能力，當您聽到這樣的問題時，一定要問很多問題來理解誰是客戶、他們如何使用產品。在「測試」一章會提到一些與此密切相關的技能。

- **顧客導向（技術技能）**：一些擁有更複雜產品的團隊需要確保新加入的 PM 帶著對產品的深刻理解來，因為在工作中很難獲得這些知識。在 Android 或 Windows Phone 團隊中，對行動電話有深入的技術知識可能不是必需的（儘管擁有這些知識也很好），而對於 Windows 安全性的理解可能是必需的。希望您不會去面試一個需要特定技能的團隊，除非您至少能聲稱自己擁有必要的技能。

- **多層次溝通**：PM 需要能夠與公司各個階層的人溝通，跨越多個職位和技術技能範圍。您的面試官會希望看到您在溝通中有這種靈活性，這通常是透過諸如「向您的祖母解釋 TCP/IP」之類的問題來直接檢驗。

- **對技術的熱情**：快樂的員工是高效的員工，所以公司想要確保您喜歡這份工作並對這份工作感到興奮。對技術的熱情（最好是對公司或團隊的熱情）應該展現在您的回答中。您可能會被直接問到這樣的問題：「您為什麼想在 Microsoft 工作？」此外，面試官會在您如何談論您之前的工作經驗以及您如何談論團隊面臨的挑戰時尋找熱情。他們想要看到您渴望面對工作中的挑戰。

- **團隊合作／領導能力**：這可能是面試中最重要的面向，當然，也是 PM 工作中最重要的面向。所有的面試官都會看您是否有能力與他人合作。最常見的用來評估這

點的問題是「告訴我關於隊友推卸責任的時候，您該怎麼辦。」面試官希望看到您妥善處理衝突、您積極主動且善解人意，人們喜歡和您一起工作。您為行為問題所做的準備工作在這裡非常重要。

以上所有領域都是 PM 需要掌握的重要技能，因此也是面試的重點領域。這些領域的權重大致匹配該領域在實際工作中的重要性。

▶ 開發主管或管理職位

開發主管職位和管理職位幾乎總是需要很強的程式碼技能。如果您在工作中需要撰寫程式碼，那麼一定要對程式碼和演算法非常精通，就像開發人員一樣。尤其是在程式碼方面，Google 對管理人員要求很高。

此外，請準備接受以下面向的技能考試：

* **團隊合作／領導能力**：任何處於類似管理角色的人都需要具備領導能力和與人合作的能力。您將在這些面向受到隱式和顯式的評估。明確的評估將是以詢問您如何處理之前的情況的形式出現，比如您與經理意見不一致的時候。隱式的評價則是透過面試官觀察您和他們的互動來評估的。如果您表現得太傲慢或太被動，您的面試官可能會覺得您不是一個優秀的管理者。

* **輕重緩急劃分**：經理們經常要面對棘手的問題，比如如何確保團隊在嚴格的期限內完成任務。您的面試官會希望看到您可以將一個專案中的任務依重要性排序，排除掉最不太重要的那些面向。能判斷出輕重緩急代表您有能力問出正確的問題，以找出什麼是重要的事，而哪些事又是可以被合理期望要完成的。

* **交流**：管理者需要與職位在其之上和之下的人溝通，也可能需要與客戶或其他技術人員溝通。面試官希望看到您可以在很多層面進行溝通，而且是用一種友善且有吸引力的方式進行溝通。在某種程度上，這是在評估您的個性。

* **「把事情做好」**：也許一個管理者能做的最重要的事情就是成為一個「把事情做好」的人，這代表著在為一個專案做準備和實際執行之間取得平衡。您需要瞭解如何組織一個專案，如何激勵人們去完成團隊的目標。

最終，這些面向中的大部份都與您之前的經歷和您的個性有關，請一定要非常徹底地使用面試準備表格。

▶ 新創公司

新創公司的應徵和面試流程是變化多端的。我們無法一一介紹每一家新創公司，但可以提供一些一般性的建議。但請您理解，特定新創公司的流程可能會與這裡所描述的不同。

應徵過程

許多新創公司可能會發佈招募資訊，但對於最熱門的新創公司來說，通常最好的方式是透過個人推薦。這個推薦人不一定是您的親密朋友或同事。通常只要您主動聯繫並表達您的興趣，您就能讓別人拿起您的簡歷，看看您是否適合這份工作。

簽證和工作授權

不幸的是，美國有許多小型的新創公司無法擔保工作簽證，他們和您一樣討厭這個制度，但不管怎樣您都無法說服他們雇用您。如果您沒有工作簽證，但又希望在新創公司工作，您最好找一個在許多新創公司工作過的專業招募人員諮詢一下（也許能找到一些能解決工作簽證問題的新創公司），或者請將目標設定為更大的新創公司。

簡歷選擇因素

新創公司往往想要的工程師不僅要聰明、會程式設計，還要能在創業環境中工作得很好。理想情況下，您的簡歷應該要能顯示出您的主動性。您發起過哪些專案？

能夠「腳踏實地」也很重要；他們想要那些已經熟悉公司語言的人。

面試流程

大公司更傾向於關注您在軟體發展方面的整體能力，而新創公司通常會密切關注您的個性、技能和以前的經驗。

- **人格適合度**：人格適合度通常是透過您與面試官的互動來評估的。與面試官建立一個友好的、有吸引力的談話是您獲得很多工作機會的敲門磚。
- **技能集**：因為新創公司需要能夠立即上手的人，他們可能會用特定的程式設計語言來評估您的技能。如果您知道這家新創公司使用的語言，一定要溫習一下細節。
- **經驗**：新創公司很可能會詢問很多關於您過去經驗的問題。請仔細閱讀「行為問題」小節。

除了上述領域，您在本書中看到的程式碼和演算法問題也會常常出現。

▶ 收購和收購雇用

在許多收購的技術盡職調查（due diligence）流程中，收購方通常會面試新創公司的大部分或全部員工。Google、Yahoo、Facebook 和許多其他公司都將此作為許多收購的標準部分。

哪些新創公司會經歷技術盡職調查流程？為什麼？

會經歷技術盡職調查流程的部分原因是，他們的員工必須通過這個流程才能被聘用。他們不希望收購變成為一種進入公司的「捷徑」。而且，由於團隊是收購的核心因素，所以他們認為評估團隊的技能是有意義的。

當然，並不是所有的收購都是這樣，那些著名的數十億美元的收購通常不需要經過這個過程。畢竟，這種收購通常關心的是使用者基礎和社群有關，與員工或甚至是技術關係都不大，此時評估團隊的技能就不那麼重要了。

然而，這並不是一句「收購雇用需要被面試，傳統的收購不用被面試」那麼簡單。收購雇用（即人才收購）和產品收購之間存在很大的灰色地帶。許多新創公司都是為了技術背後的團隊和創意而被收購的。收購方可能會停止生產原來的產品，但讓團隊從事非常類似的工作。

如果您的新創公司正在經歷這樣的過程，您通常會預期您的團隊會像一般求職者那樣被面試（因此，會與您在本書中看到的非常相似）。

這些面試有多重要？

這些面試具有極大的重要性，它們有三種不同的意義：

- 它們可以決定要收購，也可以毀掉收購，它們往往是一家公司最後沒有被收購的原因。
- 它們決定哪些員工會收到加入收購方的邀請。
- 它們可以影響收購價格（部分價格受加入的員工數量影響）。

這些面試做的遠遠不只是一個「篩選」而已。

哪些員工需要接受面試？

對於科技新創公司來說，通常所有的工程師都會經歷面試流程，因為他們是收購的核心因素之一。

此外，銷售、客戶支援、產品經理以及其他任何角色可能都要經歷這個流程。

CEO 經常被安排在產品經理面試或開發經理面試中，因為這通常是與 CEO 當前職責最匹配的。但這並不是絕對的。這取決於 CEO 目前的角色是什麼，以及 CEO 對什麼感興趣。聘請我的一些公司中，CEO 甚至選擇不接受面試，並在收購後離開公司。

如果員工在面試中表現不好會怎麼樣？

表現不佳的員工通常不會收到加入收購方的邀請（如果許多員工表現不佳，那麼收購可能不會成功）。

在某些情況下，在面試中表現不佳的員工會獲得合約職位，目的是為了「知識轉移」。這些職位是臨時職位，期望員工在合約終止時離開（通常是 6 個月），儘管有時員工最終會被留下來。

而在另外一些情況下，員工表現不佳是因為他們被放在錯誤的位置。這種情況通常有兩種：

* 有時候，一個新創公司會給一個不是「傳統」軟體工程師的人貼上軟體工程師的標籤。這經常發生在資料科學家或資料庫工程師身上。這些人可能在軟體工程師面試中表現不佳，因為他們的角色實際上擁有其他技能。

* 還有些情況下，CEO 會把初級軟體工程師當成更高級的工程師「出售」。所以他在高級資格考試中表現不佳，是因為他被要求要達到不公平的高標準。

在這兩種情況下，有時員工會得到一個重新面試更合適的職位的機會（但員工也不一定能這麼幸運）。

在極少數情況下，若一個能力特別好的員工在面試表現中並沒有呈現出他的能力，所以沒有獲得雇用，CEO 仍有機會改變這個決定。

您的「最佳」（和最差）員工可能會讓您大吃一驚？

在頂尖科技公司進行的問題解決 / 演算法面試會評估特定的技能，而這些技能可能並不完全符合經理對員工的評估。

我曾與許多公司合作過，他們對面試中表現最好和最差的人感到驚訝。在這些面試中，對於專業發展還有很多需要學習的初級工程師可能會成為一個很好的問題解決者。

除非您能用收構面試官相同的方式對他們進行評估，否則請不要把任何人排除在外。

是否應持有相同的標準去評估這些員工與典型的面試者？

本質上是的，只是有更多的迴旋空間。

大公司傾向於採取規避風險的招募方式。如果有人卡在要聘請與不聘請之間無法決定，他們往往傾向於不聘請。

在收購的情況下，「卡在中間」的員工則可能透過團隊其他成員的出色表現來渡過難關。

員工對收購 / 收購的訊息有什麼反應？

這是很多新創公司 CEO 和創始人非常關心的問題。員工會對這個過程感到不安嗎？又或者，我們讓他們對收購充滿期待，但最後卻沒有發生？

我在我的客戶身上看到的是，領導層對這件事的擔憂超出了必要的程度。

當然，一些員工對這個流程感到不安。出於種種原因，他們可能不會對加入一家大公司感到興奮。

不過，大多數員工對此一流程持謹慎樂觀態度。他們希望能通過面試評估，但他們也知道，之所以需要有這些面試的存在，代表著還是有不通過的可能性。

收購後，團隊會怎樣？

每一種情況都是不同的。然而，我的大多數客戶都仍然被當成一個團隊，或者可能被合併到一個現有的團隊中。

您應該如何訓練您的團隊做收購面試？

收購方面試準備的與典型面試非常相似。不同之處在於，您的公司是對一整個團隊做面試，而不是根據每個人的優點來單獨挑選他們參加面試。

您們全都是局內人

我曾經合作過的一些新創公司把「真正的」工作擱置起來，讓他們的團隊在接下來的兩三個星期裡準備面試。

顯然，這不是所有公司都能做出的選擇，但是，從希望收購能夠順利進行的角度來看，這確實會大大提高您的成績。

您的團隊裡每個人都應該學習，兩三個人一組，或者互相模擬面試。如果可能，請用上這裡所說的三種方法。

有些人需要做更多準備

許多新創公司的開發人員可能只是模糊地聽說過 Big O 時間、二元搜尋樹、廣度優先搜尋和其他重要概念，這些人需要一些額外的時間來準備。

沒有電腦科學學位的人（或很久以前獲得學位的人）應該首先集中學習本書中討論的核心概念，尤其是 Big O 時間（這是最重要的一個）。從頭實作所有的核心資料結構和演算法是一個好的開頭。

如果收購對您的公司很重要，請給這些人足夠的時間來準備，他們將會需要時間。

不要等到最後一分鐘

作為一個新創公司，您可能習慣於不假思索地接受突然出現的新事物，但這件事對接受收購面試的新創公司往往不會有好結果。

收購面試經常是突然出現的，一家公司的 CEO 正在與一位收購者（或幾位收購者）聊天，談話變得越來越嚴肅。收購人提到在未來某個時候進行面試的可能性。然後，突然之間，就出現了一個「接近本週末時進行」的訊息。

如果您想等到有一個確定的面試日期才開始準備，那麼您可能只剩幾天的準備時間。您的工程師可能沒有足夠的時間來學習核心的電腦科學概念和練習面試問題。

▶ 寫給面試官

自從寫了上一版後，我瞭解到很多面試官使用《提升程式設計師的面試力》來學習如何面試。這雖然並不是我寫這本書的真正目的，但我也可以為您的面試工作提供一些建議。

不要問本書中的問題

首先，之所以會選擇這些問題是因為對面試準備來說，它們是好題目。但有些適合面試準備的問題並不一定真的適合在面試中使用。例如，這本書裡有一些智力題，因為有時面試官會問這類問題。即使我個人認為這些問題很糟糕，但如果面試的公司喜歡這類的問題，那還是值得求職者練習的。

其次，您們的面試者也在讀這本書。您不會想問那些您的面試者已經解決過了的問題。

您可以問一些類似書中的問題，但請不要直接把問題從這裡拿出去用。您的目標是測試他們解決問題的能力，而不是他們的記憶力。

問中等和困難的問題

這些問題的目的是評估一個人解決問題的能力。當您提出過於簡單的問題時，所有人的表現就會聚集在一起，導致小問題能嚴重影響一個人的表現，這樣不是一個可靠的指標。

尋找有多個障礙的問題

有些問題是「一解全解！」的，解決這些問題需要仰賴一種特殊的洞察力，面試者如果沒有想到那一點，就會表現得很差，但如果面試者想通了那一點，就會表現比許多面試者還要出色。

即使這種洞察力也是技能的一個指標，它仍然只是指標的其中之一。理想情況下，您希望問題綜合了一系列障礙、見解或優化，用多個角度資料勝過單個角度資料。

這裡有一個檢查問題的方法：如果面試者因為您給了一個提示或指導而有了截然不同的表現，那麼這可能就是一個不好的面試問題。

採用難的問題，而不是難的知識

有些面試官為了提升問題的難度，會在無意間把解題所需的背景知識弄得更難。當然，如此一來能表現出色的面試者較少，雖然統計資料似乎看起來正確，但這樣並不能充份評估面試者能力。

您期望面試者具備簡單的資料結構和演算法知識。期望資訊工程學系的畢業生瞭解 Big O 和樹的基本知識是合理的，但大多數人都會不記得 Dijkstra 演算法，也不記得 AVL 樹是如何運作的。

如果面試者需要具備鮮為人知的知識才能回答您的面試問題，不妨問問自己：這項技能真的這麼重要嗎？重要到讓我寧願減少可聘雇人員的數量、其他解決問題所需的能力，或其他技能？

您評估的每一項新技能或屬性都會減少聘書發出去的數量，除非您能降低對其他技能的要求來平衡這一點。當然，在面試者的其他技能表現均相同的情況下，您可能更偏好能夠背出兩英寸厚的演算法教科書詳細內容的人，但是在現實中面試者的其他技能表現並不會相同。

避免「嚇人」問題

有些問題會嚇到應試者，因為解這些問題看起來像需要某些特定知識（即使實際上並不需要）。這通常包括以下問題：

- 數學或機率。

- 低階知識（記憶體分配等）。

- 系統設計或可擴縮性。

- 私有系統（如 Google Map 等等）。

例如，我有時會問的一個問題是，找出 $a^3 + b^3 = c^3 + d^3$ 在 1,000 以下的所有正整數解（第 89 頁）。

許多面試者一開始會認為他們必須用半高等數學做一些花俏的因式分解。其實不用，他們只需要理解指數、加總以及相等的概念，僅此而已。

當我問這個問題時，我會明確地說「我知道這聽起來像一個數學問題，別擔心，它不是」。如果面試者開始進行因式分解，我會阻止他們，並提醒他們這不是一個數學問題。

其他的問題可能會用到一些機率，但也可能是面試者肯定知道的東西（例如，為了要從 5 個選項中做選擇，請在 1 和 5 之間隨機選擇一個數字）。但簡單地說，這個問題有用到機率的這個事實會嚇到面試者。

要小心問這些聽起來很嚇人的問題。記住，對面試者來說，面試已經是一個非常可怕的情況了，再加上一個「可怕的」問題可能會讓面試者感到慌亂，導致他表現不佳。

如果您要問一個聽起來很「可怕」的問題，請務必讓面試者相信這個問題不需要他們認為需要的知識。

提供正面強化

一些面試官把太多的注意力放在問出「正確」的問題上，以致於他們忘了考慮自己的行為。

許多面試者被面試嚇倒了，他們試圖讀懂面試官說的每一個字。他們會執著於每一件聽起來到底是積極或消極的事。他們把「祝您好運」這句話解讀為某種特殊意思，即使不管每個人的表現是好或是不好，您都會說這句話。

您會希望求職者對面試的過程、對面試官以及對他們的表現感覺良好。您希望他們感到舒適，因為一個緊張的面試者會表現得很差，但這並不代表著他們不好。此外，一個對您或公司有負面感受的好面試者不太可能接受這一份工作，而且他們也可能會勸阻他們的朋友不要面試／接受。

對面試者要熱情友善這件事的困難度因人而異，但請您盡量做到。

即使熱情友善不是您與生俱來的人格特質，您仍然可以在面試過程中努力說一些積極的話，例如：

* 「對，十分正確。」
* 「說的沒錯。」
* 「做的不錯。」
* 「好的，這是一個非常有趣的方法。」
* 「太棒了。」

不管面試者做得有多差，總有他們做對的地方。請想辦法在面試中注入一些積極性。

深入探討行為問題

許多面試者不善於說明他們的具體成就。

當您詢問他們有沒有碰過什麼困難的事，他們會告訴您他們團隊面臨的困難情況。而您可以分辨的出來，這位面試者實際上沒有做什麼。

別這麼早下定論，因為面試者可能被教育要將成就歸功給團隊，而不是吹噓自己。這在領導角色和女性面試者中尤其常見。

不要因為您無法一眼看出面試者在某種情況下做了什麼，就認為他毫無作為。請（友好地）把這個情況說出來，並具體地問是否能告訴您他們的角色是什麼。

如果這聽起來不像是在解決困難問題，那麼，請再問深入一點。要求他們詳細說明他們是如何看待這個問題的，以及他們採取了哪些不同的步驟，問問他們為什麼要採取某些行動。無法描述出所採取行動的細節，使他們成為有缺陷的**面試者**，但有缺陷的面試者不一定是有缺陷的員工。

成為一名優秀的面試者本身就是一項技能（畢竟，這也是本書存在的部分原因），而這可能不是您想評估的技能。

教育您的面試者

請仔細閱讀有關面試者如何開發好的演算法的章節，以下這些建議中有許多是您可以提供給正在奮鬥中的求職者的。您這樣做並不是「教人家怎麼考試」，您只是把面試技巧和工作技巧分開罷了。

- 許多面試者不使用例子來解決面試問題（或者他們沒有使用**好的**例子）。這大大增加了開發解決方案的難度，但這並不代表著他們不是很好的問題解決者。如果面試者自己寫不出一個例子，或他們無意間寫了一個特殊的情況，請適時指引他們。

- 一些面試者花了很長時間來找到 bug，是因為他們使用了一個巨大的範例。使用一個巨大的範例並不會使他們成為一個糟糕的測試人員或開發人員，這只是代表他們沒有意識到先把程式碼的概念寫出來是更有效率的做法，或者沒有意識到另一個小例子幾乎可以達到相同效果。請適時指引他們。

- 如果他們在找到最優解決方案之前就開始一頭鑽進程式碼，那就把他們拉回來，把注意力集中在演算法上（如果這是您想看到的）。如果面試者真的沒有時間去尋找或實作最優解決方案，那麼說他從未找到或實作最優解決方案是不公平的。

- 如果他們感到緊張，不知所措，不知道下一步要幹嘛，請建議他們使用暴力解決方案，然後尋找需要優化的區域。

- 如果他們什麼都還沒說，而且有一個相當明顯的暴力解決方案時，請提醒他們可以用暴力方案作為開始，而且第一個解決方案不必是完美的。

即使您認為面試者在上述這些面向的能力是一個重要因素，它也不會是唯一的因素。您可以在幫助引導他們越過此障礙後，將某人標記為「未通過」此障礙。

雖然這本書的目的是帶領面試者通過面試，但作為面試官，您的目標之一是消除未準備造成的影響。畢竟，有些面試者已經為面試做過準備，而有些人還沒有，這種差異可能不足以充份揭示他們的工程技能。

請使用本書中的技巧來指導面試者（當然是在合理的範圍內，您不會想給面試者過多的指導讓他們解決問題，導致您無法評估他們解決問題的能力）。

不過要小心，如果您是會讓面試者望之生畏的人，這種指導可能會讓事情變得更糟，這種指導會變成像是在告訴面試者說，他們一直在製造糟糕的例子、沒有按照正確的方法進行測試…等等。

如果他們想要安靜思考，就讓他們有安靜的時間

面試者最常問我的一個問題是，如何處理當他們唯一的需要是安靜地思考一會兒的時候，面試官卻執意要開口的情況。

如果您的面試者需要安靜一會，就請給他時間思考。您要學會區分「我被困住了，不知道該做什麼」和「我在安靜地思考」。

您的指導可能可以幫助您的面試者，它可能幫助許多面試者，但它不一定能幫助所有面試者。有些人需要一點時間來思考，請給他們時間，當您評估他們的時候，一併也要考慮到他們得到的指導比其他人少一點。

瞭解問題模式：合理性檢查、品質、專業、代理

在非常非常高的層次上，問題可分為四種：

- **合理性檢查**：這些通常是容易解決的問題或設計問題，這種問題用來評估解決問題的最低能力，它們無法區分「可行（ok）」和「很棒（great）」，所以不要用這樣的區分評價它們。您可以在早期使用它們（藉以過濾掉最差的面試者），或者當您只需要最低程度的能力時使用它們。

- **品質檢查**：這些是更有挑戰性的問題，通常出現在解決問題面試或設計面試中。它們的設計是嚴謹的，真正能讓面試者進行思考。當演算法／解決問題的技巧非常重要的時候，請使用這些問題。人們在這裡犯的最大錯誤就是問了一些對解決問題來說，實際上很糟糕的問題。

- **專業問題**：這些問題用來測試特定主題的知識，如 Java 或機器學習。當想評估一個工程師不能快速上手特定工作時，您應該使用這類問題。這些問題必須適合真正的專家。不幸的是，我曾遇過這樣的情況：一家公司向一位剛剛完成了為期 10 週的程式設計訓練營的求職者詢問有關 Java 的詳細問題。這說明了什麼？如果她有這方面的知識，那麼她也是最近才學的，因此這項技能很可能很容易上手。如果它很容易上手，那麼就沒有理由為它聘請人。

- **代理知識**：這不是某個專業層級必備的知識（實際上，您甚至可能不需要面試者具備這種知識），但是您希望這個層級的面試者應該要「知道」這些知識。例如，如果面試者懂 CSS 或 HTML，這對您可能並不很重要。但是，如果面試者已經在工作上使用這些技術許久，卻無法談論表格（table）的優缺點，就說明了他們有著無法從工作中吸收核心資訊的問題。

如果誤用這些問題模式的話，代表公司做錯了：

- 他們向非專業人士提出專業問題。

- 當他們不需要專家的時候，他們卻聘請了專家。

- 他們需要的是專家，但只評估非常基本的技能。

- 他們在問合理性檢查（很簡單）問題時，他們以為他們問的是品質問題。因此，他們將「可行」和「很棒」之間做了過多解讀，即使一個非常小的細節也能造成不同的結果。

事實上，在與許多大大小小的科技公司合作過招募流程後，我發現大多數公司都做錯了其中某一件事。

IV

面試前的準備

在面試開始前就要做好準備（事實上，幾年前就該準備好了）。下面的時間線概括了您應該在什麼時候思考什麼。

如果您起步較晚，不要擔心。盡可能多地「迎頭趕上」，然後專注於準備工作。祝好運！

▶ 取得對的經歷

沒有出色的履歷，就不會有面試機會；沒有豐富的經驗，就沒有出色的履歷。因此，獲得面試機會的第一步是積累豐富的經驗，您越早想到這一點越好。

對於現在還是學生的人來說，這可能代表著以下幾點：

- 選修會做大型專案的課：請找出那些會做撰寫大型程式碼專案的課。這是在您有正式工作經驗之前獲得一些實際經驗的好方法，實作的專案與現實世界越相關越好。

- 去實習（打工）：在校時請儘你所能去爭取實習機會，這將為您在畢業前帶來更好實習機會。許多頂尖的科技公司都有專門為大一和大二學生設計的實習專案。您也可以試試新創公司，它們可能更有彈性。

- 開始做點什麼：用您自己的時間建立一個專案，去參加駭客馬拉松，或者為開源專案做貢獻。做什麼並不是太重要，重點是您在撰寫程式碼。這不僅會提高您的技術技能和實作經驗，您的積極進取也會讓公司留下深刻的印象。

現職專業人員可能已經具備跳槽到理想公司的合適經驗（例如，Google 開發人員可能已經有足夠的經驗切換到 Facebook），但如果您正試圖從一個不太知名的公司跳到一間「大公司」，或者從測試 / IT 轉換到開發角色，下面的建議將會很有用：

- 將職責轉換到更多與寫程式相關的地方：在不向您的經理透露您正在考慮離職的情況下，您可以和他討論您對更大的程式碼挑戰的渴望。盡可能地確保這些專案是「有內涵的」，會使用到相關的技術，並讓它們成為履歷上的一兩個亮點。理想情況下，您履歷的主體就是這些程式碼專案組成的。

- 使用非上班時間：如果你能騰出空閒時間，請把時間拿來建立一個手機 app、網頁應用或是桌面程式。做這樣的專案也是獲得新技術經驗的好方法，讓您與現今企業的相關性更高。這個專案的工作一定要列在您的履歷上；對於面試官來說，沒有什麼比面試者「為了好玩」而去建構什麼東西，更令人印象深刻的了。

所有這些都可以歸結為公司希望看到的兩件大事：您很聰明，而且您可以做程式設計。如果您能證明這一點，您就能得到面試機會。

此外，您應該提前考慮您的職業發展方向。如果您未來想進入管理行業，即使您目前正在尋找的是一個開發職位，您也應該找到培養領導經驗的方法。

▶ 寫出棒棒的履歷

履歷篩選者想尋找的東西和面試官是一樣的。他們想知道您是否聰明、是否會程式設計。

這表示您應該準備好能突顯這兩點的履歷。您對網球、旅行或魔術的熱愛不會讓您表現出這兩點。如果您想縮減履歷中對技術的描述，將篇幅留給您的業餘愛好，請千萬要三思。

合適的履歷長度

在美國，如果您的工作經驗少於十年，強烈建議您將履歷控制在 1 頁紙以內。更有經驗的面試者通常可以調整長度為 1.5 至 2 頁。

若想使用一份很長的履歷要三思，因為簡短的履歷往往更令人印象深刻。

- 招募人員只花固定的時間（大約 10 秒）看您的履歷。如果您把內容限制在最令人印象深刻的專案上，招募人員肯定會看到它們。添加額外的項目只會分散招募者對您真正想讓他們看到的東西的注意力。

- 有些人直接拒絕閱讀長篇履歷，您真的想冒著履歷因此被扔掉的風險嗎？

如果你現在內心正想著「我的經歷這麼豐富，不可能只用 1、2 頁就寫完」，相信我，你可以的。長篇履歷並不代表您有豐富的經驗，它反而顯示出您不知道如何對內容進行優先排序。

就業歷史

您的履歷不會有（也不應該有）您曾經擔任過的每個職位的完整歷史。只應包括相關的職位，那些讓別人對您印象更深刻的職位。

寫強而有力的項目

對於每一個過去的職務，請試著用下面的方法來討論您的成就：「透過實作 Y 來完成 X，從而達到 Z」，以下是一些範例：

- 「透過實作分散式快取，物件渲染時間減少了 75%，從而減少了 10% 的登錄時間。」

下面是另一個替換說法的例子：

- 「透過實作一種新的基於 windiff 的比較演算法，將平均匹配精準度從 1.2 提高到 1.5。」

不是您做的每件事都適合這個方法，但是原則是一樣的：您該展示您做了什麼，怎麼做的，結果是什麼。理想情況下，您應該試著讓結果以某種方式「量化」。

專案

在履歷中強調您開發了專案中的哪些部份，通常是讓您看起來更有經驗的最佳方式，對大學生或應屆畢業生來說尤其如此。

專案部份應該包括您 2~4 個最重要的專案說明，請描述那些專案是什麼，使用了哪些語言或技術。您可能還需要考慮包括一些細節，比如該專案是個人專案還是團隊專案，以及它是因為課程而做的還是個人想做的。這些細節不是必需的，所以只有在寫進去會看起來更好的情況下，才把它們寫進去。個人專案通常比課程專案更受歡迎，因為它顯示了主動性。

不要寫過多的專案。許多求職者會犯這樣的錯誤：把之前的 13 個專案全部都寫進去，把一些不起眼的小專案混合寫到履歷中。

那麼應該要做出什麼成果呢？老實說，這並不重要。有些雇主真的很喜歡開源專案（它能呈現出您對大型程式碼庫做出貢獻的經驗），而有些雇主則更喜歡個人專案（這樣更容易理解您的個人貢獻）。您可以建立一個移動裝置應用程式、一個 web 應用程式，或者幾乎任何東西。最重要的是，您是會建造一些東西的人。

程式設計語言和軟體

軟體

對您列出的軟體要保守，並瞭解什麼是適合公司的。像 Microsoft Office 這類的軟體幾本上可略過不寫。像 Visual Studio 和 Eclipse 這樣的技術軟體在某種程度上更重要，但是許多頂尖的技術公司甚至不會關心這些。畢竟，學習 Visual Studio 真的那麼難嗎？

當然，將這些軟體全部列出來並不會對您造成傷害，但它會佔用寶貴的空間，所以您需要權衡一下。

語言

您應該列出所有您曾經用過的東西，還是把清單縮短到您最喜歡的？

列出所有您曾經接觸過的東西是很危險的，很多面試官會「公平的」看待您履歷上寫的任何東西。

另一種方法是列出您使用過的大多數語言，同時加上您的經驗水準，這種列示方法如下：

- 語言：Java（精通），C++（精通），JavaScript（有經驗）。

請使用任何能有效地傳達您的技能的措辭（例如：專精、流利…等等）。

有些人會列出他們使用某種語言的經驗年數，但這真的會讓人感到困惑。如果您在 10 年前第一次學習 Java，並且在此期間偶爾使用它，那麼您有多少年的經驗呢？

因此，工作經驗的年數不是衡量履歷好壞的標準，用簡單的英語來描述您的意思比較好。

給非英語母語人士和國際人士的建議

有些公司會因為您打錯一個字就把您的履歷扔掉,所以請至少找一個母語是英語的人來校對您的履歷。

此外,如果是應徵美國的職位,**請不要寫包括年齡、婚姻狀況或國籍**。公司不喜歡這種個人資訊,因為它會給公司帶來法律問題。

注意(潛在的)污點

某些語言帶有污點,有時這是因為語言本身,但更多的是因為使用這種語言的地方。我不是在為污點辯護,我只是想讓您知道。

一些您應該注意的污點:

* **企業語言**:某些語言帶有污點,這些通常是用於企業開發的語言。Visual Basic 就是一個很好的例子。如果您顯示自己是個 VB 專家,人們會認為您的技術能力較低,這些人們中的許多人也會承認,沒錯,VB.NET 實際上是完全足夠用來建立複雜的應用程式,但人們更傾向用它來建立較簡單的應用程式。您不太可能看到矽谷的大公司使用 VB。

  事實上,同樣的論證(儘管不那麼有力)適用於整個 .NET 平臺。如果您最擅長的是 .NET,但您並不是要應徵一個使用 .NET 的職位,那麼更需要證明您有強大的技術能力,而不是讓人家覺得您的背景完全不同。

* **太過集中於某種語言**:當一些頂尖科技公司的招募人員看到履歷上列舉了各式各樣的 Java 語言,他們就會對面試者的能力做出負面的假設。在許多圈子裡有這樣一種信念:最優秀的軟體工程師不會以某種特定的語言來定義自己。因此,當招募人員看到面試者似乎在炫耀他們所知道的某門語言的某一特定版本時,他們往往會認為該求職者「不是我們想要的那種人」。

  請注意,這並不代表著您一定要把這種「語言炫耀」從您的履歷中去掉。您需要瞭解這家公司的價值觀,一些公司也確實重視看重這一點。

* **認證**:軟體工程師的認證可以被評為正面,到中性,到負面的各種評價。這與過於「太過集中於某種語言」是同進退的;那些對擁有大量技術的面試者抱有偏好的公司,往往也會對認證抱有偏好。這代表著,在某些情況下,您應該把這種經歷從您的履歷中刪除。

- **只懂一到兩種語言**：您花在程式碼上的時間越多，您建立的東西越多，您使用的語言就越多。當他們看到只懂一種語言的履歷時，他們會假設您沒有經歷過太多問題。他們還經常擔心只懂一、兩種語言的面試者在學習新技術時會有困難（為什麼他們學不到更多的東西？），或者會覺得與某項特定的技術聯繫太過緊密（可能無法使用最好的語言來完成任務）。

這條建議不僅能幫您寫履歷，還能幫您累積正確的經驗。如果您的專長是 C#.NET，可以嘗試用 Python 和 JavaScript 開發一些專案。如果您只知道一種或兩種語言，那麼可以用另一種語言建立一些應用程式。

在可能的情況下，請嘗試真正多樣化。{Python、Ruby 和 JavaScript} 這個集合中的語言有些相似。如果您能學習更多不同的語言（比如 Python、C++ 和 Java），那就更好了。

▶ 準備流程圖

下面的流程圖會讓您明白整個面試準備的流程。這裡的一個關鍵點是，裡面不僅僅只包含練習面試問題，同時也會做專案和寫程式碼！

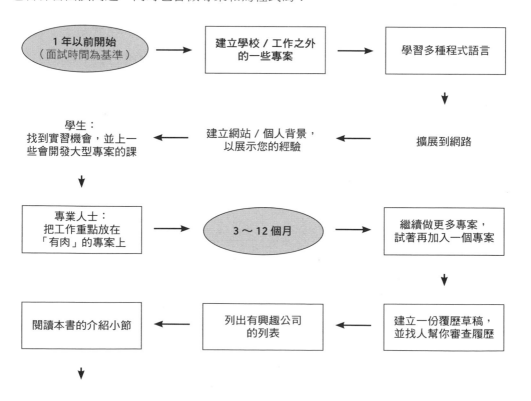

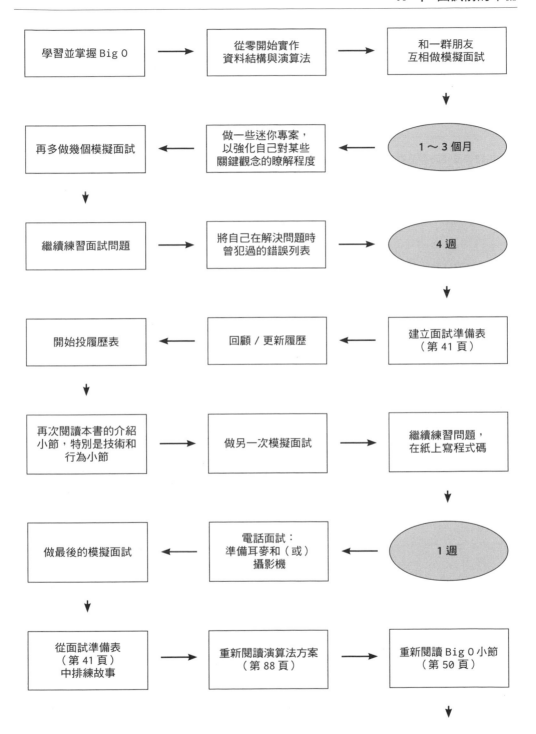

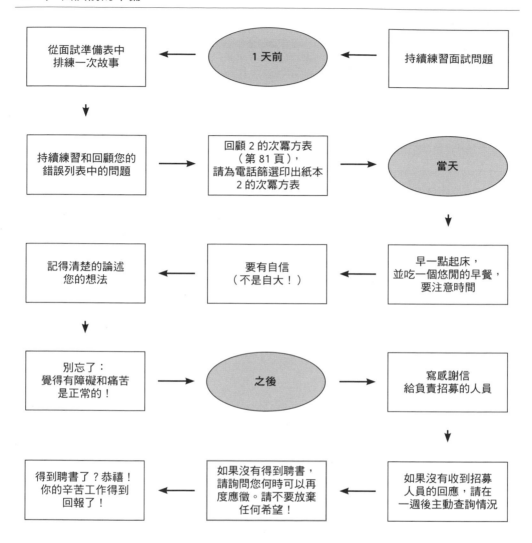

行為問題

行為問題的目的是為了瞭解您的個性，更深入地瞭解您的履歷，或讓您更輕鬆地進入面試。這些都是很重要的問題，也可以事前先做好準備的問題。

▶ 面試準備表

瀏覽您履歷中的每一個專案以及其組成部分，請確保您可以詳細地談論它們。填寫像這樣的表格可能會有幫助：

常見題目	專案 1	專案 2	專案 3
挑戰			
犯錯／失敗			
享受			
領導力			
衝突			
您會做什麼不一樣的事			

在表格頂部欄的開頭，您應該列出履歷的所有主要重點，包括每個專案、工作或活動。在列的部份，您應該列出常見的行為問題。

在面試前復習一下這個表格，將每個故事簡化為幾個關鍵字可以使表格更容易復習和回憶。同時您也可以更容易地在面試時把這個表格放在您面前，而不會讓您分心。

另外，確保您有一到三個可以詳細談論的專案。您應該能夠深入討論技術組成，這些專案必須是您發揮核心作用的專案。

您的弱點是什麼？

當被問到您的弱點時，請給出一個真正的弱點！像「我最大的缺點是工作太努力」這樣的回答是告訴面試官您很傲慢，而且（或者）不願承認自己的缺點。一個好的回答傳達了一個真實的、合理的弱點，但同時要強調您如何克服它。

例如：

> 「有時候，我不太注意細節。雖然這也有好處，因為它讓我快速執行工作，這也代表著我有時會犯粗心的錯誤。正因為如此，我總是讓別人來檢查我的工作。」

您應該問面試官什麼問題？

大多數面試官都會給您一個提問的機會。您的問題的品質將會影響他們的決定，無論您提出的問題臨時發現的、還是刻意準備的，所以在開始面試前請事先準備一些問題。

您可以思考三種類型的問題。

真正的問題

這些是您真正想知道答案的問題，以下是一些對許多面試者有價值的問題：

1. 「測試人員、開發人員和程式經理的比例是多少？如何互動？團隊是怎麼做專案計畫的？」

2. 「為什麼您會到這間公司上班？對您來說最大的挑戰是什麼？」

這些問題將有助您感受每天在這間公司上班的感覺。

洞察力的問題

這些問題表明您對技術的知識或理解。

1. 「我注意到您使用了 X 技術。您如何處理 Y 問題？」

2. 「為什麼產品選擇使用 X 協定而不是 Y 協定？」我知道它有 A、B、C 等好處，但很多公司因為 D 問題而選擇不使用它。」

通常需要事先對公司進行研究才有辦法提出這樣的問題。

熱情問題

這些問題旨在展示您對技術的熱情，它們表現出您對學習的興趣，並將成為公司的重要貢獻者。

1.　「我對可擴縮性非常感興趣，想更瞭解它。在這家公司有什麼機會可瞭解它呢？」

2.　「我不熟悉 X 技術，但它聽起來是一個非常有趣的解決方案。您能告訴我更多關於它是如何工作的嗎？」

▶ 掌握您的技術專案

在做面試準備時，您應該把重點放在兩三個您能深入掌握的技術專案，請選擇符合以下標準的專案：

* 這個專案中有挑戰性的部分（不僅僅是「學到很多」）。

* 您扮演了中心角色（理想情況下是在具有挑戰性的部份）。

* 您可以在技術層面上深入討論。

對於這些專案，以及您所有的專案，您要能夠談論其中的挑戰、錯誤、技術決策、技術選擇（以及這些的權衡），以及您會採取不同做法的地方。

您還可以考慮後續問題，比如如何擴展應用程式。

▶ 回答行為問題

行為問題能讓面試官更好地瞭解您和您之前的工作經歷，請在回答問題時記住以下建議。

具體點，不要傲慢

傲慢是一個危險信號，但是您仍然想讓自己給人留下深刻的印象。那麼，如何才能讓自己聽起來不那麼自大呢？就是說的具體一點！

具體化代表著只提供事實，讓面試官自己去解讀。例如，不要說您「完成了所有困難的部分」，您可以描述您完成的有挑戰性的部分。

不要囉哩八嗦

當一個求職者喋喋不休地談論一個問題時，對這個主題或專案不是很精通的面試官很難理解到底是在講什麼。

不要過分講述細節，只陳述重點。如果可能的話，試著轉換它或者至少解釋一下它的影響。您總是可以給面試官進一步深入的機會。

> 「透過研究最常見的使用者行為，並應用 Rabin-Karp 演算法，我設計了一種新的演算法，在 90% 的情況下，將搜尋從 O(n) 減少到 O(log n)。如果您想聽，我可以告訴您更多的細節。」

這一段話可展現出關鍵點，如果您的面試官想瞭解更多細節的話，這一段話也能引發他的詢問。

把重點放在您自己，而不是您的團隊上

面試說到底是種對個人的評估。不幸的是，當您聽到很多面試者（尤其是那些擔任領導職務的）的回答時，他們的答案充斥著「我們」和「團隊」。這可能導致面試官最終會覺得面試者沒什麼影響力，還可能作出面試者沒什麼實際作為的結論。

請注意自己在答案中提到「我們」和「我」的次數，請假設每個問題要問的都是您個人的角色，然後以您個人的角度回答。

給出有結構的答案

對於行為問題的回答，有兩種常見的組織方式：「金塊優先」和「S.A.R」。這些技術可以單獨使用，也可以一起使用。

金塊優先

「金塊優先」是您的回答的最開頭要有一個「金塊」，用來簡單描述您的回答的重點。

例如：

- 面試官：「告訴我一個您說服一群人做出改變的例子」。

- 面試者：「有一次我說服我的學校，讓本科生自己負責教他們的課程。起初，我的學校有一個規定……」。

這個技巧能抓住面試官的注意力，讓您的故事內容一目了然。它還能幫助您的溝通聚焦，因為您已經非常清楚您的回答的要點。

S.A.R（情況，行動，結果）

S.A.R 方法代表著您從概述情況開始，然後解釋您所採取的行動，最後，描述結果。

例如：「告訴我一個和隊友進行富有挑戰性互動的例子」。

- **情況（Situation）**：我在作業系統專案中被分配和另外三個人一起工作。雖然其中兩個人很棒，但第三個人貢獻不大。他在會議中保持沉默，在電子郵件討論中很少插話，而且對完成他負責的部份感到困難。這是一個問題，不僅因為他轉移了更多的工作給我們，我們也不知道是否可以信任他。

- **行動（Action）**：我還不想完全放棄他，所以我試圖解決這個問題，所以我做了三件事。

  首先，我想知道他為什麼要這樣做。是懶惰嗎？他在忙別的事嗎？我和他聊了起來，然後問了他一些開放式的問題，問他感覺怎麼樣。有趣的是，他突然說他想負責寫文件，而寫文件是最耗費時間的部分之一。這件事告訴我，他不是懶惰，而是他覺得自己不夠好，寫不了程式碼。

  第二，既然現在我知道原因了，我試著讓他明白他不應該害怕搞砸。我告訴他我犯的一些更大的錯誤，並承認我對專案的很多部分也不是很清楚。

  第三，也是最後一件事，我請他幫我分析一下這個專案的一些組成部分。我們坐在一起，為其中一個大的元件設計了一個詳細的規格，這份規格比以前更詳盡得多。當他看到了所有的組成，他就知道這個專案並不像他想像的那麼可怕。

- **結果（Result）**：他信心大增，主動提出想承擔一些較小的程式碼工作，最後也參與了最大的一些工作。他按時完成了所有的工作，在討論中貢獻了更多。我們很高興能在未來的專案中與他合作。

情況和結果應該簡短一點。您的面試官通常不需要很多細節來理解發生了什麼，事實上如果說的太多，他們可能會被弄糊塗。

使用 S.A.R 模型讓您有明確的情況、行動和結果，面試官就能很容易地識別出您是如何發揮影響力，以及促成哪些重要的影響。

請想一下怎麼把您的故事放到下面的格子裡：

	金塊	情況	行動	結果	意義
故事 1			1. … 2. … 3. …		
故事 2					

深入探索行動

在幾乎所有的案例中，「行動」是故事中最重要的部分。不幸的是，有太多的人喋喋不休地談論著當時的「情況」，卻隨便帶過了行動的部份。

相反地，您應該針對「行動」的部分深入描述。在可能的情況下，將行動分解成多個部分，例如：「我做了三件事。首先，我……」這將有助增加深度。

想想它的意義

請重讀第 45 頁的故事，您覺得面試者有哪些性格特徵？

- **倡議 / 領導能力**：面試者試圖正面解決問題。

- **同理心**：面試者試圖瞭解發生在隊友身上的事。在知道如何解決對方的不安全感，面試者也表現出了同理心。

- **同情心**：雖然隊友在傷害團隊，但面試者並不生隊友的氣。他的同理心使他產生了同情心。

- **謙卑**：面試者能夠承認自己的缺點（不僅是對隊友，也是對面試官）。

- **團隊合作 / 樂於助人**：面試者與隊友合力將專案拆分為可執行的子任務。

您應該從這個角度來思考您的故事，分析您採取的行動和反應。您的反應說明了什麼性格特徵？

在許多情況下，答案中看不出來面試者具有哪些性格特徵，這通常代表著您需要重新設計故事，以使性格特徵更清晰。建議您不要開門見山地說「我做了某件事，因為我有同理心」，您可以更進一步。例如：

* **不明確性格特徵**：「我打電話給客戶，告訴他發生了什麼事」。

* **更明確性格特徵（同理心和勇氣）**：「我親自打電話給客戶，因為我知道他會很高興直接從我這裡聽到」。

如果您仍然不能清楚地表達性格特徵，那麼您可能需要想出一個全新的故事。

▶ 請自我介紹一下

很多面試官一開始就會問您一些關於您自己的情況，或者讓您介紹一遍您的履歷。這本質上是「作球給您」。這是面試官對您的第一印象，所以您一定要抓住這個機會。

結構

對於很多人來說，一個典型的自我介紹結構基本上是按時間順序排列的，開頭的句子描述了他們目前的工作，結尾討論了他們工作之外的相關和有趣的愛好（如果有的話）。

1. **當前角色 [只有重點]**：「我是 Microworks 的一名軟體工程師，在過去的五年裡，我一直領導著 Android 團隊」。

2. **教育程度**：我在伯克利大學（Berkeley）學的是計算機工程，有幾個暑假在新創公司工作，其中有一次我嘗試自己創業。

3. **進修與成長**：大學畢業後，我想接觸一些更大的公司，所以我到 Amazon 公司任職開發者。這是一次很棒的經歷。我學到了很多關於大型系統設計的知識，並真正推動了 AWS 關鍵部分的發佈。這個經歷實際上告訴我，我真的想要一個更有創業精神的環境。

4. **當前角色 [詳細資訊]**：我在 Amazon 的一位老主管把我招進來加入她的新創公司，這也是我來到 Microworks 的原因。在這間公司，我做了最初的系統架構，隨著我們的快速增長，它表現出相當好的可擴縮性。然後我抓住機會領導 Android 團隊。我確實管理著一個三人團隊，但我的角色主要是技術領導：架構、程式碼等等。

5.　**工作之外**：在工作之餘，我參加過一些駭客馬拉松，主要是在那裡做 iOS 開發，以便更深入地學習。我也是一個活躍的 Android 開發線上論壇的版主。

6.　**總結**：我正在尋找新的東西，您們公司吸引了我的目光。我一直很喜歡與使用者有連結，我也很想回到一個更小的環境中。

此結構適用於 95% 的面試者，若您是經歷豐富的求職者，可以精簡部分內容。未來十年裡，面試者自我介紹的開頭可能會變成：「從伯克利獲得電腦科學學位後，我在 Amazon 工作了幾年，然後加入了一家新創公司，在那裡我領導著 Android 團隊。」

興趣

仔細思考您的興趣。您可能想討論，也可能不想討論它們。

通常它們只是一些邊角料。如果您的興趣只是一些普通的活動（例如滑雪或和您的狗狗玩耍），您可以跳過它。

業餘興趣有時候是可以派上用場的，這種情況經常發生在：

* 這個興趣非常獨特（例如噴火）。它可能會開啟一段對話，以一種更親切的語調開始面試。

* 您的興趣是有技術性的。這不僅能提高您的實際技能，還能顯示您對科技的熱情。

* 這種興趣顯示出積極的個性特徵。像「自己重新裝修您的房子」這樣的興趣顯示了一種學習新事物、承擔一些風險、親自動手的動力。

提起興趣愛好沒什麼壞處，所以當您無法決定該不該講的時候，也是可以講的。

不過，想想如何最好地表達您的興趣。您有什麼成功的經驗或具體的工作要展示嗎（例如，在劇中扮演一個角色）？這個興趣有什麼個性特徵嗎？

展示成功之處

在上面的自我介紹中，面試者隨意地提到了他的一些重要背景。

* 他特別提到他是被前經理挖角到 Microworks 的，這表示他在 Amazon 表現優秀。

* 他還提到希望在一個更小的環境中工作，這顯示出了一些文化契合度（假設這是他申請的新創公司）。

- 他提到過往的一些成功，例如發布了 AWS 的關鍵部份、建立了一個可擴縮的系統。

- 他提到了他的興趣，這兩種興趣都顯示出學習的動力。

當您考慮怎麼做自我介紹時，想一下您的背景特別之處可以描述您這個人。您能夠展示您的成功之處嗎？（獲獎、升職、被曾經共事的同事錄用、發佈等等）您想要傳達什麼關於您自己的資訊？

VI

Big O

這是一個非常重要的概念,我們為此專門寫了(好長的)的一章。

Big O 時間是我們用來描述演算法效率的語言和度量方法。在開發演算法時,若對它沒有徹底地理解會對您造成傷害。您不僅可能因為沒有真正理解 Big O 而被嚴厲地批評,而且您也很難判斷您的演算法是變快還是變慢了。

請掌握這個概念。

▶ 一個比喻

請想像一下這樣的場景:您的硬碟上有一個檔案,您需要把它發送給住在國家另外一邊的朋友。您必須儘快把檔案交給您的朋友。您應該怎麼寄?

大多數人首先想到的是電子郵件、FTP 或其他電子傳輸方式。這個想法有其道理,但只對了一半。

如果它是一個小檔案,您當然是對的。因為若是人到機場,跳上一架飛機,然後把它送到您的朋友那裡,要花 5 到 10 個小時。

但是如果檔案非常非常大呢?有可能透過飛機運送更快嗎?

是的,實際上是。一個 1TB 的檔案透過電子方式傳輸可能需要一天以上的時間。如果讓它坐飛機飛過整個國家,速度會快得多。如果您的檔案很緊急(而且成本不是問題),您可能只會選擇坐飛機。

如果沒有飛機可坐,而您必須開車穿越整個國家呢?即便如此,如果檔案非常巨大的話,開車還是比較快。

▶ 時間複雜度

這就是漸近執行時間或 Big O 時間概念的含義，我們可以將資料傳輸「演算法」執行時間描述為：

- 使用電子傳輸：O(s)，其中 s 為檔案大小。這代表著傳輸檔案的時間隨檔案的大小線性增加（是的，這裡把情況簡化了，但用於說明來說還是可以的）。

- 使用飛機傳送：O(1)，即使檔案大小增加，將檔案發送給您的朋友也不會花費更多的時間，因此時間是常數。

不管常數有多大，線性增長有多慢，線性增長總會在某個點上超過常數。

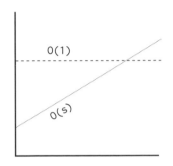

其他還有更多種執行時間，最常見的有 O(log N)、O(N log N)、O(N)、O(N^2) 和 O(2^N)，但是，無法用列示的方法將執行時間全部列出來。

您還可以在執行時間中擁有多個變數。例如，粉刷一個 w 米寬 h 米高的柵欄的時間可以被描述為 O(wh)。如果您需要 p 層油漆，那麼您可以說時間是 O(whp)。

Big O、Big Theta 和 Big Omega

如果您從來沒有在學術場合討論過 Big O，您可以跳過這一小節，因為這個小節可能讓您產生的困惑多於幫助。這個「僅供參考」的小節主要是為了向以前學過 Big O 的人澄清模棱兩可的措辭，這樣他們就不會說「但我以為 Big O 的意思是…」。

學術界使用 Big O，Big Θ（theta），和 Big Ω（omega）來描述執行時間。

- O（Big O）：在學術界，Big O 表示時間的一個上界。以輸出陣列中所有值的演算法來說，它可以被描述為 O(N)，但也可以被描述為 O(N^2)、O(N^3) 或 O(2^N)（或許多其他 Big O 時間）。這個演算法至少和這些 Big O 時間一樣快；因此它們是執行時

間的上界。這類似於一種低於或等於的關係。如果 Bob 是 X 歲（我假設沒有人超過 130 歲），那麼您可以說 X ≤ 130。但 X ≤ 1,000 或 X ≤ 1,000,000 也是正確的。這在技術上是正確的（儘管沒什麼用處）。同樣，印出陣列中的值的簡單演算法需要 O(N)、O(N³) 或任何大於 O(N) 的執行時間。

- Ω（**Big omega**）：在學術上來說，Ω 的概念類似，但指的是下界。印出一個陣列中的值可以說是 Ω (N)、Ω (log N) 和 Ω (1)。因為，您知道它不會比這些執行時間還快。

- Θ（**Big theta**）：在學術上來說，Θ 代表著 O 和 Ω 同時成立。就是一個演算法如果是 O (N) 和 Ω(N)，那它就是 Θ(N)，Θ 為執行時間規定了上下界。

在業界（因此也會在面試中），人們似乎將 Θ 和 O 的意義合併在一起了。業界的 Big O 更接近學者口中的 Θ，將印出一個陣列描述為 O(N²) 會被視為錯誤，業界會說應該是 O(N)。

在本書中，我們將以業界習慣使用的方式來使用 Big O：總是試圖提供對執行時間最精確的描述。

最佳情況、最差情況、預期情況

我們可以用三種不同的方式來描述演算法的執行時間。

讓我們從快速排序演算法的角度來看一下這件事。快速排序演算法會選擇一個隨機元素作為「pivot」，然後交換陣列中的值，使小於 pivot 的元素出現在大於 pivot 的元素之前。這做到一個「部分排序」的效果，然後使用類似的過程遞迴地對左右兩邊進行排序。

- **最佳情況**：如果所有元素都相等，那麼快速排序平均只會遍歷陣列一次。這種情況是 O(N)（這實際上會依快速排序的實作而稍微有所不同。不過，也有一些實作可以在一個已排序的陣列上快速執行）。

- **最差情況**：如果我們取得的 pivot 是該陣列中最大的元素怎麼辦？（事實上，這很容易發生。如果選擇子陣列中的第一個元素作為 pivot 的，而該陣列又是依相反的順序排序，就會出現這種情況）。在這種情況下，我們的遞迴不會將陣列分成兩半，然後在兩半再各自遞迴。它會改為將子陣列縮小成一個元素，這將使執行時間退化為 O(N²)。

- **預期情況**：通常這些美妙或可怕的情況不會發生。當然，有時 pivot 會非常小或非常大，但這並不常發生，所以我們可以期望執行時間為 O(N log N)。

我們很少討論最佳情況時間複雜度，因為它不是一個很有用的概念。畢竟，絕大部份演算法，只要給予特殊情況的一些輸入，就可以得到最好的情況 O(1) 的時間。

大多數演算法的最壞情況和預期情況相同，但有時它們是不同的，碰到這種情況時，需要分別說明這兩種執行時間。

最佳 / 最差 / 預期情況與 *Big O* / *theta* / *omega* 之間有什麼關係

面試者很容易混淆這些概念（可能因為兩者都有「高」、「低」和「準確」的概念），但這些概念在兩者之間沒有特定的關係。

最佳、最差和預期情況描述了特定輸入或場景的 Big O（或 Big theta）時間。

Big O、Big omega、Big theta 則是描述了執行時間的上下界和區間界限。

▶ 空間複雜度

時間不是演算法中唯一重要的東西，我們還可能關心演算法所需的記憶體或空間。

空間複雜度是一個與時間複雜度平行的概念。如果我們需要建立一個大小為 n 的陣列，這將需要 O(n) 空間。如果我們需要一個大小為 nxn 的二維陣列，這將需要 O(n²) 空間。

遞迴呼叫中的堆疊空間也很重要。例如，這樣的程式碼將佔用 O(n) 時間和 O(n) 空間。

```
1   int sum(int n) { /* 練習1 */
2       if (n <= 0) {
3           return 0;
4       }
5       return n + sum(n-1);
6   }
```

每次呼叫都會添加一層到堆疊中。

```
1   sum(4)
2       -> sum(3)
3           -> sum(2)
4               -> sum(1)
5                   -> sum(0)
```

每次呼叫都被添加到呼叫堆疊並佔用實際記憶體。

然而，總數 n 次的呼叫並不代表著它佔用了 O(n) 個空間。例如下面的函式，它將 0 到 n 之間的相鄰元素做相加後求總和：

```
1   int pairSumSequence(int n) { /* 練習2 */
2     int sum = 0;
3     for (int i = 0; i < n; i++) {
4       sum += pairSum(i, i + 1);
5     }
6     return sum;
7   }
8
9   int pairSum(int a, int b) {
10    return a + b;
11  }
```

這裡大約會呼叫 pairSum 共 O(n) 次。但這些呼叫並不會同時存在於呼叫堆疊上，因此您只需要 O(1) 空間。

▶ 去掉常數

對於特定的輸入，O(N) 程式碼很可能比 O(1) 程式碼執行的還要快，Big O 表示的只是增長率。

由於這個原因，我們可以刪除執行時間裡的常數。一個被描述為 O(2N) 的演算法實際上是 O(N)。

但許多人拒絕這樣做，他們會將具有兩個（非巢式的）for 迴圈的程式碼視為 O(2N)。他們認為自己更「精確」，但事實並非如此。

請看以下程式碼：

Min 和 Max 1

```
1   int min = Integer.MAX_VALUE;
2   int max = Integer.MIN_VALUE;
3   for (int x : array) {
4     if (x < min) min = x;
5     if (x > max) max = x;
6   }
```

Min 和 Max 2

```
1   int min = Integer.MAX_VALUE;
2   int max = Integer.MIN_VALUE;
3   for (int x : array) {
4     if (x < min) min = x;
5   }
6   for (int x : array) {
7     if (x > max) max = x;
8   }
```

哪一個更快？第一個執行一個 for 迴圈，另一個執行兩個 for 迴圈。但是，第一個解決方案每個 for 迴圈有兩行程式碼，而不是一行。

如果您要計算指令的數量，那麼您必須進入組合語言層去看，並考慮到乘法比加法需要更多的指令，編譯器如何優化某些東西，以及其他各種細節。

這樣做會把事情複雜化到一個很可怕的程度，所以一開始根本就不要選擇這麼做。Big O 允許我們表達執行時間是如何擴展的，我們只需要接受 O(N) 不一定永遠比 O(N²) 好就可以了。

▶ 去掉非優勢項

如何處理 O(N² + N) 這樣的運算式？第二個 N 並不是一個可以被去掉的常數，但它又不是特別重要的項。

我們之前已經說過常數可以去掉。因此，O(N² + N²) = O(N²)。如果我們連後面的 N² 項都不關心了，那我們為什麼要關心 N 呢？所以我們也把它去掉。

您應該去掉非優勢項。

*   O(N² + N) 變成 O(N²)

*   O(N + log N) 變成 O(N)

*   O(5*2^N + 1000N^{100}) 變成 O(2^N)

執行時間裡我們仍然可能有相加的情況。例如，運算式 O(B² + A) 不能被簡化（因為缺乏關於 A 和 B 的特別描述）。

下圖描述了一些常見的 Big O 執行時間增長率。

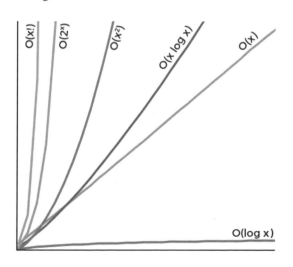

正如您所看到的，$O(x^2)$ 比 $O(x)$ 差得多，但仍遠勝於 $O(2^x)$ 或 $O(x!)$。還有很多比 $O(x!)$ 更糟糕的執行時間，比如 $O(x^x)$ 或 $O(2^x * x!)$。

▶ 多步驟演算法：加與乘

假設您有一個演算法，它有兩個步驟。什麼時候將執行時間相乘，什麼時候又該將它們相加呢？

這是面試者常犯的一個錯誤。

將執行時間相加：$O(A + B)$

```
1    for (int a : arrA) {
2        print(a);
3    }
4
5    for (int b : arrB) {
6        print(b);
7    }
```

將執行時間相乘：$O(A * B)$

```
1    for (int a : arrA) {
2        for (int b : arrB) {
3            print(a + "," + b);
4        }
5    }
```

在左邊的例子中，我們先做了 A 區塊的工作，然後再做 B 區塊的工作。因此，總共做的工作是 $O(A + B)$。

在右邊的例子中，我們對 A 中的每個元素做 B 區塊的工作。因此，總共做的工作是 $O(A * B)$。

換句話說：

- 如果您的演算法是「執行此操作，然後，當您完成所有操作時，執行下一個操作」的形式，那麼您將執行時間相加。

- 如果您的演算法是「每次做這個時您就要做那個」，那麼您將執行時間相乘。

在面試中很容易把這個搞砸，所以要小心。

▶ 平攤時間

一個 `ArrayList`，或者一個能動態調整大小的陣列，允許您在提供大小靈活性的同時享受陣列的好處。您不會耗盡 `ArrayList` 中的空間，因為它的容量會隨著您插入元素而增長。

ArrayList 是用陣列實作的。當陣列達到容量時，ArrayList 類別將建立一個容量加倍的新陣列，並將所有元素複製到新陣列。

要如何描述插入的執行時間呢？這是一個棘手的問題。

陣列有可能是滿的狀態，如果陣列包含 N 個元素，那麼插入一個新元素將花費 O(N) 時間。因為您將不得不建立一個大小為 2N 的新陣列，然後複製 N 個元素，所以這次插入將花費 O(N) 個時間。

然而，我們也知道這並不會經常發生，絕大多數的插入時間都在 O(1) 時間內。

我們需要一個兼顧兩者的概念，這就是平攤時間的功能。平攤時間允許我們描述以下情況：最壞的情況每隔一段時間就會發生，但是一旦它發生了，在很長時間內它不會再發生，以致於代價可以「被平攤」。

在這種情況下，平攤時間是多少呢？

當我們插入元素時，當陣列的大小等於 2 的冪次方時，容量就要加倍。所以假設有一系列元素被插入時，我們在陣列大小為 1、2、4、8、16、…、X 進行陣列容量翻倍，而翻倍時分別需要做 1、2、4、8、16、32、64、…、X 次的複製。

1 + 2 + 4 + 8 + 16 + … + X 的和是多少呢？如果您從左到右讀這個和，它從 1 開始，然後加倍直到 X。如果從右向左讀，它從 X 開始減半，一直到 1。

那麼 $X + \frac{X}{2} + \frac{X}{4} + \frac{X}{8} + \cdots + 1$ 的和是多少呢？大概是 2X。

因此，X 次插入需要 O(2X) 的時間，每次插入的平攤時間是 O(1)。

▶ Log N 執行時間

我們常在執行時間中看到 O(log N)，這是怎麼來的呢？

以二分法搜尋為例，在二分法搜尋中，我們要在一個擁有 N 元素的已排序陣列中搜尋一個特定的 x。我們首先比較 x 和陣列的中點，如果 x == middle，則回傳找到元素；如果 x < middle，則搜尋陣列的左側，如果 x > middle 就搜尋陣列的右側。

```
search 9 within {1, 5, 8, 9, 11, 13, 15, 19, 21}
    compare 9 to 11 -> smaller.
    search 9 within {1, 5, 8, 9}
        compare 9 to 8 -> bigger
        search 9 within {9}
```

```
compare 9 to 9
return
```

在開始的時候我們要搜尋的陣列有 N 元素。然後，經過一個簡單的步驟，我們要搜尋的陣列只剩 N/2 個元素。再走一步，就剩下 N/4 個元素了。當我們找到目標值或者比對到最後只剩一個元素時，我們就停止。

總共的執行時間就等於是問我們要走多少步（每次除以 2）才能讓 N 變成 1。

```
N = 16
N = 8        /* 除以2 */
N = 4        /* 除以2 */
N = 2        /* 除以2 */
N = 1        /* 除以2 */
```

我們也可以反過來看（從 1 到 16 而不是從 16 到 1）。1 乘多少次 2 才能達到 N？

```
N = 1
N = 2        /* 乘以2 */
N = 4        /* 乘以2 */
N = 8        /* 乘以2 */
N = 16       /* 乘以2 */
```

怎麼求 2^k = N 運算式中 k 是什麼？就靠 `log`。

$$2^4 = 16 \rightarrow \log_2 16 = 4$$
$$\log_2 N = k \rightarrow 2^k = N$$

當您看到一個問題時，問題空間中的元素數量每次減半，那麼執行時間就很可能是 O(log N)，這是一個很好的速記法。

這也是為什麼在一個平衡的二元搜尋樹中找到一個元素是 O(log N) 的原因。每次比較，我們不是向左，就是向右。每邊有一半的節點，所以我們每次將問題空間減半。

> 那麼 log 的底是多少呢？問得好！簡而言之，對於 Big O 來說，它並不重要。更詳細的解釋可以在第 804 頁的「Log 的底數」中找到。

▶ 遞迴執行時間

這是一個棘手的問題。請問這段程式碼的執行時間是多少？

```
1    int f(int n) {
2      if (n <= 1) {
3        return 1;
```

```
4        }
5        return f(n - 1) + f(n - 1);
6    }
```

由於某些原因，很多人會看到兩個對 f 的呼叫就會直覺是 O(N²)，這是完全錯誤的。

與其用猜的，不如透過遍歷程式碼來獲得執行時間。假設是 f(4) 這個函式兩次呼叫 f(3)，每一次對 f(3) 的呼叫都會呼叫 f(2) 直到 f(1) 為止。

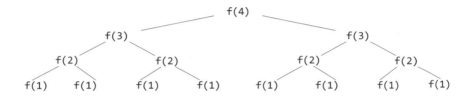

這棵樹上有多少個呼叫？（請不要用手指一個一個去算！）

樹的深度是 N，每個節點（即函式呼叫）都有兩個子節點。因此，每一層的呼叫次數都是上一層的兩倍，所以每層節點數為：

層	# 節點數	也可以寫成…	或…
0	1		2^0
1	2	2 * previous level = 2	2^1
2	4	2 * previous level = $2 * 2^1 = 2^2$	2^2
3	8	2 * previous level = $2 * 2^2 = 2^3$	2^3
4	16	2 * previous level = $2 * 2^3 = 2^4$	2^4

因此，將會有 $2^0 + 2^1 + 2^2 + 2^3 + 2^4 + \cdots + 2^N$（也就是 $2^{N+1} - 1$）個節點（見 804 頁的「2 的冪次方和」）。

請試著記住這個模式。當遞迴函式執行多個呼叫時，執行時間通常（但不總是）是 $O(分支^{深度})$，其中分支是每個遞迴呼叫分支的次數。在這種情況下，我們得到的是 $O(2^N)$。

> 您可能還記得，對於 Big O 來說，log 的底數並不重要，因為不同底數的 log 只有一個常數因數不同。然而，這並不適用於指數。指數的底數很重要。比較 2^n 和 8^n。如果展開 8^n，就得到 $(2^3)^n$，它等於 2^{3n}，等於 $2^{2n} * 2^n$。如您所見，8^n 和 2^n 的差是 2^{2n} 倍，這不是一個常數的倍數！

該演算法的空間複雜度為 O(N)。雖然樹中總共有 O(2^N) 個節點,但在任何給定時間只有 O(N) 個節點存在。因此,我們記憶體使用只需要 O(N)。

▶ 範例和練習

一開始學習 Big O 概念時會很困難。然而,一旦被「點通」後,它就變得相當容易。同樣的模式將一次又一次地出現,而剩下的您可以推導。

我們將從簡單的題目開始,逐步變得更加困難。

範例 1

以下程式碼的執行時間是多少?

```
1   void foo(int[] array) {
2     int sum = 0;
3     int product = 1;
4     for (int i = 0; i < array.length; i++) {
5       sum += array[i];
6     }
7     for (int i = 0; i < array.length; i++) {
8       product *= array[i];
9     }
10    System.out.println(sum + "," + product);
11  }
```

這將花費 O(N) 個時間,事實上我們會遍歷陣列兩次這件事並不重要。

範例 2

以下程式碼的執行時間是多少?

```
1   void printPairs(int[] array) {
2     for (int i = 0; i < array.length; i++) {
3       for (int j = 0; j < array.length; j++) {
4         System.out.println(array[i] + "," + array[j]);
5       }
6     }
7   }
```

內部的 for 迴圈有 O(N) 次迭代,它被呼叫 N 次。因此,執行時間為 O(N^2)。

另一種解法是檢查程式碼的「含義」。它正在印出所有元素對(雙元素序列)。一共有 O(N^2) 對;因此,執行時間為 O(N^2)。

範例 3

這與上面的範例程式碼非常相似，但是現在內部的 for 迴圈從 i + 1 開始。

```
1    void printUnorderedPairs(int[] array) {
2      for (int i = 0; i < array.length; i++) {
3        for (int j = i + 1; j < array.length; j++) {
4           System.out.println(array[i] + "," + array[j]);
5        }
6      }
7    }
```

我們可以用幾種方法推導執行時間。

> 這種 for 迴圈模式非常常見，瞭解並深入理解執行時間非常重要。您不能只是將常見的執行時間背下來，對它有深刻的理解是很重要的。

計算迭代

第一次通過 j 迴圈時執行 N-1 個步驟，第二次是 N-2 步，然後 N-3 步，以此類推。

因此，總步數為：

```
(N-1) + (N-2) + (N-3) + ... + 2 + 1
    = 1 + 2 + 3 + ... + N-1
    = sum of 1 through N-1
```

1 到 N-1 的和是 $\frac{N(N-1)}{2}$（見第 803 頁的「整數 1 到 N 的和」），所以執行時間是 $O(N^2)$。

從程式含義上來看

或者，我們可以透過思考程式碼的「含義」來確定執行時間，它迭代的是 (i, j) 中所有 j 大於 i 的每一對值。

(i, j) 總共的可能性有 N^2 對。大概有一半是 i < j，剩下另一半是 i > j。這段程式碼大概會處理 $N^2/2$ 對，所以它做了 $O(N^2)$ 的工作。

視覺化工作

當 N = 8 時，程式碼遍歷下列（i, j）對：

```
(0, 1) (0, 2) (0, 3) (0, 4) (0, 5) (0, 6) (0, 7)
       (1, 2) (1, 3) (1, 4) (1, 5) (1, 6) (1, 7)
              (2, 3) (2, 4) (2, 5) (2, 6) (2, 7)
                     (3, 4) (3, 5) (3, 6) (3, 7)
                            (4, 5) (4, 6) (4, 7)
                                   (5, 6) (5, 7)
                                          (6, 7)
```

這看起來像一個 NxN 矩陣的一半，它的大小大約是 $\frac{N^2}{2}$。因此，它需要 $O(N^2)$ 的時間。

平均工作時間

我們知道外層迴圈執行 N 次。那麼內部迴圈做了多少次呢？雖然它會隨迭代而變化，但我們可以考慮平均迭代。

1、2、3、4、5、6、7、8、9、10 的平均值是多少？平均值將會出現在中間，所以大概是 5（當然可以給出更精確的答案，但對於 Big O，我們不需要這麼做）。

那 1、2、3、...、N 的平均值是多少呢？這個序列的平均值是 N/2。

因此，由於內圈平均做 $\frac{N^2}{2}$ 次工，總共要執行 N 次，所以總共是 $\frac{N^2}{2}$，也就是 $O(N^2)$。

範例 4

與前一題類似，但是現在我們有兩個不同的陣列。

```
1   void printUnorderedPairs(int[] arrayA, int[] arrayB) {
2     for (int i = 0; i < arrayA.length; i++) {
3       for (int j = 0; j < arrayB.length; j++) {
4         if (arrayA[i] < arrayB[j]) {
5           System.out.println(arrayA[i] + "," + arrayB[j]);
6         }
7       }
8     }
9   }
```

我們可以進行逐步分析，有 j 的 for 迴圈中 if 述句的執行時間是 O(1)，因為它只含花費常數時間的幾個述句。

我們可以改成這樣看：

```
1   void printUnorderedPairs(int[] arrayA, int[] arrayB) {
2     for (int i = 0; i < arrayA.length; i++) {
3       for (int j = 0; j < arrayB.length; j++) {
4         /* O(1) 工作 */
5       }
6     }
7   }
```

對於 arrayA 的每個元素來說，內層的 for 迴圈進行 b 次迭代，其中 b = arrayB.length。如果 a = arrayA.length，那麼執行時間是 O(ab)。

如果您的答案是 O(N²)，那以後請記住您的錯誤。因為有兩個不同的輸入，而這兩個輸入都很重要，所以它不是 O(N²)。這是一個非常常見的錯誤。

範例 5

那麼這段奇怪的程式碼呢？

```
1   void printUnorderedPairs(int[] arrayA, int[] arrayB) {
2     for (int i = 0; i < arrayA.length; i++) {
3       for (int j = 0; j < arrayB.length; j++) {
4         for (int k = 0; k < 100000; k++) {
5           System.out.println(arrayA[i] + "," + arrayB[j]);
6         }
7       }
8     }
9   }
```

這裡其實什麼都沒有變，100,000 次工作仍然是常數，所以執行時間是 O(ab)。

範例 6

以下的程式碼會反轉一個陣列，請問它的執行時間為何？

```
1   void reverse(int[] array) {
2     for (int i = 0; i < array.length / 2; i++) {
3       int other = array.length - i - 1;
4       int temp = array[i];
5       array[i] = array[other];
6       array[other] = temp;
7     }
8   }
```

該演算法執行時間為 O(N)。它只遍歷陣列的一半（就迭代而言）這件事並不影響 Big O 時間。

範例 7

下列哪一個等價於 O(N)？為什麼？

- O(N + P) 其中 P < $\frac{N}{2}$

- O(2N)

- O(N + log N)

- O(N + M)

我們逐個來看。

- 如果 P < $\frac{N}{2}$，那麼我們知道 N 是主導項所以我們可以去掉 O(P)。

- O(2N) 等於 O(N) 因為我們可以去掉常數。

- O(N) 大於 O(log N) 所以我們可以去掉 O(log N)。

- N 和 M 之間沒有確定的關係，所以兩個變數都要保留。

因此，除了最後一個，其餘的都等價於 O(N)。

範例 8

假設我們有一個演算法，它接收一個由字串組成的陣列，先對每個字串排序，然後再對整個陣列排序。請問執行時間是什麼？

許多面試者會得出以下結論：對每個字串排序是 O(N log N)，我們必須對每個字串都這樣做，所以是 O(N*N log N)。我們還需要對這個陣列排序，這是額外的 O(N log N) 的工作。因此，總的執行時間是 O(N^2 log N + N log N)，也就是 O(N^2 log N)。

這是完全錯誤的，您發現錯誤在哪裡了嗎？

問題出在我們把 N 當成了兩種不同的東西用——第一種是字串的長度，第二種是陣列的長度。

在面試中，您可以透過完全不使用變數「N」來避免這個錯誤，或者只在 N 代表的東西沒有歧義的情況下使用它。

事實上，我甚至不用 a 和 b，或者 m 和 n。很容易忘記哪個是哪個，把它們搞混在一起。O(a²) 執行時間與 O(a*b) 執行時間完全不同。

讓我們定義一些新的、符合邏輯的名稱。

- 設 s 為最長字串的長度。

- 設 a 為陣列的長度。

現在可以用下列的順序來解決這個問題：

- 對每個字串排序是 O(s log s)。

- 我們必須對每個字串都這樣做，所以是 O(a*s log s)。

- 現在我們要對所有的字串排序。由於總共有 a 個字串，所以您可能會像大多數面試者那樣，認為這要花費 O(a log a) 時間。但是，您還應該要想到字串間需要做比較，每個字串比較需要 O(s) 時間。總共有 O(a log a) 次比較，因此這將花費 O(a*s log a) 的時間。

如果把這兩部分相加，就得到 O(a*s(log a + log s))。

這就是答案，沒有辦法再減少了。

範例 9

下面的簡單程式碼會加總且平衡二元搜尋樹中所有節點的值。請問它的執行時間是什麼？

```
1   int sum(Node node) {
2     if (node == null) {
3       return 0;
4     }
5     return sum(node.left) + node.value + sum(node.right);
6   }
```

別以為它是一個二元搜尋樹，所以裡面必定有一個 log ！

我們可以從兩個方面來解這一題。

從程式含義上來看

最直接的方法是思考這段程式碼代表著什麼含義。這段程式碼會接觸樹中的每個節點一次，並對每個「接觸」執行固定時間量的工作（不包括遞迴呼叫）。

因此，執行時間的節點數將是線性的。如果有 N 個節點，那麼執行時間為 O(N)。

遞迴模式

在第 59 頁討論過具有多個分支的遞迴函式的執行時間模式，我們來試試套用那種方法。

我們說過，具有多個分支的遞迴函式的執行時間通常是 O(分支^{深度})。每個呼叫有兩個分支，所以我們得到一個 O($2^{深度}$)。

到這裡，許多人可能會認為有問題，因為我們造出了一個指數時間演算法，難道我們的邏輯裡面有缺陷，或者我們真的無意中建立了一個指數時間演算法（哎呀！）。

第二種說法是正確的。我們確實得到一個指數時間演算法，但它並沒有人們想像的那麼糟糕，請思考一下指數中的變數是什麼。

深度是什麼？這是一棵平衡的二元搜尋樹。因此，如果總共有 N 個節點，那麼深度大約是 log N。

根據上面的結果，我們得到 O($2^{\log N}$)。

請回想一下 $\log_2$ 是什麼意思：

$$2^P = Q \;\; -> \;\; \log_2 Q = P$$

$2^{\log N}$ 是多少？ 2 和 log 之間有關係，我們可以化簡一下。

假設 P = $2^{\log N}$。根據 $\log_2$ 的定義，我們可以寫成 $\log_2 P = \log_2 N$。這代表著 P = N。

```
Let P = 2^log N
    -> log₂P = log₂N
    -> P = N
    -> 2^log N = N
```

因此，這段程式碼的執行時間是 O(N)，其中 N 是節點的數量。

範例 10

下面的函式透過檢查小於該數的數能不能被整除來判定該數是否是質數。它只需要做到 n 的平方根，因為如果 n 能被一個比它平方根小的數整除，那麼它就能被比平方根大的數整除。

例如，33 可以被 11 整除（11 大於 33 的平方根），而 11 的「伙伴」是 3（3 * 11 = 33）。在做除 3 檢查時，33 就已從質數中踢除了。

這個函式的時間複雜度是多少？

```
1   boolean isPrime(int n) {
2     for (int x = 2; x * x <= n; x++) {
3       if (n % x == 0) {
4         return false;
5       }
6     }
7     return true;
```

很多人誤解了這個問題。如果您仔細思考您的邏輯，這是相當容易解的。

for 迴圈中的工作是常數。因此，我們只需要知道在最壞的情況下 for 迴圈必須經過多少次迭代。

for 迴圈將在 x = 2 時開始，在 x*x = n 時結束。或者，換句話說，當 x = $\sqrt{n}$（當 x 等於 n 的平方根）時它就會停止了。

這個 for 迴圈其實長得像這樣：

```
1   boolean isPrime(int n) {
2     for (int x = 2; x <= sqrt(n); x++) {
3       if (n % x == 0) {
4         return false;
5       }
6     }
7     return true;
8   }
```

這需要 O($\sqrt{n}$) 的時間。

範例 11

下面的程式碼會計算 n!（n 的階乘）。請問它的時間複雜度是什麼？

```
1   int factorial(int n) {
2     if (n < 0) {
3       return -1;
4     } else if (n == 0) {
5       return 1;
6     } else {
7       return n * factorial(n - 1);
8     }
9   }
```

這是一個從 n 到 n-1 到 n-2 直到 1 的遞迴，它需要花費 O(n) 時間。

範例 12

這段程式碼計算字串的所有排列（機率）。

```
1    void permutation(String str) {
2       permutation(str, "");
3    }
4
5    void permutation(String str, String prefix) {
6       if (str.length() == 0) {
7          System.out.println(prefix);
8       } else {
9          for (int i = 0; i < str.length(); i++) {
10            String rem = str.substring(0, i) + str.substring(i + 1);
11            permutation(rem, prefix + str.charAt(i));
12         }
13      }
14   }
```

這是一個（非常）棘手的問題。我們可以透過呼叫 permutation 的次數和每次呼叫所花費的時間來思考這個問題，我們的目標是得到一個盡可能接近的上界。

每次函式呼叫要花多少時間？

因為每個字元都要印出，所以每次執行第 7 行都要花 O(n) 時間。

因為要做字串接合，所以第 10 和第 11 行合起來也要花 O(n) 時間。請注意 rem、prefix 和 str.charAt(i) 的長度加起來必定為 n。

所以，在我們呼叫樹中的每個節點都會花 O(n) 時間。

函式會被呼叫多少次？

假設要排列的字串為 abcd，請想像一棵代表我們函式呼叫情況的呼叫樹（如下圖，礙於空間限制所以只做部份展開）。

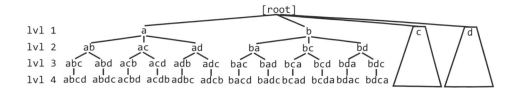

- 樹中有多少葉節點？有多少葉節點就代表我們有多少種排列。在根節點處有 4 個分支，再向下分別是 3、2、1 個分支，所以總共的葉節點會是 4*3*2*1 個，也就是 n! 種排列。

- 樹中有多少節點呢？由於每個葉節點都依附在一條有 n 節點的路徑之下，所以，樹中總共最多會有 n*n! 個節點。（事實上，節點的數量會小於這個數字，我們待會會再解釋）

總執行時間是（最差情況下）O(n * n * n!)，也可以寫成 O((n + 2)!)（這和 O(n!) 是不一樣的唷！）。這是大多數的面試官期待您會給出的答案。

可以把上下界再抓得精確一點嗎？

假設 n = 6 的情況下，讓我們來計算一下每一層會有多少節點。

層	展開	也可以寫成
6	6 * 5 * 4 * 3 * 2 * 1	6! / 0!
5	6 * 5 * 4 * 3 * 2	6! / 1!
4	6 * 5 * 4 * 3	6! / 2!
3	6 * 5 * 4	6! / 3!
2	6 * 5	6! / 4!
1	6	6! / 5!
0	1	6! / 6!

所以，如果用 n 來表示的話，呼叫樹中的節點數量就是：

$$\frac{n!}{0!} + \frac{n!}{1!} + \frac{n!}{2!} + ... + \frac{n!}{n!} = n!\left(\frac{1}{0!} + \frac{1}{1!} + \frac{1}{2!} + ... + \frac{1}{n!}\right)$$

您還記得 e（尤拉數）吧？雖然 e 的值大概等於 2.718，但它的展開式幾乎和上面的公式一樣，只差在上面的式子最後是以 n! 結尾，而 e 的展開式項次卻有無限多個。

$$\frac{1}{0!} + \frac{1}{1!} + \frac{1}{2!} + \frac{1}{3!} + ...$$

這代表著呼叫數中的總節點時會小於 e * n! 個，把常數去掉的話，我們就可以說 permutation 被呼叫 O(n!) 次，每次會花去 O(n) 時間，所以總執行時間就是 O(n * n!)，也就是 O((n + 1)!)。

範例 13

下面的程式碼計算第 N 個斐波那契數。

```
1   int fib(int n) {
2     if (n <= 0) return 0;
3     else if (n == 1) return 1;
4     return fib(n - 1) + fib(n - 2);
5   }
```

我們可以使用之前為遞迴呼叫所建立的模式：$O(分支^{深度})$。

每個呼叫有 2 個分支，深度為 N，因此執行時間為 $O(2^N)$。

> 透過一些非常複雜的數學運算，我們可以得到一個更緊湊的執行時間。執行時間確實是指數時間，但它更接近於 $O(1.6^N)$。它之所以不是 $O(2^N)$ 的原因是，在呼叫堆疊的底部，有時只有一個呼叫。而事實證明，許多節點位於樹的底部（大多數樹都長得像這樣），因此，單次呼叫與兩次呼叫實際上會產生很大的差異。不過回答 $O(2^N)$ 對面試範圍來說已經足夠了（如果您讀了第 51 頁關於 Big theta 的說明，就會知道這從技術上來說仍然是正確的）。如果您能意識到它實際上會比這少，您可能會得到「加分」。

一般來說，當您看到一個具有多個遞迴呼叫的演算法時，它就是指數執行時間。

範例 14

下面的程式碼印出從 0 到 n 間的所有斐波那契數。請問它的時間複雜度是什麼？

```
1    void allFib(int n) {
2      for (int i = 0; i < n; i++) {
3        System.out.println(i + ": " + fib(i));
4      }
5    }
6
7    int fib(int n) {
8      if (n <= 0) return 0;
9      else if (n == 1) return 1;
10     return fib(n - 1) + fib(n - 2);
11   }
```

很多人會得出這樣的結論，因為 fib(n) 花費了 $O(2^n)$ 的時間，而它又被呼叫了 n 次，那麼答案應該是 $O(n2^n)$。

先別這麼快下定論，您能找出邏輯上的錯誤嗎？

這裡的錯誤是 n 是一個變動值。是的，fib(n) 是花費了 O(2^n) 的時間，但重要的是 n 的值是多少。

我們把每一個呼叫列出來看。

```
fib(1) -> 2¹ steps
fib(2) -> 2² steps
fib(3) -> 2³ steps
fib(4) -> 2⁴ steps
...
fib(n) -> 2ⁿ steps
```

因此，總工作量為：

$$2^1 + 2^2 + 2^3 + 2^4 + ... + 2^n$$

如我們在 59 頁所說過的，這是 2^{n+1}。因此，計算前 n 個斐波那契數的執行時間（使用這個糟糕的演算法）仍然是 O(2^n)。

範例 15

下面的程式碼會印出從 0 到 n 之間的所有斐波那契數。但是，這一次，它將以前計算的值儲存（例如存在快取中）在一個整數陣列中。如果是已經被計算過的值，它就會直接回傳儲存值。請問它的執行時間是什麼？

```
1   void allFib(int n) {
2     int[] memo = new int[n + 1];
3     for (int i = 0; i < n; i++) {
4       System.out.println(i + ": " + fib(i, memo));
5     }
6   }
7
8   int fib(int n, int[] memo) {
9     if (n <= 0) return 0;
10    else if (n == 1) return 1;
11    else if (memo[n] > 0) return memo[n];
12
13    memo[n] = fib(n - 1, memo) + fib(n - 2, memo);
14    return memo[n];
15  }
```

讓我們來逐步看看這個演算法是在做什麼。

```
fib(0) -> return 0
fib(1) -> return 1
fib(2)
    fib(1) -> return 1
    fib(0) -> return 0
    store 1 at memo[2]
fib(3)
    fib(2) -> lookup memo[2] -> return 1
    fib(1) -> return 1
    store 2 at memo[3]
fib(4)
    fib(3) -> lookup memo[3] -> return 2
    fib(2) -> lookup memo[2] -> return 1
    store 3 at memo[4]
fib(5)
    fib(4) -> lookup memo[4] -> return 3
    fib(3) -> lookup memo[3] -> return 2
    store 5 at memo[5]
...
```

在每次呼叫 `fib(i)` 時，我們都已經計算並儲存了 `fib(i - 1)` 和 `fib(i - 2)` 的值。我們只需搜尋這些值，對它們求和，並將新結果也儲存起來，然後回傳。這些動作只需要常數時間。

我們做了 N 次常數時間的工作，所以得到的答案是 O(n) 時間。

這種技術稱為記憶法，是一種非常常見的用來優化指數時間遞迴演算法的方法。

範例 16

下面的函式輸出 1 到 n（包括）之間所有 2 的冪次方。例如，如果 n 等於 4，它會輸出 1、2、4。請問它的執行時間是什麼？

```
1   int powersOf2(int n) {
2     if (n < 1) {
3       return 0;
4     } else if (n == 1) {
5       System.out.println(1);
6       return 1;
7     } else {
8       int prev = powersOf2(n / 2);
9       int curr = prev * 2;
10      System.out.println(curr);
11      return curr;
12    }
13  }
```

有幾種方法可以計算這個執行時間。

從程式做的事來看

讓我們來看看像 powersOf2(50) 這樣的呼叫會做些什麼。

```
powersOf2(50)
    -> powersOf2(25)
        -> powersOf2(12)
            -> powersOf2(6)
                -> powersOf2(3)
                    -> powersOf2(1)
                        -> print & return 1
                    print & return 2
                print & return 4
            print & return 8
        print & return 16
    print & return 32
```

那麼，執行時間就是我們可以將 50（或 n）除幾次 2，直到我們得到基本情況 (1) 為止。正如我們在第 59 頁討論過的，我們將 n 減半直到得到 1 的次數是 O(log n)。

從程式含義上來看

我們也可以透過思考程式碼想做什麼事來得到執行時間。它想要計算從 1 到 n 之間所有 2 的冪次方。

對 powersOf2 的每個呼叫都會印出並回傳一個數字（不管遞迴呼叫中發生了什麼）。因此，如果演算法在最後印出 13 個值，代表 powersOf2 被呼叫了 13 次。

在本例中，題目是要它輸出 1 到 n 之間的所有 2 的冪次方。因此，函式被呼叫的次數（也就是它的執行時間）必須等於 1 到 n 之間的 2 的冪次方的個數。

在 1 和 n 之間有 log N 個的 2 的冪次方。因此，執行時間為 O(log n)。

增加率

得到執行時間的最後一種方法是考慮當 n 變大時執行時間是如何變化的。畢竟，這正是 Big O 時間的意義所在。

如果 N 從 P 變為 P+1，那麼對 powersOf2 的呼叫數量可能根本不會改變。什麼時候呼叫 powersOf2 的次數會增加呢？在 n 大小每增加 1 倍時就會增加 1。

因此，每當 n 翻倍時，對 powersOf2 的呼叫次數就增加 1。所以，對 powersOf2 的總呼叫次數就是您將 1 翻倍多少次，才能得到 n。也就是數學式 $2^x = n$ 中的 x。

x 是什麼？x 的值是 log n。這就是 x = log n 的含義。

因此，執行時間為 O(log n)。

額外題目

VI.1 以下程式碼會計算 a 和 b 的乘積。請問它的執行時間是什麼？

```
int product(int a, int b) {
    int sum = 0;
    for (int i = 0; i < b; i++) {
        sum += a;
    }
    return sum;
}
```

VI.2 以下程式碼會計算 a^b。請問它的執行時間是什麼？

```
int power(int a, int b) {
    if (b < 0) {
        return 0; // 錯誤
    } else if (b == 0) {
        return 1;
    } else {
        return a * power(a, b - 1);
    }
}
```

VI.3 以下程式碼會計算 a%b。請問它的執行時間是什麼？

```
int mod(int a, int b) {
    if (b <= 0) {
        return -1;
    }
    int div = a / b;
    return a - div * b;
}
```

VI.4 下面的程式碼執行整數除法。請問它的執行時間是什麼（假設 a 和 b 都是正數）？

```
int div(int a, int b) {
    int count = 0;
```

```
    int sum = b;
    while (sum <= a) {
        sum += b;
        count++;
    }
    return count;
}
```

VI.5 下面的程式碼會計算一個數字的 [整數] 平方根。如果數字不是完全平方數（沒有整數平方根），那麼它會回傳 -1。它透過連續猜測來做到這一點，例如 n 若是 100，它會首先猜測 50。太高了嗎？試著往下移一點，再猜 1 和 50 中間的數字。請問它的執行時間是什麼？

```
int sqrt(int n) {
    return sqrt_helper(n, 1, n);
}

int sqrt_helper(int n, int min, int max) {
    if (max < min) return -1; // 沒有平方根

    int guess = (min + max) / 2;
    if (guess * guess == n) { // 找到了！
        return guess;
    } else if (guess * guess < n) { // 太低
        return sqrt_helper(n, guess + 1, max); // 猜高一點的值
    } else { // 太高
        return sqrt_helper(n, min, guess - 1); // 猜低一點的值
    }
}
```

VI.6 下面的程式碼會計算一個數字的 [整數] 平方根。如果數字不是完全平方數（沒有整數平方根），那麼它會回傳 -1。它透過嘗試越來越大的數字，直到找到正確的值（超過代表找不到）。請問它的執行時間是什麼？

```
int sqrt(int n) {
for (int guess = 1; guess * guess <= n; guess++) {
    if (guess * guess == n) {
        return guess;
    }
}
return -1;
}
```

VI.7 如果二元搜尋樹不平衡，在最壞的情況下，找到一個元素需要多長時間？

VI.8 您想在二元樹中尋找一個特定的值，但這棵樹不是二元搜尋樹。這個的時間複雜度是多少？

VI.9 下面程式碼中的 appendToNew 方法透過藉由建立一個新的、更長的陣列，並回傳這陣列，來將一個數字加入該陣列中。您已經使用了 appendToNew 方法建立了一個 copyArray 函式，copyArray 函式會反覆呼叫 appendToNew。請問複製一個陣列需要多長時間？

```
int[] copyArray(int[] array) {
    int[] copy = new int[0];
    for (int value : array) {
        copy = appendToNew(copy, value);
    }
    return copy;
}

int[] appendToNew(int[] array, int value) {
    // 將所有元素複製到新的陣列中去
    int[] bigger = new int[array.length + 1];
    for (int i = 0; i < array.length; i++) {
        bigger[i] = array[i];
    }

    // 加入新元素
    bigger[bigger.length - 1] = value;
    return bigger;
}
```

VI.10 下面的程式碼用來加總數字的和。請問它的 Big O 時間？

```
int sumDigits(int n) {
    int sum = 0;
    while (n > 0) {
        sum += n % 10;
        n /= 10;
    }
    return sum;
}
```

VI.11 以下程式碼會將長度為 k 的字串印出，印出條件是其中字元必須已按順序排列。它工作的方法是生成所有長度為 k 的字串，然後檢查每個字串是否已排序。請問它的執行時間是什麼？

```
int numChars = 26;

void printSortedStrings(int remaining) {
    printSortedStrings(remaining, "");
```

```
    }

    void printSortedStrings(int remaining, String prefix) {
        if (remaining == 0) {
            if (isInOrder(prefix)) {
                System.out.println(prefix);
            }
        } else {
            for (int i = 0; i < numChars; i++) {
                char c = ithLetter(i);
                printSortedStrings(remaining - 1, prefix + c);
            }
        }
    }

    boolean isInOrder(String s) {
        for (int i = 1; i < s.length(); i++) {
            int prev = ithLetter(s.charAt(i - 1));
            int curr = ithLetter(s.charAt(i));
            if (prev > curr) {
                return false;
            }
        }
        return true;
    }

    char ithLetter(int i) {
        return (char) (((int) 'a') + i);
    }
```

VI.12 下面的程式碼計算兩個陣列的交集（共有元素的數量）。它假設兩個陣列都沒有重複的元素。它計算交集的方法是對一個陣列（陣列 b）進行排序，然後迭代陣列 a 檢查每個值是否出現在 b 中（透過二元搜尋）。請問它的執行時間是什麼？

```
int intersection(int[] a, int[] b) {
    mergesort(b);
    int intersect = 0;

    for (int x : a) {
        if (binarySearch(b, x) >= 0) {
            intersect++;
        }
    }

    return intersect;
}
```

解答

1. O(b)。for 迴圈只有迭代 b。

2. O(b)。遞迴程式碼會迭代 b 次呼叫,因為它在每一層都會減去 1。

3. O(1)。它做的工作屬於常數時間。

4. O($\frac{a}{b}$)。變數 count 最終等於 $\frac{a}{b}$。while 迴圈迭代 count 次。因此,它迭代了 $\frac{a}{b}$ 次。

5. O(log n)。這個演算法本質上是做二分法搜尋來找到平方根。因此,執行時間為 O(log n)。

6. O(sqrt(n))。這只是一個簡單的迴圈,當 guess*guess > n(或者,換句話說,當 guess > sqrt(n))時停止。

7. O(n)。其中 n 是樹的節點數,搜尋元素的最高次數等於樹的深度。而樹可以是一個向下的直線串列,深度為 n。

8. O(n)。如果節點上沒有任何順序,我們可能不得不搜尋所有節點。

9. O(n²)。其中 n 為陣列中元素的個數。第一次呼叫 appendToNew 需要 1 次複製,第二次呼叫需要 2 次複製,第三次呼叫需要 3 次複製…等等。總共時間是 1 到 n 的和,也就是 O(n²)。

10. O(log n)。執行時間會是數字的位數。一個擁有 d 位數的數字,其值可至多達到 10^d。如果 n = 10^d,則 d = log n。因此,執行時間為 O(log n)。

11. O(kcᵏ)。其中 k 是字串的長度,c 是字母的字元數。生成每個字串需要 O(cᵏ) 時間。然後,我們需要檢查每一個排序,這將花費 O(k) 的時間。

12. O(b log b + a log b)。首先,我們要對陣列 b 排序,這需要 O(b log b) 的時間。然後,對於 a 中的每個元素,我們用 O(log b) 時間進行二分法搜尋。所以,第二部分花費了 O(a log b) 的時間。

技術問題

技術問題是許多頂尖科技公司面試的基礎。很多面試者都被這些問題的難度嚇到了，但還是有一些合乎邏輯的方法來解決它們。

▶ 如何準備

許多面試者只靠通讀一堆問題和解決方案，這就好比想透過閱讀一個問題和它的答案來學習微積分一樣。您需要的是練習解決問題，把答案背下來對您沒有多大幫助。

對於本書中的每個問題（以及您可能遇到的任何其他問題），請您這麼做：

1. **自己解決問題**。在這本書的後面有提供提示，但請在最少的幫助下制定解決方案。很多問題都是被設計成很難的問題，當您解決一個問題時，一定要考慮空間和時間效率。

2. **把程式碼寫在紙上**。在電腦上撰寫程式碼可以使用很多種奢侈品，如語法突出顯示、程式碼自動完成和快速除錯，寫在紙上的程式碼就沒有這些東西可用。請透過在紙上寫程式碼來習慣這種情況，還要去習慣在紙上撰寫和編輯程式碼的速度有多慢。

3. **在紙上測試您的程式碼**。這代表著用一般情況、基礎條件、錯誤情況等去測試您的程式碼。您需要在面試的時候做這些事，所以最好提前練習。

4. **把紙上的程式碼輸入電腦**。您可能會看到自己犯了很多錯誤。請列出所有您犯過的錯誤，這樣您就能在面試時注意它們。

此外，儘量多做模擬面試。您和朋友可以輪流進行模擬面試。雖然您的朋友可能不是一個專業面試官，但他或她仍然可以幫您解決一個程式碼或演算法問題。透過體驗面試官的工作，您也會學到很多。

▶ 您需要知道什麼

雖然許多公司關注的資料結構和演算法問題並不是想要測試您有多少知識，不過他們確實假定了一個知識底線。

核心資料結構、演算法和概念

大多數面試官不會問關於二元樹的平衡或其他複雜演算法的具體要怎麼做。坦白說，離開學校這麼多年了，他們可能也不記得這些演算法。

您通常只需要知道基本的知識。以下是一些絕對必備的知識：

資料結構	演算法	概念
連結串列 （Linked Lists）	廣度優先搜尋 （Breadth-First Search）	位元操作 （Bit Manipulation）
樹、樹林與圖 （Trees，Tries，& Graphs）	深度優先搜尋 （Depth-First Search）	記憶體（堆疊與堆積） （Memory（Stack vs. Heap））
堆疊與佇列 （Stacks & Queues）	二分法搜尋 （Binary Search）	遞迴 （Recursion）
堆積 （Heaps）	合併排序法 （Merge Sort）	動態規劃 （Dynamic Programming）
向量與陣列串列 （Vectors / ArrayLists）	快速排序法 （Quick Sort）	Big O 時間與空間複雜度 （Big O Time & Space）
雜湊表 （Hash Tables）		

對於每個主題，請確保您瞭解如何使用和實作它們，以及它們空間和時間的複雜度（如果該主題適合討論空間和時間複雜度的話）。

實作資料結構和演算法（先在紙上，然後再到電腦上）也是一個很好的練習。它將幫助您瞭解資料結構的內部是如何工作的，這對很多面試來說都很重要。

> 您從未實作過這些資料結構嗎？實作相當的重要，如果您不熟悉任何上面列出的資料結構和演算法，請從頭開始練習實作它們。

特別是雜湊表，它是一個非常重要的主題，您一定要對這種資料結構非常熟悉。

2 的冪次方表

下表對於許多涉及可擴縮性或任何記憶體限制的問題都很有用。雖然不是一定要背下這個表格,但背下來還是有用的。您應該至少要做到能輕鬆把它推導出來。

2 的冪次方	正確值(X)	概約值	以 MB、GB 等表示的 X 個位元組
7	128		
8	256		
10	1024	1 千	1 KB
16	65,536		64 KB
20	1,048,576	1 百萬	1 MB
30	1,073,741,824	1 億	1 GB
32	4,294,967,296		4 GB
40	1,099,511,627,776	1 兆	1 TB

舉例來說,您可以使用這個表來快速計算將每個 32 位元整數映射到布林值的位元向量大小,典型機器的記憶體可以容納這麼多的位元向量。整數可映射到 2^{32} 個的位元向量,因為每個整數都占了這個位元向量中的一位,所以我們需要 2^{32} 位元(或 2^{29} 位元組)來儲存這個映射。這大約是半個 GB 的記憶體,在一般的機器上可以輕鬆地將其放在記憶體中。

如果您正要面對的是一間 web 的公司的電話篩選,那麼將此表放在您的前面可能會很有用。

▶ 解決問題流程

下面的流程圖將指導您如何解決問題,請在您練習時使用這個流程圖。您可以在 CrackingTheCodingInterview.com 下載這份流程教學和更多資訊。

解決問題流程圖

1 仔細聽 ------→ **2 範例**

要非常仔細聽問題的所有描述,你在做優化時描述中的所有內容可能都會派上用場。

多數的例子範圍都太小,或是屬於特殊情況。**請檢查您的範例**,它是不是一種特殊情況?它的範圍夠大嗎?

BUD 優化法

<u>B</u>(找出瓶頸)
<u>U</u>(無效作功)
<u>D</u>(重複作功)

3 暴力法 ◄ - - - - -

儘快做出暴力法解決方案,目前先不要去想要做出一個有效率演算法,先做出一個可行的演算法和執行時間,之後才開始做優化。現在還不要去寫程式!

---

7 測試

請用這種順序做測試:

1. 概念測試。好好看過程式碼,就像在做很詳盡的程式碼審查一樣。

2. 特殊或非標準程式碼。

3. 焦點,像是算術部份和空節點。

4. 一些小的測試。小型測試的速度比大型測試快,而且一樣有效果。

5. 特殊情況與邊界情況。

找到 bug 時**請小心修正它們**!

4 優化

用 BUD 優化法(BUD optimization)對您的暴力解進行優化,或是試試看以下幾件事:

▶ 找出任何沒被用上的資訊,通常您會用到所有問題中的資訊。

▶ 用另外一個例子套入解決方案執行一次,然後對您的思考進行逆向工程,想一下您是怎麼解決這個問題的?

▶ 思考「不正確」的解法,然後考慮為什麼演算法失敗。您能解決這些問題嗎?

▶ 在時間和空間複雜度上作取捨,此時雜湊表會特別有用!

---

6 實作 ◄ - - - - -

在這個階段您的目標是**寫出漂亮的程式碼**。請模組化您最初的程式碼,用重構清除任何不漂亮的東西。

> **持續說明!**您的面試官會想要聽到您是如何解決該問題的。

5 檢視解法 ◄ - - - - -

您現在已經有了一個最優解決方案,再**仔細地把方法好好看過一遍**。確認你掌握了每一個細節,然後才開始寫程式。

接下來我們將更詳細地討論這個流程圖。

心理準備

面試本來就是很困難的。如果您沒有立即想到所有（或任何）答案，那也沒關係！本來就會遇到這樣的情況，這也不是件壞事。

仔細聽面試官的建議。面試官可能會在您解決問題的過程中扮演積極或不那麼積極的角色。面試官的參與程度取決於您的表現、問題的難度、面試官想要什麼以及面試官的個性。

當您被問問題的時候（或者當您練習的時候），請這麼做：

1. 仔細聽

您可能以前聽過這個建議，但是我要說的仔細程度比一般人說的「請確保您正確地聽到了問題」標準再高一點。

沒錯，您是想去聽該問題，也想確保自己聽對了，也會想問一些您不確定的問題。

但我要說的遠不止這些。

仔細地聽問題，確保您已經在腦海中記下了問題中的任何獨特資訊。

例如，假設一個問題用以下的話作為開始，我們要認定這些資訊的存在是有原因的。

- 「給定兩個已排序的陣列，請搜尋…」

  您必須知道資料已排序。排序情況下的最優演算法可能不同於未排序情況下的最優演算法。

- 「請設計一個會在伺服器上重複執行的演算法…」

  在伺服器上或重複執行的情況與只執行一次的情況不同。也許這代表著您需要儲存資料？或者它提示了對初始資料集進行一些合理的預先計算是合理的？

如果不會影響演算法，您的面試官不大可能（儘管不是不可能）給您這些資訊。

許多面試者會正確地聽到這個問題。但在開發演算法的十分鐘後，問題的一些關鍵細節就被遺忘了，導致他們後來再也無法找到問題的最優解。

您的第一個演算法不需要使用這些資訊。但是,如果您發現自己陷入了困境,或者您仍然在努力開發更優化的東西,問問自己是否已經使用了所有在問題中的資訊。

您甚至會發現在白板上寫下相關資訊是很有用的。

2．舉個例子

舉個例子可以極大地提高您解決面試問題的能力,然而很多面試者只是試著在腦子裡解決問題。

當您聽到一個問題時,請從椅子上站起來,走到白板前,並畫一個例子。

畫出例子是一種藝術,您需要一個好的例子。

非常典型的情況是,一個面試者可能會畫這樣的東西作為二元搜尋樹的例子:

這是一個糟糕的例子,有幾個原因。首先,它太小了。在這麼小的範例中,您很難找到模式。其次,它並不夠具體。二元搜尋樹有值,如果這些數字能告訴您如何解決這個問題呢?第三,這是一個特例。它不僅是一棵平衡的樹,而且是一棵美麗、完美的樹,除了樹葉之外,每個節點都有兩個子節點。特殊情況可能很容易誤導您。

相反地,建議您建立的例子是這樣的:

- 具體。它應該使用真的數字或字串(如果適用於此問題)。
- 足夠大。大多數例子都太小了,差不多小了 50%。
- 不要用特例。小心,您很容易在無意間畫出一個特例。如果您的範例有任何特殊情況(即使您認為它可能不是什麼大問題),您應該修復它。

盡您所能做出最好的例子。如果後來發現例子不太正確,您應該修復它。

3．做出暴力解

一旦您做好一個例子後(實際上,在做某些問題時,您可以調換步驟 2 和步驟 3 的順序),就可以使用暴力解了。您的初始演算法不是最優的也沒關係。

一些面試者不去做暴力解，因為他們認為暴力解既顯而易見又令人害怕。但事實是：即使對您來說是顯而易見的解，對所有的面試者來說未必都是顯而易見的。您不希望您的面試官誤認為即便是簡單的解決方法，對您來說也很困難吧。

即使這個最初的解決方案很糟糕，這沒有關係。請說明一下它的空間和時間複雜度，然後開始改進解決方案。

儘管可能執行的很慢，但暴力演算法是值得做的。這是優化的起點，而且它幫助您理解問題。

4. 優化

一旦您有了一個暴力演算法後，您應該對它進行優化。以下是一些有效的技巧：

1. 搜尋任何未使用的資訊。您的面試官告訴您陣列已經排好了嗎？您可以如何利用這些資訊呢？

2. 舉一個新的例子。有時，僅僅看一個不同的例子就能讓您的頭腦清醒，或者幫助您發現問題的模式。

3. 「不正確地」解決問題。就像一個低效的解決方案可以幫助您找到有效的解決方案一樣，一個錯誤的解決方案可能會幫助您找到一個正確的解決方案。例如，如果要求您從一個集合中隨機挑出一個值來，使所有值的機率都相等，那麼錯誤的解決方案可能是回傳一個半隨機值（可回傳任何值，但是有些值的機率比其他值大）。您可以想想為什麼這個解不是完全隨機的。您能重新平衡機率嗎？

4. 做時間空間複雜度的取捨。有時，將關於問題的額外狀態儲存起來，可以幫助您優化執行時間。

5. 預先計算資訊。有沒有一種方法可以讓您重新組織資料（排序等）或預先計算一些值，在長期來看可以節省時間？

6 使用雜湊表。雜湊表在面試問題中被廣泛使用，它應該是您的首選。

7. 思考最佳可想像執行時間（在第 95 頁討論）。

帶著這些想法重新檢視暴力解，並且在過程中尋找 BUD（第 88 頁）。

5. 檢視你的解法

在您確定了最優的演算法之後，不要一下就跳到撰寫程式碼。請花點時間鞏固您對該演算法的理解。

在白板上做程式設計是件進度會很慢的事情，在白板上做測試和修復程式碼也是如此。因此，您需要確保您在一開始就盡可能接近「完美」。

請檢視您的演算法，感受一下程式碼的結構。判斷變數有哪些、什麼時候會改變。

> 虛擬碼（pseudocode）是什麼？如果想要的話，您可以撰寫虛擬碼。但請小心您寫的東西。寫下基本步驟（「（1）搜尋陣列。（2）找到最大的。（3）插入堆積中」）或簡短邏輯（「如果 p < q，移動 p。否則移動 q」）可能是有價值的。但是當您的虛擬碼開始使用簡單的英語撰寫 for 迴圈時，您實際上只是在撰寫粗糙的程式碼，反而直接寫程式碼可能會更快。

如果不能準確地理解將要撰寫什麼，那麼您將很難撰寫程式碼。這件事除了會導致您使用更長的時間來完成程式碼外，更有可能犯重大錯誤。

6. 實作

現在您已經有了一個最優的演算法，也知道要寫什麼了，那就開始去實作它吧。

從白板左上角開始程式碼（您需要空間）。避免出現「扭來扭去的程式碼」（即每行程式碼都寫得很彆扭）。它使您的程式碼看起來很混亂，特別是在使用諸如 Python 之類的空白敏感語言時。

請記住，您只能用很少的程式碼來證明您是一個優秀的開發人員。所以一切都很重要，請撰寫漂亮的程式碼。

漂亮的程式碼的意思是：

* 模組化過的程式碼。這能顯示您擁有良好的程式碼風格，也能讓實作更順暢。如果您的演算法需要使用一個被初始化為 {{1，2，3}, {4，5，6}, ...} 的矩陣，請不要浪費時間來撰寫這個初始化程式碼，直接假設您有一個函式 initIncrementalMatrix(int size) 就好。如果有必要，稍後再填寫裡面的詳細資訊。

- 錯誤檢查。有些面試官很在乎這個，有些則不然。有一個很好的折衷方法是添加一個 todo，然後大聲地解釋您想要測試的內容。

- 在適當的地方使用其他類別／結構。如果需要回傳一個 list，該 list 裝載從函式含回傳的多個起點和終點，您可以選擇將它做成一個二維陣列，把它做成一個由 StartEndPair（或叫 Range 之類的）物件組成的 list 更好。您不必完整的寫完整個類別，只要假設它存在就可以了，以後有時間再處理細節。

- 使用好的變數名稱。到處使用單字母變數的程式碼很難閱讀。這並不是說在適當的地方使用 i 和 j 有任何錯誤（比如在基本的 for 迴圈中迭代一個陣列），而是要特別小心您使用它的地方。如果您寫的東西類似像 int i = startOfChild(array) 的話，那麼此處這個變數可能有更好的名稱，比如 startChild。

  不過，長變數名也可能導致你寫得很慢。對於大多數面試官來說，在第一次使用後縮寫是可以接受的。您可以第一次使用 startChild，然後向面試官解釋您會把它縮寫為 sc。

對於面試官、面試者，以及問題本身來說，所謂好程式碼的定義都不盡相同。所以，請依您自己的定義來撰寫好的程式碼。

如果您看到一些您以後可以重構的東西，那麼向您的面試官解釋一下，然後決定是否值得花時間這麼做。結論通常是值得的，但也有不值得的時候。

如果您感到困惑（這是很正常的），請回到您的例子並再次檢視它。

7. 測試

在現實世界中，如果沒有進行測試就不能提交程式碼；在面試中，如果沒有進行測試，也不應該「提交」程式碼。

用來測試您的程式碼的方法，有聰明的也有不那麼聰明的方法。

許多面試者的做法是用他們剛才建的例子並根據他們的程式碼進行測試。這可能可以找出 bug，但這需要很長時間。手工測試非常慢，如果您確實使用了一個很好的、很大的例子來開發您的演算法，那麼您將會在很久之後才找出程式碼尾端的差一錯誤（off-by-one）錯誤。

相反地，請嘗試改用以下方法：

1. 從「概念」測試開始。概念測試代表著閱讀和分析每行程式碼的功能。把它想成是您在為一個程式碼審查者解釋程式碼。程式碼是否做了您認為它應該做的事情？

2. 奇怪的程式碼。請仔細檢查做 `x = length - 2` 的那行程式碼。請研究從 `i = 1` 開始的 for 迴圈。毫無疑問，您當初會這樣做是有原因的，但要出錯也很容易。

3. 熱點。您已經寫過足夠多的程式碼，也且也已經掌握什麼東西可能導致問題。遞迴程式碼中的結束條件、整數的除法、二元樹中的空節點、一個串列迭代的開始和結束。都請再檢查一遍。

4. 小測試。這是我們第一次使用實際的、特定的測試用例來測試程式碼。不要使用像本書演算法部分中那些含 8 個元素的陣列，請使用 3 或 4 個元素的陣列，它能發現相同的 bug，但是這樣做要快得多。

5. 特殊的情況。測試您的程式碼時，要針對空值或單個元素值、極端情況和其他特殊情況進行測試。

當您發現 bug 時（您可能會發現），當然應該修復它們。但不要只做您想到的第一個修正。相反地，應該仔細分析錯誤發生的原因，並確保您的修復是最好的。

▶ 優化與解決技巧 #1：找出 BUD

這可能是我所知用於優化問題的最有用的方法。「BUD」是一個愚蠢的縮寫詞：

*   **B**ottlenecks（瓶頸）
*   **U**nnecessary work（不必要的工作）
*   **D**uplicated work（重複的工作）

這是演算法最常浪費時間的三件事。您可以查看您的暴力解決方案中有沒有這些東西，當您找到其中之一，您就可以集中精力擺脫它。

如果它仍然不是最優的，那麼您可以在當前的最佳演算法上重複這種做法。

瓶頸

演算法中拖慢整體執行速度的部份就稱為瓶頸，通常有兩種常見的方式會造成瓶頸：

- 只做一次的工作，但這種工作會拖慢您的演算法。例如，假設您的演算法有兩個步驟，第一個步驟要先對陣列排序，然後第二步驟是搜尋具有特定屬性的元素。第一步是 O(N log N)，第二步是 O(N)。也許您能將第二步簡化為 O(log N) 或 O(1)，但這重要嗎？不太重要。因為 O(N log N) 是瓶頸，所以當然顯得它不重要。除非您優化第一步驟，否則您的整體演算法將保持著 O(N log N)。

- 大量重複的工作，比如搜尋。也許您可以把它從 O(N) 減少到 O(log N) 甚至 O(1)，這將大大加快您的整體執行時間。

對瓶頸進行優化，會在整個執行產生很大的差異。

> 範例：給定一個含有不同的整數值陣列，對於各個差分 k，計算整數對的數目。例如，假設有一個陣列 {1,7,5,9,2,12,3}，差分 k = 2，那麼差分為 2 的整數對有四對：(1,3)、(3,5)、(5,7)、(7,9)。

這個題目，如果用暴力演算法解決的話，解決方式是迭代陣列，從第一個元素開始，然後搜尋另外一個元素（這將變成整數對的另一個整數）。對於每一對，計算它們的差。如果差值等於 k，則將該差值的計數器加 1。

這裡的瓶頸是重複搜尋這一對的「另一邊」。因此，優化是最重要的。

我們怎樣才能更快地找到正確的「另一邊」？我們知道 (x, ?) 的另一邊。它是 x + k 或 x - k。如果我們對陣列排序，我們可以透過二分法搜尋，每一個從 N 個元素找到另外一邊的動作，將花費 O(log N)。

我們現在有一個兩步驟演算法，兩個步驟都花費 O(N log N) 的時間。現在，排序成為了新的瓶頸。優化第二步是沒有用的，因為第一步無論如何都會減慢我們的速度。

我們只需要完全擺脫第一步，改為在一個未排序的陣列中搜尋。但如何在一個無序的陣列中快速搜尋呢？用雜湊表。

請將陣列中的所有內容都放入雜湊表中。然後，要搜尋陣列中是否存在 x + k 或 x - k，只需在雜湊表中搜尋即可。我們可以在 O(N) 時間內完成這個工作。

不必要的工作

> 範例：印出方程式 $a^3 + b^3 = c^3 + d^3$ 的所有正整數解，其中 a、b、c 和 d 是 1 到 1000 之間的整數。

其中一種暴力解決方案將只含有四個巢式的 for 迴圈，像這樣：

```
1    n = 1000
2    for a from 1 to n
3      for b from 1 to n
4        for c from 1 to n
5          for d from 1 to n
6            if a³ + b³ == c³ + d³
7              print a, b, c, d
```

這個演算法迭代所有可能的 a、b、c 和 d 值，並檢查這個組合是否符合條件。

找到一個 d 值後，因為沒有必要繼續檢查其他可能的 d 值，所以可能只有一個符合條件的值。在找到一個有效的 d 值後，我們至少可以休息一下。

```
1    n = 1000
2    for a from 1 to n
3      for b from 1 to n
4        for c from 1 to n
5          for d from 1 to n
6            if a³ + b³ == c³ + d³
7              print a, b, c, d
8              break // 提早結束d的迴圈
```

這不會對執行時間造成任何影響，我們的演算法仍然是 O(N⁴)，但這個修復仍然很好，又很快速。

還有什麼是不必要的嗎？有。如果對每組 (a,b,c) 來說，有效的 d 值只有一個，那麼我們可以用算的把它算出來。這只是簡單的數學計算：$d = \sqrt[3]{a^3 + b^3 - c^3}$。

```
1    n = 1000
2    for a from 1 to n
3      for b from 1 to n
4        for c from 1 to n
5          d = pow(a³ + b³ - c³, 1/3) // 將四捨五入為int
6          if a³ + b³ == c³ + d³ && 0 <= d && d <= n // 驗證該值是否有效
7            print a, b, c, d
```

第 6 行中的 if 述句很重要。第 5 行必定會找出一個 d 值的值，但是我們需要檢查它是否是正確的整數值。

這將把執行時間從 O(N⁴) 減少到 O(N³)。

重複的工作

我們使用與上面相同的問題和暴力演算法，這次要做的是找尋重複的工作。

該演算法透過迭代所有 (a, b) 對，然後搜尋所有 (c, d) 對來搜尋是否有匹配的 (a, b) 對。

但為什麼我們要為每一對 (a, b) 計算所有 (c, d) 對？我們應該只建立一次 (c, d) 對的 list。然後，當我們有一個 (a, b) 對時，就到 (c ,d) 列表中搜尋匹配項目。我們可以透過將每個 (c, d) 對插入到雜湊表中來快速定位匹配項，這個雜湊表能將 (c, d) 的和映射到整數對（或者，更確切地說，映射到具有該和的整數對列表）。

```
1    n = 1000
2    for c from 1 to n
3      for d from 1 to n
4        result = c³ + d³
5        append (c, d) to list at value map[result]
6    for a from 1 to n
7      for b from 1 to n
8        result = a³ + b³
9        list = map.get(result)
10       for each pair in list
11         print a, b, pair
```

實際上，一旦我們有了所有 (c, d) 對的映射，我們就可以直接使用它。我們不需要生成 (a, b) 對。因為每個 (a, b) 都已經在映射中了。

```
1    n = 1000
2    for c from 1 to n
3      for d from 1 to n
4        result = c³ + d³
5        append (c, d) to list at value map[result]
6
7    for each result, list in map
8      for each pair1 in list
9        for each pair2 in list
10         print pair1, pair2
```

這將使我們的執行時間縮短到 O(N²)。

▶ 優化與解決技巧 #2：DIY（自己動手做）

當您第一次聽到如何在有序陣列中搜尋元素時（在學習二分法搜尋之前），您可能不會立即想到「啊哈！我們將把目標元素與中點進行比較，然後在適當的中點上遞迴。」

然而，您可以給一個沒有電腦科學知識的人一堆按字母順序排列的學生論文，他們很可能會實作像二分法搜尋這樣的東西來找出學生的論文。他們可能會說「天哪，Peter

Smith？他應該是在這一疊論文靠底下的某個地方」，他們會在中間隨機挑選一篇論文（大約），把名字和「Peter Smith」做比較，然後在剩下的論文繼續這個流程。雖然他們不懂二分法搜尋，但他們憑直覺「用上它」了。

我們的大腦就像這樣有趣。如果把「設計一個演算法」這個短語放在那裡，人們常常會搞不清楚。但是給一個實際的例子，無論是資料（例如，一個陣列）還是真實世界會處理到的平行工作（例如，一堆檔案），他們的直覺解法會是一個非常好的演算法。

我見過無數次這樣的面試者。他們的電腦演算法實在效率不彰，但當要求他們手動解決同樣的問題時，他們卻能馬上快速解決。（從某種意義上說，這並不奇怪。用電腦做很慢的事，通常用手做也很慢，您為何要多此一舉？）

因此，當您遇到問題時，請試著用直覺來解一個實際的例子，通常用一個大的例子會更好解決。

> 例如：給定一個較小的字串 s 和一個較大的字串 b，設計一個演算法來找出較短字串在較長字串中的所有排列。印出每個排列的位置。

稍微想一下您會如何解決這個問題。注意排列是字串的重新排列，所以 s 中的字元可以在 b 中以任何順序出現。前提是它們必須是連續的（不被其他字元分割）。

如果您和大多數面試者一樣，您可能會想到：生成 s 的所有排列，然後在 b 中尋找每一個。因為有 S! 個排列，這將花費 O(S! * B) 時間，其中 S 是 s 的長度，B 是 b 的長度。

這是可行的，但它是一個非常慢的演算法。它的效率比指數演算法**更差**。如果 s 有 14 個字元，那就有超過 870 億個排列。再加一個字元到 s 中，我們的排列數量就變成 15 倍。哎喲！

用另一種方法，您可以很容易地開發出一個像樣的演算法。給自己舉個例子，比如這個：

```
s: abbc
b: cbabadcbbabbcbabaabccbabc
```

b 中 s 的排列在哪裡？不要擔心您解法漂不漂亮，只要找到它們就可以，12 歲的孩子都能做到！

（不，真的，去找他們問問。我會在這裡等您！）

我在每個排列下面都畫了底線。

```
s: abbc
b: cbabadcbbabbcbabaabccbabc
    ——      ——        ——
       ——  ——        ——
          ——
```

您找到這些了嗎？如何找到的呢？

很少有人（即使是那些稍早想出 O(S! * B) 演算法的人）會去實際生成 abbc 的所有排列，再從 b 中找出符合的排列。幾乎每個人都會採取兩種（非常相似的）方法中的一種：

1. 迭代 b 並查看 4 個字元的滑動視窗（因為 s 的長度為 4），檢查每個視窗是否為 s 的排列。

2. 迭代 b 並每次看到 s 中的一個字元時，就檢查後面四個（s 的長度）字元是否是 s 的排列。

依不同的「檢查這是否符合排列」部分的具體實作，您可能會得到 O(B * S)、O(B * S log S) 或 O(B * S²) 的執行時間。不過，這些都不是最優的演算法（因為存在一個 O(B) 演算法），但這個方法比我們之前的演算法要好得多。

當您在解問題的時候，請試試這個方法。請手動地去解決一個漂亮的、大的、直觀的特定例子，然後進一步認真思考您是如何解決的，請逆向拆解您的解決方法。

要特別注意您直覺上或自動做出的任何「優化」。例如，當您在做這個問題時，您可能會跳過包含「d」的滑動窗口，因為「d」不在 abbc 中。這是您的大腦做出的優化，您至少應該在您的演算法中意識到這一點。

▶ 優化與解決技巧 #3：簡化與泛型化

為了要展示簡化和泛型化，我們要用多個步驟說明。首先要簡化或調整一些約束（例如資料類型），然後解決這個新的簡化版本的問題。最後，一旦有了一個簡化問題的演算法，我們就試著使它適用於更複雜的版本。

> 例如：從一本雜誌上剪下一些詞，組成一個新句子，就可以做成一張勒索贖金通知。您如何確定一個勒索贖金通知（表示為一個字串）可以從一個給定的雜誌（字串）中取得呢？

為了簡化問題，我們修改一下題目，假設我們從雜誌中剪下的是**字元**，而不是整個單詞。

我們可以透過簡單地建立一個陣列並計數字元來解決簡化的贖金通知問題。陣列中的每個點對應一個字母。首先，我們數一數贖金通知中每個字元出現的次數，然後我們瀏覽雜誌，看看是否所有的字元都出現了。

當我們泛型化這個演算法時，我們做了一個非常相似的事情。這一次，我們不是建立一個字元計數的陣列，而是建立一個雜湊表，從一個單詞映射到它的頻率。

▶ 優化與解決技巧 #4：基礎條件和建立

為了要展示基礎條件和建立，我們首先會用基礎條件（例如，n = 1）去解決問題，然後嘗試從那裡開始向上建立。當我們遇到更複雜 / 有趣的情況（通常是 n = 3 或 n = 4）時，嘗試使用先前的解決方案來建立這些情況。

> 範例：請設計一個演算法來印出字串的所有排列。為簡單起見，假設所有字元都是唯一的。

假設有一個測試字串 abcdefg。

```
Case "a" --> {"a"}
Case "ab" --> {"ab", "ba"}
Case "abc" --> ?
```

這是第一個「有趣」的案例。如果我們已經有了 P("ab") 的答案，那我們要如何生成 P("abc")？額外的字母是 c，所以我們可以在每一個可能的點都加上 c。那就是：

```
P("abc") = insert "c" into all locations of all strings in P("ab")
P("abc") = insert "c" into all locations of all strings in {"ab","ba"}
P("abc") = merge({"cab", "acb", "abc"}, {"cba", "bca", "bac"})
P("abc") = {"cab", "acb", "abc", "cba", "bca", "bac"}
```

現在我們已理解解題模式了，可以開發一個通用的遞迴演算法。我們要透過「切掉」最後一個字元，生成 $s_1 \ldots s_{n-1}$ 的所有排列，以生成字串 $s_1 \ldots s_n$ 的所有排列。一旦我們有了 $s_1 \ldots s_{n-1}$ 的所有排列的 list，迭代這個 list。對於其中的每個字串，我們將 s_n 插入到字串的每個可能位置。

利用基礎條件和建立處理過的演算法，經常自然會變成遞迴演算法。

▶ 優化與解決技巧 #5：資料結構腦力激盪

這種方法當然是笨拙的，但通常都能達成功效。我們可以簡單地準備一系列資料結構，並將每一種資料結構都套用看看。這種方法之所以常會達到功效，是因為一旦我們想到使用樹，解決問題就變得很簡單。

> 範例：數字是隨機生成的，儲存在一個（可擴展的）陣列中。請問您如何追蹤中位數呢？

我們的資料結構腦力激盪可能是這樣的：

- 串列？不太合用，串列在存取和排序數字方面不是很好用。

- 陣列？可能可用，但您已經有一個陣列了，能一直保持這些元素的順序嗎？那可能要花很多資源。我們先保留這種可能，如果需要的話再回來想。

- 二元樹？這是可能的，因為二元樹在排序方面做得相當好。事實上，如果二元搜尋樹是完全平衡的，那麼頂部可能是中值。但是要注意，如果元素個數是偶數，中位數實際上是中間兩個元素的平均值，因為不能同時在頂部放兩個元素。這可能是一個可行的演算法，但我們稍後再回頭考慮它。

- 堆積？堆積非常擅長基本的排序和追蹤最大與最小值。這實際上很有趣，如果您有兩個堆積，您可以將元素中的大的一半和小的一半分開追蹤。較大的那一半以最小堆積儲存，以便將較大的那一半中的最小元素放置根節點。較小的那一半以最大堆積儲存，以便將較小的一半的最大元素放置於根節點。現在，有了這些資料結構，在根處就有了潛在的中位數元素。如果兩個堆積大小不相同，您可以從一個堆積中取出一個元素並將其推到另一個堆積中來快速「重新平衡」堆積。

請注意，您遇到的問題越多，您選用哪種資料結構的本能就越發達。您還會培養出一種更敏銳的直覺，知道哪一種方法最有用。

▶ 最佳可想像執行時間（Best Conceivable Runtime, BCR）

思考最佳可想像執行時間可以為某些問題提供有用的提示。

從字面上來看，最佳可想像執行時間指的是，您能想到的**最佳**執行時間。您可以很容易地證明沒有辦法擊敗目前最佳可想像執行時間。

例如，假設您想要計算兩個陣列（長度為 A 和 B）共有的元素數量。您馬上就知道不可能在超過 O(A + B) 的時間內完成，因為您必須「碰觸」每個陣列中的每個元素，所以 O(A + B) 就是最佳可想像執行時間。

或者，假設您想把陣列中所有元素所組成的值對都印出來。您知道您無法在 O(N²) 的時間內完成，因為需要印出 N² 個值對。

不過要小心！假設您的面試官要求您在一個陣列中找出所有和為 k 的對（假設所有元素都無重複），一些沒有完全掌握最佳可想像執行時間概念的面試者會說最佳可想像執行時間是 O(N²)，因為您必須觀察過 N² 個對。

那不是真的。並不是說因為您想要所有的對都有一個特定的和，就代表您必須看所有的對。事實上，您真的不用。

> 最佳可想像執行時間和最佳執行時間之間的關係是什麼？它們完全無關！可以想到的最佳可想像執行時間是針對問題，它主要是輸入和輸出之間的一個函式。它與特定的演算法沒有特定的關係。事實上，如果您靠思考您的演算法做了什麼來計算最佳可想像執行時間，您可能就搞錯方向了喔。最佳執行時間則是針對一個特定的演算法（並且它通常會得到一個無用的值）。

請注意，最佳可想像執行時間不一定是可實作的，它只代表您無法打破它。

一個如何使用最佳可想像執行時間的例子

問題：給定兩個已排序的陣列，找出它們共有的元素個數。陣列的長度相同，每個陣列中的元素都不重複。

讓我們從一個好例子開始，我們將在共同的要素下畫線。

```
A: 13  27  35  40  49  55  59
B: 17  35  39  40  55  58  60
```

解決這個問題的一種暴力演算法是從 A 中的每個元素為基準，然後在 B 中搜尋它。這需要 O(N²) 的時間，因為對於 A 中的 N 個元素，我們需要在 B 中進行 O(N) 的搜尋。

最佳可想像執行時間是 O(N)，因為我們知道每個元素至少要看一次且總共有 2N 個元素（如果我們跳過一個元素，那麼該元素的值可能會改變結果。例如，如果我們不看 B 的最後一個值，那麼 60 那一個位置也可以是 59）。

思考一下我們現在做到哪裡了，我們現在有一個 O(N²) 演算法，但我們想要做得更好（有可能，但不一定能和 O(N) 一樣快）。

```
Brute Force:          O(N²)
Optimal Algorithm:    ?
BCR:                  O(N)
```

O(N²) 和 O(N) 之間還有哪些執行時間？還有很多種。實際上是無限的，理論上我們是可以得到一個 O(N log(log(log(log(N)))))的演算法沒錯。然而，無論是在面試中還是在現實生活中，這個執行時間都不常出現。

> 請試著在面試時記住這一點，因為這會讓很多人感到困惑，就是執行時間不是一個選擇題。是的，執行時間通常是 O(log N)、O(N)、O(N log N)、O(N²) 或 O(2ᴺ)，但是您不應該只依靠刪去法，就假設某樣東西是一個特定的執行時間。事實上，當您對執行時間感到困惑、並想要猜測一下時，您很可能會有一個不太明顯和不太常見的執行時間。比方說執行時間可能是 O(N²K)，其中 N 是陣列的大小，K 是對的數目。請推導，不要猜測。

最有可能出現的情況是，我們會朝著 O(N) 演算法或 O(N log N) 演算法的方向逼近。這件事告訴了我們什麼？

如果我們把當前演算法的執行時間想像成 O(N x N)，那麼得到 O(N) 或 O(N x log N) 可能代表著將式中的第二個 O(N) 減少到 O(1) 或 O(log N)。

> 這是最佳可想像執行時間可派上用場的一種方式。我們可以使用該時間來獲得我們可能需要減少多少時間的一種「提示」。

第二個 O(N) 是由搜尋貢獻的。陣列已排序的情況下，我們能在 O(N) 的時間內搜尋一個已排序陣列嗎？

是的，我們可以使用二分法搜尋在 O(log N) 時間內找到已排序陣列中的一個元素。

我們現在得到了一個改進的演算法：O(N log N)。

```
Brute Force:          O(N²)
Improved Algorithm:   O(N log N)
Optimal Algorithm:    ?
BCR:                  O(N)
```

我們能做得更好嗎？做得更好意味著將 O(log N) 減少到 O(1)。

一般來說，我們無法在 O(log N) 的時間內搜尋一個陣列，甚至是一個排序的陣列。但現在的情況**不是**一般情況，因為我們一遍又一遍地做著同樣的搜尋。

最佳可想像執行時間告訴我們，我們永遠不會有比 O(N) 更快的演算法。因此，任何我們可在 O(N) 時間內做完的工作都是「無副作用」的，不會影響我們的執行時間。

請重新閱讀第 85 頁的優化技巧列表，其中有什麼可以幫助我們的嗎？

其中一個建議是進行預先計算或提前做好工作。我們在 O(N) 時間內可做完的任何前期工作都是無副作用的，它不會影響我們的執行時間。

> 這是最佳可想像執行時間可以發揮作用的另一個地方。任何小於或等於最佳可想像執行時間的工作都「無副作用」，因為它不會影響您的執行時間。您可能想最終消除這類工作，但這件事目前不是我們要最優先考慮的。

我們的重點仍然是將搜尋從 O(log N) 減少到 O(1)，而且任何能在 O(N) 內做完的預計算都「不會有副作用」。

在這種情況下，我們可以把 B 中的所有東西都放到雜湊表中。這將花費 O(N) 個時間。然後，我們只需迭代 A 並搜尋雜湊表中的每個元素。這種查詢（或搜尋）是 O(1)，所以我們最後得到的執行時間是 O(N)。

假設我們的面試官問了一個讓我們畏縮的問題：我們還能做得更好嗎？

不，在執行時間方面已經無法再更好了。我們已經實作了盡可能快的執行時間，因此無法優化 Big O 時間，但我們可以優化空間複雜度。

> 這是最佳可想像執行時間有用的另一個地方。它告訴我們，在優化執行時間方面我們已經「完成」了，因此我們應該把我們的努力轉向空間複雜度。

事實上，即使沒有面試官的提示，我們也該為自己的演算法打一個問號。如果資料沒有排序，我們將獲得完全相同的執行時間。那麼，為什麼面試官要給我們排序的陣列呢？雖然不是沒有前例，但還是有點奇怪。

回到我們的例子。

```
A: 13   27   35   40   49   55   59
B: 17   35   39   40   55   58   60
```

我們現在正在尋找一個演算法：

- 操作在 O(1) 空間內（可能）。我們已經有一個已優化成最佳執行時間的 O(N) 空間演算法。如果我們想要使用更少的額外空間，那可能代表著沒有額外的空間。因此，我們需要刪除雜湊表。

- 操作時間為 O(N)（可能）。我們可能想要至少匹配當前最好的執行時間，我們知道自己無法打敗它。

- 使用陣列已排序的事實。

我們最好的又不使用額外空間的演算法是二分法搜尋。現在來優化一下，我們可以跟著演算法走一次。

1. 使用二分法搜尋在 B 中搜尋 A[0] = 13，沒有找到。

2. 使用二分法搜尋在 B 中搜尋 A[1] = 27，沒有找到。

3. 使用二分法搜尋在 B 中搜尋 A[2] = 35，在 B[1] 找到。

4. 使用二分法搜尋在 B 中搜尋 A[3] = 40，在 B[5] 找到。

5. 使用二分法搜尋在 B 中搜尋 A[4] = 49，沒有找到。

6. …

想想 BUD 優化法，瓶頸是搜尋。其中有什麼不需要或重複的嗎？

沒有必要對整個 B 進行 A[3]= 40 的搜尋。我們在 B[1] 找到了 35，所以 40 肯定不在 35 之前。

每個二分法搜尋應該從最後一個結束的地方開始做搜尋。

事實上，我們現在根本不需要做二分法搜尋，我們可以做線性搜尋。只要 B 中的線性搜尋是在最後一個結束的地方繼續，我們就知道自己將在線性時間內進行操作。

1. 使用線性搜尋在 B 中找 A[0] = 13，從 B[0] = 17 開始，停在 B[0]= 17，沒有找到。

2. 使用線性搜尋在 B 中找 A[1] = 27，從 B[0] = 17 開始，停在 B[1] = 35，沒有找到。

3. 使用線性搜尋在 B 中找 A[2] = 35，從 B[1] = 35 開始，停在 B[1] = 35，找到。

4. 使用線性搜尋在 B 中找 A[3] = 40，從 B[2] = 39 開始，停在 B[3] = 40，找到。

5. 使用線性搜尋在 B 中找 A[4] = 49，從 B[3] = 40 開始，停在 B[4] = 55，沒有找到。

6. ...

這個演算法非常類似於合併兩個已排序的陣列，它的時間複雜度是 O(N)，空間複雜度是 O(1)。

我們現在已經到達了最佳可想像執行時間，需要的空間也非常小。我們知道自己無法再做得更好了。

> 這是我們可以拿最佳可想像執行時間來用的另一種時機。如果您已經到達最佳可想像執行時間並且只使用 O(1) 的額外空間，那麼您就知道您無法再優化 Big O 時間或空間。

最佳可想像執行時間不是一個「真正的」演算法概念，因為您在演算法教科書中找不到它。但在我自己解題，或指導別人解題時，我發現它非常實用。

如果您很難理解它，請確保您已先理解了 Big O 時間的意義（第 50 頁），您需要掌握它，一旦您可以掌握它後，計算出一個問題的最佳可想像執行時間只需要幾秒鐘。

▶ 處理不正確的答案

最常見（也是最危險）的謠言之一是，求職者必須正確回答每一個問題。這不完全是真的。

首先，面試問題的回答不應該被認為是「正確的」或「不正確的」。這不是一個二元評價，重點是他們的最終解決方案有多理想、他們花了多長時間取得最終解決方案、他們需要多少幫助，以及他們的程式碼有多乾淨。因素很多。

第二，您的表現評估會與其他面試者做比較。例如，如果您在 15 分鐘內最優地解決了一個問題，而其他人在 5 分鐘內解決了另一個更簡單的問題，那個人比您做得更好嗎？也許是，也許不是。因為當您被問到的問題都非常簡單時，那麼面試官就會預期您很快就可以答出最優解答。但是如果問題都很難，那麼他也會接受您犯一些錯誤。

第三，許多（可能是大多數的）問題都太難了，以致於即使是一個強有力的面試者也無法立即得出最優演算法。我喜歡問的問題通常需要能力高強的面試者花 20 到 30 分鐘來解決。

在評估 Google 成千上萬的招募時，我只見過一位求職者的面試「完美無缺」。其他所有人，包括數百名得到工作機會的人，都犯過錯誤。

▶ 您以前聽過同一個問題

如果您以前聽過同樣的問題，請向面試官據實以告。面試官問您這些問題是為了評估您解決問題的能力，如果這個問題您已經很清楚，那麼您就沒有給他們評價您的機會。

另外，如果您不告訴面試官您知道這個問題，面試官可能會覺得您很不誠實（反過來說，如果您真的透露了這一點，您會得到很大的誠實分）。

▶ 面試時「完美」的語言

在許多頂尖公司，面試官對語言並不挑剔，比起知道您是否懂一門特定的語言，他們對您如何解決問題更感興趣。

不過，其他公司更著重於一種語言，並且會對你如何使用一種特定的語言去解決問題很感興趣。

如果碰到您可自由選擇語言的情況，那麼您應該選擇您最喜歡的語言。

也就是說，如果您精通數種好的語言，您應該記住以下幾點。

流行度

這不是必需的，但您的面試官瞭解您所使用的語言是最理想的。因此，建議您使用廣為人知的語言。

語言可讀性

即使您的面試官不懂您的程式設計語言，他們基本上也看的懂。而且，由於有些語言和其他語言比較相像，所以自然就會比較容易讀。

例如，Java 很容易讓人理解，即使面試官沒有使用過它也一樣。大多數人都使用過類似 Java 的語法，比如 C 和 C++。

然而，Scala 或 Objective C 之類的語言有相當不同的語法。

潛在問題

有些語言只會讓您遭遇到一些潛在的問題。例如，使用 C++ 代表除了程式碼中可能存在的所有常見 bug 之外，還可能存在記憶體管理和指標問題。

冗長

有些語言比其他語言更冗長。例如，與 Python 相比，Java 是一種相當冗長的語言。只需比較以下程式碼片段，就可以看出來。

Python：

```
1   dict = {"left": 1, "right": 2, "top": 3, "bottom": 4};
```

Java：

```
1   HashMap<String, Integer> dict = new HashMap<String, Integer>().
2   dict.put("left", 1);
3   dict.put("right", 2);
4   dict.put("top", 3);
5   dict.put("bottom", 4);
```

但是，可以透過縮寫程式碼來降低 Java 程式碼冗長的程度。我可以想像有面試者在白板上寫這樣的東西：

```
1   HM<S, I> dict = new HM<S, I>().
2   dict.put("left", 1);
3   ...       "right", 2
4   ...       "top", 3
5   ...       "bottom", 4
```

面試者需要解釋這些縮寫，但大多數面試官不會介意縮寫。

易用性

某些語言中的某些操作比其他語言中的操作更容易。例如，在 Python 中，可以很容易地從一個函式回傳多個值。在 Java 中，同樣的操作需要建立一個新類別。建立新類別對於解決某些問題來說很方便。

但是，與上面類似，這可以透過簡化程式碼或假設您實際上沒有的方法來緩解。例如，如果一種語言提供了一個轉置矩陣的函式，而另一種語言沒有，這並不一定代表改用第一種語言寫會更好（對於需要這種函式的問題來說），您可以假設其他語言也有類似的方法。

▶ 什麼是好的程式碼

您現在可能已經知道，雇主希望看到您寫出「良好、乾淨」的程式碼。但這到底代表著什麼，在面試中又如何表現出來呢？

一般來說，好的程式碼有以下特性：

- **正確**：程式碼應該正確處理所有預期的和未預期的輸入。

- **效率**：程式碼應該在時間和空間上盡可能的高效。這種「效率」包括漸近（Big O）效率和實際的、現實的效率。也就是說，當您計算 Big O 時間的時候，一個常數因數可能會被去掉，但在現實生活中，它可能非常重要。

- **簡單**：如果你能用 10 行程式碼解掉，就不要用 100 行。開發人員應該盡可能快地撰寫程式碼。

- **可讀**：不同的開發人員應該能夠閱讀您的程式碼，並能理解程式碼的功能以及它是如何執行的。可讀的程式碼在需要的地方有注釋，而且以一種容易理解的方式實作。這代表若您的程式碼做了很多複雜的位元移動，它可能就不是一個好的程式碼。

- **可維護性**：程式碼應該能夠合理地適應產品生命週期中的變化，並且應該易於其他開發人員以及初始開發人員維護。

您要做一些平衡才能同時滿足這些點。例如，通常會建議犧牲一定程度的效率來提高程式碼的可維護性，反之亦然。

在面試中寫程式時，您應該把這些特性考慮進去。把程式碼像下面這樣寫，更能體現出前面所說的特性。

大量使用資料結構

假設您被要求寫一個函式，功能是將兩個簡單數學運算式相加，運算式的形式是 $Ax^a + Bx^b + \cdots$（其中係數和指數可以是任何正實數或負實數）。也就是說，運算式是一組項的序列，其中每個項只是一個常數乘以一個指數。面試者還補充說，她沒有要求您一定要進行字串解析，所以您可以使用任何想要的資料結構來保存運算式。

有許多不同的方法可以實作它。

不好的實作

將運算式儲存為一個 double 陣列，其中第 k 個元素對應於運算式中 x^k 項的係數。這種結構是有問題的，因為它不能支援帶有負或非整數指數的運算式。它還需要一個包含 1000 個元素的陣列來儲存運算式 x^{1000}。

```
1   int[] sum(double[] expr1, double[] expr2) {
2       ...
3   }
```

稍微沒那麼糟糕的實作

將運算式儲存為兩個陣列（係數和指數）的集合。在這種方法下，運算式的項以任意順序儲存，但是「匹配」運算式的第 i 項由係數 coefficients[i] * $x^{exponents[i]}$ 表示。

在這個實作中，如果係數 coefficients[p] = k，指數 exponents[p] = m，那麼第 p 項就是 kx^m。儘管不會有前面解決方案的那種限制，但它仍然非常混亂。一個運算式需要兩個陣列。如果陣列的長度不同，運算式可能會出現「未定義」的值。回傳一個運算式很麻煩，因為需要回傳兩個陣列。

```
1   ??? sum(double[] coeffs1, double[] expon1, double[] coeffs2, double[] expon2) {
2       ...
3   }
```

好的實作

為運算式設計自己的資料結構。

```
1   class ExprTerm {
2       double coefficient;
3       double exponent;
4   }
5
6   ExprTerm[] sum(ExprTerm[] expr1, ExprTerm[] expr2) {
7       ...
8   }
```

有些人可能認為這是「過度優化」，這也許是過度優化，也許不是。無論您是否認為這是過度優化，上面的程式碼都表明您有思考過如何設計程式碼，而不是以最快的方式將一些東西拼湊在一起。

適當的程式碼重用

假設您被要求撰寫一個函式來檢查二進位數值（作為字串傳遞）的值是否等於另一個以字串表示的十六進位值。

以下是利用程式碼重用所寫出的一種優雅的實作。

```
1   boolean compareBinToHex(String binary, String hex) {
2       int n1 = convertFromBase(binary, 2);
3       int n2 = convertFromBase(hex, 16);
4       if (n1 < 0 || n2 < 0) {
5           return false;
6       }
7       return n1 == n2;
8   }
9
10  int convertFromBase(String number, int base) {
11      if (base < 2 || (base > 10 && base != 16)) return -1;
12      int value = 0;
13      for (int i = number.length() - 1; i >= 0; i--) {
14          int digit = digitToValue(number.charAt(i));
15          if (digit < 0 || digit >= base) {
16              return -1;
17          }
18          int exp = number.length() - 1 - i;
19          value += digit * Math.pow(base, exp);
20      }
21      return value;
22  }
23
24  int digitToValue(char c) { ... }
```

我們本可以實作單獨的程式碼來轉換二進位數字和十六進位碼，但這只會使程式碼更難撰寫和維護。相反地，我們透過撰寫一個 convertFromBase 方法和一個 digitToValue 方法來重用程式碼。

模組化

撰寫模組化程式碼代表著將獨立的程式碼區塊移動到它們自己的方法中，這有助於保持程式碼的可維護性、可讀性和可測試性。

假設您正在撰寫程式碼來交換整數陣列中的最小和最大值元素。其中一種您可以實作它的方法就像這樣：

```
1   void swapMinMax(int[] array) {
2     int minIndex = 0;
3     for (int i = 1; i < array.length; i++) {
4       if (array[i] < array[minIndex]) {
5         minIndex = i;
6       }
7     }
8
9     int maxIndex = 0;
10    for (int i = 1; i < array.length; i++) {
11      if (array[i] > array[maxIndex]) {
12        maxIndex = i;
13      }
14    }
15
16    int temp = array[minIndex];
17    array[minIndex] = array[maxIndex];
18    array[maxIndex] = temp;
19  }
```

或者，您可以用一種更模組化的方式實作，將相對獨立的程式碼區塊分別搬到它們自己的方法中。

```
1   void swapMinMaxBetter(int[] array) {
2     int minIndex = getMinIndex(array);
3     int maxIndex = getMaxIndex(array);
4     swap(array, minIndex, maxIndex);
5   }
6
7   int getMinIndex(int[] array) { ... }
8   int getMaxIndex(int[] array) {... }
9   void swap(int[] array, int m, int n) { ... }
```

雖然上面的非模組化程式碼並不是特別糟糕，但是模組化程式碼的優點在於它很容易測試，因為每個元件都可以單獨驗證。隨著程式碼變得越來越複雜，以模組化的方式撰寫程式碼變得越來越重要。這將使它更容易閱讀和維護，您的面試官會希望看到您在面試中展示這些技能。

靈活和健壯

您的面試官只要求您寫程式碼來檢查一個普通的井字遊戲台是否有贏家，不表示您一定要假定它是一個 3x3 的板。為什麼不以一種更通用的方式撰寫程式碼來實作 NxN 板呢？

撰寫靈活的通用程式碼也代表著您應該使用變數而不是寫死在程式碼中的值，或者使用範本／泛型來解決問題。若我們撰寫的程式碼能更通用，我們就應該這樣做。

當然，這是有限制的。如果通用解決方案複雜很多，而且此時看起來沒有必要性的話，那麼最好只實作簡單的、一般的解決方案。

錯誤檢查

謹慎的程式設計師的特徵之一，是她不會對輸入做任何假設，而是透過 ASSERT 述句或 if 述句驗證輸入是否正確。

例如，請回想一下前面的程式碼，它將一個數字從它的基數 i（例如，基數 2 或基數 16）表示形式轉換為一個整數。

```
1   int convertFromBase(String number, int base) {
2     if (base < 2 || (base > 10 && base != 16)) return -1;
3     int value = 0;
4     for (int i = number.length() - 1; i >= 0; i--) {
5       int digit = digitToValue(number.charAt(i));
6       if (digit < 0 || digit >= base) {
7         return -1;
8       }
9       int exp = number.length() - 1 - i;
10      value += digit * Math.pow(base, exp);
11    }
12    return value;
13  }
```

在第 2 行中，我們檢查基數是否有效（我們假設如果基數大於 10，但又不是基數 16 時，就沒有字串形式的標準表示）。在第 6 行，我們執行另一個錯誤檢查：確保每個數字都在允許的範圍內。

這樣的檢查在量產程式碼中很重要，在面試程式碼中也是。

當然，寫這些錯誤檢查可能是冗長乏味的，而且會浪費寶貴的面試時間。重要的是您會寫這些檢查。如果錯誤檢查不僅僅是一個快速的 if 述句，那麼最好在應該做錯誤檢查的地方留出一些空間，並向面試官表明，當您完成其餘程式碼後，您將填寫這些錯誤檢查。

▶ 不要放棄

我知道面試問題可能會讓人不知所措，但這也是面試官測試的一部分。您是會勇於面對挑戰，還是因為害怕而退縮？重要的是，您要積極主動地面對棘手的問題，畢竟面試本來就應該是艱難的，當您遇到真正的棘手問題時，也毋須感到驚訝。

若想得到額外的「加分」，請把解決難題的興奮感表現出來。

VIII

聘用相關問題

就在您以為面試後可以放鬆一下的時候，您卻面臨著面試後的壓力：您應該接受這份工作嗎？這份工作適合我嗎？您如何拒絕一份工作？最後期限呢？我們將在這裡討論其中的一些問題，並詳細討論如何評估對方提出的條件以及如何協商。

▶ 處理與回絕聘用

無論您是接受聘用，還是回絕聘用，還是被對方拒絕後做出的回應，這些都很重要。

提供截止日期或延後上班

當公司對您提出聘用的要約時，總是會附帶一個期限。通常最後期限是一到四週。如果您還在等其他公司的回音，您可以要求延期。可以的話，公司通常都會接受。

回絕聘用

即使您現在沒有興趣為這家公司工作，您仍可能有興趣在幾年後為它工作（或者，您的連絡人有一天可能會跳槽到更令人興奮的公司）。在回絕 offer 時，用好的話語回應並保持再聯絡的機會，對您來說是最有利的做法。

當您回絕一份聘用的時候，請提供一個非冒犯性的、無可爭辯的理由。例如，如果您是為了想去一家新創公司而回絕一間大公司的聘用，您可以解釋說您覺得現在去新創公司是正確的選擇。大公司不可能突然「成為」一家新創公司，所以他們無法對您的理由提出異議。

被拒絕的處理

被拒絕固然令人遺憾，但這並不表示您是一個不優秀的工程師。很多優秀的工程師表現不佳，是因為他們在這類面試中「測試結果不佳」，或是因為他們那天「不幸運」。

幸運的是，大多數公司都明白這些面試並不完美，有許多優秀的工程師會被拒絕。由於這個原因，公司往往渴望重新面試以前被拒絕的面試者。有些公司甚至會聯繫以前的面試者或加快他們的申請速度，**因為**他們已經面試過了。

當您接到遺憾的電話時，請利用這個機會建立重新申請的橋梁。感謝招募人員為您抽出時間，向他們解釋您很失望但您理解他們的立場，並詢問何時可以重新申請這家公司。

您也可以詢問招募人員的回饋。大多數情況下，大型科技公司不會提供回饋，但有些公司會。您可以問這樣的問題：「您建議我下次多做些什麼嗎？」

▶ 評估聘用

恭喜您！您被錄用了！您可能已經得到了多個工作機會（如果您夠幸運的話）。招募人員現在的工作就是盡其所能地鼓勵您接受這份工作。您怎麼知道這家公司是否適合您？我們來看一些您在評估聘用時應該考慮的事情。

薪資方案

也許面試者在評估一份工作時犯的最大錯誤就是太看重「月薪」。面試者往往太看重這個數字，導致最後接受了一個對他們「長期財務規劃」較不好的工作。薪水只是您經濟補償的一部分。除了薪水，您也應該看看：

* 簽約獎金、搬遷，和其他單次性津貼：許多公司提供簽約獎金和 / 或搬遷補助。在比較聘用時，明智的做法是將這筆現金攤銷三年（或您預計要為這間公司工作多久）。

* 新生活的成本：稅金和新生活的成本可能嚴重影響您實際拿到的金錢。例如，矽谷的生活成本比西雅圖貴 30% 以上。

* 年度獎金：科技公司的年度獎金範圍從 3% 到 30% 不等。您的招募人員可能會透露平均每年的獎金，但如果沒有，請諮詢在同一間公司工作的朋友。

* 股票選擇權和無償股票：股票有可能構成您年度報酬的另一大部分。與簽約獎金一樣，也可以透過將公司的股票攤銷三年，然後將其計入薪酬來進行比較。

不過要記住，您所學到的東西，以及在公司您的職業生涯將如何發展，對您的長期財務狀況所造成的影響往往要比薪水大得多。所以，請仔細考慮一下您現在到底想要得到多少錢。

職涯發展

當您收到這份工作的時候，您可能會很激動，但幾年後您很有可能又會開始考慮面試。因此，您現在考慮這份工作將如何影響您的職涯發展是很重要的。這代表著要考慮以下問題：

- 把這間公司的名字放在我的履歷上看起來怎麼樣？
- 我能學到多少？我能學到相關的東西嗎？
- 公司的昇職計畫是什麼？開發人員的職業生涯如何發展？
- 如果我想進入管理層，該公司是否提供切合實際的計畫？
- 公司或團隊在成長嗎？
- 如果我真的想離開這家公司，它附近是否有我感興趣的其他公司，還是我必須搬家？

最後一點非常重要，而且通常會被忽視。如果您所在的城市只有幾家公司可供選擇，那麼您的職業選擇就會更加有限。選擇越少，您就越不可能發現真正的好機會。

公司穩定性

在其他條件相同的情況下，穩定當然是一件好事，畢竟沒有人希望被解雇或被遣散。

然而，其他條件不會真的相同，而且越穩定的公司通常成長越慢。

您對公司穩定性的重視程度取決於您和您的價值觀。對於一些面試者來說，穩定不是一個重要因素。您能很快找到新工作嗎？如果是這樣，選擇一家快速長成的公司可能會更好，即使它不穩定也沒關係。如果您有工作簽證限制，或者只是對自己找到新工作的能力沒自信，那麼穩定可能對您來說就很重要

幸福感

最後但同樣重要的，您要想一下自己未來的快樂程度。下列任何一項因素均可影響您的幸福感：

- **產品**：許多人都在認真看重該公司正在開發的產品，這一點當然重要，但對於大多數工程師來說還有其他更重要的因素，比如您會和誰一起工作。

- **經理和團隊**：當人們說他們喜歡或討厭他們的工作時，往往原因來自他們的隊友和他們的經理。您見過他們嗎？您喜歡和他們交談嗎？

- **公司文化**：任何事情都與文化息息相關，例如每個人如何制定決策、人際氛圍，公司是如何組織的。請問問您未來的隊友，他們會如何描述目前的公司文化。

- **工時**：詢問未來的隊友他們通常工作多長時間，並弄清楚這是否符合您的生活方式。但是要記住，在重要截止日期來臨前的幾個小時通常感覺起來特別漫長。

另外，請注意，如果您能得到很多轉換團隊的機會（比如您在 Google 和 Facebook），您將有機會找到一個與您非常匹配的團隊和產品。

▶ 談判

幾年前，我報名參加了一個談判班。第一天，老師讓我們想像一個場景，我們想買一輛車。代理商 A 以 2 萬美元的固定價格出售這輛車，沒有討價還價的餘地。代理商 B 允許我們談判。請問我們去經銷商 B 那裡（經過協商後）需要付多少錢？（快！自己回答吧！）

平均來說，這個班的學生認為這輛車會便宜 750 美元。反過來看，學生們願意支付 750 美元只為了避免一個小時左右的談判。毫不奇怪，在一次班級調查中，大多數學生也表示他們不會去協商收到的聘用條件，而是對公司開出的條件照單全收。

許多人可能會同情這種立場，談判對大多數人來說都不好玩。但是，談判的經濟利益通常是值得的。

請幫您自己一個忙，去談判吧。這裡有一些讓您上手的建議。

1. **說做就做**。是的，我知道談判很可怕；（幾乎）沒人喜歡談判。但這談判是非常值得的，招募者不會因為您的談判而取消您的 offer，所以您不會有什麼損失。如果是大公司的聘用，情況就更是如此，因為您可能不會選擇和未來的隊友談判。

2. **有另一個選擇**。根本上，招募人員之所以會與您談判，是因為他們擔心您可能不會加入公司，如果您有其他的選擇，這將使他們的擔憂更加真實。

3. **明確的「要求」**：明確地要求薪水再加 \$7,000 美元比單純的說希望薪水「更多」有效多了。畢竟，如果您只是要求更多，招募人員可以再給您 \$1,000 美元，因為從技術上來說，這已經滿足了您的願望。

4. **要求的多一些**：在談判中，人們通常不會同意您的所有要求，但談判本來就是一來一往的對話。請要求的比您真正想要的多一點，因為公司最後可能會與您取一個中間值。

5. **薪資之外的東西**：公司更願意在非薪資之外的東西上進行談判，因為如果您的薪水漲太多，可能代表他們要付比你的同事更多的錢給你。請考慮要求更多的股權或更大的簽約獎金。另外，您也可以要求公司以現金支付搬遷費，而不是讓公司直接支付搬遷費。對許多大學生來說，這一招很不錯，因為他們實際的搬家費用是相當便宜的。

6. **請使用最好的媒介**：許多人會建議您只透過電話協商。在某種程度上，他們是對的；最好是透過電話協商。然而，如果您在電話談判中感到不舒服，可以透過電子郵件來解決。您企圖進行談判比透過選用哪一個特定的媒介更重要。

另外，如果您在和一家大公司談判，您應該知道他們通常有員工的「層級」，在那裡，所有處於特定層級的員工的工資都是差不多的，像 Microsoft 的這種系統就特別明確。您可以在您的薪資水準範圍內協商，但超出這個範圍就需要提高一個層級。如果您想要在薪資上有一個大躍進的話，您需要說服招募人員和您未來的團隊，您的經驗符合這個更高的層級，這是一件困難但可行的事情。

▶ 工作內容

關於您職涯發展的談判，並不會在面試時結束。事實上，這才剛剛開始。一旦您真的加入了一家公司，您需要開始考慮您的職涯發展。您將從這裡走向哪裡？您將如何到達那裡？

設定一個時間表

這是一個很常見的故事：您加入了一家公司，您很興奮，一切都很好。五年過去了，您還在同一間公司。就在那時，您意識到過去的三年並沒有給您的技能和履歷增加多少東西。那為什麼您不在開始的兩年後離開呢？

當您享受您的工作時，注意力很容易被它所吸引，卻沒有意識到您的事業沒有進步。這就是為什麼您應該在開始一份新工作之前概述您的職涯發展。十年後您想達到什麼水準？要達到這個目標需要哪些步驟？另外，每年都要想一下明年的經驗會給您帶來什麼，去年您的職業生涯或技能有什麼進步。

透過提前規劃您的發展並定期檢查，您可以避免落入這種自滿的陷阱。

建立牢固的關係

當您想要進入一個新的領域時，您的人際網路將是至關重要的。畢竟，透過網路應徵工作是很難的，有個人推薦會好得多，您的能力取決於您的人際網路。

請在工作中與您的經理和同事建立牢固的關係。當員工離開時，與他們保持聯繫。在他們離開一陣子後，只需一些友好的話，就能把原來的前同事，變成生活上的好朋友。

同樣的方法也適用於您的個人生活。您的朋友、您朋友的朋友，都是有價值的關係。樂於助人，他們就更有可能幫助您。

問自己想要什麼

雖然有些經理可能真的想要好好發展您的職涯，但其他人會採取一種不干涉的方式，完全看您怎麼去追求適合自己職涯的挑戰。

請（合理地）向您的經理坦白您的目標，如果您想承擔更多的後端程式碼專案，就直接跟他這樣說。如果您想探索更多的領導機會，請和您的經理討論一下您如何能做到這一點。

您需要成為最能替自己發聲的人，這樣您才能根據自己的時間表實踐目標。

保持面試

設定一個每年至少面試一次的目標，即使您不是在積極尋找新工作。這將使您的面試技能保持新鮮，也能讓您瞭解外面有什麼樣的機會（和薪水）。

如果您得到了一份工作，您不必接受它。它仍然會建立與該公司的聯繫，以備您以後想要加入。

面試題目

IX

1

陣列和字串

希望本書的所有讀者都已熟悉陣列和字串，所以我們不會用這些細節來煩您。相反地，我們將關注這些資料結構的一些更常見的技術和問題。

請注意，陣列問題和字串問題通常是可以互換的。也就是說，本書中提到的使用陣列的問題可能會被作為字串問題來問，反之亦然。

▶ 雜湊表

雜湊表是一種將鍵映射到值的資料結構，用於高效搜尋。實作雜湊表的方法有很多種。在這裡，我們將描述一個簡單但常見的實作。

在這個簡單的實作中，我們使用了一個由鏈結串列組成的陣列和一個雜湊碼函式。我們要執行以下操作以插入鍵（可能是字串或其他任何資料類型）和值：

1. 首先，計算鍵的雜湊碼，雜湊碼通常是 int 或 long。注意，兩個不同的鍵有可能具有相同的雜湊碼，因為鍵的數量可能是無限的，而 int 的數量是有限的。

2. 然後，將雜湊碼映射到陣列中的索引。這可以透過類似 hash(key)% array_length 這樣的操作來完成。當然，兩個不同的雜湊碼可以映射到同一個索引。

3. 在這個索引中，存放了一個鍵和值組成的串列。若想將鍵和值儲存在此索引中，由於可能會發生衝突，所以我們必須使用一個串列。衝突指的是您有兩個不同的鍵，但它們的雜湊碼相同，或兩個不同的雜湊碼映射到相同的索引。

若要根據鍵把值檢索出來的話，請做以下流程。用鍵計算雜湊碼，然後從雜湊碼計算索引。然後，用這個鍵在串列中搜尋值。

如果衝突的數量非常高，最壞的情況下執行時間是 O(N)，其中 N 是鍵的數量。但是，我們通常假設一個好的實作可以將衝突最小化，在這種情況下，搜尋時間是 O(1)。

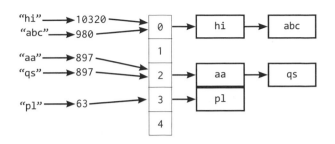

或者，我們可以使用平衡二元搜尋樹來實作雜湊表，它為我們提供了 O(log N) 搜尋時間。這樣做的好處是潛在地使用更少的空間，因為我們不再需要占用一個大的陣列。我們還可以按順序去迭代鍵，這有時很有用。

▶ ArrayList 和可調整大小 Array

在某些語言中，陣列（在這裡通常也稱為串列）是可自動調整大小的。陣列或串列將隨著項的添加而增長。在其他語言（比如 Java）中，陣列的長度是固定的，在建立陣列時定義了大小。

當需要類似於陣列的資料結構，同時又要能動態調整大小，通常會使用 ArrayList。ArrayList 是一個根據需要調整大小的陣列，同時仍然提供 O(1) 存取。一個典型的實作是當陣列已滿時，陣列的大小加倍。每次加倍都要花費 O(n) 的時間，但是這種情況很少發生，所以它的平攤插入時間仍然是 O(1)。

```
1   ArrayList<String> merge(String[] words, String[] more) {
2       ArrayList<String> sentence = new ArrayList<String>();
3       for (String w : words) sentence.add(w);
4       for (String w : more) sentence.add(w);
5       return sentence;
6   }
```

對面試來說這是很重要的資料結構。無論您選用何種語言，都要確保您能夠處理可動態調整大小的陣列／清單。注意，在各種語言中這種資料結構的名稱和它的「調整因數」（在 Java 中是 2）可能會不同。

什麼是平攤插入執行時間 *O(1)*？

假設您有一個大小為 N 的陣列。我們可以逆向計算每次容量增加時複製了多少個元素。請注意，當我們將陣列增加到 K 個元素時，該陣列先前的大小是 K 個元素的一半。因此，我們需要複製 ½ 個元素。

```
final capacity increase : n/2 elements to copy          最後一次容量增加：複製n/2個元素
previous capacity increase: n/4 elements to copy        前一次容量增加：複製n/4個元素
previous capacity increase: n/8 elements to copy        前一次容量增加：複製n/8個元素
previous capacity increase: n/16 elements to copy       前一次容量增加：複製n/16個元素
...                                                     ...
second capacity increase : 2 elements to copy           第二次容量增加：複製2個元素
first capacity increase : 1 element to copy             第一次容量增加：複製1個元素
```

因此，插入 N 個元素的拷貝總數大約為 $\frac{N}{2} + \frac{N}{4} + \frac{N}{8} + \cdots + 2 + 1$，加總結果剛好小於 N。

> 如果您無法一眼看出這個數列的總和，請假想：假設您要走 1 公里的路去商店。您一開始走 0.5 公里，然後再走 0.25 公里，然後再走 0.125 公里，以此類推。您永遠不會超過 1 公里（儘管會非常接近）。

因此，插入 N 個元素總共需要 O(N) 個工作。平均每個插入是 O(1)，即使一些插入在最壞的情況下必須花費 O(N) 時間也一樣。

▶ StringBuilder

假設您正在連接一個由字串組成的串列，如下所示。這段程式碼的執行時間是多少？為簡單化問題，假設所有字串的長度都相同（稱其為 x），並且有 n 個字串。

```
1   String joinWords(String[] words) {
2       String sentence = "";
3       for (String w : words) {
4           sentence = sentence + w;
5       }
6       return sentence;
7   }
```

在每次連接時，都會建立一個新的字串副本，然後逐個字元地複製這兩個字串。第一次迭代需要複製 x 個字元、第二次迭代需要複製 2x 個字元、第三次迭代需要 3x⋯等等。因此總時間是 O(x + 2x + ⋯ + nx)，等於 $O(xn^2)$。

> 為什麼是 $O(xn^2)$？因為 1 + 2 + ⋯ + n 等於 n(n+1)/2，或者 $O(n^2)$。

StringBuilder 可以幫助您避免這個問題。StringBuilder 只是會幫整段字串建立一個可調整大小的陣列，僅在必要時將它們複製回一個字串。

```
1   String joinWords(String[] words) {
2     StringBuilder sentence = new StringBuilder();
3     for (String w : words) {
4       sentence.append(w);
5     }
6     return sentence.toString();
7   }
```

實作字串、陣列和一般資料結構的一個好練習是，實作您自己的 StringBuilder、HashTable 和 ArrayList 版本。

附加閱讀：雜湊表衝突的解決方案（第 812 頁），Rabin-Karp 子字串搜尋（第 813 頁）。

面試題目

1.1　**不重複**：實作一個演算法來判斷一個字串中的字元是否不重複。如果不能使用其他資料結構怎麼辦？

提示：*#44，#117，#132*

pg 252

1.2　**檢查變位字**：給定兩個字串，寫一個方法來判斷一個是否是另一個的變位字。

提示：*#1，#84，#122，#131*

pg 253

1.3　**URLify**：寫一個方法用 '%20' 來替換字串中所有空格。您可以假設字串的尾端有足夠的空間來容納額外的字元，並且您擁有字串的「真實」長度的資訊（注意：如果用 Java 實作，請使用字元陣列，以便您可在適當的位置執行此操作）。

範例

輸入："Mr John Smith　　　　"，13

輸出："Mr%20John%20Smith"

提示：*#53，#118*

pg 255

1.4 **回文變位字**：您得到一個字串，請寫一個函式來檢查它是否是一個回文的變位字。回文的意思是單詞或短語無論向前讀或向後讀都是一樣的。變位字就是字母的重新排列。回文不局限於字典單詞。

範例

輸入：Tact Coa

輸出：True（可能的變位字：如 "taco cat", "atco cta" 等）

提示：*#106，#121，#134，#136*

———————————————————————————————— **pg 256**

1.5 **一個編輯距離**：可以對字串執行的編輯有三種：插入一個字元、刪除一個字元，或替換一個字元。假設有兩個字串，請寫一個函式檢查它們是否為 1 個（或 0 個）編輯距離。

範例

```
pale,   ple  -> true
pales,  pale -> true
pale,   bale -> true
pale,   bake -> false
```

提示：*#23，#97，#130*

———————————————————————————————— **pg 260**

1.6 **字串壓縮**：藉由計算重複字元來實作一個執行基本的字串壓縮方法。例如，字串 aabcccccaaa 將變成 a2b1c5a3。如果「壓縮」字串不會變得比原來的字串更小，那麼您的方法應該回傳原來的字串。可以假設字串只有大寫和小寫字母（a-z）。

提示：*#92，#110*

———————————————————————————————— **pg 263**

1.7 **旋轉矩陣**：給定一個由 NxN 矩陣表示的圖像，其中圖像中的每個像素為 4 個位元組，請撰寫一個方法將圖像旋轉 90 度，您能在同一塊記憶體中就地（in place）完成嗎？

提示：*#51，#100*

———————————————————————————————— **pg 265**

1.8 **零矩陣**：請撰寫這樣一個演算法，如果 MxN 矩陣中的一個元素為 0，那麼將該該元素所在的整個列和欄都設定為 0。

提示：*#17，#74，#102*

pg 267

1.9 **字串旋轉**：假設您有一個名為 isSubstring 的方法，它可檢查一個單詞是否是另一個單詞的子字串。假設有兩個字串 s1 和 s2，限定只能使用一次 isSubstring 呼叫，撰寫程式碼以檢查 s2 是否是 s1 的旋轉（例如，「waterbottle」是「erbottlewat」的旋轉）。

提示：*#34，#88，#104*

pg 270

附加問題：物件導向設計（#7.12）、遞迴（#8.3）、排序和搜尋（#10.9）、C++（#12.11）、中等難度問題（#16.8、#16.17、#16.22）、困難問題（#17.4、#17.7、#17.13、#17.22、#17.26）。

提示從第 834 頁開始。

2

鏈結串列

鏈 結串列是一種表示節點序列的資料結構。在單向鏈結串列中，每個節點都指向鏈結串列中的下一個節點。雙向鏈結串列為每個節點提供指向下一個節點和前一個節點的指標。

下圖描述了一個雙向鏈結串列：

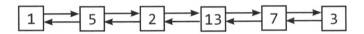

與陣列不同，若要對鏈結串列特定位置做「索引」的話，無法在常數時間內完成。這意思是說，如果希望找到串列中的第 K 個元素，就需要迭代 K 個元素。

鏈結串列的好處是，當您想加入和刪除開頭處的項目時，可在常數時間完成。對於特定的應用，這可能很有用。

▶ 建立鏈結串列

下面的程式碼實作了一個非常基本的單向鏈結串列。

```
1    class Node {
2      Node next = null;
3      int data;
4
5      public Node(int d) {
6        data = d;
7      }
8
9      void appendToTail(int d) {
10       Node end = new Node(d);
11       Node n = this;
12       while (n.next != null) {
13         n = n.next;
```

```
14       }
15       n.next = end;
16     }
17 }
```

在這個實作中,我們沒有使用 LinkedList 資料結構。我們是透過鏈結串列的頭節點
(head Node)的參照來存取鏈結串列。當您以這種方式實作鏈結串列時,您需要小心
一點。如果多個物件同時都需要對鏈結串列的參照,然後鏈結串列的頭部又發生了變
化,該怎麼辦呢?一些物件可能仍然指向舊的頭部。

如果願意,我們可以實作一個將 Node 類別包裝起來的 LinkedList 類別。這個類別實
際上只有一個成員變數:即頭節點。這樣做將解決先前大部份的問題。

記住,當在面試中討論鏈結串列時,必須理解它是單向鏈結串列還是雙向鏈結串列。

▶ 從單向鏈結串列單刪去一個節點

從鏈結串列中刪除節點非常簡單,假設我們有一個節點 n,我們找到它的前一個節
點 prev,並設定 prev.next 等於 n.next。如果清單是雙向連結的,我們還必須更新
n.next,讓 n.next.prev 等於 n.prev。必須要記住的重點是(1)檢查空指標,和
(2)根據需要更新頭或尾指標。

此外,如果您使用 C、C++ 或其他需要開發人員執行記憶體管理的語言實作此程式
碼,則該考慮是否應釋放刪除的節點。

```
1  Node deleteNode(Node head, int d) {
2    Node n = head;
3
4    if (n.data == d) {
5      return head.next; /* 移動頭節點 */
6    }
7
8    while (n.next != null) {
9      if (n.next.data == d) {
10        n.next = n.next.next;
11        return head; /* 不會改變頭節點 */
12      }
13      n = n.next;
14    }
15    return head;
16  }
```

▶ 「Runner」技巧

「Runner」（稱第二指標（second pointer））技巧可用於許多鏈結串列問題中。Runner 技巧的意思是用兩個指標同時迭代鏈結串列，其中一個指標在另一個指標之前。「快」節點可能領先一個固定數量的節點，或者它可能跳過多個「慢」節點會去迭代的節點。

例如，假設您有一個鏈結串列 a_1->a_2-> $\cdots$ ->a_n->b_1->b_2-> $\cdots$ ->b_n，您想把它重新排列成 a_1->b_1->a_2->b_2-> $\cdots$ ->a_n->b_n。您不知道鏈結串列的長度（但知道長度是偶數）。

您可以讓一個指標 p1（快指標）在 p2 每移動一個元素的時候移動兩個元素。當 p1 到達鏈結串列的尾端時，p2 將在中點。然後，將 p1 改為向前面移動，開始「編織」元素。在每次迭代時，p2 會選擇一個元素並將其插入到 p1 之後。

▶ 遞迴問題

許多鏈結串列問題都需要用遞迴解決。如果在解決鏈結串列問題時遇到困難，應該研究遞迴方法是否可行。這裡我們不深入討論遞迴，因為後面會有專門的一章討論它。

但是，您應該記住遞迴演算法至少佔用 O(n) 空間，其中 n 是遞迴呼叫的深度。所有的遞迴演算法都可以改用迭代實作，儘管迭代的版本會複雜得多。

面試題目

2.1　**刪除重複項**：撰寫程式碼從未排序的鏈結串列中刪除重複項。

延伸題

如果不允許使用暫存記憶體，如何解決這個問題？

提示：*#9，#40*

_____ **pg 271**

2.2　**回傳倒數第 K 項**：實作一個演算法來取得一個單向鏈結串列的倒數第 k 個元素。

提示：*#8，#25，#41，#67，#126*

_____ **pg 272**

2.3 **刪除中間節點**：請實作一種演算法，刪除單向鏈結串列中間部份的某個節點（即除第一個和最後一個節點外的任何節點，不一定是正中間節點），而且只能存取中間節點。

範例

輸入：鏈結串列 a->b->c->d->e->f 中的節點 c

結果：不回傳任何結果，但是新的鏈結串列要看起來像 a->b->d->e->f

提示：#72

pg 275

2.4 **分區**：請撰寫程式碼，將一個鏈結串列按 x 值進行分區，使所有小於 x 的節點排在所有大於或等於 x 的節點之前。如果 x 值也包含在鏈結串列中，則 x 的值只要放在小於 x 的元素之後（參見下面的例子）就可以了。分區元素 x 可以出現在「右分區」中的任何位置；它不需要出現在左右分區之間。

範例

輸入：3 -> 5 -> 8 -> 5 -> 10 -> 2 -> 1[分區 = 5]

輸出：3 -> 1 -> 2 -> 10 -> 5 -> 5 -> 8

提示：#3，#24

pg 276

2.5 **加總串列**：您有兩個由鏈結串列，各用於表示一個數值，其中每個節點包含一個數字。這些數字以反相的順序儲存，因此個位數字於串列的開頭。請撰寫一個函式，將兩個數值相加並以鏈結串列的形式回傳其加總值。

範例

輸入：(7 -> 1 -> 6) + (5 -> 9 -> 2)。也就是 617 + 295。

輸出：2 -> 1 -> 9。也就是 912。

延伸題

假設數字依正向順序儲存，請再做一次上述問題。

範例

輸入：(6 -> 1 -> 7) + (2 -> 9 -> 5)。也就是 617 + 295。

輸出：9 -> 1 -> 2。也就是 912。

提示：#7，#30，#71，#95，#109

pg 278

2.6 **回文**：實作一個函式來檢查一個鏈結串列是否是一個回文。

提 示：*#5，#13，#29，#61，#101*

_____ **pg 282**

2.7 **交集**：假設有兩個（單向）鏈結串列，判斷兩個鏈結串列是否相交，並回傳相交節點。請注意，交集的定義是基於參照而不是基於值。也就是說，如果第一個鏈結串列的第 k 個節點與第二個鏈結串列的第 j 個節點完全相同（透過參照），那麼它們就是相交。

提 示：*#20，#45，#55，#65，#76，#93，#111，#120，#129*

_____ **pg 287**

2.8 **迴圈檢測**：假設給定一個迴圈鏈結串列，請實作一個演算法，該演算法會回傳迴圈開始處的節點。

定義

迴圈鏈結串列：是一個鏈結串列，其中節點的下一個指標指向之前某個節點，從而在鏈結串列中形成一個迴圈。

範例

輸入：A -> B -> C -> D -> E -> C [前面出現過一樣的 C]
輸出：C
提 示：*#50，#69，#83，#90*

_____ **pg 290**

附加問題：樹和圖（#4.3）、物件導向設計（#7.12）、系統設計和可擴縮性（#9.5）、中等難度問題（#16.25）、困難問題（#17.12）。

提示從第 834 頁開始。

3

堆疊和佇列

如果您熟悉資料結構的輸入和輸出，那麼在處理堆疊和佇列上將容易得多，不過這些問題可能相當棘手。雖然有些問題只需要對原始資料結構做一點點修改，但其他的問題則面臨更複雜的挑戰。

▶ 實作堆疊

堆疊資料結構就如它聽起來的樣子：代表一疊資料。在某些類型的問題中，將資料儲存在堆疊中比儲存在陣列中更有利。

堆疊使用後進先出順序。也就是說，就像在一疊餐盤一樣，最後加入到堆疊中的項目是最先會被刪除的項目。

它使用以下操作：

- pop()：從堆疊中刪除最頂部的項目。

- push(item)：將一個項目添加到堆疊的頂部。

- peek()：回傳堆疊的頂部。

- isEmpty()：僅當堆疊為空時才回傳 true。

與陣列不同，堆疊不提供對第 i 項的常數時間存取。但是，它加入和刪除能在常數時間內完成，因為它不需要移動元素。

我們提供了實作堆疊的簡單範例程式碼。注意，如果項目是從同一側加入和刪除的，也可以使用串列來實作堆疊。

```
1   public class MyStack<T> {
2     private static class StackNode<T> {
3       private T data;
4       private StackNode<T> next;
5
6       public StackNode(T data) {
```

```
7            this.data = data;
8        }
9    }
10
11   private StackNode<T> top;
12
13   public T pop() {
14       if (top == null) throw new EmptyStackException();
15       T item = top.data;
16       top = top.next;
17       return item;
18   }
19
20   public void push(T item) {
21       StackNode<T> t = new StackNode<T>(item);
22       t.next = top;
23       top = t;
24   }
25
26   public T peek() {
27       if (top == null) throw new EmptyStackException();
28       return top.data;
29   }
30
31   public boolean isEmpty() {
32       return top == null;
33   }
34 }
```

堆疊在某些遞迴演算法中特別能展現其威力。有時您需要在做遞迴時將臨時資料推入堆疊，但在回滾時將其刪除（例如，因為遞迴檢查失敗）。堆疊提供了一種直觀的方式來實作這種行為。

在將遞迴演算法改成以迭代實作時，堆疊也可以派上用場（這是一個很好的練習！請選一個簡單的遞迴演算法並實作它的迭代版本）。

▶ 實作佇列

佇列實作 FIFO（先進先出）順序。就像在售票亭前排隊的人一樣，從資料結構中刪除項目的順序與添加它們的順序相同。

它使用以下操作：

* `add(item)`：在串列的尾端添加一個項目。

* `remove()`：刪除串列中的第一項。

- peek()：回傳佇列的頂部。

- isEmpty()：僅當佇列為空時才回傳 true。

佇列也可以用串列來實作。事實上，它們本質上是一樣的，只要從相反的方向加入和刪除項目即可。

```
1   public class MyQueue<T> {
2      private static class QueueNode<T> {
3         private T data;
4         private QueueNode<T> next;
5
6         public QueueNode(T data) {
7            this.data = data;
8         }
9      }
10
11     private QueueNode<T> first;
12     private QueueNode<T> last;
13
14     public void add(T item) {
15        QueueNode<T> t = new QueueNode<T>(item);
16        if (last != null) {
17           last.next = t;
18        }
19        last = t;
20        if (first == null) {
21           first = last;
22        }
23     }
24
25     public T remove() {
26        if (first == null) throw new NoSuchElementException();
27        T data = first.data;
28        first = first.next;
29        if (first == null) {
30           last = null;
31        }
32        return data;
33     }
34
35     public T peek() {
36        if (first == null) throw new NoSuchElementException();
37        return first.data;
38     }
39
40     public boolean isEmpty() {
41        return first == null;
42     }
43  }
```

更新佇列中的第一個和最後一個節點尤其容易出錯，一定要仔細再檢查一遍。

一個經常使用佇列的地方是寬度優先搜尋或實作快取。

例如，在寬度優先搜尋中，我們使用佇列儲存需要處理的節點清單。每次處理一個節點時，我們將其相鄰節點添加到佇列的後面。這允許我們按照查看節點的順序處理節點。

面試題目

3.1 **三合一**：請描述如何使用單個陣列實作三個堆疊。

提示：*#2，#12，#38，#58*

_____ **pg 294**

3.2 **堆疊最小值**：您會如何設計一個堆疊，這個堆疊除了 push 和 pop 之外，還有一個回傳最小元素的函式 min？push、pop 和 min 的時間複雜度都要在 O(1) 內。

提示：*#27，#59，#78*

_____ **pg 299**

3.3 **板材堆疊**：想像一個（真實的）板材堆疊。如果堆的太高，它可能會倒塌。因此，在現實生活中，當堆疊超過某個高度時，可能另外新建一個新的堆疊。請實作一個資料結構 SetOfStacks 來模擬這個行為。SetOfStacks 應該由數個堆疊組成，並且應該在前一個堆疊超過容量時建立一個新的堆疊。SetOfStacks.push() 和 SetOfStacks.pop() 應該與單個堆疊的行為相同（也就是説，pop() 的回傳值應該要與單個堆疊的回傳值相同）。

延伸題

請實作一個函式 popAt(int index)，它可針對特定的子堆疊執行 pop 操作。

提示：*#64，#81*

_____ **pg 301**

3.4 **使用堆疊實作佇列**：請實作一個 MyQueue 類別，它使用兩個堆疊實作佇列。

提示：*#98，#114*

_____ **pg 305**

3.5 **排序堆疊**：請撰寫一個程式對堆疊進行排序，使最小的項目位於最上面。您可以使用另外一個臨時堆疊，但不能將元素複製到任何其他資料結構（如陣列）中。堆疊支援以下操作：push、pop、peek 和 isEmpty。

提示：*#15，#32，#43*

pg 306

3.6 **動物收容所**：有一個動物收容所，只收留狗和貓，並嚴格按照「先進先出」的原則運作。人們必須在動物收容所裡收養「住了最久的」動物（根據到達時間），或者他們可以選擇他們更喜歡狗還是貓（並且收養選定類型中最久的動物）。他們不能自由選擇他們想要的特定動物。請建立資料結構來維護這個系統，並實作 enqueue、dequeueAny、dequeueDog 和 dequeueCat 等操作。您可以使用內建的 LinkedList 資料結構。

提示：*#22，#56，#63*

pg 308

附加問題：鏈結串列（#2.6）、中等難度問題（#16.26）、困難問題（#17.9）。

提示從第 834 頁開始。

4

樹和圖

有 許多面試者都認為樹和圖的問題是最棘手的，搜尋樹要比搜尋線性組織的資料結構（如陣列或串列）複雜得多。另外，最壞情況和平均情況時間可能相差很大，我們必須評估任何演算法的這兩種情況的執行時間。熟練地從頭實作樹或圖將是必不可少的。

因為和圖比起來，大多數人比較熟悉樹（而且它們更簡單），所以我們將會先討論樹。這有點脫序，因為樹實際上是一種圖。

> 注意：本章中一些術語在不同的教科書和其他資料中可能略有不同。如果習慣不同的定義，那也沒關係。請一定要和面試官澄清任何模稜兩可的地方。

▶ 樹的類別

理解樹的一個好方法是使用遞迴解釋，樹是由節點組成的資料結構。

- 每棵樹都有一個根節點（實際上，這在圖論中並不是嚴格必需的，但這通常是我們在程式設計中使用樹的方式，尤其是在程式設計面試中）。

- 根節點有 0 個或多個子節點。

- 每個子節點有 0 個或多個子節點，依此類推。

樹中不能有循環，裡面的節點可能有也可能沒有特定的順序，它們可以用任何資料類別作為值，它們可能有也可能沒有回到父節點的連結。

一個非常簡單的 Node 類別定義是：

```
1   class Node {
2      public String name;
3      public Node[] children;
4   }
```

也可以用一個 Tree 類別來包裝這個節點。由於我們的目的是面試,所以我們通常不使用 Tree 類別。如果您認為它使您的程式碼更簡單或更好,那麼您可以這樣做,但大多數情況是不用這樣做的。

```
1   class Tree {
2       public Node root;
3   }
```

樹和圖的問題充斥著模糊的細節和錯誤的假設。一定要注意以下問題,必要時尋求澄清。

樹 vs 二元樹

二元樹是指每個節點最多有兩個子節點的樹。不是所有的樹都是二元樹。例如,這棵樹不是二元樹,您可以叫它三元樹。

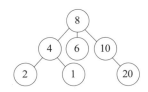

偶爾您可能會遇到不是二元樹的樹。例如,假設您使用樹來表示一串電話號碼。在這種情況下,可以使用 10 元樹,每個節點最多有 10 個子節點(每個數字一個)。

如果某個節點沒有子節點,則稱為「葉」節點。

二元樹 vs 二元搜尋樹

二元搜尋樹是一種二元樹,其中每個節點都符合一個特定的排序屬性:所有左子代 <= n < 所有右子代,這個條件對於每個節點 n 都要成立。

> 二元搜尋樹的定義在等式的部份可能略有不同。在某些定義中,樹不能有重複的值。在另一些情況下,重複的值將位於右側,也可以位於任意一側。要怎麼定義都是可以的,您應該向面試官問清楚要用哪一種定義。

注意,這個不等式必須對節點的所有後代都成立,而不僅僅是它的直接子節點。下面左邊的樹是一個二元搜尋樹。右邊的樹不是,因為 12 在 8 的左邊。

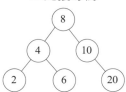

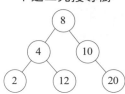

當出現一個樹型問題時,許多面試者會本能地認為面試官的意思是一個二元**搜尋**樹。請一定要澄清這一點。二元搜尋樹的條件是,對於每個節點,其左子節點小於等於當前節點,而當前節點小於右子節點。

平衡 vs 不平衡

雖然許多樹是平衡的,但並不是所有的樹都是平衡的。請向面試官要求澄清一下。請注意,平衡樹並不代表著左右子樹的大小完全相同(如下一頁的「完美二元樹」所示)。

一種理解方法是,「平衡」樹實際上更像是「不那麼不平衡」,它的平衡程度足以保證在 O(log n) 次內做完插入和搜尋,但不一定是它能達到的最好平衡狀態。

兩種常見的平衡樹是紅黑樹(第 816 頁)和 AVL 樹(第 814 頁)。這些將在進階主題章節中進行更詳細的討論。

完整二元樹

一個完整的二元樹是一種二元樹,除了最後一層之外,這種二元樹的每一層都是滿的。在裝填最後一層時,其填滿的順序是從左到右。

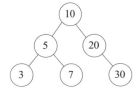

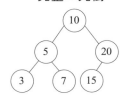

完滿二元樹

一個完滿二元樹是一種二元樹，其中每個節點都有 0 或 2 個子節點。也就是說，不會存在只擁有一個子節點的節點。

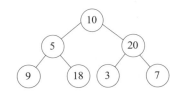

| 不是完滿二元樹 | 完滿二元樹 |

完美二元樹

一個完美的二元樹是既完整又完滿的。所有葉節點都位於同一層級，並且該層級的節點數最多。

請注意，完美二元樹在面試和現實生活中是罕見的，因為完美二元樹必須恰好有 $2^k - 1$ 個節點（其中 k 是層級的數量）。在面試中，請不要假設二元樹是完美的。

▶ 二元樹尋訪

在面試之前，您應該熟悉如何實作中序尋訪、後序尋訪和前序尋訪。其中最常見的是中序尋訪。

中序尋訪

中序尋訪代表著先「訪問」（通常是印出）左分支，然後是目前節點，最後是右分支。

```
1   void inOrderTraversal(TreeNode node) {
2     if (node != null) {
3       inOrderTraversal(node.left);
4       visit(node);
5       inOrderTraversal(node.right);
6     }
7   }
```

在二元搜尋樹上執行中序尋訪時，它按昇冪次序訪問節點（因此得名「in-order」）。

前序尋訪

前序尋訪會先訪問當前節點，然後再訪問子節點（因此稱為「前序」）。

```
1   void preOrderTraversal(TreeNode node) {
2     if (node != null) {
3       visit(node);
4       preOrderTraversal(node.left);
5       preOrderTraversal(node.right);
6     }
7   }
```

在前序尋訪中，根節點總是被訪問的第一個節點。

後序尋訪

後序尋訪會先訪問子節點，然後才訪問當前節點（因此稱為「後序」）。

```
1   void postOrderTraversal(TreeNode node) {
2     if (node != null) {
3       postOrderTraversal(node.left);
4       postOrderTraversal(node.right);
5       visit(node);
6     }
7   }
```

在後序尋訪中，根節點總是最後訪問的節點。

▶ 二元堆積（最小堆積和最大堆積）

我們在這裡只討論最小堆積。最大堆積本質上是一樣的，只是元素是降冪排列的，而不是昇冪排列。

最小堆積是一個**完整**二元樹（也就是說，除了最後一層靠右邊的元素外，其他所有元素都被填滿了），其中每個節點都比它的子節點小。因此，根節點是樹中最小的元素。

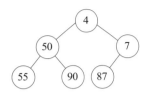

在最小堆積上有兩個關鍵操作：插入（insert）和取最小元素（extract_min）。

插入

當我們做一個最小堆積的插入時，我們總是先在底部插入元素，將該元素放在最右邊，以保持完整樹的屬性。

然後，透過將新元素與其父元素交換來「修復」樹，直到為元素找到合適的位置。我們會把最小的元素向上浮起來。

步驟 1：插入 2　　　　　　**步驟 2：交換 2 和 7**　　　　　　**步驟 3：交換 2 和 4**

這需要 O(log n) 的時間，其中 n 是堆積中的節點數。

取最小元素

找到最小堆積的最小元素很容易：它總是在最上面。更棘手的部分是如何移除它（但事實上，這其實並不複雜）。

首先，我們刪除最小的元素，並將其與堆積中的最後一個元素（最下面、最右邊的那個元素）交換。然後，我們向下移動這個元素，與它的一個子元素進行交換，直到最小堆積屬性被修復為止。

我們要和左子節點交換還是和右子節點交換？這取決於它們的值。要先比左元素或右元素沒有固有的順序，但是您需要和較小的元素進行交換來保持最小堆積的順序。

步驟 1：將 min 替換為 96　　**步驟 2：交換 23 和 96**　　**步驟 3：交換 32 和 96**

這個演算法也需要 O(log n) 的時間。

▶ 線索樹（字首樹）

線索樹（有時稱為字首樹）是一種有趣的資料結構。它常在面試問題中出現，但是演算法教科書並沒有在這個資料結構著墨太多。

線索樹是 n 元樹的一個變體，其中字元儲存在每個節點上。樹下的每條路徑可能代表一個單詞。

* 節點（有時稱為「空節點」）通常用於表示單詞的結束。例如，MANY 下面有一個 * 節點，這代表 MANY 是一個完整的單詞。MA 路徑的存在表明以 MA 開頭的單詞。

這些 * 節點的實際實作可能是一種特殊類別型的子節點（例如 TerminatingTrieNode，它繼承自 TrieNode）。或者，可以在其「父」節點中使用一個布林標誌表示終止。

線索樹中的節點可以包含 1 到 ALPHABET_SIZE + 1 個子節點（如果使用布林標誌而不是 * 節點，則可以包含 0 到 ALPHABET_SIZE）。

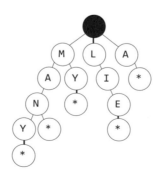

線索樹常見在用於儲存整個（英語）語言，以便快速搜尋字首。雖然雜湊表可以快速搜尋字串是否是有效單詞，但它不能告訴我們字串是否是任何有效單詞的字首。線索樹可以很快地做到這一點。

> 有多快？線索樹可以在 O(K) 時間內檢查完一個字串是否為有效的字首，其中 K 是字串的長度。這實際上與雜湊表的執行時間相同。雖然我們經常說雜湊表搜尋只花費 O(1) 時間，但這並不完全正確。因為雜湊表必須讀取輸入中的所有字元，所以若是搜尋單詞，將花費 O(K) 時間。

許多涉及有效單字清單的問題都利用線索樹做優化。當我們在樹中反覆搜尋相關的字首時（例如，搜尋 M，然後搜尋 MA，然後搜尋 MAN，然後搜尋 MANY），我們可能會改為只傳遞對樹中當前節點的參考。這將讓我們只需檢查 Y 是否是接在 MAN 後面，而不是每次都從根節點開始。

▶ 圖

樹實際上是圖的一種，但不是所有的圖都是樹。簡單地說，樹是一個沒有循環的連通圖。

圖就是節點的集合，節點之間（有些）有邊。

- 圖可以是有向的（如下圖所示），也可以是無向的。有向邊就像單行道，無向邊就像雙向道。
- 圖可能由多個獨立的子圖組成。如果每一對頂點之間都有一條路徑，就稱為「連通圖」。
- 圖也可以有循環（或者沒有）。一個「無環圖」是一個沒有循環的圖。

在視覺上，您可以這樣畫一個圖：

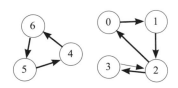

在程式設計方面，有兩種常見表示圖的方法。

鄰接表

這是表示圖形最常用的方法。每個頂點（或節點）儲存一個相鄰頂點清單。在無向圖中，像 (a, b) 這樣的邊會被儲存兩次：一次在 a 的鄰接頂點中，一次在 b 的鄰接頂點中。

圖節點的簡單類別定義看起來與樹節點基本相同。

```
1   class Graph {
2     public Node[] nodes;
3   }
4
5   class Node {
6     public String name;
7     public Node[] children;
8   }
```

之所以使用 Graph 類別，是因為與樹不同，您無法從單個節點訪問所有節點。

您不需要任何額外的類別來表示圖形，一個由 list（陣列、陣列串列、鏈結串列等）組成的陣列（或雜湊表）就可以儲存鄰接表。上面的圖可以表示為：

```
0: 1
1: 2
2: 0, 3
3: 2
4: 6
5: 4
6: 5
```

這樣的表達形式會顯得更緊湊一些，但不那麼乾淨。除非有令人信服的理由，否則我們傾向於使用 node 類別。

鄰接矩陣

鄰接矩陣是一個 NxN 布林矩陣（其中 N 為節點數），其中 matrix[i][j] 處的一個真值，表示從節點 i 到節點 j 之間有一條邊（您也可以使用一個裝有 0 和 1 的整數矩陣）。

在無向圖中，鄰接矩陣是對稱的。在有向圖中，它不一定是對稱的。

	0	1	2	3
0	0	1	0	0
1	0	0	1	0
2	1	0	0	0
3	0	0	1	0

能用在鄰接表（寬度優先搜尋等）上的圖資料演算法也可以用在鄰接矩陣上，但是效率可能要低一些。在鄰接表標記法中，您可以輕鬆地迭代節點的鄰居。在鄰接矩陣表示中，您將需要迭代所有節點才能標識節點的鄰居。

▶ 圖搜尋

搜尋圖最常用的兩種方法是深度優先搜尋和廣度優先搜尋。

在深度優先搜尋（deep-first search，DFS）中，我們從根節點（或另一個任意選擇的節點）開始，在轉移到下一個分支之前，徹底研究每個分支。也就是說，我們先深入（因此得名**深度優先搜尋**），然後再向廣度發展。

在廣度優先搜尋（breadth-first search，BFS）中，我們從根節點（或另一個任意選擇的節點）開始，在繼續到它們的任何子節點之前探索每個鄰居。也就是說，在我們深入之前，我們要走得更廣（因此稱為**廣度優先搜尋**）。

請參見下方圖的描述，以及其深度優先和寬度優先搜尋（假設鄰居按數字順序迭代）。

<table>
<tr><td>圖</td><td colspan="2">深度優先搜尋</td><td colspan="2">廣度優先搜尋</td></tr>
</table>

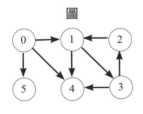

深度優先搜尋	廣度優先搜尋
1　節點 0	1　節點 0
2　　節點 1	2　節點 1
3　　　節點 3	3　節點 4
4　　　　節點 2	4　節點 5
5　　　　節點 4	5　節點 3
6　節點 5	6　節點 2

寬度優先搜尋和深度優先搜尋往往用於不同的場景。如果希望訪問圖中的每個節點，通常首選 DFS。雖然兩者都可以做的很好，但是深度優先搜尋比較簡單一些。

但是，如果想找到兩個節點之間的最短路徑（或任何路徑），BFS 通常更好。假設我們將全世界所有的友誼用一個圖表表示，並嘗試在 Ash 和 Vanessa 之間找到一條友誼之路。

若用的是深度優先搜尋，我們的路徑可能長得像 Ash -> Brian -> Carleton -> Davis -> Eric -> Farah -> Gayle -> Harry -> Isabella -> John -> Kari…然後在一個很遠的地方會發現我們自己。我們會繞了一大圈，卻沒有還沒有找出 Vanessa 和 Ash 之間的朋友關係。雖然我們最終還是會找到這條路，但可能需要很長的時間，而且它也無法找出最短路徑。

若用的是廣度優先的搜尋，搜尋的位置會盡可能地保持在 Ash 附近。我們可能反覆拜訪 Ash 的許多朋友，但若非必要，我們不會去拜訪他那些更遙遠的朋友。我們很快就會知道 Vanessa 是不是 Ash 的朋友，或者是他的朋友的朋友。

深度優先搜尋（DFS）

在 DFS 中，我們訪問一個節點 a，然後迭代 a 的每個鄰居。當訪問 a 的鄰居節點 b 時，我們先訪問 b 的所有鄰居，然後再回頭訪問 a 的其他鄰居。也就是說，在訪問其他鄰居之前，會先徹底地搜尋 b 的分支。

注意，樹迭代方法（如前序尋訪和其他）是 DFS 的一種形式。關鍵的區別在於，在為圖實作此演算法時，必須檢查節點是否已被訪問過。如果我們不這樣做，我們就有陷入無限循環的風險。

下面的虛擬碼實作了 DFS。

```
1    void search(Node root) {
2      if (root == null) return;
3      visit(root);
4      root.visited = true;
5      for each (Node n in root.adjacent) {
6        if (n.visited == false) {
7          search(n);
8        }
9      }
10   }
```

廣度優先搜尋（BFS）

BFS 不太直觀，很多被面試的人在使用它時很痛苦，除非他們已經熟悉它。問題主要是出在（錯誤的）假設 BFS 是遞迴的。相反地，它不使用遞迴，它使用一個佇列。

在 BFS 中，節點 a 會在訪問其他點的鄰居之前，先訪問 a 的每個鄰居。您可以把它想像成從 a 開始向外逐層搜尋。含有一個佇列的迭代解決方案通常效果最好。

```
1   void search(Node root) {
2     Queue queue = new Queue();
3     root.marked = true;
4     queue.enqueue(root); // 添加到佇列的尾端
5
6     while (!queue.isEmpty()) {
7       Node r = queue.dequeue(); // 從佇列的最前面移出
8       visit(r);
9       foreach (Node n in r.adjacent) {
10        if (n.marked == false) {
11          n.marked = true;
12          queue.enqueue(n);
13        }
14      }
15    }
16  }
```

如果被要求要實作 BFS，記住重點是使用佇列，演算法的其餘部分都來自這一點。

雙向搜尋

雙向搜尋（bidirectional search）用於搜尋起始節點和目標節點之間的最短路徑。它的操作方式基本上是同時執行兩個寬度優先的搜尋，對起始節點和目標節點各執行一個。當它們的搜尋發生衝突時，就代表我們找到了一條最短路徑。

廣度優先搜尋

從 s 到 t 的單向搜尋，
在四層後發生碰撞。

雙向搜尋

兩個搜尋
（一個來自 s，一個來自 t）
在四層之後發生碰撞
（每個搜尋做兩層）。

若想看出為什麼這樣更快，請您考慮這樣的一個圖，這個圖中每個節點最多有 k 個相鄰節點，從節點 s 到節點 t 的最短路徑長度為 d。

- 在傳統的廣度優先搜尋中，我們將在搜尋的第一個「層級」中搜尋出所有 k 個節點。在第二層，我們將為第一次已搜尋到的 k 個節點，再去搜尋它們各自所有 k 個節點，所以總共有 k^2 個節點（到目前為止）。我們這樣做 d 次，所以這是 $O(k^d)$ 節點。

- 在雙向搜尋中，我們有兩個搜尋會在大約 $\frac{d}{2}$ 層（路徑的中點）發生碰撞。對 s 的搜尋大約是 $k^{d/2}$，對 t 的搜尋也是如此。所以加起來大概是 $2k^{d/2}$，或者說 $O(k^{d/2})$ 節點總數。

乍看之下可能覺得差異不大，但差異其實是很巨大的。請回想一下 $(k^{d/2})*(k^{d/2})=k^d$。雙向搜尋實際上快了 $k^{d/2}$ 倍。

換句話說：如果我們的系統在廣度優先搜尋中只能搜尋「朋友的朋友」路徑，那麼雙向搜尋可能支援「朋友的朋友的朋友的朋友」路徑，就可以支援兩倍長的路徑。

附加閱讀：拓撲排序（第 806 頁），Dijkstra's 演算法（第 808 頁），AVL 樹（第 814 頁），紅黑樹（第 816 頁）。

面試題目

4.1 **節點間路徑**：給定一個有向圖，請設計一個演算法找出兩個節點間是否有路徑。

提示：*#127*

pg 311

4.2 **最小樹**：給定一個具有不重複整數元素的已排序（遞增順序）陣列，撰寫一個演算法建立一個高度最低的二元搜尋樹。

提示：*#19，#73，#116*

pg 312

4.3 **深度串列**：給定一棵二元樹，請設計一個演算法，建立每個深度的所有節點的串列（例如，如果您有一個深度為 D 的樹，您就會有 D 個串列）。

提示：*#107，#123，#135*

pg 313

4.4　檢查平衡：實作一個函式來檢查二元樹是否平衡。為了這個問題，將平衡樹定義為：任意節點的兩個子樹的高度相差不超過 1。

提示：*#21，#33，#49，#105，#124*

pg 315

4.5　驗證二元搜尋樹（BST）：實作一個函式來檢查一個二元樹是否是二元搜尋樹。

提示：*#35，#57，#86，#113，#128*

pg 316

4.6　後繼：撰寫一個演算法來搜尋二元搜尋樹中給定節點的「下一個」節點（例如中序循訪的後續節點）。您可以假設每個節點都有一個到其父節點的連結。

提示：*#79，#91*

pg 320

4.7　建構順序：您將得到一個專案列表和一個依賴專案列表（這是一個由一對對專案組成的列表，在每一對中第二個專案依賴第一個專案）。在一個專案開始建構之前，必須先建構好該專案所有的依賴專案。請找到一個能讓專案順利建構的順序。如果找不到有效的建構順序，則回傳一個錯誤。

範例

輸入：

　　專案：a, b, c, d, e, f
　　依賴專案列表：(a, d), (f, b), (b, d), (f, a), (d, c)
輸出：f, e, a, b, d, c

提示：*#26，#47，#60，#85，#125，#133*

pg 322

4.8　第一個共同祖先：請設計一個演算法並撰寫程式碼，搜尋二元樹中兩個節點的第一個共同祖先。請避免在資料結構中儲存額外的節點。注意：不一定是二元搜尋樹。

提示：*#10，#16，#28，#36，#46，#70，#80，#96*

pg 330

4.9 **BST 序列**：透過從左到右迭代一個陣列，並插入每個元素來建立二元搜尋樹。給定一個具有不重複元素的二元搜尋樹，請印出所有能畫成該樹的陣列。

範例

輸入：

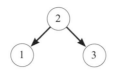

輸出：{2,1,3},{2,3,1}

提示：*#39，#48，#66，#82*

_____ **pg 337**

4.10 **檢查子樹**：T1 和 T2 是兩個非常大的二元樹，T1 比 T2 大很多。建立一個演算法來確定 T2 是否是 T1 的子樹。

如果在 T1 中存在一個節點 n，n 的子樹與 T2 相同，那麼 T2 是 T1 的子樹。也就是說，如果您在節點 n 處砍下這棵樹，這兩棵樹是一樣的。

提示：*#4，#11，#18，#31，#37*

_____ **pg 341**

4.11 **隨機節點**：您想要從頭實作一個二元樹類別，這個類別除了插入、搜尋和刪除外，還有一個 getRandomNode() 方法，它從樹中回傳一個隨機節點，所有節點被選擇的機率必須是相等的。請為 getRandomNode 設計和實作一個演算法，並解釋如何實作其餘的方法。

提示：*#42，#54，#62，#75，#89，#99，#112，#119*

_____ **pg 344**

4.12 **路徑的加總數**：您有一個二元樹，其中每個節點包含一個整數值（可能是正的或負的）。請設計一個演算法，該演算法可依一個給定值，找出加總數與給定值相同的路徑。路徑不需要在根節點或葉節點處開始或結束，但必須向下（只能從父節點移動到子節點）。

提示：*#6，#14，#52，#68，#77，#87，#94，#103，#108，#115*

_____ **pg 350**

附加問題：遞迴（#8.10）、系統設計和可擴縮性（#9.2、#9.3）、排序和搜尋（#10.10）、困難問題（#17.7、#17.12、#17.13、#17.14、#17.20、#17.22、#17.25）。

提示從第 834 頁開始。

_____

5

位元操作

位元操作被用於各式各樣的問題上。有時，這個問題需要進行位元操作。有時，這只是優化程式碼的一種有用的技術。不管是用手或程式碼進行位元操作，您應該都要熟悉。小心！這裡很容易犯一些小錯誤。

▶ 手動做位元操作

如果您對位元操作有些生疏，可以試試下面的手動練習。第三欄中的項目可以手動解決，也可以使用「技巧」解決（如下所述）。為簡單起見，假設這些是四位元數字。

如果您不知道該怎麼做，就先用 10 為基數算一算。然後可以對二進位數字套用相同的流程。記住 ^ 表示 XOR，而 ~ 是 NOT（否定）。

0110 + 0010	0011 * 0101	0110 + 0110
0011 + 0010	0011 * 0011	0100 * 0011
0110 - 0011	1101 >> 2	1101 ^ (~1101)
1000 - 0110	1101 ^ 0101	1011 & (~0 << 2)

解答：第 1 行（1000, 1111, 1100）；第 2 行（0101, 1001, 1100）；第 3 行（0011, 0011, 1111）；第 4 行（0010, 1000, 1000）。

第三欄的技巧如下：

1. 0110 + 0110 等於 0110 * 2，等於 0110 左移 1。

2. 0100 等於 4，乘以 4 就是左移 2。所以我們把 0011 左移 2 位，得到 1100。

3. 請一步一步地思考這個操作。如果您用它自己的負值 XOR 位，您總是會得到 1。因此，a^(~a) 的解將是全部都是 1。

4. ~0 等於全部都是 1，所以 ~0 << 2 是 1 後面跟著兩個 0。把它與另一個值相加將清除該值的最後兩位。

如果您沒有立即看懂這些技巧，請思考一下它們的邏輯。

▶ 位元運算和技巧

下列運算式在位元操作中很有用。但是，不要只是把它們背下來；要仔細想想為什麼這些都是正確的。我們分別使用「1s」和「0s」來表示全部為 1 或 0 的序列。

```
x ^ 0s = x          x & 0s = 0          x | 0s = x
x ^ 1s = ~x         x & 1s = x          x | 1s = 1s
x ^ x = 0           x & x = x           x | x = x
```

若想要理解這些運算式，請回憶一下這些操作是逐位元執行的，在一個位元上發生的操作不會影響其他位元。這代表著，如果上面的一個表述對一個 bit 來說是正確的，那麼它對整個 bit 序列也是正確的。

▶ 二補數和負值

電腦通常會以 2 的補數表示儲存整數。一個正數以它自己表示，一個負數被表示為它的絕對值的 2 補數（在它的符號位元上有一個 1 來表示這個值是一個負數）。N 位元數字的 2 的補數（其中 N 是該數值所使用的位元數，**不包括**的符號位元）是該數字相對於 2^N 的補數（差額）。

讓我們以 4 位元整數 -3 為例。如果是 4 位元的數字，我們有 1 位元的符號和 3 位元的值。我們想求相對於 2^3 的補數（也就是 8）。3（-3 的絕對值）對 8 的補數是 5。二進位中的 5 是 **101**。因此，在二進位中數字 -3 的 4 位元表示為 **1101**，其中第一位是符號位元。

換句話說，-K（負 K）的 n 位元數字的二進位表示是將 1 與 2^{n-1} - K 接起來。

另一種理解方法是我們對正數表示中的位元進行反向，然後再加 1。3 是二進位的 **011**。將所有位元反向得到 **100**，然後將個位加 1 得到 **101**，最後將符號位元 (1) 放在前面得到 **1101**。

對一個 4 位元整數來說，2 補數看起來像下面這樣。

正值		負值	
7	0 111	−1	1 111
6	0 110	−2	1 110
5	0 101	−3	1 101
4	0 100	−4	1 100
3	0 011	−5	1 011
2	0 010	−6	1 010
1	0 001	−7	1 001
0	0 000		

注意，左邊和右邊相加後絕對值總是和為 2^3，左邊和右邊的二進位部份值是相同的，只是符號位元不同。這是為什麼呢？

▶ 算術 vs 邏輯位移

右移運算子有兩種。算術右移本質上是除以 2。邏輯上的右移就是我們在視覺上看到的位元的移動，用負數來看比較清楚（最高位為 1）。

做邏輯右移時，我們將位元位移，並將 0 放在最高的位子上。邏輯右移以 >>> 運算子表示。在一個 8 位元整數上（其中符號位元是最有效的位元），它看起來像下圖。符號位元以灰色背景表示。

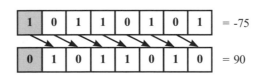

在做算術右移時，我們一樣將值向右位移，但用符號位元的值填充新位。它的效果是（大約）等於除以 2，算術右移以 >> 運算子表示。

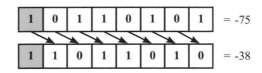

參數 x = -93242 和 count = 40 時，您認為這些函式會做什麼？

```
1    int repeatedArithmeticShift(int x, int count) {
2       for (int i = 0; i < count; i++) {
3          x >>= 1; // 算術右移1位
4       }
5       return x;
6    }
7
8    int repeatedLogicalShift(int x, int count) {
9       for (int i = 0; i < count; i++) {
10         x >>>= 1; // 邏輯右移1位
11      }
12      return x;
13   }
```

做完上面程式碼中的邏輯位移後，我們將得到 0，因為我們重複地將 0 位移到最有效的位。

做完上面程式碼中的算術位移後，我們將得到 -1，因為我們重複地將 1 位移到最有效的位。一個充滿 1 的（含符號）整數等於 -1。

▶ 常用位元任務：取得和設定

下面的操作非常重要，請不要只是把它們背下來，用背的會導致無法彌補的錯誤。相反地，請去理解如何實作這些方法，這樣您就有能力實作這些問題以及其他一些位問題。

得到位元值

下面的方法將 1 位移 i 位，建立一個類似於 00010000 的值。對 num 執行 AND 表示我們清除了除第 i 位元之外的所有位元。最後，將其與 0 進行比較，如果得到的新值不為 0，那麼第 i 位必定是 1。否則，第 i 位就是 0。

```
1    boolean getBit(int num, int i) {
2       return ((num & (1 << i)) != 0);
3    }
```

設定位元值

SetBit 函式會將 1 位移 i 位，建立一個類似 00010000 的值。對 num 執行 OR，只會修改第 i 位的值。遮罩的所有其他位元都是零，不會影響 num。

```
1    int setBit(int num, int i) {
2        return num | (1 << i);
3    }
```

清除位元值

這種方法幾乎與 setBit 相反。首先,我們建立一個類似於 11101111 的數字,方法是先建立它的反向值(00010000)並將其反向。然後,我們對 num 執行 AND。這將清除第 i 位元,其餘部分不變。

```
1    int clearBit(int num, int i) {
2        int mask = ~(1 << i);
3        return num & mask;
4    }
```

若要清除從第 i 位開始到最高位間的所有位元,我們要建立一個在第 i 位(1 << i)處帶有 1 的遮罩。然後從中減去 1,得到一個一堆 0 開頭後面跟著 i 個 1 的序列。然後我們將 num 和這個遮罩做 AND,這樣就只會留下最後的 i 位元。

```
1    int clearBitsMSBthroughI(int num, int i) {
2        int mask = (1 << i) - 1;
3        return num & mask;
4    }
```

為了清除從 i 到 0(包括 0)間的所有位元,我們取一個充滿 1(即 -1)的序列,並將其左移 i + 1 位。這樣做會讓我們得到一個以一堆 1 開頭(在較高的那些位子)後面接 i 個 0 的序列。

```
1    int clearBitsIthrough0(int num, int i) {
2        int mask = (-1 << (i + 1));
3        return num & mask;
4    }
```

更新位元值

若要將第 i 位設定為值 v,我們首先使用一個看起來像 11101111 的遮罩來清除第 i 位。然後,將目標 v 向左移動 i 位。這將建立一個數字,其中第 i 位等於 v,其他所有的位都等於 0。最後,我們這兩個數做 OR,此時如果 v 是 1,第 i 位就會更新,否則將其保留為 0。

```
1   int updateBit(int num, int i, boolean bitIs1) {
2       int value = bitIs1 ? 1 : 0;
3       int mask = ~(1 << i);
4       return (num & mask) | (value << i);
5   }
```

面試題目

5.1 **插入**：您有兩個 32 位元的數字，N 和 M，以及 2 個代表位元位置的數字，i 和 j。請寫一個方法把 M 插入 N，使 M 從第 j 位開始，到第 i 位結束。您可以假設從 j 到 i 位有足夠的空間來容納 M。也就是説，如果 M=10011，您可以假設 j 和 i 之間至少有 5 位。例如，您不會看到 j = 3 和 i = 2，因為第 2 和第 3 位元無法裝下 M。

範例

輸入：N = 10000000000, M = 10011, i = 2, j = 6

輸出：N = 10001001100

提示：*#137，#169，#215*

pg 355

5.2 **二進位轉成字串**：給定一個介於 0 和 1 之間的實數（例如，0.72），傳入參數格式為雙精度浮點數，請印出其二進位表示。如果這個數字的二進位無法以 32 個字元準確地表示出來，那麼就印出「ERROR」。

提示：*#143，#167，#173，#269，#297*

pg 356

5.3 **翻轉位元**：您有一個整數，您只可將該整數中 1 個位元從 0 翻轉 1。請撰寫程式碼來找出您能建立出的最長的 1 有幾個。

範例

輸入：1775（或：11011101111）

輸出：8

提示：*#159，#226，#314，#352*

pg 358

5.4 **下一個數**：給定一個正整數，印出在二進位表示中具有相同數量的 1 位元的下一個最小的數和前一個最大的數。

提示：*#147，#175，#242，#312，#339，#358，#375，#390*

pg 361

5.5 **除錯器**：請解釋以下程式碼的功能：`((n & (n-1)) == 0)`。

提示：*#151，#202，#261，#302，#346，#372，#383，#398*

_____ pg 367

5.6 **轉換**：若想將整數 A 轉換為整數 B，請寫一個函式來確定需要翻轉的位元的數量。

範例

輸入：29（或：11101）、15（或：01111）

輸出：2

提示：*#336，#369*

_____ pg 368

5.7 **兩兩交換**：撰寫一個程式，用盡可能少的指令交換整數中的奇數位元和偶數位（例如，第 0 位和第 1 位交換、第 2 位和第 3 位交換…等等）。

提示：*#145，#248，#328，#355*

_____ pg 369

5.8 **畫線**：一個單色螢幕截圖被儲存成一個位元組陣列，一個位元組可儲存 8 個連續的像素。螢幕寬度為 w，其中 w 可被 8 整除（也就是説，位元組不會跨行分割）。當然，可以用陣列的長度和寬度來求得螢幕的高度。請實作一個可從 (x1, y) 到 (x2, y) 畫一條水平線的函式。

該方法的宣告應該類似這樣：

```
drawLine(byte[] screen, int width, int x1, int x2, int y)
```
提示：*#366，#381，#384，#391*

_____ pg 370

附加問題：陣列和字串（#1.1，#1.4，#1.8），數學和邏輯謎題（#6.10），遞迴（#8.4，#8.14），排序和搜尋（#10.7，#10.8），C++（#12.10），中等難度問題（#16.1，#16.7），困難問題（#17.1）。

提示從第 846 頁開始。

6

數學和邏輯謎題

被 稱為「謎題」（或腦筋急轉彎）的問題是一些最受爭議的問題，許多公司都有禁止這些問題的政策。不幸的是，即使這些問題被禁止，您仍然會發現您自己被問到這樣的問題。為什麼呢？因為大家對腦筋急轉彎的定義都不一致。

好消息是，如果您被問到一個謎題或腦筋急轉彎，它可能是一個相當公平的問題。它不會是在玩文字遊戲，而且幾乎總是可以從邏輯上推斷出來。這些謎題的基礎是數學或電腦科學，而且幾乎所有的解決方案都可以從邏輯上推導出來。

我們將透過一些常見的方法以及基本的知識來解決這些問題。

▶ 質數

您可能知道，每個正整數都可以分解成質數的乘積。例如：

$$84 = 2^2 * 3^1 * 5^0 * 7^1 * 11^0 * 13^0 * 17^0 * \ldots$$

注意，式子中許多質數的指數都是 0。

可除性

上面提到的質數定律代表著，為了讓一個數值 x 能被一個數值 y 整除（寫成 x\y，或者 mod(y, x) = 0），x 的質因數分解中的所有質數都必須在 y 的質因數分解中。或者，更具體地說：

令 $x = 2^{j0} * 3^{j1} * 5^{j2} * 7^{j3} * 11^{j4} * \ldots$
令 $y = 2^{k0} * 3^{k1} * 5^{k2} * 7^{k3} * 11^{k4} * \ldots$
如果 x\y，那麼對於所有 i 來說，ji <= ki。

實際上，x 和 y 的最大公約數是

$$gcd(x, y) = 2^{min(j0, k0)} * 3^{min(j1, k1)} * 5^{min(j2, k2)} * \ldots$$

y 的最小公倍數是：

$$lcm(x, y) = 2^{max(j0, k0)} * 3^{max(j1, k1)} * 5^{max(j2, k2)} * ...$$

作為一個有趣的練習，停下來想一下如果您做 gcd * lcm 會發生什麼：

$$
\begin{aligned}
gcd * lcm &= 2^{min(j0, k0)} * 2^{max(j0, k0)} * 3^{min(j1, k1)} * 3^{max(j1, k1)} * ... \\
&= 2^{min(j0, k0) + max(j0, k0)} * 3^{min(j1, k1) + max(j1, k1)} * ... \\
&= 2^{j0 + k0} * 3^{j1 + k1} * ... \\
&= 2^{j0} * 2^{k0} * 3^{j1} * 3^{k1} * ... \\
&= xy
\end{aligned}
$$

檢查是不是值數

這個問題太常見了，所以我們覺得有必要專門討論一下。簡單的方法是迭代從 2 到 n-1，在每次迭代中檢查可除性。

```
1   boolean primeNaive(int n) {
2     if (n < 2) {
3       return false;
4     }
5     for (int i = 2; i < n; i++) {
6       if (n % i == 0) {
7         return false;
8       }
9     }
10    return true;
11  }
```

一個小但重要的改進是只迭代到根號 n。

```
1   boolean primeSlightlyBetter(int n) {
2     if (n < 2) {
3       return false;
4     }
5     int sqrt = (int) Math.sqrt(n);
6     for (int i = 2; i <= sqrt; i++) {
7       if (n % i == 0) return false;
8     }
9     return true;
10  }
```

做到 $\sqrt{n}$ 就夠了，因為對於每一個能整除 n 的數 a，都有一個補數 b，其中 a * b = n。如果 a > $\sqrt{n}$，那麼 b < $\sqrt{n}$（因為 $(\sqrt{n})^2$ =n）。因此我們不需要用 a 來檢驗 n 是不是一個質數，因為我們已經用 b 檢驗過了。

當然，實際上我們要做的就只是去檢驗 n 是否能被質數整除，這就是 The Sieve of Eratosthenes 篩選法的功能了。

生成一堆質數：The Sieve of Eratosthenes

The Sieve of Eratosthenes 篩選法是生成質數列表的一種高效方法。它的原理是所有非質數都能被一個質數整除。

我們從某個最大值之內所有數字的清單開始。首先，我們劃掉所有能被 2 整除的數。然後，我們尋找下一個質數（從下一個未劃去的數開始找），並劃去所有能被它整除的數。透過劃去所有能被 2、3、5、7、11 等整除的數，我們得到了一個從 2 到最大值的質數列表。

下面的程式碼實作了 The Sieve of Eratosthenes 篩選法。

```
1   boolean[] sieveOfEratosthenes(int max) {
2      boolean[] flags = new boolean[max + 1];
3      int count = 0;
4
5      init(flags); // 除了0和1之外，將其他的旗標都設為true
6      int prime = 2;
7
8      while (prime <= Math.sqrt(max)) {
9         /* 劃掉所有質數的倍數 */
10        crossOff(flags, prime);
11
12        /* 找到一個仍標記為true的值 */
13        prime = getNextPrime(flags, prime);
14     }
15
16     return flags;
17  }
18
19  void crossOff(boolean[] flags, int prime) {
20     /* 劃掉所有質數的倍數，我們從(prime*prime)開始劃掉，
21      * 因為我們有k * prime，其中k < prime，
22      * 這個值在稍早之前迭代就被劃掉了 */
23     for (int i = prime * prime; i < flags.length; i += prime) {
24        flags[i] = false;
25     }
26  }
27
28  int getNextPrime(boolean[] flags, int prime) {
29     int next = prime + 1;
30     while (next < flags.length && !flags[next]) {
```

```
31        next++;
32      }
33    return next;
34  }
```

當然,這裡有許多優化可做。其中一個簡單的方法是只在陣列中放奇數,這將使我們的空間使用量減少一半。

▶ 機率

機率可能是一個複雜的題目,但它是基於一些基本定律,可以邏輯地推導出來。

讓我們看一下卞氏圖表(Venn diagram)來想像 A 和 B 兩個事件。兩個圓的面積表示它們的相對機率,重疊區域為事件 {A and B}。

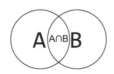

A 和 B 的機率

請想像一下您正對著這個卞氏圖表擲飛鏢。落在 A 和 B 交點處的機率是多少?如果您知道落在 A 點的機率,也知道在 B 中 A 的百分比(也就是您擲 A 點時同時落在 B 點的機率),那麼您可以把機率表示為:

```
P(A and B) = P(B given A) P(A)
```

例如,假設我們要在 1 到 10 之間選一個數字。選中在 1 到 5 之間的偶數的機率是多少?選擇 1 和 5 之間的數字的機率是 50%,而 1 和 5 之間的數字是偶數的機率是 40%。所以,兩者成立的機率是:

```
P(x is even and x <= 5)
    = P(x is even given x <= 5) P(x <= 5)
    = (2/5) * (1/2)
    = 1/5
```

注意,既然 P(A and B) = P(B given A) P(A) = P(A given B) P(B),那麼您可以把 P(A given B) 的機率反過來這樣表示:

```
P(A given B) = P(B given A) P(A) / P(B)
```

上面的方程叫做貝氏定理(Bayes' Theorem)。

A 或 B 的機率

現在,假設您想知道落在 A 或 B 上的機率是多少。如果您知道落在 A 中或 B 中個別的機率,也知道它們交疊處機率,那麼您可以把機率表示為:

```
P(A or B) = P(A) + P(B) - P(A and B)
```

從邏輯上講,這是有道理的。如果我們簡單地把它們的大小相加,我們就會重複計算它們的交集。我們需要減去交集。我們可以再次透過卡氏圖表來視覺化這個情況:

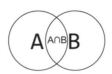

例如,假設我們要從 1 到 10(包括)之間選擇一個數字。取到一個偶數**或**取到 1 和 5 之間的數的機率是多少?我們有 50% 的機率選擇偶數,有 50% 的機率選擇 1 到 5 之間的數。兩者都成立的機率都是 20%。所以可能性是:

```
P(x is even or x <=5)
    = P(x is even) + P(x <= 5) - P(x is even and x <= 5)
    = ½ + ½ - ⅕
    = ⅘
```

有了這些概念之後,理解特殊情況規則就很容易了,例如獨立事件和互斥事件。

獨立

如果 A 和 B 是獨立的(也就是說,一個發生的事件與另一個發生的事件毫無關係),那麼 P(A and B) = P(A) + P(B)。這個規則只有在 P(B given A) = P(B) 成立時才成立,因為 A 和 B 完全獨立。

互斥

如果 A 和 B 是互斥的(也就是說,一個發生了,另一個就不會發生),那麼 P(A or B) = P(A) + P(B)。這是因為 P(A and B) = 0,所以之前的 P(A or B) 方程式中可去掉這一項。

奇怪的是,許多人混淆了獨立性和互斥性的概念。它們是完全不同的。事實上,兩個事件不能既獨立又互斥(假設它們的機率都大於 0)。為什麼?因為互斥代表著如果一個發生了,另一個就不會發生。然而,獨立性代表著一個事件的發生對另一個事件的

發生絕對沒有任何意義。因此，只要兩個事件的機率不為零，它們就永遠不會相互互斥同時又相互獨立。

如果一個事件或兩個事件的機率為零（即不可能發生），那麼這兩個事件就是相互獨立同時又相互排斥的，透過一個簡單的獨立性和互斥性應用定義（即公式）即可證明。

▶ 開始說話

遇到腦筋急轉彎時不要驚慌。就像演算法問題一樣，面試官想知道您是如何解決問題的；他們不希望您馬上知道答案。開始交談，向面試官展示您是如何解決問題的。

▶ 開發條件和模式

在許多情況下，您會發現在解決問題時寫下「規則」或模式是很有用的。是的，您真的應該把這些寫下來，寫下來可幫助您在解題時記住它們。讓我們透過一個範例來示範這種方法。

有兩根繩子，每根都需要一個小時來燃燒。將如何使用它們來精確地計時 15 分鐘？注意，繩子的密度是不均勻的，所以燒完繩子長度的一半不代表一定是半個小時。

> 提示：請在這裡停下來，花點時間自己解決這個問題。如果您很需要提示，請通讀這一節以獲得提示，但是要慢慢讀，每一段話都會讓您更接近答案。

從問題的陳述中，我們立刻知道我們可以計時一小時。我們還可以計時兩個小時，即點燃一根繩子，等它燒完，然後點燃另一根。我們可以把它歸納成一條規則。

規則 1：給定一根燃燒需要 x 分鐘的繩子，以及另一根燃燒需要 y 分鐘的繩子，我們可以計時 x+y 分鐘。

我們還能用繩子做什麼？我們可能會認為，在繩子的中間（或除繩子末端以外的任何地方）點燃一根繩子不會對我們有什麼好處。火焰會向兩個方向蔓延，我們不知道燃燒需要多長時間。

然而，我們可以在兩頭點燃一根繩子，兩端的火焰會合時，就會是 30 分鐘。

規則 2：給定一根燃燒需要 x 分鐘的繩子，我們可以計時 $\frac{x}{2}$ 分鐘。

現在我們知道，我們可以用一根繩子計時 30 分鐘。這也代表著我們可以從第二根繩子上減少 30 分鐘的燃燒時間，方法是在繩子的兩端點燃繩子 1，在繩子的一端點燃繩子 2。

規則 3：如果繩子 1 燃燒需要 x 分鐘，繩子 2 燃燒需要 y 分鐘，我們可以把繩子 2 變成一個需要 (y-x) 分鐘或 (y-$\frac{x}{2}$) 分鐘的繩子。

現在，讓我們把這些規則拼在一起。我們可以讓繩子 2 燒 30 分鐘。如果此時我們把繩子 2 的另一端點燃（見規則 2），繩子 2 將在 15 分鐘後燒完。

從開始到結束，我們的方法如下：

1. 點燃繩 1 的兩端和點燃繩 2 的一端。

2. 當繩子 1 上的兩個火焰相遇時，代表 30 分鐘已經過去了。現在繩子 2 還有 30 分鐘的燃燒時間。

3. 在這個時間點，點燃繩 2 的另一端。

4. 15 分鐘後，繩子 2 就會全部燒盡。

請注意，透過列出所學到的內容和發現的「規則」，解決這個問題會變得更加容易。

▶ 最糟情況位移

許多腦筋急轉彎都是最壞情況下的最小化問題，其表述方式若不是最少化一個動作，就是在限定時間內「至多做幾次」。一個有用的技巧是嘗試「平衡」最壞的情況。也就是說，如果早期策略會導致向最壞情況的靠攏，我們有時可以修改策略以平衡最壞情況。讓我們用下列例子來解釋，就會很清楚了。

「九球」問題是一個經典的面試問題。您有九個球，其中八個重量相同，一個比其他球重。您會得到一個天平，這個天平只告訴您左邊或右邊哪個更重，您只能使用天平兩次，請找出重球。

第一種方法是把球四個分成一組，第九球放在一邊，重球會在較重的一組中。如果兩組的重量都相等，那麼我們就知道第九個球是重的那個。如果較重的球是在某一組中，那麼最壞的情況下必須做三次秤重，超過題目限制一次！

在最壞的情況下存在著「不平衡」：若第九顆球是重球，那麼只需要一次秤重就可以發現它是重球，但如果重球是其他的球，則需要三次秤重。如果把更多的球和第九個球一起放在一邊，我們可以減輕其他組的負擔。這就是一個「平衡最壞情況」的例子。

如果我們把這些球分成三組，我們只要秤重一次就知道重球在哪一組裡。我們甚至可以將其變成一個規則：若給定 N 個球，其中 N 可以被 3 整除，使用天平一次可讓我們找到重球在那一組中（該組組內球數為 ⅓）。

對於最後一組三個球，我們只是重複一樣的動作：把一個球放在一邊，秤剩下的兩個。選出兩個中較重的那個。或者，如果兩個球的重量一樣，選第三個。

▶ 使用演算法的優化與解決技巧

如果您卡住了，可以考慮使用演算法問題的解決技巧（從第 88 頁開始）。腦筋急轉彎通常只是去掉了技術的演算法問題。在解腦筋急轉彎問題時，基本情況和建立和自己動手做（DIY）特別有用。

附加閱讀：有用的數學（第 803 頁）。

面試問題

6.1 較重藥丸：您有 20 瓶藥丸。19 個瓶子裡裝著很多 1 克的藥丸，但是另一個瓶子裡裝著 1.1 克重的藥丸。給您一個精準的天平，您要怎麼找到那個較重的瓶子？您只能使用一次天平。

提示：*#186，#252，#319，#387*

pg 372

6.2 籃球：您參加了一個籃球趣味競賽，而且被告知可以參加以下兩場比賽中的一場：

比賽一：您只有一次機會投進籃框。

比賽二：您可投三次，但三次中您必須投中兩次。

如果 p 是您一球投中的機率，依不同的 p 值來說，該怎麼選擇參加哪一場比賽呢？

提示：*#181，#239，#284，#323*

pg 373

6.3 **骨牌**：有一個 8x8 的棋盤，其中兩個對角的角落被切斷。您有 31 張骨牌，一張骨牌正好可以覆蓋兩個方塊。請問您能用 31 張骨牌覆蓋整個棋盤嗎？請證明您的答案（請舉一個例子或說明，或證明它是不可能的）。

提示：*#367*，*#397*

_____ **pg 374**

6.4 **三角形上的螞蟻**：一個三角形的三個頂點上有三隻螞蟻。如果它們開始沿著三角形的邊走，碰撞的機率是多少？假設每隻螞蟻隨機選擇一個方向，任意一個方向被選擇的可能性都相同，而且它們是以相同的速度行走。

同樣地，求 n 個頂點多邊形上 n 隻螞蟻碰撞的機率。

提示：*#157*，*#195*，*#296*

_____ **pg 375**

6.5 **水壺**：您有一個五夸脫（quart）的水壺，一個三夸脫的水壺，還有無限的水（但是沒有量杯）。您怎麼得到剛好四夸脫的水？請注意這裡用的水壺的形狀很奇怪，所以不可能剛好裝滿「一半」。

提示：*#149*，*#379*，*#400*

_____ **pg 376**

6.6 **藍眼睛島**：有一群人住在一個島上，有一個訪客帶著一個奇怪的命令來到島上：所有藍眼睛的人都必須儘快離開這個島，每天晚上 8 點有一班機起飛。每個人都能看到別人眼睛的顏色，但他們不知道自己眼睛的顏色（別人也不能告訴他們）。此外，他們不知道總共有多少人有藍眼睛，但他們知道至少有一個人有藍眼睛。這些藍眼睛的人需要多少天才能離開？

提示：*#218*，*#282*，*#341*，*#370*

_____ **pg 376**

6.7 **大災難**：在大災難後的時代，統治世界的女王非常關心出生率。因此，她下令所有家庭必須要有一個女兒，否則他們將面臨巨額罰款。如果所有的家庭都遵守此一政策，也就是說直到他們有一個女兒前，都必須繼續生孩子，在生出女兒的那一刻就立即停止再生孩子，那麼新一代的性別比例會是多少？（假設某人在某一次懷孕中生兒子或女兒的機率是相等的）請用邏輯解決這個問題，然後寫一個程式模擬。

提示：*#154*，*#160*，*#171*，*#188*，*#201*

_____ **pg 377**

6.8 **雞蛋掉落問題**：有一座 100 層的建築。如果雞蛋從第 N 層或以上掉下來它會破。如果它從下面的任何一層掉下來，它不會破。您只有兩個雞蛋，請求出 N，同時最小化最壞情況下的雞蛋落下次數。

提示：*#156，#233，#294，#333，#357，#374，#395*

_____ **pg 380**

6.9 **100 個儲物櫃**：在走廊有 100 個關閉的儲物櫃。有一個人從打開全部 100 個儲物櫃開始。下一輪，他會每隔兩個儲物櫃關閉櫃門。然後再下一輪，他會每隔三個儲物櫃就切換一次門的狀態（如果櫃門是打開的，他會關閉它；如果櫃門是關閉的，他會打開它）。這個過程會持續 100 次，這樣，在第 i 輪的時候，這個人就會每隔 i 個儲物櫃切換櫃門的狀態。當他在走廊上做到第 100 次時，他只會切換 100 號儲物櫃的門，請問還有多少儲物櫃是開著的？

提示：*#139，#172，#264，#306*

_____ **pg 383**

6.10 **毒藥**：您有 1000 瓶汽水，但其中只有一瓶是有毒的。您有 10 個可以用來檢測毒藥的試紙，一滴毒藥就會使試紙永久呈陽性。您可以一次在試紙上放置任意數量的液滴，並且您可以根據需要，多次重複使用試紙（只要測定結果是無毒的）。但是，您每天只能執行一次測試，而且一次測試需要七天反應時間才能得知結果。您如何能在最少的天數內找出有毒的瓶子呢？

延伸問題

請撰寫程式碼來模擬您的方法。

提示：*#146，#163，#183，#191，#205，#221，#230，#241，#249*

_____ **pg 384**

附加問題：中等難度問題（#16.5），困難問題（#17.19）。

提示從第 846 頁開始。

7

物件導向設計

物件導向設計問題會要求面試者勾勒出實作技術問題，或現實物件的類別和方法。這些問題能讓（或至少被認為能讓）面試官瞭解您的程式碼風格。

這些問題與其說是組合一些設計模式，不如說是用來表明您是否瞭解如何建立優雅的、可維護的物件導向程式碼。在這類問題上表現糟糕可能會引發嚴重的後果。

▶ 怎麼做

不管物件是代表一個實際的東西還是代表某個技術任務，都可以用類似的方法處理物件導向的設計問題。下面的方法可以很好地解決許多問題。

步驟 1：處理不清楚的部份

物件導向設計（object-oriented design，OOD）問題通常會故意有點模糊空間，目的是測試您是否會做出假設或者是否會要求澄清問題。畢竟，如果一個開發人員只是撰寫程式碼，而不瞭解她所期望建立的內容，那麼就會浪費公司的時間和金錢，並可能導致更嚴重的問題。

當被問及一個物件導向的設計問題時，您應該詢問誰將使用它，他們將如何使用它。根據問題的不同，您甚至可能想要問遍「六個 W」：誰（Who）、什麼（What）、在哪裡（Where）、何時（When）、如何（How）、為什麼（Why）。

例如，假設您被要求描述一個咖啡機的物件導向設計。這看起來很簡單，對吧？不盡然。

您的咖啡機可能是一種工業機器，設計用於大型餐廳，每小時服務數百名顧客，生產10 種不同的咖啡產品。或者它可能是一個非常簡單的機器，專為老年人提供簡單的黑咖啡。這些使用情境將嚴重影響您的設計。

步驟 2：定義核心物件

既然我們已經理解了我們將要設計什麼，那麼我們應該考慮系統中的「核心物件」為何。例如，假設我們被要求為一家餐廳進行物件導向的設計，我們的核心物件可能是諸如餐桌、客人、客人群、點餐、餐點、僱員、服務生和老闆之類的東西。

步驟 3：分析關係

大致決定了我們的核心物件後，現在我們要分析物件之間的關係。哪些物件是哪些其他物件的成員？任何物件是否從其他物件繼承？關係是多對多還是一對多？

例如，在餐廳的問題中，我們可能會想到以下的設計：

* 客人群應該由一批客人組成。

* 服務生和老闆繼承自僱員。

* 每個餐桌坐的必定是同一個客人群，但是一個客人群可以分開坐在多張餐桌。

* 這家餐廳只有一個老闆。

這裡要非常小心，小心那些經常會做錯的假設。例如，一張桌子可能有多個客人群（就像在一些餐館新流行的「共享餐桌」那樣）。您應該和面試官聊聊您的設計應該要適用於哪些情況。

步驟 4：調查行動

至此，您應該已經有了物件導向設計的基本輪廓。剩下的是考慮物件將採取的關鍵操作以及它們之間的關係。您可能會發現您忘記了一些物件，也需要更新您的設計。

例如，一群客人群走進餐廳，一位客人向老闆要求了一張桌子。老闆會搜尋已預約餐桌，如果有預約記錄，則將分配一張餐桌給客人群。否則，客人群將被加入排隊人群的尾端。客人群離開時，餐桌被釋放並分配給排隊人群中的下一組客人群。

▶ 設計模式

由於面試官想測試的是您的能力而不是您的知識，所以設計模式通常超出了面試的範圍。然而，單例（Singleton）和工廠方法（Factory）設計模式在面試中被廣泛使用，所以我們將在這裡介紹它們。

設計模式比本書所能討論的多得多。挑選一本專門關注這個領域的書是提高您的軟體工程技能的一個好方法。

注意不要陷入一個陷阱，即不斷地為特定的問題尋找「正確的」設計模式。您應該為這個問題設計一個可行的方案。也許在某些情況下，它可能是一個既有的模式，但在許多其他情況下，它不是。

單例類別

單例模式確保一個類別只有一個實例，並透過應用程式存取該實例。它可以用於只有一個實例的「全域」物件的情況。例如，我們可能想要實作 Restaurant，並令它只能有一個 Restaurant 實例。

```
1  public class Restaurant {
2     private static Restaurant _instance = null;
3     protected Restaurant() { ... }
4     public static Restaurant getInstance() {
5        if (_instance == null) {
6           _instance = new Restaurant();
7        }
8        return _instance;
9     }
10 }
```

值得注意的是，許多人不喜歡單例設計模式，甚至稱它為「反模式」，原因之一是它會干擾單元測試。

工廠方法

工廠方法提供了一個用於建立類別實例的介面，由其子類決定產生哪個類別的實例。您可能希望使用抽象的建立者類別來實作這一點，而不是為工廠方法提供實作。或者，您可以讓建立者類別成為為工廠方法提供實作的具體類別。在這種情況下，工廠方法將接受一個參數，該參數表示要產生的實例是哪一類。

```
1  public class CardGame {
2     public static CardGame createCardGame(GameType type) {
3        if (type == GameType.Poker) {
4           return new PokerGame();
5        } else if (type == GameType.BlackJack) {
6           return new BlackJackGame();
7        }
8        return null;
9     }
10 }
```

面試題目

7.1 **一副牌**：請為一副普通的紙牌設計資料結構，請説明在實作二十一點遊戲時，您會如何子類別化這些資料結構。

提示：*#153，#275*

pg 392

7.2 **服務中心**：假設您有一個管理層級為三層的服務中心：分別是應答者、經理和主管。打進來的電話必須首先分配給有空的應答者。如果應答者不能處理這通電話，他或她必須將這通電話升級到經理處理。如果經理沒空或不能處理這通電話，則應將這通電話升級到主管處理。請為這個問題設計類別和資料結構。請實作一個方法 dispatchCall()，它將一通電話分配給第一個可用的員工。

提示：*#363*

pg 395

7.3 **點唱機**：請使用物件導向的原則設計一台音樂點唱機。

提示：*#198*

pg 398

7.4 **停車場**：請使用物件導向的原則設計一個停車場。

提示：*#258*

pg 401

7.5 **線上圖書閱讀**：請設計一個線上圖書閱讀系統的資料結構。

提示：*#344*

pg 404

7.6 **拼圖**：請實作一個 NxN 拼圖遊戲。設計其資料結構，並説明得到遊戲解答的演算法。您可以假設您有一個 fitsWith 方法，該方法可傳入兩片拼圖，如果這兩片可以拼在一起，則回傳 true。

提示：*#192，#238，#283*

pg 408

7.7 **聊天伺服器**：解釋如何設計一個聊天伺服器。請特別提供關於各種後端元件、類別和方法的詳細資訊。其中最難解決的問題是什麼？

提示：*#213，#245，#271*

pg 412

7.8 **黑白棋**：黑白棋的玩法是這樣的：黑白棋的每一個棋子都是一面白，另一面黑。當一個棋子被對手包圍在左右兩邊，或者被上下兩邊包圍時，我們就說它被抓到了，它的顏色要被翻轉。輪到您的時候，您必須至少要抓到對手的一個棋子。當任何使用者都無法再做動作時遊戲結束，棋子最多的人贏。請為黑白棋做物件導向設計。

提示：*#179，#228*

pg 417

7.9 **循環陣列**：請實作一個 `CircularArray`（循環陣列）類別，它是一個類似陣列的資料結構，而且還可以有效率地旋轉。如果可能，該類別應該設計成泛型類型（也稱為範本），並且應該透過標準 `for (Obj o : circularArray)` 標記法支援迭代。

提示：*#389*

pg 421

7.10 **踩地雷**：設計並實作文字版的踩地雷遊戲。踩地雷是一個經典的單人電腦遊戲，這種遊戲中有一個 NxN 網格，網格中有 B 個地雷（或炸彈）隱藏在網格中。沒有地雷的格子若不是空白的，就是後面有數字。這些數字反映了周圍 8 個格子的地雷數量。當玩家打開一個格子，如果該格是地雷，玩家就輸了。如果它是一個數字，那麼就把數字顯示出來。如果它是一個空白格，那麼這個格子和所有相鄰的空白格子（直到並包括周圍的數字格子）都會被打開。當所有非地雷格子被打開時，玩家獲勝。玩家也可以標記某些地方作為潛在的地雷位置。這不會影響遊戲，只是被用來阻止使用者不小心點擊一個被認為有炸彈的格子（給讀者的提示：如果您不熟悉這個遊戲，請先到網路上玩幾局）。

這是一個總共 3 個地雷的盤面，
這張圖不會顯示給玩家看。

1	1	1				
1	*	1				
2	2	2				
1	*	1				
1	1	1				
			1	1	1	
			1	*	1	

玩家一開始看到新盤面時，
沒有任何格子被打開。

?	?	?	?	?	?	?
?	?	?	?	?	?	?
?	?	?	?	?	?	?
?	?	?	?	?	?	?
?	?	?	?	?	?	?
?	?	?	?	?	?	?
?	?	?	?	?	?	?

點擊格子（第 1 列，第 0 欄），
將會打開成這樣：

1	?	?	?	?	?
1	?	?	?	?	?
2	?	?	?	?	?
1	?	?	?	?	?
1	1	1	?	?	?
		1	?	?	?
		1	?	?	?

若除了地雷之外的格子都被打開了，
那麼玩家勝利。

1	1	1			
1	?	1			
2	2	2			
1	?	1			
1	1	1			
			1	1	1
			1	?	1

提示：*#351，#361，#377，#386，#399*

pg 424

7.11 **檔案系統：**請說明您會怎麼設計一個記憶體檔案系統的資料結構和演算法。在可能的情況下，用一個程式碼範例進行說明。

提示：*#141，#216*

pg 430

7.12 **雜湊表：**請設計並實作一個雜湊表，該雜湊表使用鏈結（串列）來處理衝突。

提示：*#287，#307*

pg 432

附加問題：執行緒和鎖（#15.3）。

提示從第 846 頁開始。

8

遞迴與動態程式設計

儘管遞迴問題有很多，但許多問題都遵循相似的模式。如果一個問題可以拆開成更小的問題的話，通常是個遞迴問題。

當您聽到一個問題是用以下述句作為開始，通常（但不總是）很有可能是遞迴問題：「請設計一個演算法來計算第 n 個⋯」、「請寫程式碼列出前面 n 個⋯」、「實作一個方法來計算所有⋯」等等。

> 提示：根據我引導面試者的經驗，大家在「這聽起來像一個遞迴問題」這一直覺上通常有 50% 的準確率。請利用直覺，因為那 50% 是有價值的。但是不要害怕以不同的方式看待問題，即使您最初認為它看起來是遞迴問題，錯的可能性也有 50%。

熟能生巧！做的問題越多，就越容易識別遞迴問題。

▶ 怎麼做

根據定義，遞迴解決方案是能將解決方案拆成子問題來解決。很多時候，這僅僅代表著將 f(n) 添加什麼、刪除什麼或改變什麼後，變成 f(n-1)。或另外一種情況，這種情況可以先解決資料集的前半部分的問題，然後再解決後半部分的問題，然後合併這些結果。

有許多方法可以將一個問題劃分為子問題。開發演算法最常用的三種方法是自下而上、自上而下和砍半方法。

自下而上的方法

自下而上的方法通常是最直觀的。我們首先瞭解如何解決簡單情況，比如從串列中只有一個元素開始，然後思考如何解決兩個元素的問題，再來是三個元素的問題⋯

等等。這裡的關鍵是思考如何從前一個案例（或多個之前案例）建立一個案例的解決方案。

自上而下的方法

自上而下的方法可能更複雜，因為它不那麼具體，但有時這是思考問題的最佳方式。

在這些問題中，我們思考如何把 N 情況的問題分解成子問題。

要小心情況間的重疊。

砍半方法

除了自上而下和自下而上方法外，通常還可以有效地將資料集分成兩半。

例如，二分法搜尋使用的就是「砍半」方法。當我們在一個已排序的陣列中搜尋元素時，首先要找出陣列的哪一半包含該值，然後我們遞迴並在那一半中搜尋元素。

合併排序也是一種「砍半」方法。我們對陣列的每一半進行排序，然後將排序後的一半合併在一起。

▶ 遞迴與迭代解決方案

遞迴演算法的空間效率非常低。每次遞迴呼叫都會向堆疊添加一個新層，這代表著如果您的演算法遞迴到深度為 n 的地方，那麼它至少會使用 $O(n)$ 記憶體。

由於這個原因，以迭代實作遞迴演算法通常更好。所有的遞迴演算法都可以用迭代實作，儘管有時候這樣做的程式碼要複雜得多。在深入研究遞迴程式碼之前，先問問自己迭代實作它有多難，並與面試官討論折衷方案。

▶ 動態程式設計與記憶法

儘管人們對動態程式設計問題的嚇人程度有很多看法，但實際上並不需要擔心它們。事實上，一旦掌握了技巧，這些問題可能會變得非常容易。

動態程式設計主要是採用遞迴演算法並找到重疊的子問題（即重複呼叫），然後儲存這些結果，讓將來的遞迴呼叫使用。

或者，您可以研究遞迴呼叫的模式並實作迭代版本，但您仍然需要「儲存」以前的工作成果。

> 術語說明：有些人將自上而下的動態程式設計稱為「記憶法」，「動態程式設計」只用來代表自下而上的工作。我們在這裡不做這樣的區分。我們將兩者都稱為動態程式設計。

一個最簡單的動態程式設計例子是計算第 n 個 Fibonacci 級數。處理此類問題的一種好方法通常是先做一般遞迴解決方案，然後再加入儲存的部分。

Fibonacci 級數

讓我們透過一種方法來計算第 n 個 Fibonacci 級數。

遞迴

我們將從一個遞迴實作開始，聽起來很簡單，對吧？

```
1    int fibonacci(int i) {
2      if (i == 0) return 0;
3      if (i == 1) return 1;
4      return fibonacci(i - 1) + fibonacci(i - 2);
5    }
```

這個函式的執行時間是多少？回答之前請先想一下。

如果您的答案是 O(n) 或 O(n²)（很多人都這麼說），請再想想。對於在這個問題和許多遞迴問題來說都很有用的方法是，思考程式碼的呼叫路徑。將呼叫路徑畫成樹（即遞迴樹）。

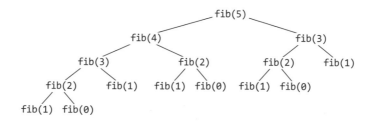

注意，樹上的葉子都是 `fib(1)` 和 `fib(0)`，因為它們代表基本情況。

因為每個呼叫只在其遞迴呼叫之外執行 O(1) 操作,所以樹中的節點總數就表示執行時間。因此,呼叫的數量就是執行時間。

> 提示:請為了以後可能碰到的問題記住這一點。將遞迴呼叫畫成樹是計算遞迴演算法執行時間的好方法。

樹中有多少節點?在處理基本情況(葉子)之前,每個節點都有兩個子節點。每個節點分叉兩次。

根節點有兩個子節點,每子節點都有兩個子節點(在「孫輩」層級總共有四個子節點)。每個孫子都有兩個子節點,以此類推。如果這樣做 n 次,會有大約 $O(2^n)$ 個節點,這給了我們大約 $O(2^n)$ 的執行時間。

> 實際上,它會比 $O(2^n)$ 稍微好一點,因為如果查看子樹,您可能會注意到(不包括葉節點和它上面的節點)任何節點的右子樹總是比左子樹小。如果它們的大小相同,則執行時為 $O(2^n)$。但是由於左右子樹的大小不同,所以真正的執行時更接近於 $O(1.6^n)$。說 $O(2^n)$ 在技術上仍然是正確的,因為它描述了執行時間的一個上界(參見第 51 頁的「Big O、Big Theta 和 Big Omega」)。不管怎樣,我們的執行時間仍然是指數級別的。

確實,如果在電腦上實作這個解決方案,我們會看到執行秒數呈指數增長。

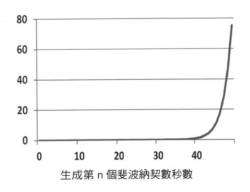

生成第 n 個斐波納契數秒數

我們應該尋找一種方法來優化它。

自上而下的動態程式設計（或記憶法）

請研究遞迴樹，在哪裡可以看到相同的節點？

樹上有很多相同的節點。例如，`fib(3)` 出現兩次，`fib(2)` 出現三次。為什麼我們每次都要重新計算這些呢？

事實上，當呼叫 `fib(n)` 時，我們不需要做比 O(n) 更多的呼叫，因為 `fib` 只有 O(n) 個可能的值。每次計算 `fib(i)` 時，我們應該儲存其結果並在以後使用它。

這就是記憶法。

只需稍作修改，就可以將這個函式調整為在 O(n) 時間內執行。我們只是在呼叫之間儲存 `fibonacci(i)` 的結果。

```
1   int fibonacci(int n) {
2     return fibonacci(n, new int[n + 1]);
3   }
4
5   int fibonacci(int i, int[] memo) {
6     if (i == 0 || i == 1) return i;
7
8     if (memo[i] == 0) {
9       memo[i] = fibonacci(i - 1, memo) + fibonacci(i - 2, memo);
10    }
11    return memo[i];
12  }
```

在一般的電腦上，第一種遞迴函式生成第 50 個 Fibonacci 級數可能需要一分鐘的時間，而動態程式設計方法可以在不到一毫秒的時間內生成第 10,000 個 Fibonacci 級數（當然，使用這段程式碼的話，`int` 很快就會裝不下了）。

現在，如果我們繪製遞迴樹，它看起來像這樣（黑框代表呼叫使用預先儲存結果值，這種呼叫會立即回傳）：

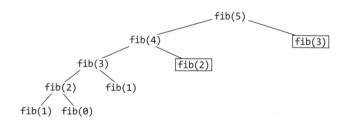

現在樹裡有多少節點？我們可能會注意到樹現在是直接向下長的，深度大概是 n。這些節點的每個節點都有一個子節點，結論是樹中大約有 2n 個子節點。這一點讓我們知道執行時間是 O(n)。

通常把遞迴樹畫成這樣是很有用的：

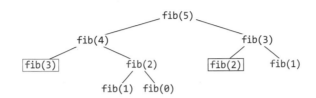

這不是實際上遞迴是怎麼發生的。但是，透過向上擴展節點而不是向下擴展節點，您可以讓樹在變深前先變寬（這就像寬度優先而不是深度優先）。有時這種做法可使得計算樹中的節點數更容易。真正做的只是修改哪一個節點要展開和決定哪個節點要回傳儲存值。如果一直算不出動態程式設計問題的執行時間的話，可以試試這個方法。

自下而上的動態程式設計

我們也可以採用這種方法，並使用自下而上的動態程式設計實作它。採用與遞迴記憶方法相同的方法思考，但採用相反的方法。

首先計算 `fib(1)` 和 `fib(0)`，我們已從基本條件知道它們的值，就用這些來計算 `fib(2)`，接著使用既有的答案來計算 `fib(3)`，然後是 `fib(4)`，依此類推。

```
1   int fibonacci(int n) {
2      if (n == 0) return 0;
3      else if (n == 1) return 1;
4
5      int[] memo = new int[n];
6      memo[0] = 0;
7      memo[1] = 1;
8      for (int i = 2; i < n; i++) {
9         memo[i] = memo[i - 1] + memo[i - 2];
10     }
11     return memo[n - 1] + memo[n - 2];
12  }
```

如果認真思考它是如何工作的，只會用 memo[i] 來計算 memo[i+1] 和 memo[i+2]，之後就不需要了，因此我們可以去掉 memo 表格，只用一些變數來儲存。

```
1   int fibonacci(int n) {
2     if (n == 0) return 0;
3     int a = 0;
4     int b = 1;
5     for (int i = 2; i < n; i++) {
6       int c = a + b;
7       a = b;
8       b = c;
9     }
10    return a + b;
11  }
```

這基本上是將最後兩個 Fibonacci 值的結果儲存到 a 和 b 中。在每個迭代中，我們計算下一個值 (c = a + b)，然後將 (b, c = a + b) 的結果移動到 (a, b) 中。

對於這樣一個簡單的問題，我做這麼多解釋似乎有些囉唆，但是真正理解這個過程將使更困難的問題變得容易得多。請練習做本章中的問題（其中許多使用動態程式設計）將有助於鞏固您的理解。

附加閱讀：用歸納法證明（第 806 頁）。

面試問題

8.1 三種跳法：一個孩子正跑上 n 級臺階的樓梯，一次可以跳 1 級、2 級或 3 級。請您實作一個方法來計算孩子能以多少種可能的方式跑上樓梯。

提示：#152，#178，#217，#237，#262，#359

pg 436

8.2 網格中的機器人：想像一個機器人坐在網格的左上角，網格有 r 個列和 c 個欄。機器人只能向右和向下兩個方向移動，但某些格子是「禁區」，因此機器人不能踩到它們。請設計一個演算法，找出從左上角到右下角的所有路徑。

提示：#331，#360，#388

pg 438

8.3 魔法索引：一個陣列 A[0...n-1] 的魔法索引是將其索引方法定義為 A[i] = i。假設有一個已排序的不重複整數陣列，請寫一個方法來找到在陣列 A 中的任何魔法索引。

延伸題

如果值可重複怎麼辦？

提示：*#170，#204，#240，#286，#340*

pg 441

8.4 **冪集合**：請寫一個方法來回傳一個集合的所有子集。

提示：*#273，#290，#338，#354，#373*

pg 443

8.5 **遞迴乘法**：寫一個遞迴函式來乘兩個正整數，不能使用 * 運算子。您可以使用加法、減法和位移，但是您應該將這些操作的數量減到最少。

提示：*#166，#203，#227，#234，#246，#280*

pg 446

8.6 **河內塔**：在河內塔的經典問題中，您有 3 個塔和 N 個不同大小的圓盤，它們可以放到任何塔上。這個謎題一開始的時候，所有圓盤會按大小從上到下昇冪排列（即，每個圓盤都只能放在比它自己大的圓盤上）。同時，您有以下限制：

（1）一次只能移動一個圓盤。

（2）一個圓盤只能從一個塔頂移動到另一個塔頂。

（3）圓盤不能放置在比它小的圓盤上。

請撰寫一個程式，使用堆疊將所有圓盤從第一個塔移動到最後一個塔。

提示：*#144，#224，#250，#272，#318*

pg 450

8.7 **不重複的排列**：請寫一個方法來計算一個不重複字元的字串的所有排列。

提示：*#150，#185，#200，#267，#278，#309，#335，#356*

pg 452

8.8 **有重複的排列**：請寫一個方法來計算一個字串的所有排列，其中的字元可重複。但列出的排列結果不應該有重複。

提示：*#161，#190，#222，#255*

pg 456

8.9 **括號**：請實作一個演算法來印出指定合法（例如，左側與右側對應完整）括號對。

範例

輸入：3

輸出：((())), (()()), (())(), ()(()), ()()()

提示：*#138，#174，#187，#209，#243，#265，#295*

———————————————————————————————— **pg 458**

8.10 **填滿色彩**：請實作「填滿色彩」功能，您可能曾在許多圖形編輯程式中看過這個功能。這個功能是這樣的，假設有一個螢幕畫面（用一個二維顏色陣列表示）、一個點和一個新顏色，要填充該點周圍的區域，持續填充直到碰到與指定顏色不同的點為止。

提示：*#364，#382*

———————————————————————————————— **pg 460**

8.11 **硬幣**：假設有無限數量的 25 美分、10 美分、5 美分和 1 美分硬幣，請撰寫程式碼來計算所有可以表達 n 美分方式。

提示：*#300，#324，#343，#380，#394*

———————————————————————————————— **pg 461**

8.12 **8 個皇后**：請撰寫一個演算法，將在一個 8x8 的棋盤上 8 個皇后的所有排列方式印出，條件是它們不會共用相同的行、列或斜線。在這種題目中，「斜線」是指所有的斜線，而不僅僅是平分棋盤的那兩條。

提示：*#308，#350，#371*

———————————————————————————————— **pg 464**

8.13 **堆箱子**：您想要把 n 個箱子堆成一疊，箱子的寬度為 w_i，高度為 h_i，深度為 d_i，箱子不能翻轉。在堆疊中的每個箱子，唯有在寬度、高度和深度上都大於上面的箱子時，才可以疊放在一起。請實作計算可能的最高堆疊高度的方法，堆疊的高度是每個箱子的高度之和。

提示：*#155，#194，#214，#260，#322，#368，#378*

———————————————————————————————— **pg 466**

8.14 **布林值計算**：給定一個由符號 0 (false)、1 (true)、& (AND)、| (OR) 和 ^ (XOR) 組成的布林運算式，以及一個期望的布林結果值結果，請實作一個函式來計算在符合期望結果的情況下，運算式有多少括號的方法。運算式應該要有完整括號（例如：(0)^(1)），但不能有無用的括號（例如：(((0))^(1))）。

———————————————————————————————————————

範例

```
countEval("1^0|0|1", false) -> 2
countEval("0&0&0&1^1|0", true) -> 10
```

提示：*#148，#168，#197，#305，#327*

pg 469

延伸問題：鏈結串列（#2.2，#2.5，#2.6），堆疊和佇列（#3.3）、樹和圖（#4.2，#4.3，#4.4，#4.5，#4.8，#4.10，#4.11，#4.12），數學和邏輯謎題（#6.6），排序和搜尋（#10.9，#10.5，#10.10），C++（#12.8），中等難度問題（#16.11），困難問題（#17.4，#17.6，17.8，#17.12，#17.13，#17.15，#17.16，#17.24，#17.25）。

提示從第 846 頁開始。

9

系統設計和可擴縮性

管可擴展性問題看起來很嚇人，但它可能是最簡單的問題之一。沒有「陷阱」、沒有花招、沒有花俏的演算法——至少通常沒有。很多人都會以為這些問題背後有某種「古怪」，以為暗地裡需要一些隱藏的知識。

並沒有，這些問題只是用來測試您在現實世界中的表現。就像是您的主管讓您設計一些系統，您會怎麼做？

這就是為什麼您應該像處理現實工作般地處理這類問題。請提出問題，讓面試官參與進來，討論權衡取捨。

本章我們會接觸到一些關鍵的概念，要理解這些概念，而不是將它們背下來。是的，理解一些大的系統設計元件可能有用，但重點是您怎麼解決問題。可能有好的解決方案和壞的解決方案，但沒有完美的解決方案。

▶ 處理問題

* **溝通**：系統設計問題的關鍵目的之一是評估您的溝通能力，所以請和面試官保持互動，問他們問題，並對系統的問題保持開放的態度。

* **先全盤瞭解**：不要直接進入演算法部分，也不要過分關注其中一部分。

* **使用白板**：使用白板可以幫助您的面試官理解您所提出的設計。在最開始的時候就站到白板前，畫出您的提議。

* **向面試官表達您的擔憂**：您的面試官很可能會提出一些擔憂的點。請別不把它們當一回事；要驗證它們。承認面試官指出的問題，並做出相應的改變。

* **小心假設**：一個錯誤的假設可以嚴重地改變問題。例如，如果您的系統的目的是為資料集生成分析／統計資料，那麼這些分析是否必須完全反應最新資訊是很重要的。

- **明確地陳述您的假設**：當您做假設時，請陳述它們。這讓您的面試官能在您犯錯的時候糾正您，也表明您至少知道自己在做什麼假設。

- **必要時使用估計資料**：在許多情況下，您可能沒有辦法拿到所需的資料。例如，如果您正在設計一個 web 爬蟲程式，您可能需要估計儲存所有 URL 需要多少空間。您可以用您知道的其他資料來估計。

- **主導進度**：作為面試者，您應該主導進度。這並不代表著您不該和面試官說話；事實上，您必須和您的面試官說話。但是，您應該把問題講清楚，把問題問出來。對折衷方案持開放態度。然後繼續深入，繼續改進。

這類問題的重點是過程，而不是最終的設計。

▶ 設計：分解動作

如果您的經理請您設計一個像 TinyURL 這樣的系統，您可能不會說「好吧」，然後把自己鎖在辦公室裡埋頭設計。在動手做之前，您可能會有更多的問題。以下是您在面試中應該用的處理方式。

步驟 1：確定問題的範圍

如果您不知道自己在設計什麼，就無法設計出一個系統。確定問題的範圍是很重要的，要確保您的產出是面試官想要的東西，面試官也想評估您確定問題範圍的能力。

如果您被問到諸如「請設計 TinyURL」之類的問題，您會想知道您到底需要實作什麼。人們能夠自己指定縮短後的網址是什麼嗎？還是全部自動生成？您需要追蹤點擊的統計資料嗎？ URL 應該永遠存在，還是會過期？

以上這些問題必須進行下一步討論之前得到答案。

在這裡我們列出主要的功能或使用情境。例如，對於 TinyURL，它可能是：

- 將一個 URL 縮短為一個較短的 URL（TinyURL）。

- URL 的分析。

- 取得一個 TinyURL 指到的 URL。

- 使用者帳戶和連結管理。

步驟 2：作出合理的假設

（在必要時）做出一些假設是可以的，但它們應該要合理。例如，假定系統每天只需要處理 100 位使用者是不合理的，或者假定有無限的可用記憶體也是不合理的。

然而，每天最多設計 100 萬個新 URL 可能是合理的。做出這個假設可以幫助您計算系統可能需要儲存多少資料。

有些假設可能需要一些「產品意識」（這不是一件壞事）。例如，資料最多 10 分鐘就過期可以嗎？那得看情況。如果剛剛輸入的 URL 需要 10 分鐘才能開始工作，那就是不可接受的問題。人們通常會希望這些 URL 立即可用，但如果統計資料晚了 10 分鐘，那也沒有關係。請和您的面試官談談這些假設。

步驟 3：繪製主要組件

請從椅子上站起來，走到白板前。畫一張主要組成元件圖。您可能有類似前端伺服器（或伺服器集）的東西，從後端資料儲存器中提取資料。您可能有另一組伺服器在網路上搜尋某些資料，另一組伺服器負責處理分析。請把這個系統的圖畫出來。

用一個流程示範如何在您的系統從頭到尾走一遍。從使用者輸入一個新的 URL 開始，接下去會怎樣呢？

在這裡，忽略主要的可擴展性挑戰並假裝使用簡單、明顯的方法可能會有幫助。您將在步驟 4 中處理關鍵問題。

步驟 4：識別關鍵問題

一旦您有了一個基本的設計後，就要把精神集中在關鍵問題上。系統中的瓶頸或主要挑戰是什麼？

例如，如果您正在設計 TinyURL，可能要考慮這樣一種情況：雖然某些 URL 不常被存取，但某些 URL 可能會突然達到存取高峰，例如有個 URL 被張貼到 Reddit 或其他熱門的論壇上的情況。可是您又不想一直持續地去存取資料庫。

您的面試官可能會提供一些方向，如果有的話，就請您接受這個指導並使用它。

步驟 5：針對關鍵問題進行重新設計

一旦您確定了關鍵的問題，就該調整您的設計了。您可能會發現自己需要做重大的設計修改，也可能只需要做些小調整（如使用快取）。

請繼續站在白板前，當您的設計改變時更新您的圖表。

對設計中的任何限制條件都要保持開放的心態，您的面試官可能會注意到這件事，所以當您發現限制條件時，和面試管聊聊是件重要的事。

▶ 可擴展的演算法：分解動作

在某些情況下，您不會被要求要設計整個系統。您只會被要求設計一個單一的功能或演算法，但您必須以一種可擴展的方式去做。或者，演算法的一部分可以解決更泛化的問題。

在這些情況下，請嘗試用以下方法。

步驟 1：問問題

和前面的方法一樣，透過問問題來確保您真正理解問題。面試官可能有意無意地漏掉了一些細節。如果您不能確切地理解問題是什麼，您就無法解決它。

步驟 2：假裝

假設所有資料都可以放在一台機器上，並且沒有記憶體限制。您將如何解決這個問題？這個問題的答案將為您的解決方案提供主要架構。

步驟 3：面對實際問題

現在回到原來的問題。您可以在一台機器上存放多少資料？當您分割資料時會出現什麼問題？常見的問題包括如何邏輯地劃分資料，以及一台機器如何確定在何處能找到不同的資料。

步驟 4：解決問題

最後，考慮如何解決在步驟 2 中的問題。請記住，每個問題的解決方案可能完全消除問題，也可能只是減輕問題。通常，您可以繼續使用（透過修改）步驟 1 中列出的東西，但有時您需要做出根本上的改變。

注意迭代處理通常也是有用的。也就是說，一旦您解決了步驟 3 中的問題，可能會出現新的問題，您也必須處理這些新問題。

您的目標不是重新建立一個公司會花費數百萬美元建立的那種複雜系統，而是證明您可以分析和解決問題。在您自己的解決方案中找出問題是證明這一點很好的方式。

▶ 核心概念

雖然系統設計問題並不是要測試您知道的多不多，但是某些概念可以使事情變得容易得多。我們將在這裡做一個簡要的概述。以下所有的概述內容都是深入、複雜的主題，我們鼓勵您使用線上資源進行更多的研究。

水平和垂直可延展性

一個系統可以用兩種方法中的一種來延展。

* 垂直延展代表著增加特定節點的資源。例如，您可以向伺服器添加額外的記憶體來提高其處理負載變化的能力。

* 水平延展代表著增加節點的數量。例如，您可以添加額外的伺服器，從而減少任何一台伺服器上的負載。

垂直延展通常比水平延展更容易，但它是有極限的。您只能添加上限多少的記憶體或磁碟空間。

負載平衡器

通常，一個可延展的網站的一些前端部分會被丟在負載平衡器後面。這允許系統均勻地分配負載，這樣一個伺服器就不會崩潰並導致整個系統崩潰。當然，要做到這一點，您必須建立一個由可複製伺服器組成的網路，這些伺服器本質上都具有相同的程式碼和存取相同資料的許可權。

資料庫去正規化和 NoSQL

隨著系統變得越來越大，在關聯式資料庫（如 SQL）可能會變得非常緩慢。出於這個原因，您通常會避開使用它們。

去正規化也和這個問題有關，去正規化代表著向資料庫中添加冗餘資訊以加快讀取速度。例如，假想有一個描述專案和任務的資料庫（其中一個專案可以有多個任務）。

您可能需要獲得專案名稱和任務資訊。您可以將專案名稱儲存在任務表格中（除了專案表之外另外存一份），而不是對這些表執行 join 動作。

或者，您可以使用 NoSQL 資料庫。NoSQL 資料庫不支援 join，並且可能以不同的方式建構資料。它的設計目的是要更容易作擴展。

資料庫分區（Sharding）

分區代表著在多台機器之間分割資料，同時您必須有一種方法來確定哪些資料在哪些機器上。

常見的分區方式有：

- **垂直分區**：這基本上是依功能分區。例如，如果您正在建立一個社交網路，您可能有一個分區是放置個人資訊相關的表格，另一個分區用於訊息…等等。這樣做的一個缺點是，如果其中一個表格變得非常大，您可能需要對資料庫重新分區（可能要使用不同的分區方案）。

- **基於 Key（或基於雜湊）的分區**：一種非常簡單的分區方法是分配 N 個伺服器並將資料放在 mod(key, n) 的那台伺服器上。這樣做的一個問題是，您擁有的伺服器數量是固定的。加入額外的伺服器代表著必須重新分配所有資料，這是一項非常昂貴的任務。

- **基於目錄的分區**：在這個方案中，您會維護一個查閱資料表來搜尋資料。這使得添加額外的伺服器相對容易，但是它有兩個主要的缺點。首先，查閱資料表如果壞了，可能導致整個系統都壞了（單點故障）。其次，經常存取這個表會影響性能。

許多架構實際上最終會混合使用多種分區方案。

快取

放在記憶體中的快取可以提供非常快速的結果。它是一個簡單的鍵值對，通常位於應用程式層和資料儲存庫之間。

當應用程式請求一條資訊時，它首先嘗試存取記憶體。如果記憶體中沒有該 key，那麼它將轉向資料儲存處搜尋資料（此時，資料可能儲存在資料儲存中，也可能不儲存在資料儲存中）。

當你使用快取時，您可以將查詢及其結果直接快取起來。或者，您也可以快取特定的物件（例如，網站某個部分的最後呈現版本，或最近的部落格文章列表）。

非同步處理和佇列

緩慢的操作最好採非同步動作完成。否則，使用者可能會一直等待程序完成。

在某些情況下，我們可以事先做好（也就是我們可以預先處理）。例如，我們可能有一個待執行的任務佇列，這個佇列會更新網站的某些部分。如果我們在經營一個論壇，重新呈現一個列出最受歡迎的貼文和評論數量的頁面就可以屬於這種工作之一。因為若只是因為某人更新的一條新評論，導致快取頁面失效，造成必需等待網站重新載入，那人們會寧願接受這個頁面上的列表內容稍微延遲。

在其他情況下，我們可能會請使用者等待並在程序完成時通知他們。您可能在網站上見過這種行為。也許是因為您啟用了網站的某個新部分，它回應您說需要幾分鐘來匯入您的資料，但您完成後會收到通知。

網路指標

一些最重要的網路指標包括：

- **頻寬**：這是在單位時間內可以傳輸的最大資料量。它通常以 bit/秒（或一些類似的單位，如 GB/秒）表示。

- **傳輸量**：相對於頻寬是單位時間內可以傳輸的最大資料，傳輸量是實際傳輸的資料量。

- **延遲**：這是資料從一端到另一端所需的時間。也就是說，它是發送方發送資訊（即使是非常小的資料塊）直到接收方接收到資訊的時間。

請想像一下，您有一條傳送帶，可以在工廠之間傳輸物品。延遲是一個物品從一邊到另一邊所花費的時間。傳輸量是每秒從傳送帶上滾下的物品數量。

- 建立一個更寬的傳送帶不會改變延遲，但會改變傳輸量和頻寬。您可以在傳送帶上得到更多的物品，在時間單位內輸送更多的物品。

- 縮短傳送帶將減少延遲，因為物品在運輸過程中花費的時間更少。它不會改變傳輸量或頻寬，單位時間內傳送帶輸送的物件數量會相同。

- 製造更快的傳送帶將會改變這三者。一個物品穿過工廠的時間減少了。單位時間內，傳送帶可輸送的物品數量會變多。

- 頻寬是在最佳條件下，單位時間內可以傳輸的物品數。但機器不見得能達到理想運作情況，傳輸量指的是實際上能傳輸的物品數。

延遲很容易被忽略，但在特定的情況下它可能非常重要。例如，如果您正在玩某些線上遊戲，延遲可能是一個很大的問題。如果您沒有很快被告知對手向哪裡移動，您怎麼玩一款典型的線上體育遊戲（比如雙人足球遊戲）呢？另外，它和傳輸量不一樣，因為您至少可以選擇透過資料壓縮來加大傳輸量，但您通常對延遲無能為力。

MapReduce

MapReduce 經常與 Google 聯繫在一起，但它的用途遠不止於此。MapReduce 程式通常用於處理大量資料。

顧名思義，MapReduce 程式要求您撰寫一個 Map 步驟和一個 Reduce 步驟，其餘的由系統處理。

- Map 接收一些資料並發出一個 <key, value> 配對。
- Reduce 接受一個鍵和一組相關的值，並以某種方式「減少」它們，然後發出一個新的鍵和值。這個結果可能會回饋給 Reduce 程式以利日後進行更多的減少動作。

MapReduce 允許我們平行處理大量資料，這使得處理大量資料變得更有延展性。

有關更多資訊，請參見第 821 頁的「MapReduce」。

▶ 考量點

除了前面要學習的概念之外，在設計系統時還應該考慮以下問題。

- **失敗**：系統的任何部分都可能失敗，您需要為可能發生的失敗做好計畫。
- **可用性和可靠性**：可用性是用來計算系統正常執行時間的百分比函數。可靠性是系統在特定時間內正常執行的百分比函式。
- **大量讀 vs 大量寫**：應用程式是否會執行大量讀或大量寫會影響設計。如果它是大量寫的話，您可以考慮將寫操作放到佇列中排隊（但是考慮一下這裡的潛在失敗情況！）。如果是大量讀的話，可能需要快取，也有可能連帶改變其他設計決策。
- **安全性**：當然，安全威脅對系統來說是毀滅性的。請思考系統可能面臨的問題類型，並圍繞這些問題進行設計。

這只是讓您開始瞭解一個系統的潛在問題。記住，在面試時要開誠佈公地談折衷方案。

▶ 沒有「完美」的系統

像 TinyURL、Google Maps 或任何其他運作優良的系統（儘管有很多系統運作的非常糟糕），都沒有統一的設計規範。總是會有取捨存在。對於一個系統，兩個人可能做出本質上不同的設計，而在不同的假設下他們的設計都是優秀的。

在這些問題中，您的目標是能夠理解使用情境、確定問題的範圍、做出合理的假設、基於這些假設建立可靠的設計，並公開您的設計的弱點，不要期待做出完美的東西。

▶ 問題舉例

假設有一個包含數百萬個檔案的列表，您如何找到所有包含特定數個單詞的檔案？單詞可以以任何順序出現，但必須是完整的單詞。也就是說，「book」和「bookkeeper」不匹配。

在開始解決這個問題之前，我們需要瞭解這找單詞的流程（findWords）是只會執行一次，還是會重複呼叫這個過程。現在讓我們假設，對於同一堆檔案，我們將會多次呼叫 findWords，因此，我們可以接受預處理的負擔。

步驟 1

第一步是假裝我們只有幾十個檔案。在這種情況下，我們如何實作 findWords？（提示：在繼續閱讀之前，請在這裡停下來，嘗試自己解決這個問題。）

一種方法是預處理每個檔案並建立一個雜湊表索引。這個雜湊表將從一個單詞映射到包含該單詞的檔案列表。

```
"books"   -> {doc2, doc3, doc6, doc8}
"many"    -> {doc1, doc3, doc7, doc8, doc9}
```

若要搜尋「many books」，我們只需在「books」和「many」所得到的值做一個交集，並回傳結果 {doc3, doc8}。

步驟 2

現在回到原來的問題。數百萬個檔案會帶來什麼樣的問題？首先，我們可能需要將這些檔案分區放在許多機器上。此外，取決於各種因素，如能接受的單詞數量和檔案中單詞的重複，可能無法將完整的雜湊表放入一台機器中。現在讓我們先有這些假設。

分區可能會造成以下的考量：

1. 如何分割雜湊表？我們可以按關鍵字對其進行分區，以便給定的機器包含給定單詞的完整檔案列表。或者，我們可以按檔案進行分區，這樣一台機器只包含檔案子集的關鍵字映射。

2. 一旦我們決定如何分區資料，我們可能需要在一台機器上處理一個檔案，並將結果推播給其他機器。這會是一個怎樣的流程？（注意：如果我們按照檔案來劃分雜湊表，這一步可能沒有必要。）

3. 我們需要一種方法來知道哪台機器保存著哪一段資料。這個查詢表會長什麼樣子？要儲存在何處？它儲存在哪裡？

這裡只列出三個考量點，可能還有很多其他的。

步驟 3

在步驟 3 中，我們找到這些問題的解決方案。一種解決方案是按關鍵字的字母順序來分區單詞，這樣每台機器就可以控制一系列的單詞（例如，從「after」到「apple」）。

我們可以實作一個簡單的演算法，按字母順序迭代關鍵字，在一台機器上儲存盡可能多的資料。當那台機器滿了時，我們可以移到下一台機器。

這種方法的優點是查閱資料表小而簡單（因為它只需要指定一個值範圍），並且每台機器都可以儲存查閱資料表的副本。然而，缺點是如果添加了新檔案或單詞，我們可能需要執行昂貴的移動關鍵字動作。

要找到與字串清單匹配的所有檔案，我們將首先對列表進行排序，然後向每台機器發送一個查詢請求，搜尋該機器擁有的字串。例如，如果我們的字串是 "after builds boat amaze banana"，那麼機器 1 將獲得一個搜尋請求 {"after", "amaze"}。

機器 1 會搜尋包含「after」和「amaze」的檔案，並在得到的檔案列表執行一個交集。機器 3 對 {"banana", "bot", "builds"} 執行相同的操作，並交集它們的檔案列表。

最後一步，初始機器將對機器 1 和機器 3 的結果進行交集。

下圖解釋了這個流程。

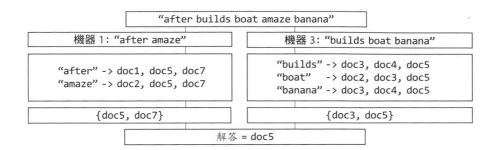

面試題目

這些問題是為了模擬真實的面試而設計的，因此它們並不一定被定義的很好。請想想您會問面試官什麼問題，然後做出合理的假設。您可能會做出與我們不同的假設，這將導致您得到一個非常不同的設計。沒關係！

9.1 **股票資料**：假設您正在建立某種服務，該服務將被多達 1,000 個使用者端應用程式呼叫，讓使用者端應用程式取得簡單的當日股價資訊（開市、收盤、最高價、最低價）。您可以假設您已經擁有了資料，並且可以將其儲存為您希望的任何格式。如何設計提供資訊給客戶端應用程式的服務？您負責開發、發佈、持續監視和維護。請描述您考慮過的各種方法，以及為什麼您會想要用這些方法。您的服務可以使用您希望使用的任何技術，並且可以選擇任何機制將資訊分發給客戶端應用程式。

提示：*#385，#396*

_____ **pg 474**

9.2 **社交網路**：您將如何設計一個非常大的社交網路，如 Facebook 或 LinkedIn 的資料結構？描述您將如何設計一個演算法來顯示兩個人之間的最短路徑（例如，我 -> Bob -> Susan -> Jason -> 你）。

提示：*#270，#285，#304，#321*

_____ **pg 477**

9.3 **網路爬蟲**：如果您正在設計一個網路爬蟲，您將如何避免陷入無限迴圈？

提示：*#334，#353，#365*

_____ **pg 482**

9.4 **重複的 URL**：您有 100 億個 URL，請問您如何檢測重複的檔案？在本例中，假設「重複」代表著 URL 是相同的。

提示：*#326，#347*

pg 484

9.5 **快取**：想像有一台能簡化搜尋引擎的 web 伺服器。這個系統有 100 台機器可回應搜尋查詢，然後可以使用 processSearch(string query) 呼叫另一組機器來實際獲得結果。回應查詢的機器是隨機選擇的，因此不能保證相同的請求總是由相同的機器回應。processSearch 方法非常昂貴。請為最近的查詢設計快取機制。請務必解釋在資料修改時如何更新快取。

提示：*#259，#274，#293，#311*

pg 485

9.6 **銷售排名**：一個大型電子商務公司希望列出最暢銷的產品，分別是所有產品中最暢銷的產品和各分類底下最暢銷的產品。例如，一個產品可能是整體銷量第 1056 名的產品，但在「運動器材」下銷量是第 13 名，在「安全」下銷量是第 24 名。請描述您將如何設計這個系統。

提示：*#142，#158，#176，#189，#208，#223，#236，#244*

pg 490

9.7 **個人理財經理**：解釋您將如何設計一個個人理財經理（如 Mint.com）。這個系統會連接到您的銀行帳戶，分析您的消費習慣，並提出建議。

提示：*#162，#180，#199，#212，#247，#276*

pg 495

9.8 **Pastebin**：設計一個像 Pastebin 的系統，使用者可以輸入一段文字，並獲得一個隨機生成的 URL 來存取它。

提示：*#165，#184，#206，#232*

pg 500

附加問題：物件導向設計（#7.7）。

提示從第 846 頁開始。

10

排序和搜尋

瞭解常見的排序和搜尋演算法是非常有價值的，因為許多排序和搜尋問題都是已知演算法的變化。因此，一個好的方法是透過不同的排序演算法，看看其中是否有一個特別適用。

例如，假設您被問到以下問題：有一個非常大的 Person 物件陣列，按年齡的大小順序對人進行排序。

從題目裡我們得到了兩個有趣的知識：

1. 這是一個很大的陣列，所以效率非常重要。

2. 我們是根據年齡排序的，所以我們知道值的範圍很小。

透過瀏覽各種排序演算法，我們可能會注意到桶排序（或基數排序）是最佳候選演算法。事實上，我們可以把桶變小（設定每個桶代表一年），然後得到 O(n) 的執行時間。

▶ 常見的排序演算法

學習（或重新學習）常見的排序演算法是讓您表現更好的好方法。在下面介紹的五種演算法中，合併排序、快速排序和桶排序是最常用的。

氣泡排序 | 執行時間：平均情況和最壞情況下 $O(n^2)$。記憶體用量：$O(1)$

在氣泡排序中，我們從陣列的開頭開始，如果第一個大於第二個，就交換這兩個元素。然後，我們往後看下一對，以此類推，不斷地整理陣列，直到它被排序完成。這樣，較小的項目就會慢慢地「浮到」數列的開頭。

選擇排序 | 執行時間：平均情況和最壞情況下 O(n²)。記憶體用量：O(1)

選擇排序是兒童的演算法：簡單，但效率低下。使用線性掃描找到最小的元素並將其移動到前面（與前面的元素交換）。然後，找到第二個最小的並移動它，然後再做一次線性掃描。繼續重複這樣做，直到所有元素都就位為止。

合併排序 | 執行時間：平均情況和最壞情況下 O(n log(n))。記憶體用量：視情況而定

合併排序將陣列分成兩半，對每一半都進行排序，然後再將它們合併在一起。每一半都用相同的排序演算法。最後，合併兩個只含有單個元素的陣列。這個方法中，「合併」部分是負擔最重的工作。

merge 方法的操作方式是將目標陣列區段中的所有元素複製到輔助陣列中，然後追蹤左右兩半中的起始位置（`helperLeft` 和 `helperRight`）。然後我們會迭代 `helper`，將較小元素從所在的那一半複製到陣列中。最後，我們會把所有剩餘的元素複製到目標陣列中。

```
1   void mergesort(int[] array) {
2     int[] helper = new int[array.length];
3     mergesort(array, helper, 0, array.length - 1);
4   }
5
6   void mergesort(int[] array, int[] helper, int low, int high) {
7     if (low < high) {
8       int middle = (low + high) / 2;
9       mergesort(array, helper, low, middle);    // 排序左半邊
10      mergesort(array, helper, middle+1, high); // 排序右半邊
11      merge(array, helper, low, middle, high);  // 將它們合併
12    }
13  }
14
15  void merge(int[] array, int[] helper, int low, int middle, int high) {
16    /* 將兩個半邊複製到輔助陣列 */
17    for (int i = low; i <= high; i++) {
18      helper[i] = array[i];
19    }
20
21    int helperLeft = low;
22    int helperRight = middle + 1;
23    int current = low;
24
25    /* 迭代helper陣列。比較左右兩邊，
```

```
26         * 將兩個半陣列中較小的元素複製回來原始陣列中。 */
27      while (helperLeft <= middle && helperRight <= high) {
28        if (helper[helperLeft] <= helper[helperRight]) {
29          array[current] = helper[helperLeft];
30          helperLeft++;
31        } else { // 如果右元素比左元素小
32          array[current] = helper[helperRight];
33          helperRight++;
34        }
35        current++;
36      }
37
38      /* 將陣列左側剩餘部分複製到目標陣列 */
39      int remaining = middle - helperLeft;
40      for (int i = 0; i <= remaining; i++) {
41        array[current + i] = helper[helperLeft + i];
42      }
43    }
```

您可能會注意到，只有 helper 陣列左半部分的剩餘元素被複製到目標陣列中。為什麼不是右半部分？右半邊不需要被複製的原因是因為它已經放好了。

例如，假設有一個類似 [1, 4, 5 || 2, 8, 9] 的陣列（「||」表示分區位置）。在合併兩部分之前，helper 陣列和目標陣列段都以 [8, 9] 結束。一旦我們將 4 個元素（1、4、5 和 2）複製到目標陣列中，兩個陣列中的 [8, 9] 仍然不變，所以沒有必要複製它們。

合併排序的空間複雜度為 O(n)，這是因為在合併陣列時，需要一些額外的空間。

快速排序 | 執行時間：平均值 O(n log(n))，最壞情況 O(n2)。
記憶體用量：O(log(n))

在快速排序中，我們隨機選擇一個分區元素並對陣列進行分區，然後把所有小於分區元素的數位都排在大於它的元素之前。分區可以透過一系列交換來有效率地執行（參見下面）。

如果我們重複這種方法，用一個元素對陣列（及其子陣列）進行分區，陣列最終將會被排好。然而，由於選定用來分區的元素不一定是中位數（或接近中位數的任何值），我們的排序可能非常慢。這就是最壞情況執行時間為 O(n²) 的原因。

```
1   void quickSort(int[] arr, int left, int right) {
2      int index = partition(arr, left, right);
3      if (left < index - 1) { // 排序左半邊
4         quickSort(arr, left, index - 1);
5      }
6      if (index < right) { // 排序右半邊
7         quickSort(arr, index, right);
8      }
9   }
10
11  int partition(int[] arr, int left, int right) {
12     int pivot = arr[(left + right) / 2]; // 選擇一個分區元素（pivot）
13     while (left <= right) {
14        // 從左邊找出應該要放在右邊的元素
15        while (arr[left] < pivot) left++;
16
17        // 從右邊找出應該要放在左邊的元素
18        while (arr[right] > pivot) right--;
19
20        // 交換元素，並移動左右兩邊的索引
21        if (left <= right) {
22           swap(arr, left, right); // 交換元素
23           left++;
24           right--;
25        }
26     }
27     return left;
28  }
```

基數排序 | 執行時間：O(kn)（請見下方說明）

基數排序是一種適用於整數（和其他一些特定資料類型）的排序演算法，它利用了整數的每一位數都是有限的這一事實。在基數排序中，我們迭代數字的每一位數，按每一位數分組數字。例如，如果我們有一個整數陣列，我們可以先依第一個數字排序，這樣 0 就被分組在一起了，然後再根據下一位數字對這些分組進行排序。我們對每個後面的數字重複這個過程，直到最後完成整個陣列的排序。

不像比較式的排序演算法那樣（通常比較式的排序演算法執行時間不會比 O(n log(n)) 更快），基數排序的執行時間是 O(kn)，其中 n 是元素的數量，k 是排序演算法迭代了幾次。

▶ 搜尋演算法

當我們想到搜尋演算法時，通常會想到二分法搜尋。實際上，它是一個非常有用的演算法。

在二分法搜尋中，我們首先將目標 x 與位於陣列正中間那個元素進行比較，然後在排序後的陣列中搜尋元素 x。如果 x 小於中間那一點，則搜尋陣列的左半部分。如果 x 大於中間那一點，則搜尋陣列的右半邊。然後重複這個過程，將左右兩半當作子陣列處理。同樣在處理子陣列時，我們將 x 與這個子陣列的中點進行比較，然後搜尋它的左半邊或右半邊。重複這個流程，直到找到 x 或者子陣列的大小為 0 時為止。

請注意，儘管概念相當簡單，但是要獲得所有的細節比您想像的要困難得多。在學習下面的程式碼時，請注意加號和減號。

```
1   int binarySearch(int[] a, int x) {
2     int low = 0;
3     int high = a.length - 1;
4     int mid;
5
6     while (low <= high) {
7       mid = (low + high) / 2;
8       if (a[mid] < x) {
9         low = mid + 1;
10      } else if (a[mid] > x) {
11        high = mid - 1;
12      } else {
13        return mid;
14      }
15    }
16    return -1; // 錯誤
17  }
18
19  int binarySearchRecursive(int[] a, int x, int low, int high) {
20    if (low > high) return -1; // 錯誤
21
22    int mid = (low + high) / 2;
23    if (a[mid] < x) {
24      return binarySearchRecursive(a, x, mid + 1, high);
25    } else if (a[mid] > x) {
26      return binarySearchRecursive(a, x, low, mid - 1);
27    } else {
28      return mid;
29    }
30  }
```

搜尋資料結構的可行方法不止有二分法搜尋，您最好不要將自己局限於此選項。例如，你可以利用二元樹或雜湊表搜尋節點。請不要只想到二分法搜尋！

面試題目

10.1 **已排序合併**：您有兩個已排序的陣列 A 和 B，其中 A 的最後有一個足夠大的緩衝區可容納 B。請寫一個方法把 B 合併到 A，並保持排序的順序。

提示：*#332*

_____ **pg 505**

10.2 **易位構詞遊戲**：請寫一個方法來排序一個由字串組成的陣列，把所有易位構詞都排在一起。

提示：*#177，#182，#263，#342*

_____ **pg 506**

10.3 **搜尋循環位移過的陣列**：給定一個由 n 個整數組成的已排序陣列，這個陣列中的元素已被循環位移不知道幾次，請撰寫程式碼搜尋陣列中的元素。您可以假設陣列最初是按遞增順序排序的。

範例

輸入：在 {15, 16, 19, 20, 25, 1, 3, 4, 5, 7, 10, 14} 中搜尋 5

輸出：8（陣列中 5 的索引）

提示：*#298，#310*

_____ **pg 508**

10.4 **已排序搜尋，無大小資訊**：您有一個類似陣列的資料結構 Listy，它沒有回報大小方法。但是，它有一個 elementAt(i) 方法，該方法在 O(1) 時間內回傳索引 i 處的元素。如果 i 超出了資料結構的範圍，則回傳 -1（因此，資料結構只支援正整數）。假設給定一個包含已排序正整數的 Listy，請找到元素 x 出現位置的索引。如果 x 出現多次，則可以回傳任何出現處的索引。

提示：*#320，#337，#348*

_____ **pg 510**

10.5 **稀疏搜尋**：給定一個已排序的字串陣列，其中穿插著空字串，撰寫一個方法來搜尋指定字串的位置。

範例

輸入：ball, {"at", "", "", "", "ball", "", "", "car", "", "", "dad", "",""}
輸出：4

提示：*#256*

─── **pg 511**

10.6 **對大檔案進行排序**：假設您有一個 20 GB 的檔案，每行含有一個字串。請說明您要如何排序該檔案。

提示：*#207*

─── **pg 513**

10.7 **消失的整數**：給定一個有 40 億個非負整數的輸入檔案，請提供一個演算法來生成一個檔案中缺乏的整數。假設您有 1GB 的記憶體可用來完成此任務。

延伸題

如果您只有 10 MB 的記憶體怎麼辦？假設所有的值都不會重複，非負整數不超過 10 億個。

提示：*#235*，*#254*，*#281*

─── **pg 513**

10.8 **搜尋重複項**：您有一個包含從 1 到 N 間所有數字的陣列，其中 N 最大為 32,000。陣列可能有重複的元素，而您不知道 N 是什麼。您只有 4 KB 的記憶體可用，請問如何印出陣列中所有重複的元素？

提示：*#289*，*#315*

─── **pg 518**

10.9 **有序矩陣搜尋**：假設有一個 M x N 矩陣，其中每一列和每一欄都是按昇冪排序的，請寫一個方法來搜尋一個元素。

提示：*#193*，*#211*，*#229*，*#251*，*#266*，*#279*，*#288*，*#291*，*#303*，*#317*，*#330*

─── **pg 519**

10.10 在數列中的排名：假設您正在一個接一個地讀取一串整數。想要持續追蹤數字 x 排在第幾名（找出小於等於 x 的值有多少個）。請實作能支援這些操作的資料結構和演算法。也就是說，請實作一個 track(int x) 方法，在每次有數字被生成時，就呼叫 track(int x)。另外再實作一個用來回傳小於或等於 x 的值有幾個的 getRankOfNumber(int) 方法（數量不包含 x 本身）。

範例

數列（依出現的順序排列）：5, 1, 4, 4, 5, 9, 7, 13, 3
getRankOfNumber(1) = 0
getRankOfNumber(3) = 1
getRankOfNumber(4) = 3
提示：*#301，#376，#392*

_____ **pg 524**

10.11 峰值谷值：在整數陣列中，「峰值」是大於或等於相鄰整數的元素，「谷值」是小於或等於相鄰整數的元素。例如，在陣列 {5, 8, 6, 2, 3, 4, 6} 中，{8, 6} 是峰值，{5, 2} 是谷值。給定一個整數陣列，請將陣列排序成一個峰谷和谷值交替的序列。

範例

輸入：{5, 3, 1, 2, 3}
輸出：{5, 1, 3, 2, 3}
提示：*#196，#219，#231，#253，#277，#292，#316*

_____ **pg 527**

延伸問題：陣列和字串（#1.2）、遞迴（#8.3）、中等難度問題（#16.10、#16.16、#16.21、#16.24）、困難問題（#17.11、#17.26）。

提示從第 846 頁開始。

11

測試

在您說「我又不是一個測試人員」，並企圖直接跳過這一章之前，請停下來想一想。測試對於軟體工程師來說是一項重要的任務，因此，關於測試的問題可能會在面試中出現。更不用說，如果您正在應徵的是測試人員（或測試軟體工程師），那麼就更加要注意這一章的內容。

測試問題通常可以分為以下四類：（1）測試真實的物體（比如一支筆）；（2）測試軟體；（3）為一個功能撰寫測試程式碼；（4）解決已知問題。我們將介紹這四種問題類型的破解方法。

請記住，這四種測試類型您都不能假設輸入了什麼，也不能假設使用者會正常動作。請做好會遇到濫用的心理準備。

▶ 面試官想看到什麼

從表面上看，測試問題似乎只是把要測試情況（test case）列出來。在某種程度上，這是對的。您確實需要提出一個合理的測試情況列表。

但除此之外，面試官還想測驗您關於以下幾點：

* **整體的理解程度**：您是一個真正瞭解軟體的人嗎？您可以適當地排出測試用例優先順序嗎？例如，假設您被要求測試一個類似 Amazon 的電子商務系統。雖然確保產品圖像出現在正確的位置是件好事，但更重要的是可靠的付款流程，產品確實被加到發貨佇列，以及客戶永遠不會被重複收費。

* **知道如何化零為整**：您是否理解軟體是怎麼運作的呢？還有軟體是否適合其所在的生態圈呢？假設您被要求要去測試 Google 試算表。那麼測試它的開啟、儲存和編輯檔案功能非常重要。但是，Google 試算表是一個更大的生態圈的一部分，您需要測試它與 Gmail、外掛程式和其他組件的整合性。

- **組織能力**：您處理問題的方式是有條理的，還是只是想到什麼就說什麼？有些面試者被問到怎麼測試一台相機時，只會陳述腦中所有跳出來的想法。一個好的面試者會把這些部分分成拍照、圖像管理、設定等類別，這種結構化的方法可幫助您更完整地建立測試用例。

- **實際性**：您能實際制定合理的測試計畫嗎？例如，如果使用者回報他們在打開一張特定的照片時軟體會崩潰，而您只是告訴他們重新安裝軟體，這就有點不切實際。公司要實作的是可行且實際的測試計劃。

將這些方面好好展現出來，將表明您可成為測試團隊中有價值的一員。

▶ 測試真實的物體

有些面試者會對諸如如何測試鋼筆之類的問題感到驚訝。畢竟，您應該測試軟體，對嗎？也許吧，但這些「現實世界」的問題仍然很常出現。讓我們用一個例子來說明這個問題。

題目：您會如何測試一個迴紋針？

步驟 1：誰將使用它？為什麼？

您需要和面試官討論使用這個產品的人是誰，是為了什麼目的去使用的。答案可能不是您想的那樣。答案可能是「老師，目的是把紙夾在一起」，也可能是「藝術家，目的是彎成動物的形狀」，也可能是兩者兼而有之。這個問題的答案將決定您如何處理剩下的問題。

步驟 2：使用情境是什麼？

列出使用情境列表十分有用。以我們的範例來說，使用情況可能是在不傷紙的情況下，將紙張裝訂在一起。

對於其他問題，使用情境可能會有多個。例如，產品可能需要能夠發送和接收內容，或者撰寫和刪除內容…等等。

步驟 3：使用限制是什麼？

使用限制可能是在單次使用情況下最多夾 30 張紙，而不會造成永久性的損壞（例如彎曲），在夾 30 至 50 張紙的情況只造成輕微的永久性彎曲。

這一界限也延伸到環境因素。例如，迴紋針應該在非常溫暖的溫度（華氏 90 至 110 度）下工作嗎？那極度寒冷時呢？

步驟 4：壓力 / 故障條件是什麼？

沒有產品是不會壞的，所以分析故障條件需要成為您測試的一部分。和面試官好好討論一下，什麼時候產品故障是可以接受的（甚至是必要的），失效意味著什麼？

假設您正在測試一台洗衣機，您可能會決定該機器應該最多能夠清洗 30 件襯衫或褲子；清洗 30 至 45 件衣服可能會導致輕微的故障，如衣服沒有被徹底洗淨；清洗超過 45 件衣服可能會發生嚴重故障。嚴重故障可能代表著機器不會開始注水，而不是指引發水災或火災。

步驟 5：您會怎麼做測試？

在某些情況下，討論執行測試的細節也是重點。例如，如果您需要確保一把椅子可以正常使用五年，您不能把它放在某個家中，然後真的測試五年。相反地，您需要定義什麼是「正常」的使用（例如，為座位定義每年有多少人次會「坐在」該座位上？也為扶手做定義）。除了進行一些手動測試外，您可能還希望用機器自動化一些測試。

▶ 測試軟體各部份

測試軟體實際上和測試現實世界的物件非常類似，主要的區別是軟體測試通常更加強調執行測試的細節。

請注意，軟體測試有兩個核心方面：

- **手動和自動測試**：在理想世界裡，我們可能喜歡自動化所有的事情，但是那是很難辦到的。有些東西透過手動測試會更好，因為有些特徵電腦無法有效地檢查出來（比如內容是否為 18 禁）。此外，雖然電腦通常只能識別它被告知要尋找的問題，但人類的觀察可能揭示出之前沒有研究過的新問題。人和電腦都是測試過程的重要組成部分。

- **黑箱測試與白箱測試**：差別在於是對軟體的存取程度。在做黑箱測試時，我們只知道拿到一個軟體，並要對它進行測試。而做白箱測試時，我們可以透過程式設計存取測試各個函式。我們也可以自動化一些黑箱測試，儘管這件工作相對困難得多。

現在，讓我們從頭到尾完整地說明一種測試設計的做法。

步驟 1：我們要做黑箱測試還是白箱測試？

雖然這個問題通常可以推遲到後面的步驟再做，但我喜歡儘早知道它的答案。請詢問面試官您要做的是黑箱測試還是白箱測試，或者兩者都要做。

步驟 2：誰將使用它？為什麼？

軟體通常有一個或多個目標使用者，這一點在設計功能時就考慮到了。例如，如果您被要求在 web 瀏覽器上測試家長控制軟體，您的目標使用者包括父母（他們是設定要封鎖什麼的人）和孩子（他們看不到被封鎖的內容）。可能還有「來賓」（既不應該去設定封鎖也不應該被封鎖的人）。

步驟 3：使用情境是什麼？

在軟體封鎖場景中，父母的使用情況包括安裝軟體、更新控制項目、刪除控制項目，當然還有他們本人使用網路的情境。對於孩子，使用情境包括存取合法內容和「不合法」內容。

請記住，使用情境並不是想怎麼定就怎麼定的，請和您的面試官討論。

步驟 4：使用限制是什麼？

現在我們已經有了一個模糊的使用情境定義，我們需要再把它弄清楚一點。比如：一個網站被封鎖代表著什麼？應該只有「不合法」頁面被封鎖，還是整個網站？應用程式應該要能「學習」什麼是壞的內容，還是依白名單或黑名單決定？如果它應該去學習什麼是不合適的內容，什麼程度的假陽性或假陰性是可以接受的？

步驟 5：壓力 / 故障條件是什麼？

當軟體執行失效時（這是不可避免的），失敗應該是什麼樣的情況呢？顯然，軟體故障不應該使電腦崩潰。相反地，失效的情況應該就是放任一個被鎖的網站被瀏覽，或者禁止一個應該被放行的網站。對於後面那種情況，您可能希望討論能不能使用父母的密碼進行選擇性放行的可能性。

步驟 6：測試用例是什麼？如何執行測試？

這就是手動測試和自動測試、黑箱測試和白箱測試之間的差異真正發揮作用的地方。

步驟 3 和 4 應該大致定義了使用情境。在步驟 6 中，我們要更進一步定義它們，並討論如何執行測試。您測試的具體情境是什麼？這些步驟中哪些可以自動化？哪些需要人工干預？

請記住，雖然自動化允許您進行一些非常強大的測試，但它也有一些顯著的缺點。手動測試通常也應該要被包括在測試過程中。

當您瀏覽這個步驟的時候，不要只是一口氣說出您能想到的每一個場景，這樣會雜亂無章，您必定會漏失主要的分類。相反地，要以一種結構化的方式來解決這個問題。將您的測試分解成數個主要的部份，然後從那裡開始。如此一來，您不僅能提出一個更完整的測試用例清單，而且還會顯示您是一個結構化、有條理的人。

▶ 測試一個函式

在許多方面，測試一個函式是最簡單的測試類型。由於測試通常僅限於驗證輸入和輸出，因此互動通常更簡短，也不那麼模糊。

然而，不要忽視與面試官交談的價值。您應該和面試官討論任何假設，特別是關於如何處理特定情況的假設。

如果您被要求撰寫程式碼來測試 sort(int[] array)，這個函式的功能是對整數陣列進行排序。您可以按如下步驟進行。

步驟 1：定義測試用例

一般來說，您應該考慮以下類型的測試用例：

*   **正常情況下**：它是否為典型輸入生成正確的輸出？請記住要考慮潛在的問題。例如，由於排序通常需要做某種類型的資料切分，因此可以合理地認為，該演算法可能會在元素數量為奇數的陣列上失敗，因為它們不能被均勻地切開。您的測試用例應該列出這兩個例子。

*   **極端情況**：當您傳遞一個空陣列時會發生什麼？或者一個非常小的（一個元素）陣列？如果您傳一個很大的陣列進去呢？

- *Null* 與「不合法」的輸入：當給定不合法輸入時，值得思考的是程式碼應該如何表達。例如，如果您測試一個函式來生成第 n 個 Fibonacci 級數，那麼您的測試用例應該包括 n 為負的情況。

- 奇怪的輸入：第四種輸入是奇怪的輸入，這種輸出有時會出現。當您傳遞一個已經排好序的陣列時會發生什麼？或者是一個倒序排列的陣列？

生成這些測試的確需要您對正在撰寫的函式有一些瞭解。如果您不清楚這些限制，請先詢問您的面試官。

步驟 2：定義期望結果

預期的結果通常是顯而易見的：要得到正確的輸出。但在某些情況下，您可能希望驗證其他東西。例如，如果 sort 方法會回傳一個新的已排序陣列副本，您就應該驗證原始陣列沒有被修改。

步驟 3：撰寫測試程式碼

一旦您定義了測試用例和結果，撰寫程式碼來實作測試用例應該是相當簡單的。您的程式碼可能會長得像這樣：

```
1    void testAddThreeSorted() {
2      MyList list = new MyList();
3      list.addThreeSorted(3, 1, 2); // 以排過的順序加入3個東西
4      assertEquals(list.getElement(0), 1);
5      assertEquals(list.getElement(1), 2);
6      assertEquals(list.getElement(2), 3);
7    }
```

▶ 除錯

最後一類問題是解釋如何除錯或排除現有問題。許多應試者會閃避這樣的問題，給出不切實際的答案，比如「重新安裝軟體」。

讓我們透過一個例子來解決這個問題：當您在 Google Chrome 團隊中工作時，您收到了一個 bug 報告：Chrome 在執行時崩潰。現在您會怎麼做？

重新安裝瀏覽器可能會解決這個使用者的問題，但它不會幫助其他可能遇到相同問題的使用者。您的目標是理解**真正**發生了什麼事，以便開發人員可以修復它。

步驟 1：瞭解場景

您應該做的第一件事，是為了盡可能多地瞭解情況而問一些問題。

- 使用者遇到這個問題有多久了？

- 是什麼版本的瀏覽器？什麼作業系統？

- 這個問題經常發生嗎？或者多久發生一次？什麼時候發生？

- 是否有錯誤報告？

步驟 2：分解問題

現在您已經瞭解了崩潰時的細節，您希望將問題分解為可測試的單元。在這種情況下，您可以想像使用情境流程如下：

1. 轉到 Windows 開始功能表。

2. 點擊 Chrome 圖示。

3. 啟動瀏覽器。

4. 瀏覽器載入設定。

5. 瀏覽器發出對主頁的 HTTP 請求。

6. 瀏覽器獲得 HTTP 回應。

7. 瀏覽器解析網頁。

8. 瀏覽器顯示內容。

在做這個流程中的某一個時，有東西失敗了，導致瀏覽器崩潰。一個強大的測試人員將一一檢查這個場景中的元素來診斷問題。

步驟 3：建立具體的、可行的測試

上面流程中的每一個組成都應該有具體的指令，您可以要求使用者或者您自己依指令進行動作（例如在您自己的機器上複製步驟）。在現實世界中，您將與客戶打交道，您不能給他們下達他們不能或不願執行的指令。

面試題目

11.1 **錯誤**：請找出以下程式碼中的錯誤：

```
unsigned int i;
for (i = 100; i >= 0; --i)
    printf("%d\n", i);
```

提示：*#257，#299，#362*

pg 531

11.2 **隨機崩潰**：您的應用程式的原始程式碼在執行時崩潰了。在除錯器中重複執行十次之後，您會發現可能崩潰的地方不止一個。應用程式只用單執行緒執行，並且只使用 C 標準函式庫。什麼程式設計錯誤可能導致這個崩潰？您將如何測試出所有會崩潰的情況？

提示：*#325*

pg 532

11.3 **西洋棋測試**：我們在一個西洋棋遊戲中使用了以下方法：boolean canMoveTo (int x, int y)，這個方法是 Piece（棋）類別的一部分，它的回傳值代表 piece 是否可以移動到位置 (x, y)。請解釋您將如何測試這個方法。

提示：*#329，#401*

pg 533

11.4 **沒有測試工具**：如何在不使用任何現成測試工具的情況下，對網頁進行負載測試？

提示：*#313，#345*

pg 534

11.5 **測試一支筆**：如何測試一支筆？

提示：*#140，#164，#220*

pg 535

11.6 **測試 ATM**：如何測試分散式銀行系統的 ATM？

提示：*#210，#225，#268，#349，#393*

pg 536

提示從第 846 頁開始。

12

C 和 C++

好的面試官不會要求您用不懂的語言來寫程式碼。通常，如果您被要求用 C++ 程式設計，代表它有被列在您的履歷上。如果您不記得所有的 API 也不用擔心，大多數面試官並不是很在意這件事，但我們建議您學習 C++ 的基本語法，這樣您就可以輕鬆地解決這些問題。

▶ 類別和繼承

雖然 C++ 類別和其他語言類別的特性差不多，但我們還是要在下面回顧一些語法。

下面的程式碼示範了帶有繼承的基本類別的實作。

```
1    #include <iostream>
2    using namespace std;
3
4    #define NAME_SIZE 50 // 定義一個巨集
5
6    class Person {
7      int id; // 所有成員預設都是private
8      char name[NAME_SIZE];
9
10   public:
11     void aboutMe() {
12       cout << "I am a person.";
13     }
14   };
15
16   class Student : public Person {
17   public:
18     void aboutMe() {
19       cout << "I am a student.";
20     }
21   };
22
23   int main() {
24     Student * p = new Student();
25     p->aboutMe(); // 印出"I am a student."
```

```
26    delete p; // 重要！要把用過的記憶體釋放
27    return 0;
28 }
```

在 C++ 中，所有資料成員和方法預設都是 private。可以使用關鍵字 public 來修改。

▶ 建構函式與解構函式

在物件建立時會自動呼叫類別的建構函式。如果沒有定義建構函式，編譯器將自動生成一個稱為預設建構函式的建構函式。或者，我們可以定義自己的建構函式。

如果您只是需要初始化基本類型，一個簡單的方法是：

```
1    Person(int a) {
2      id = a;
3    }
```

這雖然適用於基本類型，但建議您這麼寫比較好：

```
1    Person(int a) : id(a) {
2      ...
3    }
```

這樣寫的時候，資料成員 id 得到值的時機點，會在實際物件建立和呼叫建構函式程式碼的其餘部分之前。當欄位是常數或類別時，這種寫法是必要的。

解構函式用來替物件清除要刪除的東西，並在物件被銷毀時自動呼叫。它不能接受參數，因為我們不會手動呼叫解構函式。

```
1    ~Person() {
2      delete obj; // 釋放在一個類別中所有取得的記憶體
3    }
```

▶ 虛擬函式

在前面的例子中，我們將 p 定義為 Student：

```
1    Student * p = new Student();
2    p->aboutMe();
```

如果我們把 p 定義為一個 Person* 會怎麼樣？

```
1    Person * p = new Student();
2    p->aboutMe();
```

在這種情況下，會印出「I am a person」。這是因為 aboutMe 函式是在編譯時就被解析完了，這種機制稱為**靜態綁定**。

如果我們想要呼叫的是 Student 的 aboutMe 實作，我們可以在 Person 類別中將 aboutMe 定義為 virtual（虛擬）的。

```
1    class Person {
2      ...
3      virtual void aboutMe() {
4        cout << "I am a person.";
5      }
6    };
7
8    class Student : public Person {
9     public:
10     void aboutMe() {
11        cout << "I am a student.";
12     }
13   };
```

虛擬函式的另一種用法，是我們在寫父類別時，取代不能（或不想）實作的方法。例如，假設我們希望 Student 和 Teacher 繼承 Person，這樣我們就可以在 Person 中實作共用的方法，如 addCourse(string s)。然而，呼叫 Person 中的 addCourse 沒有多大意義，因為實作取決於物件實際上是 Student 還是 Teacher。

在這個例子中，我們可能想要把 addCourse 做成 Person 內定義的一個虛擬函式，然後把實作留給子類別。

```
1    class Person {
2      int id; // 預設情況下，所有成員都是private
3      char name[NAME_SIZE];
4      public:
5      virtual void aboutMe() {
6        cout << "I am a person." << endl;
7      }
8      virtual bool addCourse(string s) = 0;
9    };
10
11   class Student : public Person {
12     public:
13     void aboutMe() {
14        cout << "I am a student." << endl;
15     }
16
17     bool addCourse(string s) {
18        cout << "Added course " << s << " to student." << endl;
19        return true;
```

```
20       }
21   };
22
23   int main() {
24       Person * p = new Student();
25       p->aboutMe(); // 印出「I am a student.」
26       p->addCourse("History");
27       delete p;
28   }
```

注意，由於將 addCourse 定義為一個「純粹的虛擬函式」，所以 Person 現在是一個抽象類別，我們無法產生它的實例。

▶ 虛擬解構函式

虛擬函式合情合理地引入了「虛擬解構函式」的概念。假設我們想為 Person 和 Student 建立解構函式，一個簡單的解決方案可能是這樣的：

```
1    class Person {
2     public:
3       ~Person() {
4           cout << "Deleting a person." << endl;
5       }
6    };
7
8    class Student : public Person {
9     public:
10      ~Student() {
11          cout << "Deleting a student." << endl;
12      }
13   };
14
15   int main() {
16       Person * p = new Student();
17       delete p; // 印出「Deleting a person.」
18   }
```

與前面的範例一樣，因為 p 是 Person，所以呼叫 Person 類別的解構函式。這是有問題的，因為 Student 所用的記憶體可能不會被清理乾淨。

為了解決這個問題，我們簡單地把 Person 的解構函式定義為 virtual。

```
1    class Person {
2     public:
3       virtual ~Person() {
4           cout << "Deleting a person." << endl;
5       }
```

```
6    };
7
8    class Student : public Person {
9     public:
10     ~Student() {
11       cout << "Deleting a student." << endl;
12     }
13   };
14
15   int main() {
16     Person * p = new Student();
17     delete p;
18   }
```

這將輸出以下內容：

```
Deleting a student.
Deleting a person.
```

▶ 預設值

函式可以指定預設值，如下所示。請注意，所有預設參數必須位於函式參數宣告的右側，這是因為沒有其他方法可以指定參數該如何對齊。

```
1    int func(int a, int b = 3) {
2      x = a;
3      y = b;
4      return a + b;
5    }
6
7    w = func(4);
8    z = func(4, 5);
```

▶ 運算子多載

運算子多載使我們能夠將像 + 這樣的運算子用在不支援這些操作的物件上。例如，如果我們想將兩個 BookShelve（書架）物件合併成一個，我們可以像下面這樣多載 + 運算子。

```
1    BookShelf BookShelf::operator+(BookShelf &other) { ... }
```

▶ 指標及參照

指標用來儲存一個變數的位址，可以用來執行可以直接對變數執行的任何操作，比如存取和修改變數內容。

兩個指標可以相等,因此改變其中一個的值也會改變另一個的值(因為它們實際上指向相同的位址)。

```
1   int * p = new int;
2   *p = 7;
3   int * q = p;
4   *p = 8;
5   cout << *q; // 印出8
```

請注意,指標的大小會因電腦架構而有所不同:在 32 位元機器上是 32 位元,64 位元機器上是 64 位元。請注意這種差異,因為面試官很常會問一個資料結構到底占多少空間。

參照

參照是已存在物件的另一個名稱(別名),它沒有自己的記憶體。例如:

```
1   int a = 5;
2   int & b = a;
3   b = 7;
4   cout << a; // 印出7
```

在上面的第 2 行,b 是對 a 的參照;修改 b 也會修改 a。

如果不指定參照在記憶體中要參照到哪裡,就無法建立參照。然而,您可以用如下所示的方法建立一個獨立的參照:

```
1   /* 分配儲存12的記憶體
2    * 並讓b參照到這塊記憶體。 */
3   const int & b = 12;
```

與指標不同,參照不能為空,也不能被重新指定指向另一塊記憶體。

指標算術

您會經常看到程式設計師對指標執行加法,如下圖所示:

```
1   int * p = new int[2];
2   p[0] = 0;
3   p[1] = 1;
4   p++;
5   cout << *p; // 輸出1
```

執行 p++ 將會跳過 sizeof(int) 位元組,所以這樣程式碼輸出的是 1。如果 p 是其他型態,它將跳過與該型態資料結構大小相同的位元組。

▶ 範本

範本是一種重用程式碼的方法,可以將相同的類別套用到不同的資料類型上。例如,我們可能有一個類似 list 的資料結構,我們希望各種型態都可以使用它,就像下面的程式碼中的 ShiftedList 類別實作這樣。

```
1    template <class T>class ShiftedList {
2      T* array;
3      int offset, size;
4    public:
5      ShiftedList(int sz) : offset(0), size(sz) {
6         array = new T[size];
7      }
8
9      ~ShiftedList() {
10        delete [] array;
11     }
12
13     void shiftBy(int n) {
14        offset = (offset + n) % size;
15     }
16
17     T getAt(int i) {
18        return array[convertIndex(i)];
19     }
20
21     void setAt(T item, int i) {
22        array[convertIndex(i)] = item;
23     }
24
25   private:
26     int convertIndex(int i) {
27        int index = (i - offset) % size;
28        while (index < 0) index += size;
29        return index;
30     }
31   };
```

面試題目

12.1　最後 K 行:請使用 C++ 寫一個方法印出一個輸入檔的最後 K 行。

提示:*#449*,*#459*

pg 538

12.2 **反轉字串**：請用 C 或 C++ 實作一個函式 void reverse(char* str)，它的功能是反轉一個以 null 結尾的字串。

提示：*#410，#452*

pg 539

12.3 **雜湊表與 STL Map**：請比較一個雜湊表和一個 STL map 的差異。如何實作雜湊表？如果輸入的數量很少，可以使用哪些資料結構來代替雜湊表？

提示：*#423*

pg 540

12.4 **虛擬函式**：C++ 中的虛擬函式是如何工作的？

提示：*#463*

pg 541

12.5 **淺拷貝和深拷貝**：深拷貝和淺拷貝有什麼區別？解釋您將如何使用它們。

提示：*#445*

pg 542

12.6 **Volatile**：在 C 中關鍵字「volatile」的意義是什麼？

提示：*#456*

pg 543

12.7 **虛擬基礎類別**：為什麼基礎類別中的解構函式需要宣告為虛擬的？

提示：*#421，#460*

pg 544

12.8 **複製節點**：請撰寫一個方法，該方法以一個指向 Node 資料結構的指標作為參數，並回傳傳入資料結構的完整副本。Node 資料結構中包含兩個指向其他 Node 的指標。

提示：*#427，#462*

pg 545

12.9 **SmartPointer**：寫一個 SmartPointer 類別。SmartPointer 是一種資料類型，通常用範本實作，它用起來像指標，而且同時還提供了自動垃圾收集功能。它會自動計算參照到 SmartPointer<T*> 物件的參照數量，並在參照數量為 0 時釋放類型為 T 的物件。

提示：*#402，#438，#453*

pg 546

12.10 Malloc：寫一個能對齊的 malloc 和它對應的 free 函式，這種 malloc 函式能取得記憶體，而且回傳的記憶體位址可以被 2 的特定冪次方整除。

範例

align_malloc(1000,128) 回傳的記憶體位址將是 128 的倍數，該位址指向大小為 1000 位元組的記憶體。

aligned_free() 可釋放 align_malloc 分配的記憶體。

提示：*#413，#432，#440*

_____ **pg 548**

12.11 2D Alloc：請用 C 寫一個名為 my2DAlloc 的函式，它的功能是建立一個二維陣列。請用最少的 malloc 呼叫次數，並且確保可以透過 arr[i][j] 符號存取記憶體。

提示：*#406，#418，#426*

_____ **pg 550**

延伸問題：鏈結串列（#2.6）、測試（#11.1）、Java（#13.4）、執行緒和鎖（#15.3）。

提示從第 864 頁開始。

13

Java

Java 相關的問題貫穿全書，但本章專門要討論的是關於語言和語法的問題。大公司通常不問這樣的問題，因為大公司更看重測試求職者的能力，而不是求職者的知識（而且大公司有時間和資源培訓求職者使用某種語言）。然而，在其他公司似乎常會問這類惱人的問題。

▶ 如何應答

由於這些問題主要集中在知識上，所以討論解決這些問題的方法似乎很愚蠢。畢竟，這只是知不知道正確答案而已？

答案是也不是。當然，要掌握這些問題，最好的方法是徹底地學習 Java。但如果您遇到了難題，可以試著用以下方法來解決：

1. 建立一個場景的例子，問問自己事情應該如何處理。

2. 問問自己其他語言如何處理這種情況。

3. 請思考一下，如果您是語言設計者，您將如何設計這種情況。每種選擇的含義是什麼？

如果您能推導出答案，而不是已知道答案，您的面試官可能會對您有同樣或更深刻的印象。但請不要自信太滿，而是告訴面試官：「我不確定我是否記得答案，但請讓我試著找出它，假設我們手上有這樣的程式碼⋯」。

▶ 多載與覆寫

多載（overloading）是一個術語，用於描述兩個方法的名稱相同，但參數的類型或數量不同。

```
1   public double computeArea(Circle c) { ... }
2   public double computeArea(Square s) { ... }
```

但是，當一個方法與其超類別中的另一個方法具有相同的名稱和函式簽名時，就會發生覆寫（overriding）。

```java
1   public abstract class Shape {
2     public void printMe() {
3        System.out.println("I am a shape.");
4     }
5     public abstract double computeArea();
6   }
7
8   public class Circle extends Shape {
9     private double rad = 5;
10    public void printMe() {
11       System.out.println("I am a circle.");
12    }
13
14    public double computeArea() {
15       return rad * rad * 3.15;
16    }
17  }
18
19  public class Ambiguous extends Shape {
20    private double area = 10;
21    public double computeArea() {
22       return area;
23    }
24  }
25
26  public class IntroductionOverriding {
27    public static void main(String[] args) {
28       Shape[] shapes = new Shape[2];
29       Circle circle = new Circle();
30       Ambiguous ambiguous = new Ambiguous();
31
32       shapes[0] = circle;
33       shapes[1] = ambiguous;
34
35       for (Shape s : shapes) {
36          s.printMe();
37          System.out.println(s.computeArea());
38       }
39    }
40  }
```

以上程式碼將印出：

```
1   I am a circle.
2   78.75
3   I am a shape.
4   10.0
```

可以看到，Circle 覆寫了 printMe()，而 Ambiguous 則讓 printMe() 保持原樣。

▶ 集合 framework

Java 的集合 framework 非常實用，您在本書中到處都看到它。以下是集合 framework 中一些最實用的東西：

ArrayList：ArrayList 是一個可以動態改變大小的陣列，在插入元素時會自行長大。

```
1   ArrayList<String> myArr = new ArrayList<String>();
2   myArr.add("one");
3   myArr.add("two");
4   System.out.println(myArr.get(0)); /* 印出 <one> */
```

Vector：Vector 與 ArrayList 非常相似，只是它是同步的。它的語法也幾乎與 ArrayList 相同。

```
1   Vector<String> myVect = new Vector<String>();
2   myVect.add("one");
3   myVect.add("two");
4   System.out.println(myVect.get(0));
```

LinkedList：LinkedList 是 Java 內建的 LinkedList 類別。雖然它很少在面試中出現，但是學習它是很實用的，因為它能展示一些迭代器的寫法。

```
1   LinkedList<String> myLinkedList = new LinkedList<String>();
2   myLinkedList.add("two");
3   myLinkedList.addFirst("one");
4   Iterator<String> iter = myLinkedList.iterator();
5   while (iter.hasNext()) {
6     System.out.println(iter.next());
7   }
```

HashMap：HashMap 集合類型被廣泛使用，在面試和現實世界中都是如此。我們用下面的片段語法做個示範。

```
1   HashMap<String, String> map = new HashMap<String, String>();
2   map.put("one", "uno");
3   map.put("two", "dos");
4   System.out.println(map.get("one"));
```

在面試之前，請確認自己對上面的語法非常熟悉，因為您將會用到它們。

面試題目

請注意，由於本書中幾乎所有的解決方案都是用 Java 實作的，所以在本章中我們僅選擇收錄少量問題。此外，這些問題中的大多數都是關於語言的「瑣事」，因為 Java 程式設計的問題都在本書的其餘部分講到了。

13.1 **Private 建構函式**：從繼承的角度來看，讓建構函式保持 private 能達到什麼效果？

提示：*#404*

_____ pg 553

13.2 **從 Finally 回傳**：在 Java 中，如果我們在 try-catch-finally 的 try 區塊中插入一個 return 述句，finally 區塊會被執行嗎？

提示：*#409*

_____ pg 553

13.3 **以 Final 開頭的**：final、finally 和 finalize 的差別是什麼？

提示：*#412*

_____ pg 554

13.4 **泛型與範本**：請解釋 C++ 中的範本與 Java 中的泛型之間的區別。

提示：*#416*，*#425*

_____ pg 556

13.5 **TreeMap、HashMap、LinkedHashMap**：請解釋 TreeMap、HashMap 以及 LinkedHashMap 之間的區別。請為每一個提供一個例子，說明什麼時候用哪一個是最好的。

提示：*#420*，*#424*，*#430*，*#454*

_____ pg 557

13.6 **物件反射（Object Reflection）**：請解釋在 Java 中的物件反射，以及為什麼它很好用。

提示：*#435*

_____ pg 559

13.7 **Lambda 表達式**：Country（國家）類別擁有能取得所在洲的 getContinent() 和取得國家人口的 getPopulation() 方法。請寫一個 int getPopulation (List<Country> countries, String continent) 函式，這個函式的參數是該洲所有國家的串列和該洲的名稱，功能是計算一個指定洲的總人口數。

提示：*#448，#461，#464*

—— **pg 560**

13.8 **Lambda 隨機函式**：請使用 Lambda 表達式去寫一個 List<Integer> getRandomSubset(List<Integer> list) 函式，這個函式會回傳任意大小的隨機子集，所有的子集合（包括空集合）被選中的機會都應該均等。

提示：*#443，#450，#457*

—— **pg 562**

延伸問題：陣列和字串（#1.3）、物件導向設計（#7.12）、執行緒和鎖（#15.3）。

提示從第 864 頁開始。

14

資料庫

如果您自稱懂資料庫方面的知識,您可能會被問到一些有關資料庫的問題。我們將回顧一些關鍵概念,並向您說明如何處理這類資料庫問題。在讀到資料庫查詢示範時,不要對語法上的細微差異感到驚訝。SQL 有很多種,您以前可能使用過稍有不同的 SQL。本書中的範例已經用 Microsoft SQL Server 做過了測試。

▶ SQL 語法變體

隱式和顯式 join 如下所示。這兩種述句是等價的,選擇哪一種就看個人偏好。為了一致性,我們將統一使用顯式 join。

顯式 join		隱式 join
5 `SELECT CourseName, TeacherName` 6 `FROM Courses INNER JOIN Teachers` 7 `ON Courses.TeacherID = Teachers.TeacherID`		1 `SELECT CourseName, TeacherName` 2 `FROM   Courses, Teachers` 3 `WHERE  Courses.TeacherID =` 4 `       Teachers.TeacherID`

▶ 去正規化和正規化資料庫

對資料庫做正規化的目的是要使得冗餘最小化,而對一個資料庫做去正規化,目的是要優化讀取時間。

在傳統正規化過的一個資料庫中,若有類似 Courses(課程)和 Teachers(教師)的資料,Courses 可能包含一個名為 TeacherID 的欄,它是 Teacher 的外鍵。這樣做的一個好處是,關於老師的資訊(姓名、位址等)只在資料庫中儲存一份。缺點是許多常見查詢必須做昂貴的 join。

相反地,我們可以透過儲存冗餘資料來反正規化資料庫。例如,如果我們知道必須經常重複做這個查詢的話,我們可能會將老師的名字儲存在 Courses 表中。反正規化通常用來建立高度可擴張的系統。

▶ SQL 述句

我們以前面提到的資料庫為例，回顧一下基本的 SQL 語法。假設該資料庫有著如下的簡單結構（＊表示主鍵）：

```
Courses: CourseID*, CourseName, TeacherID
Teachers: TeacherID*, TeacherName
Students: StudentID*, StudentName
StudentCourses: CourseID*, StudentID*
```

使用上面的資料表實作以下查詢。

查詢 1：學生入學

```
1   /* 不正確的程式碼 */
2   SELECT Students.StudentName, count(*)
3   FROM Students INNER JOIN StudentCourses
4   ON Students.StudentID = StudentCourses.StudentID
5   GROUP BY Students.StudentID
```

這個查詢有三個問題：

1. 由於 StudentCourses 僅包括已註冊的學生，因此我們排除了未註冊任何課程的學生。所以我們需要將它更改為 LEFT JOIN。

2. 即使我們將它修改為 LEFT JOIN，但這個查詢仍然不是很正確。count(*) 將回傳給定的一堆 StudentID 組成的分組中有多少個項目。選修零門課程的學生在他們的分組裡也算一個項目。我們需要將它改成計算每個組的 courseID 數量：count(StudentCourses.CourseID)。

3. 我們已經按 Students.StudentID 分好組了，但每組中仍有多個 StudentName 名字。資料庫如何知道要回傳哪個 StudentName？當然，它們有可能都是相同的值，但是資料庫不理解這一點。我們需要套用一個聚合函式，例如 first(Students.StudentName)。

下面這個查詢修復上述那些問題：

```
1   /* 解決方案 1：用另外一個查詢包起來 */
2   SELECT StudentName, Students.StudentID, Cnt
3   FROM (
4     SELECT  Students.StudentID, count(StudentCourses.CourseID) as [Cnt]
5     FROM Students LEFT JOIN StudentCourses
6     ON Students.StudentID = StudentCourses.StudentID
7     GROUP BY Students.StudentID
8   ) T INNER JOIN Students on T.studentID = Students.StudentID
```

查看這段程式碼，有人可能會問，為什麼我們不直接在第 3 行中選擇學生名，以避免在第 3 到第 6 行使用另一個查詢。這個（不正確的）解決方案如下所示。

```
1   /* 錯誤程式碼 */
2   SELECT StudentName, Students.StudentID, count(StudentCourses.CourseID) as [Cnt]
3   FROM Students LEFT JOIN StudentCourses
4   ON Students.StudentID = StudentCourses.StudentID
5   GROUP BY Students.StudentID
```

答案是，我們**不能**那樣做，至少不能完全如上面那樣做。我們只能選擇聚合函式或 GROUP BY 子句中的值。

或者，我們可以用下列的述句來解決上述問題：

```
1   /* 解決方案2：將StudentName加到GROUP BY子句中。 */
2   SELECT StudentName, Students.StudentID, count(StudentCourses.CourseID) as [Cnt]
3   FROM Students LEFT JOIN StudentCourses
4   ON Students.StudentID = StudentCourses.StudentID
5   GROUP BY Students.StudentID, Students.StudentName
```

或

```
1   /* 解決方案3：使用聚合函式包裝。 */
2   SELECT  max(StudentName) as [StudentName], Students.StudentID,
3           count(StudentCourses.CourseID) as [Count]
4   FROM Students LEFT JOIN StudentCourses
5   ON Students.StudentID = StudentCourses.StudentID
6   GROUP BY Students.StudentID
```

查詢 2：教師班級規模

請實作一個查詢，以得到所有教師和每個教師教了多少學生的列表。如果一個老師教同一個學生兩門課，您應該把這個學生重複計算兩次。請依老師所教學生人數做降冪排列。

我們可以一步一步地建構這個查詢。首先，讓我們獲取一個 TeacherID 列表，以及每個 TeacherID 與多少個學生相關聯。這與前面的查詢非常相似。

```
1   SELECT TeacherID, count(StudentCourses.CourseID) AS [Number]
2   FROM Courses INNER JOIN StudentCourses
3   ON Courses.CourseID = StudentCourses.CourseID
4   GROUP BY Courses.TeacherID
```

請注意，這個 INNOR JOIN 不會取得沒有課的老師。我們將在它與所有教師列表做 join 時處理這件事。

```
1    SELECT TeacherName, isnull(StudentSize.Number, 0)
2    FROM Teachers LEFT JOIN
3        (SELECT TeacherID, count(StudentCourses.CourseID) AS [Number]
4         FROM Courses INNER JOIN StudentCourses
5         ON Courses.CourseID = StudentCourses.CourseID
6         GROUP BY Courses.TeacherID) StudentSize
7    ON Teachers.TeacherID = StudentSize.TeacherID
8    ORDER BY StudentSize.Number DESC
```

請注意我們將 NULL 轉換為零，來處理 SELECT 述句中的 NULL。

▶ 小型資料庫設計

此外，您可能會被要求設計自己的資料庫，我們將為您介紹一種設計資料庫的方法。您可能會注意到此方法與物件導向設計方法有相似的地方。

步驟 1：處理歧義

資料庫問題常常有意或無意地有一些模糊的地方。在進行設計之前，您必須準確地理解需要設計什麼。

假設您被要求設計一個公寓租賃代理公司的系統，您需要知道這個公司是有多個地點還是只有一個。您也應該和您的面試官討論您應該如何簡化一些情況。例如，雖然一個人在同一棟樓裡租兩套公寓是非常罕見的，但這是否代表著您可以不用處理這種情況呢？也許是，也許不是。有些非常罕見的情況最好透過應急之策來處理（比如在資料庫中連絡人資訊重複了）。

步驟 2：定義核心物件

接下來，我們應該查看系統的核心物件。這些核心物件通常都被轉換成一個表。在我們租賃代理系統的例子中，核心物件可能是 Property、Building、Apartment、Tenant 和 Manager。

步驟 3：分析關係

列出核心物件可以讓我們更好地瞭解應該有哪些表，這些表是如何相互關聯的？它們是多對多的嗎？還是一對多呢？

如果建築（Buildings）與公寓（Apartments）是一對多關聯性（一棟建築中有很多間公寓），那麼我們可以這樣表示：

Apartments（公寓）	
ApartmentID	int
ApartmentAddress	varchar(100)
BuildingID	int

Buildings（建築）	
BuildingID	int
BuildingName	varchar(100)
BuildingAddress	varchar(500)

請注意，Apartments 表透過一個 BuildingID 列連結到 Buildings。

如果想兼顧一個人租多套公寓的可能性，那麼可能需要實作多對多關係，如下所示：

TenantApartments（承租公寓）	
TenantID	int
ApartmentID	int

Apartments（公寓）	
ApartmentID	int
ApartmentAddress	varchar(500)
BuildingID	int

Tenants（承租人）	
TenantID	int
TenantName	varchar(100)
TenantAddress	varchar(500)

TenantApartments 表儲存了承租人和公寓之間的關係。

步驟 4：檢查動作

最後要填寫細節。演練將採取的常見動作，並瞭解如何儲存和檢索相關資料。我們需要處理簽定租賃條款、清空公寓、租金支付等。這些動作都需要新的表格和欄位。

▶ 大型資料庫設計

在設計大型、可擴縮的資料庫時，做 join（上面範例中必須要做）通常很慢。因此，您必須對您的資料做**去正規化**。請仔細思考如何使用資料，重複的資料可能會存在多個表格中。

面試題目

問題 1 至 3 會用到問題結尾處的資料庫。每個公寓可以有多個承租人,每個承租人可以承租多個公寓。每個公寓屬於一個建築,每個建築屬於一個集合住宅。

14.1 **多套公寓**:請寫一個 SQL 查詢,以取得租用多套公寓的所有承租人。

提示:*#408*

_____ pg 564

14.2 **查詢可承租公寓**:請寫一個 SQL 查詢來獲得所有建築的列表,和所有可承租公寓的數量(取得 status 等於 'Open' 的公寓)。

提示:*#411*

_____ pg 565

14.3 **關閉所有請求**:11 號建築正在進行大的翻新工程,請實作一個查詢來關閉此建築中所有公寓的承租狀態。

提示:*#431*

_____ pg 565

14.4 **Join**:有哪些不同的 join 類型?請解釋它們的不同之處,以及為什麼某些 join 類型更適合某些情況。

提示:*#451*

_____ pg 565

14.5 **去正規化**:什麼是去正規化?請解釋利弊。

提示:*#444*,*#455*

_____ pg 567

14.6 **實體關係圖**:請為一個資料庫繪製實體關係圖,其中包含公司、人員和專業人員(為公司工作的人員)。

提示:*#436*

_____ pg 568

14.7 **設計成績資料庫**:請想像有一個儲存學生成績資訊的簡單資料庫,請設計這個資料庫,並提供一個 SQL 查詢來回傳優等生(前 10%)的列表,回傳的資料要按他們的平均成績排序。

提示:*#428*,*#442*

_____ pg 569

附加問題：物件導向設計（#7.7）、系統設計和可擴縮性（#9.6）。

提示從第 864 頁開始。

Apartments（公寓）	
AptID	int
UnitNumber	varchar(10)
BuildingID	int

Buildings（建築）	
BuildingID	int
ComplexID	int
BuildingName	varchar(100)
Address	varchar(500)

Requests（承租狀態）	
RequestID	int
Status	varchar(100)
AptID	int
Description	varchar(500)

Complexes（集合住宅）	
ComplexID	int
ComplexName	varchar(100)

AptTenants（公寓承租人）	
TenantID	int
AptID	int

Tenants（承租人）	
TenantID	int
TenantName	varchar(100)

15

執行緒和鎖

在 Microsoft、Google 或 Amazon 的面試中，不常要求面試者使用執行緒實作演算法（除非這對您應徵的那個團隊來說是一項特別重要的技能），但在其他的公司，面試官評估您對執行緒（尤其是對鎖死（deadlock））的理解是相當普遍的。

本章將介紹這個主題。

▶ 在 Java 中的執行緒

Java 中的每個執行緒都是由一個特別的 `java.lang.Thread` 類別物件建立和控制的。當每個應用程式執行時，會自動建立一個使用者執行緒來執行 `main()` 方法，這個執行緒稱為主執行緒。

在 Java 中，我們可以透過以下兩種方式之一來實作執行緒：

- 透過實作 `java.lang.Runnable` 介面
- 透過擴展 `java.lang.Thread` 類別

下面將討論這兩種方式。

實作 Runnable 介面

Runnable 介面具有以下非常簡單的結構。

```
1   public interface Runnable {
2      void run();
3   }
```

要使用這個介面去建立和使用執行緒，我們要做以下工作：

1. 建立一個實作 Runnable 介面的類別，此類別的物件是可執行的物件。

2. 透過將 Runnable 物件當作參數傳遞給執行緒建構函式來建立 Thread 類別的物件。Thread 物件現在擁有一個 Runnable 的物件，這個 Runnable 的物件實作了 run() 方法。

3. 呼叫上一步中建立的 Thread 物件的 start() 方法。

例如：

```
1   public class RunnableThreadExample implements Runnable {
2      public int count = 0;
3
4      public void run() {
5         System.out.println("RunnableThread starting.");
6         try {
7            while (count < 5) {
8               Thread.sleep(500);
9               count++;
10           }
11        } catch (InterruptedException exc) {
12           System.out.println("RunnableThread interrupted.");
13        }
14        System.out.println("RunnableThread terminating.");
15     }
16  }
17
18  public static void main(String[] args) {
19     RunnableThreadExample instance = new RunnableThreadExample();
20     Thread thread = new Thread(instance);
21     thread.start();
22
23     /* 等待，直到以上執行緒（緩慢地）計數到5 */
24     while (instance.count != 5) {
25        try {
26           Thread.sleep(250);
27        } catch (InterruptedException exc) {
28           exc.printStackTrace();
29        }
30     }
31  }
```

在上面的程式碼中，請注意看我們真正需要做的是在類別中實作 run() 方法（第 4 行）。然後，另一個方法將類別的實例傳遞給新的 Thread(obj)（第 19-20 行），並呼叫執行緒的 start()（第 21 行）。

擴展 Thread 類別

或者，我們可以透過擴展 Thread 類別來建立一個執行緒。這基本上代表著我們要覆蓋 run() 方法，子類別也可以在其建構函式中顯式地呼叫執行緒建構函式。

下面的程式碼是一個範例。

```
1   public class ThreadExample extends Thread {
2      int count = 0;
3
4      public void run() {
5         System.out.println("Thread starting.");
6         try {
7            while (count < 5) {
8               Thread.sleep(500);
9               System.out.println("In Thread, count is " + count);
10              count++;
11           }
12        } catch (InterruptedException exc) {
13           System.out.println("Thread interrupted.");
14        }
15        System.out.println("Thread terminating.");
16     }
17  }
18
19  public class ExampleB {
20     public static void main(String args[]) {
21        ThreadExample instance = new ThreadExample();
22        instance.start();
23
24        while (instance.count != 5) {
25           try {
26              Thread.sleep(250);
27           } catch (InterruptedException exc) {
28              exc.printStackTrace();
29           }
30        }
31     }
32  }
33
```

這段程式碼與第一種方法非常相似。不同之處在於，因為我們做的是擴展 Thread 類別，而不是僅僅實作一個介面，所以我們可以呼叫類別實例的 start()。

擴展 Thread 類別 vs 實作 Runnable 介面

若要建立執行緒，實作 Runnable 介面可能比擴展 Thread 類別更好，原因有二：

- Java 不支援多重繼承。因此，擴展 Thread 類別代表著其子類別不能擴展任何其他類別。實作 Runnable 介面的類別能夠擴展另一個類別。

- 可能只是想要把某個類別變得可執行，因此，繼承 Thread 類別的全部成本太高了。

▶ 同步與鎖

程序中的執行緒共用相同的記憶體空間，這是一件既正面也負面的事。它使執行緒能夠共用資料，這是很有價值的。但是，當兩個執行緒同時修改一個資源時，也會產生問題。為了控制對共用資源的存取，Java 提供了同步功能。

關鍵字 synchronized 和 lock 是實作程式碼同步執行的基礎。

同步方法

最常見的用法是，透過使用 synchronized 關鍵字來限制對共用資源的存取。它可以在方法和程式碼區塊中使用，並限制同一個物件同時執行多個執行緒。

為了說明最後一點，請看看以下程式碼：

```
1   public class MyClass extends Thread  {
2      private String name;
3      private MyObject myObj;
4
5      public MyClass(MyObject obj, String n) {
6         name = n;
7         myObj = obj;
8      }
9
10     public void run() {
11        myObj.foo(name);
12     }
13  }
14
15  public class MyObject {
16     public synchronized void foo(String name) {
17        try {
18           System.out.println("Thread " + name + ".foo(): starting");
19           Thread.sleep(3000);
20           System.out.println("Thread " + name + ".foo(): ending");
```

```
21        } catch (InterruptedException exc) {
22           System.out.println("Thread " + name + ": interrupted.");
23        }
24     }
25  }
```

MyClass 的兩個實例可以同時呼叫 foo 嗎？答案視情況而定。如果它們有相同的
MyObject 實例，則不行。但如果它們持有不同的參照，那麼答案是可以的。

```
1   /* 參照不同-兩個執行緒都可以呼叫MyObject.foo() */
2   MyObject obj1 = new MyObject();
3   MyObject obj2 = new MyObject();
4   MyClass thread1 = new MyClass(obj1, "1");
5   MyClass thread2 = new MyClass(obj2, "2");
6   thread1.start();
7   thread2.start()
8
9   /* 對物件的參照相同時只有一個可以呼叫foo，
10   * 而另一個將被迫等待。 */
11  MyObject obj = new MyObject();
12  MyClass thread1 = new MyClass(obj, "1");
13  MyClass thread2 = new MyClass(obj, "2");
14  thread1.start()
15  thread2.start()
```

靜態方法利用類別鎖（*class lock*）做同步。上面的兩個執行緒不能同時執行同一個類
別的靜態方法，即使一個呼叫 foo，另一個呼叫 bar 也一樣。

```
1   public class MyClass extends Thread  {
2      ...
3      public void run() {
4         if (name.equals("1")) MyObject.foo(name);
5         else if (name.equals("2")) MyObject.bar(name);
6      }
7   }
8
9   public class MyObject {
10     public static synchronized void foo(String name) { /* 和之前一樣 */ }
11     public static synchronized void bar(String name) { /* 和foo一樣 */ }
12  }
```

如果您執行這段程式碼，您會看到以下輸出結果：

```
Thread 1.foo(): starting
Thread 1.foo(): ending
Thread 2.bar(): starting
Thread 2.bar(): ending
```

同步區塊

同樣地，一個程式碼區塊也可以被同步，這與同步方法的操作非常類似。

```
1   public class MyClass extends Thread  {
2     ...
3     public void run() {
4         myObj.foo(name);
5     }
6   }
7   public class MyObject {
8     public void foo(String name) {
9         synchronized(this) {
10            ...
11        }
12    }
13  }
```

與同步一個方法時類似，每個 MyObject 實例只有一個執行緒可以在同步區塊中執行程式碼。這代表著，如果 thread1 和 thread2 擁有相同的 MyObject 實例，那麼一次只允許其中一個執行程式碼區塊。

Lock

若要做更細緻的控制，我們可以使用 lock。lock（或監視器）是利用建立資源與鎖的關係來同步對共用資源的存取。執行緒首先要取得與資源關聯的 lock，才能存取共用資源。在任何給定時間，最多只有一個執行緒可以持有 lock，因此，只有一個執行緒可以存取共用資源。

lock 的一個常見用例是，多個地方可能存取同一個資源，但是*每次*只能被一個執行緒存取。下面的程式碼示範了這種情況。

```
1   public class LockedATM {
2     private Lock lock;
3     private int balance = 100;
4
5     public LockedATM() {
6         lock = new ReentrantLock();
7     }
8
9     public int withdraw(int value) {
10        lock.lock();
11        int temp = balance;
12        try {
13            Thread.sleep(100);
14            temp = temp - value;
```

```
15        Thread.sleep(100);
16        balance = temp;
17      } catch (InterruptedException e) {      }
18      lock.unlock();
19      return temp;
20    }
21
22    public int deposit(int value) {
23      lock.lock();
24      int temp = balance;
25      try {
26        Thread.sleep(100);
27        temp = temp + value;
28        Thread.sleep(300);
29        balance = temp;
30      } catch (InterruptedException e) {      }
31      lock.unlock();
32      return temp;
33    }
34  }
```

當然，我們添加了一些程式碼來故意減慢 withdraw 和 deposit 的執行速度，因為這有助於說明可能出現的潛在問題。雖然您可能不會撰寫這樣的程式碼，但它能反映非常真實的情況。使用鎖將有助於保護共用資源不會被意外修改。

▶ 鎖死和預防鎖死

鎖死的情況是這樣的：一個執行緒正在等待另一個執行緒手上持有的物件鎖，而另一個執行緒卻正在等待第一個執行緒手上持有的物件鎖（多個執行緒也會有相同的情況）。因為每個執行緒都在等待另一個執行緒放棄一個鎖，所以它們都將永遠等待下去。這些執行緒就是被鎖死了。

為了使鎖死發生，您必須滿足以下四個條件：

1. **互斥**：在給定時間內只有一個程序可以存取資源（或者，更準確地說，對資源的存取是有限的。如果資源的數量有限，也會發生鎖死）。

2. **持有和等待**：已經持有資源的程序可以請求額外的資源，而不放棄它們當前的資源。

3. **沒有特權**：一個程序不能強制刪除另一個程序的資源。

4. **循環等待**：兩個或多個程序形成一個循環鏈，其中每個程序都在等待鏈中的另一個資源。

要預防鎖死就必須去除上述任何一個條件，這很棘手，因為其中許多條件很難滿足。例如，想去除第 1 個條件是困難的，因為許多資源一次也只能被一個程序使用（例如，印表機）。大多數鎖死預防演算法都集中在避免條件 4：循環等待。

面試問題

15.1 **執行緒與程序**：執行緒與程序的差別是什麼？

提示：*#405*

pg 571

15.2 **上下文切換（Context Switch）**：您如何衡量花在上下文切換上的時間？

提示：*#403，#407，#415，#441*

pg 571

15.3 **哲學家吃飯問題**：在著名的哲學家吃飯問題中，一群哲學家圍坐在一張圓桌旁，每人之間放著一根筷子。哲學家需要兩根筷子才能吃飯，而且總是先拿左手筷子再拿右手筷子。如果所有的哲學家同時拿起左邊的筷子，可能會出現僵局。請使用執行緒和鎖，實作一個防止鎖死的哲學家吃飯問題的模擬。

提示：*#419，#437*

pg 574

15.4 **不會鎖死的類別**：請設計一個只有在不會鎖死時才提供鎖的類別。

提示：*#422，#434*

pg 578

15.5 **呼叫順序**：假設我們有以下程式碼：

```
public class Foo {
  public Foo() { ... }
  public void first() { ... }
  public void second() { ... }
  public void third() { ... }
}
```

Foo 的同一個實例將被傳遞給三個不同的執行緒。threadA 呼叫 first、threadB 呼叫 second、threadC 將會呼叫 third。請設計一種機制，確保 first 一定要在 second 前呼叫，second 一定要在 third 前呼叫。

提示：*#417，#433，#446*

pg 582

15.6 **同步方法**：您的類別中有一個用 synchronized（同步）宣告的方法 A 和一個普通方法 B。如果一個程式的執行實例中有兩個執行緒，它們可以同時執行 A 嗎？它們可以同時執行 A 和 B 嗎？

提示：*#429*

pg 584

15.7 **FizzBuzz**：在經典問題 FizzBuzz 中，您被告知要印出 1 到 n 的數字。然而，當數字能被 3 整除時，印出「Fizz」。當它能被 5 整除時，印出「Buzz」。當它能被 3 和 5 整除時，印出「FizzBuzz」。在解這個問題時，您被要求要以多執行緒的方式執行此操作。請實作具有四個執行緒的 FizzBuzz 的多執行緒版本。一個執行緒檢查是否能被 3 整除並印出「Fizz」。另一個執行緒負責 5 的可除性並印出「Buzz」。第三個執行緒負責 3 和 5 的可分性並印出「FizzBuzz」。第四個執行緒負責產生其他的數字。

提示：*#414，#439，#447，#458*

pg 585

提示從第 864 頁開始。

16

中等難度問題

16.1 **數字交換**：請寫一個函式來 in place（即，不能用臨時變數）交換兩個變數中的數值。

提示：*#491，#715，#736*

pg 590

16.2 **單詞頻率**：請設計一種方法來找出一本書中任何指定單詞出現的頻率。如果我們需要多次執行這個演算法呢？

提示：*#488，#535*

pg 592

16.3 **相交**：給定兩個直線線段（以起點和終點表示），請計算相交點（如果有的話）。

提示：*#471，#496，#516，#526*

pg 593

16.4 **井字遊戲**：請設計一個演算法來計算某人是否贏了一場井字遊戲。

提示：*#709，#731*

pg 596

16.5 **階乘中的 0**：請寫一個演算法，計算 n 的階乘尾部有多少個 0。

提示：*#584，#710，#728，#732，#744*

pg 604

16.6 **最小差值**：給定兩個整數陣列，請計算所有值對（兩個陣列各取一個值）的最小（非負）差值，並回傳該差值。

範例

輸入：{1, 3, 15, 11, 2}, {23, 127, 235, 19, 8}

輸出：3，也就是 (11, 8) 對的差值。

提示：#631，#669，#678

pg 605

16.7 **最大值**：請寫一個方法，該方法能在兩個數間找出誰比較大。請不要使用 if-else 或任何其他比較運算子。

提示：#472，#512，#706，#727

pg 607

16.8 **英文數字**：給定任意整數，請印出一個描述該整數的英文短語（例如，「One Thousand, Two Hundred Thirty Four」）。

提示：#501，#587，#687

pg 609

16.9 **運算**：請寫一個方法，只用加號運算子去實作整數的乘、減、除運算，出來的結果都要是整數。

提示：#571，#599，#612，#647

pg 611

16.10 **活著的人**：設定一群人的出生和死亡年份，實作一個可計算哪一個年份有最多人活著的方法。您可以假設所有的人都出生在 1900 年到 2000 年之間。如果一個人在那一年的任何時候還活著，他應該被包括在那一年的統計數字中。例如，某人（出生 = 1908 年，死亡 = 1909 年），那麼他就應該被包含在 1908 年和 1909 年的計數中。

提示：#475，#489，#506，#513，#522，#531，#540，#548，#575

pg 615

16.11 **跳板**：您正在建造一個跳板，建造的方式是一堆木板端對端相接。木板有兩種類型，一種長度較短，另一種長度較長。您必須正好用 K 塊木板。請寫一個方法來生成跳板的所有可能長度。

提示：#689，#699，#714，#721，#739，#746

pg 621

16.12 XML 編碼：由於 XML 非常冗長，所以你被指定要用一種方式去編碼 XML，在這種方式中，每個 XML 標記都映射到一個預定義的整數值。此語言 / 語法如下：

```
Element     --> Tag Attributes END Children END
Attribute   --> Tag Value
END         --> 0
Tag         --> some predefined mapping to int
Value       --> string value
```

例如，下面的 XML 可能被轉換成下面的壓縮字串（假設映射方式為 family -> 1, person -> 2, firstName -> 3, lastName -> 4, state -> 5）。

```
<family lastName="McDowell" state="CA">
   <person firstName="Gayle">Some Message</person>
</family>
```

會變成：

```
1 4 McDowell 5 CA 0 2 3 Gayle 0 Some Message 0 0
```

請撰寫程式碼來印出映射過後的 XML 元素（傳入參數是 Element 和 Attribute 物件）。

提示：*#465*

pg 624

16.13 平分正方形：給定二維平面上的兩個正方形，請找出一條可以將這兩個正方形對半切開的直線。假設正方形的頂部和底部與 x 軸平行。

提示：*#467，#478，#527，#559*

pg 626

16.14 最好的線：給定一個二維圖，上面有一些點，找出一條經過最多點的直線。

提示：*#490，#519，#528，#562*

pg 628

16.15 Master Mind：Master Mind 遊戲玩法如下：

電腦會有四個插槽，每個插槽裡有一個球，它可能是紅色（R）、黃色（Y）、綠色（G）或藍色（B）。例如，電腦插槽的狀態是 RGGB（槽 1 是紅色的，槽 2 和槽 3 是綠色的，槽 4 是藍色的）。

作為使用者的您，要猜出正確解答。例如，您可能會猜測 YRGB。

當您為正確的槽猜測正確的顏色時，您會得到一個「命中」，若您猜錯了一個顏色的槽，您會得到一個「偽命中」，請注意一個命中的槽就不會是偽命中。

例如，如果實際的解決方案是 RGBY，而您猜的是 GGRR，那麼您有一個命中和一個偽命中。請撰寫一個方法，傳入一個猜測並得到一個答案，該答案為命中次數和偽命中次數。

提示：*#638，#729*

pg 631

16.16 子排序： 給定一個整數陣列，請寫一個方法來找到 m 和 n 的索引，這兩個索引的意義是，若您把 m 到 n 間的元素排序好，則整個陣列排序完成。n – m 必須是最小值（即求該序列的最小可能）。

範例

輸入：1, 2, 4, 7, 10, 11, 7, 12, 6, 7, 16, 18, 19
輸出：(3, 9)
提示：*#481，#552，#666，#707，#734，#745*

pg 633

16.17 連續序列： 給定一個整數陣列（元素包括正整數和負整數）。求加總起來和最大的連續序列，回傳總和。

範例

輸入：2,-8,3,-2,4,-10
輸出：5(即：{3, -2, 4})
提示：*#530，#550，#566，#593，#613*

pg 637

16.18 樣式匹配： 給您兩個字串，pattern 和 value。pattern 字串僅由字母 a 和 b 組成，用來描述字串中的樣式。例如，字串 catcatgocatgo 匹配 aabab 樣式（其中 cat 是 a，go 是 b）。另外它也能匹配 a、ab 和 b 等樣式。請撰寫一個方法來確定 value 是否與 pattern 匹配。

提示：*#630，#642，#652，#662，#684，#717，#726*

pg 639

16.19 池塘的大小： 您有一個表示一塊土地的整數矩陣，裡面的值代表海拔高度。0 表示水。水以垂直、水平或對角連接成一個區域就稱為一個池塘，池塘的大小是連接在一起的水的總數量。請寫一個方法計算矩陣中所有池塘大小。

範例

輸入：

```
0 2 1 0
0 1 0 1
1 1 0 1
0 1 0 1
```

輸出：2, 4, 1（任意順序）

提示：*#673，#686，#705，#722*

pg 643

16.20 **T9 輸入法**：在舊式的手機上，使用者用數字鍵盤做輸入，手機鍵盤上有一列與這些數字匹配的文字。每個數字都映射到一組 0 到 4 個字母。若給定一個數字序列，請您實作一個演算法來回傳匹配的單詞清單（用任何資料結構回傳都可以）。鍵盤映射如下圖所示：

1	2 abc	3 def
4 ghi	5 jkl	6 mno
7 pqrs	8 tuv	9 wxyz
	0	

範例

輸入：8733

輸出：tree, used

提示：*#470，#486，#653，#702，#725，#743*

pg 646

16.21 **加總交換**：給定兩個整數陣列，找到一對值（每個陣列取一個值），將這一對值進行交換後，可使兩個陣列的和相同。

範例

輸入：{4, 1, 2, 1, 1, 2} 和 {3, 6, 3, 3}

輸出：{1, 3}

提示：*#544，#556，#563，#570，#582，#591，#601，#605，#634*

pg 651

16.22 蘭頓螞蟻：一隻螞蟻正坐在一個由無限多的白色和黑色方塊組成的網格上。最初，網格都是白色的而且螞蟻朝右走。在每一步都會執行以下操作：

（1） 螞蟻在白色方塊上，翻轉方塊的顏色，向右旋轉 90 度（順時針方向），向前移動一個單位。

（2） 螞蟻在黑色方塊上，翻轉方塊的顏色，向左旋轉 90 度（逆時針方向），向前移動一個單位。

請撰寫一個程式來模擬螞蟻的第 K 次移動，並將最終的盤面印出成網格。請注意，並沒有限定網格要用什麼資料結構呈現，您必須自己設計。方法的唯一輸入是 K。您應該印出最終的網格，然後什麼也不回傳。方法的宣告可能類似於 void printKMoves(int K)。

提示：*#473，#480，#532，#539，#558，#569，#598，#615，#626*

pg 655

16.23 用 Rand5 實作 Rand7：給定一個 rand5()，請實作出一個 rand7() 方法。也就是說，給您一個生成 0 到 4（含）之間隨機整數的方法，請寫出一個能生成 0 到 6（含）之間隨機整數的方法。

提示：*#504，#573，#636，#667，#696，#719*

pg 661

16.24 符合特定和的整數對：請設計一個演算法，在陣列中找出符合指定和的整數對。

提示：*#547，#596，#643，#672*

pg 663

16.25 LRU 快取：請設計並建立一個「最近最少使用」的快取，該快取將用來排除最近最少使用的項目。快取的格式應該從鍵映射到值（key-value pair）（能讓您插入和檢索與特定鍵關聯的值），並使用最大大小初始化。當它裝滿時，就清除最近最少使用的項目。

提示：*#523，#629，#693*

pg 666

16.26 計算機：給您一個由正整數和 +、−、* 和 /（沒有括號）組成的數學方程式，請計算結果。

範例

輸入：2*3+5/6*3+15
輸出：23.5

提示：*#520，#623，#664，#697*

pg 669

17

困難問題

17.1 **不用加號的加法**：請寫一個能將兩個數字相加的函式，不能使用 ＋ 或任何算術運算子。

提示：*#466，#543，#600，#627，#641，#663，#691，#711，#723*

pg 677

17.2 **洗牌**：請寫一個洗牌的方法，這個方法一定要完美的洗牌，也就是說，一副牌的 52! 種組合的機會都是相等的。請假設有一個完美的隨機數產生器可使用。

提示：*#482，#578，#633*

pg 678

17.3 **隨機集合**：請寫一個方法，該方法會從一個大小為 n 的陣列中隨機生成一組 m 個整數，每個元素被選中的機率必須相等。

提示：*#493，#595*

pg 680

17.4 **缺少的數字**：一個陣列 A 包含了從 0 到 n 的整數，但其中有一個數字不見了。這個問題限制我們不能用單一個操作存取 A 中的整數。A 的元素用二進位表示，唯一可以用來存取元素的操作是「獲取 A[i] 的第 j 位元」，這個動作需要常數時間。請撰寫程式碼來搜尋遺失的那個整數。您能在 O(n) 時間內完成嗎？

提示：*#609，#658，#682*

pg 681

17.5 **字母和數字**：給定一個填滿字母和數字的陣列，找出包含字母和數字數量相同的最長子陣列。

提示：*#484，#514，#618，#670，#712*

pg 685

17.6 **計算有幾個 2**：寫一個方法來計算在 0 和 n（包括）之間的所有數字中出現多少個 2。

範例

輸入：25

輸出：9（2, 12, 20, 21, 22, 23, 24, 25。注意在計算 22 時，要算成有兩個 2）

提示：*#572，#611，#640*

pg 689

17.7 **嬰兒名**：每年，政府發佈一份 10000 個最常見嬰兒名及其使用頻率的清單（使用該名稱的嬰兒數量）。唯一的問題是有些名字有多種拼寫。例如，「John」和「Jon」本質上是相同的名字，但是它們卻會在清單中分別列出。假設有兩份清單，一份是名稱 / 頻率，另一份是等價名字，請撰寫一個演算法來印出每個名稱的真實頻率的新清單。注意，如果 John 和 Jon 是同義詞，而 Jon 和 Johnny 是同義詞，那麼 John 和 Johnny 就是同義詞（既有遞移性又有對稱性）。在最後產出的列表中，可以用其中任一名字當作「真實」姓名。

範例

輸入：

　　名字：John (15), Jon (12), Chris (13), Kris (4), Christopher (19)

　　等價名字：(Jon, John), (John, Johnny), (Chris, Kris),
　　　　　　　(Chris, Christopher)

輸出：John (27), Kris (36)

提示：*#477，#492，#511，#536，#585，#604，#654，#674，#703*

pg 691

17.8 **馬戲團疊羅漢**：馬戲團正在設計一套由人站在另一個人的肩膀上組成的疊羅漢表演。出於實際和審美的原因，每個人都必須比他或她下面的人更矮、更輕。您會得到馬戲團裡每個人的身高和體重，請寫一個方法來計算這樣一個疊羅漢可能的最大人數。

範例

輸入 (ht, wt)：(65, 100) (70, 150) (56, 90) (75, 190) (60, 95) (68, 110)

輸出：最高疊羅漢 6 層，從上到下是：

(56, 90) (60,95) (65,100) (68,110) (70,150) (75,190)

提示：*#637，#656，#665，#681，#698*

pg 698

17.9 第 K 個倍數：請設計一個能從數列中找出第 k 個數值的演算法，這個數列中數值的質因數只能是 3、5 和 7，注意 3、5 和 7 不一定全部都要是因數，但是不能有其他的因數。例如，列在前面的幾個數值將是（按順序）1、3、5、7、9、15、21。

提示：*#487，#507，#549，#590，#621，#659，#685*

pg 702

17.10 多數元素：多數元素是指一個陣列中數量超過一半的元素。給定一個正整數陣列，請找出裡面的多數元素。如果沒有多數元素，則回傳 -1。請在 O(N) 時間和 O(1) 空間內完成。

範例

輸入：1 2 5 9 5 9 5 5 5

輸出：5

提示：*#521，#565，#603，#619，#649*

pg 708

17.11 單詞距離：您有一個包含單詞的大文字檔。假設指定兩個單詞，請找出它們在檔中的最短距離（以距離幾個單詞數量為單位）。如果同一個檔會多次執行這個動作（但計算不同的單詞對距離），您能優化您的解決方案嗎？

提示：*#485，#500，#537，#557，#632*

pg 713

17.12 BiNode：假設有一個稱為 BiNode 的簡單資料結構，它有兩個指向其他節點的指標。

```
public class BiNode {
    public BiNode node1, node2;
    public int data;
}
```

資料結構 BiNode 既可以用來表示二元樹（其中 node1 是左節點，node2 是右節點），也可以用來表示雙向鏈結串列（其中 node1 是前一個節點，node2 是下一個節點）。請實作一個方法，將二元搜尋樹（使用 BiNode 實作）轉換為雙

向鏈結串列。值的順序應該保持一致，並執行 in place 操作（即在原始資料結構上進行操作）。

提示：*#508，#607，#645，#679，#700，#718*

─────────────────────────────────────── **pg 716**

17.13 重新分隔：噢，不！您不小心刪除了冗長文件中的所有空格、標點符號和大小寫。像「I reset the computer. It still didn't boot!」這樣的句子變成了「iresetthecomputeritstilldidntboot」。暫時先把標點和大寫放在一邊稍後再處理；現在讓我們先重新插入空格。大多數單詞都在字典裡，但也有少數不在。假設給定您一個字典（一個由字串組成的 list）和文件（字串），請設計一種演算法，重新拆分文件中的句子，所設計的拆分方法應使未識別字元數量最少。

範例

輸入：jesslookedjustliketimherbrother
輸出：<u>jess</u> looked just like <u>tim</u> her brother（7 個未識別字元）

提示：*#495，#622，#655，#676，#738，#748*

─────────────────────────────────────── **pg 720**

17.14 最小的 K 個數字：請設計一個演算法來尋找陣列中最小的 K 個數字。

提示：*#469，#529，#551，#592，#624，#646，#660，#677*

─────────────────────────────────────── **pg 725**

17.15 最長單詞：給定一個由單詞組成的 list，請您撰寫一個程式，找出該 list 中由其他單詞組成的最長單詞。

範例

輸入：cat, banana, dog, nana, walk, walker, dogwalker
輸出：dogwalker

提示：*#474，#498，#542，#588*

─────────────────────────────────────── **pg 731**

17.16 女按摩師：一位很受歡迎的女按摩師收到一連串的客戶預約，正在掙扎著該接受哪些預約。她需要在預約之間需有 15 分鐘的休息時間，因此她不能接受任何時間緊鄰的預約。若給定一堆的預約請求（所有的請求都是 15 分鐘的倍數，沒有重疊，也沒有可以移動的請求），請找出按摩師能夠滿足的最佳（最高預約總時間）預約組合，請回傳分鐘數。

範例

輸入：{30,15,60,75,45,15,15,45}

輸出：180 分鐘（{30,60,45,45}）。

提示：*#494，#503，#515，#525，#541，#553，#561，#567，#577，#586，#606*

pg 733

17.17 多目標搜尋：給定一個字串 b 和由一群較小字串組成的陣列 T，請設計一個方法在 b 中搜尋所有 T 中字串出現的地方，請回傳每個較小字串與該字串所有出現位置的映射串列。

提示：*#479，#581，#616，#742*

pg 739

17.18 最短超數列：您有兩個陣列，其中一個較短（所有元素不重複），另一個較長。請在較長陣列中搜尋包含較短陣列中所有元素的最短子陣列，元素可以以任何順序出現。

範例

輸入：{1, 5, 9} | {7, 5, 9, 0, 2, 1, 3, <u>5, 7, 9, 1</u>, 1, 5, 8, 8, 9, 7}

輸出：[7,10]（上面劃線部分）

提示：*#644，#651，#668，#680，#690，#724，#730，#740*

pg 745

17.19 缺了 2 個：您有一個陣列，所有從 1 到 N 中的數字都會出現一次，但其中少了一個數字。如何在 O(N) 時間和 O(1) 空間中找到遺失的數字？如果少了兩個數字呢？

提示：*#502，#589，#608，#625，#648，#671，#688，#695，#701，#716*

pg 754

17.20 連續中位數：有一些數值被隨機生成並傳遞給一個方法。請您撰寫一個程式，在生成新值時找出並維護中位數。

提示：*#518，#545，#574，#708*

pg 759

17.21 長條圖體積：請想像有一張長條圖（柱狀圖），如果有人把水倒在上面，請設計一個演算法來計算它能容納的水體積。您可以假設每個長條的寬度是 1。

範例（黑色條是柱狀圖，灰色是水。）

輸入：{0, 0, 4, 0, 0, 6, 0, 0, 3, 0, 5, 0, 1, 0, 0, 0}

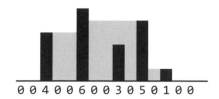

```
0 0 4 0 0 6 0 0 3 0 5 0 1 0 0
```

輸出：26

提示：*#628，#639，#650，#657，#661，#675，#692，#733，#741*

pg 760

17.22 單詞轉換器：給定字典中兩個長度相等的單詞，撰寫一個每次只改變一個字母的方法將一個單詞轉換成另一個單詞。您在每一步中得到的新單詞都必須在字典裡存在。

範例

輸入：DAMP, LIKE

輸出：DAMP -> LAMP -> LIMP -> LIME -> LIKE

提示：*#505，#534，#555，#579，#597，#617，#737*

pg 768

17.23 最大黑方塊：假設您有一個方形矩陣，其中每個單元（像素）不是黑色就是白色，請設計一個演算法來找到四個邊框都被黑色像素填充的最大子正方形。

提示：*#683，#694，#704，#713，#720，#735*

pg 776

17.24 最大子矩陣：給定一個由正整數和負整數組成的 NxN 矩陣，請撰寫程式碼找出加總值最大的子矩陣。

提示：*#468，#510，#524，#538，#564，#580，#594，#614，#620*

pg 779

17.25 單詞矩形：給定一個包含數百萬個單詞的串列，請設計一個演算法來建立盡可能大的字母矩形，字母矩形中每一列都是一個單詞（從左到右讀），每一欄也是一個單詞（從上到下讀）。您不需要照順序從串列中選擇單詞，但是所有的列必須具有相同的長度，所有的欄必須具有相同的高度。

提示：*#476，#499，#747*

pg 785

17.26 稀疏相似度：兩個文件（文件中的內容不會重複）的相似度定義為交集的大小除以聯集的大小。例如，如果文件內容是整數，那麼 {1，5，3} 和 {1，7，2，3} 的相似度是 0.4，因為交集的大小是 2，聯集的大小是 5。

我們有一大堆相似度被認為是「稀疏」的文件（每個文件中的值都不會重複，每個文件都有一個相關聯的 ID），也就是說，隨便選擇任何兩個文件得到的相似度都很可能為 0。請設計一個演算法，這個演算法能回傳一對對文件 ID 組成的 list，和文件對的相似性。

請只印出相似度大於 0 的文件對，空的檔不要印出。為簡單起見，可以用一個擁有不重複值的陣列代表各個文件。

範例

輸入：

```
13: {14, 15, 100, 9, 3}
16: {32, 1, 9, 3, 5}
19: {15, 29, 2, 6, 8, 7}
24: {7, 10}
```

輸出：

```
ID1, ID2 : SIMILARITY
13, 19   : 0.1
13, 16   : 0.25
19, 24   : 0.14285714285714285
```

提示：*#483，#497，#509，#517，#533，#546，#554，#560，#568，#576，#583，#602，#610，#635*

pg 790

解答

X

至 *www.CrackingTheCodingInterview.com* 下載完整程式碼、貢獻其他程式設計語言答案、與其他讀者討論、提問、回報問題、檢視勘誤,與尋求建議。

1

陣列和字串的解決方案

1.1 **不重複**：實作一個演算法來判斷一個字串中的字元是否不重複。如果不能使用其他資料結構怎麼辦？

pg 119

解答

您應該先問面試官這個字串是 ASCII 字串還是 Unicode 字串。問這個問題會顯示出您對細節的洞察力和扎實的電腦科學基礎。為了簡單起見，我們假設字元集是 ASCII。如果這個假設不成立，我們將需要增加儲存容量。

一種解決方案是建立一個布林值陣列，其中索引 i 處的旗標代表字串中是否包含字母表中的字元 i。在您第二次看到這個字元時，就可以立即回傳 false。

如果字串長度超過字母表中不重複字元的數量，也可以立即回傳 false。畢竟，如果一個字元集中只有 128 個字元，您無法做出一個包含 280 個不重複字元的字串。

> 假設字元集有 256 個字元也是可以的，擴展 ASCII 字元集就有 256 個字元。您應該和面試官說明您的假設。

下面的程式碼實作了這個演算法。

```
1   boolean isUniqueChars(String str) {
2     if (str.length() > 128) return false;
3
4     boolean[] char_set = new boolean[128];
5     for (int i = 0; i < str.length(); i++) {
6       int val = str.charAt(i);
7       if (char_set[val]) { // 這個字元已經在字串中出現過了
8         return false;
9       }
10      char_set[val] = true;
```

```
11     }
12     return true;
13  }
```

這段程式碼的時間複雜度是 O(n)，其中 n 是字串的長度，空間複雜度為 O(1)（您也可以認為時間複雜度是 O(1)，因為 for 迴圈不會迭代超過 128 個字元）。如果不想假設字元集是固定的，可以將空間複雜度表示為 O(c)，時間複雜度為 O(min(c, n)) 或 O(c)，其中 c 是字元集的大小。

我們可以利用位元向量將空間使用量減少到原來的 1/8 倍。在下面的程式碼中，將假設字串只使用小寫字母 a 到 z，這將只需要使用一個 int。

```
1   boolean isUniqueChars(String str) {
2      int checker = 0;
3      for (int i = 0; i < str.length(); i++) {
4         int val = str.charAt(i) - 'a';
5         if ((checker & (1 << val)) > 0) {
6            return false;
7         }
8         checker |= (1 << val);
9      }
10     return true;
11  }
```

如果不能使用額外的資料結構，可以做以下事情：

1. 將字串中的每個字元與字串中的其他字元進行比較。這將花費 O(n²) 時間和 O(1) 空間。

2. 如果允許修改輸入字串，可以在 O(n log(n)) 時間內做完字串排序，然後線性地檢查相鄰字元是否相同。不過要小心：許多排序演算法會佔用額外的空間。

這些解決方案在某些方面不是最好的，只是在問題的限制條件下表現可能會更好。

1.2   檢查變位字：給定兩個字串，寫一個方法來判斷一個是否是另一個的變位字。

pg 119

解答

就像很多問題一樣，我們應該和面試官確認一些細節。例如應該瞭解變位字的比較是否區分大小寫。比方說：God 是 dog 的變位字嗎？或是應該詢問空白是否造成影響。對於這個問題，假設比較是要區分大小寫的，空白是重要的。所以，"god   " 和 "dog" 是不同的。

要先注意到不同長度的字串不可能是彼此的變位字。有兩種簡單的方法來解決這個問題，它們都使用這個優化條件。

解決方案 #1：排序字串

如果兩個字串是互為對方的變位字，那麼我們知道它們有相同的字元，但是順序不同。因此，對字串進行排序會將兩個變位字中的字元按相同的順序排列。我們只需要比較字串的排序後的版本即可。

```
1   String sort(String s) {
2     char[] content = s.toCharArray();
3     java.util.Arrays.sort(content);
4     return new String(content);
5   }
6
7   boolean permutation(String s, String t) {
8     if (s.length() != t.length()) {
9       return false;
10    }
11    return sort(s).equals(sort(t));
12  }
```

雖然這個演算法在某些意義上不是最優的，但它乾淨、簡單、易於理解。從實務角度來說，這個演算法更適合用來解決這個問題。

然而，如果效率非常重要，我們可以用另一種方式來實作它。

解決方案 #2：檢查兩個字串是否有相同的字元數

我們還可以利用變位字的定義，即兩個單詞中字元數量會相同，來實作此演算法。先建立一個運作起來有點像雜湊表的陣列（第 4-7 行），將每個字元映射到其頻率。在處理第一個字串時做遞增，然後在處理第二個字串做遞減。如果字串互相為對方的變位字，那麼陣列最後都會歸 0。

如果一個值變為負數就可以提前終止（一旦變為負數，該值之後就一定都是負數，因此最終不會是零）。如果沒有提前終止，那麼到最後陣列中的值都必須都是 0。這是因為字串的長度相同，而且增加的次數與減少的次數也相同。所以，如果陣列沒有任何負值，它就不可能有任何正值。

```
1   boolean permutation(String s, String t) {
2     if (s.length() != t.length()) return false; // 互為變位字長度必定相同
3
```

```
4      int[] letters = new int[128]; // 假設: ASCII
5      for (int i = 0; i < s.length(); i++) {
6         letters[s.charAt(i)]++;
7      }
8
9      for (int i = 0; i < t.length(); i++) {
10        letters[t.charAt(i)]--;
11        if (letters[t.charAt(i)] < 0) {
12           return false;
13        }
14     }
15     return true; // 字母沒有任何負值，所以也沒有正值
16  }
```

請注意第 4 行中的假設。在您的面試中，您應該和您的面試官確認字元集的大小。此處假設字元集是 ASCII。

1.3 **URLify**：寫一個方法用 '%20' 來替換字串中所有空格。您可以假設字串的尾端有足夠的空間來容納額外的字元，並且您擁有字串的「真實」長度的資訊（注意：如果用 Java 實作，請使用字元陣列，以便您可在適當的位置執行此操作）。

範例

輸入： "Mr John Smith   ", 13

輸出： "Mr%20John%20Smith"

pg 119

解答

在字串操作問題中，一種常見的方法是從尾巴開始一路向開頭編輯字串。這很有用，因為我們在尾端有一個額外的緩衝區，它讓我們能修改字元，不必擔心覆蓋的內容。

我們將在這個問題上套用這個方法。設計該演算法採用兩次掃描方法。在第一次掃描中將計算空格的數量。透過將這個數字翻三倍，可以計算出在最後的字串中需要有多少額外的字元空間。在第二次掃描將從尾巴開始向開頭編輯字串。當我們看到空格時，就用 %20 替換它。如果沒有空格，則複製原始字元。

下面的程式碼實作了這個演算法。

```
1   void replaceSpaces(char[] str, int trueLength) {
2      int spaceCount = 0, index, i = 0;
3      for (i = 0; i < trueLength; i++) {
4         if (str[i] == ' ') {
5            spaceCount++;
```

```
6        }
7     }
8     index = trueLength + spaceCount * 2;
9     if (trueLength < str.length) str[trueLength] = '\0'; // 陣列結尾
10    for (i = trueLength - 1; i >= 0; i--) {
11       if (str[i] == ' ') {
12          str[index - 1] = '0';
13          str[index - 2] = '2';
14          str[index - 3] = '%';
15          index = index - 3;
16       } else {
17          str[index - 1] = str[i];
18          index--;
19       }
20    }
21 }
```

我們使用了字元陣列實作這個解答，因為 Java 字串是不可變的。如果直接使用字串，函式將不得不回傳一個新的字串副本。字元陣列讓我們用一次掃描就能做完。

1.4 **回文變位字**：您得到一個字串，請寫一個函式來檢查它是否是一個回文變位字。回文的意思是單詞或短語無論向前讀或向後讀都是一樣的。變位字就是字母的重新排列。回文不局限於字典單詞。

範例

輸入：Tact Coa

輸出：True（可能的變位字：如 "taco cat"，"atco cta" 等）

pg 120

解答

這個問題可以幫助我們理解一個字串是一個回文變位字是什麼意思。這就像問這樣的字串的「定義特徵」是什麼一樣。

回文是一個正寫反寫都相同的字串。因此，要確定一個字串是否是一個回文的變位字，我們需要知道它是否可以正寫反寫都相同。

正寫反寫一組字元都相同需要什麼條件？我們需要有幾乎所有字元都出現偶數次，這樣一半在一邊，一半在另一邊。只出現一次的字元最多只能有一個（即位於正中間那個字元）。

例如，我們知道 tactcoapapa 是一個回文的變位字，因為它有兩個 T、四個 A、兩個 C、兩個 P 和一個 O，所以 O 是所有可能的回文的中心。

更精確地說，長度為偶數的字串（在刪除所有非字母字元之後），其中的所有字元出現次數必定為偶數。長度為奇數的字串必須恰好有一個奇數計數的字元。當然，一個「偶數」長度字串不能有出現奇數次的字元，否則它就不是一個偶數長度的字串（一個奇數 + 多個偶數 = 一個奇數）。同樣，長度為奇數的字串也不能只包含出現偶數次的字元（偶數的和為偶數）。因此，可以充分地說，作為一個回文的變位字，一個字串最多只能有一個奇數字元。這個條件同時適用於字串長度為奇數及偶數的情況。

這就帶出了我們的第一個演算法。

解決方案 #1

實作這個演算法相當簡單。我們使用一個雜湊表來計算每個字元出現的次數，然後迭代雜湊表，確保具有奇數計數的字元不超過一個。

```
1    boolean isPermutationOfPalindrome(String phrase) {
2       int[] table = buildCharFrequencyTable(phrase);
3       return checkMaxOneOdd(table);
4    }
5
6    /* 檢查具有奇數計數的字元不超過一個 */
7    boolean checkMaxOneOdd(int[] table) {
8       boolean foundOdd = false;
9       for (int count : table) {
10          if (count % 2 == 1) {
11             if (foundOdd) {
12                return false;
13             }
14             foundOdd = true;
15          }
16       }
17       return true;
18    }
19
20   /* 將每個字元映射到一個數字。a -> 0, b -> 1, c -> 2…等等。
21    * 這是不區分大小寫的。非字母字元映射到-1 */
22   int getCharNumber(Character c) {
23      int a = Character.getNumericValue('a');
24      int z = Character.getNumericValue('z');
25      int val = Character.getNumericValue(c);
26      if (a <= val && val <= z) {
27         return val - a;
28      }
29      return -1;
30   }
```

```
31
32    /* 計算每個字元出現的次數 */
33    int[] buildCharFrequencyTable(String phrase) {
34       int[] table = new int[Character.getNumericValue('z') -
35                             Character.getNumericValue('a') + 1];
36       for (char c : phrase.toCharArray()) {
37          int x = getCharNumber(c);
38          if (x != -1) {
39             table[x]++;
40          }
41       }
42       return table;
43    }
```

這個演算法花費 O(N) 的時間，其中 N 是字串的長度。

解決方案 #2

我們無法優化 Big O 時間，因為任何演算法都必須迭代整個字串。然而，我們可以做一些較小的改進。因為這是一個相對簡單的問題，所以有必要討論一些小的優化，或者至少進行一些調整。

我們可以邊做邊檢查，而不是在最後才檢查奇數的數量。到最後就能馬上得到答案。

```
1     boolean isPermutationOfPalindrome(String phrase) {
2        int countOdd = 0;
3        int[] table = new int[Character.getNumericValue('z') -
4                              Character.getNumericValue('a') + 1];
5        for (char c : phrase.toCharArray()) {
6           int x = getCharNumber(c);
7           if (x != -1) {
8              table[x]++;
9              if (table[x] % 2 == 1) {
10                countOdd++;
11             } else {
12                countOdd--;
13             }
14          }
15       }
16       return countOdd <= 1;
17    }
```

您必須理解的很重要的一點，這並不一定是最優的演算法。它的 Big O 時間相同，甚至可能稍微慢一點。雖然我們已經刪去了對雜湊表的最後一次迭代，但是現在多付出的代價是為字串中的每個字元多執行幾行程式碼。

您應該和面試官討論這個問題，請將這個方案作為一個備選方案，但它不一定是較好的解決方案。

解決方案 #3

如果更深入地思考這個問題，可能會注意到實際上不需要知道計數。我們只需要知道計數是偶數還是奇數。想像一下開 / 關一盞燈（剛開始是關的）。如果在結束時燈在關閉狀態，我們不需要知道中間開關了多少次，因為這必定是偶數。

有了這個條件後，我們可以使用一個整數（當成位元向量使用）。當我們看到一個字母時，將它映射到 0 到 26 之間的整數（假設是英文字母）。然後在那個值的位置上切換位元值。在迭代結束時，檢查整數中是不是最多只有一位元被設定為 1。

我們可以很容易地檢查整數中沒有位元是 1：只需將該整數與 0 進行比較即可。但實際上，有一種非常優雅的方法可以檢查整數是否恰好有一位元被設定為 1。

請想像有一個像 00010000 這樣的整數。當然，我們可以多次位移整數來檢查是否只有一個 1。或者，如果把數字減去 1，就得到 00001111。值得注意的是，這些數字之間不會交錯（一個反例是 00101000，當我們減去 1 時，會得到 00100111）。所以可以將它減去 1 然後再 AND 這個新的數字來檢查一個數字是否恰好有一個 1，結果應該要得到 0。

```
00010000 - 1 = 00001111
00010000 & 00001111 = 0
```

這就帶出了我們的最終實作。

```
1   boolean isPermutationOfPalindrome(String phrase) {
2     int bitVector = createBitVector(phrase);
3     return bitVector == 0 || checkExactlyOneBitSet(bitVector);
4   }
5
6   /* 為字串建立一個位元向量。
7    * 為每個值為i的字母，切換第i位元的值 */
8   int createBitVector(String phrase) {
9     int bitVector = 0;
10    for (char c : phrase.toCharArray()) {
11      int x = getCharNumber(c);
12      bitVector = toggle(bitVector, x);
13    }
14    return bitVector;
15  }
```

```
16
17   /* 切換整數的第i個位元的值 */
18   int toggle(int bitVector, int index) {
19      if (index < 0) return bitVector;
20
21      int mask = 1 << index;
22      if ((bitVector & mask) == 0) {
23         bitVector |= mask;
24      } else {
25         bitVector &= ~mask;
26      }
27      return bitVector;
28   }
29
30   /* 透過從整數減去1，並將它與原來的值做AND，
31    * 來檢查是否正好只有一個位元為1 */
32   boolean checkExactlyOneBitSet(int bitVector) {
33      return (bitVector & (bitVector - 1)) == 0;
34   }
```

和其他解決方案一樣，這個解決方案的時間複雜度是 O(N)。

值得注意的是還有一個沒有探索的解決方案。我們刻意避免使用「建立所有可能的變位字並檢查它們是否是回文」的解決方案。生成所有的變位字需要階乘時間（實際上比指數時間更糟），並且基本上不可能對長度超過 10-15 個字元的字串執行。

我提到這個（不切實際的）解決方案是因為很多面試者聽到像這樣的一個問題時，會說「為了要檢查 A 是否在 B 組之中，我必須知道 B 的一切可能，然後檢查其中一個是否等於 A。」這種說法並不是必然，這個問題就是一個簡單的示範。您不需要生成所有的變位字才能檢查是否為回文。

1.5　**一個編輯距離**：可以對字串執行的編輯有三種：插入一個字元、刪除一個字元，或替換一個字元。假設有兩個字串，請寫一個函式檢查它們是否為 1 個（或 0 個）編輯距離。

範例

```
pale,  ple   -> true
pales, pale  -> true
pale,  bale  -> true
pale,  bake  -> false
```

pg 120

解答

有一種「暴力」演算法可以做到這一點。我們可以透過測試刪除（和比較）每個字元，測試替換（和比較）每個字元，然後測試插入（和比較）每個可能的字元，來檢查所有可能為 1 個編輯距離的字串。

但這太慢了，所以我們就不去實作它了。

對於這種類型的問題，去思考這些操作的「意義」會有幫助。想一想兩個字串只差一次插入、替換或刪除代表著什麼？

- **替換**：假設有兩個字串，如 bale 和 pale，兩者只差一個替換。是的，這代表著您可以替換掉 bale 中的一個字母，讓它變成 pale。但更準確地說，這代表著它們只在一個地方不同。

- **插入**：字串 apple 和 aple 只差一個插入。這代表著，如果您比較這些字串，它們將是相同的，除了在字串的某個點上要做一次位移之外。

- **刪除**：字串 apple 和 aple 也只差一次刪除，因為刪除正好是插入的反向。

現在就可以開始實作這個演算法了。我們將把插入和刪除檢查合併到一個步驟中，並在其他步驟檢查替換。

注意，您不需要檢查字串是要做插入、刪除檢查或替換編輯。因為字串的長度將告訴您需要做哪一個。

```
1   boolean oneEditAway(String first, String second) {
2     if (first.length() == second.length()) {
3       return oneEditReplace(first, second);
4     } else if (first.length() + 1 == second.length()) {
5       return oneEditInsert(first, second);
6     } else if (first.length() - 1 == second.length()) {
7       return oneEditInsert(second, first);
8     }
9     return false;
10  }
11
12  boolean oneEditReplace(String s1, String s2) {
13    boolean foundDifference = false;
14    for (int i = 0; i < s1.length(); i++) {
15      if (s1.charAt(i) != s2.charAt(i)) {
16        if (foundDifference) {
17          return false;
18        }
19
```

```
20          foundDifference = true;
21        }
22      }
23      return true;
24  }
25
26  /* 檢查是否可以將一個字元插入s1中以生成s2 */
27  boolean oneEditInsert(String s1, String s2) {
28      int index1 = 0;
29      int index2 = 0;
30      while (index2 < s2.length() && index1 < s1.length()) {
31          if (s1.charAt(index1) != s2.charAt(index2)) {
32              if (index1 != index2) {
33                  return false;
34              }
35              index2++;
36          } else {
37              index1++;
38              index2++;
39          }
40      }
41      return true;
42  }
```

這個演算法（以及幾乎所有合理的演算法）需要花費 O(n) 時間，其中 n 是較短字串的長度。

> 為什麼執行時間是由較短的字串而不是較長的字串決定的？如果字串的長度相同（只差 ±1 個字元），那麼我們使用較長的字串還是較短的字串來定義執行時間並不重要。如果字串的長度非常不同，那麼演算法將在 O(1) 時間內終止。所以單一個非常非常長的字串不會顯著地增加執行時間，只有在兩個字串都很長時執行時間才會增加。

請注意到 oneEditReplace 的程式碼與 oneEditInsert 的程式碼非常相似，我們可以把它們合併成一個方法。

要做到這一點，請注意這兩個方法遵循類似的邏輯：比較每個字元並確保字串只相差一個字元。處理這種差異的方法各不相同。方法 oneEditReplace 除了只是標記差異之外，沒做別的事，而 oneEditInsert 則會將指向更長的字串的指標增加。我們可以在同一種方法中處理這兩種情況。

```
1   boolean oneEditAway(String first, String second) {
2       /* 長度檢查 */
3       if (Math.abs(first.length() - second.length()) > 1) {
```

```
4        return false;
5    }
6
7    /* 找出比較短和比較長的字串 */
8    String s1 = first.length() < second.length() ? first : second;
9    String s2 = first.length() < second.length() ? second : first;
10
11   int index1 = 0;
12   int index2 = 0;
13   boolean foundDifference = false;
14   while (index2 < s2.length() && index1 < s1.length()) {
15       if (s1.charAt(index1) != s2.charAt(index2)) {
16           /* 確認這是第一個發現的差異 */
17           if (foundDifference) return false;
18           foundDifference = true;
19
20           if (s1.length() == s2.length()) { // 替換，移動短指標
21               index1++;
22           }
23       } else {
24           index1++; // 如果匹配，移動較短字串的指標
25       }
26       index2++; // 每次都要移動比較長的字串指標
27   }
28   return true;
29 }
```

有些人可能會認為第一種方法更好，因為它更清晰、更容易理解。然而，有些人會認為第二種方法更好，因為它更緊湊，而且程式碼不重複（比較好維護）。

您不必「選邊站」，您可以和面試官討論權衡利弊。

1.6　　**字串壓縮**：藉由計算重複字元來實作一個執行基本的字串壓縮方法。例如，字串 aabcccccaaa 將變成 a2b1c5a3。如果「壓縮」字串不會變得比原來的字串更小，那麼您的方法應該回傳原來的字串。可以假設字串只有大寫和小寫字母（a-z）。

pg 120

解答

乍看之下，實作這個方法似乎相當簡單，但是可能有點乏味。我們迭代字串，將字元複製到一個新字串並計算重複次數。在每個迭代中，檢查當前字元是否與下一個字元相同。如果不相同，則將其壓縮版本加入到結果中。

能有多難呢？

```
1   String compressBad(String str) {
2       String compressedString = "";
3       int countConsecutive = 0;
4       for (int i = 0; i < str.length(); i++) {
5           countConsecutive++;
6
7           /* 如果下一個字元與當前字元不同，則將此字元追加到result.*/
8           if (i + 1 >= str.length() || str.charAt(i) != str.charAt(i + 1)) {
9               compressedString += "" + str.charAt(i) + countConsecutive;
10              countConsecutive = 0;
11          }
12      }
13      return compressedString.length() < str.length() ? compressedString : str;
14  }
```

這樣寫是可行的，但它是否有效率呢？來看看這段程式碼的執行時間。

執行時間為 $O(p + k^2)$，其中 p 為原始字串的大小，k 為字元序列的數量。例如，如果字串是 aabccdeeaa，代表則有 6 組字元序列。它的速度很慢，因為字元串連接需要 $O(n^2)$ 執行時間（請參見第 118 頁 StringBuilder 的程式碼）。

我們可以透過使用 StringBuilder 來解決這個問題。

```
1   String compress(String str) {
2       StringBuilder compressed = new StringBuilder();
3       int countConsecutive = 0;
4       for (int i = 0; i < str.length(); i++) {
5           countConsecutive++;
6
7           /* 如果下一個字元與當前字元不同，則將此字元追加到result */
8           if (i + 1 >= str.length() || str.charAt(i) != str.charAt(i + 1)) {
9               compressed.append(str.charAt(i));
10              compressed.append(countConsecutive);
11              countConsecutive = 0;
12          }
13      }
14      return compressed.length() < str.length() ? compressed.toString() : str;
15  }
```

這兩個解決方案都會先建立壓縮字串，然後回傳輸入字串和壓縮字串中較短的那個。

我們可以改為提前檢查。在不存在大量重複字元的情況下，這將是更好的做法。它讓我們不必去建立一個我們從不使用的字串。但這樣做的缺點是，它會導致我們加入第二個迭代字元的迴圈，還會加入幾乎重複的程式碼。

```
1   String compress(String str) {
2       /* 檢查最終長度，如果輸入字串更長，則回傳輸入字串 */
3       int finalLength = countCompression(str);
```

```
4      if (finalLength >= str.length()) return str;
5
6      StringBuilder compressed = new StringBuilder(finalLength); // 初始化容量
7      int countConsecutive = 0;
8      for (int i = 0; i < str.length(); i++) {
9        countConsecutive++;
10
11       /* 如果下一個字元與當前字元不同，則將此字元追加到result */
12       if (i + 1 >= str.length() || str.charAt(i) != str.charAt(i + 1)) {
13         compressed.append(str.charAt(i));
14         compressed.append(countConsecutive);
15         countConsecutive = 0;
16       }
17     }
18     return compressed.toString();
19   }
20
21   int countCompression(String str) {
22     int compressedLength = 0;
23     int countConsecutive = 0;
24     for (int i = 0; i < str.length(); i++) {
25       countConsecutive++;
26
27       /* 如果下一個字元與當前字元不同，則增加其長度 */
28       if (i + 1 >= str.length() || str.charAt(i) != str.charAt(i + 1)) {
29         compressedLength += 1 + String.valueOf(countConsecutive).length();
30         countConsecutive = 0;
31       }
32     }
33     return compressedLength;
34   }
```

這種方法的另一個好處是可以預先將 StringBuilder 初始化為其所需的容量。如果沒有用這個做法，StringBuilder 將（在幕後）需要在每次達到容量時將其容量加倍。容量可能會變成我們最終需求的兩倍。

1.7 旋轉矩陣：給定一個由 NxN 矩陣表示的圖像，其中圖像中的每個像素為 4 個位元組，請撰寫一個方法將圖像旋轉 90 度，您能在同一塊記憶體中就地（in place）完成嗎？

pg 120

解答

由於我們以 90 度旋轉矩陣，所以最簡單的方法是分層實作旋轉。我們會為每一層執行圓周旋轉，將上邊界移到右邊界，將右邊界移到下邊界，下邊界移到左邊界。

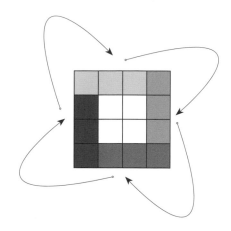

要如何執行四邊交換？一種方式是複製頂邊到一個陣列，然後移動左邊到頂邊，底邊到左邊，以此類推。這需要 O(N) 記憶體，但這是不必要的。

一個比較好的做法是逐個索引地實作交換。在這種做法中，我們要做以下工作：

```
1   for i = 0 to n
2      temp = top[i];
3      top[i] = left[i]
4      left[i] = bottom[i]
5      bottom[i] = right[i]
6      right[i] = temp
```

我們在每一層上執行這樣的交換，從最外層開始，然後逐漸向內（或者，我們可以從內層開始，逐漸向外）。

這個演算法的程式碼如下。

```
1   boolean rotate(int[][] matrix) {
2      if (matrix.length == 0 || matrix.length != matrix[0].length) return false;
3      int n = matrix.length;
4      for (int layer = 0; layer < n / 2; layer++) {
5         int first = layer;
6         int last = n - 1 - layer;
7         for(int i = first; i < last; i++) {
8            int offset = i - first;
9            int top = matrix[first][i]; // 保存上
10
11           // 左 -> 上
12           matrix[first][i] = matrix[last-offset][first];
13
14           // 下 -> 左
15           matrix[last-offset][first] = matrix[last][last - offset];
16
```

```
17            // 右 -> 下
18            matrix[last][last - offset] = matrix[i][last];
19
20            // 上 -> 右
21            matrix[i][last] = top; // 右 <- 保存上
22        }
23    }
24    return true;
25  }
```

這個演算法是 O(N²)，這已是我們能做的最好的了，因為不管是哪種演算法都必須觸摸到所有 N² 個元素。

1.8 **零矩陣**：請撰寫這樣一個演算法，如果 MxN 矩陣中的一個元素為 0，那麼將該該元素所在的整個列和欄都設定為 0。

pg 121

解答

乍看之下，這個問題似乎很簡單：只需迭代矩陣，每次看到值為 0 的儲存格時，就將其列和欄設定為 0。但這種解決方案有一個問題：當我們遇到該列或欄中的其他儲存格時，我們將看到 0 並將它們的列和欄修改為 0。很快，我們的整個矩陣就會變成 0。

解決這個問題的一種方法是使用第二個矩陣來標記 0 的位置。然後我們再迭代一次矩陣來設定 0。這需要 O(MN) 空間。

我們真的需要 O(MN) 空間嗎？不。因為我們要將整個列和欄設定為 0，所以不需要追蹤它到底是儲存格 [2][4]（第 2 列，第 4 欄），只需要知道第二列某處是 0，第四欄某處是 0。我們要做的是把整個列和欄都設為 0，為什麼要去關心 0 的確切位置呢？

下面的程式碼實作了這個演算法。我們使用兩個陣列來追蹤所有帶 0 的列和所有帶 0 的欄，然後根據這些陣列中的值清空列和欄。

```
1   void setZeros(int[][] matrix) {
2     boolean[] row = new boolean[matrix.length];
3     boolean[] column = new boolean[matrix[0].length];
4
5     // 儲存值為0的列和欄索引
6     for (int i = 0; i < matrix.length; i++) {
7       for (int j = 0; j < matrix[0].length;j++) {
8         if (matrix[i][j] == 0) {
9           row[i] = true;
10          column[j] = true;
11        }
12      }
```

```
13        }
14
15        // 清空列
16        for (int i = 0; i < row.length; i++) {
17           if (row[i]) nullifyRow(matrix, i);
18        }
19
20        // 清空欄
21        for (int j = 0; j < column.length; j++) {
22           if (column[j]) nullifyColumn(matrix, j);
23        }
24     }
25
26     void nullifyRow(int[][] matrix, int row) {
27        for (int j = 0; j < matrix[0].length; j++) {
28           matrix[row][j] = 0;
29        }
30     }
31
32     void nullifyColumn(int[][] matrix, int col) {
33        for (int i = 0; i < matrix.length; i++) {
34           matrix[i][col] = 0;
35        }
36     }
```

為了提高空間效率，我們可以使用位元向量而不是布林陣列，不過它仍然是花費 O(N)
空間。

我們可以使用第一列替換列陣列，使用第一欄替換欄陣列，從而將空間減少到 O(1)。
具體工作如下：

1. 檢查第一列和第一欄是否存在任何零，並設定變數 rowHasZero 和 columnHasZero
    （如果需要，稍後我們將為第一列和第一欄設為空值）。

2. 迭代矩陣的其餘部分，每當 matrix[i][j] 中有 0 時，將 matrix[i][0] 和
    matrix[0][j] 設為零。

3. 迭代矩陣的其餘部分，如果 matrix[i][0] 中有一個 0，則將第 i 列清空。

4. 迭代矩陣的其餘部分，如果 matrix[0][j] 中有一個 0，則將第 j 欄清空。

5. 如果需要，將第一列和第一欄清空（根據步驟 1 中的值）。

程式碼如下：

```
1     void setZeros(int[][] matrix) {
2        boolean rowHasZero = false;
3        boolean colHasZero = false;
4
```

```
5      // 檢查第一列是否為零
6      for (int j = 0; j < matrix[0].length; j++) {
7        if (matrix[0][j] == 0) {
8          rowHasZero = true;
9          break;
10       }
11     }
12
13     // 檢查第一欄是否為零
14     for (int i = 0; i < matrix.length; i++) {
15       if (matrix[i][0] == 0) {
16         colHasZero = true;
17         break;
18       }
19     }
20
21     // 檢查陣列的其餘部分是否為零
22     for (int i = 1; i < matrix.length; i++) {
23       for (int j = 1; j < matrix[0].length;j++) {
24         if (matrix[i][j] == 0) {
25           matrix[i][0] = 0;
26           matrix[0][j] = 0;
27         }
28       }
29     }
30
31     // 根據第一欄中的值去清空列
32     for (int i = 1; i < matrix.length; i++) {
33       if (matrix[i][0] == 0) {
34         nullifyRow(matrix, i);
35       }
36     }
37
38     // 根據第一列中的值去清空欄
39     for (int j = 1; j < matrix[0].length; j++) {
40       if (matrix[0][j] == 0) {
41         nullifyColumn(matrix, j);
42       }
43     }
44
45     // 清空第一列
46     if (rowHasZero) {
47       nullifyRow(matrix, 0);
48     }
49
50     // 清空第一欄
51     if (colHasZero) {
52       nullifyColumn(matrix, 0);
53     }
54   }
```

這段程式碼寫了很多「對列做這件事，然後對欄也做一樣的事」。在面試中，您可以利用使用註解或 TODO 來縮短程式碼，說明下一區塊的程式碼長得像前一段一樣，只是改成對列執行。這種做法讓您能夠專注於演算法的最重要部分。

1.9 **字串旋轉**：假設您有一個名為 isSubstring 的方法，它可檢查一個單詞是否是另一個單詞的子字串。假設有兩個字串 s1 和 s2，限定您只能使用一次 isSubstring 呼叫，撰寫程式碼以檢查 s2 是否是 s1 的旋轉（例如，「waterbottle」是「erbottlewat」的旋轉）。

pg 121

解答

如果把 s2 想像成 s1 的旋轉，那麼我們可以問旋轉的中點是什麼。例如，如果您將 waterbottle 這個字在 wat 之後旋轉，那您會得到 erbottlewat。在做旋轉時，我們把 s1 分成兩部分，x 和 y，重新排列得到 s2。

```
s1 = xy = waterbottle
x = wat
y = erbottle
s2 = yx = erbottlewat
```

因此，需要檢查是否有一種方法可以將 s1 分成 x 和 y，使得 xy=s1，yx=s2。無論 x 和 y 的分界在哪裡，yx 必定是 xyxy 的子字串。也就是說，s2 必定是 s1s1 的子字串。

這正是解決問題的方法：只要做 isSubstring(s1s1，s2) 就可以了。

下面的程式碼實作了這個演算法。

```
1   boolean isRotation(String s1, String s2) {
2     int len = s1.length();
3     /* 檢查s1和s2的長度是否相等，是否為空 */
4     if (len == s2.length() && len > 0) {
5       /* 在新緩衝區內連接s1和s1 */
6       String s1s1 = s1 + s1;
7       return isSubstring(s1s1, s2);
8     }
9     return false;
10  }
```

它的執行時間會根據 isSubstring 的執行時間而變化。但是如果您假設 isSubstring 的時間複雜度是 O(A+B)（長度各為 A 和 B 的字串），那麼 isRotation 的執行時間就是 O(N)。

2

鏈結串列的解決方案

2.1　刪除重複項：撰寫程式碼從未排序的鏈結串列中刪除重複項。

延伸題

如果不允許使用暫存記憶體，如何解決這個問題？

pg 124

解答

為了從鏈結串列中刪除重複項，需要先找出重複項，簡單的雜湊表很適合在此時使用。

在下面的解決方案中，我們只是迭代鏈結串列，將每個元素加入到雜湊表中。當發現一個重複的元素時，刪除該元素並繼續迭代。由於我們使用的是鏈結串列，所以可以一次完成所有操作。

```
1   void deleteDups(LinkedListNode n) {
2       HashSet<Integer> set = new HashSet<Integer>();
3       LinkedListNode previous = null;
4       while (n != null) {
5           if (set.contains(n.data)) {
6               previous.next = n.next;
7           } else {
8               set.add(n.data);
9               previous = n;
10          }
11          n = n.next;
12      }
13  }
```

上面的解決方案會花費 O(N) 時間，其中 N 是串列中的元素數量。

延伸題：不能使用暫存記憶體

如果沒有暫存記憶體可用，可以改為使用兩個指標進行迭代：current 指標迭代鏈結串列，runner 指標檢查所有後續節點是否有重複。

```
1   void deleteDups(LinkedListNode head) {
2     LinkedListNode current = head;
3     while (current != null) {
4       /* 刪除所有擁有重複值的未來節點 */
5       LinkedListNode runner = current;
6       while (runner.next != null) {
7         if (runner.next.data == current.data) {
8           runner.next = runner.next.next;
9         } else {
10          runner = runner.next;
11        }
12      }
13      current = current.next;
14    }
15  }
```

此程式碼花費 O(1) 空間，但執行時間是 O(N²)。

2.2   回傳倒數第 K 項：實作一個演算法來取得一個單向鏈結串列的倒數第 k 個元素。

pg 124

解答

我們將用遞迴和非遞迴兩種方式處理這個問題。請記住，遞迴解決方案通常更簡潔，但不是最優的。例如，以這個問題來說，雖然遞迴實作大約是迭代解決方案長度的一半，但也多用了 O(n) 空間，其中 n 是鏈結串列中的元素數量。

注意，在這個解決方案中，我們定義了 k，若傳入的 k = 1 時，將回傳最後一個元素，k = 2 將回傳倒數第二個元素，以此類推。也可以定義 k = 0 將回傳最後一個元素。

解決方案 #1：如果已知鏈結串列大小

如果鏈結串列的大小為已知，那麼從最後一個元素起算的第 k 個元素就是第（length - k）個元素。我們可以迭代鏈結串列來找到這個元素。由於這個解決方案是如此的平凡，我們幾乎可以肯定這不是面試官想要的。

解決方案 #2：遞迴

該演算法遞迴鏈結串列。當到達結束時，該方法回傳一個設定為 0 的計數器。每個父呼叫向這個計數器加入 1。當計數器等於 k 時，我們就知道已經到達鏈結串列的倒數第 k 個元素了。

實作這種方法很簡單，只要有一種透過堆疊「回傳」整數值的方法即可。不幸的是，我們不能使用普通的回傳述句同時回傳節點和計數器。那麼該如何處理呢？

方法 A：不回傳元素

一種方法是將問題改為只把到數第 k 個元素「印出」來的話，那麼，我們就只要回傳計數器的值就好了。

```
1    int printKthToLast(LinkedListNode head, int k) {
2      if (head == null) {
3        return 0;
4      }
5      int index = printKthToLast(head.next, k) + 1;
6      if (index == k) {
7        System.out.println(k + "th to last node is " + head.data);
8      }
9      return index;
10   }
```

當然，只有面試官認同可以這樣修改時，這才是一個有效的解決方案。

方法 B：使用 C++

解決此問題的第二種方法是使用 C++ 並透過參照傳遞值。這個解法下我們可回傳節點值，同時也可以藉由傳遞計數器指標來更新計數器。

```
1    node* nthToLast(node* head, int k, int& i) {
2      if (head == NULL) {
3        return NULL;
4      }
5      node* nd = nthToLast(head->next, k, i);
6      i = i + 1;
7      if (i == k) {
8        return head;
9      }
10     return nd;
11   }
12
```

```
13  node* nthToLast(node* head, int k) {
14    int i = 0;
15    return nthToLast(head, k, i);
16  }
```

方法 C：建立一個包裝類別

我們在前面描述過，問題出在我們無法同時回傳一個計數器和一個索引。如果能用一個簡單的類別（甚至單個元素陣列）包裝計數器值，就可以模擬傳參照的動作。

```
1   class Index {
2     public int value = 0;
3   }
4
5   LinkedListNode kthToLast(LinkedListNode head, int k) {
6     Index idx = new Index();
7     return kthToLast(head, k, idx);
8   }
9
10  LinkedListNode kthToLast(LinkedListNode head, int k, Index idx) {
11    if (head == null) {
12      return null;
13    }
14    LinkedListNode node = kthToLast(head.next, k, idx);
15    idx.value = idx.value + 1;
16    if (idx.value == k) {
17      return head;
18    }
19    return node;
20  }
```

由於是遞迴呼叫，所有遞迴版解答都使用 O(n) 空間。

還有許多還沒有列出來的其他解決方案，例如可以將計數器儲存在一個靜態變數中。或者可以建立一個同時儲存節點和計數器的類別，並回傳該類別的實例。無論選擇哪種解決方案，都需要一種更新節點和計數器的方法，使所有層次的遞迴堆疊都能看到更新的節點和計數器。

解決方案 #3：迭代

一個更優但不太直覺的解決方案是以迭代實作。我們可以用兩個指標 p1 和 p2，將 p2 放在鏈結串列起始位置並將 p1 移動 k 個節點來區分出 k 個節點，然後以相同的步伐移動它們，p1 會在 length - k 步之後到達鏈結串列的末端。此時，p2 將會是鏈結串列第 length - k 個節點，也就是倒數第 k 個節點。

下面的程式碼實作了這個演算法。

```
1   LinkedListNode nthToLast(LinkedListNode head, int k) {
2       LinkedListNode p1 = head;
3       LinkedListNode p2 = head;
4
5       /* 將p1在鏈結串列中移動k個節點 */
6       for (int i = 0; i < k; i++) {
7           if (p1 == null) return null; // 超出範圍
8           p1 = p1.next;
9       }
10
11      /* 以同樣的步伐移動。
12       * 當p1到達終點時，p2就會指到正確的元素 */
13      while (p1 != null) {
14          p1 = p1.next;
15          p2 = p2.next;
16      }
17      return p2;
18  }
```

該演算法花費 O(n) 時間和 O(1) 空間。

2.3   刪除中間節點：請實作一種演算法，刪除單向鏈結串列中間部份的某個節點
       （即除第一個和最後一個節點外的任何節點，不一定是正中間節點），而且只
       能存取中間節點。

範例

輸入：刪除鏈結串列 a->b->c->d->e->f 中的節點 c
結果：不回傳任何結果，但是新的鏈結串列要看起來像 a->b->d->e->f

pg 125

解答

在這個問題中，由於您無權存取鏈結串列的頭尾端點，您只能存取中間節點。解決方
案是簡單地將資料從下一個節點複製到當前節點，然後刪除下一個節點。

下面的程式碼實作了這個演算法。

```
1   boolean deleteNode(LinkedListNode n) {
2       if (n == null || n.next == null) {
3           return false; // 失敗
4       }
5       LinkedListNode next = n.next;
6       n.data = next.data;
7       n.next = next.next;
```

```
8      return true;
9    }
```

注意，如果指定要刪除的節點是鏈結串列中的最後一個節點，這個解決方案就不可行。但沒關係，您的面試官會想聽到您指出這一點，並討論如何處理這種情況。例如，您可以思考將節點標記為無效節點。

2.4　分區： 請撰寫程式碼，將一個鏈結串列按 x 值進行分區，使所有小於 x 的節點排在所有大於或等於 x 的節點之前。如果 x 值也包含在鏈結串列中，則 x 的值只要放在小於 x 的元素之後（參見下面的例子）就可以了。分區元素 x 可以出現在「右分區」中的任何位置；它不需要出現在左右分區之間。

範例
輸入：3 -> 5 -> 8 -> 5 -> 10 -> 2 -> 1 [分區 = 5]
輸出：3 -> 1 -> 2 -> 10 -> 5 -> 5 -> 8

pg 125

解答

如果這題用的是陣列，必須小心地移動元素，因為陣列移動的代價非常昂貴。

然而，在鏈結串列中，情況要簡單得多。與其要做移動和交換元素，實際上可以建立兩個不同的鏈結串列：一個用於儲存小於 x 的元素，另一個用於儲存大於或等於 x 的元素。

我們迭代鏈結串列，將元素插入到 before 串列或 after 串列中。一旦到達鏈結串列的尾端，分區就完成了，接著就合併兩個鏈結串列。

因為元素仍會保持原來的順序，這種方法基本上是「穩定（stable）」的解法，不需將元素在分區間移來移去。下面的程式碼實作了這種方法。

```
1    /* 傳入鏈結串列的頭以及要用來分區的值 */
2    LinkedListNode partition(LinkedListNode node, int x) {
3      LinkedListNode beforeStart = null;
4      LinkedListNode beforeEnd = null;
5      LinkedListNode afterStart = null;
6      LinkedListNode afterEnd = null;
7
8      /* 分區串列 */
9      while (node != null) {
10       LinkedListNode next = node.next;
11       node.next = null;
12       if (node.data < x) {
```

```
13          /* 將節點插入到before串列的尾端 */
14          if (beforeStart == null) {
15            beforeStart = node;
16            beforeEnd = beforeStart;
17          } else {
18            beforeEnd.next = node;
19            beforeEnd = node;
20          }
21        } else {
22          /* 將節點插入到after串列的尾端 */
23          if (afterStart == null) {
24            afterStart = node;
25            afterEnd = afterStart;
26          } else {
27            afterEnd.next = node;
28            afterEnd = node;
29          }
30        }
31        node = next;
32      }
33
34      if (beforeStart == null) {
35        return afterStart;
36      }
37
38      /* 合併before串列和after串列 */
39      beforeEnd.next = afterStart;
40      return beforeStart;
41    }
```

如果用四個不同的變數去追蹤兩個鏈結串列讓您感到困擾的話，您並不是唯一這樣感到困擾的人，然而，我們還是可以使這段程式碼更簡短一些。

如果不管串列中的元素是不是「穩定」（穩定不是必要條件，因為面試官沒有指定），那麼我們可以在串列的頭部或尾部加入元素來重新擺放元素。

在這種做法中會建立一個「新」串列（使用現有節點）。比關鍵元素大的節點都放在尾部，比關鍵元素小的都放在頭部。每次插入元素時，不是更新 head 就是更新 tail。

```
1  LinkedListNode partition(LinkedListNode node, int x) {
2    LinkedListNode head = node;
3    LinkedListNode tail = node;
4
5    while (node != null) {
6      LinkedListNode next = node.next;
7      if (node.data < x) {
8        /* 在頭部插入節點 */
9        node.next = head;
```

```
10          head = node;
11      } else {
12          /* 在尾部插入節點 */
13          tail.next = node;
14          tail = node;
15      }
16      node = next;
17  }
18  tail.next = null;
19
20  // 頭已經被換掉了，我們需要把它回傳給使用者
21  return head;
22  }
```

這個問題有許多等級一樣好的解決方案。如果您想到的解法不同，也沒關係！

2.5 **加總串列**：您有兩個鏈結串列，各用於表示一個數值，其中每個節點包含一個數字。這些數字以反相的順序儲存，因此個位數字於串列的開頭。請撰寫一個函式，將兩個數值相加並以鏈結串列的形式回傳其加總值。

範例

輸入：(7 -> 1 -> 6) + (5 -> 9 ->2)。也就是 617 + 295。
輸出：2 -> 1 -> 9。也就是 912。

延伸題

假設數字依正向順序儲存，請再做一次上述問題。

範例

輸入：(6 -> 1 -> 7) + (2 -> 9 -> 5)。也就是 617 + 295。
輸出：9 -> 1 -> 2。也就是 912。

pg 125

解答

在這個問題中，回憶加法是如何工作的非常有幫助。請想像一下問題如下：

```
  6 1 7
+ 2 9 5
```

首先把 7 和 5 相加得到 12。數字 2 變成了數字的最後一位元，而 1 被移到下一個步驟。第二步，我們把 1、1 和 9 相加得到 11，所以第二個數字是 1，而另一個 1 移到最後一步。第三步也是最後一步，將 1、6、2 相加等於 9，所以我們得到的是 912。

我們可以用遞迴模擬這個流程，一個節點一個節點地相加，將任何「進位」資料轉移到下一個節點。來看看下面的連結串列：

```
    7 -> 1 -> 6
 +  5 -> 9 -> 2
```

我們要做以下的事：

1. 先把 7 和 5 相加，得到 12，所以 2 成為鏈結串列中的第一個節點，我們將把 1「進位」到下一個加法中。

     清單：2 -> ?

2. 然後將 1 和 9 以及「進位」相加，得到的結果是 11，所以 1 變成了串列的第二個元素，我們將把 1 帶入下一個加法中。

     清單：2 -> 1 -> ?

3. 最後把 6、2 和進位相加，得到 9。這是鏈結串列的最後一個元素。

     清單：2 -> 1 -> 9

下面的程式碼實作了這個演算法。

```
1   LinkedListNode addLists(LinkedListNode l1, LinkedListNode l2, int carry) {
2      if (l1 == null && l2 == null && carry == 0) {
3         return null;
4      }
5
6      LinkedListNode result = new LinkedListNode();
7      int value = carry;
8      if (l1 != null) {
9         value += l1.data;
10     }
11     if (l2 != null) {
12        value += l2.data;
13     }
14
15     result.data = value % 10; /* 數值的第二個數字 */
16
17     /* 遞迴 */
18     if (l1 != null || l2 != null) {
19        LinkedListNode more = addLists(l1 == null ? null : l1.next,
20                                       l2 == null ? null : l2.next,
21                                       value >= 10 ? 1 : 0);
22        result.setNext(more);
23     }
24     return result;
25  }
```

在實作這段程式碼時，必須小心處理一個鏈結串列比另一個鏈結串列短的情況。我們不想要看到因為空指標而產生的例外。

延伸題

延伸題在概念上是相同的（遞迴，保留進位的部分），但是在實作時會碰到一些額外的複雜之處：

1. 由於一個串列有可能比另一個更短，但我們卻不能「動態地」處理這個情況，例如，假設我們想要將（1 -> 2 -> 3 -> 4）和（5 -> 6 -> 7）相加。我們需要知道 5 應該與 2 匹配，而不是 1。我們可以在開始時透過比較串列的長度並填充 0 到較短的串列中來實作這一點。

2. 在原來的題目中，取得的連續結果會被加到尾部（即向前傳遞）。這代表著遞迴呼叫將傳遞進位，並回傳結果（然後將結果加到尾部）。但是，在延伸題中，結果會加入到頭部（即反過來傳遞）。遞迴呼叫必須像以前一樣回傳結果和進位。這個實作起來並不是很困難，但是比較麻煩。我們可以透過建立一個名為 PartialSum 的包裝類別來解決這個問題。

下面的程式碼實作了這個演算法。

```
1   class PartialSum {
2     public LinkedListNode sum = null;
3     public int carry = 0;
4   }
5
6   LinkedListNode addLists(LinkedListNode l1, LinkedListNode l2) {
7     int len1 = length(l1);
8     int len2 = length(l2);
9
10    /* 用0填充較短的串列——參見注釋（1）*/
11    if (len1 < len2) {
12      l1 = padList(l1, len2 - len1);
13    } else {
14      l2 = padList(l2, len1 - len2);
15    }
16
17    /* 串列相加 */
18    PartialSum sum = addListsHelper(l1, l2);
19
20    /* 如果有一個進位值，將它插入到串列的前面。
21     * 否則，只回傳該鏈結串列。 */
22    if (sum.carry == 0) {
23      return sum.sum;
```

```
24      } else {
25          LinkedListNode result = insertBefore(sum.sum, sum.carry);
26          return result;
27      }
28  }
29
30  PartialSum addListsHelper(LinkedListNode l1, LinkedListNode l2) {
31      if (l1 == null && l2 == null) {
32          PartialSum sum = new PartialSum();
33          return sum;
34      }
35      /* 遞迴地相加更小的數字 */
36      PartialSum sum = addListsHelper(l1.next, l2.next);
37
38      /* 將進位與當前資料相加 */
39      int val = sum.carry + l1.data + l2.data;
40
41      /* 插入當前數字的和 */
42      LinkedListNode full_result = insertBefore(sum.sum, val % 10);
43
44      /* 回傳至目前的和，以及進位值 */
45      sum.sum = full_result;
46      sum.carry = val / 10;
47      return sum;
48  }
49
50  /* 用0填充串列 */
51  LinkedListNode padList(LinkedListNode l, int padding) {
52      LinkedListNode head = l;
53      for (int i = 0; i < padding; i++) {
54          head = insertBefore(head, 0);
55      }
56      return head;
57  }
58
59  /* 用來在鏈結串列的前面插入節點的輔助函式 */
60  LinkedListNode insertBefore(LinkedListNode list, int data) {
61      LinkedListNode node = new LinkedListNode(data);
62      if (list != null) {
63          node.next = list;
64      }
65      return node;
66  }
```

請仔細看我們是如何將 insertBefore()、padList() 和 length()（程式碼未列出）放入它們自己的方法中的。這使得程式碼更清晰、更容易閱讀，這在面試中是明智的做法！

2.6 回文：實作一個函式來檢查一個鏈結串列是否是一個回文。

pg 126

解答

為了解決這個問題，可以想像有一個像 0 -> 1 -> 2 -> 1 -> 0 的回文。因為它是一個回文，所以我們知道這個串列從前面過去與從後面看回來必須是相同的。這就帶出了第一個解決方案。

解決方案 #1：反向比較

第一個解決方案是把鏈結串列做反向，並將反向過的串列與原始串列進行比較。如果它們是相同的，串列也會是相同的。

注意，當我們在比較串列和反向過的串列時，實際上只需要比較串列的前半部分。如果原始串列的前半部分與反向過的串列的前半部分匹配，則原始串列的後半部分必定也能與反向清單的後半部分匹配。

```
1   boolean isPalindrome(LinkedListNode head) {
2      LinkedListNode reversed = reverseAndClone(head);
3      return isEqual(head, reversed);
4   }
5
6   LinkedListNode reverseAndClone(LinkedListNode node) {
7      LinkedListNode head = null;
8      while (node != null) {
9         LinkedListNode n = new LinkedListNode(node.data); // 複製
10        n.next = head;
11        head = n;
12        node = node.next;
13     }
14     return head;
15  }
16
17  boolean isEqual(LinkedListNode one, LinkedListNode two) {
18     while (one != null && two != null) {
19        if (one.data != two.data) {
20           return false;
21        }
22        one = one.next;
23        two = two.next;
24     }
25     return one == null && two == null;
26  }
```

請注意，我們已經將此程式碼模組化成 reverse 和 isEqual 函式。

解決方案 #2：迭代解法

我們希望檢測鏈結串列，其中鏈結串列的前半部分與後半部分相反。該怎麼把前半部分倒過來呢？堆疊可以完成這個任務。

我們需要將前一半的元素壓入堆疊。可以用兩種不同的方法來做，這取決於我們是否知道鏈結串列的大小。

如果知道鏈結串列的大小，就可以用 for 迴圈迭代前一半元素，將每個元素壓入堆疊。當然，我們必須小心處理鏈結串列長度為奇數的情況。

如果不知道鏈結串列的大小，那麼可以使用本章開頭介紹過的 FastRunner/SlowRunner 方法來迭代鏈結串列。在每次迴圈執行時，我們把 SlowRunner 指標的資料推入堆疊。FastRunner 到達鏈結串列的尾端時，SlowRunner 也將到達鏈結串列的中間。至此，堆疊中就會擁有鏈結串列前面的所有元素，同時順序相反。

現在只需迭代鏈結串列的其餘部分。在每個迭代中，將節點與堆疊的頂部進行比較。如果做完迭代而沒有發現差異，那麼這個鏈結串列就是一個回文。

```
1   boolean isPalindrome(LinkedListNode head) {
2      LinkedListNode fast = head;
3      LinkedListNode slow = head;
4
5      Stack<Integer> stack = new Stack<Integer>();
6
7      /* 將鏈結串列前半部分的元素推入堆疊。
8       * 當FastRunner（以2倍速度移動）到達鏈結串列的尾端時，
9       * 我們就知道我們找到中間點了 */
10     while (fast != null && fast.next != null) {
11        stack.push(slow.data);
12        slow = slow.next;
13        fast = fast.next.next;
14     }
15
16     /* 元素有奇數個，所以跳過中間的元素 */
17     if (fast != null) {
18        slow = slow.next;
19     }
20
21     while (slow != null) {
22        int top = stack.pop().intValue();
23
```

```
24      /* 如果值不同，那麼它就不是回文 */
25      if (top != slow.data) {
26         return false;
27      }
28      slow = slow.next;
29   }
30   return true;
31 }
```

解決方案 #3：遞迴方法

首先，要說明一下符號：在這個解決方案中，當我們講到符號節點 Kx 時，變數 K 代表節點資料的值，而 x（它可以是 f 或 b）代表我們參照的是擁有該值的前節點還是後節點。例如，在下面的鏈結串列中，節點 2b 將指向第 2 個（後）節點，其值為 2。

現在，像許多鏈結串列問題一樣，可以用遞迴處理這個問題。直觀的想法是想要比較元素 0 和元素 n-1、元素 1 和元素 n-2、元素 2 和元素 n-3…等等，一直比到中間的元素。例如：

$$0 (1 (2 (3) 2) 1) 0$$

為了做這個比較，首先需要知道什麼時候到達中間元素，因為這將是我們的基本情況。我們可以透過每次傳遞 length - 2 來做到這一點。因為長度每次減少 2，所以當長度等於 0 或 1 時，就表示到達了鏈結串列的中間。一旦遞迴 $^{n}/_{2}$ 次，長度就會降到 0。

```
1  recurse(Node n, int length) {
2     if (length == 0 || length == 1) {
3        return [something]; // 到中間了
4     }
5     recurse(n.next, length - 2);
6     ...
7  }
```

這個方法將決定 isPalindrome 方法主要要做些什麼。不過，該演算法的「核心」是藉由比較節點 i 和節點 n - i，以檢查鏈結串列是否為回文。我們要怎麼做到這件事呢？

我們來看看呼叫堆疊是什麼樣子：

```
1  v1 = isPalindrome: list = 0 ( 1 ( 2 ( 3 ) 2 ) 1 ) 0. length = 7
2     v2 = isPalindrome: list = 1 ( 2 ( 3 ) 2 ) 1 ) 0. length = 5
3        v3 = isPalindrome: list = 2 ( 3 ) 2 ) 1 ) 0. length = 3
4           v4 = isPalindrome: list = 3 ) 2 ) 1 ) 0. length = 1
5              returns v3
```

```
6        returns v2
7     returns v1
8   returns ?
```

在上面的呼叫堆疊中，每個呼叫都希望透過比較其頭節點和串列後面的相應節點來檢查串列是否是回文。那就是：

- 第 1 行需要比較節點 0f 和節點 0b

- 第 2 行需要比較節點 1f 和節點 1b

- 第 3 行需要比較節點 2f 和節點 2b

- 第 4 行需要比較節點 3f 和節點 3b。

如果我們堆疊倒退回來，按照下面的描述將節點傳遞回來，我們會做以下的事：

- 第 4 行看到它是中間節點（因為 length = 1），並回傳 head.next。head 值等於節點 3，所以是 head.next 是節點 2b。

- 第 3 行將它的 head 節點 2f 和 returned_node（上次遞迴呼叫的結果值）做比較，也就是節點 2b。如果值相等，則將參照傳遞給節點 1b（returned_node.next），並開始做第 2 行。

- 第 2 行將它的 head 節點（節點 1f）和 returned_node（節點 1b）做比較。如果值相等，則將參照傳遞給節點 0b（returned_node.next），並開始做第 1 行。

- 第 1 行將它的 head 節點 0f 和 returned_node（節點 0b）做比較。如果值相等，則回傳 true。

總歸來說，每個呼叫都將它的 head 節點與 returned_node 進行比較，然後沿堆疊向上回傳 returned_node.next。這樣，每個節點 i 都可以和 n - i 進行比較。如果發現任何值不相等，我們將回傳 false，每次呼叫堆疊都會檢查該值。

但是等等，您可能會問，有時候我們要回傳一個布林值，有時候要回傳一個節點，到底是要回傳布林值還是節點？

兩個都是，我們建立了一個簡單的類別，它有兩個成員，一個布林值，一個節點，並回傳該類別的一個實例。

```
1   class Result {
2      public LinkedListNode node;
3      public boolean result;
4   }
```

下面的範例說明了這個範例串列中的參數和回傳值。

```
1    isPalindrome: list = 0 ( 1 ( 2 ( 3 ( 4 ) 3 ) 2 ) 1 ) 0. len = 9
2      isPalindrome: list = 1 ( 2 ( 3 ( 4 ) 3 ) 2 ) 1 ) 0. len = 7
3        isPalindrome: list = 2 ( 3 ( 4 ) 3 ) 2 ) 1 ) 0. len = 5
4          isPalindrome: list = 3 ( 4 ) 3 ) 2 ) 1 ) 0. len = 3
5            isPalindrome: list = 4 ) 3 ) 2 ) 1 ) 0. len = 1
6              returns node 3b, true
7            returns node 2b, true
8          returns node 1b, true
9        returns node 0b, true
10    returns null, true
```

現在只需填充細節就可以完成這段程式碼實作。

```
1    boolean isPalindrome(LinkedListNode head) {
2        int length = lengthOfList(head);
3        Result p = isPalindromeRecurse(head, length);
4        return p.result;
5    }
6
7    Result isPalindromeRecurse(LinkedListNode head, int length) {
8        if (head == null || length <= 0) { // 雙數節點
9            return new Result(head, true);
10       } else if (length == 1) { // 單數節點
11           return new Result(head.next, true);
12       }
13
14       /* 對子串列做遞迴 */
15       Result res = isPalindromeRecurse(head.next, length - 2);
16
17       /* 如果子呼叫反應不是回文，
18        * 則向上傳遞失敗 */
19       if (!res.result || res.node == null) {
20           return res;
21       }
22
23       /* 檢查另一側對應節點是否匹配 */
24       res.result = (head.data == res.node.data);
25
26       /* 回傳對應節點 */
27       res.node = res.node.next;
28
29       return res;
30   }
31
32   int lengthOfList(LinkedListNode n) {
33       int size = 0;
34       while (n != null) {
```

```
35        size++;
36        n = n.next;
37     }
38     return size;
39 }
```

有些人可能想知道為什麼我們要花這麼大力氣來建立一個特殊的 Result 類別。沒有更好的辦法嗎？沒有更好的辦法，至少在 Java 中沒有。

但是，如果我們用 C 或 C++ 實作它，可以傳入一個雙層指標。

```
1    bool isPalindromeRecurse(Node head, int length, Node** next) {
2        ...
3    }
```

它看起來很醜，但是可行。

2.7　交集：假設有兩個（單向）鏈結串列，請判斷兩個鏈結串列是否相交，並回傳相交節點。請注意，交集的定義是基於參照而不是基於值。也就是說，如果第一個鏈結串列的第 k 個節點與第二個鏈結串列的第 j 個節點完全相同（藉由參照判斷），那麼它們就是相交。

pg 126

解答

讓我們畫一張相交鏈結串列的圖，以便更好地理解什麼是相交。

這是一張相交鏈結串列的圖片：

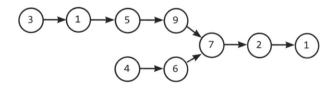

這是一張非相交鏈結串列的圖片：

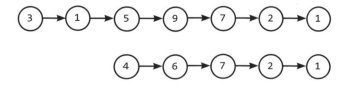

在這裡應該小心不要讓鏈結串列的長度相同而不小心畫出一個特例。

我們先來看看如何判斷兩個鏈結串列是否相交。

確定是否相交

如何檢測兩個鏈結串列是否相交？一種方法是使用雜湊表，將所有鏈結串列節點都放入其中。我們需要注意應根據鏈結串列的記憶體位置、而不是它們的值來看它們。

有一個更簡單的方法。你看看兩個相交的串列最後一個節點總是相同。因此，我們只需迭代到每個串列的尾端，然後比較它們最後的節點即可。

那，接下來要怎麼找到交點呢？

找到相交節點

有一種想法是，我們可以倒過來迭代每個串列。當串列「分道揚鑣」時，就是相交節點。當然，您無法真正地倒過來迭代一個串列。

如果串列的長度相同，則可以用同樣的進度迭代它們。當它們發生衝突時，您就找到交點了。

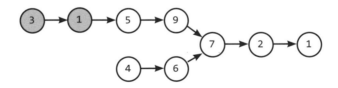

當它們的長度不一樣時，我們會想要「砍掉」，或者至少忽略掉那些多餘的（灰色）節點。

該怎麼做到這件事呢？如果我們知道這兩個串列的長度，那麼這兩個串列之間的差值就是需要砍掉多少節點。

我們可以在走到串列尾部時得到串列長度（我們在第一步中使用這個行為來確定是否相交）。

整合

我們現在有一個含有多個步驟的流程。

1. 迭代每個串列，得到長度和尾端節點。

2. 比較尾端節點。如果它們不同（比較參照，而不是值），則立即回傳沒有相交。

3. 建立兩個指向鏈結串列的開頭的指標。

4. 針對較長的串列，將它的指標依長度差值推進。

5. 現在，開始迭代每個串列，直到看到指標相同為止。

下面是這個流程的實作。

```java
1   LinkedListNode findIntersection(LinkedListNode list1, LinkedListNode list2) {
2     if (list1 == null || list2 == null) return null;
3
4     /* 取得尾端節點和大小 */
5     Result result1 = getTailAndSize(list1);
6     Result result2 = getTailAndSize(list2);
7
8     /* 如果尾端節點不同，則沒有相交 */
9     if (result1.tail != result2.tail) {
10      return null;
11    }
12
13    /* 建立指向每個串列開頭的指標 */
14    LinkedListNode shorter = result1.size < result2.size ? list1 : list2;
15    LinkedListNode longer = result1.size < result2.size ? list2 : list1;
16
17    /* 透過長度差來推進較長的串列的指標 */
18    longer = getKthNode(longer, Math.abs(result1.size - result2.size));
19
20    /* 移動兩個指標，直到發生相撞 */
21    while (shorter != longer) {
22      shorter = shorter.next;
23      longer = longer.next;
24    }
25
26    /* Return either one. */
27    return longer;
28  }
29
30  class Result {
31    public LinkedListNode tail;
32    public int size;
33    public Result(LinkedListNode tail, int size) {
34      this.tail = tail;
35      this.size = size;
36    }
37  }
38
39  Result getTailAndSize(LinkedListNode list) {
```

```
40     if (list == null) return null;
41
42     int size = 1;
43     LinkedListNode current = list;
44     while (current.next != null) {
45        size++;
46        current = current.next;
47     }
48     return new Result(current, size);
49  }
50
51  LinkedListNode getKthNode(LinkedListNode head, int k) {
52     LinkedListNode current = head;
53     while (k > 0 && current != null) {
54        current = current.next;
55        k--;
56     }
57     return current;
58  }
```

該演算法的時間複雜度為 O(A + B)，其中 A 和 B 為兩個串列的長度。它花費 O(1) 額外的空間。

2.8 **迴圈檢測**：假設給定一個迴圈鏈結串列，請實作一個演算法，該演算法會回傳迴圈開始處的節點。

定義

迴圈鏈結串列：是一個鏈結串列，其中節點的下一個指標指向之前某個節點，從而在鏈結串列中形成一個迴圈。

範例

輸入：A -> B -> C -> D -> E -> C [前面出現過一樣的 C]
輸出：C

pg 126

解答

這是一個經典的面試問題的變體：檢測一個鏈結串列中是否存在迴圈。我們應用型樣匹配法來解題。

第 1 部分：檢測串列中是否存在迴圈

檢測鏈結串列中是否存在迴圈的一個簡單方法是使用 FastRunner/SlowRunner 方法。FastRunner 一次走兩步，而 SlowRunner 只走一步。就像兩輛車以不同的速度在賽道上賽車一樣，它們最終必須相遇。

一個敏銳的讀者可能想知道 FastRunner 是否可以完全「跳過」SlowRunner，而不會發生碰撞，答案是不可能的。假設 FastRunner 真的跳過 SlowRunner，使 SlowRunner 位於點 i，FastRunner 位於點 i + 1。那麼在前一次，SlowRunner 位於點 i - 1，FastRunner 位於點 ((i + 1) - 2) 或點 i - 1。也就是說，它們必定會相撞。

第 2 部份：它們何時會相撞？

假設鏈結串列有一個大小為 k 的「非迴圈」部分。

如果套用第 1 部分中的演算法，FastRunner 和 SlowRunner 什麼時候會發生衝突呢？

我們知道，SlowRunner 執行 p 個步驟時，FastRunner 就會執行 2p 個步驟。因此，當 SlowRunner 在 k 步之後進入迴圈時，FastRunner 總共已經走了 2k 步，所以進入迴圈後已經走了 2k - k 步（或者 k 步）。由於 k 可能比迴圈長度大得多，我們實際上應該把它寫成 mod(k, LOOP_SIZE) 步，也就是我們所說的 k。

在接下來的每一步中，FastRunner 和 SlowRunner 會根據您看事情的角度靠進一步或遠離一步。也就是說，因為我們在一個圈裡，當 A 移動 q 步遠離 B 時，它其實也是向 B 走近 q 步。

此刻我們知道了以下事實：

1. SlowRunner 在迴圈中走 0 個步。

2. FastRunner 在迴圈中走 K 個步。

3. SlowRunner 比 FastRunner 慢 K 步。

4. FastRunner 比 SlowRunner 慢 LOOP_SIZE - K 步。

5. FastRunner 以每單位時間 1 步的速度追趕 SlowRunner。

它們什麼時候會相撞呢？如果 FastRunner 是 LOOP_SIZE - K 步落後於 SlowRunner，並且 FastRunner 以每單位時間 1 步的速度趕上，那麼它們將在 LOOP_SIZE - K 步之後相遇。此時，它們將位於從迴圈開始處前 K 步的位置。我們稱這個點為 CollisionSpot（相撞點 / 集合點）。

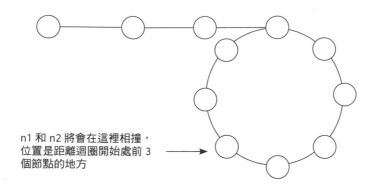

n1 和 n2 將會在這裡相撞，
位置是距離迴圈開始處前 3
個節點的地方

第 3 部份：您怎麼找到迴圈開始的節點？

我們現在知道 CollisionSpot 是迴圈開始處前的 K 個節點。因為 K = mod(k, LOOP_SIZE)（或者換句話說，對於任何整數 M，k = K + M * LOOP_SIZE，所以說它是從迴圈開始處起算的第 K 個節點也是正確的。例如，如果節點 N 是一個 5 節點迴圈中的第 2 個節點，那麼也可以說它是迴圈中的 7 個、12 個甚至 397 個節點。

因此，CollisionSpot 和 LinkedListHead 都在從迴圈開始處往前算 k 個節點。

現在，如果將一個指標保持指向 CollisionSpot，並將另一個指標移動到 LinkedListHead，它們都是 LoopStart 前第 k 個節點。以相同的速度移動兩個指標將導致它們再次碰撞，這一次是在 k 步之後，碰撞時它們將同時位於 LoopStart，我們要做的就是回傳這個節點。

第 4 部份：整合

總之，我們移動 FastPointer 的速度是 SlowPointer 的兩倍。當 SlowPointer 經過 k 個節點進入迴圈之際，FastPointer 就是迴圈中的第 k 個節點。這代表著 FastPointer 和 SlowPointer 之間相距 LOOP_SIZE - k 個節點。

接下來，如果 FastPointer 在 SlowPointer 每次移動一個節點時移動兩個節點，那麼它們在每個回合中將靠近彼此一個節點。因此，它們會在 LOOP_SIZE - k 圈後相遇。兩個都會位於迴圈開頭前的 k 個節點上。

鏈結串列的頭也在迴圈前 k 個節點。因此，如果我們保持一個指標在它目前的位置，並移動另一個指標到串列的頭，那麼它們將在迴圈的開頭相遇。

我們的演算法是直接從第 1 部分、第 2 部分和第 3 部分推導出來的。

1. 建立兩個指標，FastPointer 和 SlowPointer。

2. FastPointer 移動速度為每次 2 步，SlowPointer 移動速度為每次 1 步。

3. 當它們發生碰撞時，將 SlowPointer 移動到 LinkedListHead。FastPointer 則保持在它當前的位置。

4. 以移動速度為每次 1 步去移動 SlowPointer 和 FastPointer，並回傳新的碰撞點。

下面的程式碼實作了這個演算法。

```
1   LinkedListNode FindBeginning(LinkedListNode head) {
2     LinkedListNode slow = head;
3     LinkedListNode fast = head;
4
5     /* 找到集合點，這將是進入串列後的LOOP_SIZE - k步 */
6     while (fast != null && fast.next != null) {
7       slow = slow.next;
8       fast = fast.next.next;
9       if (slow == fast) { // 碰撞
10        break;
11      }
12    }
13
14    /* 錯誤檢查——找不到集合點，因此迴圈不存在 */
15    if (fast == null || fast.next == null) {
16      return null;
17    }
18
19    /* 將慢的那個移到鏈結串列開頭，將快的指標保留在碰撞點。兩者都離迴圈起點k步。
20     * 如果它們以相同的速度移動，它們必定會在迴圈開始處相遇 */
21    slow = head;
22    while (slow != fast) {
23      slow = slow.next;
24      fast = fast.next;
25    }
26
27    /* 現在兩者都指向迴圈開始處 */
28    return fast;
29  }
```

3

堆疊和佇列的解決方案

3.1 三合一：請描述如何使用單個陣列實作三個堆疊。

pg 130

解答

像許多問題一樣，這在某種程度上取決於我們對這些堆疊的支援程度。比方說，如果我們可以簡單地為每個堆疊分配固定數量的空間。但這代表著當一個堆疊耗盡了空間時，其他堆疊有可能幾乎是空的。

或者，我們可以靈活地分配空間，但這會大幅增加問題的複雜度。

方法 1：固定分配空間

我們可以將陣列分成三個相等的部分，並允許單個堆疊在有限的空間中增長。注意：我們將使用符號「 [」表示包含端點，「 (」表示不包含端點。

- 對於堆疊 1，我們將使用 $[0, \frac{n}{3})$
- 對於堆疊 2，我們將使用 $[\frac{n}{3}, \frac{2n}{3})$
- 對於堆疊 3，我們將使用 $[\frac{2n}{3}, n)$

此解決方案的程式碼如下。

```
1   class FixedMultiStack {
2     private int numberOfStacks = 3;
3     private int stackCapacity;
4     private int[] values;
5     private int[] sizes;
6
7     public FixedMultiStack(int stackSize) {
8       stackCapacity = stackSize;
9       values = new int[stackSize * numberOfStacks];
10      sizes = new int[numberOfStacks];
11    }
```

```
12
13      /* 將值推入堆疊 */
14      public void push(int stackNum, int value) throws FullStackException {
15          /* 檢查下一個元素是否還有空間 */
16          if (isFull(stackNum)) {
17              throw new FullStackException();
18          }
19
20          /* 遞增堆疊指標，然後更新最頂端的值 */
21          sizes[stackNum]++;
22          values[indexOfTop(stackNum)] = value;
23      }
24
25      /* 從堆疊頂端取得項目 */
26      public int pop(int stackNum) {
27          if (isEmpty(stackNum)) {
28              throw new EmptyStackException();
29          }
30
31          int topIndex = indexOfTop(stackNum);
32          int value = values[topIndex]; // 取得頂端項目
33          values[topIndex] = 0; // 清空
34          sizes[stackNum]--; // 縮小
35          return value;
36      }
37
38      /* 回傳頂端元素 */
39      public int peek(int stackNum) {
40          if (isEmpty(stackNum)) {
41              throw new EmptyStackException();
42          }
43          return values[indexOfTop(stackNum)];
44      }
45
46      /* 如果堆疊是空的就回傳 */
47      public boolean isEmpty(int stackNum) {
48          return sizes[stackNum] == 0;
49      }
50
51      /* 如果堆疊是滿的就回傳 */
52      public boolean isFull(int stackNum) {
53          return sizes[stackNum] == stackCapacity;
54      }
55
56      /* 回傳堆疊頂部的索引 */
57      private int indexOfTop(int stackNum) {
58          int offset = stackNum * stackCapacity;
59          int size = sizes[stackNum];
60          return offset + size - 1;
61      }
62  }
```

如果我們有更多關於堆疊用途的額外資訊,那麼就可以把這個演算法修改更好。例如,如果期望堆疊 1 比堆疊 2 可容納更多元素,可以為堆疊 1 分配更多的空間,為堆疊 2 分配更少的空間。

方法 2:彈性分配空間

第二種方法是允許堆疊區塊在大小上具有靈活性。當一個堆疊超過它的初始容量時,我們增加可用的容量並根據需要移動元素。

我們還將把陣列設計成圓形,以便最後一個堆疊可以從陣列的尾端開始並繞回到開頭。

請注意,此解決方案的程式碼太複雜,不適合當作面試的程式碼。您可能被要求寫虛擬碼,或者可能是單個元件的程式碼,完整實作的工作量太大了。

```java
1   public class MultiStack {
2     /* StackInfo是一個簡單的類別。
3      * 它包含關於每個堆疊的一組資料,不包含堆疊中的實際項目。
4      * 我們本可以用一堆單獨的變數做到它的功能,
5      * 但看起來會很亂,而且我們也得不到更多好處。 */
6     private class StackInfo {
7       public int start, size, capacity;
8       public StackInfo(int start, int capacity) {
9         this.start = start;
10        this.capacity = capacity;
11      }
12
13      /* 檢查整個陣列的索引是否在堆疊邊界內
14       * 堆疊可以繞回到陣列的開頭 */
15      public boolean isWithinStackCapacity(int index) {
16        /* 如果超出陣列邊界,則回傳false */
17        if (index < 0 || index >= values.length) {
18          return false;
19        }
20
21        /* 如果index繞回去了,就調整它 */
22        int contiguousIndex = index < start ? index + values.length : index;
23        int end = start + capacity;
24        return start <= contiguousIndex && contiguousIndex < end;
25      }
26
27      public int lastCapacityIndex() {
28        return adjustIndex(start + capacity - 1);
29      }
30
31      public int lastElementIndex() {
```

```
32        return adjustIndex(start + size - 1);
33      }
34
35      public boolean isFull() { return size == capacity; }
36      public boolean isEmpty() { return size == 0; }
37    }
38
39    private StackInfo[] info;
40    private int[] values;
41
42    public MultiStack(int numberOfStacks, int defaultSize) {
43      /* 為所有堆疊建立描述性資料 */
44      info = new StackInfo[numberOfStacks];
45      for (int i = 0; i < numberOfStacks; i++) {
46        info[i] = new StackInfo(defaultSize * i, defaultSize);
47      }
48      values = new int[numberOfStacks * defaultSize];
49    }
50
51    /* 將數值推入堆疊編號，根據需要移動/擴展堆疊。
52     * 如果所有堆疊都滿了，則拋出異常 */
53    public void push(int stackNum, int value) throws FullStackException {
54      if (allStacksAreFull()) {
55        throw new FullStackException();
56      }
57
58      /* 如果這個堆疊滿了，就擴張它 */
59      StackInfo stack = info[stackNum];
60      if (stack.isFull()) {
61        expand(stackNum);
62      }
63
64      /* 搜尋陣列+1中頂部元素的索引，
65       * 並遞增堆疊指標 */
66      stack.size++;
67      values[stack.lastElementIndex()] = value;
68    }
69
70    /* 從堆疊中刪除值 */
71    public int pop(int stackNum) throws Exception {
72      StackInfo stack = info[stackNum];
73      if (stack.isEmpty()) {
74        throw new EmptyStackException();
75      }
76
77      /* 刪除最後一個元素 */
78      int value = values[stack.lastElementIndex()];
79      values[stack.lastElementIndex()] = 0; // 清除項目
80      stack.size--; // 縮小
81      return value;
```

```
82       }
83
84       /* 取得堆疊頂端元素 */
85       public int peek(int stackNum) {
86          StackInfo stack = info[stackNum];
87          return values[stack.lastElementIndex()];
88       }
89       /* 將堆疊中的項目移動一個元素的位置。
90        * 如果我們有足夠的容量,那麼我們最終將把堆疊縮小一個元素。
91        * 如果我們沒有足夠的容量的話,我們將需要移動下一個堆疊。 */
92       private void shift(int stackNum) {
93          System.out.println("/// Shifting " + stackNum);
94          StackInfo stack = info[stackNum];
95
96          /* 如果這個堆疊已滿,那麼您需要將下一個堆疊位移一個元素位置。
97           * 這個堆疊現在可以要求被釋放的索引了 */
98          if (stack.size >= stack.capacity) {
99             int nextStack = (stackNum + 1) % info.length;
100            shift(nextStack);
101            stack.capacity++; // 要求被下一個堆疊釋放的索引
102         }
103
104         /* 將堆疊中的所有元素位移一個位置 */
105         int index = stack.lastCapacityIndex();
106         while (stack.isWithinStackCapacity(index)) {
107            values[index] = values[previousIndex(index)];
108            index = previousIndex(index);
109         }
110
111         /* 調整堆疊資料 */
112         values[stack.start] = 0; // 清除項目
113         stack.start = nextIndex(stack.start); // 移動開始位置
114         stack.capacity--; // 縮小容量
115      }
116
117      /* 透過移動其他堆疊來擴展堆疊 */
118      private void expand(int stackNum) {
119         shift((stackNum + 1) % info.length);
120         info[stackNum].capacity++;
121      }
122
123      /* 回傳堆疊中實際存在的項目數量 */
124      public int numberOfElements() {
125         int size = 0;
126         for (StackInfo sd : info) {
127            size += sd.size;
128         }
129         return size;
130      }
131
```

```
132    /* 所有堆疊都滿了則回傳true */
133    public boolean allStacksAreFull() {
134        return numberOfElements() == values.length;
135    }
136
137    /* 將索引調整為0 -> 長度-1的範圍內 */
138    private int adjustIndex(int index) {
139        /* Java的mod運算子可以回傳負值。例如，
140         * （-11 % 5）將回傳-1，而不是4。
141         * 但我們實際上想要的值是4（因為我們會將索引繞回去） */
142        int max = values.length;
143        return ((index % max) + max) % max;
144    }
145
146    /* 取得該索引後的索引，並為繞回做調整 */
147    private int nextIndex(int index) {
148        return adjustIndex(index + 1);
149    }
150
151    /* 取得該索引前的索引，並為繞回做調整 */
152    private int previousIndex(int index) {
153        return adjustIndex(index - 1);
154    }
155 }
```

在這樣的問題中，寫出乾淨的、可維護的程式碼是很重要的。您應該使用額外的類別，就像我們寫的 StackInfo 那樣，並將程式碼區塊拉到單獨的方法中。當然，這個建議也適用於「實務工作」。

3.2   堆疊最小值：您會如何設計一個堆疊，這個堆疊除了 push 和 pop 外，還有一個回傳最小元素的函式 min？push、pop 和 min 的時間複雜度都要在 O(1) 內。

pg 130

解答

最小值不會一直變化，它們只在加入了更小的元素時改變。

一種解決方案是只取得一個 int 值 minValue，它是 Stack 類別的一個成員。當從堆疊中彈出 minValue 時，我們必須在堆疊中搜尋以找到新的最小值。不幸的是，這將打破 push 和 pop 操作在 O(1) 時間內的限制。

為了進一步理解這個問題，讓我們舉一個簡短的例子：

```
push(5); // 堆疊為 {5}，最小值為 5
push(6); // 堆疊為 {6, 5}，最小值為 5
push(3); // 堆疊為 {3, 6, 5}，最小值為 3
```

```
push(7); // 堆疊為 {7, 3, 6, 5}，最小值為 3
pop(); // 取出 7，堆疊為 {3, 6, 5}，最小值為 3
pop(); // 取出 3，堆疊為 {6, 5}，最小值為 5
```

請特別看到一旦堆疊回傳到之前的狀態（{6, 5}），最小值也會回傳到之前的最小值
（5）。這就帶出了第二個解決方案。

如果追蹤每個狀態的最小值，就可以很容易地知道最小值是多少。可以透過讓每個節
點記錄它以下的最小值來做到這一點。若要找到最小值，只要看最上面的元素認為哪
個值才是的最小值即可。

當您將一個元素壓入堆疊時，該元素將會收到當前的最小值，它會將「本地最小值」
設定為目前的最小值。

```
1   public class StackWithMin extends Stack<NodeWithMin> {
2     public void push(int value) {
3       int newMin = Math.min(value, min());
4       super.push(new NodeWithMin(value, newMin));
5     }
6
7     public int min() {
8       if (this.isEmpty()) {
9         return Integer.MAX_VALUE; // 錯誤值
10      } else {
11        return peek().min;
12      }
13    }
14  }
15
16  class NodeWithMin {
17    public int value;
18    public int min;
19    public NodeWithMin(int v, int min){
20      value = v;
21      this.min = min;
22    }
23  }
```

這裡有一個問題：如果我們有一個很大的堆疊，那麼透過追蹤每個元素的最小值會浪
費很多空間。我們能做得更好嗎？

透過使用一個額外的堆疊來追蹤最小值，我們（也許）可以做得更好一點。

```
1   public class StackWithMin2 extends Stack<Integer> {
2     Stack<Integer> s2;
3     public StackWithMin2() {
4       s2 = new Stack<Integer>();
```

```
5        }
6
7        public void push(int value){
8            if (value <= min()) {
9                s2.push(value);
10           }
11           super.push(value);
12       }
13
14       public Integer pop() {
15           int value = super.pop();
16           if (value == min()) {
17               s2.pop();
18           }
19           return value;
20       }
21
22       public int min() {
23           if (s2.isEmpty()) {
24               return Integer.MAX_VALUE;
25           } else {
26               return s2.peek();
27           }
28       }
29   }
```

為什麼這樣會更節省空間呢？假設我們有一個非常大的堆疊，插入的第一個元素恰好是最小的。在第一個解決方案中，我們將額外存 n 個整數，其中 n 是堆疊的大小。不過，在第二個解決方案中，我們只儲存了部份資料：第二個堆疊操作單個元素，而且只需儲存這個堆疊中的成員。

3.3 **板材堆疊**：想像一個（真實的）板材堆疊。如果堆的太高，它可能會倒塌。因此，在現實生活中，當堆疊超過某個高度時，可能另外新建一個新的堆疊。請實作一個資料結構 SetOfStacks 來模擬這個行為。SetOfStacks 應該由數個堆疊組成，並且應該在前一個堆疊超過容量時建立一個新的堆疊。SetOfStacks. push() 和 SetOfStacks.pop() 應該與單個堆疊的行為相同（也就是說，pop() 的回傳值應該要與單個堆疊的回傳值相同）。

延伸題

請實作一個函式 popAt(int index)，它可針對指定的子堆疊執行 pop 操作。

pg 130

解答

在這個問題中，我們被告知我們的資料結構應該長成這樣：

```
1   class SetOfStacks {
2     ArrayList<Stack> stacks = new ArrayList<Stack>();
3     public void push(int v) { ... }
4     public int pop() { ... }
5   }
```

我們知道 push() 的行為應該與單個堆疊時相同，這代表著我們需要 push() 來呼叫堆疊陣列中最後一個堆疊的 push()。但是這裡我們必須小心一點：如果最後一個堆疊已經滿載，則需要建立一個新的堆疊。我們的程式碼應該是這樣的：

```
1    void push(int v) {
2      Stack last = getLastStack();
3      if (last != null && !last.isFull()) { // 加到最後一個堆疊
4        last.push(v);
5      } else { // 必須建立新堆疊
6        Stack stack = new Stack(capacity);
7        stack.push(v);
8        stacks.add(stack);
9      }
10   }
```

pop() 應該做什麼？它的行為應該類似於 push()，因為它也應該對最後一個堆疊進行操作。如果最後一個堆疊是空的（彈出之後），那麼應該從堆疊清單中刪除堆疊。

```
1    int pop() {
2      Stack last = getLastStack();
3      if (last == null) throw new EmptyStackException();
4      int v = last.pop();
5      if (last.size == 0) stacks.remove(stacks.size() - 1);
6      return v;
7    }
```

延伸題：請實作 popAt (int index)

這是一個稍微棘手的實作，但我們可以想像有一個「滾動」系統。如果從堆疊 1 中取出一個元素，就需要取出堆疊 2 的最下方元素並將其推入堆疊 1。然後需要從堆疊 3 滾動到堆疊 2，從堆疊 4 滾動到堆疊 3，以此類推。

您可以提出這樣的觀點，與其這樣把元素「滾過去」，還不如接受堆疊可以在不裝滿的情況執行。這將有助於降低時間複雜度（若元素夠大量時），但是如果有人假設所

有堆疊（除了最後一個堆疊）都必須是滿載的，那麼就必須使用下面這種棘手的解決方案。是不是必須是滿載這個問題沒有「正確答案」；您應該和面試官討論一下這個問題。

```
1   public class SetOfStacks {
2      ArrayList<Stack> stacks = new ArrayList<Stack>();
3      public int capacity;
4      public SetOfStacks(int capacity) {
5         this.capacity = capacity;
6      }
7
8      public Stack getLastStack() {
9         if (stacks.size() == 0) return null;
10        return stacks.get(stacks.size() - 1);
11     }
12
13     public void push(int v) { /* 參見前面的程式碼 */ }
14     public int pop() { /* 參見前面的程式碼 */ }
15     public boolean isEmpty() {
16        Stack last = getLastStack();
17        return last == null || last.isEmpty();
18     }
19
20     public int popAt(int index) {
21        return leftShift(index, true);
22     }
23
24     public int leftShift(int index, boolean removeTop) {
25        Stack stack = stacks.get(index);
26        int removed_item;
27        if (removeTop) removed_item = stack.pop();
28        else removed_item = stack.removeBottom();
29        if (stack.isEmpty()) {
30           stacks.remove(index);
31        } else if (stacks.size() > index + 1) {
32           int v = leftShift(index + 1, false);
33           stack.push(v);
34        }
35        return removed_item;
36     }
37  }
38
39  public class Stack {
40     private int capacity;
41     public Node top, bottom;
42     public int size = 0;
43
44     public Stack(int capacity) { this.capacity = capacity; }
```

```
45      public boolean isFull() { return capacity == size; }
46
47      public void join(Node above, Node below) {
48          if (below != null) below.above = above;
49          if (above != null) above.below = below;
50      }
51
52      public boolean push(int v) {
53          if (size >= capacity) return false;
54          size++;
55          Node n = new Node(v);
56          if (size == 1) bottom = n;
57          join(n, top);
58          top = n;
59          return true;
60      }
61
62      public int pop() {
63          Node t = top;
64          top = top.below;
65          size--;
66          return t.value;
67      }
68
69      public boolean isEmpty() {
70          return size == 0;
71      }
72
73      public int removeBottom() {
74          Node b = bottom;
75          bottom = bottom.above;
76          if (bottom != null) bottom.below = null;
77          size--;
78          return b.value;
79      }
80  }
```

這個問題在概念上並不複雜，但是完整實作它需要大量的程式碼。您的面試官不會要求您實作整個程式碼。

解決這類問題的一個好策略是將程式碼獨立寫到其他方法中，比如 **popAt** 可以呼叫的 **leftShift** 方法。這將使您的程式碼更清晰，並使您有機會在處理某些細節之前先建立程式碼的整體架構。

3.4 使用堆疊實作佇列：請實作一個 MyQueue 類別，它使用兩個堆疊實作佇列。

pg 130

解答

由於佇列和堆疊之間的主要差別是順序（先進先出 vs 後進先出），我們知道需要修改 peek() 和 pop() 來實作相反的順序。我們可以使用第二個堆疊來顛倒元素的順序（透過從 s1 彈出元素並將元素壓入 s2）。在這樣的實作中，在每次 peek() 和 pop() 操作時，我們都將從 s1 彈出東西加到 s2，執行 peek/pop 操作，然後再將所有內容 push 回去。

這是可行的做法，但是如果連續執行兩次 pop/peek，我們就沒有必要移動元素。我們可以實作一種「惰性」方法，即讓元素位於 s2 中，直到必須反轉元素為止。

在這種做法中，stackNewest 將最新的元素放在頂部，stackOldest 將最老的元素放在頂部。當我們要取出一個元素時，我們希望首先刪除最老的元素，因此我們可以從 stackOldest 中取出。如果 stackOldest 是空的，那麼我們希望將 stackNewest 中的所有元素以相反的順序轉移到這個堆疊中。若要插入一個元素，我們會將新元素推入 stackNewest，因為它把新元素放在頂部。

下面的程式碼實作了這個演算法。

```
1   public class MyQueue<T> {
2     Stack<T> stackNewest, stackOldest;
3
4     public MyQueue() {
5       stackNewest = new Stack<T>();
6       stackOldest = new Stack<T>();
7     }
8
9     public int size() {
10      return stackNewest.size() + stackOldest.size();
11    }
12
13    public void add(T value) {
14      /* 推入stackNewest，它總是把最新的元素放在頂部 */
15      stackNewest.push(value);
16    }
17
18    /* 將元素從stackNewest移動到stackOldest。
19     * 這通常是為了讓我們可以對stackOldest進行操作 */
20    private void shiftStacks() {
21      if (stackOldest.isEmpty()) {
```

```
22          while (!stackNewest.isEmpty()) {
23              stackOldest.push(stackNewest.pop());
24          }
25      }
26  }
27
28  public T peek() {
29      shiftStacks(); // 確保stackOldest有當前元素
30      return stackOldest.peek(); // 找出最老的項目
31  }
32
33  public T remove() {
34      shiftStacks(); // 確保stackOldest有當前元素
35      return stackOldest.pop(); // 取得最老的項目
36  }
37  }
```

在進行實際的面試時,您可能會發現自己忘記了確切的 API 名稱。如果這種情況發生在您身上,不要太緊張。大多數面試官都能接受您需要一些時間來回憶細節,他們更關心您對整體的理解。

3.5 **排序堆疊:** 請撰寫一個程式對堆疊進行排序,使最小的項目位於最上面。您可以使用另外一個臨時堆疊,但不能將元素複製到任何其他資料結構(如陣列)中。堆疊支援以下操作:push、pop、peek 和 isEmpty。

pg 131

解答

其中一種解決方案是實作一個基本的排序演算法。我們搜尋整個堆疊來找到最小的元素,然後把它放到一個新的堆疊上。然後再找新的最小元素並放到新的堆疊上。這實際上總共需要三個堆疊:s1 是原始堆疊,s2 是最終排序好的堆疊,s3 在我們搜尋 s1 期間充當緩衝區。為了在 s1 中搜尋每個最小值,我們需要從 s1 中取出元素並將它們放到緩衝區 s3 中。

不幸的是,這種解法需要兩個額外的堆疊,但我們被限定使用一個額外的堆疊。我們能做得更好嗎?是的。

不需要重複地尋找最小值,也可以透過將 s1 中的每個元素按順序插入 s2 來對 s1 排序。這是怎麼做到的呢?

假設我們有以下堆疊，其中 s2 是「排序好的」而 s1 沒有排序：

s1	s2
	12
5	8
10	3
7	1

當我們從 s1 取出 5 時，我們需要在 s2 中找到插入這個數字的正確位置。在本例中，正確的位置是 s2 向上算第 3 格。我們怎麼才能做到這件事呢？我們可以透過從 s1 取出 5 並將其儲存在一個臨時變數中來實作。然後，我們把 12 和 8 移到 s1 上（把它們從 s2 取出來並把它們推到 s1 上），然後把 5 推到 s2 上。

步驟 1

s1	s2
	12
	8
10	3
7	1

tmp = 5

->

步驟 2

s1	s2
8	
12	
10	3
7	1

tmp = 5

->

步驟 3

s1	s2
8	
12	5
10	3
7	1

tmp = --

請注意，8 和 12 仍然在 s1 中，這沒有關係！我們只是對這兩個數字重複相同的步驟，就像我們對 5 所做的那樣，每次從 s1 頂部取出，並把它放到 s2 的「正確位置」上（當然，8 和 12 之所以會從 s2 移動到 s1，是因為它們大於 5，所以這些元素的「正確位置」將在 5 的正上方。我們不需要移動 s2 的其他元素，當 tmp 為 8 和 12 時，下方的 while 迴圈將不會執行）。

```
1    void sort(Stack<Integer> s) {
2      Stack<Integer> r = new Stack<Integer>();
3      while(!s.isEmpty()) {
4        /* 將s中的每個元素按順序推入r中 */
5        int tmp = s.pop();
6        while(!r.isEmpty() && r.peek() > tmp) {
7          s.push(r.pop());
8        }
9        r.push(tmp);
10     }
11
```

```
12      /* 將元素從r複製回s */
13      while (!r.isEmpty()) {
14          s.push(r.pop());
15      }
16  }
```

這個演算法花費 O(N^2) 時間和 O(N) 空間。

如果允許我們使用無限多個堆疊，可以實作修改版的快速排序或合併排序。

若是要設計合併排序解決方案，需要建立兩個額外的堆疊，並將堆疊分成兩部分。我們將遞迴地對每個堆疊排序，然後按排序的順序將它們合併到原始堆疊中。請注意，這將需要在每個遞迴層級上建立兩個額外的堆疊。

若是要設計快速排序解決方案，需要建立兩個額外的堆疊，並用一個關鍵元素將堆疊分成兩個堆疊。這兩個堆疊將被遞迴排序，然後合併到原始堆疊中。與前面的解決方案一樣，這個解決方會為每個遞迴層級建立兩個額外的堆疊。

3.6　動物收容所：有一個動物收容所，只收留狗和貓，並嚴格按照「先進先出」的原則運作。人們必須在動物收容所裡收養「住了最久的」動物（根據到達時間），或者他們可以選擇他們更喜歡狗還是貓（並且收養選定類型中最久的動物）。他們不能自由選擇他們想要的特定動物。請建立資料結構來維護這個系統，並實作 enqueue、dequeueAny、dequeueDog 和 dequeueCat 等操作。您可以使用內建的鏈結串列（LinkedList）資料結構。

pg 131

解答

我們可以探索解決這個問題的各種方法。例如，可以只維護一個佇列。這將使 dequeueAny 變得簡單，但 dequeueDog 和 dequeueCat 將需要迭代佇列來找到住最久的狗或貓，這將增加解決方案的複雜度並降低效率。

另一種簡單、乾淨、高效的方法是簡單地把狗和貓放在各自的佇列中，並將它們放在一個名為 AnimalQueue 的包裝類別中。然後我們儲存某種時間戳記來標記每個動物何時進入佇列。當我們呼叫 dequeueAny 時，會查看狗佇列和貓佇列的頭部，並回傳最久的那個元素。

```
1   abstract class Animal {
2       private int order;
3       protected String name;
4       public Animal(String n) { name = n; }
5       public void setOrder(int ord) { order = ord; }
```

```
6     public int getOrder() {  return order; }
7
8     /* 比較動物入住的順序來回傳最久的項目 */
9     public boolean isOlderThan(Animal a) {
10        return this.order < a.getOrder();
11    }
12  }
13
14  class AnimalQueue {
15    LinkedList<Dog> dogs = new LinkedList<Dog>();
16    LinkedList<Cat> cats = new LinkedList<Cat>();
17    private int order = 0; // 充當時間戳記
18
19    public void enqueue(Animal a) {
20        /* Order被當成一種時間戳記用，這樣我們就可以比較狗對貓的插入順序
21         * 觀察佇列中排在最前面的狗和貓，然後從佇列取出最老的值 */
22        a.setOrder(order);
23        order++;
24
25        if (a instanceof Dog) dogs.addLast((Dog) a);
26        else if (a instanceof Cat) cats.addLast((Cat)a);
27    }
28
29    public Animal dequeueAny() {
30        /* 分別查看狗和貓佇列的最上方元素，
31         * 並將較老的動物彈出佇列 */
32        if (dogs.size() == 0) {
33           return dequeueCats();
34        } else if (cats.size() == 0) {
35           return dequeueDogs();
36        }
37
38        Dog dog = dogs.peek();
39        Cat cat = cats.peek();
40        if (dog.isOlderThan(cat)) {
41           return dequeueDogs();
42        } else {
43           return dequeueCats();
44        }
45    }
46
47    public Dog dequeueDogs() {
48        return dogs.poll();
49    }
50
51    public Cat dequeueCats() {
52        return cats.poll();
53    }
54  }
55
```

```
56  public class Dog extends Animal {
57      public Dog(String n) { super(n); }
58  }
59
60  public class Cat extends Animal {
61      public Cat(String n) { super(n); }
62  }
```

Dog 和 Cat 都從 Animal 類別繼承是很重要的，因為 dequeueAny() 需要能夠回傳 Dog 或 Cat 物件。

如果需要，可將 order 設定成一個真正的時間戳記，其中包含實際的日期和時間。這樣做的好處是不需要設定和維護數值順序。如果我們已得到兩個具有相同時間戳記的動物，那麼（要根據定義）當比不出來哪一個動物更久時，可以任意回傳其中一個。

4

樹和圖的解決方案

4.1　**節點間路徑**：給定一個有向圖，請設計一個演算法找出兩個節點間是否有
　　　路徑。

pg 144

解答

這個問題可以透過簡單的圖形遍歷來解決，例如深度優先搜尋或廣度優先搜尋。我們
從兩個節點中任取一個開始，在遍歷過程中檢查是否找到了另一個節點。應該將演算
法過程中訪問過的任何節點標記為「已存取過」，以避免節點的繞圈圈和重複檢查。

下面的程式碼是以廣度優先搜尋的迭代實作。

```
1    enum State { Unvisited, Visited, Visiting; }
2
3    boolean search(Graph g, Node start, Node end) {
4      if (start == end) return true;
5
6      // 當作佇列用
7      LinkedList<Node> q = new LinkedList<Node>();
8
9      for (Node u : g.getNodes()) {
10        u.state = State.Unvisited;
11      }
12      start.state = State.Visiting;
13      q.add(start);
14      Node u;
15      while (!q.isEmpty()) {
16        u = q.removeFirst(); // 即dequeue()
17        if (u != null) {
18          for (Node v : u.getAdjacent()) {
19            if (v.state == State.Unvisited) {
20              if (v == end) {
21                return true;
22              } else {
23                v.state = State.Visiting;
24                q.add(v);
```

```
25              }
26          }
27      }
28      u.state = State.Visited;
29  }
30 }
31 return false;
32 }
```

對於這個問題或其他問題，與您的面試官討論廣度優先搜尋或深度優先搜尋之間權衡得失是很有價值的。例如，深度優先搜尋的實作要簡單一些，因為它可以用簡單的遞迴來完成。廣度優先搜尋在尋找最短路徑時也很有用，而深度優先搜尋在到達相鄰節點之前可能會非常深入地迭代它的相鄰節點。

4.2 　**最小樹**：給定一個具有不重複整數元素的已排序（遞增順序）陣列，撰寫一個演算法建立一個高度最低的二元搜尋樹。

pg 144

解答

為了建立高度最低的樹，需要盡可能匹配左子樹中的節點數和右子樹中的節點數。這表示我們希望根節點在陣列的中間值，因為這意味著一半的元素小於根節點、一半大於根節點。

我們以類似的概念繼續建立樹，以陣列每個分段的中間做成根節點。陣列的左半部分將成為我們的左子樹，而陣列的右半部分將成為右子樹。

一種實作方法是使用 root.insertNode(int v) 方法，這個方法透過從根節點開始的遞迴流程插入值 v。這確實會建立一個高度最小的樹，但效率不高。由於每次插入都需要遍歷樹，使得樹的時間總代價為 O(N log N)。

或者，我們可以使用 createMinimalBST 方法遞迴，以減少額外的遍歷。該方法只傳遞陣列的一小部分，並回傳該陣列的最小樹的根節點。

演算法如下：

1. 將陣列的中間元素插入到樹中。

2. 將左子陣列元素插入（左子樹）。

3. 將右子陣列元素插入（右子樹）。

4. 遞迴。

下面的程式碼實作了這個演算法。

```
1   TreeNode createMinimalBST(int array[]) {
2     return createMinimalBST(array, 0, array.length - 1);
3   }
4
5   TreeNode createMinimalBST(int arr[], int start, int end) {
6     if (end < start) {
7       return null;
8     }
9     int mid = (start + end) / 2;
10    TreeNode n = new TreeNode(arr[mid]);
11    n.left = createMinimalBST(arr, start, mid - 1);
12    n.right = createMinimalBST(arr, mid + 1, end);
13    return n;
14  }
```

雖然這段程式碼看起來不是特別複雜，但是很容易發生差一誤差錯誤（off-by-one error）。一定要非常徹底地測試程式碼的這些部分。

4.3　**深度串列**：給定一棵二元樹，請設計一個演算法，建立每個深度的所有節點的串列（例如，如果您有一個深度為 D 的樹，您就會有 D 個串列）。

pg 144

解答

雖然我們可能第一眼就認為這個問題需要逐層遍歷，但實際上這並不是必需的。我們可以用任何方式遍歷圖，只要知道我們在哪層上就行了。

我們可以簡單修改前序遍歷演算法，將 `level + 1` 級傳遞給下一個遞迴呼叫。下面的程式碼是採用深度優先搜尋的實作。

```
1   void createLevelLinkedList(TreeNode root, ArrayList<LinkedList<TreeNode>> lists,
2                              int level) {
3     if (root == null) return; // 基本情況
4
5     LinkedList<TreeNode> list = null;
6     if (lists.size() == level) { // 串列中尚不包含這一層
7       list = new LinkedList<TreeNode>();
8       /* 必定是按順序遍歷每一層。所以，如果這是我們第一次取第i，
9        * 代表我們一定處理過第0層到第i - 1層。
10       * 因此我們在最後時也可以安心地將層數遞增 */
11      lists.add(list);
12    } else {
13      list = lists.get(level);
14    }
15    list.add(root);
```

```
16    createLevelLinkedList(root.left, lists, level + 1);
17    createLevelLinkedList(root.right, lists, level + 1);
18 }
19
20 ArrayList<LinkedList<TreeNode>> createLevelLinkedList(TreeNode root) {
21    ArrayList<LinkedList<TreeNode>> lists = new ArrayList<LinkedList<TreeNode>>();
22    createLevelLinkedList(root, lists, 0);
23    return lists;
24 }
```

或者，我們也可以修改廣度優先搜尋來實作。使用這種實作，我們希望首先遍歷根節點，然後是第 2 層，第 3 層，以此類推。

對於每一個層級 i，我們需要完全存取層級 i - 1 上的所有節點。這代表著，要取得第 i 層的全部節點，只需查看第 i - 1 層所有節點的子節點。

下面的程式碼實作了這個演算法。

```
1  ArrayList<LinkedList<TreeNode>> createLevelLinkedList(TreeNode root) {
2     ArrayList<LinkedList<TreeNode>> result = new ArrayList<LinkedList<TreeNode>>();
3     /* "訪問"根節點 */
4     LinkedList<TreeNode> current = new LinkedList<TreeNode>();
5     if (root != null) {
6        current.add(root);
7     }
8
9     while (current.size() > 0) {
10       result.add(current); // 加入前一層
11       LinkedList<TreeNode> parents = current; // 進入下一層
12       current = new LinkedList<TreeNode>();
13       for (TreeNode parent : parents) {
14          /* 訪問子節點們 */
15          if (parent.left != null) {
16             current.add(parent.left);
17          }
18          if (parent.right != null) {
19             current.add(parent.right);
20          }
21       }
22    }
23    return result;
24 }
```

有些人可能會問，這些解決方案中哪一個更有效率呢。它們兩者的時間複雜度都在 O(N) 內，但空間效率如何呢？一開始，我們可能會認為第二種解決方案更節省空間。

從某種意義上說,這是正確的。第一個解決方案使用 O(log N) 次遞迴呼叫(在平衡樹中),每個遞迴呼叫都會向堆疊加入一個新層級。而第二個解決方案是迭代的,不需要額外的空間。

但是,這兩個解決方案都需要回傳 O(N) 個資料。與必須回傳的 O(N) 個資料相比,遞迴實作中額外的 O(log N) 空間使用量顯得微不足道。因此,儘管第一個解決方案實際上可能會使用更多的資料,但以「Big O」的角度來看時,它們的效率是一樣的。

4.4 **檢查平衡**:實作一個函式來檢查二元樹是否平衡。為了這個問題,將平衡樹定義為:任意節點的兩個子樹的高度相差不超過 1。

pg 145

解答

在這個問題中,我們很幸運地聽到平衡的確切含義:對於每個節點,兩個子樹的高度相差不超過 1。我們可以實作基於此定義的解決方案。我們可以簡單地遞迴整個樹,為每個節點,計算其每個子樹的高度。

```
1   int getHeight(TreeNode root) {
2      if (root == null) return -1; // 基本情況
3      return Math.max(getHeight(root.left), getHeight(root.right)) + 1;
4   }
5
6   boolean isBalanced(TreeNode root) {
7      if (root == null) return true; // 基本情況
8
9      int heightDiff = getHeight(root.left) - getHeight(root.right);
10     if (Math.abs(heightDiff) > 1) {
11        return false;
12     } else { // 遞迴
13        return isBalanced(root.left) && isBalanced(root.right);
14     }
15  }
```

雖然這是可行的,但不是很有效率。在每個節點上,我們都遞迴其整個子樹。這代表著會呼叫同一個節點的 getHeight 數次。這個演算法是 O(N log N),因為每個節點會被在它上面的每個節點「觸摸」一次。

我們得少呼叫幾次 getHeight。

如果檢查這個方法,我們可能會注意到 getHeight 實際上可以在檢查樹的高度的同時檢查樹是否平衡。如果發現子樹不平衡時,我們要做什麼?只要回傳一個錯誤代碼就好了。

我們從根節點開始遞迴向下，這個改進過的演算法會檢查每個子樹的高度。在每個節點上，透過 checkHeight 方法遞迴獲得左子樹和右子樹的高度。如果子樹是平衡的，那麼 checkHeight 將回傳子樹的實際高度。如果子樹不平衡，那麼 checkHeight 將回傳一個錯誤代碼，將立即中斷當前呼叫並回傳一個錯誤代碼。

> 我們要把錯誤代碼定成什麼樣呢？空樹的高度通常定義為 -1，所以 -1 不是一個好的錯誤代碼。所以，我們要使用 Integer.MIN_VALUE。

下面的程式碼實作了這個演算法。

```
1   int checkHeight(TreeNode root) {
2      if (root == null) return -1;
3
4      int leftHeight = checkHeight(root.left);
5      if (leftHeight == Integer.MIN_VALUE) return Integer.MIN_VALUE; // 將錯誤向上傳
6
7      int rightHeight = checkHeight(root.right);
8      if (rightHeight == Integer.MIN_VALUE) return Integer.MIN_VALUE; // 將錯誤向上傳
9
10     int heightDiff = leftHeight - rightHeight;
11     if (Math.abs(heightDiff) > 1) {
12        return Integer.MIN_VALUE; // 發現錯誤 -> 將它回傳
13     } else {
14        return Math.max(leftHeight, rightHeight) + 1;
15     }
16  }
17
18  boolean isBalanced(TreeNode root) {
19     return checkHeight(root) != Integer.MIN_VALUE;
20  }
```

這段程式碼的時間複雜度是 O(N) 和空間複雜度是 O(H)，其中 H 是樹的高度。

4.5 驗證二元搜尋樹（BST）：實作一個函式來檢查一個二元樹是否是二元搜尋樹。

pg 145

解答

我們可以用兩種不同的方式實作這個解決方案。第一種利用中序遍歷，第二種利用 left <= current < right 特性。

解決方案 #1：中序遍歷

第一個冒出來的想法可能是做中序遍歷，將元素複製到陣列中，然後檢查陣列是否已排序。這個解決方案需要一些額外的記憶體，但是它在大多數情況下可以達成任務。

唯一的問題是它不能正確地處理樹中有重複值的情況。例如，演算法無法區分下面的兩棵樹（其中一棵是無效的），因為它們的中序遍歷是相同的。

但是，如果我們能假設樹不能有重複的值，那麼這種方法就是可行。這個方法的虛擬碼看起會像下面這樣：

```
1    int index = 0;
2    void copyBST(TreeNode root, int[] array) {
3      if (root == null) return;
4      copyBST(root.left, array);
5      array[index] = root.data;
6      index++;
7      copyBST(root.right, array);
8    }
9
10   boolean checkBST(TreeNode root) {
11     int[] array = new int[root.size];
12     copyBST(root, array);
13     for (int i = 1; i < array.length; i++) {
14       if (array[i] <= array[i - 1]) return false;
15     }
16     return true;
17   }
```

注意，有必要追蹤陣列的邏輯「結束點」，因為它必須能讓所有元素都被儲存起來。

當我們研究這個解決方案時，發現實際上不需要這個陣列。除了將一個元素與前一個元素進行比較之外，我們沒有在別的地方使用它。那麼為什麼不記下最後一個元素，並在過程中比較記下的元素就好了呢？

下面的程式碼實作了這個演算法。

```
1   Integer last_printed = null;
2   boolean checkBST(TreeNode n) {
3     if (n == null) return true;
4
5     // 檢查/遞迴左側
6     if (!checkBST(n.left)) return false;
7
8     // 檢查當前值
9     if (last_printed != null && n.data <= last_printed) {
10      return false;
11    }
12    last_printed = n.data;
13
14    // 檢查/遞迴右側
15    if (!checkBST(n.right)) return false;
16
17    return true; // 沒問題！
18  }
```

我們使用了 Integer 來代替 int，這樣當 last_printed 被設定成一個值時，我們就能知道。

如果您不喜歡使用靜態變數，那麼您可以修改這段程式碼，用一個包裝類別將整數包裝起來，如下所示。

```
1   class WrapInt {
2       public int value;
3   }
```

或者，如果您使用 C++ 或其他支援以傳參照形式傳遞整數的語言實作此功能，那麼您可以直接使用傳參照的做法。

解決方案 #2：最小 / 最大解決方案

在第二個解決方案中，我們利用了二元搜尋樹的定義。

怎麼樣的樹是二元搜尋樹呢？當然，我們知道每個節點必須滿足 left.data <= current.data < right.data。但這還不夠。試著思考一下下面的小樹：

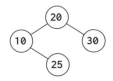

雖然每個節點都比它左邊的節點大，比右邊的節點小，但這顯然不是二元搜尋樹，因為 25 的位置錯誤。

更準確地說，條件是**所有**左側節點都必須小於或等於當前節點，所有當前節點必須小於所有右側節點。

使用這種概念，我們可以透過傳遞最小值和最大值來解決問題。當我們迭代樹時，我們要驗證節點是否在一個會逐漸縮小的範圍中。

以下面的樹當作例子：

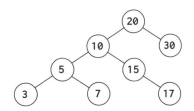

我們從起始範圍 (min = NULL, max = NULL) 開始，根節點顯然滿足這個範圍（NULL 表示沒有最小值或最大值）。然後向左分支，檢查這些節點是否在範圍內 (min = NULL, max = 20)。然後，我們向右分支，檢查節點是否在範圍內 (min = 20, max=NULL)。

我們用這種方法迭代整棵樹。當我們向左分支時，會更新最大值；向右分支時，會更新最小值。如果出現什麼原因導致這些檢查失敗，我們將停止動作並回傳 false。

此解決方案的時間複雜度為 O(N)，其中 N 為樹中的節點數。可以證明這是我們能做到最好的解決方案了，因為任何演算法都必須接觸所有的 N 個節點。

由於使用了遞迴，平衡樹的空間複雜度為 O(log N)。堆疊上有多達 O(log N) 次的遞迴呼叫，因為我們會遞迴到樹的深度。

其遞迴程式碼如下：

```
1    boolean checkBST(TreeNode n) {
2       return checkBST(n, null, null);
3    }
4
5    boolean checkBST(TreeNode n, Integer min, Integer max) {
6       if (n == null) {
7          return true;
8       }
9       if ((min != null && n.data <= min) || (max != null && n.data > max)) {
10         return false;
```

```
11      }
12
13      if (!checkBST(n.left, min, n.data) || !checkBST(n.right, n.data, max)) {
14          return false;
15      }
16      return true;
17  }
```

請記住，在遞迴演算法中，應該始終確保處理好基本情況和空值情況。

4.6　**後繼**：撰寫一個演算法來搜尋二元搜尋樹中給定節點的「下一個」節點（例如中序循訪的後續節點）。您可以假設每個節點都有一個到其父節點的連結。

pg 145

解答

還記得嗎，中序遍歷做的是迭代左子樹，然後是當前節點，然後再迭代右子樹。為了要解決這個問題，我們需要非常非常仔細地思考這個流程。

假設我們得到某一個節點，知道順序是先到左子樹，然後是目前節點，然後是右子樹。所以，我們存取的下一個節點應該在右邊。

但，是右子樹中的哪個節點呢？如果我們用中序遍歷子樹，它應該是我們第一個訪問的節點。這代表著它應該是右子樹中最左邊的節點。很容易！

但是如果節點沒有右的子樹呢？這就有點棘手了。

如果一個節點 n 沒有右子樹，那麼我們就完成了對 n 的子樹的迭代。我們需要繼續 n 的父節點，讓我們稱它為 q。

如果 n 在 q 的左邊，那麼我們應該迭代的下一個節點應該是 q（同樣因為 left -> current -> right）。

如果 n 在 q 的右邊，那麼代表我們也已經完成迭代 q 的子樹。我們需要從 q 開始向上迭代，直到找到一個節點 x，它還沒有被完成迭代。我們如何知道我們還沒有完全迭代節點 x 呢？當我們從一個左節點移動到它的父節點時，就表示我們遇到了這種情況。此時左節點被完成了迭代，但其父節點沒有。

虛擬碼是這樣的：

```
1   Node inorderSucc(Node n) {
2       if (n has a right subtree) {
3           return leftmost child of right subtree
```

```
4      } else {
5        while (n is a right child of n.parent) {
6          n = n.parent; // 向上走
7        }
8        return n.parent; // 父節點尚未被訪問
9      }
10   }
```

但請等一下，如果我們找不到左子樹就要向上呢？只有當我們到達中序遍歷的尾端時才會發生這種情況。也就是說，如果我們已經在樹的最右邊，那麼就沒有中序的後繼節點，此時應該回傳 null。

下面的程式碼實作了這個演算法（並正確地處理了 null 情況）。

```
1    TreeNode inorderSucc(TreeNode n) {
2      if (n == null) return null;
3
4      /* 找到右子樹 -> 回傳右子樹最左邊的節點 */
5      if (n.right != null) {
6        return leftMostChild(n.right);
7      } else {
8        TreeNode q = n;
9        TreeNode x = q.parent;
10       // 一直往上走，直到我們在左邊而不是右邊
11       while (x != null && x.left != q) {
12         q = x;
13         x = x.parent;
14       }
15       return x;
16     }
17   }
18
19   TreeNode leftMostChild(TreeNode n) {
20     if (n == null) {
21       return null;
22     }
23     while (n.left != null) {
24       n = n.left;
25     }
26     return n;
27   }
```

這並不是世界上最複雜的演算法問題，但是完美地撰寫程式碼是很棘手的。在這樣的問題中，靠虛擬碼來仔細地勾勒出不同的情況十分有用。

4.7　**建構順序**：您將得到一個專案列表和一個依賴專案列表（這是一個由一對對專案組成的列表，在每一對中第二個專案依賴第一個專案）。在一個專案開始建構之前，必須先建構好該專案所有的依賴專案。請找到一個能讓專案順利建構的順序。如果找不到有效的建構順序，則回傳一個錯誤。

範例

輸入：
　　專案：a, b, c, d, e, f
　　依賴專案列表：(a, d), (f, b), (b, d), (f, a), (d, c)
輸出：f, e, a, b, d, c

pg 145

解答

將專案與依賴關係畫成圖可能是最好的方法。注意箭頭的方向。在下面的圖表中，從 d 到 g 的箭頭表示 d 必須在 g 之前編譯。您也可以以相反的方向畫，只需要能保持一致和清楚地表達即可。讓我們畫一個例子。

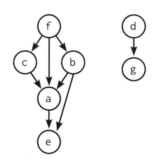

在繪製這個圖（此圖只是示範，並不符合問題 4.7 的描述）時，我注意到一些事。

* 我想隨機標記節點。如果我把 a 放在最上面，把 b 和 c 畫成它的子節點，然後是 d 和 e，這可能會產生誤導，以為字母順序將與編譯順序一致。

* 我想要一個具有多個部分 / 元件的圖，因為連通圖屬於特殊的情況。

* 我想要有節點連結到不能立即跟隨它編譯的節點的圖。例如，f 連結到 a，但是 a 不能立即跟著編譯（因為 b 和 c 必須在 a 之前和 f 之後）。

* 我想要一個較大的圖形，因為我需要找出模式。

* 我想要一些節點具有多個依賴專案。

現在我們有了一個很好的例子，我們開始做演算法吧。

解決方案 #1

可以從哪裡下手呢？圖中有沒有可以立即編譯的節點？

有。沒有箭頭進入的節點可以立即進行建構，因為它們不依賴於任何東西。讓我們將所有這些節點加入到建構順序中。在前面的圖的例子中，這代表著我們的順序是以 f、d 開始（或 d、f）。

我們做好了之後，一些依賴 d 和 f 的節點就沒有顧慮了，因為 d 和 f 已經建立了，可以透過刪除 d 和 f 的輸出邊來反映這個新的狀態。

建構順序：f，d

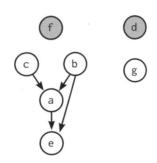

接下來，我們知道可以自由的去建構 c、b 和 g，因為它們沒有輸入邊。現在我們來建構它們，然後把它們的邊也去掉。

建構順序：f，d，c，b，g

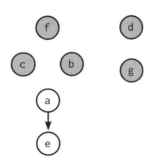

下一步可以建構專案 a，讓我們建構它，並刪除它的輸出邊。做完之後剩下 e，我們接下來建構它，於是我們就得到一個完整的建構順序。

建構順序：f，d，c，b，g，a，e

這個演算法能解決問題嗎？還是我們只是運氣好？我們來思考一下其中的邏輯。

1. 首先，我們將沒有輸入邊的節點放到順序中。如果整個專案集合最後可以被完全建構，則有一些專案要「最優先」編譯，這種專案不能有任何依賴關係。如果一個專案沒有依賴關係（輸入邊），那麼我們當然不可能會在建立它之前弄壞任何東西。

2. 我們把所有這些根節點的輸出邊都移除。這是合理的，因為一旦建立了這些根節點專案，其他專案是否依賴於它們就不重要了。

3. 之後，我們找出現在沒有任何輸入邊的節點。使用與步驟 1 和步驟 2 相同的邏輯，我們可以建立這些節點。接下來只需重複相同的步驟：找出沒有依賴專案的節點，將它們加入到建構順序中，刪除它們的輸出邊，然後再重複同樣的流程。

4. 如果仍然有節點尚未被編譯，而且這些節點都有依賴關係（輸入邊），該怎麼辦？這代表這個系統無法被建立，此時應該回傳錯誤。

實作就是照著這種方法做。

初始化和設定：

1. 建立一個圖，其中每個專案都是一個節點，其輸出邊表示依賴於它的專案。也就是說，如果 A 與 B 間有一條邊（A -> B），這代表著 B 依賴於 A，因此 A 必須在 B 之前建立。每個節點還必須追蹤輸入邊的數量。

2. 初始化 buildOrder 陣列。一旦確定了專案的建構順序，就將其加入到陣列中。我們之後要迭代陣列，使用 toBeProcessed 指向下一個要處理的節點。

3. 找出所有沒有輸入邊的節點，並將它們加入到 buildOrder 陣列中。將一個 toBeProcessed 指標設定指到陣列的開頭。

重複以下步驟，直到 toBeProcessed 到達 buildOrder 的結尾：

1. 讀取 toBeProcessed 指向的節點。

   » 如果節點為空，那麼所有剩餘的節點都有一個依賴專案，代表我們檢測到一個迴圈。

2. 對於每個節點的子節點：

   » 遞減 child.dependencies（輸入邊的數量）。

   » 如果 child.dependencies 為 0，則將 child 加入到 buildOrder 的尾端。

3. 遞增 toBeProcessed。

下面的程式碼實作了這個演算法。

```
1   /* 找到正確的建構順序 */
2   Project[] findBuildOrder(String[] projects, String[][] dependencies) {
3     Graph graph = buildGraph(projects, dependencies);
4     return orderProjects(graph.getNodes());
5   }
6
7   /* 建立圖，如果b依賴於a，則加入(a, b)邊。
8    * 假設「建構順序」中列出的是一對對的依賴關係。
9    * 則依賴關係(a, b)對表示b依賴於a，a必須在b之前建構 */
10  Graph buildGraph(String[] projects, String[][] dependencies) {
11    Graph graph = new Graph();
12    for (String project : projects) {
13      graph.createNode(project);
14    }
15
16    for (String[] dependency : dependencies) {
17      String first = dependency[0];
18      String second = dependency[1];
19      graph.addEdge(first, second);
20    }
21
22    return graph;
23  }
24
25  /* 回傳一個正確的建構順序的專案清單 */
26  Project[] orderProjects(ArrayList<Project> projects) {
27    Project[] order = new Project[projects.size()];
28
29    /* 首先將「根節點」加入到建構順序中 */
30    int endOfList = addNonDependent(order, projects, 0);
31
32    int toBeProcessed = 0;
33    while (toBeProcessed < order.length) {
34      Project current = order[toBeProcessed];
35
36      /* 我們發現依賴迴圈，
37       * 因為剩餘的專案都不是零個依賴 */
38      if (current == null) {
39        return null;
40      }
41
42      /* 刪除自己被依賴的關係 */
43      ArrayList<Project> children = current.getChildren();
44      for (Project child : children) {
45        child.decrementDependencies();
46      }
```

```
47
48       /* 加入零依賴的子節點 */
49       endOfList = addNonDependent(order, children, endOfList);
50       toBeProcessed++;
51     }
52
53     return order;
54 }
55
56 /* 一個輔助函式，用於在順序陣列中插入無依賴專案的專案，
57  * 從索引偏移處開始 */
58 int addNonDependent(Project[] order, ArrayList<Project> projects, int offset) {
59     for (Project project : projects) {
60         if (project.getNumberDependencies() == 0) {
61             order[offset] = project;
62             offset++;
63         }
64     }
65     return offset;
66 }
67
68 public class Graph {
69     private ArrayList<Project> nodes = new ArrayList<Project>();
70     private HashMap<String, Project> map = new HashMap<String, Project>();
71
72     public Project getOrCreateNode(String name) {
73         if (!map.containsKey(name)) {
74             Project node = new Project(name);
75             nodes.add(node);
76             map.put(name, node);
77         }
78
79         return map.get(name);
80     }
81
82     public void addEdge(String startName, String endName) {
83         Project start = getOrCreateNode(startName);
84         Project end = getOrCreateNode(endName);
85         start.addNeighbor(end);
86     }
87
88     public ArrayList<Project> getNodes() { return nodes; }
89 }
90
91 public class Project {
92     private ArrayList<Project> children = new ArrayList<Project>();
93     private HashMap<String, Project> map = new HashMap<String, Project>();
94     private String name;
95     private int dependencies = 0;
96
```

```
97      public Project(String n) { name = n; }
98
99      public void addNeighbor(Project node) {
100         if (!map.containsKey(node.getName())) {
101            children.add(node);
102            map.put(node.getName(), node);
103            node.incrementDependencies();
104         }
105      }
106
107      public void incrementDependencies() { dependencies++; }
108      public void decrementDependencies() { dependencies--; }
109
110      public String getName() { return name; }
111      public ArrayList<Project> getChildren() { return children; }
112      public int getNumberDependencies() { return dependencies; }
113 }
```

這個解決方案的時間複雜度需要 O(P + D) 時間,其中 P 是專案的數量,D 是依賴專案對的數量。

> 注意:您可能認出這是在第 806 頁的拓撲排序演算法。我們從無到有開始重新推導。大多數人都不知道這個演算法,而面試官期望您能推導出它是合理的。

解決方案 #2

替代方案是,我們可以使用深度優先搜尋(DFS)來搜尋建立路徑。

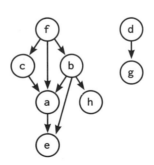

假設我們選擇一個任意節點(比如 b)並對其執行深度優先搜尋。當我們到達一個路徑的末端,不能再向前走了(這將發生在 h 和 e),我們知道這些終止節點可能是最後要建立的專案,不會有專案依賴於它們。

```
DFS(b)                                  // 步驟 1
   DFS(h)                               // 步驟 2
      build order = ..., h             // 步驟 3
   DFS(a)                               // 步驟 4
      DFS(e)                            // 步驟 5
         build order = ..., e, h       // 步驟 6
      ...                              // 步驟 7+
   ...
```

現在，思考當我們從 DFS(e) 回傳時，在節點 a 會發生什麼。我們知道 a 的子節點的建構順序需要在 a 之後。因此，一旦我們從搜尋 a 的子節點回傳（它們已經被加入了），我們可以選擇將 a 加入到建構順序的前面。

一旦我們從 a 回傳，也完成 b 的其他子元素的 DFS，那麼在 b 之後的所有東西都會出現在清單中。請將 b 加到它們的前面。

```
DFS(b)                                  // 步驟 1
   DFS(h)                               // 步驟 2
      build order = ..., h             // 步驟 3
   DFS(a)                               // 步驟 4
      DFS(e)                            // 步驟 5
         build order = ..., e, h       // 步驟 6
      build order = ..., a, e, h       // 步驟 7
   DFS(e) -> return                     // 步驟 8
   build order = ..., b, a, e, h       // 步驟 9
```

將這些節點也標記為已建構，以防其他人也去建構它們。

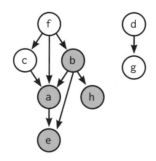

現在要做什麼呢？我們可以再次從任何舊節點開始，在其上執行 DFS，然後在 DFS 完成時將該節點加入到建立佇列的前端。

```
DFS(d)
   DFS(g)
      build order = ..., g, b, a, e, h
   build order = ..., d, g, b, a, e, h
```

```
DFS(f)
   DFS(c)
        build order = ..., c, d, g, b, a, e, h
   build order = f, c, d, g, b, a, e, h
```

在這樣的演算法中，我們應該思考依賴迴圈的問題。如果存在迴圈，則不可能產生建構順序。但是，我們仍然不希望因為找不出建構順序而陷入無限迴圈。

如果在對一節點上執行 DFS 時，我們得到與之前相同的路徑，則代表發生迴圈。因此，我們需要的是一個信號，表明「我仍然在處理這個節點，所以如果您再次看到這個節點，代表出問題了」。

為此，我們可以在啟動 DFS 之前將每個節點標記為「partial（部分處理）」（或「is visiting（正在訪問）」狀態。如果我們看到任何一個節點的狀態是 partial，那麼我們就知道有出問題了。當我們完成某節點的 DFS 後，需要更新其狀態。

我們還需要一個狀態來指示「我已經處理 / 建構完這個節點了」，這樣我們就不會重新建構節點。因此，我們的狀態可以有三個選項：COMPLETED（完成）、PARTIAL（部分）和 BLANK（空白）。

下面的程式碼實作了這個演算法。

```
1   Stack<Project> findBuildOrder(String[] projects, String[][] dependencies) {
2       Graph graph = buildGraph(projects, dependencies);
3       return orderProjects(graph.getNodes());
4   }
5
6   Stack<Project> orderProjects(ArrayList<Project> projects) {
7       Stack<Project> stack = new Stack<Project>();
8       for (Project project : projects) {
9           if (project.getState() == Project.State.BLANK) {
10              if (!doDFS(project, stack)) {
11                  return null;
12              }
13          }
14      }
15      return stack;
16  }
17
18  boolean doDFS(Project project, Stack<Project> stack) {
19      if (project.getState() == Project.State.PARTIAL) {
20          return false; // 迴圈
21      }
22
23      if (project.getState() == Project.State.BLANK) {
24          project.setState(Project.State.PARTIAL);
```

```
25      ArrayList<Project> children = project.getChildren();
26      for (Project child : children) {
27        if (!doDFS(child, stack)) {
28          return false;
29        }
30      }
31      project.setState(Project.State.COMPLETE);
32      stack.push(project);
33    }
34    return true;
35  }
36
37  /* 和之前一樣 */
38  Graph buildGraph(String[] projects, String[][] dependencies) {...}
39  public class Graph {}
40
41  /* 本質上等同於之前的解決方案，只是加入了狀態資訊和
42   * 移除依賴專案計數 */
43  public class Project {
44    public enum State {COMPLETE, PARTIAL, BLANK};
45    private State state = State.BLANK;
46    public State getState() { return state; }
47    public void setState(State st) { state = st; }
48    /* 為簡潔起見，刪除了重複的程式碼 */
49  }
```

與前面的演算法一樣，這個解決方案的時間複雜度是 O(P+D)，其中 P 是專案的數量，D 是依賴專案對的數量。

順便說一下，這個問題被稱做**拓撲排序**：圖中頂點呈線性排序，對於每條邊（a, b），a 以線性順序出現在 b 之前。

4.8　**第一個共同祖先**：請設計一個演算法並撰寫程式碼，搜尋二元樹中兩個節點的第一個共同祖先。請避免在資料結構中儲存額外的節點。注意：不一定是二元搜尋樹。

pg 145

解答

如果這是一個二元搜尋樹，我們可以修改這兩個節點的 find 操作，看看路徑在哪裡分叉。不幸的是，這不是一個二元搜尋樹，所以我們必須嘗試其他方法。

假設我們在尋找節點 p 和 q 的共同祖先。這裡要問的一個問題是，樹中的每個節點是否都有一個到其父節點的連結。

解決方案 #1：有連結到父節點

如果每個節點都有一個連結到父節點的連結，就可以追蹤 p 和 q 的路徑，直到它們相交。相交問題在本質上和問題 2.7 是一樣的問題，因為問題 2.7 是要求找出兩個串列的交集。本例中的「串列」是每個節點到根節點的路徑（請參閱第 287 頁中的解決方案）。

```
1   TreeNode commonAncestor(TreeNode p, TreeNode q) {
2     int delta = depth(p) - depth(q); // 得到深度的差值
3     TreeNode first = delta > 0 ? q : p; // 取得較淺的節點
4     TreeNode second = delta > 0 ? p : q; // 取得較深的節點
5     second = goUpBy(second, Math.abs(delta)); // 將更深的節點向上移
6
7     /* 找到路徑的相交點 */
8     while (first != second && first != null && second != null) {
9        first = first.parent;
10       second = second.parent;
11    }
12    return first == null || second == null ? null : first;
13  }
14
15  TreeNode goUpBy(TreeNode node, int delta) {
16    while (delta > 0 && node != null) {
17       node = node.parent;
18       delta--;
19    }
20    return node;
21  }
22
23  int depth(TreeNode node) {
24    int depth = 0;
25    while (node != null) {
26       node = node.parent;
27       depth++;
28    }
29    return depth;
30  }
```

這種解法的時間複雜度為 O(d)，其中 d 為較深節點的深度。

解決方案 #2：有連結指到父節點（最壞情況的最快執行時間）

與前面的解法類似，我們可以向上追蹤 p 的路徑，並檢查是否有任何節點在包含 q 的路徑上。第一個可以連到 q 的節點（已知這條路徑上的每個節點都可以連到 p）必定是第一個共同祖先。

注意,我們不需要重新檢查整個子樹。當我們從一個節點 x 移動到它的父節點 y 時,x 下的所有節點都已經為 q 做完檢查了。因此,我們只需要檢查「沒檢查過」的新節點,即 x 的兄弟節點下的節點。

例如,假設我們正在尋找節點 p = 7 和節點 q = 17 的第一個共同祖先。當我們到 p.parent (5),發現了根節點為 3 的子樹。因此,需要在這個子樹中搜尋 q。

接下來,我們移動節點 10,找出根節點為 15 的子樹,然後我們檢查這個子樹裡有沒有節點 17,找到了,它就在那裡。

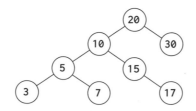

為了實作這個流程,我們可以從 p 開始向上迭代,把 parent 節點和 sibling 節點儲存在一個變數中(sibling 節點是 parent 節點的一個子節點,指向一個未檢查過的子樹)。在每次迭代中,sibling 被設定為上一個 parent 節點的 sibling 節點,而 parent 被設定為它的 parent.parent。

```
1   TreeNode commonAncestor(TreeNode root, TreeNode p, TreeNode q) {
2     /* 檢查其中一個節點是否不在樹中,或者路徑是否包含了另一個節點 */
3     if (!covers(root, p) || !covers(root, q)) {
4       return null;
5     } else if (covers(p, q)) {
6       return p;
7     } else if (covers(q, p)) {
8       return q;
9     }
10
11    /* 向上迭代,直到找到一個路徑包含了q的節點 */
12    TreeNode sibling = getSibling(p);
13    TreeNode parent = p.parent;
14    while (!covers(sibling, q)) {
15      sibling = getSibling(parent);
16      parent = parent.parent;
17    }
18    return parent;
19  }
20
21  boolean covers(TreeNode root, TreeNode p) {
22    if (root == null) return false;
23    if (root == p) return true;
```

```
24      return covers(root.left, p) || covers(root.right, p);
25  }
26
27  TreeNode getSibling(TreeNode node) {
28      if (node == null || node.parent == null) {
29          return null;
30      }
31
32      TreeNode parent = node.parent;
33      return parent.left == node ? parent.right : parent.left;
34  }
```

這個演算法的時間複雜度是 O(t)，其中 t 是第一個共同祖先的子樹的大小。最壞情況是 O(n)，其中 n 是樹的節點數。我們可以推導出這個執行時間，是因為子樹中的每個節點只會被觸摸一次。

解決方案 #3：沒有連結指到父節點

或者，您可以沿著一條 p 和 q 在同一邊的串連走。也就是說，如果 p 和 q 都位於某個節點的左側，則再向左分支走以尋找共同的祖先。如果它們都在右邊，就向右分支走以尋找共同的祖先。當 p 和 q 不再位於同一邊時，您一定找到了第一個共同的祖先。

下面的程式碼實作了這種方法。

```
1   TreeNode commonAncestor(TreeNode root, TreeNode p, TreeNode q) {
2       /* 錯誤檢查，只要一個節點不在樹中就是錯誤 */
3       if (!covers(root, p) || !covers(root, q)) {
4           return null;
5       }
6       return ancestorHelper(root, p, q);
7   }
8
9   TreeNode ancestorHelper(TreeNode root, TreeNode p, TreeNode q) {
10      if (root == null || root == p || root == q) {
11          return root;
12      }
13
14      boolean pIsOnLeft = covers(root.left, p);
15      boolean qIsOnLeft = covers(root.left, q);
16      if (pIsOnLeft != qIsOnLeft) { // 節點在不同側
17          return root;
18      }
19      TreeNode childSide = pIsOnLeft ? root.left : root.right;
20      return ancestorHelper(childSide, p, q);
21  }
22
23  boolean covers(TreeNode root, TreeNode p) {
```

```
24      if (root == null) return false;
25      if (root == p) return true;
26      return covers(root.left, p) || covers(root.right, p);
27   }
```

該演算法在一個平衡的樹中，時間複雜度為 O(n)。這是因為在第一次呼叫中會為 2n 個節點呼叫 covers（左側 n 個節點，右側 n 個節點）。之後，演算法向左或向右分支走，此時會為 $2n/2$ 節點呼叫 covers，然後再為 $2n/4$ 節點呼叫 covers，依此類推。得到時間複雜度為 O(n)。

此時，因為需要默默地查看樹中的每個節點，所以我們知道無法做得比漸進執行時間更好。不過，我們有可能把執行時間提高一個常數倍。

解決方案 #4：優化

儘管解決方案 #3 在時間複雜度上是最優的，但我們可能認識到它的執行方式仍然存在一些效率不彰的地方。具體來說，covers 會搜尋根節點下的所有節點以找出 p 和 q，包括每個子樹（root.left 和 root.right）中的節點。然後，它選擇其中一個子樹並搜尋它的所有節點，造成每一個子樹都會被多次搜尋。

我們可能辨識出只需要搜尋整個樹一次就可以找到 p 和 q。我們應該能夠將結果「浮上」到堆疊中較早的節點。其基本邏輯與前面的解決方案相同。

我們使用一個名為 commonAncestor(TreeNode root, TreeNode p, TreeNode q) 的函式遞迴遍歷整個樹。這個函式回傳的值如下：

* 如果 root 的子樹包含 p（而不是 q），回傳 p。

* 如果 root 的子樹包含 q（而不是 p），回傳 q。

* 如果 p 和 q 都不在 root 的子樹中，則回傳 null。

* 否則，回傳 p 和 q 的共同祖先。

在最後一種情況下，找到 p 和 q 的共同祖先是很容易的一件事。當 commonAncestor(n.left, p, q) 和 commonAncestor(n.right, p, q) 都回傳非空值（表示在不同的子樹中找到了 p 和 q），那麼 n 就是共同的祖先。

下面的程式碼提供了一個初始的解決方案，但是它有一個缺陷。您能找到嗎？

```
1    /* 下面的程式碼有一個錯誤 */
2    TreeNode commonAncestor(TreeNode root, TreeNode p, TreeNode q) {
3        if (root == null) return null;
```

```
4      if (root == p && root == q) return root;
5
6      TreeNode x = commonAncestor(root.left, p, q);
7      if (x != null && x != p && x != q) { // 已經找到祖先
8        return x;
9      }
10
11     TreeNode y = commonAncestor(root.right, p, q);
12     if (y != null && y != p && y != q) { // 已經找到祖先
13        return y;
14     }
15
16     if (x != null && y != null) { // 在不同的子樹中找到p和q
17        return root; // 這個節點就是共同祖先
18     } else if (root == p || root == q) {
19        return root;
20     } else {
21        return x == null ? y : x; /* 回傳非空的那個值 */
22     }
23  }
```

如果樹中不包含目標節點，就會引發此程式碼的問題。例如，請看看下面的樹：

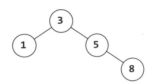

假設我們呼叫 commonAncestor(node 3, node 5, node 7)。當然，節點 7 不存在，此時就會產生問題。呼叫順序如下：

```
1  commonAnc(node 3, node 5, node 7)              // --> 5
2    calls commonAnc(node 1, node 5, node 7)      // --> null
3    calls commonAnc(node 5, node 5, node 7)      // --> 5
4       calls commonAnc(node 8, node 5, node 7)   // --> null
```

換句話說，當我們對右邊的子樹呼叫 commonAncestor 時，程式碼將回傳節點 5，一如預期。問題是，在尋找 p 和 q 的共同祖先時，呼叫函式無法區分以下兩種情況：

• 情況 1：p 是 q 的子元素（或者，q 是 p 的子元素）

• 情況 2：p 在樹上，q 不在（或者，q 在樹上，p 不在）

在這兩種情況下，commonAncestor 都將回傳 p。在第一種情況下，這是正確的回傳值，但是在第二種情況下，回傳值應該是 null。

我們需要區分這兩種情況，這就是下面的程式碼做的。此程式碼透過回傳兩個值來解決此問題：節點本身和一個標誌，該標誌代表此節點是否實際上就是共同祖先。

```
1    class Result {
2       public TreeNode node;
3       public boolean isAncestor;
4       public Result(TreeNode n, boolean isAnc) {
5          node = n;
6          isAncestor = isAnc;
7       }
8    }
9
10   TreeNode commonAncestor(TreeNode root, TreeNode p, TreeNode q) {
11      Result r = commonAncestorHelper(root, p, q);
12      if (r.isAncestor) {
13         return r.node;
14      }
15      return null;
16   }
17
18   Result commonAncHelper(TreeNode root, TreeNode p, TreeNode q) {
19      if (root == null) return new Result(null, false);
20
21      if (root == p && root == q) {
22         return new Result(root, true);
23      }
24
25      Result rx = commonAncHelper(root.left, p, q);
26      if (rx.isAncestor) { // 找到共同的祖先
27         return rx;
28      }
29
30      Result ry = commonAncHelper(root.right, p, q);
31      if (ry.isAncestor) { // 找到共同的祖先
32         return ry;
33      }
34
35      if (rx.node != null && ry.node != null) {
36         return new Result(root, true); // 本節點就是共同祖先
37      } else if (root == p || root == q) {
38         /* 如果我們現在在p點或q點，我們也在子樹上找到了另一個節點，
39          * 那麼這個節點就是共同祖先和旗標應該為true */
40         boolean isAncestor = rx.node != null || ry.node != null;
41         return new Result(root, isAncestor);
42      } else {
43         return new Result(rx.node!=null ? rx.node : ry.node, false);
44      }
45   }
```

當然，由於這個問題只在 p 或 q 不存在樹中時才會出現，所以另一種解決方案是先搜尋整個樹，以確保兩個節點都存在。

4.9 **BST 序列**：透過從左到右迭代一個陣列，並插入每個元素來建立二元搜尋樹。給定一個具有不重複元素的二元搜尋樹，請印出所有能畫成該樹的陣列。

範例

輸入：

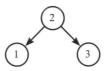

輸出：{2,1,3},{2,3,1}

pg 146

解答

解這一題前先來個好例子是很重要的一件事。

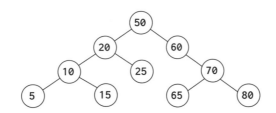

我們還應該思考一下二元搜尋樹中項目的排序。對於任意一個節點，其左邊的所有節點必須小於其右邊的所有節點。一旦到達沒有節點的位置，就在那裡插入新值。

這代表著陣列中的第一個元素必須是 50 才能建立上面的樹。如果它是別的東西，那麼這個東西的值就應該是根節點。

我們還能說什麼呢？有些人會得出這樣的結論：左邊的所有內容都必須在右邊的元素之前插入，但這不是真的。實際上，情況正好相反：左右元素的順序並不重要。

插入 50 之後，所有小於 50 的項將被導引到左邊，所有大於 50 的項將被導引到右邊。需要先被插入的是 60 或 20 都沒關係。

我們用遞迴式的方法思考這個問題。如果我們擁有所有能建出根節點為 20 的子樹的陣列（稱為 arraySet20），以及擁有所有能建出根節點為 60 的子樹的陣列（稱為 arraySet60），有了這些之後，要如何得到完整的答案呢？我們可以將 arraySet20 中的每個陣列與來自 arrayset60 的每個陣列「編織」在一起，然後在每個陣列前面加上一個 50。

所謂的編織是什麼意思呢？就是以所有可能的方式合併兩個陣列，同時保持每個陣列中的元素具有相同的相對順序。

```
array1: {1, 2}
array2: {3, 4}
weaved: {1, 2, 3, 4}, {1, 3, 2, 4}, {1, 3, 4, 2},
        {3, 1, 2, 4}, {3, 1, 4, 2}, {3, 4, 1, 2}
```

注意，只要原始陣列集中沒有任何重複項，我們就不必擔心編織會建立重複項。

最後要講的是編織的工作原理。讓我們用遞迴式的方法思考如何編織 {1, 2, 3} 和 {4, 5, 6} 這個問題的子問題是什麼？

- 在 {2, 3} 和 {4, 5, 6} 的所有編織結果前加 1。

- 在 {1, 2, 3} 和 {5, 6} 的所有編織結果前加 4。

為了實作這一件事，首先將每個集合儲存為串列，這樣可使加入和刪除元素變得很容易。當做遞迴時，我們將帶著前置元素遞迴向下。當看到 first 或 second 為空時，將餘下的元素加入到 prefix 並儲存結果。

它工作起來會像是這樣：

```
weave(first, second, prefix):
    weave({1, 2}, {3, 4}, {})
        weave({2}, {3, 4}, {1})
            weave({}, {3, 4}, {1, 2})
                {1, 2, 3, 4}
            weave({2}, {4}, {1, 3})
                weave({}, {4}, {1, 3, 2})
                    {1, 3, 2, 4}
                weave({2}, {}, {1, 3, 4})
                    {1, 3, 4, 2}
        weave({1, 2}, {4}, {3})
            weave({2}, {4}, {3, 1})
                weave({}, {4}, {3, 1, 2})
                    {3, 1, 2, 4}
                weave({2}, {}, {3, 1, 4})
```

```
              {3, 1, 4, 2}
    weave({1, 2}, {}, {3, 4})
              {3, 4, 1, 2}
```

現在，讓我們思考刪除要怎麼做，假設想從 {1, 2} 中刪除 1，而且還要要做遞迴。我們需要小心修改這個串列，因為稍後的遞迴呼叫（例如，weave({1, 2}, {4}, {3})）可能仍會需要 {1, 2} 中的 1。

我們可以在遞迴時複製這個串列，這樣只會修改在遞迴呼叫中的串列。或者，我們可以直接修改串列，但是在完成遞迴之後「恢復」這些修改。

我們選擇後面那種實作方式，由於在遞迴呼叫堆疊的整個過程中都保留了對 first、second 和 prefix 的相同參照，因此需要在儲存完整結果之前複製 prefix。

```
1   ArrayList<LinkedList<Integer>> allSequences(TreeNode node) {
2     ArrayList<LinkedList<Integer>> result = new ArrayList<LinkedList<Integer>>();
3
4     if (node == null) {
5       result.add(new LinkedList<Integer>());
6       return result;
7     }
8
9     LinkedList<Integer> prefix = new LinkedList<Integer>();
10    prefix.add(node.data);
11
12    /* 左右子樹的遞迴 */
13    ArrayList<LinkedList<Integer>> leftSeq = allSequences(node.left);
14    ArrayList<LinkedList<Integer>> rightSeq = allSequences(node.right);
15
16    /* 將左右兩邊的串列編織在一起 */
17    for (LinkedList<Integer> left : leftSeq) {
18      for (LinkedList<Integer> right : rightSeq) {
19        ArrayList<LinkedList<Integer>> weaved =
20          new ArrayList<LinkedList<Integer>>();
21        weaveLists(left, right, weaved, prefix);
22        result.addAll(weaved);
23      }
24    }
25    return result;
26  }
27
28  /* 用所有可能的方式把串列編織在一起。
29   * 該演算法會從一個串列中刪除串列開頭節點，接著做遞迴，
30   * 然後對另一個串列執行相同的操作 */
31  void weaveLists(LinkedList<Integer> first, LinkedList<Integer> second,
32        ArrayList<LinkedList<Integer>> results, LinkedList<Integer> prefix) {
33    /* 當看到一個串列是空的時，就將餘數加入到複製品的prefix並儲存結果 */
```

```
34    if (first.size() == 0 || second.size() == 0) {
35      LinkedList<Integer> result = (LinkedList<Integer>) prefix.clone();
36      result.addAll(first);
37      result.addAll(second);
38      results.add(result);
39      return;
40    }
41
42    /* 遞迴攜帶第一個加入prefix的元素。摘除串列起始節點會造成損傷
43     * 所以，我們需要把它放回我們找到它的地方 */
44    int headFirst = first.removeFirst();
45    prefix.addLast(headFirst);
46    weaveLists(first, second, results, prefix);
47    prefix.removeLast();
48    first.addFirst(headFirst);
49
50    /* 對second執行相同的操作，先破壞串列，然後恢復串列*/
51    int headSecond = second.removeFirst();
52    prefix.addLast(headSecond);
53    weaveLists(first, second, results, prefix);
54    prefix.removeLast();
55    second.addFirst(headSecond);
56  }
```

有些人會在這邊卡住，因為必須設計和實作兩種不同的遞迴演算法。他們對演算法之間應該如何互動感到困惑，他們試圖同時兼顧這兩個問題。

如果您的情況也像是這樣，請試試這樣做：信任和專注。在您實作另外一個獨立的方法時，信任另一個方法會運作得好好的，並專注於這個獨立方法需要做什麼。

請看一下 weaveLists。它負責一項特定的工作：將兩個串列編織在一起並回傳所有可能編織出的串列，allSequences 的存在對它來說無關緊要。請專注於 weaveLists 要做的事情，和設計這個演算法。

當您實作 allSequences（不管是您 weaveLists 之前還是之後做）時，請相信 weaveLists 會正常執行工作。在實作本質上獨立的東西時，不要去管另外一個功能如何動作。專注於您正在做的事情。

實際上，當您在白板上撰寫程式碼感到困惑時，這是一個很好的建議。請了解一個特定的函式會做什麼（例如：「嗯，這個函式將回傳一個由 ___ 組成的串列」）。您應該去驗證它確實會做您認為的事情，但是當您在處理別的工作時，請專注於正在處理的工作，並相信其他工作會正確的執行。在您的頭腦中保持多種演算法的實作常常是很困難的。

4.10　**檢查子樹**：T1 和 T2 是兩個非常大的二元樹，T1 比 T2 大很多。建立一個演算法來確定 T2 是否是 T1 的子樹。

　　　如果在 T1 中存在一個節點 n，n 的子樹與 T2 相同，那麼 T2 是 T1 的子樹。也就是説，如果您在節點 n 處砍下這棵樹，這兩棵樹是一樣的。

pg 146

解答

對於這樣的問題，假設只有少量資料對於解決這個問題是很有用的。這將為我們提供一個可行方法的基本思路。

簡單方法

在這個更小、更簡單的問題中，我們可以考慮去比較每個樹的遍歷的字串表示形式。如果 T2 是 T1 的子樹，那麼 T2 的遍歷結果應該是 T1 的子字串。反過來想是否也是正確的？如果是，我們應該使用中序遍歷還是前序遍歷？

中序遍歷肯定不行。畢竟，思考一個我們使用二元搜尋樹的場景。二元搜尋樹的中序遍歷總是按排序的順序輸出值。因此，兩個具有相同值的二元搜尋樹將始終具有相同的中序遍歷，即使它們的結構不同。

那麼前序遍歷呢？這一個有點希望。至少在這種情況下，我們知道某些事情，比如前序遍歷中的第一個元素是根節點。左邊和右邊的元素隨後出現。

不幸的是，具有不同結構的樹仍然可能具有相同的前序遍歷順序。

不過有一個簡單的解決辦法。我們可以在前序遍歷字串中將空節點儲存為一個特殊字元，比如「X」（我們假設二元樹只包含整數）。左邊的樹將遍歷 {3，4，X}，右邊的樹將遍歷 {3，X，4}。

注意，只要我們把空節點表示出來，那麼樹的前序遍歷就是唯一的。也就是説，如果兩棵樹有相同的前序遍歷，那麼我們就知道它們在值和結構上是相同的樹。

要瞭解這一點，請思考如何從前序遍歷（把空節點表示出來）把樹建回來。例如：1, 2, 4, X, X, X, 3, X, X。

根節點是 1，有一個緊跟著它的左子節點 2，2 的左子節點必定是 4，4 必須有兩個空子節點（因為後面有兩個 X），現在 4 這條路就做完了，所以我們回到它的父節點 2，右子節點是另一個 X（NULL），現在 1 的左子樹都完成了，所以我們移動到 1 的右子樹。我們在這裡放一個 3 和兩個空子節點，現在整棵樹都完成了。

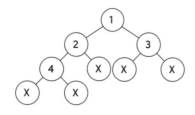

整個流程中不會有任何疑慮，對任何其他樹做也是一樣。前序遍歷總是從根節點開始，從根目錄開始我們會走的路徑完全由遍歷決定。因此，如果兩個樹具有相同的前序遍歷，那麼它們就是相同的。

現在思考子樹問題。如果 T2 的前序遍歷是 T1 的前序遍歷的子字串，那麼一定能在 T1 中找到 T2 的根節點。如果在 T1 中對這個元素進行前序遍歷，我們將得到與 T2 相同的遍歷路徑。所以，T2 是 T1 的一個子樹。

實作這個非常簡單，我們只需要建構樹和比較前序遍歷。

```
1   boolean containsTree(TreeNode t1, TreeNode t2) {
2      StringBuilder string1 = new StringBuilder();
3      StringBuilder string2 = new StringBuilder();
4
5      getOrderString(t1, string1);
6      getOrderString(t2, string2);
7
8      return string1.indexOf(string2.toString()) != -1;
9   }
10
11  void getOrderString(TreeNode node, StringBuilder sb) {
12     if (node == null) {
13        sb.append("X");            // 加入空節點表示
14        return;
15     }
16     sb.append(node.data + " ");    // 加入根節點
17     getOrderString(node.left, sb);  // 加入左節點
18     getOrderString(node.right, sb); // 加入右節點
19  }
```

該方法的時間複雜度為 O(n + m)，空間複雜度為 O(n + m)，其中 n 和 m 分別是 T1 和 T2 的節點數。節點可能有百萬個，所以我們可能希望降低空間複雜度。

替代方法

另一種方法是在較大的樹 T1 中做搜尋，每當有 T1 中的節點能匹配 T2 的根節點時，呼叫 matchTree。matchTree 方法將比較這兩個子樹，看看它們是否相同。

分析執行時間有些複雜，時間複雜度可以簡單地說是 O(nm)，其中 n 是 T1 的節點數，m 是 T2 的節點數。雖然技術上來說是正確的，但再想多一點可以產生一個更緊密的界限。

我們不會為 T1 中的每個節點呼叫 matchTree。相反地，讓我們假定呼叫 k 次，k 是 T2 的根節點在 T1 中出現的次數，所以執行時間更接近於 O(n + km)。

實際上，即使這樣也高估了執行時間。即使找到了相同的根節點，當發現 T1 和 T2 之間有差異存在時，我們也會提早退出 matchTree。因此，我們可能不會在每次呼叫 matchTree 時查看 m 個節點。

下面的程式碼實作了這個演算法。

```
1   boolean containsTree(TreeNode t1, TreeNode t2) {
2       if (t2 == null) return true; // 空樹永遠為子樹
3       return subTree(t1, t2);
4   }
5
6   boolean subTree(TreeNode r1, TreeNode r2) {
7       if (r1 == null) {
8           return false; // 若大的樹為空，而子樹未被找到
9       } else if (r1.data == r2.data && matchTree(r1, r2)) {
10          return true;
11      }
12      return subTree(r1.left, r2) || subTree(r1.right, r2);
13  }
14
15  boolean matchTree(TreeNode r1, TreeNode r2) {
16      if (r1 == null && r2 == null) {
17          return true; // 子樹中沒有任何節點
18      } else if (r1 == null || r2 == null) {
19          return false; // 樹是空的所以不會匹配
20      } else if (r1.data != r2.data) {
21          return false;  // 資料不相同
22      } else {
23          return matchTree(r1.left, r2.left) && matchTree(r1.right, r2.right);
24      }
25  }
```

什麼時候簡單的解決方案可能更好，什麼時候替代方法可能更好？和您的面試官進行這樣的討論是件好事。這裡有一些想法：

1. 簡單的解決方案需要 O(n + m) 記憶體，另一種解決方案佔用 O(log(n) + log(m)) 記憶體。請記住：在談到可擴縮性時，記憶體使用可能是一個非常大的問題。

2. 簡單的解決方案需要 O(n + m) 時間，另一種解決方案的最壞情況是 O(nm) 時間。然而，最壞情況下的時間可能會誤導人；我們需要更深入的研究。

3. 如前所述，較為緊密的執行時間界限是 O(n + km)，其中 k 是 T2 的根在 T1 中出現的次數。假設 T1 和 T2 的節點資料是 0 到 p 之間的隨機數。k 的值大約是 n/p。為什麼？因為 T1 中的每個 n 個節點有 $1/p$ 的機會等於根節點，所以 T1 中大約有 n/p 個節點可能與 T2 中的節點相等。假設 p = 1000，n = 1000000，m = 100。我們將執行大約 1,100,000 次節點檢查（ **$1100000 = 1000000 + \frac{100 * 1000000}{1000}$** ）。

4. 更複雜的數學和假設可以讓我們得到更緊密的界限。在上面的第 3 點中我們假設如果呼叫 matchTree 的話，我們將遍歷 T2 的所有 m 個節點。但更有可能的是，我們會提早發現兩棵樹不相同，然後提早退出。

總的來說，替代方法在空間複雜度方面肯定更好，在時間複雜度方面也可能更好。這完全取決於您所做的假設，以及您是否以犧牲最壞的情況的時間複雜度為代價來減少平均時間複雜度。這是您可向面試官提出的一個很好的觀點。

4.11　隨機節點： 您想要從頭實作一個二元樹類別，這個類別除了插入、搜尋和刪除外，還有一個 getRandomNode() 方法，它從樹中回傳一個隨機節點，所有節點被選擇的機率必須是相等的。請為 getRandomNode 設計和實作一個演算法，並解釋如何實作其餘的方法。

pg 146

解答

我們先畫一個例子出來。

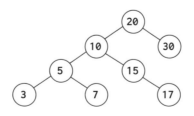

我們將探索許多解決方案，直到找到一個最優的可行方案。

我們應該意識到的一點是這個問題是用一種非常有趣的方式描述的。面試者並不是簡單地說，「請設計一個可從二元樹中回傳一個隨機節點的演算法」，而是告訴我們這是一個從頭開始建立的類別。問題會這樣描述是有原因的，因為我們可能需要存取資料結構內部的某些部分。

第一種選擇（慢但是可行）

一種解決方案是將所有節點複製到一個陣列中，然後回傳陣列中的一個隨機元素。這個解將花費 O(N) 時間和 O(N) 空間，其中 N 是樹中的節點數。

我們可以猜測面試官期待要看到的是更理想的答案，因為這有點太簡單了（我們應該要好奇為什麼面試官講到二元樹，因為到目前為止我們並沒有用到它）。

我們應該在心裡記得在開發解決方案時，我們可能需要取得一些關於樹的內部資訊。否則，問題就不會指定我們從無到有開發樹類別。

第二種選擇（慢但是可行）

回顧原來將節點複製到陣列的解決方案，可以改為試試看這個解決方案：持續維護一個列出樹中所有節點的陣列。這裡有個問題是，當我們從樹中刪除節點時，需要從這個陣列中刪除節點，這將花費 O(N) 時間。

第三種選擇（慢但是可行）

我們可以用二元搜尋樹的順序用從 1 到 N 的索引標記所有節點（即根據其遍歷順序）。然後，當呼叫 getRandomNode 時，我們生成一個在 1 和 N 之間的隨機索引。如果我們有正確地應用標籤，就可以使用二元搜尋樹搜尋來找到這個索引。

然而，這導致了一個與早期解決方案類似的問題。當我們插入一個節點或刪除一個節點時，可能需要更新所有的索引，而這需要花費 O(N) 時間。

第四種選擇（快但不可行）

如果我們知道樹的深度呢？（因為我們在建立自己的類別，所以可以確保我們知道樹的深度，這是一個很容易追蹤的資料。）

我們可以選擇一個隨機的深度，然後隨機地左右移動，直到到達那個深度。但這並不能確保所有的節點被選中的機率相等。

首先，樹在每一層不一定有相同數量的節點。這代表著在節點較少的層級中，節點被選中的可能性可能大於節點較多的層級中的節點。

其次，我們所選擇的隨機路徑可能在我們到達期望的層數之前就終止了。然後呢？雖然我們可以回傳找到的最後一個節點，但這也代表著每個節點的機率不相等。

第五種選擇（快但不可行）

我們可以嘗試一種簡單的方法：隨機遍樹。在每個節點上：

- 有 ⅓ 的機率，我們回傳當前節點。

- 有 ⅓ 的機率，我們向左遍歷。

- 有 ⅓ 的機率，我們向右遍歷。

這個解決方案和其他一些解決方案一樣，並沒有將機率均勻地分佈在各個節點上。根節點被選擇的機率為 ⅓，與左邊所有節點的機率總和相同。

第六種選擇（快又可行）

與其繼續花腦力想新的解決方案，不如看看是否可以修復之前解決方案中的一些問題。要做到這一點，我們必須對解決方案中的根本問題進行深度分析。

讓我們看看第五種選擇，它失敗的原因是機率並不是均勻分佈在所有項目上，是否能在保持基本演算法不變的情況下解決這個問題呢？

我們可以從根節點開始，回傳根節點的機率應該是多少？因為有 N 個節點，所以必須以 $\frac{1}{N}$ 的機率回傳根節點（事實上，我們必須以 $\frac{1}{N}$ 的機率回傳每個節點。畢竟，我們有 N 個節點，每個節點的機率必須相等。總數必須是 1（100%），因此每個機率必須是 $\frac{1}{N}$）。

我們已經解決了根節點的問題，那麼剩下的節點呢？我們向左和向右遍歷的機率是多少？並不是 50/50。即使在平衡的樹中，每邊的節點數也可能不相等。如果左邊的節點比右邊的多，那麼我們就需要更傾向於左移動。

這個問題的其中一種思考方法是，從左邊選擇某個東西的機率必定是選中所有節點機率的加總。因為每個節點的機率都是 $\frac{1}{N}$，所以從左邊取東西的機率必須是 LEFT_SIZE * $\frac{1}{N}$。這才應該是向左的機率。

同樣，向右的機率應該是 RIGHT_SIZE * $\frac{1}{N}$。

這代表著每個節點必須知道左邊節點的數量和右邊節點的數量。幸運的是，面試官告訴我們，我們是從無到有開始建立這個樹類別，所以很容易追蹤插入和刪除的大小資訊。我們可以在每個節點中儲存一個 size 變數。在插入時增加 size，在刪除時減少 size。

```
1    class TreeNode {
2      private int data;
3      public TreeNode left;
4      public TreeNode right;
5      private int size = 0;
6
7      public TreeNode(int d) {
8        data = d;
9        size = 1;
10     }
11
12     public TreeNode getRandomNode() {
13       int leftSize = left == null ? 0 : left.size();
14       Random random = new Random();
15       int index = random.nextInt(size);
16       if (index < leftSize) {
17         return left.getRandomNode();
18       } else if (index == leftSize) {
19         return this;
20       } else {
21         return right.getRandomNode();
22       }
23     }
24
25     public void insertInOrder(int d) {
26       if (d <= data) {
27         if (left == null) {
28           left = new TreeNode(d);
29         } else {
30           left.insertInOrder(d);
31         }
32       } else {
33         if (right == null) {
34           right = new TreeNode(d);
35         } else {
36           right.insertInOrder(d);
37         }
38       }
39       size++;
40     }
```

```
41
42    public int size() { return size; }
43    public int data() { return data; }
44
45    public TreeNode find(int d) {
46       if (d == data) {
47          return this;
48       } else if (d <= data) {
49          return left != null ? left.find(d) : null;
50       } else if (d > data) {
51          return right != null ? right.find(d) : null;
52       }
53       return null;
54    }
55 }
```

在一棵平衡的樹中，這個演算法的時間複雜度是 O(log N)，其中的 N 是節點的數量。

第七種選擇 (快又可行)

產生隨機數值的呼叫可能代價高昂，如果我們想要的話，可以大大地減少產生隨機數呼叫的次數。

假設呼叫下方樹的 getRandomNode，然後向左遍歷。

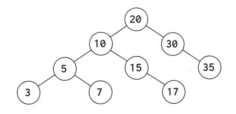

我們之所以會向左遍歷，是因為選到的隨機數介於 0 到 5 之間（包含），當向左遍歷後，又要選擇一個 0 到 5 之間的隨機數，但為何要重新選擇呢？用第一個隨機數就可以了。

但如果想要向右遍歷呢？代表我們選中一個介於 7 和 8（包含）之間的隨機數，但現在需要的是一個介於 0 到 1（包含）之間的數，這很好解決：只要減去 LEFT_SIZE + 1 就可以了。

另外一種思考方法是，我們就用一個初始的隨機數決定哪一個節點（i）要回傳，然後只要用中序遍歷找到第 i 個節點回傳即可。當向右遍歷時，減掉 LEFT_SIZE + 1 代表我們做中序遍歷時可以跳過 LEFT_SIZE + 1 個節點。

```
1   class Tree {
2     TreeNode root = null;
3
4     public int size() { return root == null ? 0 : root.size(); }
5
6     public TreeNode getRandomNode() {
7       if (root == null) return null;
8
9       Random random = new Random();
10      int i = random.nextInt(size());
11      return root.getIthNode(i);
12    }
13
14    public void insertInOrder(int value) {
15      if (root == null) {
16        root = new TreeNode(value);
17      } else {
18        root.insertInOrder(value);
19      }
20    }
21  }
22
23  class TreeNode {
24    /* 建構函式和變數是一樣的 */
25
26    public TreeNode getIthNode(int i) {
27      int leftSize = left == null ? 0 : left.size();
28      if (i < leftSize) {
29        return left.getIthNode(i);
30      } else if (i == leftSize) {
31        return this;
32      } else {
33        /* 跳過leftSize + 1個節點，因此減去它們 */
34        return right.getIthNode(i - (leftSize + 1));
35      }
36    }
37
38    public void insertInOrder(int d) { /* 相同 */ }
39    public int size() { return size; }
40    public TreeNode find(int d) { /* 相同 */ }
41  }
```

與前面的演算法一樣，該演算法在平衡樹中花費 O(log N) 時間。我們也可以將執行時間描述為 O(D)，其中 D 是樹的最大深度。請注意，無論樹是否平衡，O(D) 都是執行時間的準確描述。

4.12 **路徑的加總數**：您有一個二元樹，其中每個節點包含一個整數值（可能是正的或負的）。請設計一個演算法，該演算法可依一個給定值，找出加總數與給定值相同的路徑。路徑不需要在根節點或葉節點處開始或結束，但必須向下（只能從父節點移動到子節點）。

pg 146

解答

讓我們隨便挑一個可能的加總數，比如說 8，然後根據這個加總數畫一個二元樹，刻意讓這棵樹有多條路徑都符合這個加總數。

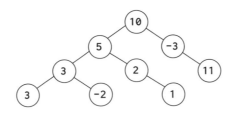

一種解決方案是使用暴力法。

解決方案 #1：暴力

在暴力法中，我們只在乎所有可能的路徑。為此，我們要遍歷每個節點。在每個節點上，我們遞迴地嘗試所有向下的路徑，並在此過程中追蹤路徑總和。如果加總數符合目標加總數，我們就將計數增加。

```
1   int countPathsWithSum(TreeNode root, int targetSum) {
2      if (root == null) return 0;
3
4      /* 從根節點開始計算向下路徑是否符合目標加總數 */
5      int pathsFromRoot = countPathsWithSumFromNode(root, targetSum, 0);
6
7      /* 試試左子樹和右子樹的節點 */
8      int pathsOnLeft = countPathsWithSum(root.left, targetSum);
9      int pathsOnRight = countPathsWithSum(root.right, targetSum);
10
11     return pathsFromRoot + pathsOnLeft + pathsOnRight;
12  }
13
14  /* 回傳從這個節點開始符合加總數的路徑數 */
15  int countPathsWithSumFromNode(TreeNode node, int targetSum, int currentSum) {
16     if (node == null) return 0;
```

```
17
18    currentSum += node.data;
19
20    int totalPaths = 0;
21    if (currentSum == targetSum) { // 成功找到從此節點開始符合加總數的路徑
22      totalPaths++;
23    }
24
25    totalPaths += countPathsWithSumFromNode(node.left, targetSum, currentSum);
26    totalPaths += countPathsWithSumFromNode(node.right, targetSum, currentSum);
27    return totalPaths;
28 }
```

這個演算法的時間複雜度是多少？

試想深度為 d 的節點將被它上面的 d 個節點「觸摸」（透過 countPathsWithSumFrom Node）。

在平衡的二元樹中，d 不會大於 log N 的近似值。因此，我們知道對於樹中的 N 個節點，countPathsWithSumFromNode 將被呼叫 O(N log N) 次。執行時間是 O(N log N)。

我們也可以從另一個方向來求得這個值。在根節點，我們遍歷它下面的所有 N - 1 個節點（透過 countPathsWithSumFromNode）。在第二層（有兩個節點），我們遍歷 N - 3 個節點。在第三層（有 4 個節點，再加上上面的 3 個），我們遍歷到 N - 7 個節點。按照這個模式，全部的工作大致是：

$$(N - 1) + (N - 3) + (N - 7) + (N - 15) + (N - 31) + ... + (N - N)$$

為了簡化這個式子，注意每一項的左邊都是 N，而右邊都是 2 的冪次方少 1。項的數目就是樹的深度，也就是 O(log N)。對於右邊，我們可以忽略它比 2 的冪次方少 1 的事實。因此，我們可以整理成這樣：

```
O(N * [項次總數] - [從1到N中2冪次方加總])
O(N log N - N)
O(N log N)
```

如果您一下不知道從 1 到 N 中所有 2 的冪次方和是什麼，請想想二進位中 2 的冪次方是什麼樣子的：

```
   0001
+ 0010
+ 0100
+ 1000
= 1111
```

因此，在平衡樹中執行時間是 O(N log N)。

在不平衡的樹中，執行時間可能糟糕的多。假設有一棵樹是一條直線向下，在它的根節點，我們必須遍 N - 1 個節點。再下一層（只有一個節點），我們遍歷 N - 2 個節點。在第三層，我們遍歷 N - 3 個節點，以此類推。這就會變成 1 到 N 的和，也就是 O(N²)。

解決方案 2：優化

在分析最後一個解決方案時，我們可能會發現自己重複了一些工作。對於 10 -> 5 -> 3 -> -2 這樣的路徑，我們會重複地遍歷該路徑（或其部分）。從節點 10 開始，接著會到節點 5（從節點 5 開始，然後到節點 3，然後到節點 -2），然後到節點 3，最後到節點 -2。理想情況下，我們希望重用這些工作的結果。

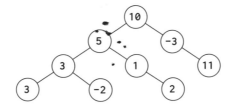

讓我們使用一個（假定、延伸的）路徑如下，把它視為用一個單純的陣列存放：

    10 -> 5 -> 1 -> 2 -> -1 -> -1 -> 7 -> 1 -> 2

此時我們真正想看的是：這個陣列中有多少個連續子序列的和與目標加總數（8）相等？換句話說，對於下圖中的每個 y，要找出對應的 x 值（或者，更準確地說，下面的 x 值所代表的值）。

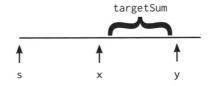

如果每個值都知道它的加總數（從 s 連續加到自己的加總數），就可以很容易地找到答案。我們只需要利用這個簡單的等式：$runningSum_x = runningSum_y - targetSum$，就可以求得可讓此式成立的 x 值。

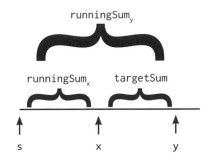

因為我們只是尋找路徑的數量，所以可以使用雜湊表。當我們迭代陣列時，建立一個雜湊表，該雜湊表能從 runningSum 映射到我們看到該和的次數。然後，對於每個 y，在雜湊表中搜尋 runningSum$_y$ - targetSum。雜湊表中的值將告訴您符合在 y 結束處總和為 targetSum 的路徑有多少。

例如：

```
index:   0    1    2    3    4     5     6    7    8
value:  10 -> 5 -> 1 -> 2 -> -1 -> -1 -> 7 -> 1 -> 2
sum:    10   15   16   18   17    16    23   24   26
```

runningSum$_7$ 的值是 24。如果 targetSum 是 8，那麼我們要在雜湊表中搜尋 16，於是我們找到路徑數為 2（因為索引 2 和索引 5 都是 16）。正如我們在上面看到的，索引 3 到 7 和索引 6 到 7 的總和都是 8。

現在我們已經弄好了陣列用的演算法，現在來看看這個演算法在樹中的情況。我們要採取類似的步驟。

我們使用深度優先搜尋去遍歷樹，當存取每個節點時：

1.　追蹤它的累計總和。我們將它作為一個參數，並按 node.value 的值遞增它。

2.　在雜湊表中搜尋 runningSum - targetSum。在雜湊表中找到幾個值代表總共有多少路徑，將 totalPaths 設定為此值。

3.　如果最後的 runningSum == targetSum，則代表有一個從根目錄開始的路徑。請將此路徑加到 totalPaths。

4.　將 runningSum 加入到雜湊表中（如果已經有值，則增加該值）。

5.　向左和右遞迴，繼續尋找符合 targetSum 總數的路徑數。

6. 在完成左右遞迴之後，遞減雜湊表中 runningSum 的值。這實際上是我們工作的收尾；因為它反轉對雜湊表的修改，這樣其他節點就不會誤用到修改值（我們現在已經完成了對節點的操作）。

儘管要導出這個演算法很複雜，但是實作這個演算法的程式碼卻相對簡單。

```
1   int countPathsWithSum(TreeNode root, int targetSum) {
2     return countPathsWithSum(root, targetSum, 0, new HashMap<Integer, Integer>());
3   }
4
5   int countPathsWithSum(TreeNode node, int targetSum, int runningSum,
6                         HashMap<Integer, Integer> pathCount) {
7     if (node == null) return 0; // 結束條件
8
9     /* 以當前節點作為結束的加總值來計算路徑數量 */
10    runningSum += node.data;
11    int sum = runningSum - targetSum;
12    int totalPaths = pathCount.getOrDefault(sum, 0);
13
14    /* 如果runningSum等於targetSum，那麼還有一條路徑是從根目錄開始。
15     * 將這個路徑加入 */
16    if (runningSum == targetSum) {
17      totalPaths++;
18    }
19
20    /* 增加pathCount，recurse，然後再減少pathCount */
21    incrementHashTable(pathCount, runningSum, 1); // 增加pathCount
22    totalPaths += countPathsWithSum(node.left, targetSum, runningSum, pathCount);
23    totalPaths += countPathsWithSum(node.right, targetSum, runningSum, pathCount);
24    incrementHashTable(pathCount, runningSum, -1); // 減少pathCount
25
26    return totalPaths;
27  }
28
29  void incrementHashTable(HashMap<Integer, Integer> hashTable, int key, int delta) {
30    int newCount = hashTable.getOrDefault(key, 0) + delta;
31    if (newCount == 0) { // 移除0以減少空間用量
32      hashTable.remove(key);
33    } else {
34      hashTable.put(key, newCount);
35    }
36  }
```

這個演算法的執行時間是 O(N)，其中 N 是樹中的節點數。我們知道它是 O(N) 是因為我們只會移動到每個節點一次，每次移動都做 O(1) 的工作。在一棵平衡樹中，由於使用了雜湊表所以空間複雜度為 O(log N)。在不平衡樹中，空間複雜度可能增長到 O(n)。

5

位元操作的解決方案

5.1   **插入：** 您有兩個 32 位元的數字，N 和 M，以及 2 個代表位元位置的數字，i 和
       j。請寫一個方法把 M 插入 N，使 M 從第 j 位開始，到第 i 位結束。您可以假設
       從 j 到 i 位有足夠的空間來容納 M。也就是說，如果 M=10011，您可以假設 j
       和 i 之間至少有 5 位。例如，您不會看到 i = 2 和 j = 3，因為第 2 和第 3 位元
       無法裝下 M。

   範例

   輸入：N = 10000000000, M = 10011, i = 2, j = 6
   輸出：N = 10001001100

pg 152

解答

這個問題可以透過三個關鍵步驟來解決：

1.   清除 N 中的 j 到 i。

2.   移動 M，使它位置對齊 i 到 j。

3.   合併 M 和 N。

最棘手的部分是步驟 1，我們要如何清除 N 中的位元呢？我們可以用遮罩做到這一
點。這個遮罩除了 i 到 j 位元是 0，其他所有都是 1。我們建立遮罩時，是先建立左半
邊，接著建立右半邊。

```
1    int updateBits(int n, int m, int i, int j) {
2        /* 建立一個用來清n中i到j位元的遮罩。例如：若i = 2，j = 4得到的
3         * 遮罩應該要是11100011。為了簡化問題，這裡我們只用8位元舉例 */
4        int allOnes = ~0; // 將會等於一整排的1
5
6        // 只留下j位置之前的1，其他清為0。left = 11100000
7        int left = allOnes << (j + 1);
8
9        // 只留下i位置之後的1，其他清為0。right = 00000011
```

```
10    int right = ((1 << i) - 1);
11
12    // 除了i和j之間的0之外，其他都是1。mask = 11100011
13    int mask = left | right;
14
15    /* 清除位元i到j然後把m放進去 */
16    int n_cleared = n & mask; // 清除i和j之間位元
17    int m_shifted = m << i; // 將m移動到正確的位置
18
19    return n_cleared | m_shifted; // OR兩者，就做完了！
20  }
```

在這類問題（以及許多位元操作問題）中，您應該確認您有徹底地測試您的程式碼。這種問題很容易出現差 1 誤差（off-by-one error）。

5.2 二進位轉成字串： 給定一個介於 0 和 1 之間的實數（例如，0.72），傳入參數格式為雙精度浮點數，請印出其二進位表示。如果這個數字的二進位無法以 32 個字元準確地表示出來，那麼就印出「ERROR」。

pg 152

解答

注意：為了避免混淆，將使用下標 x_2 和 x_{10} 來表示 x 是 2 進位還是以 10 進位。

首先來看看二進位中的非整數是什麼樣子。類比於十進位數字，二進位數字 0.101_2 看起來就像：

$$0.101_2 = 1 * \frac{1}{2^1} + 0 * \frac{1}{2^2} + 1 * \frac{1}{2^3}$$

若想要印出小數部分，我們可以乘以 2 並檢查 2n 是否大於等於 1。這本質上是「移動」小數點後的部份。即：

$$
\begin{aligned}
r &= 2_{10} * n \\
&= 2_{10} * 0.101_2 \\
&= 1 * \frac{1}{2^0} + 0 * \frac{1}{2^1} + 1 * \frac{1}{2^2} \\
&= 1.01_2
\end{aligned}
$$

如果 r >= 1，那麼我們知道 n 的小數點後面是個 1。如果連續這樣做，就可以得到每一位元數字。

```
1   String printBinary(double num) {
2     if (num >= 1 || num <= 0) {
3       return "ERROR";
4     }
5
```

```
6     StringBuilder binary = new StringBuilder();
7     binary.append(".");
8     while (num > 0) {
9         /* 限定最大長度：32字元 */
10        if (binary.length() >= 32) {
11            return "ERROR";
12        }
13
14        double r = num * 2;
15        if (r >= 1) {
16            binary.append(1);
17            num = r - 1;
18        } else {
19            binary.append(0);
20            num = r;
21        }
22    }
23    return binary.toString();
24 }
```

或者，與其將數字乘以 2 再與 1 進行比較，不如將數字與 0.5、0.25、… 等進行比較。下面的程式碼示範了這種方法。

```
1   String printBinary2(double num) {
2     if (num >= 1 || num <= 0) {
3         return "ERROR";
4     }
5
6     StringBuilder binary = new StringBuilder();
7     double frac = 0.5;
8     binary.append(".");
9     while (num > 0) {
10        /* 限定最大長度：32字元 */
11        if (binary.length() > 32) {
12            return "ERROR";
13        }
14        if (num >= frac) {
15            binary.append(1);
16            num -= frac;
17        } else {
18            binary.append(0);
19        }
20        frac /= 2;
21    }
22    return binary.toString();
23 }
```

兩種方法都一樣好；您可任選一個您喜歡的。

無論選用哪種方法，您都應該要為這個問題準備完整的多個測試用例，並在面試中實際地處理它們。

5.3 **翻轉位元**：您有一個整數，您只可將該整數中 1 個位元從 0 翻轉 1。請撰寫程式碼來找出您能建立出的最長的 1 有幾個。

範例

輸入：1775（或：11011101111）
輸出：8

pg 152

解答

我們可以把每個整數看作 0 和 1 的交替序列。只要 0 序列的長度是 1，就可以合併相鄰的 1s 序列。

暴力法

其中一種解法是將整數轉換成反映 0 和 1 序列長度的陣列。例如，**11011101111** 將是（從右向左讀取）[0_0, 4_1, 1_0, 3_1, 1_0, 2_1, 21_0]。數字的下標代表這個整數是對應於一個 0 序列還是一個 1 序列，但是實際的解決方案並不需要用到下標。因為它必定是嚴格的交替的序列，而且總是從 0 開始。

一旦有了這個陣列後，就迭代這個陣列。對於每個 0 序列，如果該序列長度為 1，則合併相鄰的 1 序列。

```
1   int longestSequence(int n) {
2     if (n == -1) return Integer.BYTES * 8;
3     ArrayList<Integer> sequences = getAlternatingSequences(n);
4     return findLongestSequence(sequences);
5   }
6
7   /* 回傳一個符合數列大小的串列。
8      數列的開頭是0的數量（有可能是0），
9      然後與0或1計數交替值 */
10  ArrayList<Integer> getAlternatingSequences(int n) {
11    ArrayList<Integer> sequences = new ArrayList<Integer>();
12
13    int searchingFor = 0;
14    int counter = 0;
15
16    for (int i = 0; i < Integer.BYTES * 8; i++) {
```

```
17      if ((n & 1) != searchingFor) {
18         sequences.add(counter);
19         searchingFor = n & 1; // 轉1變為0，或是0變為1
20         counter = 0;
21      }
22      counter++;
23      n >>>= 1;
24   }
25   sequences.add(counter);
26
27   return sequences;
28 }
29
30 /* 給定0和1的交替數列的長度，
31  * 找出我們可以建出最長的1數列 */
32 int findLongestSequence(ArrayList<Integer> seq) {
33   int maxSeq = 1;
34
35   for (int i = 0; i < seq.size(); i += 2) {
36      int zerosSeq = seq.get(i);
37      int onesSeqRight = i - 1 >= 0 ? seq.get(i - 1) : 0;
38      int onesSeqLeft = i + 1 < seq.size() ? seq.get(i + 1) : 0;
39
40      int thisSeq = 0;
41      if (zerosSeq == 1) { // 可合併
42         thisSeq = onesSeqLeft + 1 + onesSeqRight;
43      } if (zerosSeq > 1) { // 只在兩邊加上0
44         thisSeq = 1 + Math.max(onesSeqRight, onesSeqLeft);
45      } else if (zerosSeq == 0) { // 沒有0，兩邊取一個
46         thisSeq = Math.max(onesSeqRight, onesSeqLeft);
47      }
48      maxSeq = Math.max(thisSeq, maxSeq);
49   }
50
51   return maxSeq;
52 }
```

這種做法蠻好的。它的時間複雜度是 O(b)，空間複雜度是 O(b)，其中 b 是序列的長度。

> 請注意如何表示執行時間。例如，如果您說執行時間是 O(n)，那 n 是多少？說這個演算法的執行時間是 O(整數的值) 是不正確的，這個演算法應該是 O(位元數量)。出於這個原因，當 n 的含義存在潛在的模糊時，就最好不要使用 n，這樣您和面試官都不會感到困惑，請選擇一個不同的變數名。我們用「b」表示位元數，這樣比較有邏輯。

還能再改進演算法嗎？請回想一下最佳執行時間（B.C.R）是什麼。因為這個演算法的最佳執行時間是 O(b)（我們一定要迭代過整個位元數列），所以我們知道已無法再優化時間了，但是可以減少記憶體的使用。

最優演算法

想要減少空間使用的話，請注意，我們其實不需要一直握有每個序列的長度，只需要掌握每個 1 序列和緊接它之前的另一個 1 序列。

因此，我們可以以查看整個整數來追蹤當前的 1 序列的長度和其前方 1 序列的長度，看到 0 的時候，就更新 previousLength：

* 如果下一個位元是 1，那麼 previousLength 應該設定為 currentLength。

* 如果下一個位元是 0，那麼我們就不能合併這些數列。將 previousLength 設為 0。

在過程中持續更新 maxLength。

```
1   int flipBit(int a) {
2      /* 如果都是1，這必定是最長的序列了 */
3      if (~a == 0) return Integer.BYTES * 8;
4
5      int currentLength = 0;
6      int previousLength = 0;
7      int maxLength = 1; // 我們至少會有一個長度為1的序列
8      while (a != 0) {
9         if ((a & 1) == 1) { // 當前位元是1
10           currentLength++;
11        } else if ((a & 1) == 0) { // 當前位元是0
12           /* 更新為0（如果下一個位元為0）或currentLength（如果下一個位元為1） */
13           previousLength = (a & 2) == 0 ? 0 : currentLength;
14           currentLength = 0;
15        }
16        maxLength = Math.max(previousLength + currentLength + 1, maxLength);
17        a >>>= 1;
18     }
19     return maxLength;
20  }
```

這個演算法的執行時間仍然是 O(b)，但是我們只使用了 O(1) 的記憶體。

5.4　**下一個數**：給定一個正整數，印出在二進位表示中具有相同數量的 1 位元的下一個最小的數和前一個最大的數。

pg 152

解答

有許多方法可以解決這個問題，包括使用暴力法、使用位元操作和使用聰明的算術。注意，算術方法建立在位元操作方法的基礎上。在學習算術之前，您需要瞭解位元操作方法。

> 這個問題中的術語可能會令人困惑。我們將較大的數稱為 getNext，較小的數稱為 getPrev。

暴力法

一種簡單的方法是使用暴力法：去計算 n 中 1 的個數，然後遞增（或遞減），直到找到 1 的個數相同的一個數。這種解法很容易，但有點無趣。有更好的解法嗎？有的！

我們從 getNext 的程式碼開始，然後接著看 getPrev。

用位元操作方法得到下一個數

如果我們思考下一個數值應該是什麼，可以觀察到以下情況。假設有一個數字 13948，它的二進位表示形式如下：

1	1	0	1	1	0	0	1	1	1	1	1	0	0
13	12	11	10	9	8	7	6	5	4	3	2	1	0

現在讓這個數字變大（但又不是變得太大），同時我們還需要保持 1 的數量不變。

觀察：給定一個數字 n 和兩個位元位置 i 和 j，假設我們將位元 i 從 1 變成 0，將位元 j 從 0 變成 1。如果 i > j，那麼 n 就會減小。如果 i < j，則 n 就會增加。

我們也知道以下事實：

1.　如果我們把一個 0 變成 1，也必須把一個 1 變成 0。

2.　當我們這樣做時，只有在 0 變成 1 的位元在 1 變成 0 的位元的左邊時，數字才會更大。

3. 我們雖然想讓數字變大，但不需要它是不必要的變大。因此，我們需要翻轉最右邊的 0，而且它右邊有 1 存在。

換句話說，我們要翻轉最右邊的非結尾的 0。也就是說，若使用上面的例子，結尾的 0 在第 0 位和第 1 位。最右邊的非結尾 0 是第 7 位元（下表標示位置 8 處）。讓我們稱這個位置為 p。

步驟 1：把最右邊非結尾的 0 變成 1

1	1	0	1	1	0	1	1	1	1	1	1	0	0
13	12	11	10	9	8	7	6	5	4	3	2	1	0

這個改變做完之外，n 已經變大了。但是，我們也多了一個 1，少了一個 0。在我們試圖縮小這個數字時，必須牢記這一點。

我們可以透過重新排列 p 位右邊的所有位元來縮小數字，把所有 0 排在左邊，1 排在右邊。做這件事的時候，我們要用一個 0 來代替一個 1。

一個相對簡單的方法是計算在 p 右邊有多少個 1，然後清除掉所有 0 到 p 之間的位元，然後把 c1-1 加回去。c1 是 p 右邊的 1 的數量，c0 是 p 右邊的 0 的數量。

我們用一個例子來說明。

步驟 2：清除 p 右邊的位元。現況是 c0 = 2，c1 = 5，p = 7

1	1	0	1	1	0	1	0	0	0	0	0	0	0
13	12	11	10	9	8	7	6	5	4	3	2	1	0

為了清除這些位元，我們需要建立一個遮罩，遮罩是一個由 1 和 p 個 0 組成的序列。我們可以這樣做：

```
a = 1 << p;   // 除了p位置為1之外，其他全部都為0
b = a - 1;    // 前面都是0，然後接著p個1
mask = ~b;    // 前面都是1，然後接著p個0
n = n & mask; // 將最右邊p個位元清為0
```

或者，我們可以更簡潔地這樣寫：

```
n &= ~((1 << p) - 1)
```

步驟 3：加入 c1 - 1 個 1

1	1	0	1	1	0	1	0	0	0	1	1	1	1
13	12	11	10	9	8	7	6	5	4	3	2	1	0

為了要在右側插入 c1 - 1 個 1，我們需要做以下操作：

```
a = 1 << (c1 - 1); // 在位置c1 - 1處有個1，其他均為0
b = a - 1;         // 除了位置0到c1 - 1為1之外，其他均為0
n = n | b;         // 在位置0到c1 - 1之前插入1
```

或者，我們可以更簡潔地這樣寫：

```
n |= (1 << (c1 - 1)) - 1;
```

現在我們得到了比 n 大的最小的數，而且這個數擁有相同數量的 1。

下面是 getNext 的程式碼。

```
1   int getNext(int n) {
2     /* 計算c0和c1 */
3     int c = n;
4     int c0 = 0;
5     int c1 = 0;
6     while (((c & 1) == 0) && (c != 0)) {
7       c0++;
8       c >>= 1;
9     }
10
11    while ((c & 1) == 1) {
12      c1++;
13      c >>= 1;
14    }
15
16    /* 錯誤：如果n==11..1100…00，那麼已沒有擁有同樣多的1
17     * 同時又比這大的數了 */
18    if (c0 + c1 == 31 || c0 + c1 == 0) {
19      return -1;
20    }
21
22    int p = c0 + c1; // 最右側非結尾0的位置
23
24    n |= (1 << p); // 將最右側非結尾0變成1
25    n &= ~((1 << p) - 1); // 清空p右邊的所有位元
26    n |= (1 << (c1 - 1)) - 1; // 插入(c1-1個)1到右邊
27    return n;
28  }
```

位元操作方法得到前一個數

我們採用了非常類似的方法實作 getPrev。

1. 計算 c0 和 c1。注意，c1 是尾端 1 的個數，c0 是緊跟在尾端 1 後面的 0 的個數。

2. 將最右邊非結尾的 1 變成 0，這個位元的位置在 p = c1 + c0。

3. 清除位置 p 右邊的所有位元。

4. 將 c1 + 1 插入到 p 位置的右邊。

請注意第 2 步將第 p 位設定為 0，第 3 步將第 0 到第 p - 1 位設定為 0。我們可以合併這兩個步驟。

讓我們用一個例子來說明。

步驟 1：初始數字，p = 7，c1 = 2，c0 = 5

1	0	0	1	1	1	1	0	0	0	0	0	1	1
13	12	11	10	9	8	7	6	5	4	3	2	1	0

步驟 2 與 3：清除 p 之後的位元

1	0	0	1	1	1	0	0	0	0	0	0	0	0
13	12	11	10	9	8	7	6	5	4	3	2	1	0

我們可以像以下這樣做：

```
int a = ~0;             // 取得全部都是1的數列
int b = a << (p + 1);   // 取得前面都是1後面跟著p + 1個0
n &= b;                 // 清除位置0到p之間的位元
```

步驟 4：在位置 p 的右邊插入 c1 + 1 個 1

1	0	0	1	1	1	0	1	1	1	0	0	0	0
13	12	11	10	9	8	7	6	5	4	3	2	1	0

注意，由於 p = c1 + c0，所以（c1 + 1 個）1 後面會跟著（c0 - 1 個）0。

我們可以像以下這樣做：

```
int a = 1 << (c1 + 1);   // 充滿0，只有在位置（c1 + 1）有個1
int b = a - 1;           // 前面全為0，後面著跟c1 + 1個1
int c = b << (c0 - 1);   // c1 + 1個1後面跟著c0 - 1個0
n |= c;
```

實作此功能的程式碼如下。

```
1    int getPrev(int n) {
2      int temp = n;
3      int c0 = 0;
4      int c1 = 0;
5      while (temp & 1 == 1) {
6        c1++;
7        temp >>= 1;
8      }
9
10     if (temp == 0)   return -1;
11
12     while (((temp & 1) == 0) && (temp != 0)) {
13       c0++;
14       temp >>= 1;
15     }
16
17     int p = c0 + c1; // 最右側非尾端1的位置
18     n &= ((~0) << (p + 1)); // 從位置p開始清除
19
20     int mask = (1 << (c1 + 1)) - 1; // c1+1個1的序列
21     n |= mask << (c0 - 1);
22
23     return n;
24   }
```

算術方法得到下一個數

如果 c_0 是尾端 0 的個數，c_1 是緊隨其後的 1 區塊的大小，並且 $p = c_0 + c_1$，可以從前面的解法得到我們的解：

1. 將第 p 位元設定為 1。

2. 將 p 之後的所有位元設定為 0。

3. 設定 $c_1 - 2$ 到 1 為 0，總共是 $c_1 - 1$ 位元。

執行第 1 步和第 2 步的一種快速而粗略的方法是將結尾處的 0 設定為 1（如此即會得到 p 個結尾處的 1），然後再加上 1。加 1 會把後面所有的 1 都翻轉過來，所以得到的結果是第 p 位元為 1 後面跟著 p 個 0。我們可以用算數運算做這個工作。

```
n += 2^c0 - 1;      // 將尾端的0改為1，我們會得到p個尾端的1
n += 1;             // 將前p個1變成0，並將位置p設為1
```

現在，為了完成第 3 步的算數運算，我們只要：

```
n += 2^(c1 - 1) - 1;   // 將尾端的c1 - 1個0變成1
```

以上的計算可簡化成：

```
next = n + (2^c0 - 1) + 1 + (2^(c1 - 1) - 1)
     = n + 2^c0 + 2^(c1 - 1) - 1
```

最棒的部分是，只需要用到一點點位元操作，程式很好寫。

```
1   int getNextArith(int n) {
2     /* ... c0和c1的計算與之前相同 ... */
3     return n + (1 << c0) + (1 << (c1 - 1)) - 1;
4   }
```

算術方法得到前一個數

如果 c_1 是結尾處 1 的數量，c_0 是緊隨其後的 0 的數量，而且 $p = c_0 + c_1$，我們可以先把 getPrev 的第一版解寫成如下形式：

1. 將第 p 位元設為 0。

2. 將 p 後面的所有位元設定為 1。

3. 將 c_0 - 1 到 0 的位元設為 0。

我們可以用下面的算術方法來實作它。為了清楚起見，我們假設 n = 10000011。此時 $c_1 = 2$，$c_0 = 5$。

```
n -= 2^c1 - 1;         // 刪除最尾端的所有1
n -= 1;                // 將最尾端的所有0變成1，n現在是01111111
n -= 2^(c0 - 1) - 1;   // 將最面（c0-1）的所有0變成1，n現在是01110000
```

這在數學上可歸納為：

```
next= n - (2^c1 - 1) - 1 - (2^(c0 - 1) - 1).
    = n - 2^c1 - 2^(c0 - 1) + 1
```

同樣，這很容易實作。

```
1   int getPrevArith(int n) {
2       /* ... c0和c1的計算與之前相同 ... */
3       return n - (1 << c1) - (1 << (c0 - 1)) + 1;
4   }
```

完工！別擔心，您在面試時不會被要求要做到以上所有的解法，至少在沒有面試官提供很多幫助的情況下不可能。

5.5 除錯器：請解釋以下程式碼的功能：`((n & (n-1)) == 0)`。

pg 153

解答

我們可以反過來解決這個問題。

若 A & B == 0 代表什麼？

這代表 A 和 B 永遠不會有 1 位在同一個位置。如果 n & (n - 1) == 0，那麼 n 和 n - 1 在同一個位置上不會同時出現 1。

n-1 看起來會像什麼（與 n 相比）？

請嘗試用手做減法（以 2 或 10 為基數）。看看到底會發生什麼事呢？

```
    1101011000 [base 2]              593100 [base 10]
-            1                    -        1
= 1101010111 [base 2]            = 593099 [base 10]
```

當您從一個數中減去 1 時，您會去查看最小的位數。如果該位數是 1，您會把它變成 0，就做完了。如果是 0，您必須從更大的位「借位」。所以，您會一路把位元加大，每一位都從 0 變成 1，直到您找到一個 1。把那個 1 變成 0，就做完了。

因此，n-1 看起來跟 n 很像，除了 n 最小位的那些 0 在 n-1 中會變成是 1，而 n 的最小有效 1 在 n-1 中會變成 0，所以：

```
if     n = abcde1000
then n-1 = abcde0111
```

那麼 n & (n-1) == 0 代表？

代表 n 和 n-1 一定沒有共同的 1。假設它們長成這樣：

```
if    n = abcde1000
then n-1 = abcde0111
```

那麼 abcde 必須是全都是 0，這代表 n 必須長這樣：00001000。這個 n 值會是 2 的冪。

於是就得到答案：((n & (n-1)) == 0) 可用來檢查 n 是否為 2 的冪（包含 n 為 0 的情況）。

5.6　**轉換**：若想將整數 A 轉換為整數 B，請寫一個函式來確定需要翻轉的位元的數量。

範例

輸入：29（或：11101）、15（或：01111）
輸出：2

pg 153

解答

這個看似複雜的問題其實很簡單。為了解決這個問題，您要問自己如何找出兩個數字中的哪些位元是不同的。簡單：使用 XOR。

XOR 結果中的每個 1 表示 A 和 B 之間的一個位元不同。因此，為了檢查 A 和 B 之間有多少不同的位元，我們只需計算 A^B 中有幾個位元為 1。

```
1  int bitSwapRequired(int a, int b) {
2    int count = 0;
3    for (int c = a ^ b; c != 0; c = c >>> 1) {
4      count += c & 1;
5    }
6    return count;
7  }
```

這段程式碼目前不錯，但是可以使它更好一些。與其簡單地重複位移 c 然後再檢查最小有效位元，不如不斷地清除最小有效位並計算讓 c 變成 0 需要幾次。c = c & (c - 1) 可清除 c 中最低有效位。

下面的程式碼利用了這種方法。

```
1   int bitSwapRequired(int a, int b) {
2       int count = 0;
3       for (int c = a ^ b; c != 0; c = c & (c-1)) {
4           count++;
5       }
6       return count;
7   }
```

上面的程式碼是在面試時經常會出現的位元操作問題之一。雖然如果您以前從未見過它的話，要當場想出來會很困難，但是記得它的技巧將對您的面試有助益。

5.7   兩兩交換：撰寫一個程式，用盡可能少的指令交換整數中的奇數位元和偶數位元（例如，第 0 位和第 1 位交換、第 2 位和第 3 位交換…等等）。

pg 153

解答

和前面的許多問題一樣，用不同的方法來思考這個問題是很有用的。逐個處理一個個位元對是困難的，而且也不是那麼有效率。我們還可以怎麼思考這個問題呢？

我們可以先處理奇數位元，然後再處理偶數位元。我們可以取一個數字 n，把奇數位元移動 1 個單位嗎？當然可以，我們可以用二進位的 `10101010`（也就是 `0xAA`）遮罩來得到所有奇數位元，然後將它們右移 1，將它們放到偶數位元上。對於偶數位元，我們也做相同的操作。最後，我們要合併這兩個值。

這總共需要 5 條指令。下面的程式碼實作了這種方法。

```
1   int swapOddEvenBits(int x) {
2       return ( ((x & 0xaaaaaaaa) >>> 1) | ((x & 0x55555555) << 1) );
3   }
```

注意，我們使用的是邏輯右移，而不是算術右移。這是因為我們希望符號位元用 0 來填充。

我們是用 Java 的 32 位元整數實作上面的程式碼。如果改為使用 64 位元整數，則需要修改遮罩。邏輯是不變的。

5.8   **畫線**：一個單色螢幕畫面截圖被儲存成一個位元組陣列，一個位元組可儲存 8 個連續的像素。螢幕寬度為 w，其中 w 可被 8 整除（也就是説，位元組不會跨行分割）。當然，可以用陣列的長度和寬度來求得螢幕的高度。請實作一個可從（x1, y）到（x2, y）畫一條水平線的函式。

該方法的宣告應該類似這樣：

```
drawLine(byte[] screen, int width, int x1, int x2, int y)
```

pg 153

解答

簡單的解決方案很簡單：在 for 迴圈中從 x1 迭代到 x2，過程中一路設定每個像素。但這個解法一點都不好玩，不是嗎？（也不是很有效率）。

更好的解決方案是認知到，如果 x1 和 x2 相距很遠，它們之間將包含多個完整的位元組。可以透過執行 screen[byte_pos] = 0xFF 一次設定一整個的位元組，可以使用遮罩設定行開始和結束處剩餘的位元。

```
1    void drawLine(byte[] screen, int width, int x1, int x2, int y) {
2      int start_offset = x1 % 8;
3      int first_full_byte = x1 / 8;
4      if (start_offset != 0) {
5        first_full_byte++;
6      }
7
8      int end_offset = x2 % 8;
9      int last_full_byte = x2 / 8;
10     if (end_offset != 7) {
11       last_full_byte--;
12     }
13
14     // 設定一整個位元組的值
15     for (int b = first_full_byte; b <= last_full_byte; b++) {
16       screen[(width / 8) * y + b] = (byte) 0xFF;
17     }
18
19     // 為開始和結束的部份建立遮罩
20     byte start_mask = (byte) (0xFF >> start_offset);
21     byte end_mask = (byte) ~(0xFF >> (end_offset + 1));
22
23     // 設定線開始和結束部份的值
24     if ((x1 / 8) == (x2 / 8)) { // x1和x2在同一個位元組中
25       byte mask = (byte) (start_mask & end_mask);
26       screen[(width / 8) * y + (x1 / 8)] |= mask;
```

```
27    } else {
28       if (start_offset != 0) {
29          int byte_number = (width / 8) * y + first_full_byte - 1;
30          screen[byte_number] |= start_mask;
31       }
32       if (end_offset != 7) {
33          int byte_number = (width / 8) * y + last_full_byte + 1;
34          screen[byte_number] |= end_mask;
35       }
36    }
37 }
```

要小心這個問題中有很多「陷阱」和特殊情況。例如，您需要思考 x1 和 x2 在同一個
位元組中的情況，只有最謹慎的應試者才能實作出沒有 bug 的程式碼。

6

數學和邏輯謎題的解決方案

6.1 **較重藥丸**：您有 20 瓶藥丸。19 個瓶子裡裝著很多 1 克的藥丸，但是另一個瓶子裡裝著 1.1 克重的藥丸。給您一個精準的天平，您要怎麼找到那個較重的瓶子？您只能使用一次天平。

pg 161

解答

有時，限制條件就是線索。在這個問題中，我們只能使用一次天平。

因為只能使用一次天平，所以能知道一些有趣的事情：我們必須同時秤多個藥瓶。事實上，我們知道必須同時秤至少 19 瓶藥。否則，如果留下兩個以上的藥瓶沒秤，要如何區分那些沒秤的藥瓶？記住，我們只能使用**一次**天平。

那麼，如何從一個以上的藥瓶中秤出藥丸的重量，並發現哪個瓶子裡的藥丸比較重呢？假設只有兩個瓶子，其中一個裝的藥比較重。如果我們從每個瓶子裡拿一顆藥，得到的重量是 2.1 克，雖然我們不知道是哪個瓶子貢獻了額外的 0.1 克，但我們知道必須以不同的方式對待這些藥瓶。

如果我們從 1 號瓶子裡拿一粒藥，從 2 號瓶子裡拿兩粒藥，天平會顯示什麼？視情況而定。如果 1 號瓶子是較重的那個藥瓶，我們會看到 3.1 克。如果 2 號瓶子是較重的藥瓶，我們會得到 3.2 克，這就是解決這個問題的技巧。

我們知道一堆藥丸的「期望」重量。期望重量和實際重量之間的差值將告訴我們哪個藥瓶裝了較重的藥丸，**就因為**我們從每個瓶子中選擇不同數量的藥丸。

我們可以將這個概念推導出完整的解決方案：從第 1 瓶中取出 1 顆，從第 2 瓶中取出 2 顆，從第 3 瓶中取出 3 顆，以此類推。秤一下這一堆混合藥丸的重量。如果所有的藥丸都是 1 克，那麼天平上的讀數就是 210 克（`1 + 2 + ... + 20 = 20 * 21 / 2 = 210`）。任何「超過的重量」必定來自擁有額外的 0.1 克的藥丸。下面這個公式能讓您得到該藥瓶的編號：

$$\frac{重量 - 210 克}{0.1 克}$$

所以，如果一組藥丸的重量是 211.3 克，那麼較重的藥瓶就是第 13 瓶。

6.2 **籃球**：您參加了一個籃球趣味競賽，而且被告知可以參加以下兩場比賽中的一場：

比賽一：您只有一次機會投進籃框。

比賽二：您可投三次，但三次中您必須投中兩次。

如果 p 是您一球投中的機率，依不同的 p 值來說，該怎麼選擇參加哪一場比賽呢？

pg 161

解答

要解決這個問題，可以應用簡單的機率法則，比較每一場獲勝的機率以得到答案。

比賽一獲勝機率：

根據定義，贏第一場的機率是 p。

比賽二獲勝機率：

令 s(k,n) 是 n 次投籃中投中 k 次的機率。贏第二場的機率是三次恰好投中二次或全部投中。換句話說：

P(贏) = s(2,3) + s(3,3)

投中三次的機率是：

s(3,3) = p³

恰好投中兩次的機率是：

```
P(投中第1、2球，第3球沒中)
      + P(投中第1、3球，第2球沒中)
      + P(投中第2、3球，第1球沒中)
   = p * p * (1 - p) + p * (1 - p) * p + (1 - p) * p * p
   = 3 (1 - p) p²
```

把這些加起來，我們得到：

```
   = p³ + 3 (1 - p) p²
   = p³ + 3p² - 3p³
   = 3p² - 2p³
```

您應該選擇玩哪個遊戲？

如果 P（比賽一）> P（比賽二），那你應該選擇玩比賽一：

```
p > 3p² - 2p³
1 > 3p - 2p²
2p² - 3p + 1 > 0
(2p - 1)(p - 1) > 0
```

兩項都必定是正的，或者都是負的。但是我們知道 p < 1，所以 p - 1 < 0。這代表著兩項都是負的。

```
2p - 1 < 0
2p < 1
p < .5
```

如果 0 < p < .5，應該選擇玩比賽一，如果 .5 < p < 1，那應該選擇玩比賽二。

如果 p = 0、0.5 或 1，那麼 p（比賽一）= p（比賽二），所以玩哪個遊戲都沒有關係。

6.3 **骨牌：** 有一個 8x8 的棋盤，其中兩個對角的角落被切斷。您有 31 張骨牌，一張骨牌正好可以覆蓋兩個方塊。請問您能用 31 張骨牌覆蓋整個棋盤嗎？請證明您的答案（請舉一個例子或說明，或證明它是不可能的）。

pg 162

解答

起初這似乎看起來是可能的。一塊 8×8 的黑板，有 64 個正方形，但是有兩個被切掉了，所以剩下 62 個正方形。一套 31 張的骨牌應該完全蓋滿，對吧？

當我們試圖在第一行（只有 7 個方格）上放置骨牌時，可能會注意到一張骨牌必須延伸到第二行。當試圖將骨牌放在第 2 行上時，則需要再次將一張骨牌延伸到第 3 行。

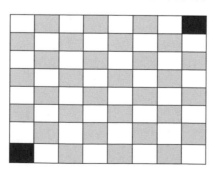

對於我們放置的每一行，總有一個骨牌需要被插入下一行。不管我們用多少次和多少種方式來解決這個問題，都不可能成功地放下所有的骨牌。

有一個更乾淨、更可靠的證據可以證明為什麼無法完全蓋滿。棋盤最初有 32 個黑格和 32 個白格。移除了斜對角（必定是相同的顏色），我們有 30 格是一種顏色和 32 格是另一種顏色。為了方便討論，假設我們有 30 個黑色方塊和 32 個白色方塊。

我們在板子上放的每一張骨牌必然要占一個白色方塊和一個黑色方塊。因此，31 個骨牌正好佔據了 31 個白色方塊和 31 個黑色方塊。然而，在這塊黑板上必須有 30 個黑色方塊和 32 個白色方塊。因此，是不可能蓋滿的。

6.4 三角形上的螞蟻： 一個三角形的三個頂點上有三隻螞蟻。如果它們開始沿著三角形的邊走，碰撞的機率是多少？假設每隻螞蟻隨機選擇一個方向，任意一個方向被選擇的可能性都相同，而且它們是以相同的速度行走。

同樣地，求 n 個頂點多邊形上 n 隻螞蟻碰撞的機率。

pg 162

解答

如果其中任何一隻螞蟻朝另一隻靠近，牠們就會相撞。所以，牠們不會碰撞的唯一方式是牠們都向著同一個方向移動（順時針或逆時針）。我們可以計算這個機率，然後從這裡往回解。

由於每隻螞蟻可以向兩個方向移動，且有三隻螞蟻，則機率為：

$P(順時針)=(\frac{1}{2})^3$
$P(逆時針)=(\frac{1}{2})^3$
$P(同方向)=(\frac{1}{2})^3+(\frac{1}{2})^3=\frac{1}{4}$

那麼，發生碰撞的機率是螞蟻不朝著同一方向移動的機率：

$P(碰撞) = 1 - P(同方向) =1-\frac{1}{4}=\frac{3}{4}$

將其推展到能適用 n 頂點的多邊形：螞蟻們總共有 2^n 種移動方法，但仍只有兩種移動的方式可避免碰撞，所以歸納來說，碰撞的機率是：

$P(順時針)=(\frac{1}{2})^n$
$P(逆時針)=(\frac{1}{2})^n$
$P(同方向)=2(\frac{1}{2})^n=(\frac{1}{2})^{n-1}$
$P(碰撞)=1-P(同方向)=1-(\frac{1}{2})^{n-1}$

6.5　**水壺**：您有一個五夸脫（quart）的水壺，一個三夸脫的水壺，還有無限的水（但是沒有量杯）。您怎麼得到剛好四夸脫的水？請注意這裡用的水壺的形狀很奇怪，所以不可能剛好裝滿「一半」。

pg 162

解答

如果試玩一下這兩個水壺，會發現我們可以在它們之間來回倒水，如下所示：

5 夸脫	3 夸脫	動作
5	0	裝滿 5 夸脫的水壺
2	3	用 5 夸脫的水壺中的水，填滿 3 夸脫水壺
2	0	清空 3 夸脫水壺
0	2	用 5 夸脫的水壺中剩下的水，倒入 3 夸脫水壺
5	2	裝滿 5 夸脫的水壺
4	3	用 5 夸脫的水壺中的水，填滿 3 夸脫水壺剩餘容量
4		我們得到 4 夸脫水了

這個問題，像許多益智問題一樣，有數學 / 電腦科學作為基礎。如果兩個罐子的容量是質數，您可以測量出 1 到 2 個罐子容量之間的任何值。

6.6　**藍眼睛島**：有一群人住在一個島上，有一個訪客帶著一個奇怪的命令來到島上：所有藍眼睛的人都必須儘快離開這個島，每天晚上 8 點有一班機起飛。每個人都能看到別人眼睛的顏色，但他們不知道自己眼睛的顏色（別人也不能告訴他們）。此外，他們不知道總共有多少人有藍眼睛，但他們知道至少有一個人有藍眼睛。這些藍眼睛的人需要多少天才能離開？

pg 162

解答

讓我們應用基本情況和建立方法（Base Case and Build）。假設島上有 n 個人，其中 c 個人有藍色的眼睛，而且我們被明確地被告知 c > 0。

c = 1 的情況：恰好有一個人有藍色的眼睛

假設所有的人都是聰明的，那一個藍眼睛的人應該看看周圍，就可以意識到沒有其他人有藍眼睛。既然他知道至少有一個人有藍色的眼睛，他就必須斷定是自己擁有藍色的眼睛。因此，他將乘坐當晚的航班離去。

c = 2 的情況：恰好兩個人有藍色的眼睛

這兩個藍眼睛的人看到了對方，但不確定 c 是 1 還是 2。根據前面的例子他們知道，如果 c = 1，那麼藍眼睛的人會在第一個晚上離開。因此，如果另一個藍眼睛的人仍然在那裡，那麼他必定推斷出 c = 2，這代表著他自己有藍色的眼睛。然後這兩人在第二天晚上離開。

c > 2 的情況：一般情況

隨著 c 的增加，我們可以看到這個邏輯仍然適用。如果 c = 3，那麼這三個人會立刻知道有 2 個或 3 個藍眼睛的人。如果有兩個人，那麼這兩個人就會在第二晚離開。因此，當其他人在那晚之後還在，則每個人都會得出結論 c = 3，因此他們自己也有藍色的眼睛，他們全部都將在當晚離開。

這個模式可以擴展到任何的 c 值。因此，如果 c 個人有藍色的眼睛，那麼就需要 c 個晚上才能離開，而且所有人都將在同一個晚上離開。

6.7　**大災難**：在大災難後的時代，統治世界的女王非常關心出生率。因此，她下令所有家庭必須要有一個女兒，否則他們將面臨巨額罰款。如果所有的家庭都遵守此一政策，也就是說直到他們有一個女兒前，都必須繼續生孩子，在生出女兒的那一刻就立即停止再生孩子，那麼新一代的性別比例會是多少？（假設某人在某一次懷孕中生兒子或女兒的機率是相等的）請用邏輯解決這個問題，然後寫一個程式模擬。

pg 162

解答

如果每個家庭都遵守此一政策，那麼每個家庭將有零到多個兒子，後面是一個女兒。也就是說，如果「G」指的是女兒，「B」指的是兒子，那麼這些孩子的順序看起來就像：G、BG、BBG、BBBG、BBBBG…等等。

我們可以用多種方法來解決這個問題。

數學

我們可以計算出每個性別序列的機率。

- P(G) = $\frac{1}{2}$。也就是說，50% 的家庭會先生女兒，而其他的家庭將繼續生更多的孩子。

- P(BG) = $\frac{1}{4}$。在那些有第二個孩子的人中（50%），50% 的人下次會生女兒。

- P(BBG) = $\frac{1}{8}$。在那些有第三個孩子的人中（25%），50% 的人下次會生女兒。

以此類推。

我們知道每個家庭只有一個女兒，但平均每個家庭有幾個兒子呢？為了計算這個，我們可以看看兒子人數的期望值。兒子數的期望值是每個序列的機率乘以該序列中兒子數的機率。

序列	兒子數量	機率	兒子數量 x 機率
G	0	$\frac{1}{2}$	0
BG	1	$\frac{1}{4}$	$\frac{1}{4}$
BBG	2	$\frac{1}{8}$	$\frac{2}{8}$
BBBG	3	$\frac{1}{16}$	$\frac{3}{16}$
BBBBG	4	$\frac{1}{32}$	$\frac{4}{32}$
BBBBBG	5	$\frac{1}{64}$	$\frac{5}{64}$
BBBBBBG	6	$\frac{1}{128}$	$\frac{6}{128}$

換句話說，這是 i 加總到 ∞ 的值再除以 2^i。

$$\sum_{i=0}^{\infty} \frac{i}{2^{i+1}}$$

您可能一時想不起來要怎麼算，但我們可以試著估計一下這個式子的值。我們試著將上面的值轉換為公分母 128 (2^6)。

$$\frac{1}{4} = \frac{32}{128} \qquad\qquad \frac{4}{32} = \frac{16}{128}$$
$$\frac{2}{8} = \frac{32}{128} \qquad\qquad \frac{5}{64} = \frac{10}{128}$$
$$\frac{3}{16} = \frac{24}{128} \qquad\qquad \frac{6}{128} = \frac{6}{128}$$

$$\frac{32 + 32 + 24 + 16 + 10 + 6}{128} = \frac{120}{128}$$

這個值看起來很接近 $^{128}/_{128}$（當然它就是 1）。這種「看起來」的直覺是有價值的，但它並不符合確切的數學概念。但這是一個線索，我們可以轉為思考。答案應該是 1 嗎？

邏輯

如果前面的和是 1，這代表著性別比例是偶數。每個家庭平均貢獻一個女兒和平均一個兒子。因此，生育政策似乎是無效的，是這樣嗎？

乍看這個結論似乎不太可能。因為政策的目標是在增加女兒的比例，因為它規定所有家庭都必須有一個女兒。

但在另一方面，持續生孩子的家庭可能會給人口帶來多個兒子，這可以抵消「一個女兒」政策的影響。

思考這個問題的一種方法是想像我們把每個家庭的所有性別序列放在一個巨大的字串中。如果家族 1 是 BG，家族 2 是 BBG，家族 3 是 G，我們就會寫 BGBBGG。

事實上，我們並不關心家庭的分組，因為我們關心的是整個人口。只要有孩子出生，就可以將其性別（B 或 G）附加到字串中。

那麼下一個字母是 G 的機率是多少呢？如果生兒子和女兒的機率是一樣的，那麼下一個角色是 G 的機率是 50%。因此，大約一半的字串應該是 G，另一半應該是 B，從而給出一個均勻的性別比例。

這很有道理，生物學的部份沒有改變。新生兒一半是女兒，一半是兒子。遵守何時停止生育的規則並不能改變這一事實。

因此，性別比例是 50% 的女兒和 50% 的兒子。

模擬

我們將用一種簡單的方式直接實作程式。

```
1   double runNFamilies(int n) {
2      int boys = 0;
3      int girls = 0;
4      for (int i = 0; i < n; i++) {
5         int[] genders = runOneFamily();
6         girls += genders[0];
```

```
7         boys += genders[1];
8      }
9      return girls / (double) (boys + girls);
10  }
11
12  int[] runOneFamily() {
13      Random random = new Random();
14      int boys = 0;
15      int girls = 0;
16      while (girls == 0) { // 直到有一個女兒
17          if (random.nextBoolean()) { // 女兒
18              girls += 1;
19          } else { // 兒子
20              boys += 1;
21          }
22      }
23      int[] genders = {girls, boys};
24      return genders;
25  }
```

當然，如果您執行這個程式時用很大的 n，得到的結果會非常接近 0.5。

6.8 雞蛋掉落問題：有一座 100 層的建築。如果雞蛋從第 N 層或以上掉下來它會
破。如果它從下面的任何一層掉下來，它不會破。您只有兩個雞蛋，請求出
N，同時最小化最壞情況下的雞蛋落下次數。

pg 163

解答

我們可以觀察到，不管在哪一層讓雞蛋 1 掉落，雞蛋 2 必須在「會打破的樓層」和下
一個最高但不會打破的樓層之間進行線性搜尋（從最低朝最高搜尋）。例如，如果雞
蛋 1 從第 5 層和第 10 層掉下而沒有破，但是它從第 15 層掉下時破了，那麼在最壞的
情況下，雞蛋 2 必須從第 11 層、第 12 層、第 13 層和第 14 層落下。

解決方法

一開始，假設我們從 10 樓扔下一個雞蛋，然後是 20 樓…。

* 如果雞蛋 1 在第一次試驗（第 10 層）就破了，那麼我們總共最多做 10 次。

* 如果雞蛋 1 在最後一次試驗（第 100 層）破裂，那麼我們總共最多做 19 次（第
  10、20、…、90、100 層，然後是 91 到 99 層）。

這是個可行的方案，但我們關注的是最壞的情況。所以，我們應該做一些「負載平衡」以使這兩種情況更加均衡。

我們的目標是建立一個丟雞蛋 1 的系統，使丟雞蛋的總次數盡可能一致，不管雞蛋 1 是在第一次試驗還是最後一次試驗上破碎。

1. 一個完美的負載平衡系統應該是 Drops(Egg1)（雞蛋 1 的掉落次數）+ Drops(Egg2)（雞蛋 2 的掉落次數）總是相同的，不管雞蛋 1 在哪一層數破掉。

2. 要滿足上面的情況，每次雞蛋 1 掉落一次，雞蛋 2 就要少掉一次。

3. 因此，我們必須每次將 Egg 2 可能需要的次數減少 1 次。例如，如果在第 20 層丟下雞蛋 1，然後是第 30 層丟下雞蛋 1，那麼雞蛋 2 需要丟 9 次。當我們再次拋出雞蛋 1 時，我們必須將雞蛋 2 潛在的需要的步驟減少到只有 8 次。也就是說，我們必須在 39 樓丟下雞蛋 1。

4. 因此，雞蛋 1 必須從 X 層開始，然後向上 X-1 層，然後再向上 X-2 層，直到 100 層。

5. 請解出 X。

$$X+(X-1)+(X-2)+...+1=100$$
$$\frac{X(X+1)}{2}=100$$
$$X \approx 13.65$$

X 顯然必須是個整數，那我們應該做向上取整還是向下取整？

- 如果把 X 向上取整到 14，那麼我們就會向上 14 層、13 層、12 層，以此類推。最後一次增量是 4，位置在 99 層。如果雞蛋 1 在前面的任何一層打破了，那我們就已經平衡了 2 顆雞蛋的落下次數，所以雞蛋 1 和雞蛋 2 的掉落總數總是一樣的：14 次。如果 1 號雞蛋在 99 層之前沒有碎，那麼我們只需要再丟一次來確定它在 100 層時是否會碎。不管怎樣，掉落的次數都不會超過 14 次。

- 如果我們把 X 向下取整 13，那麼就會以 13 層、12 層、11 層數向上，以此類推。最後的增量是 1，位置在 91 層，共掉落 13 次。而 92 層到 100 層還沒有被試到，而我們不可能靠丟一次雞蛋就試完所有的樓層（也只是打平「向上取整」的次數）。

因此，我們應該把 X 向上取整到 14。也就是說，我們去 14 層，然後 27 層，然後 39 層…，最壞情況下需要丟雞蛋 14 次。

與許多其他最大化／最小化問題一樣，這個問題的關鍵是「平衡最壞情況」。

下面的程式模擬這種做法。

```
1   int breakingPoint = ...;
2   int countDrops = 0;
3
4   boolean drop(int floor) {
5       countDrops++;
6       return floor >= breakingPoint;
7   }
8
9   int findBreakingPoint(int floors) {
10      int interval = 14;
11      int previousFloor = 0;
12      int egg1 = interval;
13
14      /* 每次丟雞蛋1時遞減樓層間隔 */
15      while (!drop(egg1) && egg1 <= floors) {
16          interval -= 1;
17          previousFloor = egg1;
18          egg1 += interval;
19      }
20
21      /* 每次丟雞蛋2時向上一個樓層 */
22      int egg2 = previousFloor + 1;
23      while (egg2 < egg1 && egg2 <= floors && !drop(egg2)) {
24          egg2 += 1;
25      }
26
27      /* 如果沒有破，回傳-1 */
28      return egg2 > floors ? -1 : egg2;
29  }
```

如果我們想讓這段程式碼適用於更多的建築高度，那麼我們可以用以下式子求出 x。

$$\frac{x(x+1)}{2} = 總樓層$$

這會用到二次公式。

6.9 **100 個儲物櫃**：在走廊有 100 個關閉的儲物櫃。有一個人從打開全部 100 個儲物櫃開始。下一輪，他會每隔兩個儲物櫃關閉櫃門。然後再下一輪，他會每隔三個儲物櫃就切換一次門的狀態（如果櫃門是打開的，他會關閉它；如果櫃門是關閉的，他會打開它）。這個過程會持續 100 次，這樣，在第 i 輪的時候，這個人就會每隔 i 個儲物櫃切換櫃門的狀態。當他在走廊上做到第 100 次時，他只會切換 100 號儲物櫃的門，請問還有多少儲物櫃是開著的？

pg 163

解答

我們可以思考一扇門被打開代表著什麼來解決這個問題，這將幫助我們推斷出哪些門在最後會是被打開的狀態。

問題：門在哪一輪被切換狀態（打開或關上）？

對於 n 號門來說，只要是 n 的任何因數（包括 n 本身和 1），n 號門都會被切換一次。換句話說，15 號門在第 1、3、5、15 輪時切換狀態。

問題：什麼時候門會保持開著？

如果因數的數目（我們稱之為 x）是奇數，那麼就有門會是開著的。您可以把因數抓成一對對。如果還剩下一個，那麼門就會是開著的。

問題：x 什麼時候會是奇數？

如果 n 是完全平方數，則 x 是奇數。原因如下：若將 n 的因數與它們的補數配對，就可以看出來。例如，如果 n 是 36，那麼因數是 (1,36)、(2,18)、(3,12)、(4,9)、(6,6) 注意、(6,6) 只含一個因數，因此 n 擁有是奇數個因數。

問題：有多少完全平方數？

問題範圍內有 10 個完全平方數，您可以它們用數的數出來（1、4、9、16、25、36、49、64、81、100），或者您可以簡單地把數字 1 到 10 平方即可：

1*1, 2*2, 3*3, ..., 10*10

因此，在這個過程結束時，有 10 個儲物櫃是打開的。

6.10 **毒藥**：您有 1000 瓶汽水，但其中只有一瓶是有毒的。您有 10 個可以用來檢測毒藥的試紙，一滴毒藥就會使試紙永久呈陽性。您可以一次在試紙上放置任意數量的液滴，並且可以根據需要，多次重複使用試紙（只要測定結果是無毒的）。但是，您每天只能執行一次測試，而且一次測試需要七天反應時間才能得知結果。您如何能在最少的天數內找出有毒的瓶子呢？

延伸問題

請撰寫程式碼來模擬您的方法。

pg 163

解答

觀察問題的描述。為什麼寫了說要七天？為什麼不能直接得到結果呢？

從開始測試到讀取結果之間有這麼一段時間的延遲，這一個事實可能代表著我們可在此期間做其他事情（執行額外的測試）。讓我們記得這個想法，但是從一個簡單的方法開始解問題，讓我們的頭腦專注在解決問題上。

簡單方法（28 天）

一種簡單解決方法是把這些瓶子平分給 10 條試紙，每組 100 個，然後等七天。當結果出來時，我們在試紙中尋找哪一條是陽性。然後，我們只看與陽性試紙相關的那些瓶子，「扔掉」（即忽略）所有其他瓶子，再次重複這個流程。我們會重複執行這個操作，直到測試集中只剩下一個瓶子。

1. 將瓶子平分滴在可用的試紙上，每試紙一滴。

2. 等七天之後，查看測試結果。

3. 對於呈現陽性的測試紙：選擇與之相關的瓶子變成一組新測試瓶子集合。如果這個集合的大小是 1，就代表我們已經找到了有毒的瓶子。如果大於 1，則回到步驟 1。

為了模擬這個方法，我們將建 `Bottle` 和 `TestStrip` 類別以模擬問題中的瓶子與試紙。

```
1   class Bottle {
2      private boolean poisoned = false;
3      private int id;
4
5      public Bottle(int id) { this.id = id; }
6      public int getId() { return id; }
7      public void setAsPoisoned() { poisoned = true; }
8      public boolean isPoisoned() { return poisoned; }
```

```
9    }
10
11   class TestStrip {
12      public static int DAYS_FOR_RESULT = 7;
13      private ArrayList<ArrayList<Bottle>> dropsByDay =
14         new ArrayList<ArrayList<Bottle>>();
15      private int id;
16
17      public TestStrip(int id) { this.id = id; }
18      public int getId() { return id; }
19
20      /* 將天/滴的串列調整到足夠大 */
21      private void sizeDropsForDay(int day) {
22         while (dropsByDay.size() <= day) {
23            dropsByDay.add(new ArrayList<Bottle>());
24         }
25      }
26
27      /* 在指定的日子從瓶中滴入 */
28      public void addDropOnDay(int day, Bottle bottle) {
29         sizeDropsForDay(day);
30         ArrayList<Bottle> drops = dropsByDay.get(day);
31         drops.add(bottle);
32      }
33
34      /* 檢查集合中的瓶子是否有毒 */
35      private boolean hasPoison(ArrayList<Bottle> bottles) {
36         for (Bottle b : bottles) {
37            if (b.isPoisoned()) {
38               return true;
39            }
40         }
41         return false;
42      }
43
44      /* 取得DAYS_FOR_RESULT天前測試所使用的瓶子 */
45      public ArrayList<Bottle> getLastWeeksBottles(int day) {
46         if (day < DAYS_FOR_RESULT) {
47            return null;
48         }
49         return dropsByDay.get(day - DAYS_FOR_RESULT);
50      }
51
52      /* 檢查DAYS_FOR_RESULT天數前有毒的瓶子 */
53      public boolean isPositiveOnDay(int day) {
54         int testDay = day - DAYS_FOR_RESULT;
55         if (testDay < 0 || testDay >= dropsByDay.size()) {
56            return false;
57         }
58         for (int d = 0; d <= testDay; d++) {
```

```
59          ArrayList<Bottle> bottles = dropsByDay.get(d);
60          if (hasPoison(bottles)) {
61              return true;
62          }
63      }
64      return false;
65  }
66  }
```

這只是模擬瓶子和試紙行為的其中一種方法,每種方法都有其優缺點。

建構好了這個基礎後,現在就可以實作程式碼來測試我們的方法。

```
1   int findPoisonedBottle(ArrayList<Bottle> bottles, ArrayList<TestStrip> strips) {
2       int today = 0;
3
4       while (bottles.size() > 1 && strips.size() > 0) {
5           /* 執行測試 */
6           runTestSet(bottles, strips, today);
7
8           /* 等待結果 */
9           today += TestStrip.DAYS_FOR_RESULT;
10
11          /* Check results. */
12          for (TestStrip strip : strips) {
13              if (strip.isPositiveOnDay(today)) {
14                  bottles = strip.getLastWeeksBottles(today);
15                  strips.remove(strip);
16                  break;
17              }
18          }
19      }
20
21      if (bottles.size() == 1) {
22          return bottles.get(0).getId();
23      }
24      return -1;
25  }
26
27  /* 將瓶子內容物均勻地分佈滴在測試試紙上 */
28  void runTestSet(ArrayList<Bottle> bottles, ArrayList<TestStrip> strips, int day) {
29      int index = 0;
30      for (Bottle bottle : bottles) {
31          TestStrip strip = strips.get(index);
32          strip.addDropOnDay(day, bottle);
33          index = (index + 1) % strips.size();
34      }
35  }
36
37  /* 完整的程式碼可以在下載範例程式碼中找到 */
```

注意，這種方法假設在每輪測試中總會用到多條試紙。1000 瓶子和 10 條試紙的情況適用這個假設。

如果我們不能這樣假設，可以實作一個備案。如果我們只剩下一條試紙，就要開始一次只測試一個瓶子：測試一個瓶子，等一個星期，再測試另一個瓶子。這種方法最多需要 28 天。

優化方法（10 天）

正如在解決方案的開頭所提到的，一次執行多個測試可能是更優的選擇。

如果我們將瓶子分成 10 組（瓶子 0-99 滴在試紙 0 上，瓶子 100-199 滴在試紙 1 上，瓶子 200-299 滴在試紙 2 上，以此類推），那麼第 7 天將得到瓶子編號的第一個數字。在第 7 天呈陽性結果的第 i 條試紙，將代表瓶子編號的第一個數字（百位）是 i。

以不同的方式分配瓶子可以告訴我們第二個或第三個數字。我們只需要在不同的日子執行這些測試，就不會混淆結果。

	第 0->7 天	第 1->8 天	第 2->9 天
試紙 0	0xx	x0x	xx0
試紙 1	1xx	x1x	xx1
試紙 2	2xx	x2x	xx2
試紙 3	3xx	x3x	xx3
試紙 4	4xx	x4x	xx4
試紙 5	5xx	x5x	xx5
試紙 6	6xx	x6x	xx6
試紙 7	7xx	x7x	xx7
試紙 8	8xx	x8x	xx8
試紙 9	9xx	x9x	xx9

例如，如果第 7 天在試紙 4 上顯示陽性結果，第 8 天在試紙 3 上顯示陽性結果，第 9 天在試紙 8 上顯示陽性結果，那麼這結果將指向第 438 號瓶子有毒。

除了一個極端情況：如果有毒的瓶子編號有重複的數字，會發生什麼？例如，882 號瓶子或 383 號瓶子。

事實上，其實很容易區分。如果第 8 天沒有任何「新的」陽性結果，那麼就可以得出數字 2 等於數字 1 的結論。

更大的問題是，如果第 9 天沒有任何新的陽性結果會發生什麼事。在這種情況下，我們只知道數字 3 要麼等於數字 1，要麼等於數字 2。我們分不清 383 號瓶子和 388 號瓶子，它們的測試結果模式將是相同的。

我們還需要執行一個額外的測試。我們可以在最後執行它來消除混淆，但是也可以在第三天執行它，以防止混淆發生。我們需要做的就是移動最後一位元數字，讓它的結果和第二天的結果不同。

	第 0->7 天	第 1->8 天	第 2->9 天	第 3->10 天
試紙 0	0xx	x0x	xx0	xx9
試紙 1	1xx	x1x	xx1	xx0
試紙 2	2xx	x2x	xx2	xx1
試紙 3	3xx	x3x	xx3	xx2
試紙 4	4xx	x4x	xx4	xx3
試紙 5	5xx	x5x	xx5	xx4
試紙 6	6xx	x6x	xx6	xx5
試紙 7	7xx	x7x	xx7	xx6
試紙 8	8xx	x8x	xx8	xx7
試紙 9	9xx	x9x	xx9	xx8

現在，如果有毒的是 383 號瓶子，您將看到第 7 天 = #3，第 8 天 -> #8，第 9 天 -> [無]，第 10 天 -> #4，而 388 號瓶子您將看到第 7 天 = #3，第 8 天 -> #8，第 9 天 -> [無]，第 10 天 -> #9。我們可以透過「反轉」第 10 天的位移來區分出這些結果。

但是，有沒有可能在第 10 天仍然沒有看到任何新的結果呢？這會發生嗎？

實際上，會發生。若有毒的是第 898 號瓶子，您會看到第 7 天 = #8，第 8 天 -> #9，第 9 天 -> [無]，第 10 天 -> [無]。不過沒關係。我們只需要把 898 號和 899 號區分開來即可。899 號瓶子是第 7 天 = #8，第 8 天 -> #9，第 9 天 -> [無]，第 10 天 -> #0）。

在第 9 天的「混淆」瓶子，必定在第 10 天映射到不同值。這裡的邏輯是：

- 如果第 3 -> 10 天的測試，有一個新的測試結果，「反位移」這個值可得到第三位元數字。

- 否則，我們知道第 3 位會等於第 1 位或第 2 位，而且等於第 3 位，位移後仍然等於第 1 位或第 2 位。因此，我們只需要找出第一個數字有沒有「移位」到第二個數

字，還是反過來的情況。在前一種情況下，第三個數字等於第一個數字。在後一種
情況下，第三個數字等於第二個數字。

實作這個解法需要小心來防止 bug。

```
1   int findPoisonedBottle(ArrayList<Bottle> bottles, ArrayList<TestStrip> strips) {
2      if (bottles.size() > 1000 || strips.size() < 10) return -1;
3
4      int tests = 4; // 三位數加一個額外位數
5      int nTestStrips = strips.size();
6
7      /* 執行測試 */
8      for (int day = 0; day < tests; day++) {
9         runTestSet(bottles, strips, day);
10     }
11
12     /* 得到結果 */
13     HashSet<Integer> previousResults = new HashSet<Integer>();
14     int[] digits = new int[tests];
15     for (int day = 0; day < tests; day++) {
16        int resultDay = day + TestStrip.DAYS_FOR_RESULT;
17        digits[day] = getPositiveOnDay(strips, resultDay, previousResults);
18        previousResults.add(digits[day]);
19     }
20
21     /* 如果第一天的結果與第0天匹配，則更新數字 */
22     if (digits[1] == -1) {
23        digits[1] = digits[0];
24     }
25
26     /* 如果第2天匹配第0天或第1天，則檢查第3天。
27      * 第3天和第2天是一樣的，只是多了1 */
28     if (digits[2] == -1) {
29        if (digits[3] == -1) { /* 第3天沒有新結果 */
30           /* 數字2等於數字0或數字1。但是，
31            * 數字2遞增時也會匹配數字0或數字1。
32            * 這意味著遞增的數字0會匹配數字1或相反 */
33           digits[2] = ((digits[0] + 1) % nTestStrips) == digits[1] ?
34                       digits[0] : digits[1];
35        } else {
36           digits[2] = (digits[3] - 1 + nTestStrips) % nTestStrips;
37        }
38     }
39
40     return digits[0] * 100 + digits[1] * 10 + digits[2];
41  }
42
43  /* 測試當天的測試集合 */
44  void runTestSet(ArrayList<Bottle> bottles, ArrayList<TestStrip> strips, int day) {
```

```
45    if (day > 3) return; // 只適用於3天（位數）加一個額外位數
46
47    for (Bottle bottle : bottles) {
48       int index = getTestStripIndexForDay(bottle, day, strips.size());
49       TestStrip testStrip = strips.get(index);
50       testStrip.addDropOnDay(day, bottle);
51    }
52  }
53
54  /* 取得這一天這一瓶應該使用哪一條試紙 */
55  int getTestStripIndexForDay(Bottle bottle, int day, int nTestStrips) {
56    int id = bottle.getId();
57    switch (day) {
58       case 0: return id /100;
59       case 1: return (id % 100) / 10;
60       case 2: return id % 10;
61       case 3: return (id % 10 + 1) % nTestStrips;
62       default: return -1;
63    }
64  }
65
66  /* 取得某一天的陽性結果，排除之前的結果 */
67  int getPositiveOnDay(ArrayList<TestStrip> testStrips, int day,
68                       HashSet<Integer> previousResults) {
69    for (TestStrip testStrip : testStrips) {
70       int id = testStrip.getId();
71       if (testStrip.isPositiveOnDay(day) && !previousResults.contains(id)) {
72          return testStrip.getId();
73       }
74    }
75    return -1;
76  }
```

在最壞的情況下，用這種方法需要 10 天才能得到結果。

最佳方法（7 天）

我們可以稍微優化一下，只要 7 天即可得到結果，這當然也是最少的天數。

注意每個試紙的真正含義。它是有毒或沒有毒的二進位指示器。有沒有可能將 1000 個鍵映射到 10 個二進位值，以便每個鍵都映射到一個唯一的值呢？是的，當然。這就是二進位數字。

我們可以取每個瓶子的編號，查看它的二進位表示。如果第 i 位元的數字是 1，那麼就把這個瓶子裡的東西滴到試紙 i 上。由於 2^{10} 是 1024，所以 10 條試紙就足夠處理 1024 個瓶子。

然後等七天就可以看到結果。如果試紙 i 為陽性，則設定結果值的第 i 位為 1。看完所有的試紙後，將得到有毒的瓶子的 ID。

```java
1   int findPoisonedBottle(ArrayList<Bottle> bottles, ArrayList<TestStrip> strips) {
2      runTests(bottles, strips);
3      ArrayList<Integer> positive = getPositiveOnDay(strips, 7);
4      return setBits(positive);
5   }
6
7   /* 在試紙上滴瓶子的內容物 */
8   void runTests(ArrayList<Bottle> bottles, ArrayList<TestStrip> testStrips) {
9      for (Bottle bottle : bottles) {
10         int id = bottle.getId();
11         int bitIndex = 0;
12         while (id > 0) {
13            if ((id & 1) == 1) {
14               testStrips.get(bitIndex).addDropOnDay(0, bottle);
15            }
16            bitIndex++;
17            id >>= 1;
18         }
19      }
20  }
21
22  /* 取得在某一天呈陽性的測試試紙 */
23  ArrayList<Integer> getPositiveOnDay(ArrayList<TestStrip> testStrips, int day) {
24     ArrayList<Integer> positive = new ArrayList<Integer>();
25     for (TestStrip testStrip : testStrips) {
26        int id = testStrip.getId();
27        if (testStrip.isPositiveOnDay(day)) {
28           positive.add(id);
29        }
30     }
31     return positive;
32  }
33
34  /* 將索引為正的位元設定為1來得到編號 */
35  int setBits(ArrayList<Integer> positive) {
36     int id = 0;
37     for (Integer bitIndex : positive) {
38        id |= 1 << bitIndex;
39     }
40     return id;
41  }
```

只要 2^T >= B，這種方法就能解決問題，其中 T 是試紙的數量，B 是瓶子的數量。

7

物件導向設計的解決方案

7.1 **一副牌：**請為一副普通的紙牌設計資料結構，請說明在實作二十一點遊戲時，您會如何子類別化這些資料結構。

pg 167

解答

首先我們必須知道，一副「普通」紙牌可能代表著許多東西。普通可能是指一副可以玩撲克遊戲的標準紙牌，甚至可以延伸到 Uno 或棒球卡。和面試官確認她所說的「普通」是什麼意思是很重要的。

讓我們假設您的面試官說這副牌是一套標準的 52 張牌，就像您在 21 點或撲克遊戲中看到的那樣。如果是這樣，設計可能會長得像這樣：

```
1   public enum Suit {
2      Club (0),  Diamond (1),  Heart (2), Spade (3);
3      private int value;
4      private Suit(int v) { value = v; }
5      public int getValue() { return value; }
6      public static Suit getSuitFromValue(int value) { ... }
7   }
8
9   public class Deck <T extends Card> {
10     private ArrayList<T> cards; // 所有的牌，不管發或不發
11     private int dealtIndex = 0; // 標記第一張未發的卡片
12
13     public void setDeckOfCards(ArrayList<T> deckOfCards) { ... }
14
15     public void shuffle() { ... }
16     public int remainingCards() {
17        return cards.size() - dealtIndex;
18     }
19     public T[] dealHand(int number) { ... }
20     public T dealCard() { ... }
21  }
22
```

```
23  public abstract class Card {
24     private boolean available = true;
25
26     /* 卡片上的數字或人頭 - 數字2到10、11是騎士、12是皇后
27      * 13是國王、1是A */
28     protected int faceValue;
29     protected Suit suit;
30
31     public Card(int c, Suit s) {
32        faceValue = c;
33        suit = s;
34     }
35
36     public abstract int value();
37     public Suit suit() { return suit; }
38
39     /* 檢查是否可以將此卡發給某人 */
40     public boolean isAvailable() { return available; }
41     public void markUnavailable() { available = false; }
42     public void markAvailable() { available = true; }
43  }
44
45  public class Hand <T extends Card> {
46     protected ArrayList<T> cards = new ArrayList<T>();
47
48     public int score() {
49        int score = 0;
50        for (T card : cards) {
51           score += card.value();
52        }
53        return score;
54     }
55
56     public void addCard(T card) {
57        cards.add(card);
58     }
59  }
```

在上面的程式碼中，我們使用泛型實作了 Deck，同時將 T 的類型限制為 Card。我們還將 Card 實作為一個抽象類別，因為如果不是用於特定的遊戲的話，像 value() 這樣的方法就沒有意義（您可以主張說有標準撲克規則存在，說服別人無論如何都應該實作這類的方法）。

現在，假設我們要做的是建立一個 21 點遊戲，所以需要知道紙牌的值。人頭牌代表 10，A 是 11（大多數情況下，這是由 Hand（手牌）類別負責，而不是下面的類別負責）。

```
1   public class BlackJackHand extends Hand<BlackJackCard> {
2     /* 一副21點手牌有多種可能的得分，因為A可代表多個值。
3      * 請回傳小於21的最高分，
4      * 或者超過21分的最低分數 */
5     public int score() {
6       ArrayList<Integer> scores = possibleScores();
7       int maxUnder = Integer.MIN_VALUE;
8       int minOver = Integer.MAX_VALUE;
9       for (int score : scores) {
10        if (score > 21 && score < minOver) {
11          minOver = score;
12        } else if (score <= 21 && score > maxUnder) {
13          maxUnder = score;
14        }
15      }
16      return maxUnder == Integer.MIN_VALUE ? minOver : maxUnder;
17    }
18
19    /* 回傳這手牌的所有可能得分的串列，
20     * A既可當1又可當11 */
21    private ArrayList<Integer> possibleScores() { ... }
22
23    public boolean busted() { return score() > 21; }
24    public boolean is21() { return score() == 21; }
25    public boolean isBlackJack() { ... }
26  }
27
28  public class BlackJackCard extends Card {
29    public BlackJackCard(int c, Suit s) { super(c, s); }
30    public int value() {
31      if (isAce()) return 1;
32      else if (faceValue >= 11 && faceValue <= 13) return 10;
33      else return faceValue;
34    }
35
36    public int minValue() {
37      if (isAce()) return 1;
38      else return value();
39    }
40
41    public int maxValue() {
42      if (isAce()) return 11;
43      else return value();
44    }
45
46    public boolean isAce() {
47      return faceValue == 1;
48    }
49
50    public boolean isFaceCard() {
```

```
51        return faceValue >= 11 && faceValue <= 13;
52    }
53 }
```

這只是處理 A 的其中一種方式而已。我們也可以改為建立一個擴展 BlackJackCard 的
Ace 類別。

下載的程式碼範例中有一個可執行的、完全自動化的 21 點程式碼版本。

7.2   服務中心：假設您有一個管理層級為三層的服務中心：分別是應答者、經理和
主管。打進來的電話必須首先分配給有空的應答者。如果應答者不能處理這通
電話，他或她必須將這通電話升級到經理處理。如果經理沒空或不能處理這通
電話，則應將這通電話升級到主管處理。請為這個問題設計類別和資料結構。
請實作一個方法 dispatchCall()，它將一通電話分配給第一個可用的員工。

pg 167

解答

所有三個層級的員工都有不同的工作要做，所以這些特定的工作是基於職務定義的。
我們應該把這些工作放在他們各自的類別裡。

有一些事情對他們來說是共同擁有的，比如地址、名字、工作頭銜和年齡。這些東西
可以儲存在一個類別中，也可以由其他類別擴展或繼承。

最後，應該有一個 CallHandler 類別將電話導引到正確的人。

請注意，對於任何物件導向的設計問題，設計物件的方法都會有許多種。請和面試官
討論不同解決方案的利弊。在做設計時通常應要考慮到長期的程式碼靈活性和維護。

我們將詳細說明下面的每個類別。

CallHandler 是程式的主體，所有電話必須先經過它。

```
1  public class CallHandler {
2     /* 3個層級的員工：應答者、經理、主管 */
3     private final int LEVELS = 3;
4
5     /* 初始化10名應答者，4名經理，2名主管 */
6     private final int NUM_RESPONDENTS = 10;
7     private final int NUM_MANAGERS = 4;
8     private final int NUM_DIRECTORS = 2;
9
10    /* 員工層級
11     * employeeLevels[0] = respondents
```

```
12     * employeeLevels[1] = managers
13     * employeeLevels[2] = directors
14     */
15    List<List<Employee>> employeeLevels;
16
17    /* 暫存來電的佇列 */
18    List<List<Call>> callQueues;
19
20    public CallHandler() { ... }
21
22    /* 獲得第一個可以處理此電話的可用員工 */
23    public Employee getHandlerForCall(Call call) { ... }
24
25    /* 將電話導引到一個可用的員工，如果沒有任何員工可以接電話，
26     * 則儲存到佇列中 */
27    public void dispatchCall(Caller caller) {
28      Call call = new Call(caller);
29      dispatchCall(call);
30    }
31
32    /* 將電話導引到一個可用的員工，如果沒有任何員工可以接電話，
33     * 則儲存到佇列中 */
34    public void dispatchCall(Call call) {
35      /* 嘗試把電話轉給層級最低的員工 */
36      Employee emp = getHandlerForCall(call);
37      if (emp != null) {
38        emp.receiveCall(call);
39        call.setHandler(emp);
40      } else {
41        /* 將電話按其層級放入相應的電話佇列中 */
42        call.reply("Please wait for free employee to reply");
43        callQueues.get(call.getRank().getValue()).add(call);
44      }
45    }
46
47    /* 有一名員工空閒下來了，請尋找一個等待服務的電話。
48     * 如果我們指派他一通電話，則回傳true，否則回傳false */
49    public boolean assignCall(Employee emp) { ... }
50  }
```

Call 類別代表來自使用者的電話。電話預設為最低層級，並被分配給第一個能夠處理它的員工。

```
1   public class Call {
2     /* 能處理這通電話的最低層級 */
3     private Rank rank;
4
5     /* 打電話來的人 */
6     private Caller caller;
7
```

```
8      /* 應答電話的員工 */
9      private Employee handler;
10
11     public Call(Caller c) {
12        rank = Rank.Responder;
13        caller = c;
14     }
15
16     /* 設定處理此電話的員工 */
17     public void setHandler(Employee e) { handler = e; }
18
19     public void reply(String message) { ... }
20     public Rank getRank() { return rank;   }
21     public void setRank(Rank r) { rank = r; }
22     public Rank incrementRank() { ... }
23     public void disconnect() { ...}
24  }
```

Employee 是 Director（主管）、Manager（經理）和 Respondent（應答者）類別的超類別。它被實作為一個抽象類別，因為沒有需要直接產生 Employee 類型實例的理由。

```
1   abstract class Employee {
2      private Call currentCall = null;
3      protected Rank rank;
4
5      public Employee(CallHandler handler) { ... }
6
7      /* 開始對話 */
8      public void receiveCall(Call call) { ... }
9
10     /* 問題解決，結束電話 */
11     public void callCompleted() { ... }
12
13     /* 這個問題未能解決，此時升級電話層級，
14      * 並將一通新電話分配給該員工 */
15     public void escalateAndReassign() { ... }
16
17     /* 如果員工空閒了，為他分配一通新的電話 */
18     public boolean assignNewCall() { ... }
19
20     /* 回傳員工是否空閒 */
21     public boolean isFree() { return currentCall == null; }
22
23     public Rank getRank() { return rank;   }
24  }
25
```

這只是設計這個問題的一種方法。請注意，還有許多其他同樣好的方法。

```
1   class Director extends Employee {
2       public Director() {
3           rank = Rank.Director;
4       }
5   }
6
7   class Manager extends Employee {
8       public Manager() {
9           rank = Rank.Manager;
10      }
11  }
12
13  class Respondent extends Employee {
14      public Respondent() {
15          rank = Rank.Responder;
16      }
17  }
```

這看起來像是要在面試中寫一大堆程式碼，事實的確如此。我們在此做得比您需要做的更徹底些。在真正的面試中，到您有時間填寫一些細節之前，建議您先輕描淡寫其中一些細節。

7.3 點唱機：請使用物件導向的原則設計一台音樂點唱機。

pg 167

解答

在任何物件導向的設計問題中，您首先要問面試官一些問題來澄清設計限制。這台音樂點唱機播的是 CD 嗎？唱片？還是 MP3 呢？它是電腦模擬軟體，還是一台實體的點唱機？需要收費，還是免費？如果需要錢，用哪種貨幣？它能找零嗎？

不幸的是，此刻這裡沒有一個可以進行對話的面試官。所以，我們將自己做一些假設。假設點唱機是一個與實體點唱機相似的電腦模擬軟體，假設它是免費的。

現在已經把路障清除掉了，接下來我們將概述基本的系統元件：

- Jukebox（點唱機）
- CD
- Song（歌曲）
- Artist（演唱者）
- Playlist（播放曲目）
- Dispaly（在螢幕上顯示詳細資訊）

現在，讓我們進一步分析並思考可能的動作。

- 播放清單建立（包括加入、刪除和隨機播放）

- CD 選擇器

- 歌曲選擇器

- 將一首歌曲排入播放佇列

- 從播放清單中取得下一首歌曲

也可以支援一些使用者功能：

- 加入

- 刪除

- 信用資訊

每個主要的系統元件大致可轉換為一個物件，每個操作可轉換為一個方法。接下來讓我們來看看一種可能的設計。

Jukebox 類別是這個程式的主體。系統元件之間或系統與使用者之間的許多互動都透過這裡進行。

```
1    public class Jukebox {
2       private CDPlayer cdPlayer;
3       private User user;
4       private Set<CD> cdCollection;
5       private SongSelector ts;
6
7       public Jukebox(CDPlayer cdPlayer, User user, Set<CD> cdCollection,
8                      SongSelector ts) { ... }
9
10      public Song getCurrentSong() { return ts.getCurrentSong(); }
11      public void setUser(User u) { this.user = u;}
12   }
```

與真正的 CD 播放機一樣，CDPlayer 類別一次只支援播放一張 CD。沒有被播放的 CD 則存放在自動點唱機裡。

```
1    public class CDPlayer {
2       private Playlist p;
3       private CD c;
4
5       /* 建構函式*/
6       public CDPlayer(CD c, Playlist p) { ... }
```

```
7    public CDPlayer(Playlist p) { this.p = p; }
8    public CDPlayer(CD c) { this.c = c; }
9
10   /* 播放歌曲 */
11   public void playSong(Song s) { ... }
12
13   /* 介面函式（getter和setter） */
14   public Playlist getPlaylist() { return p; }
15   public void setPlaylist(Playlist p) { this.p = p; }
16
17   public CD getCD() { return c; }
18   public void setCD(CD c) { this.c = c; }
19 }
```

Playlist 管理當前和下一首要播放的歌曲。它本質上是一個佇列的包裝類別，並提供一些額外的方便方法。

```
1   public class Playlist {
2     private Song song;
3     private Queue<Song> queue;
4     public Playlist(Song song, Queue<Song> queue) {
5       ...
6     }
7     public Song getNextSToPlay() {
8       return queue.peek();
9     }
10    public void queueUpSong(Song s) {
11      queue.add(s);
12    }
13  }
```

CD、Song 和 User 的類別都非常簡單，它們主要由成員變數、getter 和 setter 組成。

```
1   public class CD { /* 儲存名稱、演唱者、歌曲等資料 */ }
2
3   public class Song { /* 儲存名稱、CD（可以為空值）、曲名、長度…等資料 */ }
4
5   public class User {
6     private String name;
7     public String getName() { return name; }
8     public void setName(String name) {  this.name = name; }
9     public long getID() { return ID; }
10    public void setID(long iD) { ID = iD; }
11    private long ID;
12    public User(String name, long iD) { ... }
13    public User getUser() { return this; }
14    public static User addUser(String name, long iD) { ... }
15  }
```

這絕不是唯一的「正確」實作。面試官對最初問題的回答,以及其他限制條件,都將決定點唱機類別應該要怎麼設計。

7.4 停車場:請使用物件導向的原則設計一個停車場。

pg 167

解答

這個問題的說明很模糊,一如在實際面試中一樣。所以您必須和面試官討論停車場能提供什麼樣的車輛停放、停車場是否有多層…等。

為了解題,我們將做出以下假設。做這些特定的假設是為了增加問題的複雜度,但又不會增加太多。如果您想做不同的假設,那也是完全沒問題的。

- 停車場有好幾層,每一層都有許多列的停車位。
- 這個停車場可以停放摩托車、小汽車和大客車。
- 停車場有摩托車停車位、小停車位和大停車位。
- 摩托車可以停在任何停車位。
- 汽車可以停在一個小停車位,也可以停在一個大停車位。
- 一輛大客車可以停在一排連續五個大停車位上,它不能停在(連續的)小停車位上。

在下面的實作中,我們建立了一個抽象類別 Vehicle,Car、Bus 和 Motorcycle 都繼承這個類別。為了處理停車位有不同的大小,我們只建一個類別 ParkingSpot,它擁有一個表示大小的成員變數。

```
1   public enum VehicleSize { Motorcycle, Compact,   Large }
2
3   public abstract class Vehicle {
4      protected ArrayList<ParkingSpot> parkingSpots = new ArrayList<ParkingSpot>();
5      protected String licensePlate;
6      protected int spotsNeeded;
7      protected VehicleSize size;
8
9      public int getSpotsNeeded() { return spotsNeeded; }
10     public VehicleSize getSize() { return size; }
11
12     /* 將車輛停放在此處(可能還有其他車輛) */
13     public void parkInSpot(ParkingSpot s) { parkingSpots.add(s); }
14
15     /* 移除停車位上的車輛,並通知ParkingSpot車已經走了 */
```

```
16    public void clearSpots() { ... }
17
18    /* 檢查停車位是否足夠停大客車（和是否可用）。
19     * 這只比較大小，它不會去檢查是否有足夠的停車位 */
20    public abstract boolean canFitInSpot(ParkingSpot spot);
21  }
22
23  public class Bus extends Vehicle {
24    public Bus() {
25      spotsNeeded = 5;
26      size = VehicleSize.Large;
27    }
28
29    /* 檢查車位是否夠大，不檢查車位數量 */
30    public boolean canFitInSpot(ParkingSpot spot) { ... }
31  }
32
33  public class Car extends Vehicle {
34    public Car() {
35      spotsNeeded = 1;
36      size = VehicleSize.Compact;
37    }
38
39    /* 檢查停車位是小停車位或大停車位 */
40    public boolean canFitInSpot(ParkingSpot spot) { ... }
41  }
42
43  public class Motorcycle extends Vehicle {
44    public Motorcycle() {
45      spotsNeeded = 1;
46      size = VehicleSize.Motorcycle;
47    }
48
49    public boolean canFitInSpot(ParkingSpot spot) { ... }
50  }
```

ParkingLot 類別本質上是一個 Level 類別所組成的陣列的包裝類別。透過這樣的實作，我們能夠從 ParkingLot 的一般行為中分離處理尋找空停車位和停車的邏輯。如果不這樣做，我們就必須將停車位儲存在某種雙層陣列中（或從樓層映射到停車位串列的雜湊表）。把停車場和 Level 分開會更乾淨。

```
1    public class ParkingLot {
2      private Level[] levels;
3      private final int NUM_LEVELS = 5;
4
5      public ParkingLot() { ...   }
6
7      /* 將車輛停在一個地點（或多個地點）。如果失敗，回傳false */
8      public boolean parkVehicle(Vehicle vehicle) { ... }
```

```
9   }
10
11  /* 表示停車場中的一個樓層 */
12  public class Level {
13      private int floor;
14      private ParkingSpot[] spots;
15      private int availableSpots = 0; // 可用停車位的數量
16      private static final int SPOTS_PER_ROW = 10;
17
18      public Level(int flr, int numberSpots) { ... }
19
20      public int availableSpots() { return availableSpots; }
21
22      /* 找個地方停車。如果失敗，回傳false */
23      public boolean parkVehicle(Vehicle vehicle) { ... }
24
25      /* 將車輛停在指定的開始停車位，
26       * 並持續占滿vehicle.spotsNeeded個停車位 */
27      private boolean parkStartingAtSpot(int num, Vehicle v) { ... }
28
29      /* 找個停車位停這輛車。回傳停車位的索引，如果失敗則回傳-1 */
30      private int findAvailableSpots(Vehicle vehicle) { ... }
31
32      /* 當車輛被移出停車位時，將availableSpots遞增 */
33      public void spotFreed() { availableSpots++; }
34  }
```

ParkingSpot 實作中有一個表示停車位大小的變數。我們本可以讓 LargeSpot、CompactSpot 和 MotorcycleSpot 類別繼承 ParkingSpot 來實作這一點，但這可能有些多餘。除了大小不同，這些停車位可能沒有其他不同的行為。

```
1   public class ParkingSpot {
2       private Vehicle vehicle;
3       private VehicleSize spotSize;
4       private int row;
5       private int spotNumber;
6       private Level level;
7
8       public ParkingSpot(Level lvl, int r, int n, VehicleSize s) {...}
9
10      public boolean isAvailable() { return vehicle == null; }
11
12      /* 檢查停車位是否足夠大和可用 */
13      public boolean canFitVehicle(Vehicle vehicle) { ... }
14
15      /* 把車停在這個停車位 */
16      public boolean park(Vehicle v) { ... }
17
18      public int getRow() { return row; }
```

```
19    public int getSpotNumber() { return spotNumber; }
20
21    /* 將車輛從停車位中移除，並通知樓層有新的停車位可用 */
22    public void removeVehicle() { ... }
23  }
```

此程式碼的完整實作，包括可執行的測試程式碼，都在下載的程式碼範例中。

7.5　線上圖書閱讀：請設計一個線上圖書閱讀系統的資料結構。

pg 167

解答

由於問題中並沒有太多功能的描述，假設我們想要設計一個基本的線上閱讀系統，這個系統能提供以下功能：

* 使用者會員的建立和展期。

* 搜尋圖書資料庫。

* 閱讀書本。

* 一次只會有一個使用者使用本系統。

* 這個使用者一次只會讀一本書。

為了實作這些操作可能需要許多其他函式，比如 get、set、update 等等。所需的物件可能包括 User、Book 和 Library。

OnlineReaderSystem 類別是程式的主體，我們可以選擇這樣實作這個類別：它儲存關於所有書籍的資訊，處理使用者管理，更新顯示，但是這會使這個類別變得相當龐大。相反地，我們選擇將這些組件拆分成 Library（圖書資料庫）、UserManager（使用者管理）和 Display（顯示）類別。

```
1    public class OnlineReaderSystem {
2      private Library library;
3      private UserManager userManager;
4      private Display display;
5
6      private Book activeBook;
7      private User activeUser;
8
9      public OnlineReaderSystem() {
10       userManager = new UserManager();
11       library = new Library();
12       display = new Display();
```

```
13      }
14
15      public Library getLibrary() { return library;  }
16      public UserManager getUserManager() { return userManager; }
17      public Display getDisplay() { return display; }
18
19      public Book getActiveBook() { return activeBook; }
20      public void setActiveBook(Book book) {
21         activeBook = book;
22         display.displayBook(book);
23      }
24
25      public User getActiveUser() { return activeUser; }
26      public void setActiveUser(User user) {
27         activeUser = user;
28         display.displayUser(user);
29      }
30   }
```

然後我們實作單獨的類別代表使用者管理、圖書資料庫和顯示。

```
1    public class Library {
2       private HashMap<Integer, Book> books;
3
4       public Book addBook(int id, String details) {
5          if (books.containsKey(id)) {
6             return null;
7          }
8          Book book = new Book(id, details);
9          books.put(id, book);
10         return book;
11      }
12
13      public boolean remove(Book b) { return remove(b.getID()); }
14      public boolean remove(int id) {
15         if (!books.containsKey(id)) {
16            return false;
17         }
18         books.remove(id);
19         return true;
20      }
21
22      public Book find(int id) {
23         return books.get(id);
24      }
25   }
26
27   public class UserManager {
28      private HashMap<Integer, User> users;
29
```

```
30    public User addUser(int id, String details, int accountType) {
31       if (users.containsKey(id)) {
32          return null;
33       }
34       User user = new User(id, details, accountType);
35       users.put(id, user);
36       return user;
37    }
38
39    public User find(int id) { return users.get(id); }
40    public boolean remove(User u) { return remove(u.getID()); }
41    public boolean remove(int id) {
42       if (!users.containsKey(id)) {
43          return false;
44       }
45       users.remove(id);
46       return true;
47    }
48 }
49
50 public class Display {
51    private Book activeBook;
52    private User activeUser;
53    private int pageNumber = 0;
54
55    public void displayUser(User user) {
56       activeUser = user;
57       refreshUsername();
58    }
59
60    public void displayBook(Book book) {
61       pageNumber = 0;
62       activeBook = book;
63
64       refreshTitle();
65       refreshDetails();
66       refreshPage();
67    }
68
69    public void turnPageForward() {
70       pageNumber++;
71       refreshPage();
72    }
73
74    public void turnPageBackward() {
75       pageNumber--;
76       refreshPage();
77    }
78
79    public void refreshUsername() { /* 更新使用者名稱顯示 */ }
```

```
80    public void refreshTitle() { /* 更新書名顯示 */ }
81    public void refreshDetails() { /* 更新詳細資訊顯示 */    }
82    public void refreshPage() { /* 更新頁面顯示 */ }
83  }
```

User 和 Book 類別只用來儲存資料，幾乎沒有提供真正的功能。

```
1   public class Book {
2     private int bookId;
3     private String details;
4
5     public Book(int id, String det) {
6       bookId = id;
7       details = det;
8     }
9
10    public int getID() { return bookId;    }
11    public void setID(int id) { bookId = id; }
12    public String getDetails() { return details; }
13    public void setDetails(String d) { details = d; }
14  }
15
16  public class User {
17    private int userId;
18    private String details;
19    private int accountType;
20
21    public void renewMembership() {  }
22
23    public User(int id, String details, int accountType) {
24      userId = id;
25      this.details = details;
26      this.accountType = accountType;
27    }
28
29    /* 介面函式 */
30    public int getID() { return userId; }
31    public void setID(int id) { userId = id; }
32    public String getDetails() {
33      return details;
34    }
35
36    public void setDetails(String details) {
37      this.details = details;
38    }
39    public int getAccountType() { return accountType; }
40    public void setAccountType(int t) { accountType = t; }
41  }
```

其實這些功能可以在 OnlineReaderSystem 類別中實作，但我們卻決定將使用者管理、圖書資料庫和顯示抽離到各自的類別中，這是一個有趣的決定。在一個非常小的系統上，做出這樣的決定可能會導致系統過於複雜。但是，隨著系統的增長，會有越來越多的功能被加入到 OnlineReaderSystem 中，將這些功能拆分出去可以防止主要類別變得過於冗長。

7.6 **拼圖**：請實作一個 NxN 拼圖遊戲。設計其資料結構，並說明得到遊戲解答的演算法。您可以假設您有一個 fitsWith 方法，該方法可傳入兩片拼圖，如果這兩片可以拼在一起，則回傳 true。

pg 167

解答

我們要看的是一個傳統的拼圖遊戲，拼圖呈網格狀，有行和列。每一塊都屬於一行和一列，有四條邊。每條邊都有三種類型：凹邊、凸邊和平邊。例如，一個角塊將有兩條平邊和兩條其他的邊，這兩條其他的邊可以是凹邊，也可以是凸邊。

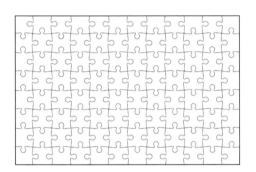

當我們在拚拼圖（手動或演算法）時，需要儲存每一塊的位置。可以把這個位置想成絕對的或相對的：

- 絕對位置：「此塊位於位置 (12, 23)。」

- 相對位置：「我不知道這塊的實際位置，但我知道它在另一塊的旁邊。」

在我們的解決方案裡將使用絕對位置。

我們將需要類別來表示 Puzzle（拼圖），Piece（塊）和 Edge（邊）。此外，我們還需要以列舉來定義邊的形狀（inner（凹邊）、outer（凸邊）、flat（平邊））和邊的方向（left（左），top（上），right（右），bottom（下））。

Puzzle 將從一份由拼圖片組成的串列開始。在解這個拼圖的過程中，我們將會逐步填滿一個 NxN 的拼圖矩陣。

Piece 中將有一個雜湊表，從一個方向映射到對應的邊。注意，我們可能會在沿點旋轉塊，施轉將造成雜湊表改變。邊的方向在一開始是隨意指定的。

Edge 中只有它的形狀和一個指向它所屬的拼圖片的指標。它不會儲存方向資訊。

一種可行的物件導向設計如下：

```
1   public enum Orientation {
2     LEFT, TOP, RIGHT, BOTTOM; // 應保持這個順序
3
4     public Orientation getOpposite() {
5       switch (this) {
6         case LEFT: return RIGHT;
7         case RIGHT: return LEFT;
8         case TOP: return BOTTOM;
9         case BOTTOM: return TOP;
10        default: return null;
11      }
12    }
13  }
14
15  public enum Shape {
16    INNER, OUTER, FLAT;
17
18    public Shape getOpposite() {
19      switch (this) {
20        case INNER: return OUTER;
21        case OUTER: return INNER;
22        default: return null;
23      }
24    }
25  }
26
27  public class Puzzle {
28    private LinkedList<Piece> pieces; /* 剩下的拼圖片 */
29    private Piece[][] solution;
30    private int size;
31
32    public Puzzle(int size, LinkedList<Piece> pieces) { ... }
33
34
35    /* 將塊放入solution中，適當轉動，然後從串列中移除 */
36    private void setEdgeInSolution(LinkedList<Piece> pieces, Edge edge, int row,
37                                   int column, Orientation orientation) {
38      Piece piece = edge.getParentPiece();
```

```
39        piece.setEdgeAsOrientation(edge, orientation);
40        pieces.remove(piece);
41        solution[row][column] = piece;
42      }
43
44      /* 在piecesToSearch中找出匹配的拼圖片，並將其插入列、行 */
45      private boolean fitNextEdge(LinkedList<Piece> piecesToSearch, int row, int col);
46
47      /* 拼圖 */
48      public boolean solve() { ... }
49    }
50
51  public class Piece {
52      private HashMap<Orientation, Edge> edges = new HashMap<Orientation, Edge>();
53
54      public Piece(Edge[] edgeList) { ... }
55
56      /* 依 "numberRotations" 旋轉邊 */
57      public void rotateEdgesBy(int numberRotations) { ... }
58
59      public boolean isCorner() { ... }
60      public boolean isBorder() { ... }
61    }
62
63  public class Edge {
64      private Shape shape;
65      private Piece parentPiece;
66      public Edge(Shape shape) { ... }
67      public boolean fitsWith(Edge edge) { ... }
68    }
69
```

用演算法拼圖

就像孩子在拚拼圖時一樣，開始時我們將拼圖片分組成角落的拼圖片、邊緣的拼圖片和裡面的拼圖片。

完成了分類後，我們就會隨意選擇一個角落拼圖片把它放在左上角，再逐步依序拼圖，一塊一塊地填入。對於每個要放拼圖的位置，我們會在相對的分組做搜尋來找到匹配的拼圖片。當我們將拼圖片插入拼圖時，需要旋轉拼圖片以使其能正確匹配。

下面的程式碼表達了這種演算法。

```
1    /* 在piecesToSearch中找到匹配的拼圖片，並將其插入指定列、行 */
2    boolean fitNextEdge(LinkedList<Piece> piecesToSearch, int row, int column) {
3        if (row == 0 && column == 0) { // 左上角，放入一片
4            Piece p = piecesToSearch.remove();
```

```
5          orientTopLeftCorner(p);
6          solution[0][0] = p;
7       } else {
8          /* 取得正確的邊與串列 */
9          Piece pieceToMatch = column == 0 ? solution[row - 1][0] :
10                                             solution[row][column - 1];
11         Orientation orientationToMatch = column == 0 ? Orientation.BOTTOM :
12                                                        Orientation.RIGHT;
13         Edge edgeToMatch = pieceToMatch.getEdgeWithOrientation(orientationToMatch);
14
15         /* 取得符合的邊 */
16         Edge edge = getMatchingEdge(edgeToMatch, piecesToSearch);
17         if (edge == null) return false; // 不能解決
18
19         /* 插入拼圖片和邊 */
20         Orientation orientation = orientationToMatch.getOpposite();
21         setEdgeInSolution(piecesToSearch, edge, row, column, orientation);
22      }
23      return true;
24   }
25
26   boolean solve() {
27      /* 拼圖片的分組 */
28      LinkedList<Piece> cornerPieces = new LinkedList<Piece>();
29      LinkedList<Piece> borderPieces = new LinkedList<Piece>();
30      LinkedList<Piece> insidePieces = new LinkedList<Piece>();
31      groupPieces(cornerPieces, borderPieces, insidePieces);
32
33      /* 迭代拼圖，過程中持續找到能與前一塊連接的拼圖片 */
34      solution = new Piece[size][size];
35      for (int row = 0; row < size; row++) {
36         for (int column = 0; column < size; column++) {
37            LinkedList<Piece> piecesToSearch = getPieceListToSearch(cornerPieces,
38               borderPieces, insidePieces, row, column);
39            if (!fitNextEdge(piecesToSearch, row, column)) {
40               return false;
41            }
42         }
43      }
44
45      return true;
46   }
```

此解決方案的完整程式碼可以在下載的程式碼範例中找到。

7.7　**聊天伺服器**：解釋如何設計一個聊天伺服器。請特別提供關於各種後端元件、類別和方法的詳細資訊。其中最難解決的問題是什麼？

pg 168

解答

設計一個聊天伺服器是一個巨大的工程，它的規模當然遠遠超出了可以在面試中完成的範圍。畢竟，即便是由許多人組成的團隊，也要花費數月或數年的時間才能建立一個聊天伺服器。作為一名求職者，您要關注問題的一個面向，這個面向應該要有合理的廣度，但是要足夠集中，這樣您才可能在面試中完成它。它不必完全符合現實需求，但它應該要能足以表示實際實作。

為了滿足上述目的，我們將重點放在討論核心使用者管理和對話方面：加入使用者、建立對話、更新狀態等等。考慮到時間和空間，我們將不討論問題中網路的部份，也不討論如何將資料實際發送給客戶端。

我們假設「加為好友」是一個相互的行為；唯有您存在我連絡人中，我才是存在於您的連絡人中。我們的聊天系統將支援群組聊天和一對一（私人）聊天。我們不考慮語音聊天、視訊聊天，或檔案傳輸。

需要支援哪些功能

這也是您應該和面試官討論的問題，但這裡有一些建議：

- 登入和登出。
- 加入請求（發送、接受和拒絕）。
- 更新狀態訊息。
- 建立私有聊天或群組聊天。
- 向私有和群組聊天加入新訊息。

這只是部分功能清單。如果您有更多的時間，您可以加入更多的功能。

我們能從這些需求中得到什麼資訊？

我們必須有使用者的概念，加入請求狀態、上線狀態和訊息。

此系統的核心元件是什麼？

系統可能由資料庫、一堆客戶端和一堆伺服器組成。我們不會在物件導向的設計中包含這些部分，但是我們可以討論系統整體看起來是什麼樣子。

資料庫將用來儲存較為持久性的資訊，如使用者清單或聊天存檔。SQL 資料庫是一個很好的選擇，或者，如果需要更多的擴展性，我們可以使用 BigTable 或類似的系統。

對於客戶端和伺服器之間的通訊，XML 會是很好的選擇。雖然對壓縮來說它不是最好的格式（您應該向您的面試官指出這一點），因為它對電腦和人來說都很容易閱讀，所以它很適合。使用 XML 將使您的除錯工作更容易，這一點尤其重要。

伺服器將由一組機器組成，資料將被切割到不同的機器上，所以我們需要從一台機器跳到另一台機器去。如果可能，我們將嘗試跨機器複製一些資料，以最小化搜尋的動作。這裡的一個主要設計限制是要去防止單點故障。例如，如果一台機器控制了所有的使用者登錄，那麼如果這一台機器失去了網路連線，將可能面臨數百萬使用者無法連接的窘境。

關鍵的物件和方法是什麼？

系統的關鍵物件將是使用者、對話和狀態訊息的概念。我們會實作一個 UserManager 類別。如果我們更關注問題的網路面向，或者另一個不同的面向的話，我們可能會轉而研究那些物件。

```
1   /* UserManager作為核心使用者操作的中心位置 */
1   public class UserManager {
2      private static UserManager instance;
3      /* 從使用者id映射到使用者 */
4      private HashMap<Integer, User> usersById;
5
6      /* 從帳戶名映射到使用者 */
7      private HashMap<String, User> usersByAccountName;
8
9      /* 將使用者id映射到線上使用者 */
10     private HashMap<Integer, User> onlineUsers;
11
12     public static UserManager getInstance() {
13        if (instance == null) instance = new UserManager();
14        return instance;
15     }
16
17     public void addUser(User fromUser, String toAccountName) { ... }
18     public void approveAddRequest(AddRequest req) { ... }
```

```
19    public void rejectAddRequest(AddRequest req) { ... }
20    public void userSignedOn(String accountName) { ... }
21    public void userSignedOff(String accountName) { ... }
22 }
```

User 類別中的 receivedAddRequest 方法會通知使用者 B，有一位使用者 A 請求加入他。然後，使用者 B 將會批准或拒絕請求（透過 UserManager.approveAddRequest 或 rejectAddRequest）。接著 UserManager 會負責將使用者加入到彼此的連絡人清單中。

UserManager 會呼叫 User 類別中的 sentAddRequest 方法來將一個 AddRequest 加入到使用者 A 的請求串列去。所以流程是：

1. 使用者 A 在客戶端上按一下「加入使用者」，它被發送到伺服器。

2. 使用者 A 呼叫 requestAddUser(User B)。

3. 此方法會呼叫 UserManager.addUser。

4. UserManager 呼叫 User A.sentAddRequest 和 User B.receivedAddRequest。

和前面一樣，這是設計這些互動的其中一種方法。這不是唯一的方法，甚至不是唯一的「好」方法。

```
1    public class User {
2       private int id;
3       private UserStatus status = null;
4
5       /* 從其他參與者的使用者id映射到聊天 */
6       private HashMap<Integer, PrivateChat> privateChats;
7
8       /* 群組聊天串列 */
9       private ArrayList<GroupChat> groupChats;
10
11      /* 將另一個人的使用者id映射到加入請求 */
12      private HashMap<Integer, AddRequest> receivedAddRequests;
13
14      /* 將另一個人的使用者id映射到加入請求 */
15      private HashMap<Integer, AddRequest> sentAddRequests;
16
17      /* 從使用者id映射到使用者物件 */
18      private HashMap<Integer, User> contacts;
19
20      private String accountName;
21      private String fullName;
22
23      public User(int id, String accountName, String fullName) { ... }
24      public boolean sendMessageToUser(User to, String content){ ... }
```

```
25    public boolean sendMessageToGroupChat(int id, String cnt){...}
26    public void setStatus(UserStatus status) { ... }
27    public UserStatus getStatus() { ... }
28    public boolean addContact(User user) { ... }
29    public void receivedAddRequest(AddRequest req) { ...}
30    public void sentAddRequest(AddRequest req) { ... }
31    public void removeAddRequest(AddRequest req) { ... }
32    public void requestAddUser(String accountName) { ... }
33    public void addConversation(PrivateChat conversation) { ... }
34    public void addConversation(GroupChat conversation) { ... }
35    public int getId() { ... }
36    public String getAccountName() { ... }
37    public String getFullName() { ... }
38 }
```

Conversation 類別被實作成一個抽象類別，因為所有的 Conversation 都必須是 GroupChat 或 PrivateChat，而且這兩個類別都有各自的功能。

```
1  public abstract class Conversation {
2     protected ArrayList<User> participants;
3     protected int id;
4     protected ArrayList<Message> messages;
5
6     public ArrayList<Message> getMessages() { ... }
7     public boolean addMessage(Message m) { ... }
8     public int getId() { ... }
9  }
10
11 public class GroupChat extends Conversation {
12    public void removeParticipant(User user) { ... }
13    public void addParticipant(User user) { ... }
14 }
15
16 public class PrivateChat extends Conversation {
17    public PrivateChat(User user1, User user2) { ...
18    public User getOtherParticipant(User primary) { ... }
19 }
20
21 public class Message {
22    private String content;
23    private Date date;
24    public Message(String content, Date date) { ... }
25    public String getContent() { ... }
26    public Date getDate() { ... }
27 }
```

AddRequest 和 UserStatus 是兩個簡單的類別，功能很少。它們的主要目的是分組其他類別要處理的資料。

```
1   public class AddRequest {
2      private User fromUser;
3      private User toUser;
4      private Date date;
5      RequestStatus status;
6
7      public AddRequest(User from, User to, Date date) { ... }
8      public RequestStatus getStatus() { ... }
9      public User getFromUser() { ... }
10     public User getToUser() { ... }
11     public Date getDate() { ... }
12  }
13
14  public class UserStatus {
15     private String message;
16     private UserStatusType type;
17     public UserStatus(UserStatusType type, String message) { ... }
18     public UserStatusType getStatusType() { ... }
19     public String getMessage() { ... }
20  }
21
22  public enum UserStatusType {
23     Offline, Away, Idle, Available, Busy
24  }
25
26  public enum RequestStatus {
27     Unread, Read, Accepted, Rejected
28  }
```

下載的程式碼範例中更詳細地介紹了這些方法,包括上面所列出方法的實作。

最難解決的(或最有趣的)問題是什麼?

下面是一些可以和您的面試官進一步討論的問題。

Q1:如何知道某人是否在線上?我是說,真的,確實知道嗎?

雖然我們希望使用者告訴我們他們什麼時候登出,但其實我們並不能確定使用者是否登出。例如,使用者可能早已斷線了。為了確保我們知道使用者什麼時候已經登出,我們可能採取試著週期性 ping 使用者端,以確保使用者端仍然在線上。

Q2:如何處理相互矛盾的資訊?

我們有些資訊儲存在電腦的記憶體中,有些資訊儲存在資料庫中。如果它們不同步時會發生什麼?哪一個是「正確的」?

Q3：如何使我們的伺服器具有可擴縮性？

雖然我們在設計聊天伺服器時沒有考慮可擴縮性，但在現實生活中這是一個問題。我們需要在許多伺服器上分割資料，這將增加我們對資料不同步的擔憂。

Q4：如何防止拒絕服務（DOS）攻擊？

客戶能將資料推送給我們，但如果他們企圖進行拒絕服務攻擊怎麼辦？要如何預防呢？

7.8 **黑白棋**：黑白棋的玩法是這樣的：黑白棋的每一個棋子都是一面白，另一面黑。當一個棋子被對手包圍在左右兩邊，或者被上下兩邊包圍時，我們就說它被抓到了，它的顏色要被翻轉。輪到您的時候，您必須至少要抓到對手的一個棋子。當任何使用者都無法再做動作時遊戲結束，棋子最多的人贏。請為黑白棋做物件導向設計。

pg 168

解答

讓我們用一個例子作為開始，假設我們在黑白棋遊戲中有以下步驟：

1.　初始化棋盤，中間有兩個黑棋和兩個白棋。黑色棋子放在左上方和右下角。

2.　在（第 6 列，第 4 行）處放置一個黑棋。這將使（第 5 列，第 4 行）處的棋子從白色翻轉到黑色。

3　在（第 4 列，第 3 行）處放置一個白棋。這將使（第 4 列，第 4 行）處的棋子從黑色翻轉到白色。

這一系列的動作後，棋盤呈現以下的狀態。

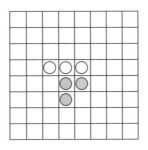

黑白棋的核心物件可以是遊戲、棋盤、棋子（黑或白）和玩家。我們如何用優雅的物件導向設計來表示它們？

黑棋和白棋應該要做成類別嗎？

首先，我們可能想要一個 BlackPiece（黑棋）類別和一個 WhitePiece（白棋）類別，讓它們繼承一個抽象的 Piece（棋）類別。然而，這可能不是一個好主意。每一個棋子可能會頻繁地在不同顏色之間來回翻轉，所以被迫要不斷地摧毀和建立真正相同的物件可能是不明智的。最好只有一個 Piece 類別，裡面有一個代表目前色彩的旗標。

我們需要棋盤（Board）和遊戲（Game）類別嗎？

嚴格地說，可能沒有必要同時擁有遊戲物件和棋盤物件。但，保持物件的分離性可以讓我們在棋盤（只包含放置棋子的邏輯）和遊戲（包含時間、遊戲流程等）之間有一個邏輯上的分別，缺點是我們必須在程式中加入了額外的層。在遊戲中，一個函式可能會呼叫 Game 中方法，只為了讓該方法立即呼叫 Board。本書做的選擇如下，讓 Game 和 Board 保持分開，但是您應該和您的面試官討論一下。

誰記分數？

我們知道可能需要對黑棋和白棋的數量做一些記分的動作。但是誰應該維護這些分數資訊呢？一種可能的做法是讓 Game 或 Board 維護這些資訊，甚至可能讓 Piece 做（在靜態方法中）。我們選擇在 Board 中維護這一種資訊，因為計分在邏輯上應該與 Board 放在一起，透過呼叫 Board 中的 colorChanged 和 colorAdded 方法來更新計分。

要不要把 Game 做成單一實列類別（Singleton class）呢？

將 Game 實作為單一實列類別的好處是，任何人都可以輕鬆呼叫 Game 中的方法，而不必傳遞對 Game 物件的參照。

然而，把 Game 做成單一實列代表著它只能被產生實例一次。我們可以做這個假設是合理的嗎？您應該和面試官討論這個問題。

下面是黑白棋的一種可能的設計。

```
1   public enum Direction {
2       left, right, up, down
3   }
```

```
4
5    public enum Color {
6       White, Black
7    }
8
9    public class Game {
10      private Player[] players;
11      private static Game instance;
12      private Board board;
13      private final int ROWS = 10;
14      private final int COLUMNS = 10;
15
16      private Game() {
17         board = new Board(ROWS, COLUMNS);
18         players = new Player[2];
19         players[0] = new Player(Color.Black);
20         players[1] = new Player(Color.White);
21      }
22
23      public static Game getInstance() {
24         if (instance == null) instance = new Game();
25         return instance;
26      }
27
28      public Board getBoard() {
29         return board;
30      }
31   }
```

Board 類別管理棋子，它不太處理棋局，棋局主要由 Game 類別負責。

```
1    public class Board {
2       private int blackCount = 0;
3       private int whiteCount = 0;
4       private Piece[][] board;
5
6       public Board(int rows, int columns) {
7          board = new Piece[rows][columns];
8       }
9
10      public void initialize() {
11         /* 初始化中心黑白棋 */
12      }
13
14      /* 嘗試放置一個棋子在（row, column）上。
15       * 如果成功則回傳true */
16      public boolean placeColor(int row, int column, Color color) {
17         ...
```

```
18     }
19
20     /* 從（row, column）開始並朝d方向翻轉棋子 */
21     private int flipSection(int row, int column, Color color, Direction d) { ... }
22
23     public int getScoreForColor(Color c) {
24        if (c == Color.Black) return blackCount;
25        else return whiteCount;
26     }
27
28     /* 用newPieces與newColor更新棋盤,
29      * 減少對手分數 */
30     public void updateScore(Color newColor, int newPieces) { ... }
31   }
```

如前所述,我們用 Piece 類別實作黑棋和白棋,Piece 類別中有一個簡單的 Color 變數用來指出本身是黑棋還是白棋。

```
1    public class Piece {
2       private Color color;
3       public Piece(Color c) { color = c; }
4
5       public void flip() {
6          if (color == Color.Black) color = Color.White;
7          else color = Color.Black;
8       }
9
10      public Color getColor() { return color; }
11   }
```

Player（玩家）只擁有少數的資訊,它甚至不知道自己的分數,但它可以呼叫一個方法來取得分數。在 Player.getscore() 中將會呼叫 Game 物件來取得這個值。

```
1    public class Player {
2       private Color color;
3       public Player(Color c) { color = c; }
4
5       public int getScore() { ...     }
6
7       public boolean playPiece(int r, int c) {
8          return Game.getInstance().getBoard().placeColor(r, c, color);
9       }
10
11      public Color getColor() { return color; }
12   }
```

可以在下載的程式碼範例中找到此程式碼的完整功能（自動化）版本。

記住，在很多問題中，您做了什麼並不重要，重點是為什麼要做。您的面試官可能並不關心您是否選擇了將 Game 作為單一實列來實作，他關心的可能是您是否花了時間去思考並討論權衡利弊。

7.9 **循環陣列**：請實作一個 CircularArray（循環陣列）類別，它是一個類似陣列的資料結構，而且還可以有效率地旋轉。如果可能，該類別應該設計成泛型類型（也稱為範本），並且應該透過標準 for (Obj o : circularArray) 標記法支援迭代。

pg 168

解答

這個問題可以切作兩個部份來看。首先，我們需要實作 CircularArray 類別。其次，我們需要支援迭代，以下將分別討論這些部分。

實作 CircularArray 類別

實作 CircularArray 類別的其中一種方法是在每次呼叫 rotate(int shiftRight) 時實際移動元素。當然，這樣做效率不很好。

相反地，我們可以建立一個成員變數 head，它在概念上應該被視為循環陣列的開始。不需要移動陣列中的元素，只需透過 shiftRight 方法去遞增 head 即可。

下面的程式碼實作了這種方法。

```
1   public class CircularArray<T> {
2      private T[] items;
3      private int head = 0;
4
5      public CircularArray(int size) {
6         items = (T[]) new Object[size];
7      }
8
9      private int convert(int index) {
10        if (index < 0) {
11           index += items.length;
12        }
13        return (head + index) % items.length;
14     }
15
16     public void rotate(int shiftRight) {
17        head = convert(shiftRight);
18     }
```

```
19
20    public T get(int i) {
21      if (i < 0 || i >= items.length) {
22          throw new java.lang.IndexOutOfBoundsException("...");
23      }
24      return items[convert(i)];
25    }
26
27    public void set(int i, T item) {
28      items[convert(i)] = item;
29    }
30  }
31
```

這裡有很多容易出錯的地方，比如：

- 在 Java 中，我們不能建立由泛型類別組成的陣列。相反地，我們必須強制轉換該陣列或將 items 定義為 List<T> 類態。為了簡單起見，我們選擇前者。

- 當我們執行 [負值 % 位置值] 時，% 運算子將回傳一個負值。例如，-8 % 3 是 -2。這與數學家定義的餘除不同。我們必須要為負的指標加上 items.length，以得到正數結果。

- 我們會一直都要將原始索引轉換為旋轉後的索引。由於這個原因，我們實作了一個 convert（轉換）函式，它可被其他方法使用。讓即使是 rotate 函式也去使用 convert 函式。這是程式碼重用的一個很好的例子。

既然現在我們已經有了 CircularArray 類別的基本程式碼，就可以專注於實作一個迭代器了。

實作迭代器介面

這個問題的第二部分要求我們要將 CircularArray 類別實作成可以做到以下事情：

```
1   CircularArray<String> array = ...
2   for (String s : array) { ... }
```

要實作這一點需要實作 Iterator 介面。這個實作的細節只適用於 Java，但是類似的事情同樣可以用其他語言實作。

想要實作 Iterator 介面，我們需要做以下工作：

- 修改 CircularArray<T> 的定義，加入實作 Iterable<T>。必須在 CircularArray<T> 中加入一個 iterator() 方法。

- 建 立 一 個 CircularArrayIterator<T>，它 實 作 了 Iterator<T>。我 們 必 須 在 CircularArrayIterator 中實作 hasNext()、next() 和 remove() 方法。

一旦我們完成了上面的兩件事後，for 迴圈就「神奇地」可以用了。

在下面的程式碼中，我們刪除了 CircularArray 與前面實作相同的部份。

```
1   public class CircularArray<T> implements Iterable<T> {
2       ...
3       public Iterator<T> iterator() {
4           return new CircularArrayIterator();
5       }
6
7       private class CircularArrayIterator implements Iterator<T> {
8           private int _current = -1;
9
10          public CircularArrayIterator() { }
11
12          @Override
13          public boolean hasNext() {
14              return _current < items.length - 1;
15          }
16
17          @Override
18          public T next() {
19              _current++;
20              return (T) items[convert(_current)];
21          }
22
23          @Override
24          public void remove() {
25              throw new UnsupportedOperationException("Remove is not supported");
26          }
27      }
28  }
```

在上面的程式碼中，注意 for 迴圈的第一次迭代將呼叫 hasNext()，之後變成呼叫 next()。請務必確保您的實作在這裡回傳正確的值。

當您在面試中遇到這樣的問題時，您很可能不會記得具體需要呼叫哪些方法和介面。在這種情況下，請您盡可能地解決問題。如果您能推斷出可能需要什麼樣的方法，單憑這個推斷就能顯示出良好的能力。

7.10 **踩地雷**：設計並實作文字版的踩地雷遊戲。踩地雷是一個經典的單人電腦遊戲，這種遊戲中有一個 NxN 網格，網格中有 B 個地雷（或炸彈）隱藏在網格中。沒有地雷的格子若不是空白的，就是後面有數字。這些數字反映了周圍 8 個格子的地雷數量。當玩家打開一個格子，如果該格是地雷，玩家就輸了。如果它是一個數字，那麼就把數字顯示出來。如果它是一個空白格，那麼這個格子和所有相鄰的空白格子（直到並包括周圍的數字格子）都會被打開。當所有非地雷格子被打開時，玩家獲勝。玩家也可以標記某些地方作為潛在的地雷位置。這不會影響遊戲，只是被用來阻止使用者不小心點擊一個被認為有炸彈的格子（給讀者的提示：如果您不熟悉這個遊戲，請先到網路上玩幾局）。

這是一個總共 3 個地雷的盤面，
這張圖不會顯示給玩家看。

玩家一開始看到新盤面時，
沒有任何格子被打開。

點擊格子（第 1 列，第 0 欄），
將會打開成這樣：

若除了地雷之外的格子都被打開了，
那麼玩家勝利。

pg 168

解答

若想寫完整個遊戲，即使是文字版的，需要的時間也會比您在面試中所能得到的時間久得多。這並不代表這是一個不公平的問題，這只是表示您的面試官不會期望您在面試中完整寫完，這還代表著您需要將重點放在關鍵想法或結構上。

讓我們從要定義哪些類別開始。我們必然需要 Cell（格子）類別和 Board（盤）類別，可能還想要一個 Game（遊戲）類別。

> 雖然可以把 Board 和 Game 合併在一起，但最好還是把它們分開。偏向更大而不是更小的組織架構。Board 的功能是儲存由 Cell 物件組成的 list，並在翻轉棋子時執行一些基本操作。Game 的功能是儲存遊戲狀態並處理玩家輸入。

設計：Cell

Cell 需要知道它自己是炸彈、數字還是空格。我們可以建立繼承自 Cell 的子類別來儲存這些資料，但我不確定這樣做是否會給我們帶來很多好處。

我們還可以選擇使用 enum TYPE {BOMB, NUMBER, BLANK} 來描述格子的種類。但我們選擇不這樣做，因為 BLANK 格實際上也是一種 NUMBER 格，只是其中數字為 0。只有一個 isBomb 旗標就足夠了。

如果想在這裡做不同的選擇也沒有關係，因為好的選擇並不是只有這些。請向面試官解釋您的選擇和取捨。

我們必須儲存 cell 是否為已打開狀態，但為 Cell 再建立 ExposedCell 和 UnexposedCell 子類別並不是一個好主意，因為 Board 擁有一個對 cell 的參照，如果我們建立了子類別，當打開 cell 時，就必須修改那個參照。此時若還有其他物件參照了那個 Cell 的實例怎麼辦呢？

最好使用一個布林旗標 isExposed 來表示，之後我們將為 isGuess 做類似的事情。

```java
1   public class Cell {
2      private int row;
3      private int column;
4      private boolean isBomb;
5      private int number;
6      private boolean isExposed = false;
7      private boolean isGuess = false;
8
9      public Cell(int r, int c) { ... }
10
11     /* 上面那些變數的介面函式（getter和setter） */
12     ...
13
14     public boolean flip() {
15        isExposed = true;
16        return !isBomb;
```

```
17      }
18
19      public boolean toggleGuess() {
20        if (!isExposed) {
21          isGuess = !isGuess;
22        }
23        return isGuess;
24      }
25
26      /* 可以在下載的程式碼範例中找到完整的程式碼 */
27    }
```

設計：Board

Board 將需要有一個擁有所有 Cell 物件的陣列,用二維陣列就可以了。

我們可能會希望 Board 儲存未打開格子的數量,這樣一來可以在遊戲進行中邊走邊算,就不用一直從頭數了。

Board 也將處理一些基本演算法:

- 初始化 board 和佈置炸彈。

- 打開一格。

- 打開空白區域。

它將從 Game 取得一場遊戲並執行,然後它需要回傳遊戲的結果,結果可以是 { 點擊到炸彈並輸了,點擊到超出界限的地方,點擊到已經打開的區域,點擊到空白區域並繼續玩,點擊到空白區域並贏了,點擊到數字並贏了 }。這實際上需要回傳兩個不同的東西:成功(是否成功開始遊戲)和遊戲狀態(贏了、輸了、正在玩)。我們將使用另一個 GamePlayResult 來回傳這些資料。

我們也將使用一個 GamePlay 類別來控制玩家的移動。我們需要使用行、列和一個旗標來表示玩家是實際的打開,還是使用者「猜測」可能是炸彈所做的標記。

這個類別的基本架構可能是這樣的:

```
1    public class Board {
2      private int nRows;
3      private int nColumns;
4      private int nBombs = 0;
5      private Cell[][] cells;
6      private Cell[] bombs;
7      private int numUnexposedRemaining;
```

```
8
9      public Board(int r, int c, int b) { ... }
10
11     private void initializeBoard() { ... }
12     private boolean flipCell(Cell cell) { ... }
13     public void expandBlank(Cell cell) { ... }
14     public UserPlayResult playFlip(UserPlay play) { ... }
15     public int getNumRemaining() { return numUnexposedRemaining; }
16  }
17
18  public class UserPlay {
19     private int row;
20     private int column;
21     private boolean isGuess;
22     /* 建構函式、介面函式（getter，setter） */
23  }
24
25  public class UserPlayResult {
26     private boolean successful;
27     private Game.GameState resultingState;
28     /* 建構函式、介面函式（getter，setter） */
29  }
```

設計：Game

Game 類別將儲存 board 的參照並儲存遊戲狀態，它也負責取得玩家輸入並將其發送到 Board。

```
1    public class Game {
2       public enum GameState { WON, LOST, RUNNING }
3
4       private Board board;
5       private int rows;
6       private int columns;
7       private int bombs;
8       private GameState state;
9
10      public Game(int r, int c, int b) { ... }
11
12      public boolean initialize() { ... }
13      public boolean start() { ... }
14      private boolean playGame() { ... } // 迴圈，直到遊戲結束
15   }
```

演算法

以上是我們程式碼中基本的物件導向設計,現在我們的面試官可能會要求我們實作一些最有趣的演算法。

在本例中,三個有趣的演算法是初始化(隨機放置炸彈)、設定數字格的值和打開空白區域。

放炸彈

為了要放置炸彈,我們可以隨機地選擇一個格子,如果它可用的話,就把一個炸彈放置進去;如果它不可用,就換一個不同的位置放。問題在於如果有很多炸彈,這個流程會變得非常慢。我們可能會陷入這樣一種情況:一直重複挑中已有炸彈的格子。

為了解決這個問題,我們可以採用類似於洗牌問題的方法(第 678 頁)。我們可以把 K 個炸彈放在開頭的 K 格子裡,然後再把所有的格子打亂。

以迭代陣列(從 i = 0 到 N - 1)來打亂陣列的順序。對於每個 i,我們在 i 和 N - 1 之間隨機選擇一個索引,然後將 i 與這個索引交換。

要洗牌一個網格,我們要做的事情非常類似,只是將索引轉換為行和列位置。

```
1   void shuffleBoard() {
2     int nCells = nRows * nColumns;
3     Random random = new Random();
4     for (int index1 = 0; index1 < nCells; index1++) {
5       int index2 = index1 + random.nextInt(nCells - index1);
6       if (index1 != index2) {
7         /* 取得index1格子 */
8         int row1 = index1 / nColumns;
9         int column1 = (index1 - row1 * nColumns) % nColumns;
10        Cell cell1 = cells[row1][column1];
11
12        /* 取得index2格子 */
13        int row2 = index2 / nColumns;
14        int column2 = (index2 - row2 * nColumns) % nColumns;
15        Cell cell2 = cells[row2][column2];
16
17        /* 交換 */
18        cells[row1][column1] = cell2;
19        cell2.setRowAndColumn(row1, column1);
20        cells[row2][column2] = cell1;
21        cell1.setRowAndColumn(row2, column2);
22      }
```

```
23    }
24  }
```

設定數字格子

一旦炸彈被放置好之後，我們需要設定數字格子的值。我們可以檢查每個格子，看看周圍有多少炸彈。這個做法是可行的，但這樣做的速度比實際上需要的要慢一點。

相反地，我們可以找到每一個炸彈並遞增它周圍的每個格子中的值。例如，與 3 個炸彈為鄰的格子將得到 3 次 `incrementNumber` 呼叫，最後的值是 3。

```
1    /* 把炸彈周圍的格子設定成正確的數字。哪怕炸彈已被打亂，
2     * 炸彈陣列中的參照仍然指向相同的物件 */
3    void setNumberedCells() {
4      int[][] deltas = { // 周圍8個格子的偏移值
5          {-1, -1}, {-1, 0}, {-1, 1},
6          { 0, -1},          { 0, 1},
7          { 1, -1}, { 1, 0}, { 1, 1}
8      };
9      for (Cell bomb : bombs) {
10       int row = bomb.getRow();
11       int col = bomb.getColumn();
12       for (int[] delta : deltas) {
13         int r = row + delta[0];
14         int c = col + delta[1];
15         if (inBounds(r, c)) {
16           cells[r][c].incrementNumber();
17         }
18       }
19     }
20   }
```

展開空白區域

可以迭代或遞迴地展開空白區域，我們選擇用迭代實作。

您可以這樣去思考這個演算法：每個空白格子都被空白格子或數字格子包圍（不會是炸彈），這些格子都需要被打開。但是，如果您打開的是空白格子，還需要將該空白格子加入到佇列中，以便打開相鄰的格子。

```
1    void expandBlank(Cell cell) {
2      int[][] deltas = {
3          {-1, -1}, {-1, 0}, {-1, 1},
4          { 0, -1},          { 0, 1},
5          { 1, -1}, { 1, 0}, { 1, 1}
```

```
6       };
7
8       Queue<Cell> toExplore = new LinkedList<Cell>();
9       toExplore.add(cell);
10
11      while (!toExplore.isEmpty()) {
12         Cell current = toExplore.remove();
13
14         for (int[] delta : deltas) {
15            int r = current.getRow() + delta[0];
16            int c = current.getColumn() + delta[1];
17
18            if (inBounds(r, c)) {
19               Cell neighbor = cells[r][c];
20               if (flipCell(neighbor) && neighbor.isBlank()) {
21                  toExplore.add(neighbor);
22               }
23            }
24         }
25      }
26   }
```

您也可以用遞迴實作這個演算法。在此演算法中,將格子加入到佇列中的動作,將由遞迴呼叫取代。

根據您的類別設計,這些演算法的實作可能會差異很大。

7.11　**檔案系統**:請說明您會怎麼設計一個記憶體檔案系統的資料結構和演算法。在可能的情況下,用一個程式碼範例進行說明。

pg 169

解答

許多面試者可能會看到這個問題就感到恐慌,因為一個檔案系統似乎很低階!

然而,沒有必要恐慌。如果我們去思考檔案系統的元件有哪些,還是可以像處理其他物件導向的設計問題一樣處理這個問題。

最簡單的檔案系統是由檔案和目錄組成。每個目錄包含一組檔案和子目錄。由於檔案和目錄有相當多的特徵是共通的,所以我們在實作時讓它們都繼承 Entry 類別。

```
1    public abstract class Entry {
2       protected Directory parent;
3       protected long created;
4       protected long lastUpdated;
5       protected long lastAccessed;
```

```
6      protected String name;
7
8      public Entry(String n, Directory p) {
9          name = n;
10         parent = p;
11         created = System.currentTimeMillis();
12         lastUpdated = System.currentTimeMillis();
13         lastAccessed = System.currentTimeMillis();
14     }
15
16     public boolean delete() {
17         if (parent == null) return false;
18         return parent.deleteEntry(this);
19     }
20
21     public abstract int size();
22
23     public String getFullPath() {
24         if (parent == null) return name;
25         else return parent.getFullPath() + "/" + name;
26     }
27
28     /* 介面函式（getter和setter） */
29     public long getCreationTime() { return created; }
30     public long getLastUpdatedTime() { return lastUpdated; }
31     public long getLastAccessedTime() { return lastAccessed; }
32     public void changeName(String n) { name = n; }
33     public String getName() { return name; }
34 }
35
36 public class File extends Entry {
37     private String content;
38     private int size;
39
40     public File(String n, Directory p, int sz) {
41         super(n, p);
42         size = sz;
43     }
44
45     public int size() { return size; }
46     public String getContents() { return content; }
47     public void setContents(String c) { content = c; }
48 }
49
50 public class Directory extends Entry {
51     protected ArrayList<Entry> contents;
52
53     public Directory(String n, Directory p) {
54         super(n, p);
55         contents = new ArrayList<Entry>();
```

```
56      }
57
58      public int size() {
59          int size = 0;
60          for (Entry e : contents) {
61              size += e.size();
62          }
63          return size;
64      }
65
66      public int numberOfFiles() {
67          int count = 0;
68          for (Entry e : contents) {
69              if (e instanceof Directory) {
70                  count++; // 目錄也算是一個檔案
71                  Directory d = (Directory) e;
72                  count += d.numberOfFiles();
73              } else if (e instanceof File) {
74                  count++;
75              }
76          }
77          return count;
78      }
79
80      public boolean deleteEntry(Entry entry) {
81          return contents.remove(entry);
82      }
83
84      public void addEntry(Entry entry) {
85          contents.add(entry);
86      }
87
88      protected ArrayList<Entry> getContents() { return contents; }
89  }
```

或者，我們可以實作 Directory（目錄）物件，並使它為檔案和子目錄各自維護獨立的串列。這麼做可使得 numberOfFiles() 方法更簡潔一些，因為它不需要再使用 instanceof 運算子，但是它卻導致無法按照日期或名稱對檔案和目錄進行排序。

7.12　雜湊表：請設計並實作一個雜湊表，該雜湊表使用鏈結串列（linked list）來處理衝突。

pg 169

解答

假設我們實作了一個雜湊表，它長的像 Hash<K, V>。也就是說，雜湊表能從型態 K 的物件映射到型態 V 的物件。

一開始，我們可能會覺得資料結構應該是這樣的：

```
1   class Hash<K, V> {
2     LinkedList<V>[] items;
3     public void put(K key, V value) { ... }
4     public V get(K key) { ... }
5   }
```

注意，`items` 是一個鏈結串列所組成的陣列，其中 `items[i]` 是一個由 key 物件組成的鏈結串列，key 物件可以鍵映射到索引 i（若有多個物件的話，在 i 處會發生碰撞）。

這似乎是可行的，直到我們更深入地思考碰撞才會發現問題。

假設我們有一個非常簡單的雜湊函式，它使用到字串長度。

```
1   int hashCodeOfKey(K key) {
2     return key.toString().length() % items.length;
3   }
```

鍵 jim 和 bob 將映射到陣列的相同索引，即使它們分明就是不同的鍵也一樣。我們需要在鏈結串列中搜尋，以找到與這些鍵對應的實際物件。但是怎麼做到呢？我們在鏈結串列中儲存的只有值，而沒有原始鍵啊。

這就是我們需要同時儲存值和原始鍵的原因。

其中一種做法是建立另一個名為 LinkedListNode 的物件，它的功能是鍵和值進行配對。透過這個實作，我們的鏈結串列中裝的東西變成 LinkedListNode 型態。

下面的程式碼就是實作。

```
1   public class Hasher<K, V> {
2     /* 鏈結串列節點類別，僅在雜湊表中使用，不該有任何人可存取這個類別，
3      * 以雙鏈結串列實作 */
4     private static class LinkedListNode<K, V> {
5       public LinkedListNode<K, V> next;
6       public LinkedListNode<K, V> prev;
7       public K key;
8       public V value;
9       public LinkedListNode(K k, V v) {
10        key = k;
11        value = v;
12      }
13    }
14
15    private ArrayList<LinkedListNode<K, V>> arr;
16    public Hasher(int capacity) {
```

```
17         /* 建立特定大小的鏈結串列所組成的串列，用空值填充此串列，
18          * 因為這是使陣列達到所需大小的唯一方法 */
19         arr = new ArrayList<LinkedListNode<K, V>>();
20         arr.ensureCapacity(capacity); // Optional optimization
21         for (int i = 0; i < capacity; i++) {
22             arr.add(null);
23         }
24     }
25
26     /* 將鍵和值插入雜湊表並回傳舊值 */
27     public V put(K key, V value) {
28         LinkedListNode<K, V> node = getNodeForKey(key);
29         if (node != null) {
30             V oldValue = node.value;
31             node.value = value; // 更新值
32             return oldValue;
33         }
34
35         node = new LinkedListNode<K, V>(key, value);
36         int index = getIndexForKey(key);
37         if (arr.get(index) != null) {
38             node.next = arr.get(index);
39             node.next.prev = node;
40         }
41         arr.set(index, node);
42         return null;
43     }
44
45     /* 刪除鍵的節點，並回傳值 */
46     public V remove(K key) {
47         LinkedListNode<K, V> node = getNodeForKey(key);
48         if (node == null) {
49             return null;
50         }
51
52         if (node.prev != null) {
53             node.prev.next = node.next;
54         } else {
55             /* 刪除頭 - 更新 */
56             int hashKey = getIndexForKey(key);
57             arr.set(hashKey, node.next);
58         }
59
60         if (node.next != null) {
61             node.next.prev = node.prev;
62         }
63         return node.value;
64     }
65
```

```
66      /* 取得key對映到的值 */
67      public V get(K key) {
68         if (key == null) return null;
69         LinkedListNode<K, V> node = getNodeForKey(key);
70         return node == null ? null : node.value;
71      }
72
73      /* 取得與指定鍵關聯的串列節點 */
74      private LinkedListNode<K, V> getNodeForKey(K key) {
75         int index = getIndexForKey(key);
76         LinkedListNode<K, V> current = arr.get(index);
77         while (current != null) {
78            if (current.key == key) {
79               return current;
80            }
81            current = current.next;
82         }
83         return null;
84      }
85
86      /* 將鍵映射到索引的非常簡單函式 */
87      public int getIndexForKey(K key) {
88         return Math.abs(key.hashCode() % arr.size());
89      }
90   }
91
```

另外一種做法是，我們可以使用一個二元搜尋樹作為底層資料結構，來實作一個類似的資料結構（一個鍵 -> 值的查尋）。檢索一個元素將無法保持在 O(1) 內（儘管從技術上講，在碰撞很多的情況下這個實作並不是 O(1)），但它可阻止我們為了儲存項目而去建立一個不必要的大陣列。

8

遞迴與動態程式設計的解決方案

8.1 **三種跳法**：一個孩子正跑上 n 級臺階的樓梯，一次可以跳 1 級、2 級或 3 級。請您實作一個方法來計算孩子能以多少種可能的方式跑上樓梯。

pg 176

解答

讓我們用另一個問題來思考這個問題要怎麼解：完成的最後一步是什麼？

孩子最後一跳，也就是讓他跳上第 n 階的那一跳，不是 3 步，就是 2 步，或是 1 步。

到第 n 階有多少種方法？我們還不知道，但可以把它和一些子問題聯繫起來。

如果要思考到達第 n 階的所有路徑，那麼我們為這三種可能路徑找到的前一階是什麼，透過以下任何一種方式都可以達到第 n 階：

- 到第（n-1）階，跳躍 1 步。
- 到第（n-2）階，跳躍 2 步。
- 到第（n-3）階，跳躍 3 步。

因此只需要將這些路徑的數目相加就好。

這裡要小心，因為很多人想把它們乘起來，將一條路徑與另一條路徑相乘，代表著先選擇一條路徑，然後再選擇另一條，但這裡並不適用。

暴力法

這是一個相當簡單的遞迴演算法。我們只需要遵循這樣的邏輯：

```
countWays(n-1) + countWays(n-2) + countWays(n-3)
```

定義基本情況是比較棘手的地方。如果還剩 0 階要走（我們現在站樓梯最上面），這樣算是 0 條路徑還是 1 條路徑？

也就是說，什麼是 countWays(0)？是 1 還是 0？

您可以用任何一種方式定義它，它沒有所謂「正確」的答案。

然而，將它定義為 1 會比較容易。如果您將它定義為 0，那麼您將需要一些額外的基本情況（否則您會看到一直向上 0 階的情況）。

下面是這段程式碼的一個簡單實作。

```
1   int countWays(int n) {
2     if (n < 0) {
3        return 0;
4     } else if (n == 0) {
5        return 1;
6     } else {
7        return countWays(n-1) + countWays(n-2) + countWays(n-3);
8     }
9   }
```

就像斐波那契（Fibonacci）問題一樣，這個演算法的執行時間是指數級的（大約是 $O(3^n)$），因為每個呼叫會分支出三個以上的呼叫。

記憶化解決方案

在前一個解決方案中，碰到相同的值時，countWays 會重複執行多次，這是不必要的，我們可以透過記憶法來解決這個問題。

實際上，只要我們看過這個 n 值，就直接回傳保留起來的值。每次算得一個新值時，也將它保留起來。

通常我們會使用 HashMap<Integer, Integer> 作為快取。在這種情況下，鍵值會是從 1 到 n。使用整數陣列可使程式碼更精簡。

```
1   int countWays(int n) {
2     int[] memo = new int[n + 1];
3     Arrays.fill(memo, -1);
4     return countWays(n, memo);
5   }
6
7   int countWays(int n, int[] memo) {
8     if (n < 0) {
9        return 0;
```

```
10      } else if (n == 0) {
11          return 1;
12      } else if (memo[n] > -1) {
13          return memo[n];
14      } else {
15          memo[n] = countWays(n - 1, memo) + countWays(n - 2, memo) +
16                       countWays(n - 3, memo);
17          return memo[n];
18      }
19  }
```

無論您是否使用記憶法，請注意，路徑的數量將很快超過整數的容量。當 n = 37 時，其結果就會溢位了。雖然使用 long 可以再撐久一點，但也不能完全解決這個問題。

和您的面試官溝通這個問題是很好的。他可能不會要求您解決這個問題（儘管您可以使用 BigInteger 類別），但是最好示範一下您是如何思考這些問題的。

8.2　**網格中的機器人**：想像一個機器人坐在網格的左上角，網格有 r 個列和 c 個欄。機器人只能向右和向下兩個方向移動，但某些格子是「禁區」，因此機器人不能踩到它們。請設計一個演算法，找出從左上角到右下角的所有路徑。

pg 176

解答

如果想像一下這個網格，移動到點 (r,c) 的唯一方法是移動到相鄰的 (r-1,c) 或 (r,c-1)，因此我們需要找到 (r-1,c) 或 (r,c-1) 的路徑。

怎樣才能找到去 (r-1,c) 或 (r,c-1) 的路呢？為了找到 (r-1,c) 或 (r,c-1) 的路徑，我們需要移動到它的一個相鄰格子。所以需要找到一條路徑能到達與 (r-1,c) 相鄰的，也就是座標 (r-2,c) 和 (r-1,c-1)。或是與 (r,c-1) 相鄰的格子，也就是與 (r-1,c-1) 和 (r,c-2) 相鄰的。注意，你會發現 (r-1,c-1) 出現兩次；我們之後再討論這個問題。

> 提示：很多人在處理二維陣列時使用變數名 x 和 y。這實際上會導致一些 bug。人們傾向於認為 x 是矩陣中的第一個座標，而 y 是第二個座標（例如，矩陣 [x][y]）。但是，這並不正確。第一個座標通常被認為是列號，它實際上是 y 值（垂直方向！）您應該寫出矩陣 [y][x]。或者，使用 r（row 列）和 c（column 行）來簡化您的工作。

想要找到一條從原點出發的路徑，只要像這樣往回推算。從最後一個格子開始嘗試找出能到達每個相鄰格子的路徑。下面的遞迴程式碼實作這個演算法。

```
1   ArrayList<Point> getPath(boolean[][] maze) {
2     if (maze == null || maze.length == 0) return null;
3     ArrayList<Point> path = new ArrayList<Point>();
4     if (getPath(maze, maze.length - 1, maze[0].length - 1, path)) {
5       return path;
6     }
7     return null;
8   }
9
10  boolean getPath(boolean[][] maze, int row, int col, ArrayList<Point> path) {
11    /* 如果超出界限或不可用，就回傳 */
12    if (col < 0 || row < 0 || !maze[row][col]) {
13      return false;
14    }
15
16    boolean isAtOrigin = (row == 0) && (col == 0);
17
18    /* 如果從起點到這裡存在路徑的話，就加入我的位置 */
19    if (isAtOrigin || getPath(maze, row, col - 1, path) ||
20       getPath(maze, row - 1, col, path)) {
21      Point p = new Point(row, col);
22      path.add(p);
23      return true;
24    }
25
26    return false;
27  }
```

這個解是 $O(2^{r+c})$ 因為每條路徑都有 r+c 個步，而每一步都有兩個選擇。

我們應該尋找更快的方法。

通常可以透過搜尋重複的工作來優化指數演算法。那麼我們重複做了什麼工作呢？

如果重新瀏覽這個演算法，會看到我們一直重複的存取同樣的格子。事實上，每個格子都會去很多次。畢竟，我們只有 rc 個格子但是我們做的是 $O(2^{r+c})$ 工作。如果我們只存取每個格子一次，我們可能會得到一個是 $O(rc)$ 演算法（除非我們在每次存取期間做很多工作）。

目前的演算法是如何工作的？若想要找出到 (r,c) 的路徑，就要找到其相鄰座標 (r-1,c) 或 (r,c-1) 的路徑。當然，如果其中一個方塊是禁區，我們就忽略它。然後你會看到它們相鄰的座標是 (r-2,c)、(r-1,c-1)、(r-1,c-1) 和 (r,c-2)， (r-1,c-1) 這一格出現了兩次,這代表著我們在做重複的事。理想情況下,我們應該記住已經存取過 (r-1,c-1),這樣就不會浪費時間。

這就是下面的動態程式設計演算法所做的。

```
1   ArrayList<Point> getPath(boolean[][] maze) {
2     if (maze == null || maze.length == 0) return null;
3     ArrayList<Point> path = new ArrayList<Point>();
4     HashSet<Point> failedPoints = new HashSet<Point>();
5     if (getPath(maze, maze.length - 1, maze[0].length - 1, path, failedPoints)) {
6       return path;
7     }
8     return null;
9   }
10
11  boolean getPath(boolean[][] maze, int row, int col, ArrayList<Point> path,
12                  HashSet<Point> failedPoints) {
13    /* 如果超出界限或不可用,就回傳 */
14    if (col < 0 || row < 0 || !maze[row][col]) {
15      return false;
16    }
17
18    Point p = new Point(row, col);
19
20    /* 如果我們已經存取過這個格子,就回傳 */
21    if (failedPoints.contains(p)) {
22      return false;
23    }
24
25    boolean isAtOrigin = (row == 0) && (col == 0);
26
27    /* 如果從start到當前位置有路徑存在,就加入我的位置 */
28    if (isAtOrigin || getPath(maze, row, col - 1, path, failedPoints) ||
29      getPath(maze, row - 1, col, path, failedPoints)) {
30      path.add(p);
31      return true;
32    }
33
34    failedPoints.add(p); // 快取結果
35    return false;
36  }
```

這個簡單的修改將使程式碼執行得更快。演算法的時間複雜度現在是 O(rc),因為每個格子只會被擊中一次。

8.3 **魔法索引**：一個陣列 A[0...n-1] 的魔法索引是將其索引方法定義為 A[i] = i。假設有一個已排序的不重複整數陣列，請寫一個方法來找到在陣列 A 中的任何魔法索引。

延伸題

如果值可重複怎麼辦？

pg 176

解答

暴力解決法馬上就出現在腦海裡對吧？提到它一點也不可恥且有用。我們只是迭代陣列，尋找與此條件匹配的元素。

```
1   int magicSlow(int[] array) {
2     for (int i = 0; i < array.length; i++) {
3       if (array[i] == i) {
4         return i;
5       }
6     }
7     return -1;
8   }
```

由於拿到的陣列會是排序過的，我們很可能會用上這個條件。

您可能會發現這個問題聽起來很像經典的二分法搜尋問題，可利用模式匹配方法（Pattern Matching approach）來生成演算法，我們如何在這裡應用二分法搜尋？

在二分法搜尋中，透過與中間的元素 x 進行比較，並確定 k 是落在 x 的左邊還是右邊，來找尋一個元素 k。

在此方法的基礎上，是否存在一種方法可以查看中間元素來確定神奇索引的位置？我們來看看一個樣本陣列：

-40	-20	-1	1	2	3	5	7	9	12	13
0	1	2	3	4	5	6	7	8	9	10

當查看中間元素 A[5] = 3 時，我們知道神奇的索引必須在右邊，因為 A[mid] < mid。

為什麼神奇索引不能在左邊呢？請看一下，當我們從索引 i 移動到索引 i-1 時，因為要變小，所以這個索引處的值必須減少至少 1（由於陣列是有序的，而且所有元素都不重複）。因此，如果中間的元素值已經太小，不能成為一個神奇的索引，那麼當我們向左移動時，減去 k 個索引和（至少）k 個值，所有左側的元素也全都太小。

我們繼續做遞迴版本的演算法，開發起來非常像二分法搜尋的程式碼。

```
1   int magicFast(int[] array) {
2      return magicFast(array, 0, array.length - 1);
3   }
4
5   int magicFast(int[] array, int start, int end) {
6      if (end < start) {
7         return -1;
8      }
9      int mid = (start + end) / 2;
10     if (array[mid] == mid) {
11        return mid;
12     } else if (array[mid] > mid){
13        return magicFast(array, start, mid - 1);
14     } else {
15        return magicFast(array, mid + 1, end);
16     }
17  }
```

延伸題：如果元素可能重複怎麼辦？

如果元素可能重複，那麼這個演算法就不能用了。假設我們有另一個陣列如下：

-10	-5	2	2	2	3	4	7	9	12	13
0	1	2	3	4	5	6	7	8	9	10

當我們看到 A[mid] < mid 時，不能斷定魔術索引在哪一邊。它可能在右邊，和以前一樣。或者，它也可能在左邊（事實上左邊真的有）。

左邊的任何地方都有可能出現嗎？不是喔，因為 A[5] = 3，我們知道 A[4] 不可能是一個魔術索引。A[4] 需要等於 4，但 A[4] 必須小於等於 A[5]。

事實上，當我們看到 A[5] = 3 時，需要像以前一樣遞迴地搜尋右邊。但是，在搜尋左側時，可以跳過一堆元素，只遞迴地從 A[3] 搜尋到元素 A[0]。A[3] 是第一個有可能是魔術索引的元素。

一般的模式是先比較 midIndex 和 midValue 是否相等。然後，如果它們不相等，我們遞迴搜尋左右兩邊的策略如下：

- 左側：從 Math.min(midIndex - 1, midValue) 開始搜尋索引。

- 右側：從 Math.max(midIndex + 1, midValue) 開始搜尋索引直到結尾。

下面的程式碼實作了這個演算法。

```
1   int magicFast(int[] array) {
2      return magicFast(array, 0, array.length - 1);
3   }
4
5   int magicFast(int[] array, int start, int end) {
6      if (end < start) return -1;
7
8      int midIndex = (start + end) / 2;
9      int midValue = array[midIndex];
10     if (midValue == midIndex) {
11        return midIndex;
12     }
13
14     /* 搜尋左側 */
15     int leftIndex = Math.min(midIndex - 1, midValue);
16     int left = magicFast(array, start, leftIndex);
17     if (left >= 0) {
18        return left;
19     }
20
21     /* 搜尋右側 */
22     int rightIndex = Math.max(midIndex + 1, midValue);
23     int right = magicFast(array, rightIndex, end);
24
25     return right;
26  }
```

注意，在上面的程式碼中如果沒有重複元素，那麼該方法的動作會幾乎與第一個解決方案相同。

8.4　冪集合：請寫一個方法來回傳一個集合的所有子集合。

pg 177

解答

首先應該對我們的時間和空間複雜度做一些合理的期待。

一個集合有幾個子集合？當我們生成一個子集合時，每個元素都可以「選擇」是否在其中。也就是說，對於第一個元素，有兩種選擇：它要麼在集合中，要麼不在集合中。對於第二個，有兩個選擇，以此類推。因此，{2 * 2 * ... }n 次後可讓我們得到 2^n 個子集合。

假設要回傳所有的子集合，那麼我們的最佳情況時間實際上是所有這些子集合的元素總數。子集合共有 2^n 個，每個元素都包含在一半的子集合中（即 2^{n-1} 個子集合）。因此，所有這些子集合的元素總數是 $n * 2^{n-1}$。

我們無法在時間和空間複雜度上打敗 $O(n2^n)$。

所有 $\{a_1, a_2, ..., a_n\}$ 的子集合也被稱為冪集（power set），$P(a_1, a_2, ..., a_n)$ 或者單純寫成 $P(n)$。

解決方案 #1：遞迴

這個問題很適合用基本情況和建立方法（Base Case and Build approach）來解決。假設試圖找到集合 $S = \{a_1, a_2, ..., a_n\}$ 的所有子集合，比如。我們可以從基本情況開始。

基本情況：$n = 0$。

子集合只有一個空集：$\{\}$。

情況：$n = 1$。

集合 $\{a_1\}$ 有兩個子集合：$\{\}$、$\{a_1\}$。

情況：$n = 2$。

集合 $\{a_1, a_2\}$ 有四個子集合：$\{\}$、$\{a_1\}$、$\{a_2\}$、$\{a_1, a_2\}$。

情況：$n = 3$。

現在到有趣的地方了，我們想找到一種方法根據之前的解來生成 $n = 3$ 的解。

$n = 3$ 和 $n = 2$ 的解有什麼不同？讓我們更深入地看看這個問題：

```
P(2) =  {}, {a₁}, {a₂}, {a₁, a₂}
P(3) =  {}, {a₁}, {a₂}, {a₃}, {a₁, a₂}, {a₁, a₃}, {a₂, a₃}, {a₁, a₂, a₃}
```

這些解之間的區別是，$P(2)$ 不包含含有 a_3 的子集合。

```
P(3) - P(2) = {a₃}, {a₁, a₃}, {a₂, a₃}, {a₁, a₂, a₃}
```

如何用 $P(2)$ 來生成 $P(3)$ 呢？我們可以簡單地複製 $P(2)$ 中的子集合，再加入 a_3：

P(2)　　　　= {} , {a_1}, {a_2}, {a_1, a_2}
P(2) + a_3　= {a_3}, {a_1, a_3}, {a_2, a_3}, {a_1, a_2, a_3}

將它們合併在一起，上面就是 P(3)。

情況：n > 0。

生成 P(n) 只是上述步驟的簡單擴展。我們計算 P(n-1)，複製結果，然後將 a_n 加入到這些複製的集合中。

下面的程式碼實作了這個演算法：

```
1   ArrayList<ArrayList<Integer>> getSubsets(ArrayList<Integer> set, int index) {
2       ArrayList<ArrayList<Integer>> allsubsets;
3       if (set.size() == index) { // 基本情況，加入空集合
4           allsubsets = new ArrayList<ArrayList<Integer>>();
5           allsubsets.add(new ArrayList<Integer>()); // 空集合
6       } else {
7           allsubsets = getSubsets(set, index + 1);
8           int item = set.get(index);
9           ArrayList<ArrayList<Integer>> moresubsets =
10              new ArrayList<ArrayList<Integer>>();
11          for (ArrayList<Integer> subset : allsubsets) {
12              ArrayList<Integer> newsubset = new ArrayList<Integer>();
13              newsubset.addAll(subset); //
14              newsubset.add(item);
15              moresubsets.add(newsubset);
16          }
17          allsubsets.addAll(moresubsets);
18      }
19      return allsubsets;
20  }
```

這個解在時間和空間上都是 $O(n2^n)$，這也是我們能做到的最佳效能了。若要做一個小小的優化，我們也可以改用迭代實作這個演算法。

解決方案 2：組合

雖然上面的解決方案是可行的，但是還有另一種方法可以解決這個問題。

回想一下，當我們生成一個集合時，對於每個元素有兩個選擇：（1）元素在集合中（「yes」狀態），或（2）元素不在集合中（「no」狀態）。這代表著每個子集合都是 yes / no，例如「yes, yes, no, no, yes, no」的序列。

這讓我們有 2^n 個可能的子集合。如何迭代所有元素的所有可能的「yes / no」狀態序列？如果每個「yes」都可以視為 1，每個「no」都可以視為 0，那麼每個子集合都可以表示為二進位字元串。

生成所有子集合，實際上就是生成所有二進位數字（即所有整數）。我們從 0 迭代到 2^n（不含）的所有數字，並將這些數字的二進位表示形式轉換為一個集合。就解了！

```
1   ArrayList<ArrayList<Integer>> getSubsets2(ArrayList<Integer> set) {
2     ArrayList<ArrayList<Integer>> allsubsets = new ArrayList<ArrayList<Integer>>();
3     int max = 1 << set.size(); /* 計算2ⁿ */
4     for (int k = 0; k < max; k++) {
5       ArrayList<Integer> subset = convertIntToSet(k, set);
6       allsubsets.add(subset);
7     }
8     return allsubsets;
9   }
10
11  ArrayList<Integer> convertIntToSet(int x, ArrayList<Integer> set) {
12    ArrayList<Integer> subset = new ArrayList<Integer>();
13    int index = 0;
14    for (int k = x; k > 0; k >>= 1) {
15      if ((k & 1) == 1) {
16        subset.add(set.get(index));
17      }
18      index++;
19    }
20    return subset;
21  }
```

與第一個解決方案相比，這個解決方案沒有實質上更好或更差的地方。

8.5 **遞迴乘法**：寫一個遞迴函式來乘兩個正整數，不能使用 * 運算子。您可以使用加法、減法和位移，但是您應該將這些操作的數量減到最少。

pg 177

解答

讓我們暫停一下，想想做乘法代表著什麼。

> 這是面對很多面試問題的好方法。思考做某事的真正含義通常是有用的，即使它非常簡單。

我們可以把 8x7 看作是 8+8+8+8+8+8+8（或者將 7 重複加 8 次），也可以把它看作是一個 8x7 的網格中的正方形數量。

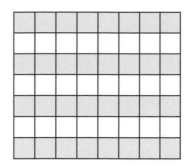

解決方案 #1

怎麼計算這個網格裡有多少個格子呢？我們可以用數的數出每個格子。不過，這個速度非常慢。

或者，我們可以數一半的格子，然後把它加倍（把這個數加回到它本身）。對於怎麼數一半的格子，我們也重複同樣的流程。

當然，這種「翻倍」只有在數字實際上是偶數時才有效。當它不是偶數時，我們需要從頭開始計數 / 求和。

```
1    int minProduct(int a, int b) {
2      int bigger = a < b ? b : a;
3      int smaller = a < b ? a : b;
4      return minProductHelper(smaller, bigger);
5    }
6
7    int minProductHelper(int smaller, int bigger) {
8      if (smaller == 0) { // 0 x bigger = 0
9        return 0;
10     } else if (smaller == 1) { // 1 x bigger = bigger
11       return bigger;
12     }
13
14     /* 計算一半，如果不是偶數，則計算另一半。如果是偶數，直接翻倍 */
15     int s = smaller >> 1; // 除2
16     int side1 = minProductHelper(s, bigger);
17     int side2 = side1;
18     if (smaller % 2 == 1) {
19       side2 = minProductHelper(smaller - s, bigger);
20     }
21
22     return side1 + side2;
23   }
```

有更好的做法嗎？有的。

解決方案 #2

如果我們觀察前面的遞迴是如何運作的，會注意到我們做了重複的工作。請思考一下這個例子：

```
minProduct(17, 23)
    minProduct(8, 23)
        minProduct(4, 23) * 2
            ...
  + minProduct(9, 23)
        minProduct(4, 23)
            ...
      + minProduct(5, 23)
            ...
```

第二次呼叫 `minProduct(4, 23)` 時，由於不知道前一個呼叫的存在，所以它重複做了相同的工作。我們應該儲存這些結果。

```
1    int minProduct(int a, int b) {
2       int bigger = a < b ? b : a;
3       int smaller = a < b ? a : b;
4
5       int memo[] = new int[smaller + 1];
6       return minProduct(smaller, bigger, memo);
7    }
8
9    int minProduct(int smaller, int bigger, int[] memo) {
10      if (smaller == 0) {
11         return 0;
12      } else if (smaller == 1) {
13         return bigger;
14      } else if (memo[smaller] > 0) {
15         return memo[smaller];
16      }
17
18      /* 計算一半，如果不是偶數，則計算另一半。如果是偶數，直接翻倍 */
19      int s = smaller >> 1; // 除2
20      int side1 = minProduct(s, bigger, memo); // 計算一半
21      int side2 = side1;
22      if (smaller % 2 == 1) {
23         side2 = minProduct(smaller - s, bigger, memo);
24      }
25
26      /* 加總並儲存 */
27      memo[smaller] = side1 + side2;
28      return memo[smaller];
29   }
```

我們還可以做的再快一點。

解決方案 #3

在查看這段程式碼時，我們可能會注意到呼叫 minProduct 帶入一個偶數，要比帶入奇數時快得多。例如，如果我們呼叫 minProduct(30, 35)，那麼我們將使用 minProduct(15, 35) 結果並將結果加倍。然而，如果我們做 minProduct(31, 35)，那麼我們需要呼叫 minProduct(15, 35) 和 minProduct(16, 35)。

這是不必要的。相反地，我們可以這樣做：

```
minProduct(31, 35) = 2 * minProduct(15, 35) + 35
```

畢竟 since 31 = 2*15+1，所以 31x35 = 2*15*35+35。

這個最終解決方案的邏輯是，對於偶數，我們只需將較小的數除以 2，然後將遞迴呼叫的結果加倍。對於奇數，我們也做同樣的事情，但是我們也會給這個結果加上更大的數。

這樣，就得到了一個意想不到的「進步」：我們的 minProduct 函式直接向下遞迴，每次遞迴的數值都越來越小。它不會重複相同的呼叫，因此不需要儲存任何資訊。

```
1    int minProduct(int a, int b) {
2        int bigger = a < b ? b : a;
3        int smaller = a < b ? a : b;
4        return minProductHelper(smaller, bigger);
5    }
6
7    int minProductHelper(int smaller, int bigger) {
8        if (smaller == 0) return 0;
9        else if (smaller == 1) return bigger;
10
11       int s = smaller >> 1; // 除2
12       int halfProd = minProductHelper(s, bigger);
13
14       if (smaller % 2 == 0) {
15           return halfProd + halfProd;
16       } else {
17           return halfProd + halfProd + bigger;
18       }
19   }
```

這個演算法的時間複雜度將是 O(log s)，其中 s 是兩個數字中較小的一個。

8.6 河內塔：在河內塔的經典問題中，您有 3 個塔和 N 個不同大小的圓盤，它們可以放到任何塔上。這個謎題一開始的時候，所有圓盤會按大小從上到下昇冪排列（即，每個圓盤都只能放在比它自己大的圓盤上）。同時，您有以下限制：

（1）一次只能移動一個圓盤。

（2）一個圓盤只能從一個塔頂移動到另一個塔頂。

（3）圓盤不能放置在比它小的圓盤上。

請撰寫一個程式，使用堆疊將所有圓盤從第一個塔移動到最後一個塔。

pg 177

解答

這個問題聽起來很適合用基本情況和建立方法（Base Case and Build approach）來解決。

讓我們從最小的例子開始：n = 1。

情形 n = 1。我們可以把圓盤 1 從塔 1 移到塔 3 嗎？可以。

1. 我們只需將圓盤 1 從塔 1 移動到塔 3。

情況 n = 2。我們可以把圓盤 1 和圓盤 2 從 1 號塔移到 3 號塔嗎？可以。

1. 將圓盤 1 從塔 1 移動到塔 2。

2. 將圓盤 2 從塔 1 移動到塔 3。

3. 將圓盤 1 從塔 2 移動到塔 3。

請注意，在上述步驟中，塔 2 充當緩衝區，在我們將其他圓盤移動到塔 3 時，塔 2 持有一個圓盤。

情況 n = 3。我們可以把圓盤 1、2、3 從 1 號塔移到塔 3 嗎？可以。

1. 我們知道可以將頂部的兩個圓盤從一個塔移動到另一個塔（如前面所示），所以假設我們已經將它們移到塔 2 了。

2. 將圓盤 3 移動到塔 3。

3. 將圓盤 1 和圓盤 2 移動到塔 3。我們已經知道如何做到這件事，只需重複在步驟 1 中所做的即可。

情況 n = 4。我們可以把圓盤 1、2、3、4 從 1 號塔移到 3 號塔嗎？可以。

1. 將圓盤 1、2 和 3 移動到塔 2。我們從前面的例子中知道怎麼做。

2. 將圓盤 4 移動到塔 3。

3. 將圓盤 1、2 和 3 移回塔 3。

記住塔 2 和塔 3 的標籤並不重要。它們是一樣的塔。因此，利用塔 2 當緩衝區將圓盤移動到塔 3 時，和利用塔 3 當緩衝區將圓盤移動到塔 2。

這種方法導致了一種自然的遞迴演算法。我們會做以下步驟，下面是用虛擬碼呈現這些步驟：

```
1   moveDisks(int n, Tower origin, Tower destination, Tower buffer) {
2     /* 基本情況 */
3     if (n <= 0) return;
4
5     /* 將上面的n - 1個圓盤從起點移動到緩衝區，過程中使用目的地作為緩衝區 */
6     moveDisks(n - 1, origin, buffer, destination);
7
8     /* 將最上面的圓盤移動到目的地
9     moveTop(origin, destination);
10
11    /* 將上面的n - 1個圓盤從緩衝區移動到目的地，過程中使用起點作為緩衝區 */
12    moveDisks(n - 1, buffer, destination, origin);
13  }
```

下面的程式碼提供此演算法的實作細節，使用物件導向設計概念。

```
1   void main(String[] args) {
2     int n = 3;
3     Tower[] towers = new Tower[n];
4     for (int i = 0; i < 3; i++) {
5       towers[i] = new Tower(i);
6     }
7
8     for (int i = n - 1; i >= 0; i--) {
9       towers[0].add(i);
10    }
11    towers[0].moveDisks(n, towers[2], towers[1]);
12  }
13
```

```
14  class Tower {
15    private Stack<Integer> disks;
16    private int index;
17    public Tower(int i) {
18      disks = new Stack<Integer>();
19      index = i;
20    }
21
22    public int index() {
23      return index;
24    }
25
26    public void add(int d) {
27      if (!disks.isEmpty() && disks.peek() <= d) {
28        System.out.println("Error placing disk " + d);
29      } else {
30        disks.push(d);
31      }
32    }
33
34    public void moveTopTo(Tower t) {
35      int top = disks.pop();
36      t.add(top);
37    }
38
39    public void moveDisks(int n, Tower destination, Tower buffer) {
40      if (n > 0) {
41        moveDisks(n - 1, buffer, destination);
42        moveTopTo(destination);
43        buffer.moveDisks(n - 1, destination, this);
44      }
45    }
46  }
```

將塔實作成獨立的物件並不是必要的，但是這樣做確實有助於使程式碼更簡潔。

8.7   不重複的排列：請寫一個方法來計算一個不重複字元的字串的所有排列。

pg 177

解答

解這個問題與許多遞迴問題一樣，基本情況和建立方法（Base Case and Build approach）將非常有用。假設我們有一個由字元 $a_1 a_2 \ldots a_n$ 表示的字串 S。

方法 1：用開頭 n-1 個字元的排列結果建立

基本情況：為含有第一個字母的子字串做排列

a_1 的唯一排列是字串 a_1。所以：

$$P(a_1) = a_1$$

情況：a_1a_2 的排列

$$P(a_1a_2) = a_1a_2 \text{ 和 } a_2a_1$$

情況：$a_1a_2a_3$ 的排列

$$P(a_1a_2a_3) = a_1a_2a_3, \ a_1a_3a_2, \ a_2a_1a_3, \ a_2a_3a_1, \ a_3a_1a_2, \ a_3a_2a_1,$$

情況：$a_1a_2a_3a_4$ 的排列

這是第一個有趣的例子。我們如何從 $a_1a_2a_3$ 生成 $a_1a_2a_3a_4$ 的排列呢？

$a_1a_2a_3a_4$ 的每個排列代表 $a_1a_2a_3$ 的一個順序。例如，$a_2a_4a_1a_3$ 代表順序是 $a_2a_1a_3$。

因此，如果我們把 $a_1a_2a_3$ 的所有排列加到所有可能的位置上，就會得到 $a_1a_2a_3a_4$ 的所有排列。

$$a_1a_2a_3 \rightarrow a_4a_1a_2a_3, \ a_1a_4a_2a_3, \ a_1a_2a_4a_3, \ a_1a_2a_3a_4$$
$$a_1a_3a_2 \rightarrow a_4a_1a_3a_2, \ a_1a_4a_3a_2, \ a_1a_3a_4a_2, \ a_1a_3a_2a_4$$
$$a_3a_1a_2 \rightarrow a_4a_3a_1a_2, \ a_3a_4a_1a_2, \ a_3a_1a_4a_2, \ a_3a_1a_2a_4$$
$$a_2a_1a_3 \rightarrow a_4a_2a_1a_3, \ a_2a_4a_1a_3, \ a_2a_1a_4a_3, \ a_2a_1a_3a_4$$
$$a_2a_3a_1 \rightarrow a_4a_2a_3a_1, \ a_2a_4a_3a_1, \ a_2a_3a_4a_1, \ a_2a_3a_1a_4$$
$$a_3a_2a_1 \rightarrow a_4a_3a_2a_1, \ a_3a_4a_2a_1, \ a_3a_2a_4a_1, \ a_3a_2a_1a_4$$

我們現在可以用遞迴實作這個演算法。

```
1   ArrayList<String> getPerms(String str) {
2       if (str == null) return null;
3
4       ArrayList<String> permutations = new ArrayList<String>();
5       if (str.length() == 0) { // 基本情況
6           permutations.add("");
7           return permutations;
8       }
9
10      char first = str.charAt(0); // 取得第一個字元
11      String remainder = str.substring(1); // 移除第一個字元
12      ArrayList<String> words = getPerms(remainder);
```

```
13    for (String word : words) {
14      for (int j = 0; j <= word.length(); j++) {
15        String s = insertCharAt(word, first, j);
16        permutations.add(s);
17      }
18    }
19    return permutations;
20  }
21
22  /* 在word的索引i處插入char c */
23  String insertCharAt(String word, char c, int i) {
24    String start = word.substring(0, i);
25    String end = word.substring(i);
26    return start + c + end;
27  }
```

方法 2：用所有 n-1 字元子字串的排列結果建立

基本情況：單字串

a_1 的唯一排列是字串 a_1。所以：

$$P(a_1) = a_1$$

情況：雙字元字串

$$P(a_1a_2) = a_1a_2 \text{ 和 } a_2a_1$$
$$P(a_2a_3) = a_2a_3 \text{ 和 } a_3a_2$$
$$P(a_1a_3) = a_1a_3 \text{ 和 } a_3a_1$$

情況：三字元字串

這就是情況開始變得更有趣的地方。若給您兩字元字串的排列結果，如何生成所有的三字元字串如 $a_1a_2a_3$ 的排列？

實際上，我們只需要將每個字元「試著」當作第一個字元，然後加入排列。

$$P(a_1a_2a_3) = \{a_1 + P(a_2a_3)\} + a_2 + P(a_1a_3)\} + \{a_3 + P(a_1a_2)\}$$
$$\{a_1 + P(a_2a_3)\} \to a_1a_2a_3, \ a_1a_3a_2$$
$$\{a_2 + P(a_1a_3)\} \to a_2a_1a_3, \ a_2a_3a_1$$
$$\{a_3 + P(a_1a_2)\} \to a_3a_1a_2, \ a_3a_2a_1$$

現在既然能生成所有三字元字串的排列，就可以使用它來生成四字元字串的排列。

$$P(a_1a_2a_3a_4) = \{a_1 + P(a_2a_3a_4)\} + \{a_2 + P(a_1a_3a_4)\} + \{a_3 + P(a_1a_2a_4)\} + \{a_4 + P(a_1a_2a_3)\}$$

現在，這變成一個很容易實作的演算法了。

```
1   ArrayList<String> getPerms(String remainder) {
2       int len = remainder.length();
3       ArrayList<String> result = new ArrayList<String>();
4
5       /* 基本情況 */
6       if (len == 0) {
7           result.add(""); // 確認回傳空字串！
8           return result;
9       }
10
11
12      for (int i = 0; i < len; i++) {
13          /* 刪除字元i，並為剩餘字元找出排列 */
14          String before = remainder.substring(0, i);
15          String after = remainder.substring(i + 1, len);
16          ArrayList<String> partials = getPerms(before + after);
17
18          /* 為每個排列加入字元 i */
19          for (String s : partials) {
20              result.add(remainder.charAt(i) + s);
21          }
22      }
23
24      return result;
25  }
```

另外，我們還可以將前置字元在堆疊中向下推，而不是將排列沿堆疊回傳。當到達底部（基本情況）時，前置字元便有了一個完整的排列。

```
1   ArrayList<String> getPerms(String str) {
2       ArrayList<String> result = new ArrayList<String>();
3       getPerms("", str, result);
4       return result;
5   }
6
7   void getPerms(String prefix, String remainder, ArrayList<String> result) {
8       if (remainder.length() == 0) result.add(prefix);
9
10      int len = remainder.length();
11      for (int i = 0; i < len; i++) {
12          String before = remainder.substring(0, i);
13          String after = remainder.substring(i + 1, len);
14          char c = remainder.charAt(i);
15          getPerms(prefix + c, before + after, result);
16      }
17  }
```

有關此演算法的執行時間的討論，請參見第 68 頁的範例 12。

8.8   有重複的排列：請寫一個方法來計算一個字串的所有排列，其中的字元可重複。但列出的排列結果不應該有重複。

pg 177

解答

這與前面的問題非常相似，只是現在可能有重複的字元在單詞中。

處理此問題的一種簡單方法是執行相同的工作，並檢查一種排列是否已出現過，如果沒有，則將其加入到串列中。一個簡單的雜湊表就可以做到這一點。在最壞的情況下（實際上，在所有情況下），此解決方案將花費 O(n!) 時間。

雖然我們不能再改善最壞情況下的執行時間，但應該能夠設計出一個在許多情況都勝過這個執行時間的演算法。假設我們有一個全部都是重複字元的字串，比如 aaaaaaaaaaaaaaa。這將花費非常長的時間（因為 13 個字元有超過 60 億個排列），而事實上排列卻只有唯一一種。

理想情況下，我們希望只需要建立唯一的排列就好，而不是建立所有排列然後再排除掉重複的排列。

我們可以從計算每個字母出現的次數開始（使用雜湊表可以輕鬆完成）。對於像 aabbbbc 這樣的字串，得到的次數將是：

    a->2 | b->4 | c->1

讓我們想像一下生成這個字串（現在用一個雜湊表表示）的排列，我們要做的第一個選擇是使用 a、b 還是 c 作為第一個字元。在此之後，我們有一個子問題需要解決：搜尋剩餘字元的所有排列，並將它們附加到已經選擇的「前置字元」後面。

```
P(a->2 | b->4 | c->1) = {a + P(a->1 | b->4 | c->1)} +
                        {b + P(a->2 | b->3 | c->1)} +
                        {c + P(a->2 | b->4 | c->0)}
  P(a->1 | b->4 | c->1) = {a + P(a->0 | b->4 | c->1)} +
                          {b + P(a->1 | b->3 | c->1)} +
                          {c + P(a->1 | b->4 | c->0)}
  P(a->2 | b->3 | c->1) = {a + P(a->1 | b->3 | c->1)} +
                          {b + P(a->2 | b->2 | c->1)} +
                          {c + P(a->2 | b->3 | c->0)}
  P(a->2 | b->4 | c->0) = {a + P(a->1 | b->4 | c->0)} +
                          {b + P(a->2 | b->3 | c->0)}
```

最終我們不會再有任何的剩餘字元。

下面的程式碼實作了這個演算法。

```
1   ArrayList<String> printPerms(String s) {
2     ArrayList<String> result = new ArrayList<String>();
3     HashMap<Character, Integer> map = buildFreqTable(s);
4     printPerms(map, "", s.length(), result);
5     return result;
6   }
7
8   HashMap<Character, Integer> buildFreqTable(String s) {
9     HashMap<Character, Integer> map = new HashMap<Character, Integer>();
10    for (char c : s.toCharArray()) {
11      if (!map.containsKey(c)) {
12        map.put(c, 0);
13      }
14      map.put(c, map.get(c) + 1);
15    }
16    return map;
17  }
18
19  void printPerms(HashMap<Character, Integer> map, String prefix, int remaining,
20                  ArrayList<String> result) {
21    /* 基本情況，排列已經完成 */
22    if (remaining == 0) {
23      result.add(prefix);
24      return;
25    }
26
27    /* 嘗試下一個剩餘字元，並生成剩餘的排列 */
28    for (Character c : map.keySet()) {
29      int count = map.get(c);
30      if (count > 0) {
31        map.put(c,  count - 1);
32        printPerms(map, prefix + c, remaining - 1, result);
33        map.put(c,  count);
34      }
35    }
36  }
```

在字串中的字元有許多重複的情況下，此演算法將比以前的演算法執行得快得多。

8.9 **括號**：請實作一個演算法來印出指定合法（例如，左側與右側對應完整）括號對。

範例

輸入：3

輸出：((())), (()()), (())(), ()(()), ()()()

pg 177

解答

我們第一個想法是使用遞迴去解，利用為 f(n-1) 加入一對括號來建立 f(n) 的解，這當然是一種良好的直覺。

讓我們來思考 n = 3 的解：

((()) ((())) ()(()) (())() ()()()

如何從以下 n = 2 的結果建立 n = 3 的解呢？

(()) ()()

我們可以透過在每一對現有的括號中插入一對括號，包括在字串的開頭插入一對括號，來得到 n = 3 的解。但在其他地方（例如在字串結尾處）插入一對括號，都將會與前面的結果重複。

所以，我們得到以下幾種結果：

```
(()) -> (()()) /* 在第一個左括號後面插入一對括號 */
     -> ((())) /* 在第二個左括號後面插入一對括號 */
     -> ()(()) /* 在字串開頭插入一對括號 */
()() -> (())() /* 在第一個左括號後面插入一對括號 */
     -> ()(()) /* 在第二個左括號後面插入一對括號 */
     -> ()()() /* 在字串開頭插入一對括號 */
```

但是請等等！這裡有一些重複的括號對，字串 ()(()) 被列出兩次。

如果要用這種方法去解題，我們需要在加入字串到結果清單之前檢查值有沒有重複。

```
1   Set<String> generateParens(int remaining) {
2     Set<String> set = new HashSet<String>();
3     if (remaining == 0) {
4       set.add("");
5     } else {
6       Set<String> prev = generateParens(remaining - 1);
7       for (String str : prev) {
```

```
8          for (int i = 0; i < str.length(); i++) {
9            if (str.charAt(i) == '(') {
10               String s = insertInside(str, i);
11               /* 如果s不存在於集合中，就將s加入到集合中。
12                * 注意：HashSet會在加入前自動地檢查重複項，
13                * 所以不需再另外進行檢查 */
14               set.add(s);
15            }
16          }
17          set.add("()" + str);
18        }
19      }
20      return set;
21  }
22
23  String insertInside(String str, int leftIndex) {
24      String left = str.substring(0, leftIndex + 1);
25      String right = str.substring(leftIndex + 1, str.length());
26      return left + "()" + right;
27  }
```

這是可行的，但不是很有效率，因為我們在複製字串上浪費了很多時間。

我們可以透過從無到有建立字串來避免這種字串重複的問題。在這種方法下，只要運算式的語法仍然合法，我們就加入左右括號。

在每次遞迴呼叫時，我們都握有字串中特定字元的索引。我們需要選擇插入左邊或右邊的括號。但何時可以該選左邊，何時又該選右邊呢？

1. **左括號**：只要左括號還沒用完，我們都可以插入一個左括號。

2. **右括號**：只要右括號不會導致語法錯誤的話，我們就可以插入一個右括號。什麼時候會出現語法錯誤？如果右括號比左括號多，就會出現語法錯誤。

因此，我們只需追蹤左括號和右括號的數量。如果左括號還有剩餘的話，我們將插入一個左括號並遞迴。如果剩下的右括號比左括號多（例如，已使用的左括號比右括號多），那麼我們將插入一個右括號並遞迴。

```
1  void addParen(ArrayList<String> list, int leftRem, int rightRem, char[] str,
2              int index) {
3      if (leftRem < 0 || rightRem < leftRem) return; // 不合法狀態
4
5      if (leftRem == 0 && rightRem == 0) { /* 左和右括號都用完了 */
6        list.add(String.copyValueOf(str));
7      } else {
8        str[index] = '('; // 加入左括號並遞迴
```

```
9         addParen(list, leftRem - 1, rightRem, str, index + 1);
10
11        str[index] = ')'; // 加入右括號並遞迴
12        addParen(list, leftRem, rightRem - 1, str, index + 1);
13    }
14 }
15
16 ArrayList<String> generateParens(int count) {
17    char[] str = new char[count*2];
18    ArrayList<String> list = new ArrayList<String>();
19    addParen(list, count, count, str, 0);
20    return list;
21 }
```

因為我們在字串的每個索引處插入左括號和右括號，而且我們從不在同一個索引處重複，所以可以確保每個字串都是唯一的。

8.10　填滿色彩： 請實作「填滿色彩」功能，您可能曾在許多圖形編輯程式中看過這個功能。這個功能是這樣的，假設有一個螢幕畫面（用一個二維顏色陣列表示）、一個點和一個新顏色，要填充該點周圍的區域，持續填充直到碰到與指定顏色不同的點為止。

pg 178

解答

首先，我們來看看這個方法是如何工作的。假設當我們對一個綠色像素呼叫 `paintFill`（例如，在圖形編輯應用程式中「點擊」填滿色彩）時，我們想要把色彩向外一個像素一個像素地塗出去時，應該要呼叫周圍像素的 `paintFill` 來向外擴展。當我們碰到一個不是綠色的像素時，我們就會停下來。

我們可以用遞迴實作這個演算法：

```
1   enum Color { Black, White, Red, Yellow, Green }
2
3   boolean PaintFill(Color[][] screen, int r, int c, Color ncolor) {
4     if (screen[r][c] == ncolor) return false;
5     return PaintFill(screen, r, c, screen[r][c], ncolor);
6   }
7
8   boolean PaintFill(Color[][] screen, int r, int c, Color ocolor, Color ncolor) {
9     if (r < 0 || r >= screen.length || c < 0 || c >= screen[0].length) {
10      return false;
11    }
12
13    if (screen[r][c] == ocolor) {
14      screen[r][c] = ncolor;
```

```
15          PaintFill(screen, r - 1, c, ocolor, ncolor); // 上
16          PaintFill(screen, r + 1, c, ocolor, ncolor); // 下
17          PaintFill(screen, r, c - 1, ocolor, ncolor); // 左
18          PaintFill(screen, r, c + 1, ocolor, ncolor); // 右
19      }
20      return true;
21  }
```

如果您使用變數名 x 和 y 來實作此功能，請注意螢幕 [y][x] 中變數的順序。因為 x 代表水平軸（即從左到右），所以它實際上對應的是行號，而不是列號，y 的值等於列號。在面試和日常程式設計中，這是一個很容易出錯的地方。使用 row（列）和 column（欄）通常會更清楚，就像我們在範例程式中做的（r 和 c）。

這個演算法看起來很面熟嗎？它應該要看起來很面熟！這個演算法本質上是圖的深度優先搜尋。在每個像素處，我們向外搜尋周圍的每個像素。一旦完全遍歷了這個顏色周圍的所有像素就停止。

我們也可以使用廣度優先搜尋來實作它。

8.11 硬幣： 假設有無限數量的 25 美分、10 美分、5 美分和 1 美分硬幣，請撰寫程式碼來計算所有可以表達 n 美分方式。

pg 178

解答

這是一個遞迴問題，所以我們來看看如何使用先前的解決方案（即子問題）來撰寫 makeChange(n) 函式。

假設 n = 100，要計算有多少種方法可以用零錢組合出 100 美分。這個問題和它的子問題之間的關係是什麼？

我們知道要湊出 100 美分的零錢，可以使用 0、1、2、3 或 4 個 25 美分。所以：

```
makeChange(100) = makeChange(100 using 0 quarters) +
                  makeChange(100 using 1 quarter)  +
                  makeChange(100 using 2 quarters) +
                  makeChange(100 using 3 quarters) +
                  makeChange(100 using 4 quarters)
```

若進一步查看，我們可以看到這些呼叫實際上更少。例如，makeChange(100 using 1 quarter) 將等於 makeChange(75 using 0 quarters)。這是因為，如果我們限定必須用 25 美分來湊出 100 美分，那麼我們剩下的唯一選擇就是湊出 75 美分的硬幣。

我們可以將相同的邏輯應用到 makeChange(100 using 2 quarters)、makeChange(100 using 3 quarters) 和 makeChange(100 using 4 quarters) 上。因此,我們將上面的表述簡化為以下。

```
makeChange(100) = makeChange(100 using 0 quarters) +
                  makeChange(75 using 0 quarters) +
                  makeChange(50 using 0 quarters) +
                  makeChange(25 using 0 quarters) +
                  1
```

注意,上面的最後一個描述 makeChange(100 using 4 quarters) 等於 1,我們稱之為「完全縮減」。

接下來怎麼辦呢?我們已經用完了所有的 25 美分硬幣,所以現在我們可以開始使用我們的下一個最大的面額:10 美分。

我們處理 25 美分硬幣的邏輯也適用於 10 美分硬幣,但我們對上述 5 個描述中的 4 個都套用這個邏輯,因此,我們得到了以下初步描述:

```
makeChange(100 using 0 quarters) = makeChange(100 using 0 quarters, 0 dimes) +
                                   makeChange(100 using 0 quarters, 1 dime)  +
                                   makeChange(100 using 0 quarters, 2 dimes) +
                                   ...
                                   makeChange(100 using 0 quarters, 10 dimes)

makeChange(75 using 0 quarters) = makeChange(75 using 0 quarters, 0 dimes) +
                                  makeChange(75 using 0 quarters, 1 dime)  +
                                  makeChange(75 using 0 quarters, 2 dimes) +
                                  ...
                                  makeChange(75 using 0 quarters, 7 dimes)

makeChange(50 using 0 quarters) = makeChange(50 using 0 quarters, 0 dimes) +
                                  makeChange(50 using 0 quarters, 1 dime)  +
                                  makeChange(50 using 0 quarters, 2 dimes) +
                                  ...
                                  makeChange(50 using 0 quarters, 5 dimes)

makeChange(25 using 0 quarters) = makeChange(25 using 0 quarters, 0 dimes) +
                                  makeChange(25 using 0 quarters, 1 dime)  +
                                  makeChange(25 using 0 quarters, 2 dimes)
```

一旦我們開始套用 5 美分,那麼所有這些描述都會依次展開。我們最終得到一個類似於樹的遞迴結構,其中每個呼叫可擴展為四個或更多的呼叫。

遞迴的基本情況是完全縮減述句。例如,makeChange(50 using 0 quarters, 5 dimes) 可完全縮減為 1,因為 5 個 10 美分等於 50 美分。

這導出了一個遞迴演算法，看起來像這樣：

```
1   int makeChange(int amount, int[] denoms, int index) {
2      if (index >= denoms.length - 1) return 1; // 最後一個面額
3      int denomAmount = denoms[index];
4      int ways = 0;
5      for (int i = 0; i * denomAmount <= amount; i++) {
6         int amountRemaining = amount - i * denomAmount;
7         ways += makeChange(amountRemaining, denoms, index + 1);
8      }
9      return ways;
10  }
11
12  int makeChange(int n) {
13     int[] denoms = {25, 10, 5, 1};
14     return makeChange(n, denoms, 0);
15  }
16
```

這個解法是可行的，但不是最優的。它的問題出在於，對於相同的 amount 和 index 值，我們會多次遞迴地呼叫 makeChange。

我們可以透過儲存以前計算的值來解決這個問題。我們需要儲存每一對 (amount, index) 映射到預計算結果。

```
1   int makeChange(int n) {
2      int[] denoms = {25, 10, 5, 1};
3      int[][] map = new int[n + 1][denoms.length]; // 預先算好的值
4      return makeChange(n, denoms, 0, map);
5   }
6
7   int makeChange(int amount, int[] denoms, int index, int[][] map) {
8      if (map[amount][index] > 0) { // 取得值
9         return map[amount][index];
10     }
11     if (index >= denoms.length - 1) return 1; // 只有一種可能
12     int denomAmount = denoms[index];
13     int ways = 0;
14     for (int i = 0; i * denomAmount <= amount; i++) {
15        // 用下一種面額，假設denomAmount有i個硬幣
16        int amountRemaining = amount - i * denomAmount;
17        ways += makeChange(amountRemaining, denoms, index + 1, map);
18     }
19     map[amount][index] = ways;
20     return ways;
21  }
```

注意，我們使用了一個二維整數陣列來儲存前面計算的值。這會讓事情比較簡單，但是會佔用一些額外的空間。或者，我們可以使用一個雜湊表，它將 amount 映射到一個新的雜湊表，然後這個雜湊表將 denom 映射到預先計算的值。除了這些，還有其他更多資料結構可以使用。

8.12　8 個皇后： 請撰寫一個演算法，將在一個 8x8 的棋盤上 8 個皇后的所有排列方式印出，條件是它們不會共用相同的行、列或斜線。在這種題目中，「斜線」是指所有的斜線，而不僅僅是平分棋盤的那兩條。

pg 178

解答

我們有 8 個皇后，它們必須排列在一個 8x8 的棋盤上，不能在相同的行、列或斜線上。因此，我們知道每一行和每一列（以及斜線）都必須只被一個皇后占據。

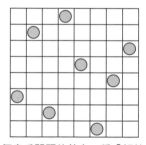

8 個皇后問題的其中一種「解答」

想像一下最後放置的那個皇后，讓我們假設她將要被放第 8 列（這是一個合理的假設，因為放置皇后的順序無關緊要）。第 8 列的格子裡有皇后嗎？有八種可能，每一行都有可能。

在一個 8x8 的棋盤上放置 8 個皇后的所有可行方法是：

```
ways to arrange 8 queens on an 8x8 board =
    ways to arrange 8 queens on an 8x8 board with queen at (7, 0) +
    ways to arrange 8 queens on an 8x8 board with queen at (7, 1) +
    ways to arrange 8 queens on an 8x8 board with queen at (7, 2) +
    ways to arrange 8 queens on an 8x8 board with queen at (7, 3) +
    ways to arrange 8 queens on an 8x8 board with queen at (7, 4) +
    ways to arrange 8 queens on an 8x8 board with queen at (7, 5) +
    ways to arrange 8 queens on an 8x8 board with queen at (7, 6) +
    ways to arrange 8 queens on an 8x8 board with queen at (7, 7)
```

我們可以用一個非常類似的方法來計算每一項：

```
ways to arrange 8 queens on an 8x8 board with queen at (7, 3) =
    ways to ... with queens at (7, 3) and (6, 0) +
    ways to ... with queens at (7, 3) and (6, 1) +
    ways to ... with queens at (7, 3) and (6, 2) +
    ways to ... with queens at (7, 3) and (6, 4) +
    ways to ... with queens at (7, 3) and (6, 5) +
    ways to ... with queens at (7, 3) and (6, 6) +
    ways to ... with queens at (7, 3) and (6, 7)
```

注意，我們不需要思考皇后會不會在 (7, 3) 和 (6, 3) 的組合，因為這違反了每個皇后都在自己的行、列和斜線上的限制。

實作這個解法相當簡單。

```
1   int GRID_SIZE = 8;
2
3   void placeQueens(int row, Integer[] columns, ArrayList<Integer[]> results) {
4      if (row == GRID_SIZE) { // 找到了合法的放置處
5         results.add(columns.clone());
6      } else {
7         for (int col = 0; col < GRID_SIZE; col++) {
8            if (checkValid(columns, row, col)) {
9               columns[row] = col; // 放置皇后
10              placeQueens(row + 1, columns, results);
11           }
12        }
13     }
14  }
15
16  /* 透過檢查在同一欄或斜線中是否有皇后，以確定(row1, column1)是否可以放置皇后。
17   * 我們不需要檢查同一列中是否有皇后，
18   * 因為呼叫placeQueen一次只會嘗試放置一個皇后。
19   * 而我們知道目前這一行是空的 */
20  boolean checkValid(Integer[] columns, int row1, int column1) {
21     for (int row2 = 0; row2 < row1; row2++) {
22        int column2 = columns[row2];
23        /* 檢查(row2, column2)是否使(row1, column1)變成放置皇后無效
24         * 的位置 */
25
26        /* 檢查同一列中的所有行是否有皇后 */
27        if (column1 == column2) {
28           return false;
29        }
30
31        /* 檢查斜線：如果行和行之間的距離等於列與列之間的距離，
32         * 那就是在同一條斜線上 */
```

```
33        int columnDistance = Math.abs(column2 - column1);
34
35        /* row1 > row2，不需要做abs */
36        int rowDistance = row1 - row2;
37        if (columnDistance == rowDistance) {
38           return false;
39        }
40     }
41     return true;
42  }
```

注意，因為每一列只能有一個皇后，我們不需要將棋盤儲存為一個完整的 8x8 矩陣。我們只需要一個陣列，在這個陣列中 column[r] = c 表示列 r 在行 c 處有一個皇后。

8.13　**堆箱子**：您想要把 n 個箱子堆成一疊，箱子的寬度為 w_i，高度為 h_i，深度為 d_i，箱子不能翻轉。在堆疊中的每個箱子，唯有在寬度、高度和深度上都大於上面的箱子時，才可以疊放在一起。請實作計算可能的最高堆疊高度的方法，堆疊的高度是每個箱子的高度之和。

pg 178

解答

為了解決這個問題，我們需要了解不同子問題之間的關係。

解決方案 #1

假設我們有以下箱子：b_1, b_2, ... b_n，我們可以用所有箱子建立的最大的堆疊等於在（底部為 b_1 的最大堆疊、底部為 b_2 的最大堆疊、...、底部為 b_n 的最大堆疊）中取最大值。也就是說，如果我們將每個箱子當作底部進行實驗，然後為每個箱子建立最大的堆疊，就可以找到所有箱子的最大堆疊。

但是，我們如何為一個特定的底部找到其最大的堆疊呢？原則上是一樣的，我們要在第二層用不同的箱子做實驗，以此類推。

當然，我們只試驗可放的箱子。如果 b_5 大於 b_1，那麼就沒有必要去嘗試建立一個類似於 {b_1, b_5, ...} 的堆疊，因為我們已經知道 b_1 不可能放在 b_5 下面。

我們可以在此處做一個小小的優化。這個問題中規定，在所有尺寸中，較下層的箱子必須嚴格大於上方的箱子。因此，如果我們在某一個維度上（所有的維度都一樣）對箱子進行排序（降冪排列），那麼我們就知道不必在串列中向後找了，例如：因為 b_1 的高度（或者我們排序的那個維度）大於 b_5 的高度，所以 b_1 不能在 b_5 的上面。

下面的程式碼用遞迴實作了這個演算法。

```
1   int createStack(ArrayList<Box> boxes) {
2     /* 按高度降冪排序 */
3     Collections.sort(boxes, new BoxComparator());
4     int maxHeight = 0;
5     for (int i = 0; i < boxes.size(); i++) {
6       int height = createStack(boxes, i);
7       maxHeight = Math.max(maxHeight, height);
8     }
9     return maxHeight;
10  }
11
12  int createStack(ArrayList<Box> boxes, int bottomIndex) {
13    Box bottom = boxes.get(bottomIndex);
14    int maxHeight = 0;
15    for (int i = bottomIndex + 1; i < boxes.size(); i++) {
16      if (boxes.get(i).canBeAbove(bottom)) {
17        int height = createStack(boxes, i);
18        maxHeight = Math.max(height, maxHeight);
19      }
20    }
21    maxHeight += bottom.height;
22    return maxHeight;
23  }
24
25  class BoxComparator implements Comparator<Box> {
26    @Override
27    public int compare(Box x, Box y){
28      return y.height - x.height;
29    }
30  }
```

這段程式碼的問題是它的效率非常不好。因為即使我們可能已經找到了底部為 b_4 的最佳解決方案，我們仍試圖想找到 {b_3, b_4, ...} 這類問題的最佳解決方案。所以，我們可以使用快取來儲存這些結果，而不是從頭開始生成這些解決方案。

```
1   int createStack(ArrayList<Box> boxes) {
2     Collections.sort(boxes, new BoxComparator());
3     int maxHeight = 0;
4     int[] stackMap = new int[boxes.size()];
5     for (int i = 0; i < boxes.size(); i++) {
6       int height = createStack(boxes, i, stackMap);
7       maxHeight = Math.max(maxHeight, height);
8     }
9     return maxHeight;
10  }
11
12  int createStack(ArrayList<Box> boxes, int bottomIndex, int[] stackMap) {
```

```
13    if (bottomIndex < boxes.size() && stackMap[bottomIndex] > 0) {
14       return stackMap[bottomIndex];
15    }
16
17    Box bottom = boxes.get(bottomIndex);
18    int maxHeight = 0;
19    for (int i = bottomIndex + 1; i < boxes.size(); i++) {
20       if (boxes.get(i).canBeAbove(bottom)) {
21          int height = createStack(boxes, i, stackMap);
22          maxHeight = Math.max(height, maxHeight);
23       }
24    }
25    maxHeight += bottom.height;
26    stackMap[bottomIndex] = maxHeight;
27    return maxHeight;
28 }
```

因為我們只從索引映射到高度，所以可以在「雜湊表」中使用整數陣列。

這裡要非常小心雜湊表中的每個點代表什麼。在這段程式碼中，`stackMap[i]` 表示以箱子 i 做為底部時，能得到的最高堆疊。在從雜湊表中取得值之前，必須確保箱子 i 可以放在當前底部堆疊的最上面。

保持從雜湊表中取得東西的程式碼與插入的程式碼的對稱是有助益的。例如，在這段程式碼中，方法開頭處我們用 `bottomIndex` 從雜湊表取得東西，而在最後，我們用 `bottomIndex` 在雜湊表插入東西。

解決方案 #2

另外一個解決方案是，我們可以將遞迴演算法看作是在每個步驟中做出一個選擇，選擇是否將一個特定的箱子放入堆疊中（我們將再次根據維度（例如高度）按降幂對框進行排序）。

首先，我們選擇是否將箱子 0 放入堆疊中。為底部箱子為 0 的情況建一條遞迴路徑，以及箱子 0 不放在底部情況建一條遞迴路徑，回傳兩個選擇中較好的一個。

然後，我們選擇是否將箱子 1 放入堆疊中。為底部箱子為 1 的情況建一條遞迴路徑，以及箱子 1 不放在底部情況建一條遞迴路徑，回傳兩個選擇中較好的一個。

我們將再次使用記憶來儲存具有特定底部的最高堆疊的高度。

```
1   int createStack(ArrayList<Box> boxes) {
2      Collections.sort(boxes, new BoxComparator());
3      int[] stackMap = new int[boxes.size()];
4      return createStack(boxes, null, 0, stackMap);
5   }
6
7   int createStack(ArrayList<Box> boxes, Box bottom, int offset, int[] stackMap) {
8      if (offset >= boxes.size()) return 0; // 基本情況
9
10     /* 底部高度 */
11     Box newBottom = boxes.get(offset);
12     int heightWithBottom = 0;
13     if (bottom == null || newBottom.canBeAbove(bottom)) {
14        if (stackMap[offset] == 0) {
15           stackMap[offset] = createStack(boxes, newBottom, offset + 1, stackMap);
16           stackMap[offset] += newBottom.height;
17        }
18        heightWithBottom = stackMap[offset];
19     }
20
21     /* 沒有這個底部 */
22     int heightWithoutBottom = createStack(boxes, bottom, offset + 1, stackMap);
23
24     /* 回傳兩個選項中比較好的 */
25     return Math.max(heightWithBottom, heightWithoutBottom);
26  }
```

同樣，請特別注意取得雜湊表中的值和把值插入雜湊表的動作最好是對稱的，如同它們在第 15、16 行到第 18 行那樣。

8.14 布林值計算： 給定一個由符號 0 (false)、1 (true)、& (AND)、| (OR) 和 ^ (XOR) 組成的布林運算式，以及一個期望的布林結果值結果，請實作一個函式來計算在符合期望結果的情況下，運算式有多少括號的方法。運算式應該要有完整括號（例如：`(0)^(1)`），但不能有無用的括號（例如：`(((0))^(1))`）。

範例

```
countEval("1^0|0|1", false) -> 2
countEval("0&0&0&1^1|0", true) -> 10
```

pg 178

解答

與其他遞迴問題一樣，這個問題的關鍵是找出問題與其子問題之間的關係。

暴力法

假設運算式為 `0^0&0^1|1`，目標結果為 true。我們如何將 countEval(`0^0&0^1|1`, true) 分解成更小的問題呢？

我們可以迭代每個可能的位置來放置括號。

```
countEval(0^0&0^1|1, true) =
    countEval(0^0&0^1|1 where paren around char 1, true)
  + countEval(0^0&0^1|1 where paren around char 3, true)
  + countEval(0^0&0^1|1 where paren around char 5, true)
  + countEval(0^0&0^1|1 where paren around char 7, true)
```

接下來呢？讓我們來看看其中一個運算式，拿圍繞字元 3 的放置括號的那項來說，得到的結果是 `(0^0)` 和 `(0^1)`。

為了使整個運算式為真，左側和右側都必須為真。所以：

```
left = "0^0"
right = "0^1|1"
countEval(left & right, true) = countEval(left, true) * countEval(right, true)
```

我們將左右兩邊的結果相乘的原因是，兩邊的每一個結果都可以相互配對，形成一個單一的結果。

現在，每一項都可以被拆成更小的問題，用更小的流程解決。

如果存在「|」（或）時會發生什麼？或者存在「^」（XOR）？

如果是 OR，那麼左邊或右邊一定有一邊為 true，或者兩者都是 true。

```
countEval(left | right, true) = countEval(left, true)  * countEval(right, false)
                              + countEval(left, false) * countEval(right, true)
                              + countEval(left, true)  * countEval(right, true)
```

如果是 XOR，那麼左邊或右邊可以為 true，但不能同時為 true。

```
countEval(left ^ right, true) = countEval(left, true) * countEval(right, false)
                              + countEval(left, false) * countEval(right, true)
```

如果我們試圖讓結果為 false 呢？我們可以將上面邏輯轉換一下：

```
countEval(left & right, false) = countEval(left, true)  * countEval(right, false)
                               + countEval(left, false) * countEval(right, true)
                               + countEval(left, false) * countEval(right, false)
countEval(left | right, false) = countEval(left, false) * countEval(right, false)
```

```
countEval(left ^ right, false) = countEval(left, false) * countEval(right, false)
                               + countEval(left, true)  * countEval(right, true)
```

或者,我們可以使用上面的相同邏輯,然後從計算運算式的可能方法中減去它。

```
totalEval(left) = countEval(left, true) + countEval(left, false)
totalEval(right) = countEval(right, true) + countEval(right, false)
totalEval(expression) = totalEval(left) * totalEval(right)
countEval(expression, false) = totalEval(expression) - countEval(expression, true)
```

這樣使得程式碼更加簡潔了。

```
1   int countEval(String s, boolean result) {
2       if (s.length() == 0) return 0;
3       if (s.length() == 1) return stringToBool(s) == result ? 1 : 0;
4
5       int ways = 0;
6       for (int i = 1; i < s.length(); i += 2) {
7           char c = s.charAt(i);
8           String left = s.substring(0, i);
9           String right = s.substring(i + 1, s.length());
10
11          /* 為每一個結果計算兩側 */
12          int leftTrue = countEval(left, true);
13          int leftFalse = countEval(left, false);
14          int rightTrue = countEval(right, true);
15          int rightFalse = countEval(right, false);
16          int total = (leftTrue + leftFalse) * (rightTrue + rightFalse);
17
18          int totalTrue = 0;
19          if (c == '^') { // 必須:一側為true,一側為false
20              totalTrue = leftTrue * rightFalse + leftFalse * rightTrue;
21          } else if (c == '&') { // 必須:兩側均為true
22              totalTrue = leftTrue * rightTrue;
23          } else if (c == '|') { // 必須:除了兩側均為false之外
24              totalTrue = leftTrue * rightTrue + leftFalse * rightTrue +
25                          leftTrue * rightFalse;
26          }
27
28          int subWays = result ? totalTrue : total - totalTrue;
29          ways += subWays;
30      }
31
32      return ways;
33  }
34
35  boolean stringToBool(String c) {
36      return c.equals("1") ? true : false;
37  }
```

注意在某些情況下，計算 {leftTrue, rightTrue, leftFalse, rightFalse} 時，先計算 true 還是先計算 false 的差異，可能造成一些額外的工作量。舉例來說，若要找出 AND（&）可產生 true 的方式，我們不會需要 leftFalse 與 rightFalse 的結果。同樣地，若要找出 OR（|）可產生 false 的方式，我們不會需要 leftTrue 與 rightTrue 的結果。

我們現在的程式還不知道哪種需要先做，所以會去計算所有的值。這或許就是讓程式碼比較短所要付出的代價（特別是在白板上撰寫時）。

這也代表還可以進行最佳化。

優化解決方案

如果我們照著遞迴路徑走，會注意到自己最終會重複地做相同的計算。

拿運算式 0^0&0^1|1 和下面這些遞迴路徑來說：

- 在字元 1 周圍加入括號。(0)^(0&0^1|1)

  » 在字元 3 周圍加入括號。(0)^((0)&(0^1|1))

- 在字元 3 周圍加入括號。(0^0)&(0^1|1)

  » 在字元 1 周圍加入括號。((0)^(0))&(0^1|1)

雖然這兩個運算式不同，但它們有一個相似的組成部分：(0^1|1)。我們應該重新利用之前的計算結果。

我們可以透過儲存或雜湊表來實作重複利用，只需要儲存每個運算式和 countEval (expression, result) 的結果。如果看到之前計算過的運算式，就從儲存中回傳它。

```
1   int countEval(String s, boolean result, HashMap<String, Integer> memo) {
2       if (s.length() == 0) return 0;
3       if (s.length() == 1) return stringToBool(s) == result ? 1 : 0;
4       if (memo.containsKey(result + s)) return memo.get(result + s);
5
6       int ways = 0;
7
8       for (int i = 1; i < s.length(); i += 2) {
9           char c = s.charAt(i);
10          String left = s.substring(0, i);
11          String right = s.substring(i + 1, s.length());
12          int leftTrue = countEval(left, true, memo);
13          int leftFalse = countEval(left, false, memo);
14          int rightTrue = countEval(right, true, memo);
```

```
15      int rightFalse = countEval(right, false, memo);
16      int total = (leftTrue + leftFalse) * (rightTrue + rightFalse);
17
18      int totalTrue = 0;
19      if (c == '^') {
20         totalTrue = leftTrue * rightFalse + leftFalse * rightTrue;
21      } else if (c == '&') {
22         totalTrue = leftTrue * rightTrue;
23      } else if (c == '|') {
24         totalTrue = leftTrue * rightTrue + leftFalse * rightTrue +
25                     leftTrue * rightFalse;
26      }
27
28      int subWays = result ? totalTrue : total - totalTrue;
29      ways += subWays;
30   }
31
32   memo.put(result + s, ways);
33   return ways;
34 }
```

這樣做的另一個好處是可以在運算式的多個部分使用相同的子字串。例如，像 0^1^0&0^1^0 這樣的運算式中有兩個 0^1^0。透過將子字串值的結果儲存到一個記憶表格中，這樣一來就可以在得到左側計算結果後，在右側的運算式重用。

我們還可以做進一步的優化，但這遠遠超出了面試範圍。**確實有一個解析表達式可以用來計算運算式可以有多少種括號表示方法，但是您可能不知道它。它是由卡特蘭數**（Catalan number）來計算的，其中 n 為運算元：

$$C_n = \frac{(2n)!}{(n+1)!\,n!}$$

我們可以用這個公式來計算運算式的所有求值方法。不需要同時計算 leftTrue 和 leftFalse，只需要計算其中一個，然後使用卡特蘭數去計算另一個，並且對右側也做一樣的事就可以了。

9

系統設計和可擴縮性的解決方案

9.1 **股票資料：**假設您正在建立某種服務，該服務將被多達 1,000 個使用者端應用
程式呼叫，讓使用者端應用程式取得簡單的當日股價資訊（開市、收盤、最高
價、最低價）。您可以假設您已經擁有了資料，並且可以將其儲存為您希望的
任何格式。如何設計提供資訊給客戶端應用程式的服務？您負責開發、發佈、
持續監視和維護。請描述您考慮過的各種方法，以及為什麼您會想要用這些方
法。您的服務可以使用您希望使用的任何技術，並且可以選擇任何機制將資訊
分發給客戶端應用程式。

pg 190

解答

從問題的陳述中，我們會想把重點放在如何實際地將資訊分發給客戶。假設我們已擁
有一些可以神奇地收集資訊的腳本。

首先要思考的是，在一份提案中應該思考哪些面向：

- **使用者端易用性：**希望服務易於使用者端實作，對他們有所幫助。

- **讓我們自己輕鬆：**這項服務應該盡可能地容易實作，因為我們不應該強加給自己
不必要的工作。不僅要思考實作的成本，還要思考維護的成本。

- **為未來需求保留彈性：**這個問題是用「在現實世界中您會怎麼做」的方式來表述
的，所以應該像在現實問題中一樣思考。理想情況下，我們不希望在實作中給自己
過多限制，如果限制過多，在需求或要求發生變化時，就無法保持靈活性。

- **可擴展性和效率：**我們應該注意解決方案的效率，以免服務負擔過重。

腦中有了這個藍圖之後，就可以開始思考多種不同的提案。

提案 #1

有一種選擇是,我們可以將資料儲存在簡單的文字檔中,讓客戶端透過某種 FTP 伺服器下載資料。從某種意義上說,這很容易維護,因為檔案可以很容易地查看和備份,但是執行任何查詢都需要進行比較複雜的解析動作。而且,如果將其他資料加入到文字檔中,可能會破壞客戶端的解析機制。

提案 #2

我們可以使用標準的 SQL 資料庫,讓客戶直接用它做查詢。這個做法有下列好處:

* 方便使用者端對資料進行查詢處理,以防需要支援其他功能。例如,我們可以輕鬆而有效地執行一個查詢,比如「回傳所有開盤價格大於 N、收盤價格小於 M 的股票」。

* 可以使用標準資料庫功能提供回滾(roll back)、備份資料和安全性。由於不必「重新發明輪子」,所以對我們來說很容易實作。

* 使用者端能很容易地整合到現有的應用程式中,整合 SQL 是軟體發展環境中的標準功能。

使用 SQL 資料庫的缺點是什麼?

* SQL 資料庫在這裡是大材小用,為了提供少數的資訊,而在後端使用 SQL 的話,絕大部份的功能都用不上。

* 人類很難讀取它,因此我們可能需要實作一個額外的層來查看和維護資料,這會增加實作成本。

* 安全性顧慮:雖然 SQL 資料庫提供了定義良好的安全性層級,但是仍然要非常小心,不要讓客戶存取不應該存取的內容。此外,即使使用者端沒有做任何「惡意」的事情,他們也可能執行昂貴而低效的查詢,而我們的伺服器將承擔這些成本。

這些缺點並不代表著不應該提供 SQL 存取。相反地,它們代表著我們應該意識到它的缺點。

提案 #3

XML 是另一個發佈資訊的好選擇。我們的資料有固定的格式和固定的數量:company_name、open、high、low、closing price,XML 可以長得像這樣:

```
1   <root>
2     <date value="2008-10-12">
3       <company name="foo">
4         <open>126.23</open>
5         <high>130.27</high>
6         <low>122.83</low>
7         <closingPrice>127.30</closingPrice>
8       </company>
9       <company name="bar">
10        <open>52.73</open>
11        <high>60.27</high>
12        <low>50.29</low>
13        <closingPrice>54.91</closingPrice>
14      </company>
15    </date>
16    <date value="2008-10-11"> . . . </date>
17  </root>
```

這種方法的優點如下：

- 它很容易發佈，而且不論是機器或人都可以很容易地讀取它。這就是為什麼 XML 是分享和發佈資料的標準資料模型的原因之一。

- 大多數語言都有一個可執行 XML 解析的函式庫，因此使用者實作起來相當容易。

- 我們可以透過加入額外的節點向 XML 檔加入新資料，而且不會破壞客戶端的解析器（假設它們以合理的方式實作解析器）。

- 由於資料是以 XML 檔的形式儲存的，所以可以使用現有的工具來備份資料。不需要實作自己的備份工具。

缺點可能包括：

- 這個解決方案會向使用者端發送所有資訊，即使他們只想要其中的一部分也一樣，這是一個效率不彰的地方。

- 對資料執行任何查詢都需要解析整個檔。

無論使用哪種方法儲存資料，我們都可以提供 web 服務（例如，SOAP）給使用者端進行資料存取。雖然這會增加一層工作，但它可以提供額外的安全性，甚至可以讓使用者端更容易整合系統。

然而（這有好有壞），使用者端將被限制在只能用我們期望或希望的方式取得資料。相比之下，在只使用 SQL 的那種實作中，客戶可以查詢最高的股票價格，即使這不是我們「預期」他們需要做的事。

我們會選用哪個提案呢？這沒有明確的答案。純文字檔解決方案可能是一個糟糕的選擇，但無論提不提供 web 服務，都能為 SQL 或 XML 解決方案提供有說服力的證據。

這類問題的目的不是看您是否得到了「正確的」答案（因為也沒有單一的正確答案）。而是看您如何設計一個系統，如何權衡利弊。

9.2 社交網路：您將如何設計一個非常大的社交網路，如 Facebook 或 LinkedIn 的資料結構？描述您將如何設計一個演算法來顯示兩個人之間的最短路徑（例如，我 -> Bob -> Susan -> Jason -> 你）。

pg 190

解答

解決這個問題的一個好方法是先去掉一些條件，然後針對去掉條件後的情況做出解決方案。

步驟 1：簡化問題──先忘記有數百萬個使用者

首先，讓我們忘記自己面對的是數百萬使用者，僅為簡單的案例做設計。

我們可以將每個人視為一個節點，並讓兩個節點之間的一條邊表示這兩個使用者是朋友，從而建立一個圖。

如果想找到兩個人之間的路徑，可以從一個人開始，做一個簡單的廣度優先搜尋。

為什麼此時不選擇深度優先搜尋？首先，深度優先搜尋只會找到一條路徑，但它找到的不一定會是最短路徑。第二，即使我們只需要一條任意路徑，它的效率也是非常低的。兩個使用者之間的距離可能只有一度，但在找到這種相對直接的連接之前，我可能已在他們的「子樹」中搜尋過數百萬個節點。

或者，可以進行所謂的雙向廣度優先搜尋，這代表著要執行兩次廣度優先搜尋，一次從源頭開始，另一次從目的地開始。當搜尋發生衝突時，我們就知道自己找到了一條路徑。

在實作時，我們將使用兩個類別來幫助我們。其中 `BFSData` 類別儲存廣度優先搜尋所需的資料，例如 `isVisited` 雜湊表和 `toVisit` 佇列。而 `PathNode` 類別將代表正在搜尋的路徑，並將 `Person` 和我們在這個路徑中存取過的 `previousNode` 儲存起來。

```
1    LinkedList<Person> findPathBiBFS(HashMap<Integer, Person> people, int source,
2                                     int destination) {
3      BFSData sourceData = new BFSData(people.get(source));
```

```
4      BFSData destData = new BFSData(people.get(destination));
5
6      while (!sourceData.isFinished() && !destData.isFinished()) {
7        /* 從源頭開始搜尋 */
8        Person collision = searchLevel(people, sourceData, destData);
9        if (collision != null) {
10          return mergePaths(sourceData, destData, collision.getID());
11        }
12
13        /* 從目的地開始搜尋 */
14        collision = searchLevel(people, destData, sourceData);
15        if (collision != null) {
16          return mergePaths(sourceData, destData, collision.getID());
17        }
18      }
19      return null;
20    }
21
22    /* 搜尋一個層級，如果有衝突，回傳衝突 */
23    Person searchLevel(HashMap<Integer, Person> people, BFSData primary,
24                       BFSData secondary) {
25      /* 我們只想一次搜尋一個層級，計算在主層級目前有多少節點，
26       * 而且只處理這麼多節點。
27       * 我們將繼續在尾端加入節點 */
28      int count = primary.toVisit.size();
29      for (int i = 0; i < count; i++) {
30        /* 取出第一個節點 */
31        PathNode pathNode = primary.toVisit.poll();
32        int personId = pathNode.getPerson().getID();
33
34        /* 檢查它是否已經被存取過 */
35        if (secondary.visited.containsKey(personId)) {
36          return pathNode.getPerson();
37        }
38
39        /* 加入好友到佇列 */
40        Person person = pathNode.getPerson();
41        ArrayList<Integer> friends = person.getFriends();
42        for (int friendId : friends) {
43          if (!primary.visited.containsKey(friendId)) {
44            Person friend = people.get(friendId);
45            PathNode next = new PathNode(friend, pathNode);
46            primary.visited.put(friendId, next);
47            primary.toVisit.add(next);
48          }
49        }
50      }
51      return null;
52    }
53
54    /* 在搜尋連通時合併路徑 */
```

```
55  LinkedList<Person> mergePaths(BFSData bfs1, BFSData bfs2, int connection) {
56     PathNode end1 = bfs1.visited.get(connection); // end1 -> 起點
57     PathNode end2 = bfs2.visited.get(connection); // end2 -> 目的地
58     LinkedList<Person> pathOne = end1.collapse(false);
59     LinkedList<Person> pathTwo = end2.collapse(true); // 翻轉
60     pathTwo.removeFirst(); // 刪除連結
61     pathOne.addAll(pathTwo); // 加入第二路徑
62     return pathOne;
63  }
64
65  class PathNode {
66     private Person person = null;
67     private PathNode previousNode = null;
68     public PathNode(Person p, PathNode previous) {
69        person = p;
70        previousNode = previous;
71     }
72
73     public Person getPerson() { return person; }
74
75     public LinkedList<Person> collapse(boolean startsWithRoot) {
76        LinkedList<Person> path = new LinkedList<Person>();
77        PathNode node = this;
78        while (node != null) {
79           if (startsWithRoot) {
80              path.addLast(node.person);
81           } else {
82              path.addFirst(node.person);
83           }
84           node = node.previousNode;
85        }
86        return path;
87     }
88  }
89
90  class BFSData {
91     public Queue<PathNode> toVisit = new LinkedList<PathNode>();
92     public HashMap<Integer, PathNode> visited =
93        new HashMap<Integer, PathNode>();
94
95     public BFSData(Person root) {
96        PathNode sourcePath = new PathNode(root, null);
97        toVisit.add(sourcePath);
98        visited.put(root.getID(), sourcePath);
99     }
100
101    public boolean isFinished() {
102       return toVisit.isEmpty();
103    }
104 }
```

許多人會對於這個方法執行的速度更快而感到驚訝，讓我們用一些簡單的數學運算解釋其中的原因。

假設每個人有 k 個朋友，節點 S 和節點 D 有一個共同的朋友 C。

- 從 S 到 D 做傳統的廣度優先搜尋：我們會迭代大約 k+k*k 個節點，代表 S 的每個 k 個朋友，以及那些朋友的 k 個朋友。

- 雙向廣度優先搜尋：迭代 2k 個節點：S 的 k 個節點和 D 的 k 個節點。

當然，2k 比 k+k*k 小得多。

把它擴展到長度為 q 的路徑，我們得到：

- BFS：$O(k^q)$

- 雙向 BFS：$O(k^{q/2} + k^{q/2})$，即 $O(k^{q/2})$

請您想像有一條路徑 A->B->C->D->E，每個人有 100 個朋友，就會造成很大的不同。BFS 將需要查看 1 億個（100^4 個）節點，而雙向 BFS 只需要查看 20,000 個節點（2 x 100^2）。

雙向 BFS 通常比傳統 BFS 更快。然而，它實際上需要同時存取源節點和目標節點，但不是所有情況下我們都能存取這兩個節點。

步驟 2：處理數百萬個使用者

當處理 LinkedIn 或 Facebook 這樣規模的服務時，我們不可能將所有資料儲存在一台機器上。這代表著前面簡單的 `Person` 資料結構不足以應付工作，因為我們的朋友可能和我們存放在不同的機器上。相反地，我們可以將好友串列替換為他們的 ID 組成的串列，並用如下的方法遍歷它：

1. 為每個朋友 ID 取得機器：`int machine_index=getMachineIDForUser(personID);`

2. 到編號為 `#machine_index` 的機器上

3. 在那台機器上，做：`Person friend=getPersonWithID(person_id);`

下面的程式碼概述了這個流程。我們定義了一個 `Server` 類別，它包含一個由所有機器組成的串列，以及一個 `Machine` 類別，它代表一台機器。這兩個類別都用雜湊表來有效率地搜尋資料。

```
1   class Server {
2     HashMap<Integer, Machine> machines = new HashMap<Integer, Machine>();
3     HashMap<Integer, Integer> personToMachineMap = new HashMap<Integer, Integer>();
4
5     public Machine getMachineWithId(int machineID) {
6       return machines.get(machineID);
7     }
8
9     public int getMachineIDForUser(int personID) {
10      Integer machineID = personToMachineMap.get(personID);
11      return machineID == null ? -1 : machineID;
12    }
13
14    public Person getPersonWithID(int personID) {
15      Integer machineID = personToMachineMap.get(personID);
16      if (machineID == null) return null;
17
18      Machine machine = getMachineWithId(machineID);
19      if (machine == null) return null;
20
21      return machine.getPersonWithID(personID);
22    }
23  }
24
25  class Person {
26    private ArrayList<Integer> friends = new ArrayList<Integer>();
27    private int personID;
28    private String info;
29
30    public Person(int id) { this.personID = id; }
31    public String getInfo() { return info; }
32    public void setInfo(String info) { this.info = info; }
33    public ArrayList<Integer> getFriends() { return friends; }
34    public int getID() { return personID; }
35    public void addFriend(int id) { friends.add(id); }
36  }
```

還有許多的優化和後續問題我們在此處無法討論，以下只是列出其中的一些。

優化：減少機器跳轉

從一台機器跳到另一台機器的代價是很昂貴的，與其每找一位朋友就隨機地從一個機器跳轉到另一個機器，應該試著整批處理這些跳轉。例如，如果我的五個朋友住在一台機器上，我應該一起搜尋他們。

優化：更聰明的劃分人和機器

人們更可能跟與自己生活在同一個國家的人成為朋友，請不要隨機地將人劃分到不同的機器上，而是試著按國家、城市、州等進行劃分，這樣可以減少跳轉的次數。

問題：廣度優先搜尋通常需要在查訪一個節點時「標記」它，在這個問題背景下，您會怎麼做呢？

通常在 BFS 中，我們會在節點類別中設定一個 visited 旗標來標記一個節點已被存取過了。但這裡，我們不想這樣做。因為可能會有多個搜尋同時進行，所以只站在我們的角度標記資料是一個壞主意。

相反地，可以使用雜湊表類別來模擬節點的標記，搜尋節點 id 來確定是否存取過它。

其他後續問題：

- 在現實世界中，伺服器會有失敗的情況。這對您有什麼影響？

- 如何利用快取？

- 您會進行搜尋直到圖（沒有限制大小）的尾端嗎？您如何決定什麼時候放棄？

- 在現實生活中，有些人的朋友比其他人的朋友多，因此透過這個人更有可能找到您與某人之間的朋友路徑。請問如何使用這些資料來選擇從哪裡開始迭代？

這些只是您或面試官可能提出的一些後續問題，但問題遠不只這些。

9.3　網路爬蟲： 如果您正在設計一個網路爬蟲，您將如何避免陷入無限迴圈？

pg 190

解答

在這個問題中，首先要問自己的問題是無限迴圈是如何發生的。最簡單的答案是，如果我們把網路描繪成一個連結圖，那麼當一個迴圈發生時，無限迴圈就會發生。

為了防止無限迴圈，我們需要檢測迴圈。其中一種檢測方法是建立一個雜湊表，在存取頁面 v 後將 hash[v] 設定為 true。

我們可以使用廣度優先搜尋來抓取網頁。每次存取一個頁面時，都會收集它的所有連結並將它們插入到佇列的尾端。如果已經存取過某個頁面的話，我們將忽略該頁面。

這很好，但是存取頁面 v 代表著什麼呢？頁面 v 的定義是根據其內容還是其 URL ？

如果它是根據 URL 定義的，我們必須認識到 URL 參數可能表示一個完全不同的頁面。例如，頁面 www.careercup.com/page?pid=microsoft-interview-questions 和頁面 www.careercup.com/page?pid=google-interview-questions 完全不同。但是，我們也可以任意地將 URL 參數附加到任何 URL 上，前提是只要參數不是 web 應用程式會識別和處理的參數，頁面就不會真正地改變。www.careercup.com?foobar=hello 與 www.careercup.com 是相同的。

您可能會說「好吧，那麼讓我們將定義改為要根據它的內容好了」，這乍聽之下是個好想法，但一樣有它的問題。假設我在 careercup.com 主頁上放置了一些隨機生成的內容，那您存取它時，它是不是都是一個不同的頁面呢？也不完全是吧。

事實上，可能沒有完美的方法來定義什麼叫「不同」的頁面，而這正是此問題的棘手之處。

解決這個問題的其中一種方法是對相似度進行某種估計。如果根據內容和 URL，一個頁面被認為與其他頁面非常相似，我們就降低爬行它的子頁面的優先權。對於每個頁面，我們將會根據其內容片段和頁面的 URL 提供某種數位簽章。

來看看要怎麼做。

我們有一個資料庫，其中儲存了我們需要爬行的條目清單。在每次迭代中，我們選擇要爬行的優先順序最高的頁面。然後我們做以下工作：

1.　打開頁面並根據頁面的特定子部分及其 URL 建立頁面簽章。

2.　查詢資料庫以查看最近是否曾抓取過具有此簽章的任何內容。

3.　如果最近抓取過具有此簽章的內容，將此頁面以低優先順序插入資料庫。

4.　如果沒有，則爬行頁面並將其連結插入資料庫。

在上面的實作中，我們沒有「完全」爬完 web，我們只是避免陷入頁面迴圈。如果我們希望「完全」爬完 web（只有當「web」實際上是一個相對小的系統，比如內部網路（intranet）時，才有可能完全爬完），那麼我們可以設定必須爬行頁面的最低優先順序。

這只是一個簡單的解決方案，還有許多其他同樣有效的解決方案。這樣的問題更像是您和面試官的對話，可能會有很多不同的方式。事實上，這個問題也可以用下一個問題的模式與面試官進行討論。

9.4　**重複的 URL**：您有 100 億個 URL，請問您如何檢測重複的文件？在本例中，請假設「重複」代表著 URL 是相同的。

pg 191

解答

100 億個 URL 需要佔用多少空間？如果每個 URL 平均有 100 個字元，每個字元用去 4 個位元組，那麼這個包含 100 億個 URL 的串列將佔用大約 4TB。我們可能無法在記憶體中儲存那麼多資料。

但是，由於先造出一個簡單版本的解決方案是很有用的，所以讓我們暫時假設我們奇蹟般地將這些資料儲存在記憶體中。對於帶了這個假設的問題版本，我們只需建立一個雜湊表，如果它已經在 URL 串列出現過的話，就將 URL 映射到 true（另一種解決方案是，我們可以對 URL 串列進行排序，並搜尋重複的值。這將花去大量的額外時間，而且沒有什麼好處）。

既然我們已經有了一個簡單版本的解決方案，那麼當所有的資料有 4000G，卻又不能將它們全部儲存在記憶體中時，會發生什麼事呢？我們可以將一些資料儲存在磁碟上，或者將資料分散到不同的機器上來解決這個問題。

解決方案 #1：磁碟儲存

如果我們將所有資料儲存在一台機器上，則需要對文件進行兩次迭代。第一次迭代將把 URL 串列分成 4000 個區塊，每個區塊 1GB。一種簡單能做到這件事的方法是將每個 URL u 儲存在一個名為 `<x>.txt` 的檔中，其中 x = hash(u) % 4000。也就是說，根據 URL 的雜湊值（除以區塊的數量再取餘數）來劃分 URL。這樣，所有具有相同雜湊值的 URL 將位於同一個文件中。

在第二次迭代中，我們將實作前面提出的簡單解決方案：將每個檔載入到記憶體中，建立 URL 的雜湊表，並搜尋有沒有重複。

解決方案 #2：多台機器

另一種解決方案基本上是執行相同的流程，只是改為使用多台機器。在這個解決方案中，不是將資料儲存在檔 `<x>.txt` 中，而是改為把 URL 發送到機器 x。

使用多台機器有利有弊。

主要的好處是我們可以平行化操作，這樣所有 4000 個區塊都可以同時處理。對於大量資料，這可能是更快的解決方案。

缺點是我們現在需要在 4000 台不同的機器上運作，在現實上這可能很難做到（更不用說更多資料和更多機器的情況了），我們需要開始思考如何處理失敗的情況。此外，只是因為用到了這麼多的機器，就犧牲了系統的複雜度。

這兩種方法都很好，都應該和面試官討論。

9.5　**快取**：想像有一台能簡化搜尋引擎的 web 伺服器。這個系統有 100 台機器可回應搜尋查詢，然後可以使用 processSearch(string query) 呼叫另一組機器來實際獲得結果。回應查詢的機器是隨機選擇的，因此不能保證相同的請求總是由相同的機器回應。processSearch 方法非常昂貴。請為最近的查詢設計快取機制。請務必解釋在資料修改時如何更新快取。

pg 191

解答

在開始設計這個系統之前，首先要理解這個問題的含義。這個問題中有許多細節都有些含糊不清，正如預料的一樣。為了要做出解決方案，我們將會做出一些合理的假設，但是您應該和面試官深入地討論這些細節。

假設

下面是對這個解決方案的一些假設。請根據您系統的設計和處理問題的方式做出其他假設。請記住，雖然有些方法比其他方法更好，但是不會有一個所謂「正確的」方法。

* 除了在必要時呼叫 processSearch 之外，所有查詢處理都發生在被呼叫的初始機器上。
* 想要快取的查詢數量很大（數百萬）。
* 機器之間的呼叫相對較快。
* 給定查詢的結果是一個由 URL 組成的有序串列，每個 URL 都有一個 50 字元的標題和 200 字元的摘要。
* 最熱門的查詢非常常出現，因此它們總是出現在快取中。

重申，這些也不會是唯一可行的假設，這些只是一組合理的假設。

系統需求

在設計快取時，我們知道需要支援兩個主要功能：

- 要能高效率地搜尋給定的鍵。

- 要讓舊資料過期，以便我們可以用新資料替換它。

此外，當查詢結果產生變化時，還必須處理更新或清除快取。由於一些查詢非常常見、並且可能永久駐留在快取中，所以不能只是等待快取自然過期。

步驟 1：為單個系統設計一個快取

解決這個問題的一個好方法，是以為一台機器設計作為開始。那麼，如何建立一個資料結構，使您能夠輕鬆地清除舊資料，並根據鍵有效率地搜尋值呢？

- 鏈結串列可將「新」項移到前面，所以可以方便地清除舊資料。串列超過一定大小時，我們可以執行這個清除舊資料的動作，來刪除鏈結串列的最後一個元素。

- 雜湊表讓我們可以高效率地搜尋資料，但通常不能讓我們輕易地清除資料。

要如何才能兩全其美？可以合併兩個資料結構，以下是做法：

與前面一樣，我們要建立一個鏈結串列，其中節點在每次被存取時都被移動到前面。這樣，讓最舊的資訊留在鏈結串列的尾端。

此外，我們還有一個雜湊表，它可將查詢映射到鏈結串列中相應的節點。這不僅能夠有效率地回傳快取的結果，還可以將適當的節點移動到串列的前面，從而更新其「新鮮度」。

為了說明，下面節錄了快取的程式碼。本書的範例程式碼提供了完整程式碼。請注意，在面試中，不太可能要求您為此撰寫完整的程式碼，同時又要設計整個系統。

```
1   public class Cache {
2      public static int MAX_SIZE = 10;
3      public Node head, tail;
4      public HashMap<String, Node> map;
5      public int size = 0;
6
7      public Cache() {
8         map = new HashMap<String, Node>();
9      }
10
```

```
11    /* 將節點移動到鏈結串列的前面 */
12    public void moveToFront(Node node) { ... }
13    public void moveToFront(String query) { ... }
14
15    /* 從鏈結串列中移除節點 */
16    public void removeFromLinkedList(Node node) { ... }
17
18    /* 從快取中取得結果，並更新鏈結串列 */
19    public String[] getResults(String query) {
20       if (!map.containsKey(query)) return null;
21
22       Node node = map.get(query);
23       moveToFront(node); // 更新新鮮度
24       return node.results;
25    }
26
27    /* 將結果插入鏈結串列和雜湊表中 */
28    public void insertResults(String query, String[] results) {
29       if (map.containsKey(query)) { // 更新值
30          Node node = map.get(query);
31          node.results = results;
32          moveToFront(node); // 更新新鮮度
33          return;
34       }
35
36       Node node = new Node(query, results);
37       moveToFront(node);
38       map.put(query, node);
39
40       if (size > MAX_SIZE) {
41          map.remove(tail.query);
42          removeFromLinkedList(tail);
43       }
44    }
45 }
```

步驟 2：擴展到多個機器

既然我們已經瞭解如何為一台機器的情況做設計，接下來要瞭解當查詢可以發送到許多不同的機器時要如何設計。回想一下問題述句，裡面說到不保證特定的查詢都會發送到同一台機器。

我們需要決定的第一件事是跨機器要做到多大程度的快取共享，有幾個選項需要思考。

選項 *1*：每台機器都有自己的快取

一個簡單的選擇是為每台機器準備自己的快取，這代表著如果在一段短時間內將
「foo」發送到機器 1 兩次，則第二次將從快取中取得結果。但是，如果「foo」先被
發送到機器 1，然後再發送到機器 2，那麼兩次都會被當作全新的查詢。

這麼做的優點是相對比較快，因為不使用機器對機器的呼叫。遺憾的是，從優化工具
的角度來看快取，其效率將會下降，因為會有許多重複的查詢被視為新查詢。

選項 *2*：每台機器都有一個快取副本

另外一種極端的做法是可以在每台機器上放一個完整的快取副本。當新項目被加入到
快取中時，這個資訊將被發送到所有的機器，所以整個鏈結串列和雜湊表資料結構都
將被複製。

這種設計代表著要共享的查詢幾乎總是在快取中，因為快取在任何地方都是相同的。
然而，主要缺點是更新快取意味著需要向 N 台不同的機器發送資料，其中 N 是回應集
群的大小。另外，由於每個條目實際上佔用的空間是原來的 N 倍，所以快取中能儲存
的資料相對少得多。

選項 *3*：每台機器儲存快取的一個區段

第三個選項是分割快取，這樣每台機器都可以持有快取的不同部分。然後，當機器 i
需要搜尋一個查詢的結果時，機器 i 將找出哪台機器儲存這個值，然後讓另一台機器
（機器 j）在 j 的快取中搜尋查詢。

但我怎麼知道哪台機器持有雜湊表的這一部分呢？

一個選項是根據公式 hash(query) % N 分配查詢。然後，機器 i 只要應用這個公式，
就可以知道機器 j 應該儲存了這個查詢的結果。

因此，當一個新的查詢進到機器 i 時，這個機器將應用這個公式並呼叫機器 j。然
後，機器 j 將從其快取中回傳值，或者呼叫 processSearch(query) 來獲得結果。機器
j 將更新它的快取並將結果回傳給 i。

或者，您可以設計這樣一個系統：如果機器 j 的當前快取中沒有儲存該查詢，那麼它
只回傳 null，這將引發機器 i 去呼叫 processSearch，然後將結果轉發給機器 j 進行
儲存。這種實作實際上徒增機器到機器的呼叫次數，沒有什麼優勢。

步驟 3：當內容變化時更新結果

回想一下，有些查詢可能非常熱門，如果有足夠大的快取，它們將被永久快取。我們需要某種機制來讓快取的結果可以定期刷新，或者在某些內容發生變化時「照需求」刷新。

要設計這個機制，我們需要思考什麼時候結果會改變（您需要和面試官討論這個問題）。主要可能的時間點會是：

1. URL 中的內容改變了（或該 URL 中的頁面被刪除了）。

2. 結果的順序隨著頁面的變化而變化。

3. 出現與特定查詢相關的新頁面。

為了處理 #1 和 #2 的情況，我們可以建立另一個獨立的雜湊表，它將告訴我們哪些快取的查詢被綁定到一個特定的 URL。這可以與其他快取完全分開處理，並留存在不同的機器上。然而，這個解決方案可能需要大量的資料。

或者，如果資料不需要立即刷新（事實上可能也不需要），我們可以定期地迭代儲存在每台機器上的快取，以清除與更新 URL 相關的查詢。

情況 #3 實際上更難處理。我們可以透過解析新 URL 上的內容並從快取中清除這些單詞查詢來更新單詞查詢。但是，這將只能解決一個單詞的查詢。

處理情況 #3 的一種好方法（可能是我們必然會選用的方法）是在快取上實作「自動超時」。也就是說，我們要加入超時的機制，不管一個查詢有多熱門都一樣，沒有一個查詢可以在快取中停留超過 x 分鐘，這將確保所有資料都會被定期刷新。

步驟 4：進一步改良

根據您所做的假設和優化的情況，您可以對這個設計進行許多改進和調整。

其中一個優化是更好地支援某些非常熱門的查詢。例如，假設（當作一個極端的例子）一個特定的字串占所有查詢的 1%。與其讓機器 i 每次都將請求轉發給機器 j，可以改為機器 i 只將請求轉發給 j 一次，然後機器 i 把結果儲存在它自己的快取中。

另外，也可以對系統進行某種形式的重新架構，以便根據機器的雜湊值（也就是快取的位置）而不是隨機地將查詢分配給機器。然而，這個決定也會帶來一些取捨考量。

我們可以做的另一個優化是「自動超時」機制。正如最初描述的，該機制在 X 分鐘後清除所有資料。然而，對於某些資料（如即時新聞）我們可能想要比其他資料（如歷史股價）更頻繁地更新。我們可以針對主題或針對 URL 實作超時機制。對 URL 來說，每個 URL 都有一個基於過去頁面更新頻率的超時設定值，而每個 URL 的最短超時時間就是查詢的超時時間。

這些只是我們可以做的改進中的一小部分。記住，對於這類問題，沒有所謂唯一的正確解決方法。這些問題的重點是與面試官討論設計標準，並展示解決方案和方法論。

9.6　**銷售排名**：一個大型電子商務公司希望列出最暢銷的產品，分別是所有產品中最暢銷的產品和各分類底下最暢銷的產品。例如，一個產品可能是整體銷量第 1056 名的產品，但在「運動器材」下銷量是第 13 名，在「安全」下銷量是第 24 名。請描述您將如何設計這個系統。

pg 191

解答

讓我們首先做一些假設來定義這個問題。

步驟 1：確定問題的範圍

首先需要定義要建立的是什麼。

- 假設題目只要求我們設計與這個問題相關的元件，而不是整個電子商務系統。在這種假設下，我們可能只會在前端的設計和購買元件影響銷售排名時，才接觸到這些部份。

- 我們還要定義銷售排名的含義。它是所有時間的總銷售額嗎？上個月的銷售額是多少？上週呢？或者採用一些更複雜的函式（比如涉及到銷售資料的指數衰減的函式）？這是您應該和面試官討論的問題。在此只假設它是過去一週的總銷售額。

- 我們將假設每個產品可以在多個類別中，並且沒有「子類別」的概念。

這些定義能讓我們對於要解決的問題、功能範圍有一個好的了解。

步驟 2：作出合理的假設

這些都是您會想和面試官討論的事情。因為現在沒有面試官，所以我們必須做一些假設。

- 我們將假設統計資料不需要是 100% 最新的。對於最受歡迎的商品（例如，每個類別中的前 100 個），資料可以儲存 1 小時，對於不太受歡迎的商品，資料可以儲存 1 天。也就是說，幾乎沒有人會在意這款排在第 2,809,132 位的暢銷產品是否應該排在第 2,789,158 位。

- 對於最受歡迎的商品來說，精準度是很重要的，但是對於不太受歡迎的商品來說，一定程度的誤差是可以接受的。

- 我們將假設資料應該每小時更新一次（對於最流行的商品），但是統計該資料的時間範圍不需要精確到最近 7 天（168 小時），如果有時只有 150 個小時，也沒關係。

重要的不是您為每一個可能出問題的地方做了什麼決定，而是您是否意識到這些都是假設。我們應該在一開始就盡可能多地提出這些假設，在過程中，您可能還需要做出其他假設。

步驟 3：繪製主要組件

我們現在應該用一個基本的、簡單的系統來描述主要元件。您可以在這裡用到白板。

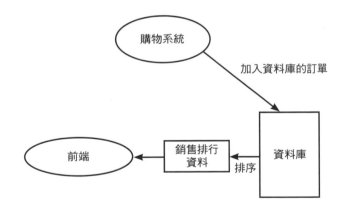

在這個簡單的描述設計中，我們將每一個訂單都儲存到資料庫中。每隔一小時左右，從資料庫中按類別取得銷售資料，計算總銷售額，對其進行排序，並將其儲存在某種銷售排名資料快取中（可能是儲存在記憶體中）。前端只是從這個表中取得銷售排名，而不是直接存取標準資料庫並自己做分析。

步驟 4：識別關鍵問題

分析是昂貴的

在前面的簡單系統中，我們會定期查詢資料庫，查詢每個產品在過去一週的銷售數量。由於這個行動一直會對所有銷售資料執行查詢，所以成本將是相當昂貴的。

我們的資料庫只需要記錄總銷售額，所以我們將假設（如解決方案開頭所述）系統中有其他部分會處理好購買記錄的儲存，我們只需要關注銷售資料分析。

我們將只儲存上週的總銷售額，而不是在資料庫中列出每筆購買。而每次購買都會更新每週的總銷售額。

追蹤總銷售額有一些考量點。如果只使用一個欄來追蹤過去一週的總銷售額，就需要重新計算每天的總銷售額（因為每天的「最近 7 天」是哪些天都不一樣）。這種計算是不必要的浪費。

相反地，我們將使用這樣的資料表。

Prod ID	Total	Sun	Mon	Tues	Wed	Thurs	Fri	Sat

這就像一個循環陣列。每一天，我們都清除一週中對應的一天的資料。在每次購買發生時，我們都會更新該日該產品的總銷售額，以及七日總銷售額。

我們還需要一個單獨的表來儲存產品 ID 和其所屬分類的關聯。

Prod ID	Category ID

想要獲得每個分類的銷售排名，我們需要對這些表做 JOIN。

會非常頻繁地寫資料庫

即使把資料庫的設計做了修改，我們仍然會頻繁地存取資料庫。由於每秒鐘可能出現大量的購買，所以我們會需要整批處理資料庫的寫入操作。

我們可以將購買記錄儲存在某種記憶體快取中（以及用日誌檔作為備份），而不是立即將其提交到資料庫。我們將定期處理日誌 / 快取資料，收集其總數並更新資料庫。

> 我們應該很快地思考一下把它放在記憶體中是否可行。如果系統中有 1000 萬個產品，我們可以將每個產品（連同一個銷售數量值）儲存在雜湊表中嗎？是的。如果每個產品 ID 占 4 個位元組（足夠容納 40 億個不重複 ID），而每個數量值是 4 個位元組（綽綽有餘），那麼這樣一個雜湊表只需要 40MB。即使出現一些額外的負擔或大量的系統增長，我們仍然能夠在記憶體中容納所有這些資料。

更新資料庫後，就可以重新執行取得銷售排名資料的動作。

不過我們需要小心一點。如果先處理一個產品的記錄，然後再處理另一個產品的記錄，並拿這兩者的結果重新執行統計資料，我們可能會在資料中產生偏差（因為一個產品的統計時間跨度可能比它的「競爭」產品更大）。

我們可以透過以下兩種方法來解決這個問題：第一種確保在處理完所有儲存的資料之前不執行銷售排名（當越來越多的購買進來時很難做到），第二種是將記憶體中的快取值除以某個時間段。不過，如果我們能在某個特定時間點更新資料庫中所有儲存資料，就可確保資料庫不會有偏差。

JOIN 成本昂貴

我們可能有成千上萬的產品類別。對於每個類別，首先需要取得其商品的資料（可能需要執行昂貴的 JOIN），再對這些商品進行排序。

又或者，可以只在產品和類別間執行一個 JOIN，讓每個類別都列出每個產品。接著按類別和產品 ID 做排序，就可以迭代結果來獲得每個類別的銷售排名。

Prod ID	Category	Total	Sun	Mon	Tues	Wed	Thurs	Fri	Sat
1423	sportseq	13	4	1	4	19	322	32	232
1423	safety	13	4	1	4	19	322	32	232

與執行數千次查詢（每個類別一個查詢）的差別是，我們可以先對類別的資料進行排序，再對銷售額進行排序。如果我們瀏覽這些結果，會得到每個類別的銷售排名。我們還需要對整個表依銷售數字做一個排序，以獲得整體排名。

我們也可以從一開始就將資料儲存在這樣的表中，而不是進行 JOIN。這樣的做法下，我們在做更新時將需要為每個產品更新多個行。

資料庫查詢的成本可能也很昂貴

如果查詢和寫操作非常昂貴，可以考慮完全放棄資料庫，只使用記錄檔。我們可以利用 MapReduce 之類的東西的優勢。

在這個系統中，我們將購買寫入一個簡單的文字檔，其中包含產品 ID 和時間戳記。每個分類都有自己的目錄，每個購買都會寫入與該產品所屬的所有分類。

我們將根據產品 ID 和時間範圍執行頻繁的作業，將檔案合併在一起，以便最終將給定天數（或可能的小時）內的所有購買組合在一起。

```
/sportsequipment
    1423,Dec 13 08:23-Dec 13 08:23,1
    4221,Dec 13 15:22-Dec 15 15:45,5
    ...
/safety
    1423,Dec 13 08:23-Dec 13 08:23,1
    5221,Dec 12 03:19-Dec 12 03:28,19
...
```

若要獲得每個分類中最暢銷的產品，只需對每個目錄進行排序即可。

如何獲得總銷售排名呢？有兩個很好的方法：

- 可以將總分類視為另一個目錄，並將每次購買寫入該目錄。這代表著這個目錄中將會有很多檔案。

- 因為我們已經根據每個分類的銷售額排序產品，所以還可以進行多方（N-way）合併來獲得總排名。

或者，我們可以利用資料不需要（如前所述）是 100% 最新的這一事實，只需要保持即時更新最受歡迎的商品即可。

我們可以配對的方式合併所有分類最受歡迎的商品。把兩個分類組合在一起，然後合併最受歡迎的商品（前 100 個左右），得到依熱門度排序的 100 個商品之後，我們停止合併這一對，並移動到下一對。

為了獲得所有產品的排名，我們可以更懶一些，每天只執行一次。

這樣做的好處之一是它的擴展性很好。我們可以在多個伺服器之間輕鬆地分割檔案，因為它們彼此不存在相互依賴關係。

延伸問題

面試官可以把這個設計延伸到任何方向。

- 您認為您會在哪裡遇到下一個瓶頸？您會怎麼做？

- 如果還有子類別呢？商品可以同時列在「運動」和「運動用品」（甚至「運動」>「運動用品」>「網球」>「球拍」）分類下？

- 如果需要更準確的資料怎麼辦？如果所有產品都需要在 30 分鐘內即時準確無誤，該怎麼辦？

仔細思考您的設計並對其進行權衡分析，您還可能被問到關於產品的一些特定面向問題。

9.7 **個人理財經理**：解釋您將如何設計一個個人理財經理（如 Mint.com）。這個系統會連接到您的銀行帳戶，分析您的消費習慣，並提出建議。

pg 191

解答

我們需要做的第一件事是定義我們要建立的東西是什麼。

步驟 1：確定問題的範圍

一般來說，您會和面試官澄清這個系統的各方面。此處，我們將把這個問題的範圍縮小如下：

- 您建立一個帳號並將您的銀行帳戶加入到這個帳號中。您可以加入多個銀行帳戶，也可以在日後再加入這些銀行帳戶。

- 它可以取得所有的財務歷史，或者至少您的銀行允許取得的所有財務歷史。

- 這個財務歷史包括支出的錢（您購買或支付的東西）、收入的錢（薪資和其他款項）、和您當前的錢（您的銀行帳戶和投資）。

- 每款項交易都有一個與之相關的「類別」（食物、旅行、服裝等）。

- 存在某種資料來源，可以在一定程度上告訴系統某個交易與哪個類別相關聯。在某些情況下，使用者可以在類別不正確時覆寫類別（例如，在百貨商店的餐廳吃飯被分配到「衣服」而不是「食物」）。

- 使用者將使用該系統獲得關於其支出的建議。這些建議將來自一群「典型的」使用者（「比如人們通常不會在服裝上花費超過他們收入的 X%」），但是這些建議可以被自訂的預算條件覆蓋過去，這一點不是現在的主要焦點。

- 我們假設這只是一個網站，雖然我們也可以討論到行動應用。

- 我們可能會做定期或特定條件下的電子郵件通知（支出超過某個閾值、達到預算上限，等等）。

- 我們假設無法讓使用者自定規則來指定交易類別。

- 我們將假設依交易的對象（例如，賣方的名稱）來分類，而不是價格或日期。

這些假設為我們想要建立的東西提供了一個基本目標。

步驟 2：作出合理的假設

既然我們已經有了系統的基本目標，應該進一步定義一些關於系統特性的假設。

- 增加或刪除銀行帳戶相對不常發生。

- 系統的寫入工作是很繁重的。一個典型的使用者可能每天進行幾次新的交易，但很少有使用者一週會存取該網站一次以上。事實上，對於許多使用者來說，系統與他們的主要互動可能是透過電子郵件提醒。

- 一旦一個交易被分配到一個類別後，只會在使用者要求修改時才會被修改。即使使用者真的做了修改，系統也不會「偷偷」將一個之前的交易重新分配到另一個類別。這也就是說，如果在每個交易的日期之間分類規則發生變化，那麼可能存在兩個相同的交易被分配到不同的類別的情況。我們之所以這樣做，是因為如果使用者看到某個類別的支出發生變化，但又不是自己的行動造成，可能會讓使用者感到困惑。

- 銀行不會向我們的系統推送資料。相反地，我們需要從銀行取得資料。

- 對於超出預算的使用者，可能不需要立即發送提醒（立即發送是不合理的，因為我們也不會立即獲得交易資料）。對他們來說，延遲 24 小時可能是可以接受的。

您可以在這一步做出不同的假設，但是您應該明確地向面試官陳述這些假設。

步驟 3：繪製主要組件

最簡單的系統是在每次登錄時去取銀行資料，對所有資料進行分類，然後分析使用者的預算。但這樣的系統並不完全符合要求，因為我們需要做特定事件的電子郵件通知。

我們可以做得更好。

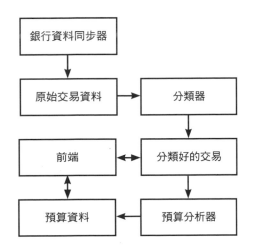

有了這個基本架構，就可以定期地（每小時或每天）取得銀行資料。頻率可能取決於使用者的行為，對於不太活躍的使用者就不太需要頻繁地檢查他們的帳戶。

一旦得到新資料後，就把資料儲存在一些原始的、未處理的交易清單中。然後將這些資料推入分類器，分類器將為每個交易分配一個類別，並將這些分類的交易儲存在另一個資料儲存庫。

預算分析器取得已分類交易，依類別更新每個使用者的預算，並儲存使用者的預算。

前端從已分類交易儲存處和預算資料儲存庫取得資料。此外，使用者還可以透過修改預算或交易的分類與前端進行互動。

步驟 4：識別關鍵問題

我們現在應該思考一下這裡可能存在的一些主要問題。

這將是一個資料量很大的系統，但我們希望它能夠快速回應，因此希望盡量把交易做成非同步。

我們幾乎肯定需要至少有一個任務佇列，在那裡可以將需要完成的工作排隊。這項工作將包括諸如取得新的銀行資料、重新分析預算和對新的銀行資料進行分類等任務。它還包括重新嘗試失敗的任務。

這些任務可能具有某種優先順序，因為有些任務需要比其他任務執行得更頻繁。我們希望建立一個任務佇列系統，該系統可以優先處理某些任務類型，同時仍然確保最終會執行所有任務。也就是說，我們不希望因為總是有高優先順序的任務，造成低優先順序的任務「餓死」。

系統中一個重要但我們還沒提及的部分是電子郵件系統。我們可以用一個任務來定期抓取使用者的資料，檢查他們是否超出了預算，但這代表著每天要檢查每個使用者。相反地，我們應該選擇在發生可能超出預算的交易時將工作排入佇列。我們可以按類別儲存當前預算總數，以便找到可能超過預算的新交易。

我們還應該考慮合併這樣的知識（或假設）：這樣的系統可能會有大量不活躍的使用者，這些使用者只進來做了註冊，然後就再也沒有接觸過系統。我們可能想要將他們完全從系統中移除，或者將他們的帳戶置於次要地位。我們將需要一些系統來追蹤他們的帳戶活動，並將他們的帳戶與優先順序建立關聯。

系統中最大的瓶頸可能是需要取得和分析的大量資料。我們應該要能夠非同步取得銀行資料，並在許多伺服器上執行這些任務。我們應該更深入地研究分類器和預算分析器是如何工作的。

分類器和預算分析器

需要注意的一點是，交易是彼此獨立的。在取得一位使用者的一個交易時，就可以對它進行分類並整合這些資料。這樣做可能效率不高，但不會有任何不準確。

我們應該為此使用一個標準資料庫嗎？由於同時要處理大量交易，這可能不是很有效。我們顯然不會想做很多 JOIN。

相反地，將交易儲存到一組文字檔中可能更好。我們在前面假設分類只基於賣方的名稱。如果假設有很多使用者，那麼整個賣方就會有很多重複。如果將交易檔案按賣方的名稱分組，我們就可以好好地利用重複。

分類器可以像這樣工作：

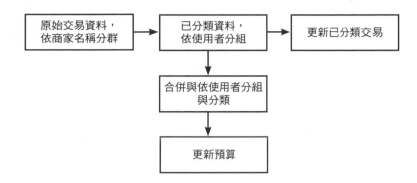

它首先取得原始按賣方分組的交易資料，然後為賣方選擇適當的類別（可能儲存在最常見賣方的快取中），然後將該類別套用於所有這些交易。

在套用類別之後，它按使用者重新分組所有交易。然後，這些交易被插入到這個使用者的資料儲存庫。

在分類器之前	在分類器之後
amazon/ 　　user121,$5.43,Aug 13 　　user922,$15.39,Aug 27 　　... comcast/ 　　user922,$9.29,Aug 24 　　user248,$40.13,Aug 18 　　...	user121/ 　　amazon,shopping,$5.43,Aug 13 　　... user922/ 　　amazon,shopping,$15.39,Aug 27 　　comcast,utilities,$9.29,Aug 24 　　... user248/ 　　comcast,utilities,$40.13,Aug 18 　　...

然後，此時預算分析器出現了，它取得按使用者分組的資料，將其跨類別合併（因此該使用者的所有 Shopping（購物）任務都會被合併），然後更新預算。

這些任務中的大多數任務都只需要在簡單的記錄檔中處理就可以了。只有最終資料（分類交易和預算分析）將儲存在資料庫中，這減少了對資料庫的寫入和讀取。

使用者改變類別

使用者可以有選擇地覆蓋特定的交易的類別，將它們分配到不同的類別。在這個假設之下，我們將更新已分類交易的資料儲存庫。它還會觸發一個快速預算重新計算，從舊的類別中減少商品，並增加另一個類別中的商品。

我們也可以從頭開始重新計算預算。預算分析器執行的速度相當快，因為它只需要查看單一使用者過去幾週的交易。

延伸問題

* 如果您還需要支援一個行動應用程式，將如何改變您的設計？

* 如何設計將項目分類到各類別的元件？

* 您會如何設計建議預算功能？

* 如果使用者可以為特定賣家的所有交易進行預設分類，將如何改變您的設計？

9.8　**Pastebin**：設計一個像 Pastebin 的系統，使用者可以輸入一段文字，並獲得一個隨機生成的 URL 來存取它。

pg 191

解答

我們可以從釐清這個系統的細節開始。

步驟 1：確定問題的範圍

* 系統不支援使用者帳號或編輯文件。

* 系統追蹤會分析每個頁面被存取的次數。

* 舊文件在長時間未被存取後會被刪除。

* 雖然在存取文件時不會做真正的身份驗證，但是要讓使用者無法輕易地「猜到」文件的 URL。

* 該系統有一個前端和一個 API。

* 每個 URL 的分析可以透過每個頁面上的「stats」連結存取。不過，它在預設情況下不會顯示。

步驟 2：作出合理的假設

- 該系統的流量很大，包含數百萬個文件。

- 在不同文件之間的流量分佈並不均勻，有些文件被存取的次數比其他文件多得多。

步驟 3：繪製主要組件

我們可以做一個簡單的設計，追蹤 URL 和與它們關聯的檔案，並分析存取這些檔案的頻率。

該如何儲存文件呢？有兩個選擇：我們可以將它們儲存在資料庫中，也可以將它們儲存在檔案中。由於文件可能很大，我們也不需要搜尋內容的功能，所以將它們儲存在檔案中可能是更好的選擇。

這樣一個簡單的設計就可能讓工作更有效率：

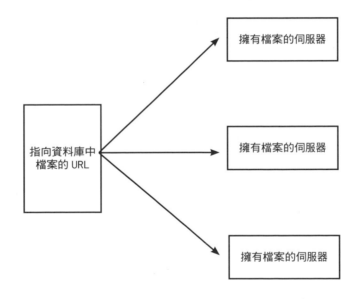

這個簡單的系統中有一個簡單的資料庫，它可以找到每個檔的位置（伺服器和路徑）。當收到一個 URL 請求時，我們會查找在資料儲存庫該 URL 指向的位置，然後存取檔案。

此外還需要一個追蹤分析的資料庫。可以使用一個簡單的資料儲存庫來實作這一點，它會把每次存取（包括時間戳記、IP 位址和位置）加入到資料庫中作為一筆資料。當需要取得每次存取的統計資料時，我們會從這個資料庫中取得相關資料。

步驟 4：找出關鍵問題

第一個會先想到的問題是，有些文件被存取的次數比其他文件多得多。與從記憶體中讀取資料相比，從檔案系統中讀取資料的速度相對較慢。因此，我們可能希望使用快取來儲存最近存取的文件。這將確保能夠快速存取非常頻繁（或最近）存取的項目。由於文件不能編輯，所以不需擔心這個快取會有失效問題。

我們還應該思考對資料庫做分片。可以使用來自 URL 的映射（例如，URL 的雜湊程式碼除以某個整數後取餘數）來做分片，這將讓我們能快速定位包含該檔案的資料庫。

事實上，我們甚至可以完全不要用資料庫，讓 URL 的雜湊告訴我們哪個伺服器包含文件，因為 URL 本身可以反映文件的位置。由此產生的一個潛在問題是，如果我們需要加入新伺服器，可能很難重新配置文件。

生成 URL

目前還沒有討論要如何實際生成 URL。我們可能不會想要用一個單調遞增的整數值，因為這很容易讓使用者「猜到」，我們希望的是在不知道連結的情況下很難存取 URL。

一個簡單的路徑是生成一個隨機的 GUID（例如，5d50e8ac-57cb-4a0d-8661-bcdee2548979）。這是一個 128 位元的值，雖然不能百分之百保證它是唯一的，但它發生衝突的機率很低，因此我們可以將其視為唯一的。這個計畫的缺點是這樣的 URL 對使用者來說不是很「漂亮」。我們可以利用雜湊轉成一個更小的值，但這會增加碰撞的機率。

或者，我們也可以做另外一件類似的事情。我們只需要生成一個 10 個字元的字母和數字序列，就可以得到 36^{10} 個可能的字串。即使 URL 有十億個，特定 URL 發生衝突的機率也都非常低。

> 這並不是說整個系統發生碰撞的機率很低。雖然任何一個特定的 URL 都不太可能發生衝突。然而，在儲存了十億個 URL 之後，我們很可能在某個時刻發生衝突。

假設我們不能接受週期性（即使是非常稀有）資料遺失，那麼就需要處理這些衝突。我們可以檢查資料儲存庫以查看 URL 是否存在，或者，如果 URL 映射到特定的伺服器，則僅檢測目標伺服器上的檔案是否已經存在。

當衝突發生時，我們可以生成一個新的 URL。由於有 36^{10} 個可能的 URL，所以新 URL 衝突的機會就很少了，這裡所採用的懶惰方法（檢測衝突並重試）就足夠了。

分析

最後要討論的元件是分析部分。我們可能想要顯示存取的次數，並可能將其按位置或時間細分。

我們有兩個選擇：

- 儲存每次存取的原始資料。

- 只儲存我們知道自己將會用到的資料（存取次數等）。

您可以和面試官討論這個問題，但是儲存原始資料是蠻合理的選擇。雖然我們永遠不知道將來會加入什麼功能到分析中，儲存原始資料給我們更多靈活性。

這並不代表著原始資料需要易於搜尋甚至可存取，我們可以將每次存取的記錄檔儲存在一個檔案中，並將其備份到其他伺服器。

這裡有一個問題是，資料量可能很大。我們可以透過依機率儲存資料來顯著減少空間使用。每個 URL 都有一個相關聯的 `storage_probability`（儲存機率）值。當網站的受歡迎程度上升時，`storage_probability` 值下降。例如，一個熱門的文件可能隨機記錄了十分之一的資料。當我們搜尋網站的存取次數時，我們需要根據機率調整值（例如，乘以 10）。這當然會導致一個小的誤差，但這可能是可以接受的。

記錄檔的設計不適合經常使用。我們還希望儲存這些預先計算資料到資料儲存中，如果分析只是顯示存取次數加上隨時間變化的圖表，那麼可以將資料儲存在一個單獨的資料庫中。

URL	年月	造訪次數
12ab31b92p	December 2013	242119
12ab31b92p	January 2014	429918
...	...	...

每次存取 URL 時，我們都可以增加相應的資料。這樣資料儲存庫也可以透過 URL 分片。

由於統計資料不會被列在一般頁面上，而且通常無法讓人產生太大的興趣，所以它不應該是沉重的負擔。我們仍然可以在前端伺服器上快取生成的 HTML，這樣就不會需要不斷地重新存取最熱門 URL 的資料。

延伸問題

- 如何支援使用者帳戶？

- 如何在統計頁面中加入新的分析（例如，參照來源）？

- 如果每個文件都要顯示統計資料，那麼您的設計將如何改變？

10

排序和搜尋的解決方案

10.1 **已排序合併**：您有兩個已排序的陣列 A 和 B，其中 A 的最後有一個足夠大的緩衝區可容納 B。請寫一個方法把 B 合併到 A，並保持排序的順序。

pg 197

解答

因為知道 A 在最後有足夠的緩衝區，所以不需要取得額外的空間。我們的邏輯應該要包括簡單地比較 A 和 B 的元素並按順序插入它們，直到用完 A 和 B 中的所有元素。

唯一的問題是，如果在 A 的前面插入一個元素，那麼勢必將向後移動現有的元素來為插入的元素騰出空間。最好將元素插入到陣列的後面，因為那裡有空位。

下面的程式碼就是這樣做的。它從 A 和 B 的後面開始工作，將最大的元素移動到 A 的後面。

```
1    void merge(int[] a, int[] b, int lastA, int lastB) {
2      int indexA = lastA - 1; /* 陣列a中最後一個元素的索引 */
3      int indexB = lastB - 1; /* 陣列b中最後一個元素的索引*/
4      int indexMerged = lastB + lastA - 1; /* 陣列合併完成後的結尾 */
5
6      /* 合併a和b，從各自的最後一個元素開始 */
7      while (indexB >= 0) {
8        /* 若a的結尾>b的結尾 */
9        if (indexA >= 0 && a[indexA] > b[indexB]) {
10         a[indexMerged] = a[indexA]; // 複製元素
11         indexA--;
12       } else {
13         a[indexMerged] = b[indexB]; // 複製元素
14         indexB--;
15       }
16       indexMerged--; // 移動索引
17     }
18   }
```

注意，您不需要在 B 的元素用完後複製 A 的內容，因為它們已經在該在的位子了。

10.2 易位構詞遊戲：請寫一個方法來排序一個由字串組成的陣列，把所有易位構詞都排在一起。

pg 197

解答

這個問題要求我們在一個陣列中對字串進行分組，把所有易位構詞都排在一起。注意，除了這個之外，單詞不需要做特定的排序。

我們需要一種快速而簡單的方法來確定兩個字串是否是彼此的易位構詞。該如何定義兩個單詞是彼此的易位構詞呢？嗯，易位構詞是字元都相同，但字元順序不同的單詞。因此，如果我們可以把字元以相同的順序排好，就可以很容易地檢查新單詞的字元是否相同。

一種方法是套用任何標準的排序演算法，比如合併排序或快速排序，然後修改比較器。這個比較器將被用來檢查兩個字串是否互相為對方的易位構詞。

檢查兩個詞是否為易位構詞的最簡單方法是什麼？我們可以計算每個字串中不同字元的出現次數，如果匹配則回傳 true。或者，我們可以對字串排序，畢竟易位構詞們在排序後看起來是一樣的。

下面的程式碼實作了比較器。

```
1   class AnagramComparator implements Comparator<String> {
2     private String sortChars(String s) {
3       char[] content = s.toCharArray();
4       Arrays.sort(content);
5       return new String(content);
6     }
7
8     public int compare(String s1, String s2) {
9       return sortChars(s1).compareTo(sortChars(s2));
10    }
11  }
```

現在，只需改用這個 compareTo 方法（而不是一般的方法）對陣列排序即可。

```
12  Arrays.sort(array, new AnagramComparator());
```

這個演算法將花費 O(n log(n)) 的時間。

若使用一般的排序演算法，這個時間複雜度可能已經是最好的了，但是實際上並不需要把陣列完全排好，只需要依易位構詞來分組陣列中的字串即可。

我們可以透過使用一個雜湊表來實作這件事，這個雜湊表將一個單詞的排序版本映射到它的易位構詞串列。因此，例如，acre 將映射到串列 {acre, race, care}。一旦我們將所有的單詞按易位構詞合成出這些串列，我們就可以將它們再放回陣列中。

下面的程式碼實作了這個演算法。

```
1   void sort(String[] array) {
2     HashMapList<String, String> mapList = new HashMapList<String, String>();
3
4     /* 依易位構詞分組單詞 */
5     for (String s : array) {
6       String key = sortChars(s);
7       mapList.put(key, s);
8     }
9
10    /* 將雜湊表轉換為陣列 */
11    int index = 0;
12    for (String key : mapList.keySet()) {
13      ArrayList<String> list = mapList.get(key);
14      for (String t : list) {
15        array[index] = t;
16        index++;
17      }
18    }
19  }
20
21  String sortChars(String s) {
22    char[] content = s.toCharArray();
23    Arrays.sort(content);
24    return new String(content);
25  }
26
27  /* HashMapList<String,String>是一個HashMap，它可從字串映射到 ArrayList<String>，
28   * 實作請見附錄 */
```

您可能已注意到，上面的演算法是桶（分組）排序的一個變體。

10.3 搜尋循環位移過的陣列：給定一個由 n 個整數組成的已排序陣列，這個陣列中的元素已被循環位移不知道幾次，請撰寫程式碼搜尋陣列中的元素。您可以假設陣列最初是按遞增順序排序的。

範例

輸入：在 $\{15, 16, 19, 20, 25, 1, 3, 4, 5, 7, 10, 14\}$ 中搜尋 5
輸出：8（陣列中 5 的索引）

pg 197

解答

如果您覺得這個問題聽起來有點像二分法搜尋，那麼您是對的！

在經典的二分法搜尋中，我們將 x 與中點進行比較，以確定 x 屬於左邊還是右邊。這裡的複雜之處在於陣列是被循環位移過的，並且可能有一個轉折點。例如，我們有以下兩個陣列：

```
陣列1：{10, 15, 20,  0,  5}
陣列2：{50,  5, 20, 30, 40}
```

注意，兩個陣列的中間點都是 20，但是在一個陣列中 5 出現在左邊，在另一個陣列中卻出現在右邊。因此，只將 x 與中點進行比較是不夠的。

如果我們再深入一點，就會發現陣列一定有一半是正常排序的（以遞增的順序）。因此，可以查看正常排序的一半，以決定應該搜尋左半邊還是右半邊。

例如，如果我們在陣列 1 中搜尋 5，可以查看左邊的元素（10）和中間的元素（20）。由於 10 < 20，所以左半邊一定是正常排序。而且因為 5 不會在它們中間，所以我們知道必須搜尋右半邊。

在陣列 2 中可以看到，由於 50 > 20，所以右邊的一半一定是正常排序的。接著我們改為檢查 5 是否在中間（20）和右邊（40）元素之間，然而 5 不在那裡；因此要搜尋的是左半邊。

棘手的情況是，如果左邊和中間是相同的，例如陣列 {2, 2, 2, 3, 4, 2}。在這種情況下，可以檢查最右邊的元素是否不同。如果不同，則可以搜尋右邊。否則，我們別無選擇，只能兩邊都搜尋。

```
1   int search(int a[], int left, int right, int x) {
2     int mid = (left + right) / 2;
3     if (x == a[mid]) { // 找到元素
4       return mid;
```

```
5        }
6        if (right < left) {
7            return -1;
8        }
9
10       /* 正常情況下，左半邊或右半邊一定有一邊是正常排序的。
11        * 找出哪一邊是正常有序的，
12        * 然後用正常排序的一半來搞清楚要搜尋哪邊才能找到x */
13       if (a[left] < a[mid]) { // 左半邊是正常排序
14           if (x >= a[left] && x < a[mid]) {
15               return search(a, left, mid - 1, x); // 搜尋左半邊
16           } else {
17               return search(a, mid + 1, right, x); // 搜尋右半邊
18           }
19       } else if (a[mid] < a[left]) { // 右半邊是正常排序
20           if (x > a[mid] && x <= a[right]) {
21               return search(a, mid + 1, right, x); // 搜尋右半邊
22           } else {
23               return search(a, left, mid - 1, x); // 搜尋左半邊
24           }
25       } else if (a[left] == a[mid]) { // 左或右半邊全都是一樣的值
26           if (a[mid] != a[right]) { // 如果右邊值不同，那就搜尋右邊
27               return search(a, mid + 1, right, x); // 搜尋右半邊
28           } else { // 否則，我們就得兩邊都搜尋
29               int result = search(a, left, mid - 1, x); // 搜尋左半邊
30               if (result == -1) {
31                   return search(a, mid + 1, right, x); // 搜尋右半邊
32               } else {
33                   return result;
34               }
35           }
36       }
37       return -1;
38   }
```

如果所有元素都不重複，那麼這段程式碼的執行時間是 O(log n)。若有許多重複，該演算法執行時間實際上只有 O(n)。這是因為有許多重複項時，我們常常必須搜尋陣列（或子陣列）的左右兩邊。

請注意，雖然這個問題在概念上不是很複雜，但實際上很難完美地實作。如果在實作它時，難以避免所有 bug，請不要感到遺憾。由於很容易出現離一誤差（off-by-one）和其他小錯誤，所以應該要非常徹底地測試程式碼。

10.4 **已排序搜尋，無大小資訊**：您有一個類似陣列的資料結構 Listy，它沒有回報大小方法。但是，它有一個 elementAt(i) 方法，該方法在 O(1) 時間內回傳索引 i 處的元素。如果 i 超出了資料結構的範圍，則回傳 -1（因此，資料結構只支援正整數）。假設給定一個包含已排序正整數的 Listy，請找到元素 x 出現位置的索引。如果 x 出現多次，則可以回傳任何出現處的索引。

pg 197

解答

首先想到的應該是二分法搜尋。問題是二分法搜尋要求我們知道串列的長度，這樣就可以將它與中點進行比較，但現在我們不知道串列的長度。

我們可以計算長度嗎？可以！

我們知道當 i 太大時，elementAt 將回傳 -1。因此可以用越來越大的值做嘗試，直到超過串列的大小。

但要試到多大呢？如果只是線性的迭代串列（例如 1、然後 2、然後 3、然後 4…等等），那麼會得到一個線性時間演算法，或許我們要想一下如何執行的比線性時間更快，否則，面試官為何要指定這個串列是有序的呢？

最好以指數級向後試，請試 1、然後 2、然後 4、然後 8、然後 16，依此類推。如果串列的長度為 n，這樣做可確保我們在最多 O(log n) 的時間內就可以知道長度是多少。

> 為什麼執行時間會在 O(log n) 內？假設將 q 從 q = 1 開始。然後在每次迭代中將這個指標 q 加倍，直到 q 大於長度 n。那麼 q 要翻多少倍才能大於 n 呢？或者，換句話說，k 該是什麼值才能滿足 $2^k = n$ 呢？依照 log 的定義，當 k = log n 時，這個運算式可以成立。因此，我們需要 O(log n) 步才能求出長度。

一旦求得了長度後，我們（幾乎）只需執行一個普通的二分法搜尋就好。會說「幾乎」是因為我們需要做一個小小的調整。如果中點回傳 -1，需要將其視為看見一個「太大」的值並向左搜尋。也就是下面範例程式碼中的第 16 行。

還有一個小竅門。請回想一下，我們計算長度的方法是透過呼叫 elementAt 並將其與 -1 進行比較。在這個過程中，如果元素的值大於 x（我們正在搜尋的值），就可以提前執行二分法搜尋的部分。

```
1   int search(Listy list, int value) {
2      int index = 1;
3      while (list.elementAt(index) != -1 && list.elementAt(index) < value) {
4         index *= 2;
5      }
6      return binarySearch(list, value, index / 2, index);
7   }
8
9   int binarySearch(Listy list, int value, int low, int high) {
10     int mid;
11
12     while (low <= high) {
13        mid = (low + high) / 2;
14        int middle = list.elementAt(mid);
15        if (middle > value || middle == -1) {
16           high = mid - 1;
17        } else if (middle < value) {
18           low = mid + 1;
19        } else {
20           return mid;
21        }
22     }
23     return -1;
24  }
```

結果指出，不知道長度不會影響搜尋演算法的執行時間。我們在 O(log n) 的時間內求出長度，然後在 O(log n) 的時間內進行搜尋。整體執行時間是 O(log n)，就像在普通陣列中一樣。

10.5　稀疏搜尋：給定一個已排序的字串陣列，其中穿插著空字串，撰寫一個方法來搜尋指定字串的位置。

範例

輸入：ball, {"at", "", "", "", "ball", "", "", "car", "", "", "dad", "",""}

輸出：4

pg 198

解答

如果沒有空字串，只要簡單地使用二分法搜尋。我們會將要找的字串 str 與陣列的中點進行比較，然後從中點開始一路比下去。

在中間插入空字串後，可以實作二進位搜尋的簡單修改。我們需要做的是要修改與 mid 的比較的部份，以防 mid 是空字串。若 mid 是空字串就移動到最近的非空字串。

下面的遞迴程式碼能解決這個問題，它也可以很容易地修改為迭代程式碼。本書的範例程式碼中提供了迭代版本的實作。

```java
1   int search(String[] strings, String str, int first, int last) {
2     if (first > last) return -1;
3     /* 將mid移動到中間 */
4     int mid = (last + first) / 2;
5
6     /* 如果mid是空字串，就找出最近的非空字串 */
7     if (strings[mid].isEmpty()) {
8       int left = mid - 1;
9       int right = mid + 1;
10      while (true) {
11        if (left < first && right > last) {
12          return -1;
13        } else if (right <= last && !strings[right].isEmpty()) {
14          mid = right;
15          break;
16        } else if (left >= first && !strings[left].isEmpty()) {
17          mid = left;
18          break;
19        }
20        right++;
21        left--;
22      }
23    }
24
25    /* 檢查字串，必要時進行遞迴 */
26    if (str.equals(strings[mid])) { // 找到了！
27      return mid;
28    } else if (strings[mid].compareTo(str) < 0) { // 搜尋右邊
29      return search(strings, str, mid + 1, last);
30    } else { // 搜尋左邊
31      return search(strings, str, first, mid - 1);
32    }
33  }
34
35  int search(String[] strings, String str) {
36    if (strings == null || str == null || str == "") {
37      return -1;
38    }
39    return search(strings, str, 0, strings.length - 1);
40  }
```

這個演算法的最壞情況執行時間是 O(n)。事實上，在最壞的情況下，不可能有比 O(n) 更好的演算法來解決這個問題。畢竟，您拿到手的字串可能只擁有一個非空字串，其他通通都是空字串的陣列。想找出這個非空字串沒有「聰明」的方法，在最壞的情況下，需要查看陣列中的每個元素才能找到它。

要小心思考如果搜尋目標是空字串的情況，在這種情況下應該找出它的位置（這是一個 O(n) 操作）嗎？或者應該把它當作一個錯誤來處理？

這裡沒有正確答案。這是您應該向面試官提出的問題。能提出這個問題將證明您是一個謹慎的程式設計師。

10.6　對大檔案進行排序：假設您有一個 20GB 的檔案，每行含有一個字串。請說明您會如何排序該檔案。

pg 198

解答

當面試官提出 20GB 的大小限制時，您應該從中知道一些事情。在這種條件下，表示面試官們不希望您將所有資料都放到記憶體中。

該怎麼做呢？我們可以只把部分資料存入記憶體。

我們將把檔案分成若干區塊，每個區塊有 x MB，其中 x 是可用的記憶體量。將每個區塊分別排序，然後再儲存回檔案系統。

一旦所有的區塊被排序完成後，要一個接一個地合併這些區塊。最後會得到一個排序好的檔案。

這種演算法稱為外部排序。

10.7　消失的整數：給定一個有 40 億個非負整數的輸入檔案，請提供一個演算法來生成一個檔案中缺乏的整數。假設您有 1GB 的記憶體可用來完成此任務。

延伸題

如果您只有 10MB 的記憶體怎麼辦？假設所有的值都不會重複，非負整數不超過 10 億個。

pg 198

解答

不同的整數總共有 40 億（2^{32}）個，非負整數總共有 2^{31} 個。因此，我們知道輸入檔案（假設它裡面放的是 int 而不是 long）包含一些重複項。

我們有 1GB 的記憶體，也就是 80 億位元。有這 80 億個位元，我們可以在記憶體中將所有可能的整數映射到一個各自不同的位元。其邏輯如下：

1. 建立一個擁有 40 億位元的位元向量（BV）。回想一下，位元向量是一個陣列，它是使用一個 int 陣列（或另一種資料類態）來緊湊地儲存布林值。每個 int 可用來表示 32 個布林值。

2. 將 BV 初始化為充滿 0。

3. 掃描檔案中的所有數字（num）並呼叫 BV.set(num, 1)。

4. 現在從第 0 個索引開始再次掃描 BV。

5. 回傳第一個值為 0 的索引。

下面的程式碼示範了我們的演算法。

```
1   long numberOfInts = ((long) Integer.MAX_VALUE) + 1;
2   byte[] bitfield = new byte [(int) (numberOfInts / 8)];
3   String filename = ...
4
5   void findOpenNumber() throws FileNotFoundException {
6     Scanner in = new Scanner(new FileReader(filename));
7     while (in.hasNextInt()) {
8       int n = in.nextInt ();
9       /* 使用OR運算子找出定義中對應的數字，
10       * 並將第n bit設值
11       * （例如，10對應於位元陣列中索引位置1的第2位） */
12      bitfield[n / 8] |= 1 << (n % 8);
13    }
14
15    for (int i = 0; i < bitfield.length; i++) {
16      for (int j = 0; j < 8; j++) {
17        /* 檢索每個位元組的個別位元。當位元為0位時，
18         * 印出對應的值 */
19        if ((bitfield[i] & (1 << j)) == 0) {
20          System.out.println (i * 8 + j);
21          return;
22        }
23      }
24    }
25  }
```

延伸問題：如果我們只有 10MB 的記憶體怎麼辦？

可以透過兩輪檢查找到遺失的整數。我們可以將整數分割成某些大小的區塊（稍後將討論如何決定大小）。假設我們把整數分成 1000 個區塊，第 0 區塊表示數字 0 到 999，第 1 區塊表示數字 1000-1999，依此類推。

因為所有的值都是不重複的，所以我們知道自己在每個區塊中應該能找到多少個值。因此，我們搜尋該檔案並計算 0 到 999 之間有多少值、1000 到 1999 之間有多少個值…等。如果在一個特定的範圍內只計算 999 個值，我們就知道遺失的整數一定在那個範圍內。

在第二輪中，我們要使用第一部份解答中的位元向量來搜尋該範圍中遺失的數字，忽略範圍之外的任何數字。

現在的問題是，合適的區塊大小是多大？我們定義一些變數如下：

- 設 rangeSize 為第一輪中每個區塊所代表的範圍的大小。

- 設 arraySize 為第一次迭代的區塊數。請注意因為有 2^{31} 個非負整數，所以 $arraySize = {2^{31}}/{rangeSize}$。

我們需要為 rangeSize 選擇一個值，這個值必須和第一輪使用的記憶體（陣列）和第二輪使用的記憶體（位元向量）匹配。

第一輪：陣列

10 MB 記憶體足夠容納第一輪中使用的陣列，即大約 2^{23} 位元組大小的記憶體。由於陣列中的每個元素都是整數，而整數是 4 位元組，所以我們最多可以容納 2^{21} 個元素。因此，我們可以推斷下面式子：

$$arraySize = \frac{2^{31}}{rangeSize} \leq 2^{21}$$
$$rangeSize \geq \frac{2^{31}}{2^{21}}$$
$$rangeSize \geq 2^{10}$$

第二輪：位元向量

我們需要足夠的空間來儲存 rangeSize 個位元。由於我們可以在記憶體中放入 2^{23} 個位元組，足夠讓我們記憶體中放入 2^{26} 個位元。因此可以得出以下結論：

$$2^{10} \text{ <= } rangeSize \text{ <= } 2^{26}$$

這些條件為我們提供了大量的「轉圜空間」，但若選擇的位置越靠近中間，使用的記憶體就越少。

下面的程式碼是該演算法的一個實作。

```
1    int findOpenNumber(String filename) throws FileNotFoundException {
2        int rangeSize = (1 << 20); // 2^20個位元（2^17個位元組）
3
4        /* 取得每個區塊中值的數量 */
5        int[] blocks = getCountPerBlock(filename, rangeSize);
6
7        /* 找出有遺失值的區塊 */
8        int blockIndex = findBlockWithMissing(blocks, rangeSize);
9        if (blockIndex < 0) return -1;
10
11       /* 為這個範圍內的項目建立位元向量 */
12       byte[] bitVector = getBitVectorForRange(filename, blockIndex, rangeSize);
13
14       /* 在位元向量中找出零 */
15       int offset = findZero(bitVector);
16       if (offset < 0) return -1;
17
18       /* 計算遺失值 */
19       return blockIndex * rangeSize + offset;
20   }
21
22   /* 取得每個範圍內的項目數 */
23   int[] getCountPerBlock(String filename, int rangeSize)
24           throws FileNotFoundException {
25       int arraySize = Integer.MAX_VALUE / rangeSize + 1;
26       int[] blocks = new int[arraySize];
27
28       Scanner in = new Scanner (new FileReader(filename));
29       while (in.hasNextInt()) {
30           int value = in.nextInt();
31           blocks[value / rangeSize]++;
32       }
33       in.close();
34       return blocks;
35   }
36
37   /* 找出總數不足的區塊 */
38   int findBlockWithMissing(int[] blocks, int rangeSize) {
39       for (int i = 0; i < blocks.length; i++) {
40           if (blocks[i] < rangeSize){
41               return i;
42           }
43       }
44       return -1;
```

```
45   }
46
47   /* 為特定範圍內的值建立位元向量 */
48   byte[] getBitVectorForRange(String filename, int blockIndex, int rangeSize)
49         throws FileNotFoundException {
50     int startRange = blockIndex * rangeSize;
51     int endRange = startRange + rangeSize;
52     byte[] bitVector = new byte[rangeSize/Byte.SIZE];
53
54     Scanner in = new Scanner(new FileReader(filename));
55     while (in.hasNextInt()) {
56       int value = in.nextInt();
57       /* 如果數字存有缺少數字的區塊中，我們就把它記錄下來 */
58       if (startRange <= value && value < endRange) {
59         int offset = value - startRange;
60         int mask = (1 << (offset % Byte.SIZE));
61         bitVector[offset / Byte.SIZE] |= mask;
62       }
63     }
64     in.close();
65     return bitVector;
66   }
67
68   /* 搜尋位元組內位元值為0的索引 */
69   int findZero(byte b) {
70     for (int i = 0; i < Byte.SIZE; i++) {
71       int mask = 1 << i;
72       if ((b & mask) == 0) {
73         return i;
74       }
75     }
76     return -1;
77   }
78
79   /* 在位元向量中找到一個0並回傳索引 */
80   int findZero(byte[] bitVector) {
81     for (int i = 0; i < bitVector.length; i++) {
82       if (bitVector[i] != ~0) { // 若不是全部都為1
83         int bitIndex = findZero(bitVector[i]);
84         return i * Byte.SIZE + bitIndex;
85       }
86     }
87     return -1;
88   }
```

再來一個延伸問題，如果您被要求用更少的記憶體來解決這個問題，該怎麼辦？在這種情況下，我們可以將此方法從第一步開始多做幾輪。首先檢查在一百萬個元素的每個序列中可找到多少個整數。然後，在第二輪中將以 1000 個元素為單位，檢查其中有多少個整數。最後，在第三輪套用位元向量。

10.8 **搜尋重複項：**您有一個包含從 1 到 N 間所有數字的陣列，其中 N 最大為 32,000。陣列可能有重複的元素，而您不知道 N 是什麼。您只有 4KB 的記憶體可用，請問如何印出陣列中所有重複的元素？

pg 198

解答

我們有 4KB 的記憶體，這代表可以處理 8 * 4 * 2^{10} 個位元。注意，32 * 2^{10} 位元超過 32000。所以，我們有能力建立 32000 位元的位元向量，每個位元代表一個整數。

使用這個位元向量後，我們可以迭代陣列，透過將第 v 位元設定為 1 標記每個元素 v。當我們遇到一個重複的元素時，我們就印出它。

```
1   void checkDuplicates(int[] array) {
2      BitSet bs = new BitSet(32000);
3      for (int i = 0; i < array.length; i++) {
4         int num = array[i];
5         int num0 = num - 1; // 位元設定從0開始，數字從1開始
6         if (bs.get(num0)) {
7            System.out.println(num);
8         } else {
9            bs.set(num0);
10        }
11     }
12  }
13
14  class BitSet {
15     int[] bitset;
16
17     public BitSet(int size) {
18        bitset = new int[(size >> 5) + 1]; // 除以32
19     }
20
21     boolean get(int pos) {
22        int wordNumber = (pos >> 5); // 除以32
23        int bitNumber = (pos & 0x1F); // 除以32再取餘數
24        return (bitset[wordNumber] & (1 << bitNumber)) != 0;
25     }
26
27     void set(int pos) {
28        int wordNumber = (pos >> 5); // 除以32
29        int bitNumber = (pos & 0x1F); // 除以32再取餘數
30        bitset[wordNumber] |= 1 << bitNumber;
31     }
32  }
```

請注意，雖然這個問題不是特別困難，但是俐落地實作它是很重要的。這就是為什麼要定義自己的位元向量類別來裝載一個巨大的位元向量。如果面試官允許的話，當然也可以使用 Java 內建的 `BitSet` 類別。

10.9 **有序矩陣搜尋**：假設有一個 M x N 矩陣，其中每一列和每一欄都是按昇冪排序的，請寫一個方法來搜尋一個元素。

pg 198

解答

我們可以透過兩種方式來解決這個問題：一種是比較簡單的方法，某部份需要利用排序；另一種是更優化的方法，有兩個部份需要利用到排序。

解決方案 #1：簡單的解決方案

第一種解決方案，我們可以對每一列進行二元搜尋來找到元素。因為有 M 列，搜尋每一列需要 O(log(N)) 的時間，所以這個演算法將花費 O(M log(N))。可以在您提出更好的演算法之前向您的面試官說明這個解決方案。

為了開發出這個演算法，讓我們從一個簡單的例子開始。

15	20	40	85
20	35	80	95
30	55	95	105
40	80	100	120

假設我們要搜尋元素 55，我們要如何找出它在哪裡呢？

如果查看一列或者一欄開頭處的元素，可以推斷該元素的位置。如果一欄的開頭處的元素大於 55，就知道 55 不可能在那一欄，因為欄的開頭處的元素必定最小。此外，我們還知道 55 不會在右邊的任何欄位中，因為每欄開頭的元素一定是從左到右增大。因此，如果欄的開頭處元素大於要搜尋的元素 x，我們就知道需要向左移動。

對於列使用相同的邏輯。如果一列的起始元素大於 x，我們就知道需要向上移動。

請注意，我們也可以透過觀察欄或列結尾處元素來得出類似的結論。如果一欄或一列的尾端小於 x，我們就知道必須向下（對於列）或向右（對於欄）移動才能找到 x，因為結束元素總是最大的元素。

我們可以把這些觀察結果結合起來，得出一個解決方案。觀察結果如下：

- 如果一欄的開頭元素大於 x，那麼 x 在這欄的左邊。

- 如果一欄的尾端元素小於 x，那麼 x 在這欄的右邊。

- 如果一列的開頭元素大於 x，那麼 x 在這列的上方。

- 如果一列的尾端元素小於 x，那麼 x 在這列的下方。

我們可以從任意位置開始做，讓我們從欄開頭開始看。

我們必須從最大欄開始，並向左側移動，這代表第一個要拿來比較的元素是 array[0][c-1]，其中 c 是欄的數量。透過比較欄的開頭元素與 x（即 55），將發現 x 必須在欄 0、1 或 2 中。此時，我們將停在 array[0][2] 處。

這個元素可能不是位於整個矩陣中某一行的尾端，但它是子矩陣中某一行的尾端，所以同樣的條件也可以照樣套用。array[0][2] 的值是 40，40 小於 55，所以我們要向下移動。

我們現在用一個子矩陣來思考，它看起來像下面這樣（灰色的方塊被消除了）。

15	20	40	85
20	35	80	95
30	55	95	105
40	80	100	120

我們可以反覆應用這些條件來搜尋 55。注意，我們實際使用的條件只有條件 1 和 4。

下面的程式碼實作了這種消除演算法。

```
1   boolean findElement(int[][] matrix, int elem) {
2     int row = 0;
3     int col = matrix[0].length - 1;
4     while (row < matrix.length && col >= 0) {
5       if (matrix[row][col] == elem) {
6         return true;
7       } else if (matrix[row][col] > elem) {
8         col--;
9       } else {
10        row++;
11      }
12    }
13    return false;
14  }
```

或者，我們可以套用一個更直接的解決方案，這個解決方案類似於二分法搜尋，而且程式碼要複雜得多，但它也用到了許多剛才的觀察結果。

解決方案 #2：二分法搜尋

讓我們再拿那個簡單的例子來看看。

15	20	70	85
20	35	80	95
30	55	95	105
40	80	100	120

既然我們希望能夠利用排序的性質來更有效地搜尋元素。那麼，我們可能會問自己，如何利用這個矩陣獨特的排序性質，找到一個元素可能位於何處？

我們被告知每一列和每一欄都是有序的。這代表著元素 a[i][j] 將大於第 i 列中第 0 欄和第 j - 1 欄之間的元素，也大於第 j 欄第 0 列和第 i - 1 列之間的元素。

也就是說：

```
a[i][0] <= a[i][1] <= ... <= a[i][j-1] <= a[i][j]
a[0][j] <= a[1][j] <= ... <= a[i-1][j] <= a[i][j]
```

視覺化來看，下面的深灰色元素比所有的淺灰色元素都大。

15	20	70	85
20	35	80	95
30	55	95	105
40	80	100	120

淺灰色元素也是有序的：每個元素都比它左邊的元素大，也比它上面的元素大。根據遞移性，深灰色元素比整個方形區塊都大。

15	20	70	85
20	35	80	95
30	55	95	105
40	80	100	120

這代表著對於我們在矩陣中畫的任何矩形，右下角總是最大的。

同樣，左上角總是最小的。下面的顏色表示出我們對元素排序的瞭解（淺灰色＜深灰色＜黑色）：

15	20	70	85
20	35	80	95
30	55	95	105
40	80	120	120

回到最初的問題：假設我們正在搜尋值 85。如果沿著對角線看，會看到 35 和 95 這兩個元素。要怎麼透過這個特性得知 85 的位置在哪裡呢？

15	20	70	85
25	35	80	95
30	55	95	105
40	80	120	120

85 不可能在黑色區域，因為 95 在左上角，也是那個方形中最小的元素。

85 也不可能在淺灰色區域，因為 35 在那個正方形的右下角。

85 必須在兩個白色區域中的一個。

因此，我們將網格劃分為四個象限，並遞迴地搜尋左下象限和右上象限。而在進行遞迴搜尋時，各象限又會被分成四個象限進行搜尋。

注意，由於對角線是有序的，所以我們可以使用二元搜尋有效率地搜尋它。

下面的程式碼實作了這個演算法。

```
1   Coordinate findElement(int[][] matrix, Coordinate origin, Coordinate dest, int x){
2     if (!origin.inbounds(matrix) || !dest.inbounds(matrix)) {
3       return null;
4     }
5     if (matrix[origin.row][origin.column] == x) {
6       return origin;
7     } else if (!origin.isBefore(dest)) {
8       return null;
9     }
10
11    /* 設定對角線的開始處為起點，以對角線的結束處為終點。
12     * 由於網格可能不是正方形，對角線的結束處可能不會等於dest */
13    Coordinate start = (Coordinate) origin.clone();
14    int diagDist = Math.min(dest.row - origin.row, dest.column - origin.column);
```

```
15    Coordinate end = new Coordinate(start.row + diagDist, start.column + diagDist);
16    Coordinate p = new Coordinate(0, 0);
17
18    /* 在對角線上做二分法搜尋，搜尋第一個> x的元素 */
19    while (start.isBefore(end)) {
20      p.setToAverage(start, end);
21      if (x > matrix[p.row][p.column]) {
22        start.row = p.row + 1;
23        start.column = p.column + 1;
24      } else {
25        end.row = p.row - 1;
26        end.column = p.column - 1;
27      }
28    }
29
30    /* 將網格分成四個象限，並搜尋左下象限和右上象限 */
31    return partitionAndSearch(matrix, origin, dest, start, x);
32  }
33
34  Coordinate partitionAndSearch(int[][] matrix, Coordinate origin, Coordinate dest,
35                                Coordinate pivot, int x) {
36    Coordinate lowerLeftOrigin = new Coordinate(pivot.row, origin.column);
37    Coordinate lowerLeftDest = new Coordinate(dest.row, pivot.column - 1);
38    Coordinate upperRightOrigin = new Coordinate(origin.row, pivot.column);
39    Coordinate upperRightDest = new Coordinate(pivot.row - 1, dest.column);
40
41    Coordinate lowerLeft = findElement(matrix, lowerLeftOrigin, lowerLeftDest, x);
42    if (lowerLeft == null) {
43      return findElement(matrix, upperRightOrigin, upperRightDest, x);
44    }
45    return lowerLeft;
46  }
47
48  Coordinate findElement(int[][] matrix, int x) {
49    Coordinate origin = new Coordinate(0, 0);
50    Coordinate dest = new Coordinate(matrix.length - 1, matrix[0].length - 1);
51    return findElement(matrix, origin, dest, x);
52  }
53
54  public class Coordinate implements Cloneable {
55    public int row, column;
56    public Coordinate(int r, int c) {
57      row = r;
58      column = c;
59    }
60
61    public boolean inbounds(int[][] matrix) {
62      return  row >= 0 && column >= 0 &&
63              row < matrix.length && column < matrix[0].length;
64    }
```

```
65
66    public boolean isBefore(Coordinate p) {
67        return row <= p.row && column <= p.column;
68    }
69
70    public Object clone() {
71        return new Coordinate(row, column);
72    }
73
74    public void setToAverage(Coordinate min, Coordinate max) {
75        row = (min.row + max.row) / 2;
76        column = (min.column + max.column) / 2;
77    }
78 }
```

如果您讀完所有這些程式碼，然後想著「我不可能在面試中做到這些！」您是對的，您不可能做到。但是，您的任何表現都會與其他碰到同一問題的面試者進行比較。雖然您不可能實作所有這些程式碼，但他們同樣也不能。當您遇到這樣棘手的問題時，您的處境不會比別人糟。

您可以透過將程式碼寫到獨立的方法中來幫助自己。例如，將 partitionAndSearch 寫成獨立的方法的話，將可以更輕鬆地列出程式碼的關鍵部份。如果有時間，您可以再回頭填寫 partitionAndSearch 的內容。

10.10 **在數列中的排名**：假設您正在一個接一個地讀取一串整數。想要持續追蹤數字 x 排在第幾名（找出小於等於 x 的值有多少個）。請實作能支援這些操作的資料結構和演算法。也就是說，請實作一個 track(int x) 方法，在每次有數字被生成時，就呼叫 track(int x)。另外再實作一個用來回傳小於或等於 x 的值有幾個的 getRankOfNumber(int) 方法（數量不包含 x 本身）。

範例

數列（依出現的順序排列）：5, 1, 4, 4, 5, 9, 7, 13, 3

getRankOfNumber(1) = 0
getRankOfNumber(3) = 1
getRankOfNumber(4) = 3

pg 199

解答

一個相對簡單的實作方法是用一個陣列將所有元素按順序儲存。雖然當一個新元素進來時，我們必須要移動其他元素以騰出空間。不過，實作 getRankOfNumber 將非常有效率。我們只需對 n 進行二分法搜尋，然後回傳索引就好了。

然而，這種做法對於插入元素（即 `track(int x)` 函式）來說是非常低效的。我們需要一個資料結構，它能夠很好地儲存相對的順序，並在插入新元素時進行更新。二元搜尋樹就可以做到這一點。

我們將元素插入到二元搜尋樹中，而不是將元素插入到陣列中。方法 `track(int x)` 將在 O(`log n`) 時間內執行，其中 n 是樹的大小（當然，前提是樹是平衡的）。

為了找到一個數字的排名，我們可以做中序遍歷，並且在遍歷時使用一個計數器。計數器的功用是，當我們找到 x 時，計數器將等於小於 x 的元素的個數。

只要我們在搜尋 x 時向左移動，計數器就不會改變。為什麼？因為我們在右邊跳過的所有值都大於 x。畢竟，排名為 1 的最小元素是最左邊的節點。

當我們移動到右邊時，我們跳過了左邊的一些元素。所有這些元素都小於 x，所以我們需要將計數器的值加上左子樹中元素的數量。

與其去計算左子樹的大小（這樣做效率很差），我們可以改為在加入新元素到樹中時更新這些資訊。

我們用下面的樹當作範例。在下面的例子中，括號中的值表示左子樹中的節點數（或者，換句話說，代表該節點的值在其子樹的排名）。

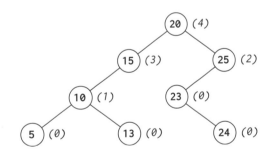

假設我們知道 24 在上面樹中的排名，會將 24 與根 20 進行比較，發現 24 必須位於右側。根在它的左子樹中有 4 個節點，當我們加上根本身時，總共有 5 個節點比 24 小。我們設定計數器為 5。

然後將 24 與節點 25 進行比較，發現 24 一定在左邊。此時計數器的值不會更新，因為我們沒有「跳過」任何較小的節點，計數器的值仍然是 5。

接下來將 24 與節點 23 進行比較，發現 24 一定在右邊。計數器只增加 1（變成 6），因為 23 沒有左節點。

最後找到 24 並回傳計數器的值：6。

用遞迴做，演算法如下：

```
1   int getRank(Node node, int x) {
2     if x is node.data, return node.leftSize()
3     if x is on left of node, return getRank(node.left, x)
4     if x is on right of node, return node.leftSize() + 1 + getRank(node.right, x)
5   }
```

完整的程式如下：

```
1   RankNode root = null;
2
3   void track(int number) {
4     if (root == null) {
5       root = new RankNode(number);
6     } else {
7       root.insert(number);
8     }
9   }
10
11  int getRankOfNumber(int number) {
12    return root.getRank(number);
13  }
14
15
16  public class RankNode {
17    public int left_size = 0;
18    public RankNode left, right;
19    public int data = 0;
20    public RankNode(int d) {
21      data = d;
22    }
23
24    public void insert(int d) {
25      if (d <= data) {
26        if (left != null) left.insert(d);
27        else left = new RankNode(d);
28        left_size++;
29      } else {
30        if (right != null) right.insert(d);
31        else right = new RankNode(d);
32      }
33    }
34
```

```
35   public int getRank(int d) {
36     if (d == data) {
37       return left_size;
38     } else if (d < data) {
39       if (left == null) return -1;
40       else return left.getRank(d);
41     } else {
42       int right_rank = right == null ? -1 : right.getRank(d);
43       if (right_rank == -1) return -1;
44       else return left_size + 1 + right_rank;
45     }
46   }
47 }
```

track 方法和 getRankOfNumber 方法的時間複雜度，在平衡樹的情況下為 O(log N)，不平衡樹的情況下為 O(N)。

請注意在程式碼中，若找不到 d 時我們是如何處理的。我們會檢查回傳值是否為 -1，因為當我們發現找不到時，在樹中向上回傳 -1，進行這樣的處理非常重要。

10.11 峰值谷值： 在整數陣列中，「峰值」是大於或等於相鄰整數的元素，「谷值」是小於或等於相鄰整數的元素。例如，在陣列 {5, 8, 6, 2, 3, 4, 6} 中，{8, 6} 是峰值，{5, 2} 是谷值。給定一個整數陣列，請將陣列排序成一個峰谷和谷值交替的序列。

範例

輸入：{5, 3, 1, 2, 3}
輸出：{5, 1, 3, 2, 3}

pg 199

解答

因為這題要求我們以特定的方式對陣列排序，所以我們可以嘗試做一般的排序，然後再將陣列「整理」成一個峰谷交替的數列。

次優解

假設我們拿到一個未排序的陣列，然後將它排序：

```
0   1   4   7   8   9
```

現在我們有一排昇冪整數。

如何把它重新排成一個適當的峰谷交替數列呢？讓我們來試著做一下。

- 0 沒問題。

- 1 放錯地方了，我們可以用 0 或者 4 來交換它，讓我們把它換成 0。

    1   0   4   7   8   9

- 4 沒問題。

- 7 放錯地方了，我們可以用 4 或者 8 來交換它，讓我們把它換成 4。

    1   0   7   4   8   9

- 9 放錯地方了，把它和 8 交換一下。

    1   0   7   4   9   8

注意，陣列中有些什麼值不是很重要，但元素的相對順序很重要，但是所有排序的陣列都具有相同的相對順序。因此，我們可以對任何已排序陣列做同樣的事。

不過，在看程式碼之前，我們應該澄清一下演算法。

1. 按昇冪排列陣列。

2. 迭代元素，從索引 1（不是 0）開始，一次跳躍兩個元素。

3. 在每個元素處，將它與前一個元素交換。因為每三個元素以小、中、大的順序出現，所以交換這些元素時總是將中當作峰值：中、小、大。

這種方法將確保峰值位於正確的位置：索引 1、3、5 等等。只要奇數元素（峰）大於相鄰元素，那麼偶數元素（谷）就必定小於相鄰元素。

實作此功能的程式碼如下：

```
1   void sortValleyPeak(int[] array) {
2     Arrays.sort(array);
3     for (int i = 1; i < array.length; i += 2) {
4       swap(array, i - 1, i);
5     }
6   }
7
8   void swap(int[] array, int left, int right) {
9     int temp = array[left];
10    array[left] = array[right];
11    array[right] = temp;
12  }
```

該演算法的執行時間為 O(n log n)。

最優解

為了優化前面的解決方案，我們需要去掉排序步驟。這個演算法必須對一個未排序的陣列進行操作。

讓我們再看一個例子。

```
9   1   0   4   8   7
```

對於每個元素，我們都要看與它相鄰的元素。讓我們想像只有數字 0、1 和 2 的數列。不過數值是多少在此處是無關緊要的。

```
0   1   2
0   2   1        // 峰值
1   0   2
1   2   0        // 峰值
2   1   0
2   0   1
```

如果中間元素必須是一個峰值，那麼上面有兩個數列符合條件。我們能修正其他的數列，使它們的中間元素也是一個峰值嗎？

是的，我們可以透過交換中間元素和最大的相鄰元素來修正這個數列。

```
0   1   2   ->   0   2   1
0   2   1        // 峰值
1   0   2   ->   1   2   0
1   2   0        // 峰值
2   1   0   ->   1   2   0
2   0   1   ->   0   2   1
```

如前所述，如果我們確定峰值在正確的位置，就也能確定谷值在正確的位置。

> 在這裡應該小心一點。有沒有可能其中一個交換動作會「破壞」已經處理好的數列呢？這是一件值得擔心的事，但在這裡不是問題。如果我們把中間和左邊交換，那麼左邊就變成當前的山谷。因為中間會比左邊小，所以我們把更小的元素當作山谷。不會破壞任何東西，一切都非常好！

實作此功能的程式碼如下。

```
1   void sortValleyPeak(int[] array) {
2     for (int i = 1; i < array.length; i += 2) {
3       int biggestIndex = maxIndex(array, i - 1, i, i + 1);
4       if (i != biggestIndex) {
5         swap(array, i, biggestIndex);
6       }
7     }
8   }
9
10  int maxIndex(int[] array, int a, int b, int c) {
11    int len = array.length;
12    int aValue = a >= 0 && a < len ? array[a] : Integer.MIN_VALUE;
13    int bValue = b >= 0 && b < len ? array[b] : Integer.MIN_VALUE;
14    int cValue = c >= 0 && c < len ? array[c] : Integer.MIN_VALUE;
15
16    int max = Math.max(aValue, Math.max(bValue, cValue));
17    if (aValue == max) return a;
18    else if (bValue == max) return b;
19    else return c;
20  }
```

該演算法的時間複雜度為 O(n)。

11

測試的解決方案

11.1 錯誤：請找出以下程式碼中的錯誤：

```
unsigned int i;
for (i = 100; i >= 0; --i)
  printf("%d\n", i);
```

pg 207

解答

這段程式碼中有兩個錯誤。

首先，請注意到根據定義 unsigned int 必定大於或等於零。因此 for 迴圈條件將始終為真，而且它將會變成無限迴圈。

印出 100 到 1 之間所有 unsigned int 的正確程式碼是 i > 0。如果我們真的想印出 0，我們可以在 for 迴圈之後加入一個額外的 printf 述句。

```
1  unsigned int i;
2  for (i = 100; i > 0; --i)
3    printf("%d\n", i);
```

另外一個修正是用 %u 代替 %d，因為我們要印出的是不帶正負號的整數。

```
1  unsigned int i;
2  for (i = 100; i > 0; --i)
3    printf("%u\n", i);
```

上面這段程式碼現在將正確地按降冪印出從 100 到 1 的所有數字。

11.2 **隨機崩潰**：您的應用程式的原始程式碼在執行時崩潰了。在除錯器中重複執行十次之後，您會發現可能發生崩潰的地方不止一個。應用程式只用單執行緒執行，並且只使用 C 標準函式庫。什麼程式設計錯誤可能導致這個崩潰？您將如何測試出所有會崩潰的情況？

pg 207

解答

這個問題很大程度上取決於要診斷的應用程式是什麼類型。然而，我們可以提供一些隨機崩潰的常見原因。

1. **隨機變數**：應用程式可以使用一些隨機數或隨機變數，在每次程式執行時可能都會變化。比如說使用者的輸入、由程式生成的隨機數或時間。

2. **未初始化的變數**：應用程式可能用到未初始化的變數，在一些語言中，這可能導致變數的值是一個無法預期的值。這個變數的值可能會導致程式碼每次執行不同的路徑。

3. **記憶體洩漏**：程式可能已經把記憶體用完了。每次執行時，哪裡會出問題是完全隨機的，因為它取決於同時執行的程序的數量。這還包括堆疊上的堆疊溢出或資料損壞的情況。

4. **外部依賴**：程式可能依賴於另一個應用程式、機器或資源。如果有多個依賴項存在，程式可能在任何時候崩潰。

要追蹤這個問題，應該從盡可能瞭解應用程式開始。是誰在執行它？他們用它做什麼？它是什麼類型的應用程式？

此外，儘管應用程式在不完全相同的地方崩潰，但它可能與特定的元件或場景有關係。例如，如果應用程式只是簡單地啟動並保持原樣，那麼它可能永遠不會崩潰，但在載入檔案之後的某個時候才會出現崩潰。或者，所有的崩潰都發生在較低層級的元件中，比如檔案 I/O。

透過排除法來解決這個問題可能會有幫助。關閉系統上的所有其他應用程式，並且非常仔細地追蹤資源使用情況。如果我們可以關閉程式某些部份的功能，那麼就關閉它們。在不同的機器上執行它，看看是否會遇到相同的問題。我們可以排除（或修改）的越多，就越容易找出問題。

此外，我們可以使用工具來檢查特定的情況。例如，為了檢查有沒有上面列出的第二種問題，可以使用執行時期工具來檢查是否有未初始化的變數。

這些問題既是考驗您能想出怎樣的解決方法，也是考驗您會選擇採取怎樣的方法。您是不是漫無章法，想到什麼就說什麼？還是以一種有邏輯的、結構化的方式來處理它？我希望是後者。

11.3 西洋棋測試：我們在一個西洋棋遊戲中使用以下方法：boolean canMoveTo (int x, int y)，這個方法是 piece（棋）類別的一部分，它的回傳值代表 piece 是否可以移動到位置 (x, y)。請解釋您將如何測試這個方法。

pg 207

解答

在這個問題中，有兩種主要的測試類型：極端情況測試（確保程式不會因為錯誤的輸入而崩潰）和一般情況測試。我們將從第一種類型開始說明。

測試類型 #1：極端情況測試

我們需要確保程式能優雅地處理錯誤或不尋常的輸入，這代表著要檢查以下條件：

- 用負數檢驗 x 和 y
- 用大於寬度的 x 進行測試
- 用大於高度的 y 來測試
- 用完全滿的盤面測試
- 使用空的或幾乎空的盤面進行測試
- 用比黑色多得多的白色棋子進行測試
- 用比白色多得多的黑色棋子進行測試

對於上面的錯誤情況，應該詢問面試官的要求是回傳 false 還是拋出異常，然後再一一檢查。

測試類型 #2：一般情況測試

一般情況測試就顯得廣泛得多，理想情況下，我們會測試所有可能的盤面，但是盤面太多了。然而，我們可以對不同的盤面做合理的測試覆蓋。

西洋棋有 6 種棋子，所以我們可以在每一個可能的方向上，對每一個棋子進行測試。測試將看起來像下面的程式碼：

```
1    對每個棋子a：
2       對棋子b種型態（6種型態+空白格）
3          對每個方向d
4             建立一個含有a的盤面
5             將b類型的棋子以d方向放入盤面中
6             試著移動 - 並檢查回傳值
```

這個問題的關鍵是認知到無法測試每一個可能的場景，即使我們願意這麼做也一樣。因此，必須把重點放在重要的地方。

11.4　沒有測試工具：如何在不使用任何現成測試工具的情況下，對網頁進行負載測試？

pg 207

解答

負載測試有助於確定 web 應用程式的最大運作能力，以及可能影響其性能的任何瓶頸。同樣地，它也可以檢查應用程式如何回應負載變化。

要執行負載測試，必須先確定要測試性能關鍵場景和實作上性能目標的度量標準。典型的度量標準包括：

* 回應時間

* 傳輸量

* 資源利用率

* 系統所能承受的最大負荷

然後，我們設計測試來模擬負載，並小心地測量每個標準。

在沒有現成測試工具的情況下，基本上可以建立自己的測試工具。例如，我們可以透過建立數千個虛擬使用者來模擬同時使用系統的使用者，可撰寫一個包含數千個執行緒的多執行緒程式，其中每個執行緒都充當會載入頁面的實際使用者。對於每個使用者，我們將以程式測量回應時間、資料 I/O 等。

然後，分析測試期間收集到的資料，並將其與可接受的值進行比較。

11.5　測試一支筆：如何測試一支筆？

pg 157

解答

這個問題主要是測試您對限制的理解，以及是否能用結構化的方式處理問題。

為了要理解限制，您應該會問很多問題，以搞清楚問題的「誰、什麼、在哪裡、何時、如何和為什麼」（或者盡可能多地瞭解問題的這些面向）。請記住，一個好的測試人員在開始工作之前會確切地瞭解他所要測試的內容。

為了示範解決這種問題的技巧，讓我們透過一個模擬對話來說明。

* **面試官**：您會怎樣去測試一支筆？

* **面試者**：請讓我對這支筆有多一點瞭解，是誰要用這支鋼筆？

* **面試官**：是小孩子。

* **面試者**：他們會用它做什麼？他們會用它來寫作、畫畫或做其他事情嗎？

* **面試官**：畫畫。

* **面試者**：好的，在什麼上面畫？紙嗎？衣服嗎？牆嗎？

* **面試官**：衣服。

* **面試者**：好的。這支筆有什麼樣的筆尖？是毛氈嗎？圓珠嗎？它是可被洗掉的，還是要永久留存的？

* **面試官**：它可被洗掉。

在問完很多問題之後，您可能會得到這樣的結論：

* **面試者**：據我所知，我們有一款針對 5-10 歲兒童的筆。這支筆有毛氈頭，有紅、綠、藍、黑四種顏色，它被設計成可以在洗衣服時被洗掉。請問這是正確的嗎？

這位面試者現在面臨的問題與最初看起來的情況有很大不同，這並不罕見。事實上，很多面試官故意出一個看起來很清楚的問題（每個人都知道筆是什麼！），他們的信念是，使用者也會做同樣的事情，儘管是不是刻意的。

既然已經瞭解要測試的內容，那麼就該制定一個攻擊計畫了。這裡的關鍵是**結構**。

思考物件或問題的不同組成元件，然後從那裡開始思考。在這種情況下，組成元件可能是：

- **事實檢查**：驗證是筆尖是毛氈材質，還有墨水是可用顏色之一。
- **預期用途**：畫畫，這支筆能好好的在衣服上作畫嗎？
- **預期用途**：可洗滌，它能從衣服上被洗掉嗎（即使它已經畫上去很長一段時間）？它是可被熱水、溫水和冷水洗掉的嗎？
- **安全**：這支筆對兒童安全（無毒）嗎？
- **非預期用途**：兒童還可以怎樣使用這支筆？他們可能會在其他表面上作畫，所以需要檢查那種東西上作畫時行為仍然正確。他們也可能會把筆拿來戳東西、拿來用扔的…等，您得確保這支筆可以耐受的了這種情況。

請記住，在任何測試問題中，您都需要測試預期的和非預期的場景。人們並不會總是按照您希望的方式來使用產品。

11.6 測試 ATM：如何測試分散式銀行系統的 ATM？

pg 207

解答

在這個問題上要做的第一件事是澄清假設。請您詢問以下問題：

- 誰將使用 ATM？答案可能是「任何人」，也可能是「盲人」，或者任何其他的答案。
- 他們要用它做什麼？答案可能是「提款」、「轉帳」、「查看餘額」或其他許多答案。
- 我們需要測試哪些東西？我們要測試程式碼嗎？還是只測試 ATM？

請記住：一個好的測試人員會確認她知道自己要測試什麼！

一旦理解了系統的樣子,我們就會把問題分解成不同的可測試元件。這些元件包括:

- 登入

- 提款

- 存款

- 查看餘額

- 轉帳

我們應該會希望混合手動和自動測試。

手動測試將包括測試執行上述各項,並確保檢查所有錯誤情況(餘額不足、新帳戶、不存在的帳戶…等)。

自動化測試要複雜一點。我們希望自動化所有的標準場景,如上面所示,我們還希望找出一些非常特定的問題,比如競態條件(race condition)。在理想情況下,我們可以用假帳戶建立一個封閉的系統,並確保即使有人從不同的地方重複地提款和存款,他也不會得到不屬於他的錢或損失屬於他的錢。

最重要的是,我們需要優先思考安全性和可靠性。人們的帳戶必須一直受到保護,我們必須確保錢總是被妥善地記錄,沒有人希望意外地賠錢!好的測試人員瞭解系統的優先順序。

12

C 和 C++ 的解決方案

12.1　最後 K 行：請使用 C++ 寫一個方法印出一個輸入檔的最後 K 行。

pg 214

解答

一種暴力法是計算行數（N），然後從 N-K 開始印出直到第 N 行。但是這需要對檔案進行兩次讀取，負擔不必要的開銷。我們需要一個解決方案，只讀檔案一次，就能夠印出最後的 K 行。

我們可以為準備一個可以容納 K 行的陣列。每次讀取新的一行時，我們都會從陣列中清除最舊的一行。

但是，您可能會問，這難道不需要移動陣列中的元素嗎？對，如果我們做對了就不需要。我們將使用一個循環陣列，不需要每次都移動陣列內容。

由於使用循環陣列，所以會在讀取新行時替換掉最舊的行。用一個單獨的變數追蹤最舊的那行，該變數內容在我們加入新行時會改變。

下面是一個循環陣列的例子：

```
步驟 1（初始化）：  陣列 = {a, b, c, d, e, f}. p = 0
步驟 2（插入 g）：  陣列 = {g, b, c, d, e, f}. p = 1
步驟 3（插入 h）：  陣列 = {g, h, c, d, e, f}. p = 2
步驟 4（插入 i）：  陣列 = {g, h, i, d, e, f}. p = 3
```

下面的程式碼實作了這個演算法。

```
1    void printLast10Lines(char* fileName) {
2       const int K = 10;
3       ifstream file (fileName);
4       string L[K];
5       int size = 0;
6
```

```
7      /* 將檔案逐行讀入循環陣列 */
8      /* 執行peek()，讓一行結束後的EOF不被認為是單獨的行 */
9      while (file.peek() != EOF) {
10        getline(file, L[size % K]);
11        size++;
12     }
13
14     /* 計算循環陣列的起始點，大小 */
15     int start = size > K ? (size % K) : 0;
16     int count = min(K, size);
17
18     /* 按讀取元素的順序印出元素 */
19     for (int i = 0; i < count; i++) {
20        cout << L[(start + i) % K] << endl;
21     }
22  }
```

這個解決方案需要讀取整個檔案，但是不管在任何位置，記憶體中都只有 10 行。

12.2　反轉字串：請用 C 或 C++ 實作一個函式 void reverse(char* str)，它的功能是反轉一個以 null 結尾的字串。

pg 215

解答

這是一個經典的面試問題。唯一的「陷阱」是要 in-place 執行，而且還要小心 null 字元。

我們用 C 語言實作它。

```
1    void reverse(char *str) {
2       char* end = str;
3       char tmp;
4       if (str) {
5          while (*end) { /* 搜尋字串的結尾 */
6             ++end;
7          }
8          --end; /* 往回一個字元，因為最後一個字元是null */
9
10         /* 將字串的開始部分與字串的結束部分互換，
11          *  直到指標在中間相遇 */
12         while (str < end) {
13            tmp = *str;
14            *str++ = *end;
15            *end-- = tmp;
16         }
17      }
18  }
```

這只是實作此解決方案的眾多方法之一，甚至可以用遞迴實作這段程式碼（但我們也不建議用遞迴做就是了）。

12.3 雜湊表與 STL Map：請比較一個雜湊表和一個 STL map 的差異。如何實作雜湊表？如果輸入的數量很少，可以使用哪些資料結構來代替雜湊表？

pg 215

解答

在雜湊表中，透過呼叫雜湊函式並傳入一個鍵來儲存值，這些值不是按排序順序儲存的。此外，由於雜湊表使用鍵來找出值儲存處的索引，所以插入或搜尋可以在 O(1) 時間內完成（假設雜湊表中的衝突很少）。在雜湊表中，還必須處理潛在的衝突，衝突通常是用鏈結串列來解決，意思是將所有對應到特定索引的值，都用一個鏈結串列儲存起來。

STL map 將鍵／值對依鍵插入到二元搜尋樹中，不需要處理衝突，而且由於樹是平衡的，插入和搜尋時間保證為 O(log N)。

雜湊表是如何實作的？

雜湊表通常用鏈結串列組成的陣列來實作的。當想要插入鍵／值對時，我們使用雜湊函式將鍵映射到陣列中的索引，然後將值插入到鏈結串列的那個索引位置。

請注意，在陣列的特定索引處的鏈結串列，該鏈結串列中的元素的鍵不一定是相同的。相反地，對於這些值來說 hashFunction(key) 的結果才是相同的。因此，為了檢索出特定鍵的值，我們需要在每個節點中儲存確切的鍵和值。

總而言之，雜湊表用一個鏈結串列所組成的陣列實作，鏈結串列中的每個節點都包含兩種資料：值和原始鍵。此外，還需要注意以下設計準則：

1. 我們希望使用一個良好的雜湊函式來確保鍵的分佈是良好的。如果它們沒有很好地分佈，那麼就會發生很多碰撞，找到一個元素的速度就會下降。

2. 不管我們的雜湊函式有多好，仍然會發生衝突，所以我們需要一個方法來處理衝突。通常的解法是透過鏈結串列進行連結多個值，但這不是唯一的方法。

3. 比方說我們可以實作一些方法，根據容量動態地增加或減少雜湊表的大小。例如，當元素與表大小的比例超過某個閾值時，我們可能希望增加雜湊表的大小。

這代表著建立一個新的雜湊表，並將裡面的項目從舊表轉移到新表。因為這是一個昂貴的操作，所以要小心不要太頻繁的做這個操作。

如果輸入的數量少，可以用什麼來代替雜湊表？

您可以使用 STL map 或二元樹。雖然這需要花去 O(log(n)) 的時間，但是由於輸入的數量可能很少，少到可以忽略不計。

12.4　虛擬函式：C++ 中的虛擬函式是如何工作的？

pg 215

解答

虛擬函式必須使用「vtable」（或稱「Virtual Table」），如果一個類別的任何函式被宣告為虛擬函式，那麼就會建造一個 vtable 來儲存該類別的虛擬函式的位址。編譯器還會在這些類別中加入一個隱藏的 **vptr** 變數，該變數用來指向該類別的 vtable。如果在派生類別中未覆蓋虛擬函式，則派生類別的 vtable 將函式的位址指向父類別。呼叫虛擬函式時，會用 vtable 解析出函式的位址。C++ 中的動態連結（Dynamic binding）就是透過 vtable 機制來進行的。

因此，當我們將派生類別物件賦值給基礎類型指標時，**vptr** 變數將指向派生類別的 vtable。這個賦值動作能確保呼叫的是最後派生的虛擬函式。

請思考以下程式碼。

```
1   class Shape {
2     public:
3      int edge_length;
4      virtual int circumference () {
5         cout << "Circumference of Base Class\n";
6         return 0;
7      }
8   };
9
10  class Triangle: public Shape {
11    public:
12     int circumference () {
13        cout<< "Circumference of Triangle Class\n";
14        return 3 * edge_length;
15     }
16  };
17
```

```
18   void main() {
19     Shape * x = new Shape();
20     x->circumference();  // "Base類別的Circumference"
21     Shape *y = new Triangle();
22     y->circumference();  // "Triangle類別的Circumference"
23   }
```

在前面的例子中，`circumference` 是 Shape 類別中的一個虛擬函式，因此它在每個派生類別（`Triangle` 等）中都是虛擬函式。非虛擬函式呼叫在編譯時使用靜態連結，而虛擬函式呼叫在執行時使用動態連結。

12.5　淺拷貝和深拷貝：深拷貝和淺拷貝有什麼區別？解釋您將如何使用它們。

pg 215

解答

淺拷貝是將一個物件所有成員值複製到另一個物件。深拷貝除了做這些之外，還加上深拷貝任何指標物件。

下面是一個淺拷貝和深拷貝的例子。

```
1    struct Test {
2      char * ptr;
3    };
4
5    void shallow_copy(Test & src, Test & dest) {
6      dest.ptr = src.ptr;
7    }
8
9    void deep_copy(Test & src, Test & dest) {
10     dest.ptr = (char*)malloc(strlen(src.ptr) + 1);
11     strcpy(dest.ptr, src.ptr);
12   }
```

注意，`shallow_copy` 可能會導致多種程式執行時期錯誤，特別是在建立和刪除物件時。使用淺拷貝時應該要非常地小心，並且唯有在程式設計師真正理解他想要做什麼的時候才去使用。在大多數情況下，當需要傳遞關於複雜結構的資訊而不需要實際的資料複製時，會使用淺拷貝。您也必須小心淺拷貝時，物件被解構的問題。

在現實生活中，很少使用淺拷貝。在大多數情況下，應該使用深拷貝，特別是當複製的結構的大小很小的時候。

12.6 Volatile：在 C 中關鍵字「volatile」的意義是什麼？

pg 215

解答

關鍵字 volatile 的功能是通知編譯器，它所標示的變數，就算程式碼中沒有改變該變數的值，也可能被外部修改。外部修改可能由作業系統、硬體或其他執行緒進行。因為值可能會無預警的被改變，所以編譯器每次都必須從記憶體中重新載入值。

一個 volatile 的整數可以用下列述句之一宣告：

```
int volatile x;
volatile int x;
```

要宣告一個指向 volatile 整數的指標，我們可以這樣寫：

```
volatile int * x;
int volatile * x;
```

指向非 volatile 資料的 volatile 指標很少見，但是這樣做是合法的。

```
int * volatile x;
```

如果您想為 volatile 記憶體宣告一個 volatile 變數指標（指標位址和包含的記憶體都是 volatile），您可以這樣做：

```
int volatile * volatile x;
```

volatile 變數不會被優化，這是非常有用的。請想像一下這個函式：

```
1   int opt = 1;
2   void Fn(void) {
3     start:
4       if (opt == 1) goto start;
5       else return;
6   }
```

乍看之下，我們的程式碼似乎會變成無限迴圈，因為編譯器可能會試圖優化成這樣：

```
1   void Fn(void) {
2     start:
3       int opt = 1;
4       if (true)
5       goto start;
6   }
```

這樣就變成了一個無限迴圈。但是，外部操作可能會將「0」寫入變數 opt 的位置，從而讓迴圈結束執行。

為了防止編譯器執行這樣的優化，我們希望發出通知，表示系統的其他部份可能會修改變數。所以我們使用 volatile 關鍵字來實作這件事，如下所示。

```
1   volatile int opt = 1;
2   void Fn(void) {
3     start:
4       if (opt == 1) goto start;
5       else return;
6   }
```

當多執行緒程式使用多個全域變數，而且任何執行緒都可以修改這些共用變數時，volatile 變數就顯得很有用。而且，我們也可能不想優化這些變數。

12.7 虛擬基礎類別：為什麼基礎類別中的解構函式需要宣告為虛擬的？

pg 215

解答

讓我們思考一下為什麼要有虛擬方法。假設我們有以下程式碼：

```
1   class Foo {
2    public:
3      void f();
4   };
5
6   class Bar : public Foo {
7    public:
8      void f();
9   };
10
11  Foo * p = new Bar();
12  p->f();
```

呼叫 p->f() 將導致呼叫 Foo::f()。這是因為 p 是指向 Foo 的指標，而 f() 不是虛擬函式。

為了確保 p->f() 將呼叫最後派生的 f() 實作，所以我們需要將 f() 宣告為一個虛擬函式。

現在回到解構函式。解構函式用於清理記憶體和資源，如果 Foo 的解構函式不是虛擬函式，那麼就會呼叫 Foo 的解構函式，即使 p 的類型實際上是 Bar。

這就是我們將解構函式宣告為虛擬函式的原因;我們希望確保呼叫到的是最後派生類別的解構函式。

12.8 **複製節點**:請撰寫一個方法,該方法以一個指向 Node 資料結構的指標作為參數,並回傳傳入資料結構的完整副本。Node 資料結構中包含兩個指向其他 Node 的指標。

pg 215

解答

我們要做的演算法將會維護從原節點資料結構到新節點資料結構的映射,這種映射讓我們可在傳統的深度優先的遍歷過程中發現以前已複製過的節點。遍歷通常會標記存取過的節點(標記可以採用多種形式,並不一定需要儲存在節點中)。

因此,我們有一個簡單的遞迴演算法:

```
1   typedef map<Node*, Node*> NodeMap;
2
3   Node * copy_recursive(Node * cur, NodeMap & nodeMap) {
4      if (cur == NULL) {
5         return NULL;
6      }
7
8      NodeMap::iterator i = nodeMap.find(cur);
9      if (i != nodeMap.end()) {
10        // 我們以前訪問過此節點了,把副本回傳
11        return i->second;
12     }
13
14     Node * node = new Node;
15     nodeMap[cur] = node; // 在遍歷其他關係前,先把目前節點映射做好
16     node->ptr1 = copy_recursive(cur->ptr1, nodeMap);
17     node->ptr2 = copy_recursive(cur->ptr2, nodeMap);
18     return node;
19  }
20
21  Node * copy_structure(Node * root) {
22     NodeMap nodeMap; // 我們將會需要一個空的映謝
23     return copy_recursive(root, nodeMap);
24  }
```

12.9 SmartPointer：寫一個 SmartPointer 類別。SmartPointer 是一種資料類型，通常用範本實作，它用起來像指標，而且同時還提供了自動垃圾收集功能。它會自動計算參照到 SmartPointer<T*> 物件的參照數量，並在參照數量為 0 時釋放類型為 T 的物件。

pg 215

解答

SmartPointer 與普通指標相同，但它透過自動記憶體管理提供了安全性。它避免了搖擺指標、記憶體洩漏和取得記憶體失敗等問題。SmartPointer 必須為指定物件的所有參照維護個別的參照計數。

這個問題乍看非常棘手，尤其如果您不是 C++ 專家的話。處理這個問題的一個有用的方法是將這個問題分成兩部分：（1）概述虛擬碼和方法，然後（2）實作詳細的程式碼。

就該方法而言，我們需要一個參照計數變數，該變數在向物件加入新參照時遞增，在刪除參照時遞減。程式碼應該看起來像下面的虛擬碼：

```
1   template <class T> class SmartPointer {
2       /* SmartPointer類別既需要指向物件本身，
3        * 也需要指向參照計數器。這兩者必須是指標型態，
4        * 而不能是實際的物件或參照計數值，
5        * 因為SmartPointer的目的是用參照計數追蹤指向一個物件的多個SmartPointer */
6       T * obj;
7       unsigned * ref_count;
8   }
```

我們需要這個類別的建構元與解構元。

```
1   SmartPointer(T * object) {
2       /* 我們想要設定T * obj的值，並將參照計數器設定為1 */
3   }
4
5   SmartPointer(SmartPointer<T>& sptr) {
6       /* 這個建構函式會建立一個新的SmartPointer，指向一個現有的物件。
7        * 我們需要先將obj和ref_count設定為指向sptr obj的指標
8        * 和ref_count。然後，因為我們建立了一個新的obj參照，
9        * 我們需要遞增ref_count */
10  }
11
12  ~SmartPointer(SmartPointer<T> sptr) {
13      /* 我們正在摧毀一個對該物件的參照，此處要遞減ref_count。
```

```
14       * 如果ref_count為0，就要釋放該整數所用的記憶體並銷毀
15       * 物件 */
16   }
```

還有另一種建立參照的可能方法：將一個 SmartPointer 設定為另一個 SmartPointer。我們希望覆寫等於運算子來處理這個問題，但是現在，讓我們暫時先構思程式碼如下。

```
1   onSetEquals(SmartPoint<T> ptr1, SmartPoint<T> ptr2) {
2       /* 如果ptr1有一個現有值，則遞減其參照計數。
3        * 然後，複製指向obj和ref_count的指標。最後，
4        * 因為我們建立了一個新的參照，所以我們需要增加ref_count */
5   }
```

使用這種構思方法，即使不寫複雜的 C++ 語法程式，也能獲得很大的價值。只要將細節補完就能完成程式碼。

```
1   template <class T> class SmartPointer {
2    public:
3     SmartPointer(T * ptr) {
4        ref = ptr;
5        ref_count = (unsigned*)malloc(sizeof(unsigned));
6        *ref_count = 1;
7     }
8
9     SmartPointer(SmartPointer<T> & sptr) {
10        ref = sptr.ref;
11        ref_count = sptr.ref_count;
12        ++(*ref_count);
13     }
14
15     /* 覆寫等於運算子，這樣當您設定一個SmartPointer等於
16      * 另一個舊的SmartPointer時，會遞減舊的參照計數和遞增新的
17      * SmartPointer的參照計數 */
18     SmartPointer<T> & operator=(SmartPointer<T> & sptr) {
19        if (this == &sptr) return *this;
20
21        /* 如果已指定給一個物件，則刪除一個參照 */
22        if (*ref_count > 0) {
23           remove();
24        }
25
26        ref = sptr.ref;
27        ref_count = sptr.ref_count;
28        ++(*ref_count);
29        return *this;
30     }
31
32     ~SmartPointer() {
```

```
33        remove(); // 移除對該物件的一個參照
34      }
35
36      T getValue() {
37        return *ref;
38      }
39
40    protected:
41      void remove() {
42        --(*ref_count);
43        if (*ref_count == 0) {
44          delete ref;
45          free(ref_count);
46          ref = NULL;
47          ref_count = NULL;
48        }
49      }
50
51      T * ref;
52      unsigned * ref_count;
53    };
```

解這個問題的程式碼很複雜,所以您可能不要期待能完美地完成它。

12.10 **Malloc**:寫一個能對齊的 malloc 和它對應的 free 函式,這種 malloc 函式能取得記憶體,而且回傳的記憶體位址可以被 2 的特定冪次方整除。

範例

align_malloc(1000,128) 回傳的記憶體位址將是 128 的倍數,該位址指向大小為 1000 位元組的記憶體。

aligned_free() 可釋放 align_malloc 分配的記憶體。

pg 216

解答

通常,在使用 malloc 時,我們無法控制會配到堆積中的哪一塊記憶體位置。只會得到一個指向一塊記憶體的指標,它可能是堆積中的任何記憶體位址。

我們需要透過請求足夠的記憶體來處理這些題目的要求,這樣就可以回傳一個可以被所需值整除的記憶體位址。

假設我們正在請求一個 100 位元組的區塊,並且希望它從一個 16 的倍數的記憶體位址開始,需要取得多少額外的記憶體來確保我們能滿足這樣的限制呢?我們需要額外取得 15 個位元組。有了這 15 個位元組,加上這個 15 個位元組後面的另外 100 個位元組,就能取得能被 16 整除的記憶體位址,而可用空間是 100 個位元組。

我們可以這樣做：

```
1  void* aligned_malloc(size_t required_bytes, size_t alignment) {
2      int offset = alignment - 1;
3      void* p = (void*) malloc(required_bytes + offset);
4      void* q = (void*) (((size_t)(p) + offset) & ~(alignment - 1));
5      return q;
6  }
```

第 4 行有點複雜，我們來討論一下。假設 alignment 是 16，我們知道在 p 處的記憶體區塊的前 16 個記憶體位址中的一個必定能被 16 整除。使用 (p + 15) & 11 ... 10000，使我們按需求將位置開始處提前到這個位址。對 p + 15 的最後 4 位做 AND 0000 處理，可以保證這個新值可以被 16 整除（在原來的 p 處或者在後面的 15 個位址）。

這個解決方案是幾乎完美，除了一個大問題：我們要如何釋放記憶體？

在上面的例子中，我們已經額外取得了 15 個位元組，我們需要在釋放「實際」記憶體時也釋放它們。

我們可以利用（在「額外的」記憶體中）儲存整個區塊開始的位址來做到這一點。我們將把它儲存緊接在已對齊的區塊之前。當然，這代表著我們現在需要取得更多的額外記憶體來確保我們有足夠的空間來儲存這個指標。

因此，為了保證這個指標的對齊位址和需要的空間，我們需要取得額外的 alignment - 1 + sizeof(void*) 個位元組。

下面的程式碼實作了這種方法。

```
1  void* aligned_malloc(size_t required_bytes, size_t alignment) {
2      void* p1; // 初始區塊
3      void* p2; // 初始區塊中的已對齊區塊
4      int offset = alignment - 1 + sizeof(void*);
5      if ((p1 = (void*)malloc(required_bytes + offset)) == NULL) {
6          return NULL;
7      }
8      p2 = (void*)(((size_t)(p1) + offset) & ~(alignment - 1));
9      ((void **)p2)[-1] = p1;
10     return p2;
11 }
12
13 void aligned_free(void *p2) {
14     /* 為了一致性，我們使用與aligned_malloc函式中使用的相同名稱 */
15     void* p1 = ((void**)p2)[-1];
16     free(p1);
17 }
```

我們看看第 9 行和第 15 行中的指標計算。如果將 p2 視為 void★★（或一個由 void★ 組成的陣列），我們可以用 index - 1 來取得 p1。

在 aligned_free 中，我們將 p2 視為 aligned_malloc 回傳的同一個 p2。與之前說的一樣，我們知道 p1 的值（它指向整個區塊的開頭）儲存在 p2 的前方。透過釋放 p1，我們釋放了整個記憶體區塊。

12.11　2D Alloc：請用 C 寫一個名為 my2DAlloc 的函式，它的功能是建立一個二維陣列。請用最少的 malloc 呼叫次數，並確保可以透過 arr[i][j] 符號存取記憶體。

pg 216

解答

如您所知，二維陣列本質上是由陣列所組成的陣列。由於我們在陣列中使用指標，我們可以使用兩層指標來建立兩層陣列。

基本概念是建立一個由指標組成的一維陣列。然後，為了要儲存所有陣列索引，再建立一個新的一維陣列。這讓我們得到一個可以透過陣列索引存取的二維陣列。

下面的程式碼實作了這一點。

```
1    int** my2DAlloc(int rows, int cols) {
2       int** rowptr;
3       int i;
4       rowptr = (int**) malloc(rows * sizeof(int*));
5       for (i = 0; i < rows; i++)  {
6          rowptr[i] = (int*) malloc(cols * sizeof(int));
7       }
8        return rowptr;
9    }
```

請看一下在上面的程式碼中，我們是如何告訴 rowptr 每個索引的確切位置。下圖表示記憶體的結構配置。

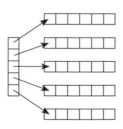

若要釋放這些記憶體，不能簡單地呼叫 rowptr 的 free。我們需要確保不僅僅只釋放第一個 malloc 呼叫所取得的記憶體，也要釋放每個後續呼叫所取得的記憶體。

```
1    void my2DDealloc(int** rowptr, int rows) {
2        for (i = 0; i < rows; i++) {
3            free(rowptr[i]);
4        }
5        free(rowptr);
6    }
```

比起取得的記憶體位於許多不同的區塊中（每一列是一個區塊，再加上一個用來說明每欄在哪的區塊），另外一個更好的方法是在一個連續的區塊中配置記憶體。從概念上講，若是一個有 5 列與 6 欄的二維陣列，會看起來像下圖。

如果用這種概念來看 2D 陣列看起來很奇怪（應該會覺得奇怪吧），但請您記住這與第一個圖從本質上來說沒有什麼不同。唯一的區別是記憶體位於一個連續的區塊中，因此我們的前五個（在本例中有五列）元素指向同一塊記憶體中的不同位置。

為了實作這個解決方案，我們要執行以下操作。

```
1    int** my2DAlloc(int rows, int cols) {
2        int i;
3        int header = rows * sizeof(int*);
4        int data = rows * cols * sizeof(int);
5        int** rowptr = (int**)malloc(header + data);
6        if (rowptr == NULL) return NULL;
7
8        int* buf = (int*) (rowptr + rows);
9        for (i = 0; i < rows; i++) {
10           rowptr[i] = buf + i * cols;
11       }
12       return rowptr;
13   }
```

您應該仔細觀察行號第 9 行到第 11 行發生了什麼事。如果我們的陣列有 5 列，每列 6 欄的話，則 array[0] 指到 array[5]，array[1] 指到 array[11]，以此類推。

然後，當我們實際呼叫 array[1][3] 時，電腦會先找到 array[1]，它是指向記憶體中另一個位置的指標，具體來說，就是指向 array[5] 的指標。這個元素代表屬於它自己的陣列，然後我們從它那裡取得第 3 個（索引從 0 開始索引）元素。

只用一次 malloc 呼叫建出陣列的附加好處，是讓我們可使用一次 free 呼叫就摧毀陣列，而不是必須使用一個特殊的函式才能釋放剩餘的資料區塊。

13

Java 的解決方案

13.1 **Private** 建構函式：從繼承的角度來看，讓建構函式保持 private 能達到什麼效果？

pg 220

解答

在類別 A 中將建構宣告為 private 代表著只有在可以存取 A 的私有方法的情況下才能存取（私有）建構函式。除了 A，還有誰可以存取 A 的私有方法和構造函式呢？A 的內部類別可以。另外，如果 A 是 Q 的內部類別（inner class），那麼 Q 的其他內部類別也可以。

這對繼承有直接的影響，因為子類別會呼叫父類別的建構函式。類別 A 可以被繼承，但是只能被它自己或它的父類別的內部類別繼承。

13.2 從 **Finally** 回傳：在 Java 中，如果我們在 try-catch-finally 的 try 區塊中插入一個 return 述句，finally 區塊會被執行嗎？

pg 220

解答

是的，它仍會被執行。在 try 區塊退出時會執行 finally 區塊。即使我們試圖從 try 區塊中離開（透過 return 述句、continue 述句、break 述句或任何異常），finally 區塊仍然會執行。

請注意，在某些情況下，finally 區塊不會被執行，例如：

- 如果虛擬機器在 try/catch 區塊執行期間退出。
- 如果正在執行 try/catch 區塊期間的執行緒被殺死。

13.3 以 **Final** 開頭的：final、finally 和 finalize 的差別是什麼？

pg 220

解答

儘管它們的名字聽起來很相似，但 final、finally 和 finalize 有非常不同的用途。一般來說，final 用於控制變數、方法或類別是否「可變」，finally 關鍵字用於 try/catch 區塊，以確保總是執行某一段程式碼。當垃圾收集器一旦確定沒有更多的參照存在，就會呼叫 finalize() 方法。

下面提供了關於這些關鍵字和方法的進一步詳細資訊。

final

final 述句根據上下文會有不同的意思。

- 當套用在一個變數（原形）上時：變數的值不能改變。

- 當套用在一個變數（參照）上時：參照變數不能指向堆積上的任何其他物件。

- 當套用在一個方法上時：不能覆寫該方法。

- 當套用在一個類別上時：類別不能被子類別化。

finally 關鍵字

在 try 區塊之後或 catch 區塊之後可放一個可選的 finally 區塊。finally 區塊中的述句一定會執行，即使拋出異常也一樣（除非 Java 虛擬機器在 try 區塊退出）。finally 區塊通常用來寫清理程式碼。它將在 try 和 catch 區塊之後並且在控制權轉移回程式的原始位置之前執行。

請看下面的例子。

```
1    public static String lem() {
2       System.out.println("lem");
3       return "return from lem";
4    }
5
6    public static String foo() {
7       int x = 0;
8       int y = 5;
9       try {
```

```
10      System.out.println("start try");
11      int b = y / x;
12      System.out.println("end try");
13      return "returned from try";
14   } catch (Exception ex) {
15      System.out.println("catch");
16      return lem() + " | returned from catch";
17   } finally {
18      System.out.println("finally");
19   }
20 }
21
22 public static void bar() {
23    System.out.println("start bar");
24    String v = foo();
25    System.out.println(v);
26    System.out.println("end bar");
27 }
28
29 public static void main(String[] args) {
30    bar();
31 }
```

這段程式碼的輸出如下：

```
1   start bar
2   start try
3   catch
4   lem
5   finally
6   return from lem | returned from catch
7   end bar
```

仔細查看輸出中的第 3 行到第 5 行。整個 catch 區塊被執行完後（包括 return 述句中的函式呼叫），接著執行 finally 區塊，最後是函式實際回傳。

finalize()

自動垃圾收集器在實際銷毀物件之前會呼叫 finalize() 方法。因此，類別可以覆寫來自 Object 類別的 finalize() 方法，以便在垃圾收集期間進行自訂行為。

```
1   protected void finalize() throws Throwable {
2      /* 關閉打開的文件，釋放資源等 */
3   }
```

13.4 泛型與範本：請解釋 C++ 中的範本與 Java 中的泛型之間的區別。

pg 220

解答

許多程式設計師認為範本和泛型本質上是等價的，因為它們都讓您可以執行 List<String> 之類的操作。但是，關於這兩種語言是怎麼做到這一點的，以及為什麼要做，差異很大。

Java 泛型的實作基於「類型擦除（type erasure）」的概念，這種技術在將原始程式碼被翻譯成 Java 虛擬機器（JVM）的 byte code 時擦除參數化類型。

例如，假設您有以下 Java 程式碼：

```
1   Vector<String>  vector = new Vector<String>();
2   vector.add(new String("hello"));
3   String  str = vector.get(0);
```

在編譯過程中，此段程式碼會被重寫為：

```
1   Vector vector = new Vector();
2   vector.add(new String("hello"));
3   String  str = (String) vector.get(0);
```

使用 Java 泛型並不會為我們增加什麼能力，它只是讓事情變得稍微好一點。因此，Java 泛型有時被稱為「語法糖」。

這與 C++ 有很大的不同。在 C++ 中，範本本質上是一個改良過的巨集集合，編譯器為每種類型建立範本程式碼的新副本。能證明這一點的理由是，MyClass<Foo> 的實例不會與 MyClass<Bar> 共用靜態變數。但是，MyClass<Foo> 的兩個實例將共用一個靜態變數。

為了說明這一點，請思考下面的程式碼：

```
1    /*** MyClass.h ***/
2   template<class T> class MyClass {
3    public:
4      static int val;
5      MyClass(int v) { val = v; }
6   };
7
8    /*** MyClass.cpp ***/
9   template<typename T>
10  int MyClass<T>::bar;
11
```

```
12  template class MyClass<Foo>;
13  template class MyClass<Bar>;
14
15  /*** main.cpp ***/
16  MyClass<Foo> * foo1 = new MyClass<Foo>(10);
17  MyClass<Foo> * foo2 = new MyClass<Foo>(15);
18  MyClass<Bar> * bar1 = new MyClass<Bar>(20);
19  MyClass<Bar> * bar2 = new MyClass<Bar>(35);
20
21  int f1 = foo1->val; // 等於15
22  int f2 = foo2->val; // 等於15
23  int b1 = bar1->val; // 等於15
24  int b2 = bar2->val; // 等於15
```

在 Java 中，MyClass 的實例之間均會共用靜態變數，和實例的參數類型無關。

Java 泛型和 C++ 範本還有許多其他的差別。這些包括：

- C++ 範本可以使用基本類型，比如 int。Java 不能使用基本類型，必須使用 Integer。

- 在 Java 中，可以將範本的類型參數限制為某種類型。例如，您可以使用泛型來實作 CardDeck 並指定類型參數必須是 CardGame 的擴展。

- 在 C++ 中，類型參數可以產生實體，而 Java 不支援這一點。

- 在 Java 中，類型參數（即 MyClass<Foo> 中的 Foo）不能在靜態方法中使用，也不能當成靜態變數，因為靜態方法和靜態變數將被 MyClass<Foo> 和 MyClass<Bar> 共用。在 C++ 中，這些類別是不同的，因此類型參數可以用於靜態方法和變數。

- 在 Java 中，MyClass 的所有實例，不管它們的類型參數是什麼，都是相同的類型。類型參數在執行時被擦除。在 C++ 中，具有不同類型參數的實例就是不同的類型。

請記住：雖然 Java 泛型和 C++ 範本在許多方面看起來一樣，但它們是非常不同的。

13.5 **TreeMap、HashMap、LinkedHashMap**：請解釋 TreeMap、HashMap 以及 LinkedHashMap 之間的區別。請為每一個提供一個例子，說明什麼時候用哪一個是最好的。

pg 220

解答

它們都提供鍵 -> 值映射和迭代鍵的功能。這些類別之間最重要的區別是執行時間上的保證和鍵的順序。

- HashMap 提供 O(1) 時間內的搜尋和插入。但是，如果對鍵做迭代的話，鍵的順序基本上是任意的。它是由鏈結串列組成的一個陣列所實作。

- TreeMap 提供 O(log N) 時間內的搜尋和插入。鍵是有序的，所以如果您需要依序迭代鍵，您是做得到的。這代表著鍵必須實作 Comparable 介面。TreeMap 是由紅黑樹（Red-Black）實作的。

- LinkedHashMap 提供 O(1) 時間內的搜尋和插入。鍵是按照它們的插入順序排列的。它是由雙鏈結串列桶實作的。

假設您將一個空的 TreeMap、HashMap 和 LinkedHashMap 傳遞到以下函式：

```
1   void insertAndPrint(AbstractMap<Integer, String> map) {
2       int[] array = {1, -1, 0};
3       for (int x : array) {
4           map.put(x, Integer.toString(x));
5       }
6
7       for (int k : map.keySet()) {
8           System.out.print(k + ", ");
9       }
10  }
```

每種方法的輸出如下所示。

HashMap	LinkedHashMap	TreeMap
（任意順序）	{1, -1, 0}	{-1, 0, 1}

非常重要：LinkedHashMap 和 TreeMap 的輸出必定與上面類似。在我自己的測試中，雖然 HashMap 的輸出是 {0, 1, -1}，但是它可能是任何順序，沒有保證順序。

在現實生活中您什麼時候需要有一定的順序？

- 假設您正在建立一個名稱到 Person 物件的映射。您可能希望定期按姓名的字母順序輸出人員名字，TreeMap 能為您做到這件事。

- TreeMap 還提供了一種方法，可根據您指定的名字，輸出排在該名字後面的 10 個人。這對於許多應用中的「顯示更多」功能可能很有用。

- 當您需要鍵的順序來匹配插入的順序時，LinkedHashMap 就能派上用場。當您想要在快取中刪除最舊的項目時，這可能很有用。

通常,除非有特別的理由,否則建議您使用 HashMap。特別的理由像是,如果需要按插入順序取回鍵,那麼請您使用 LinkedHashMap。如果您需要按真實 / 本身順序取得鍵,那麼請使用 TreeMap。否則,HashMap 可能是最好的。它通常更快,需要的花費更少。

13.6 物件反射(**Object Reflection**):請解釋在 Java 中的物件反射,以及為什麼它很好用。

pg 220

解答

物件反射是 Java 中的一個功能,它是一種取得關於 Java 類別和物件的反射資訊的方法,運作方式如下:

1. 在執行時期取得有關類別中出現的方法和欄位的資訊。

2. 建立類別的新實例。

3. 透過取得欄位參照直接取得和設定物件欄位,不需去管存取修飾符號是什麼。

下面的程式碼是一個物件反射的例子。

```
1   /* 參數 */
2   Object[] doubleArgs = new Object[] { 4.2, 3.9 };
3
4   /* 取得類別 */
5   Class rectangleDefinition = Class.forName("MyProj.Rectangle");
6
7   /* 等式:矩形矩形=新矩形(4.2,3.9); */
8   Class[] doubleArgsClass = new Class[] {double.class, double.class};
9   Constructor doubleArgsConstructor =
10     rectangleDefinition.getConstructor(doubleArgsClass);
11  Rectangle rectangle = (Rectangle) doubleArgsConstructor.newInstance(doubleArgs);
12
13  /* 等式:Double area=rectangle.area(); */
14  Method m = rectangleDefinition.getDeclaredMethod("area");
15  Double area = (Double) m.invoke(rectangle);
```

上面的程式碼等效於:

```
1   Rectangle rectangle = new Rectangle(4.2, 3.9);
2   Double area = rectangle.area();
```

為什麼物件反射是有用的東西？

當然，在上面的例子中，它看起來似乎不是很有用，但是反射在某些情況下非常有用，主要有三個原因：

1. 它可以幫助您觀察或操作應用程式的執行時期行為。

2. 它可以幫助您除錯或測試程式，因為您可以直接存取方法、建構函式和欄位。

3. 如果事先不知道方法是什麼，也可以按名稱呼叫方法。例如，我們可以讓使用者傳入類別名稱、建構函式的參數和一個方法名稱。然後，我們可以使用這些資訊建立一個物件並呼叫一個方法。在沒有反射的情況下需要一系列複雜的 if 述句才能做到這些操作（如果做的到的話）。

13.7 **Lambda 表 達 式**：Country（ 國 家 ） 類 別 擁 有 能 取 得 所 在 洲 的 getContinent() 和取得國家人口的 getPopulation() 方法。請寫一個 int getPopulation(List<Country> countries, String continent) 函式，這個函式的參數是該洲所有國家的串列和該洲的名稱，功能是計算一個指定洲的總人口數。

pg 221

解答

這個問題分為兩部分。首先，我們需要生成北美洲國家的串列。然後，我們需要計算它們的總人口。

在不使用 lambda 表達式的情況下，這是相當容易做到的。

```
1   int getPopulation(List<Country> countries, String continent) {
2     int sum = 0;
3     for (Country c : countries) {
4       if (c.getContinent().equals(continent)) {
5         sum += c.getPopulation();
6       }
7     }
8     return sum;
9   }
```

為了改用 lambda 表達式實作它，我們把它拆分成多個部分。

首先，使用 filter 獲得指定洲上的國家串列。

```
1   Stream<Country> northAmerica = countries.stream().filter(
2       country -> { return country.getContinent().equals(continent);}
3   );
```

其次，使用 map 將其轉換為一個人口串列。

```
1   Stream<Integer> populations = northAmerica.map(
2       c -> c.getPopulation()
3   );
```

第三步，也是最後一步，我們要使用 reduce 計算人口總和。

```
1   int population = populations.reduce(0, (a, b) -> a + b);
```

下面這個函式將把這些步驟組合在一起。

```
1   int getPopulation(List<Country> countries, String continent) {
2       /* 過濾出國家 */
3       Stream<Country> sublist = countries.stream().filter(
4           country -> { return country.getContinent().equals(continent);}
5       );
6
7       /* 轉換為人口串列 */
8       Stream<Integer> populations = sublist.map(
9           c -> c.getPopulation()
10      );
11
12      /* 加總串列 */
13      int population = populations.reduce(0, (a, b) -> a + b);
14      return population;
15  }
```

或者，基於此問題的特性，我們實際上可以完全刪除 filter。reduce 在操作時可以將不在正確洲的國家的人口映射為零。這將有效地忽視指定洲以外的國家。

```
1   int getPopulation(List<Country> countries, String continent) {
2       Stream<Integer> populations = countries.stream().map(
3           c -> c.getContinent().equals(continent) ? c.getPopulation() : 0);
4       return populations.reduce(0, (a, b) -> a + b);
5   }
```

Lambda 函式是 Java 8 的新功能，所以如果您不認識它們，這可能就是原因。現在正是瞭解它們的好時機！

13.8 **Lambda 隨機函式**：請使用 Lambda 表達式去寫一個 List<Integer> getRandomSubset(List<Integer> list) 函式，這個函式會回傳任意大小的隨機子集，所有的子集合（包括空集合）被選中的機會都應該均等。

pg 221

解答

您很容易會想用這樣的方法解決這個問題：從 0 到 N 中選擇出子集合的大小，然後生成那個大小的隨機子集合。

但這會產生了兩個問題：

1. 我們必須考慮機率的問題。如果 N > 1，那麼大小為 N/2 的子集合比大小為 N 的子集合（必定只有一個子集合）要多。

2. 實際上，生成指定大小的子集合（例如，10 個）比生成任意大小的子集合更困難。

與其根據大小生成一個子集合，不如讓我們切換到元素的層級來思考它（事實上，當被告知要使用 lambda 時，實際上也暗示我們應該思考對元素進行某種迭代或把所有元素處理過一遍）。

假設我們迭代 {1, 2, 3} 來生成一個子集合，那麼 1 要不要屬於這個子集合呢？

我們有兩個選擇：要或不要。我們需要依據包含 1 的子集合的百分比去權衡「是」和「不是」的機率。那麼，集合中元素有 1 的百分比是多少？

對於任何特定的元素，包含元素的子集合與不包含元素的子集合一樣多，比方以下的情況：

```
{}          {1}
{2}         {1, 2}
{3}         {1, 3}
{2, 3}      {1, 2, 3}
```

注意左邊和右邊的子集合之間的差別是裡面是否包含 1。左邊和右邊必定有相同數量的子集合，因為我們只要加入一個元素，就可以把一邊的子集合變成另一邊的子集合。

這代表著，我們可以透過迭代串列並擲硬幣（即以 50/50 的機率決定是否每個元素是否在其中）來生成一個隨機子集合。

如果不用 lambda 表達式，我們可以這樣寫：

```
1   List<Integer> getRandomSubset(List<Integer> list) {
2      List<Integer> subset = new ArrayList<Integer>();
3      Random random = new Random();
4      for (int item : list) {
5         /* 擲硬幣 */
6         if (random.nextBoolean()) {
7            subset.add(item);
8         }
9      }
10     return subset;
11  }
```

若要使用 lambda 表達式實作這種方法，我們可以像下面這樣做：

```
1   List<Integer> getRandomSubset(List<Integer> list) {
2      Random random = new Random();
3      List<Integer> subset = list.stream().filter(
4         k -> { return random.nextBoolean(); /* 擲硬幣 */
5      }).collect(Collectors.toList());
6      return subset;
7   }
```

或者，我們可以使用一個會回傳 true 或 false 的函式來做（在類別或函式中定義）：

```
1   Random random = new Random();
2   Predicate<Object> flipCoin = o -> {
3      return random.nextBoolean();
4   };
5
6   List<Integer> getRandomSubset(List<Integer> list) {
7      List<Integer> subset = list.stream().filter(flipCoin).
8         collect(Collectors.toList());
9      return subset;
10  }
```

這個實作的好處是我們現在可以在其他地方套用 flipCoin。

14

資料庫的解決方案

問題 1 到 3 會用到以下資料庫：

Apartments（公寓）	
AptID	int
UnitNumber	varchar(10)
BuildingID	int

Buildings（建築）	
BuildingID	int
ComplexID	int
BuildingName	varchar(100)
Address	varchar(500)

Requests（承租狀態）	
RequestID	int
Status	varchar(100)
AptID	int
Description	varchar(500)

Complexes（集合住宅）	
ComplexID	int
ComplexName	varchar(100)

AptTenants（公寓 – 承租人）	
TenantID	int
AptID	int

Tenants（承租人）	
TenantID	int
TenantName	varchar(100)

請注意，每個公寓可以有多個承租人，每個承租人可以承租多個公寓。每個公寓屬於一個建築，每個建築屬於一個集合住宅。

14.1 多套公寓：請寫一個 SQL 查詢，以取得租用多套公寓的所有承租人。

pg 227

解答

要實作這個，我們可以使用 HAVING 和 GROUP BY 子句，然後用承租人做 INNER JOIN。

```
1    SELECT TenantName
2    FROM Tenants
3    INNER JOIN
4      (SELECT TenantID FROM AptTenants GROUP BY TenantID HAVING count(*) > 1) C
5    ON Tenants.TenantID = C.TenantID
```

您在面試時（或實際生活中）中只要寫到 GROUP BY 子句時，請確保 SELECT 子句中的任何內容都是聚合函式或被包含在 GROUP BY 子句中。

14.2 查詢可承租公寓：請寫一個 SQL 查詢來獲得所有建築的列表，和所有可承租公寓的數量（取得 status 等於 'Open' 的公寓）。

pg 227

解答

這個問題中為求獲得建築 ID 列表和可開放承租的數量，直接 JOIN 了 Requests 和 Apartments。一旦我們得到這個列表後，我們再一次將它與 Buildings 做 JOIN。

```
1   SELECT BuildingName, ISNULL(Count, 0) as 'Count'
2   FROM Buildings
3   LEFT JOIN
4     (SELECT Apartments.BuildingID, count(*) as 'Count'
5      FROM Requests INNER JOIN Apartments
6      ON Requests.AptID = Apartments.AptID
7      WHERE Requests.Status = 'Open'
8      GROUP BY Apartments.BuildingID) ReqCounts
9   ON ReqCounts.BuildingID = Buildings.BuildingID
```

像這樣的查詢用到了一些應該要進行徹底的測試子查詢，即使要動手寫程式碼也值得。先測試查詢的 inner 部分，然後再測試 outer 部分可能會有幫助。

14.3 關閉所有請求：11 號建築正在進行大的翻新工程，請實作一個查詢來關閉此建築中所有公寓的承租狀態。

pg 227

解答

與 SELECT 查詢一樣，UPDATE 查詢中也可以包含 WHERE 子句。為了實作這個查詢，我們要先取得了 11 號建築內所有公寓 ID 的列表，然後再對這些公寓更新請求。

```
1   UPDATE Requests
2   SET Status = 'Closed'
3   WHERE AptID IN (SELECT AptID FROM Apartments WHERE BuildingID = 11)
```

14.4 JOIN：有哪些不同的 JOIN 類型？請解釋它們的不同之處，以及為什麼某些 JOIN 類型更適合某些情況。

pg 227

解答

JOIN 用於合併兩個資料表的結果。若要執行 JOIN，每個表必須至少有一個欄位，這個欄位可以到另一個表中搜尋匹配的記錄。不同的 JOIN 類型定義了哪些記錄將進入結果集合。

我們以兩個資料表為例：一個資料表列出「一般」飲料，另一個資料表列出無熱量飲料。每個資料表有兩個欄位：飲料名稱（Name）及其產品代碼（Code）。「Code」欄位將被拿去做搜尋匹配。

一般的飲料：

Name	Code
Budweiser	BUDWEISER
Coca-Cola	COCACOLA
Pepsi	PEPSI

無熱量飲料：

Name	Code
Diet Coca-Cola	COCACOLA
Fresca	FRESCA
Diet Pepsi	PEPSI
Pepsi Light	PEPSI
Purified Water	Water

如果想要對無熱量飲料做 JOIN，我們有很多種 JOIN 可選擇。下面將討論這些不同的 JOIN。

- INNER JOIN：結果集合只包含與條件匹配的資料。在我們的範例中，我們將獲得三條記錄：Code 是 COCACOLA 的一條記錄，與 Code 是百事可樂兩條記錄。

- OUTER JOIN：OUTER JOIN 將始終包含 INNER JOIN 的結果，但它也包含在另一個表中沒有匹配記錄的一些記錄。OUTER JOIN 分為以下子類型：

  » LEFT OUTER JOIN，或只寫成 LEFT JOIN：結果將包含左方資料表中的所有記錄。如果在右方資料表中沒有找到匹配的記錄，那麼它的欄位將包含 NULL。在我們的例子中，我們將得到 4 條記錄。這 4 條記錄包含 INNER JOIN 結果之外，還會列出 BUDWEISER，因為它在左方資料表中。

  » RIGHT OUTER JOIN，或只寫成 RIGHT JOIN：這種類型的連接是 LEFT JOIN 的對立面。它將包含來自右方資料表的每個記錄；左方資料表中缺少的欄位將為 NULL。注意，如果我們有兩個資料表，A 和 B，那麼我們可以說，述句 A LEFT JOIN B 等價於述句 B RIGHT JOIN A。以上面的範例來說，我們將獲得 5 條記錄。這 5 條記錄包含 INNER JOIN 結果之外，還將列出 FRESCA 和 WATER 記錄。

» *FULL OUTER JOIN：這種類型的連接結合了 LEFT JOIN 和 RIGHT JOIN 的結果。無論另一個表中是否存在匹配的記錄，這兩個表中的所有記錄都將被包含在結果集合中。如果沒有找到匹配的記錄，那麼相應的結果欄位將為 NULL。以我們的範例來說，我們將獲得 6 條記錄。

14.5　去正規化：什麼是去正規化？請解釋利弊。

pg 227

解答

去正規化是一種資料庫優化技術，是將冗餘資料加入到一個或多個資料表中。這可以幫助我們避免在關聯式資料庫中做昂貴的 JOIN。

相比之下，在傳統的正規化資料庫中，我們將資料儲存在單獨的邏輯資料表中，並試圖最小化冗餘資料。我們追求資料庫中的每個資料片段只有一個副本。

例如，在正規化資料庫中，可能有一個 Courses（課程）資料表和一個 Teachers（老師）資料表。Courses 中的每個條目將儲存 Course（一堂課）的 teacherID（老師 ID），而不是其老師名稱。當我們需要檢索特定老師教了些什麼課時，會在這兩個資料表之間執行 JOIN。

對某些方面來說這很棒；例如一個老師若改了他或她的名字，我們只需要在一個地方更新他或她的名字。

缺點是如果資料表很大，對資料表做 JOIN 時，可能會花費不必要的時間。

那麼，去正規化達成一種折衷。在去正規化的情況下，我們決定接受一些冗餘資料的存在和一些額外的工作來更新資料庫，以獲得更少 JOIN 的效率優勢。

去正規化的缺點	去正規化的優點
更新和插入資料成本變高。	由於減少了 JOIN，所以取得資料更快。
去正規化可能導致更新或插入資料的程式碼變得難寫。	因為我們需要查看的資料表更少了，所以用來取得資料的查詢變得比較簡單（減少了產生 bug 的機會）。
資料可能產生不一致的情況，那一個資料版本才是對的呢？	
資料冗餘導致需要更多儲存空間。	

在需要可擴縮性的系統中，就像任何大型技術公司一樣，我們幾乎總是同時使用正規化和非正規化資料庫。

14.6 **實體關係圖**：請為一個資料庫繪製實體關係圖，其中包含公司、人員和專業人員（為公司工作的人員）。

pg 227

解答

在公司工作的人都是專業人員。因此在人員和專業人員之間存在著一種 ISA（「is a」）關係（或者我們可以說，專業人員是人員的一種派生）。

除了從人員身上得到的屬性外，每個專業人員還擁有學位和工作經驗等額外資訊。

一個專業人員在同一時間只能為一家公司工作（這是一種可能，建議您向面試官驗證這個假設），但是公司可以同時聘請許多專業人員。因此，在專業人員和公司之間存在著多對一的關係。這種「在哪間公司工作」的關係可以儲存雇傭的開始日期和薪水等屬性。這些屬性只有在我們將專業人員與公司聯繫起來時才有意義。

一個人員可以有多個電話號碼，這就是為什麼電話是一個多值屬性。

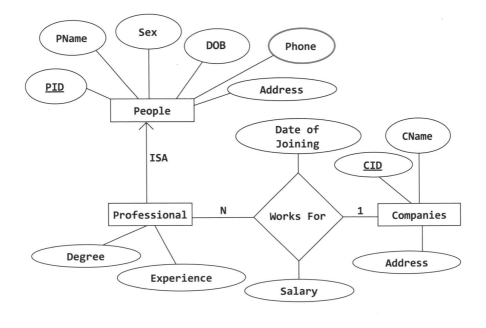

14.7 設計成績資料庫：請想像有一個儲存學生成績資訊的簡單資料庫，請設計這個
資料庫，並提供一個 SQL 查詢來回傳優等生（前 10%）的列表，回傳的資料
要按他們的平均成績排序。

pg 227

解答

在一個簡單的資料庫中，我們至少有三個種東西：Students（學生）、Courses（課
程）和 CourseEnrollment（選修課程）。Students 將至少包含學生姓名和學號，也可
能還有其他個人資訊。Courses 將包含課程名稱和 ID，並可能包含課程描述、教授和
其他資訊。CourseEnrollment 用於配對學生和課程，其中包含一個 CourseGrade（課
程成績）欄位。

Students	
StudentID	int
StudentName	varchar（100）
Address	varchar（500）

Courses	
CourseID	int
CourseName	varchar（100）
ProfessorID	int

CourseEnrollment	
CourseID	int
StudentID	int
Grade	float
Term	int

如果想要加入教授資訊、收費資訊和其他資料，這個資料庫可能會變得更加複雜。

若是使用 Microsoft SQL Server 的 TOP ... PERCENT 函式，我們可能會嘗試這樣（不正
確地）的查詢：

```
1   SELECT TOP 10 PERCENT AVG(CourseEnrollment.Grade) AS GPA,
2                                       CourseEnrollment.StudentID
3   FROM CourseEnrollment
4   GROUP BY CourseEnrollment.StudentID
5   ORDER BY AVG(CourseEnrollment.Grade)
```

上述程式碼的問題是,它將回傳依 GPA 排序的前 10% 的列。假設有 100 名學生,前 15 名學生的平均分都是 4 分。上面的函式只會回傳其中的 10 個學生,這並不是我們真正想要的。如果出現同分的情況,我們想取得所有成績排在前 10% 的學生,即使這代表著我們的優等生人數占全班的 10% 以上。

為了導正這個問題,我們可以建立類似於下面這個查詢的東西,但是首先要去掉 GPA。

```
1    DECLARE @GPACutOff float;
2    SET @GPACutOff = (SELECT min(GPA) as 'GPAMin' FROM (
3        SELECT TOP 10 PERCENT AVG(CourseEnrollment.Grade) AS GPA
4        FROM CourseEnrollment
5        GROUP BY CourseEnrollment.StudentID
6        ORDER BY GPA desc) Grades);
```

然後,一旦把 **@GPACutOff** 定義出來,那麼選取高於這個 GPA 的學生就相當簡單了。

```
1    SELECT StudentName, GPA
2    FROM (SELECT AVG(CourseEnrollment.Grade) AS GPA, CourseEnrollment.StudentID
3          FROM CourseEnrollment
4          GROUP BY CourseEnrollment.StudentID
5          HAVING AVG(CourseEnrollment.Grade) >= @GPACutOff) Honors
6    INNER JOIN Students ON Honors.StudentID = Student.StudentID
```

對於您所做的隱含假設要非常小心。如果您查看上面的資料庫描述,您會發現哪些潛在的錯誤假設?第一個是每門課程假設只由一位教授教學。在一些學校,一門課程可能由多位教授教學。

然而,您將需要做一些假設,否則您會把自己逼瘋。認知到您所做的假設比您實際所做的假設更重要。無論在現實世界還是在面試中,只要承認假設錯誤,就可以糾正錯誤的假設。

另外,請記住,靈活性和複雜度之間存在著不可兼得的關係。建立一個可以讓多位教授教學的課程系統確實增加了資料庫的靈活性,但也增加了它的複雜度。如果我們試圖使資料庫具有應付任何可能的情況的靈活性,我們最終得到的東西會非常複雜。

請使您的設計具有一定的靈活性,並宣告任何其他假設或限制。這不僅適用於資料庫設計,還適用於一般的物件導向設計和程式設計。

15

執行緒和鎖的解決方案

15.1 執行緒與程序：執行緒與程序的差別是什麼？

pg 236

解答

程序和執行緒雖然彼此相關，但從根本上來說是不同的東西。

可以將程序視為正在執行的程式的實例。程序是一個能取得系統資源（如 CPU 時間和記憶體）的獨立實體。每個程序在一個單獨的位址空間中執行，一個程序不能存取另一個程序的變數和資料結構。如果一個程序希望存取另一個程序的資源，則必須使用程序間通信。這些包括管道（pipe）、檔案、socket 和其他。

執行緒存在於程序中，共享程序的資源（包括堆積空間）。同一程序中的多個執行緒將共享相同的堆積空間。這一點與程序非常不同，因為程序無法直接存取另一個程序的記憶體。每個執行緒仍然有自己的暫存器和堆疊，但是其他執行緒可以讀寫它的堆積記憶體。

執行緒是程序的特定執行路徑。當一個執行緒修改一個程序資源時，它的兄弟執行緒可以立即看到修改。

15.2 上下文切換（Context Switch）：您如何衡量花在上下文切換上的時間？

pg 236

解答

這是一個棘手的問題，但讓我們從一個可能的解決方案開始。

上下文切換是指在兩個程序之間進行切換所花費的時間（例如，使一個本來在等待的程序進入執行，並將一個正在執行的程序發送到等待 / 終止狀態）。上下文切換發生在多工處理環境中，作業系統必須將等待執行的程序狀態資訊儲存到記憶體中，並儲存當前正在執行的程序的狀態資訊。

為了解決這一題，我們希望記錄參與交換的程序的最後一條和第一條指令的時間戳記，兩個程序之間的時間戳記的差值就是上下文切換時間。

讓我們舉一個簡單的例子：假設只有 P_1 和 P_2 兩個程序。

P_1 正在執行，P_2 正在等待執行。在某個時間點，作業系統必須交換 P_1 和 P_2（我們假設它發生在 P_1 的第 N 條指令處。如果 $t_{x,k}$ 表示程序 x 的第 k 條指令的時間戳記（以微秒為單位），那麼上下文切換將花費 $t_{2,1} - t_{1,n}$ 微秒。

棘手的部分是：我們如何知道這種交換何時發生？當然，我們不能記錄程序中每條指令的時間戳記。

另一個問題是，交換由作業系統的排程演算法控制，可能有許多核心執行緒也在執行上下文切換。其他程序可能爭奪 CPU 或核心處理中斷。這些無關的上下文切換使用者沒有任何控制權。例如，如果在 $t_{1,n}$ 時刻核心決定要處理一個中斷，那麼上下文切換時間就會被誇大。

為了克服這些障礙，我們必須先建構這樣一個環境：在 P_1 執行之後，任務排程器立即選擇 P_2 來執行。這可以透過在 P_1 和 P_2 之間構造一個資料通道（如管道）並讓兩個程序使用同一個資料權杖，像乒乓球遊戲般交互執行。

也就是說，讓 P_1 當初始的發送者，P_2 是接收者。最初，P_2 會因為等待資料權杖而被阻塞（休眠）。當 P_1 執行時，它透過資料通道將權杖傳遞給 P_2，並立即嘗試讀取回傳的權杖。但是，因為 P_2 還沒有機會執行，所以 P_1 得不到這樣的權杖，導致 P_1 程序被阻塞，所以此時 CPU 恢復自由之身。

由於上下文切換以及任務排程器必須選擇另一個程序來執行。由於 P_2 現在處於隨時可以執行的狀態，所以它是任務排程器的理想候選程序。當 P_2 執行時，P_1 和 P_2 的角色交換。P_2 現在充當發送方，P_1 充當被阻塞的接收方。當 P_2 向 P_1 回傳權杖時，遊戲結束。

總結步驟如下：

1. P_2 等待來自 P_1 的資料。

2. P_1 標記開始時間。

3. P_1 向 P_2 發送權杖。

4. P_1 嘗試從 P_2 讀取回傳權杖，此時發生上下文切換。

5. P$_2$ 被排程並接收權杖。

6. P$_2$ 向 P$_1$ 發送一個權杖。

7. P$_2$ 嘗試從 P$_1$ 讀取一個回傳權杖，此時發生上下文切換。

8. P$_1$ 被排程並接收權杖。

9. P$_1$ 標記結束時間。

關鍵是資料權杖的傳遞引發了上下文切換。設 T$_d$ 和 T$_r$ 分別為發送和接收資料權杖所花費的時間，T$_c$ 為上下文切換所花費的時間。P$_1$ 在第 2 步記錄交付權杖的時間戳記，在第 9 步記錄回應的時間戳記。這些事件之間經過的時間 T 可以表示為：

$$T = 2 * (T_d + T_c + T_r)$$

這個公式是由以下事件而來的：P$_1$ 發送一個權杖（3），CPU 上下文切換（4），P$_2$ 接收權杖（5）。然後 P$_2$ 發送回應權杖（6），CPU 上下文切換（7），最後 P$_1$ 接收權杖（8）。

P$_1$ 可以很容易地得到 T，因為 T 就是事件 3 和事件 8 之間的時間。因此，若要求 T$_c$ 的值，首先要確定 T$_d$ + T$_r$ 的值。

我們該怎麼做呢？我們可以透過測量 P$_1$ 向自身發送和接收權杖所花費的時間長度來求得 T$_d$ + T$_r$ 的值。這個動作不會引起上下文切換，因為 P$_1$ 在發送權杖時正在 CPU 上執行，接收權杖不會有阻塞的情況。

這個流程必須做好幾次，以去除第 2 步和第 9 步之間每次執行時間的差異，這些執行時間的差異可能是由於未預期的核心中斷和其他核心執行緒爭奪 CPU 造成的。我們選擇得到的最小上下文切換時間作為最終答案。

然而，我們最終只能說這是一個會因底層系統改變的近似值。例如，我們假設一旦資料權杖可用，排程器就會選擇 P$_2$ 來執行。然而，這取決於任務排程程式的實作，我們無法做任何保證。

沒關係，在面試中認知到您的解決方案可能並不完美是很重要的。

15.3 哲學家吃飯問題：在著名的哲學家吃飯問題中，一群哲學家圍坐在一張圓桌旁，每人之間放著一根筷子。哲學家需要兩根筷子才能吃飯，而且總是先拿左手筷子再拿右手筷子。如果所有的哲學家同時拿起左邊的筷子，可能會出現僵局。請使用執行緒和鎖，實作一個防止鎖死的哲學家吃飯問題的模擬。

pg 236

解答

首先，讓我們實作一個哲學家吃飯問題的簡單模擬，在這個模擬中暫且不關心鎖死的問題。我們可以透過使用 Philosopher 類別去擴展 Thread 類別來實作這個解決方案，並在拿起筷子時呼叫 lock.lock()，在放下筷子時呼叫 lock.unlock()。

```
1   class Chopstick {
2      private Lock lock;
3
4      public Chopstick() {
5         lock = new ReentrantLock();
6      }
7
8      public void pickUp() {
9         void lock.lock();
10     }
11
12     public void putDown() {
13        lock.unlock();
14     }
15  }
16
17  class Philosopher extends Thread {
18     private int bites = 10;
19     private Chopstick left, right;
20
21     public Philosopher(Chopstick left, Chopstick right) {
22        this.left = left;
23        this.right = right;
24     }
25
26     public void eat() {
27        pickUp();
28        chew();
29        putDown();
30     }
31
32     public void pickUp() {
33        left.pickUp();
```

```
34          right.pickUp();
35      }
36
37      public void chew() { }
38
39      public void putDown() {
40          right.putDown();
41          left.putDown();
42      }
43
44      public void run() {
45          for (int i = 0; i < bites; i++) {
46              eat();
47          }
48      }
49  }
```

如果所有的哲學家都擁有一根左邊的筷子，並且正在等待右邊的筷子，那麼執行上面的程式碼可能會導致一個鎖死的情況。

解決方案 #1：全部或無

為了防止鎖死，我們可以執行這樣一種策略：如果一個哲學家拿不到右邊的筷子，他就會放下左邊的筷子。

```
1   public class Chopstick {
2       /* 和之前一樣 */
3
4       public boolean pickUp() {
5           return lock.tryLock();
6       }
7   }
8
9   public class Philosopher extends Thread {
10      /* 和之前一樣 */
11
12      public void eat() {
13          if (pickUp()) {
14              chew();
15              putDown();
16          }
17      }
18
19      public boolean pickUp() {
20          /* 試圖拿筷子 */
21          if (!left.pickUp()) {
```

```
22         return false;
23      }
24      if (!right.pickUp()) {
25         left.putDown();
26         return false;
27      }
28      return true;
29   }
30 }
```

在上面的程式碼中，如果我們不能拿到右邊的筷子，我們需要放掉左邊的筷子；如果一開始就沒有筷子，我們就不能呼叫 putDown()。

這個解決方案的其中一個問題是，如果所有的哲學家都是完全同步的，他們可能同時拿起自己左手邊的筷子，卻無法拿到右手筷子，所以就再放下左手筷子的話，同樣的流程會一直重複。

解決方案 #2：為筷子標記優先權

或者，我們可以在筷子上標注一個從 0 到 N - 1 的數字。每個哲學家都會試圖先拿起編號較低的筷子。這本質上代表著每個哲學家都是先用左筷子再用右筷子（假設您是這麼標記優先權的），只有最後一個哲學家是反過來的，最後一個哲學家的行為將打破這個迴圈。

```
1  public class Philosopher extends Thread {
2     private int bites = 10;
3     private Chopstick lower, higher;
4     private int index;
5     public Philosopher(int i, Chopstick left, Chopstick right) {
6        index = i;
7        if (left.getNumber() < right.getNumber()) {
8           this.lower = left;
9           this.higher = right;
10       } else {
11          this.lower = right;
12          this.higher = left;
13       }
14    }
15
16    public void eat() {
17       pickUp();
18       chew();
19       putDown();
20    }
```

```
21
22    public void pickUp() {
23       lower.pickUp();
24       higher.pickUp();
25    }
26
27    public void chew() { ... }
28
29    public void putDown() {
30       higher.putDown();
31       lower.putDown();
32    }
33
34    public void run() {
35       for (int i = 0; i < bites; i++) {
36          eat();
37       }
38    }
39 }
40
41 public class Chopstick {
42    private Lock lock;
43    private int number;
44
45    public Chopstick(int n) {
46       lock = new ReentrantLock();
47       this.number = n;
48    }
49
50    public void pickUp() {
51       lock.lock();
52    }
53
54    public void putDown() {
55       lock.unlock();
56    }
57
58    public int getNumber() {
59       return number;
60    }
61 }
```

有了這個解決方案,哲學家拿到優先權較小的筷子後,就不會拿不到優先權較高的筷子。這就阻礙了迴圈發生的可能性,因為迴圈發生的要件,必須是握有一根優先權較高的筷子,然後又想要另一根優先權較低的筷子。

15.4 不會鎖死的類別：請設計一個只有在不會鎖死時才提供鎖的類別。

pg 236

解答

有幾種常見的方法可以防止鎖死。一種流行的方法是要求程序預先聲明它需要哪些鎖。然後，我們就可以驗證出這些鎖是否會產生鎖死，如果會，可以回應失敗。

考慮到這些限制後，讓我們研究如何檢測鎖死。假設這是請求的鎖的順序：

```
A = {1, 2, 3, 4}
B = {1, 3, 5}
C = {7, 5, 9, 2}
```

可能會出現以下情況造成鎖死：

```
A握有2，等待3
B握有3，等待5
C握有5，等待2
```

我們可以把它想像成一個圖，2 和 3 相連，3 和 5 相連，5 和 2 相連，如果存在迴圈的話就代表鎖死。如果一個程序聲明它將在鎖了 w 之後會立即請求鎖 v，則圖中存在一條邊 (w, v)。套用在前面的範例的話，那我們的圖存在以下的邊：(1, 2)、(2, 3)、(3, 4)、(1, 3)、(3, 5)、(7, 5)、(5, 9)、(9, 2)。而誰是邊的「所有者」並不重要。

這個類別需要一個 declare 方法，執行緒和程序將使用這個方法來聲明它們請求資源的順序。此 declare 方法將迭代聲明順序，將每個相連元素 (v, w) 加入到圖中，它將檢查是否產生了任何迴圈。如果產生了任何迴圈，它將回溯，從圖中刪除這些邊，然後退出。

我們還有最後一個元件要討論：要如何檢測迴圈？我們可以透過對每個存在連接的元件（即圖中每個連接部分）進行深度優先搜尋來檢測迴圈。雖然複雜度演算法能找出一個圖中的所有連接元件，但解決這個問題時並不需要計算複雜度。

我們知道，如果一個迴圈被創造出來，我們加入的某一個新邊肯定是罪魁禍首。因此，只要深度優先搜尋觸及了所有這些新的邊，那麼我們就知道已經完成迴圈搜尋了。

這種特殊情況下的迴圈檢測虛擬碼如下：

```
1   boolean checkForCycle(locks[] locks) {
2     touchedNodes = hash table(lock -> boolean)
3     initialize touchedNodes to false for each lock in locks
4     for each (lock x in process.locks) {
5       if (touchedNodes[x] == false) {
```

```
6            if (hasCycle(x, touchedNodes)) {
7                return true;
8            }
9        }
10    }
11    return false;
12 }
13
14 boolean hasCycle(node x, touchedNodes) {
15    touchedNodes[r] = true;
16    if (x.state == VISITING) {
17      return true;
18    } else if (x.state == FRESH) {
19      ... (see full code below)
20    }
21 }
```

在上面的程式碼中，請注意，我們可以執行多個深度優先的搜尋，但是 touchedNodes 只初始化一次。我們會一直迭代直到 touchedNodes 中的所有值都為 false。

下面的程式碼更詳細。為簡單起見，我們假設所有鎖和程序（所有者）都是按順序排列的。

```
1    class LockFactory {
2        private static LockFactory instance;
3
4        private int numberOfLocks = 5; /* 預設 */
5        private LockNode[] locks;
6
7        /* 從流程或所有者映射到所有者
8         * 聲稱將調用鎖的順序 */
9        private HashMap<Integer, LinkedList<LockNode>> lockOrder;
10
11       private LockFactory(int count) { ... }
12       public static LockFactory getInstance() { return instance; }
13
14       public static synchronized LockFactory initialize(int count) {
15         if (instance == null) instance = new LockFactory(count);
16         return instance;
17       }
18
19       public boolean hasCycle(HashMap<Integer, Boolean> touchedNodes,
20                               int[] resourcesInOrder) {
21         /* 檢查迴圈 */
22         for (int resource : resourcesInOrder) {
23           if (touchedNodes.get(resource) == false) {
24             LockNode n = locks[resource];
25             if (n.hasCycle(touchedNodes)) {
26               return true;
```

```
27              }
28          }
29      }
30      return false;
31  }
32
33  /* 為了防止鎖死，強制程序提前宣告它們需要的鎖的取得順序。
34   * 確認此順序不會造成鎖死
35   * （即有向圖中存在迴圈） */
36  public boolean declare(int ownerId, int[] resourcesInOrder) {
37      HashMap<Integer, Boolean> touchedNodes = new HashMap<Integer, Boolean>();
38
39      /* 將節點加入圖 */
40      int index = 1;
41      touchedNodes.put(resourcesInOrder[0], false);
42      for (index = 1; index < resourcesInOrder.length; index++) {
43          LockNode prev = locks[resourcesInOrder[index - 1]];
44          LockNode curr = locks[resourcesInOrder[index]];
45          prev.joinTo(curr);
46          touchedNodes.put(resourcesInOrder[index], false);
47      }
48
49      /* 如果我們造出了一個迴圈，就銷毀這個資源串列並回傳false */
50      if (hasCycle(touchedNodes, resourcesInOrder)) {
51          for (int j = 1; j < resourcesInOrder.length; j++) {
52              LockNode p = locks[resourcesInOrder[j - 1]];
53              LockNode c = locks[resourcesInOrder[j]];
54              p.remove(c);
55          }
56          return false;
57      }
58
59      /* 未檢測到迴圈。儲存已聲明的順序，
60       * 以便我們可以驗證程序確實按照它所說的
61       * 順序呼叫鎖 */
62      LinkedList<LockNode> list = new LinkedList<LockNode>();
63      for (int i = 0; i < resourcesInOrder.length; i++) {
64          LockNode resource = locks[resourcesInOrder[i]];
65          list.add(resource);
66      }
67      lockOrder.put(ownerId, list);
68
69      return true;
70  }
71
72  /* 取得鎖，首先驗證程序是否真的
73   * 依它所聲明的順序呼叫鎖 */
74  public Lock getLock(int ownerId, int resourceID) {
75      LinkedList<LockNode> list = lockOrder.get(ownerId);
76      if (list == null) return null;
```

```
77
78      LockNode head = list.getFirst();
79      if (head.getId() == resourceID) {
80         list.removeFirst();
81         return head.getLock();
82      }
83      return null;
84    }
85  }
86
87  public class LockNode {
88    public enum VisitState { FRESH, VISITING, VISITED };
89
90    private ArrayList<LockNode> children;
91    private int lockId;
92    private Lock lock;
93    private int maxLocks;
94
95    public LockNode(int id, int max) { ...     }
96
97    /* 將this連接到node，並檢查它是否造成了一個迴圈 */
98    public void joinTo(LockNode node) { children.add(node); }
99    public void remove(LockNode node) { children.remove(node); }
100
101   /* 透過深度優先搜尋來檢查迴圈 */
102   public boolean hasCycle(HashMap<Integer, Boolean> touchedNodes) {
103      VisitState[] visited = new VisitState[maxLocks];
104      for (int i = 0; i < maxLocks; i++) {
105         visited[i] = VisitState.FRESH;
106      }
107      return hasCycle(visited, touchedNodes);
108   }
109
110   private boolean hasCycle(VisitState[] visited,
111                          HashMap<Integer, Boolean> touchedNodes) {
112      if (touchedNodes.containsKey(lockId)) {
113         touchedNodes.put(lockId, true);
114      }
115
116      if (visited[lockId] == VisitState.VISITING) {
117         /* 當我們在探訪這個節點的同時又看到這個節點，
118          * 所以我們知道這裡有一個迴圈存在 */
119         return true;
120      } else if (visited[lockId] == VisitState.FRESH) {
121         visited[lockId] = VisitState.VISITING;
122         for (LockNode n : children) {
123            if (n.hasCycle(visited, touchedNodes)) {
124               return true;
125            }
126         }
```

```
127              visited[lockId] = VisitState.VISITED;
128          }
129       return false;
130    }
131
132    public Lock getLock() {
133       if (lock == null) lock = new ReentrantLock();
134       return lock;
135    }
136
137    public int getId() { return lockId; }
138 }
```

和往常一樣，當程式碼如此複雜冗長時，不會有人期望您把它們全部寫出來。您比較有可能被要求草擬出虛擬碼，並可能實作這些方法中的其中一個。

15.5 呼叫順序： 假設我們有以下程式碼：

```
public class Foo {
    public Foo() { ... }
    public void first() { ... }
    public void second() { ... }
    public void third() { ... }
}
```

Foo 的同一個實例將被傳遞給三個不同的執行緒。threadA 會呼叫 first、threadB 會呼叫 second、threadC 將會呼叫 third。請設計一種機制，確保 first 一定要在 second 前呼叫，second 一定要在 third 前呼叫。

pg 236

解答

解題的邏輯是檢查 first() 是否在執行 second() 之前完成，以及 second() 是否在呼叫 third() 之前完成。由於我們需要非常注意執行緒安全性，簡單的布林旗標無法完成這項工作。

像下面程式碼這樣使用一個鎖來做呢？

```
1   public class FooBad {
2      public int pauseTime = 1000;
3      public ReentrantLock lock1, lock2;
4
5      public FooBad() {
6         try {
7            lock1 = new ReentrantLock();
8            lock2 = new ReentrantLock();
```

```
9
10          lock1.lock();
11          lock2.lock();
12       } catch (...) { ... }
13    }
14
15    public void first() {
16       try {
17          ...
18          lock1.unlock(); // 標記first()已結束
19       } catch (...) { ... }
20    }
21
22    public void second() {
23       try {
24          lock1.lock(); // 等待first()結束
25          lock1.unlock();
26          ...
27
28          lock2.unlock(); // 標記second()已結束
29       } catch (...) { ... }
30    }
31
32    public void third() {
33       try {
34          lock2.lock(); // 等待second()結束
35          lock2.unlock();
36          ...
37       } catch (...) { ... }
38    }
39 }
```

礙於鎖的所有權的概念，這段程式碼實際上不能正常工作。當一個執行緒正在執行鎖的動作時（在 FooBad 建構函式中），另外的執行緒卻試圖解鎖。這個情況是不允許發生的，所以您的程式碼將引發異常，Java 中的鎖由鎖它的執行緒擁有。

相反地，我們可以用 semaphore 來做一樣的事。邏輯是一樣的。

```
1  public class Foo {
2     public Semaphore sem1, sem2;
3
4     public Foo() {
5        try {
6           sem1 = new Semaphore(1);
7           sem2 = new Semaphore(1);
8
9           sem1.acquire();
10          sem2.acquire();
11       } catch (...) { ... }
```

```
12      }
13
14      public void first() {
15          try {
16              ...
17              sem1.release();
18          } catch (...) { ... }
19      }
20
21      public void second() {
22          try {
23              sem1.acquire();
24              sem1.release();
25              ...
26              sem2.release();
27          } catch (...) { ... }
28      }
29
30      public void third() {
31          try {
32              sem2.acquire();
33              sem2.release();
34              ...
35          } catch (...) { ... }
36      }
37  }
```

15.6 同步方法：您的類別中有一個用 synchronized（同步）宣告的方法 A 和一個普通方法 B。如果一個程式的執行實例中有兩個執行緒，它們可以同時執行 A 嗎？它們可以同時執行 A 和 B 嗎？

pg 237

解答

將一個方法宣告為 synchronized，我們可以確保兩個執行緒不能同時在同一個物件實例上執行 synchronized 方法。

所以第一個問題的答案要看情況決定。如果兩個執行緒擁有相同的物件實例，那麼它們不能同時執行方法 A。但是，如果它們擁有不同的物件實例，則可以同時執行方法 A。

從概念上講，您可以用思考鎖的角度來瞭解這一點。同步方法會對物件實例中的所有同步方法加上一個「鎖」。這將阻止其他執行緒在該實例中執行同步方法。

對於第二個問題，我們被問到 thread1 是否可以執行同步的方法 A，而 thread2 是否可以執行非同步方法 B。因為 B 不是同步的，所以當 thread2 執行 B 時，沒有任何東西可以阻止 thread1 執行 A。這一描述在無論 thread1 和 thread2 是否具有相同的物件實例的情況下都是正確的。

最後，要記住的關鍵概念是每個物件實例只能執行一個同步方法。其他執行緒可以在該實例上執行非同步方法，也可以在物件的不同實例上執行任何方法。

15.7 FizzBuzz：在經典問題 FizzBuzz 中，您被告知要印出 1 到 n 的數字。然而，當數字能被 3 整除時，印出「Fizz」。當它能被 5 整除時，印出「Buzz」。當它能被 3 和 5 整除時，印出「FizzBuzz」。在解這個問題時，您被要求要以多執行緒的方式執行此操作。請實作具有四個執行緒的 FizzBuzz 的多執行緒版本。一個執行緒檢查是否能被 3 整除並印出「Fizz」。另一個執行緒負責 5 的可除性並印出「Buzz」。第三個執行緒負責 3 和 5 的可分性並印出「FizzBuzz」。第四個執行緒負責產生其他的數字。

pg 237

解答

讓我們從實作一個單執行緒版本的 FizzBuzz 開始。

單執行緒

雖然解這個問題（在單執行緒版本中）應該不難，但是很多面試者都將它複雜化了。他們尋找一些「漂亮解」，這些「漂亮解」企圖重複利用被 3 或 5 整除（Fizz 或 Buzz）的情況，套用到可以被 3 和 5 整除的情況（FizzBuzz）。

實際上，考慮到可讀性和效率，直接的解法就是最好的解法。

```
1   void fizzbuzz(int n) {
2     for (int i = 1; i <= n; i++) {
3       if (i % 3 == 0 && i % 5 == 0) {
4         System.out.println("FizzBuzz");
5       } else if (i % 3 == 0) {
6         System.out.println("Fizz");
7       } else if (i % 5 == 0) {
8         System.out.println("Buzz");
9       } else {
10        System.out.println(i);
11      }
12    }
13  }
```

首先要注意的是述句的順序。如果您把檢查 3 可否被整除的述句，放在檢查 3 和 5 被整除的述句之前，印出來的東西就不正確了。

多執行緒

若要用多執行緒解題，我們需要如下的結構：

FizzBuzz 執行緒	Fizz 執行緒
if i div by 3 && 5 　　print FizzBuzz 　　increment i repeat until i > n	if i div by only 3 　　print Fizz 　　increment i repeat until i > n

Buzz 執行緒	Number 執行緒
if i div by only 5 　　print Buzz 　　increment i repeat until i > n	if i not div by 3 or 5 　　print i 　　increment i repeat until i > n

依此結構寫出的程式碼如下：

```
1   while (true) {
2     if (current > max) {
3       return;
4     }
5     if (/* 檢查是否可被整除 */) {
6       System.out.println(/* 印出 */);
7       current++;
8     }
9   }
```

我們需要在迴圈中加入一些同步。否則，在第 2-4 行和第 5-8 行之間 current 的值可能被修改，我們可能會無意中超出迴圈的預期界限。此外，遞增行為在跨執行緒時不是安全的。

若要實際實作這個概念有許多種可行的辦法。一種可能是有四個完全獨立的執行緒類別，它們共用對當前變數的參照（可以封裝在物件中）。

每個執行緒裡的迴圈長相都十分相似，它們只是有不同的目標值和整除檢查，並印出不同的值。

	FizzBuzz	**Fizz**	**Buzz**	**Number**
current % 3 == 0	true	true	false	false
current % 5 == 0	true	false	true	false
to print	FizzBuzz	Fizz	Buzz	current

在大多數情況下，若想合併這些迴圈，可以設立「目標」參數和要印出的值來處理。但是，Number 執行者的輸出也要修改，因為它的輸出不是一個簡單的固定字串。

我們可以實作一個 FizzBuzzThread 類別來處理這些。建立一個 NumberThread 類別，讓它擴展 FizzBuzzThread 並覆蓋 print 方法。

```
1   Thread[] threads = {new FizzBuzzThread(true, true, n, "FizzBuzz"),
2                       new FizzBuzzThread(true, false, n, "Fizz"),
3                       new FizzBuzzThread(false, true, n, "Buzz"),
4                       new NumberThread(false, false, n)};
5   for (Thread thread : threads) {
6      thread.start();
7   }
8
9   public class FizzBuzzThread extends Thread {
10     private static Object lock = new Object();
11     protected static int current = 1;
12     private int max;
13     private boolean div3, div5;
14     private String toPrint;
15
16     public FizzBuzzThread(boolean div3, boolean div5, int max, String toPrint) {
17        this.div3 = div3;
18        this.div5 = div5;
19        this.max = max;
20        this.toPrint = toPrint;
21     }
22
23     public void print() {
24        System.out.println(toPrint);
25     }
26
27     public void run() {
28        while (true) {
29           synchronized (lock) {
30              if (current > max) {
31                 return;
32              }
33
34              if ((current % 3 == 0) == div3 &&
35                  (current % 5 == 0) == div5) {
```

```
36                print();
37                current++;
38            }
39        }
40    }
41  }
42 }
43
44 public class NumberThread extends FizzBuzzThread {
45    public NumberThread(boolean div3, boolean div5, int max) {
46        super(div3, div5, max, null);
47    }
48
49    public void print() {
50        System.out.println(current);
51    }
52 }
```

注意，我們需要將 current 和 max 的比較放在 if 述句之前，以確保只在 current 小於
或等於 max 時才印出值。

另外一種可能的解法是，如果我們使用的語言支援把 validate 方法以及 print 方法做
成參數（Java 8 和許多其他語言都支援），我們可以將 validate 方法以及 print 方法
作為參數傳入。

```
1  int n = 100;
2  Thread[] threads = {
3    new FBThread(i -> i % 3 == 0 && i % 5 == 0, i -> "FizzBuzz", n),
4    new FBThread(i -> i % 3 == 0 && i % 5 != 0, i -> "Fizz", n),
5    new FBThread(i -> i % 3 != 0 && i % 5 == 0, i -> "Buzz", n),
6    new FBThread(i -> i % 3 != 0 && i % 5 != 0, i -> Integer.toString(i), n)};
7  for (Thread thread : threads) {
8    thread.start();
9  }
10
11 public class FBThread extends Thread {
12    private static Object lock = new Object();
13    protected static int current = 1;
14    private int max;
15    private Predicate<Integer> validate;
16    private Function<Integer, String> printer;
17    int x = 1;
18
19    public FBThread(Predicate<Integer> validate,
20                    Function<Integer, String> printer, int max) {
21      this.validate = validate;
22      this.printer = printer;
23      this.max = max;
```

```
24        }
25
26     public void run() {
27        while (true) {
28           synchronized (lock) {
29              if (current > max) {
30                 return;
31              }
32              if (validate.test(current)) {
33                 System.out.println(printer.apply(current));
34                 current++;
35              }
36           }
37        }
38     }
39  }
```

當然，還有許多種其他的實作方法。

16

中等難度問題的解決方案

16.1　**數字交換**：請寫一個函式來 in place（即，不能用臨時變數）交換兩個變數中的數值。

pg 238

解答

這是一個經典的面試問題，而且相當簡單。我們將使用 a_0 來表示 a 的原始值，使用 b_0 來表示 b 的原始值。我們還將使用 diff 來表示 $a_0 - b_0$ 的值。

我們把 a > b 的情況畫在數字軸上。

第一步，我們要簡單地將 a 設定為 diff 值，即上面數字軸的右側那一段。然後把 b 和 diff 相加（並將該值儲存在 b 中），於是得到 a_0。現在我們的 b = a_0、a = diff，剩下的工作就是令 a = a_0 - diff，也就是 b - a。

下面的程式碼實作了這件事。

```
1   // 以a = 9，b = 4為例
2   a = a - b; // a = 9 - 4 = 5
3   b = a + b; // b = 5 + 4 = 9
4   a = b - a; // a = 9 - 5
```

我們可以用位元操作實作類似的解決方案，位元操作解決方案的優點是除了整數之外，它還適用於更多的資料類型。

```
1   // 以a = 101（二進位）和b = 110為例
2   a = a^b; // a = 101^110 = 011
3   b = a^b; // b = 011^110 = 101
4   a = a^b; // a = 011^101 = 110
```

這段程式碼使用多個 XOR。理解它的工作原理最簡單的方法就是去觀察一個特定的位元。如果能正確地交換兩個獨立的位元，那麼我們就知道整個操作是正確的。

假設有兩個位元 x 和 y，讓我們一行一行地看運作的情況。

1.　x = x ^ y

   這一行是在檢查 x 和 y 是否有不同的值。當且僅當 x != y 時，結果才會為 1。

2.　y = x ^ y

   等同於：y = { 如果原值相同為 0，不相同為 1} ^ {y 的原值 }

   請注意，與一個裝著 1 的位元做 XOR 的話，必定會使值翻轉，而與裝著 0 的位元做 XOR，則值不會改變。

   因此，當 x != y 時，如果我們令 y = 1 ^ {y 的原值 }，那麼 y 就會翻轉，從而得到 x 的原值。

   否則，如果 x == y，則 y = 0 ^ {y 的原值 } 且 y 的值不變。

   不管怎樣，y 都會等於 x 的初始值。

3.　x = x ^ y

   等同於：x = { 如果原值相同為 0，不相同為 1} ^ {x 的原值 }

   在此處，y 等於 x 的初始值。這一行和上一行是一樣的，只是換了不同的變數。

   如果值不同時 x = 1 ^ {x 的原值 }，x 會翻轉。

   如果值相同時 x = 0 ^ {x 的原值 }，x 不會改變。

這個操作會套用在每一位元上。因為它能正確地交換每個位元，所以它可正確地交換整個數字。

16.2　**單詞頻率**：請設計一種方法來找出一本書中任何指定單詞出現的頻率。如果我們需要多次執行這個演算法呢？

pg 238

解答

讓我們從簡單的情況開始。

解決方案：單次查看

在這種解法中，我們只需將書中的字一個字一個字地瀏覽，並計算一個單詞出現的次數。這將花費 O(n) 時間。我們知道不可能做得比這更好，因為不管用什麼方法做都必須看過書中的每一個字。

```
1    int getFrequency(String[] book, String word) {
2      word = word.trim().toLowerCase();
3      int count = 0;
4      for (String w : book) {
5        if (w.trim().toLowerCase().equals(word)) {
6          count++;
7        }
8      }
9      return count;
10   }
```

我們還將字串轉換為小寫字母並去除前後空白。您可以和面試官討論是否有必要（甚至您想要）這麼做。

解決方案：重複查看

如果我們需要重複地查詢單字數量，那麼我們可能會想用一些時間和額外的記憶體來對書進行預處理。我們可以建立一個雜湊表，從一個單詞映射到它出現的頻率。如此一來，任何單詞的頻率都可以很容易地在 O(1) 時間內搜尋到。程式碼如下所示。

```
1    HashMap<String, Integer> setupDictionary(String[] book) {
2      HashMap<String, Integer> table =
3        new HashMap<String, Integer>();
4      for (String word : book) {
5        word = word.toLowerCase();
6        if (word.trim() != "") {
7          if (!table.containsKey(word)) {
8            table.put(word, 0);
9          }
10           table.put(word, table.get(word) + 1);
```

```
11        }
12    }
13    return table;
14 }
15
16 int getFrequency(HashMap<String, Integer> table, String word) {
17    if (table == null || word == null) return -1;
18    word = word.toLowerCase();
19    if (table.containsKey(word)) {
20        return table.get(word);
21    }
22    return 0;
23 }
```

請注意，這種問題實際上是相對簡單的問題。因此，面試官會很看重您的謹慎程度。比方說，您檢查錯誤條件了嗎？

16.3　相交：給定兩個直線線段（以起點和終點表示），請計算相交點（如果有的話）。

pg 238

解答

這個問題在概念上並不難，但確很容易有漏洞，特別是在碰到平行或垂直線的時候。讓我們先排除兩條非平行線或垂直線的一般情況開始討論。請注意無線長的直線只要不是平行就必定會相交（當然，相交的點不一定會在線的哪一段）。

1. **先計算斜率和 y 軸截距：**將 (x_1, y_1) 和 (x_2, y_2) 值轉換為以 $y = mx + b$ 表示（其中 m 是斜率，b 是 y 軸截距），於是您可以得到 $y_1 = mx_1 + b$ 以及 $y_2 = mx_2 + b$。接下來，我們必須解出 m 和 b。舉例來說，(2, 5) 到 (9, 19) 的線段轉換出來的公式是 5 = 2m + b 和 19 = 9m + b，所以我們可以得到 m = 2 和 b = 1，線段公式為 $y = 2x + 1$。

2. **計算相交點：**舉例來說，假設有兩條線 $y = 2x + 1$ 和 $y = 3x - 4$，然後找出 x 和 y 相等處的值。也就是說把兩個公式相等（$y = 2x + 1 = 3x - 4$），然後再求 x。這個計算的結果告訴我們，兩線段相交的點在 x = 5，y = 11 的地方。

3. **計算它們的相交點是否在線段上：**我們已經由前面的計算得到相交點，所以只要找知道點 (p, q) 是否介於 (x_1, y_1) 與 (x_2, y_2) 之前即可。請注意，我們已知 (p, q) 會在無線延伸線上，但它實際會在線段上嗎？我們要檢查 p 是否介於 x_1 和 x_2 之間（而且 q 介於 y_1 和 y_2 之間）。總歸來說，線段就是無限延伸線中，坐落於兩個點之間的一段，如果一個點位於無線延伸段上，又是在兩個點中間的話，就

代表該點位於線段上。（請注意如果 p 在線段上，那 q 也會在線段上，所以我們只要檢查一 p 或 q 其中之一就可以了）我們只要各別檢驗這件事是否對兩條線段都成立即可。

現在問題已經很容易解決了，但若並到平行線或垂直線怎麼辦呢？

- **如果線是非垂直而且平行**：兩條平行線不可能相交，除非它們根本就是同一條線。所以，只要檢查兩條線的 y 軸截距是否相等就可以了。如果它們是同一條線，那您就必須檢查線段是否有重疊，也就是線段的起點或終點必需要另外一條線段上（也就是在兩點之間）。

- **如果線相互垂直**：可以一樣使用前面的檢查方法，只是要從檢查 y 軸截距是否相等，改為檢查 x 值是否相等。

- **如果其中一條線是垂直的，而另外一條不是**：前面的檢查非垂直、非平行的方法基本上可以用在這裡，不過，垂直線並不能用方程式 y = mx + b 來描述，而是要改用方程式 $x = x_1$。我們要將第 1 步和第 2 步改為使用這個方程式，但是整個檢查概念仍是一樣的。

現在可以開始寫演算法了（寫的時候請謹慎！）：

```
1   Point intersection(Point start1, Point end1, Point start2, Point end2) {
2       /* 計算線段（包括斜率和y軸截距）*/
3       Line line1 = new Line(start1, end1);
4       Line line2 = new Line(start2, end2);
5
6       /* 如果這兩條直線是平行的，那麼它們的無線延伸線的y軸截距必定相同
7        * y軸截距相同，則檢查其中一條線段的開始/結束點是否在另外一線段上 */
8       if (line1.slope == line2.slope) {
9           if (line1.yintercept != line2.yintercept) return null;
10
11          /* 檢查其中一條線段的開始/結束點是否在另外一線段上 */
12          if (isBetween(start1, start2, end1)) return start2;
13          else if (isBetween(start1, end2, end1)) return end2;
14          else if (isBetween(start2, start1, end2)) return start1;
15          else if (isBetween(start2, end1, end2)) return end1;
16          else return null;
17      }
18
19      /* C計算兩條無線延伸線相交的點，並檢查是否在線段範圍內 */
20
21      /* 取得交點的x坐標 */
22      double x;
23      if (line1.isVertical() || line2.isVertical()) {
24          x = line1.isVertical() ? line1.start.x : line2.start.x;
25      } else { /* 將方程式y=mx+b設為相等，以解出x */
```

```
26        x = (line2.yintercept - line1.yintercept) / (line1.slope - line2.slope);
27    }
28
29    /* 使用非垂直線算出交點的y坐標 */
30    double y = line1.isVertical() ? line2.getYFromX(x) : line1.getYFromX(x);
31
32    /* 我們現已得到無線延伸線的交點了，
33     * 檢查該點是否位於所有線段的範圍中 */
34    Point intersection = new Point(x, y);
35    if (isBetween(start1, intersection, end1) &&
36        isBetween(start2, intersection, end2)) {
37      return intersection;
38    }
39
40    return null;
41 }
42
43 /* 檢查middle是否在開始和結束點之間 */
44 boolean isBetween(double start, double middle, double end) {
45    if (start > end) {
46       return end <= middle && middle <= start;
47    } else {
48       return start <= middle && middle <= end;
49    }
50 }
51
52 /* 檢查middle是否在開始和結束點之間 */
53 boolean isBetween(Point start, Point middle, Point end) {
54    return isBetween(start.x, middle.x, end.x) &&
55           isBetween(start.y, middle.y, end.y);
56 }
57
58 public class Line {
59    public double slope, yintercept;
60    public Point start, end;
61
62    public Line(Point start, Point end) {
63       this.start = start;
64       this.end = end;
65       if (start.x == end.x) {
66          slope = Double.POSITIVE_INFINITY;
67          yintercept = Double.POSITIVE_INFINITY;
68       } else {
69          slope = (end.y - start.y) / (end.x - start.x);
70          yintercept = end.y - slope * end.x;
71       }
72    }
73
74    public boolean isVertical() {
75       return slope == Double.POSITIVE_INFINITY;
```

```
76      }
77
78      public double getYFromX(double x) {
79          if (isVertical()) {
80              return Double.POSITIVE_INFINITY;
81          }
82          return slope * x + yintercept;
83      }
84  }
```

為了保持簡單和簡潔（這能使程式碼更容易閱讀），我們選擇將 Line 中的變數設定為 public。您可以和面試官討論一下這種選擇的利弊。

16.4　井字遊戲：請設計一個演算法來計算某人是否贏了一場井字遊戲。

pg 238

解答

這個問題乍看似乎很簡單。我們只是在檢查一個井字遊戲棋盤；能有多難呢？事實證明，這個問題有點複雜，不存在一個「完美」的答案。最佳解決方案取決於您的偏好。

有幾個主要的設計決策需要思考：

1. 判斷勝利與否的 hasWon 只會被呼叫一次還是會被呼叫多次（例如，這是一個專門玩井字遊戲的網站）？如果是後者，我們要增加預處理時間來優化 hasWon 的執行時間。

2. 我們是否知道最後一步是什麼？

3. 井字遊戲通常在 3x3 的棋盤上進行。我們的設計目標只有 3x3 的棋盤，還是要將其實作為能適用 NxN 的棋盤？

4. 一般來說，需要重視程式碼的緊湊性和執行速度，或是重視程式碼的清晰度呢？請記住：最有效率的程式碼不一定是最好的，保持程式碼的易讀好維護也很重要。

解決方案 #1：如果 hasWon 被多次呼叫

井字遊戲的盤面只有 3^9（大約 20,000，假設是一個 3x3 的棋盤）種變化。因此，我們可以將我們的井字遊戲的盤面用一個 int 表示，每一個位數代表一格的狀態（0 表示空，1 表示紅，2 表示藍）。我們可預先設定一個雜湊表或陣列，把所有可能的盤面當作是鍵，值表示誰贏了。這樣一來，hasWon 函式就變得很簡單：

```
1   Piece hasWon(int board) {
2       return winnerHashtable[board];
3   }
```

若要將一個盤面（用一個 char 陣列表示）轉換成 int，我們可以使用基本的「3 進位」表示法。整個盤面可表示為 $3^0 v_0 + 3^1 v_1 + 3^2 v_2 + \cdots + 3^8 v_8$，如果該格為空，則 v_i 為 0；如果是「紅色」，v_i 為 1；如果是「藍色」，v_i 為 2。

```
1   enum Piece { Empty, Red, Blue };
2
3   int convertBoardToInt(Piece[][] board) {
4       int sum = 0;
5       for (int i = 0; i < board.length; i++) {
6           for (int j = 0; j < board[i].length; j++) {
7               /* enum中的每個值都有一個與之關聯的整數，
8                * 我們可以直接使用它 */
9               int value = board[i][j].ordinal();
10              sum = sum * 3 + value;
11          }
12      }
13      return sum;
14  }
```

現在只要在雜湊表中搜尋特定盤面的獲勝者就可以了。

當然，如果我們每次都需要將一個盤面轉換成這種格式，才能檢查出是否有贏家，那麼與其他解決方案相比，我們並沒有節省任何時間。但是，如果我們可以從一開始就以這種方式記憶盤面的話，那麼搜尋過程將非常有效率。

解決方案 #2：如果我們知道最後一步

如果我們知道現在這一步是最後一步（而且到這步之前都持續在檢查獲勝者），就只需要檢查與這個位置的列、欄和對角線即可。

```
1   Piece hasWon(Piece[][] board, int row, int column) {
2       if (board.length != board[0].length) return Piece.Empty;
3
4       Piece piece = board[row][column];
5
6       if (piece == Piece.Empty) return Piece.Empty;
7
8       if (hasWonRow(board, row) || hasWonColumn(board, column)) {
9           return piece;
10      }
11
12      if (row == column && hasWonDiagonal(board, 1)) {
13          return piece;
```

```
14      }
15
16      if (row == (board.length - column - 1) && hasWonDiagonal(board, -1)) {
17          return piece;
18      }
19
20      return Piece.Empty;
21  }
22
23  boolean hasWonRow(Piece[][] board, int row) {
24      for (int c = 1; c < board[row].length; c++) {
25          if (board[row][c] != board[row][0]) {
26              return false;
27          }
28      }
29      return true;
30  }
31
32  boolean hasWonColumn(Piece[][] board, int column) {
33      for (int r = 1; r < board.length; r++) {
34          if (board[r][column] != board[0][column]) {
35              return false;
36          }
37      }
38      return true;
39  }
40
41  boolean hasWonDiagonal(Piece[][] board, int direction) {
42      int row = 0;
43      int column = direction == 1 ? 0 : board.length - 1;
44      Piece first = board[0][column];
45      for (int i = 0; i < board.length; i++) {
46          if (board[row][column] != first) {
47              return false;
48          }
49          row += 1;
50          column += direction;
51      }
52      return true;
53  }
```

實際上，有一種方法可以刪除一些重複的程式碼，讓程式碼更乾淨。我們將在後面的函式中看到這種方法。

解決方案 #3：只設計 3×3 的棋盤

如果真的只實作一個 3×3 棋盤的解決方案，程式碼就會相對簡短和簡單。唯一複雜的部分是試圖儘量保持整潔和有組織，不撰寫太多的重複程式碼。

下面的程式碼檢查每一列、每一欄和對角線，以確定是否有贏家。

```
1   Piece hasWon(Piece[][] board) {
2       for (int i = 0; i < board.length; i++) {
3           /* 檢查列 */
4           if (hasWinner(board[i][0], board[i][1], board[i][2])) {
5               return board[i][0];
6           }
7
8           /* 檢查欄 */
9           if (hasWinner(board[0][i], board[1][i], board[2][i])) {
10              return board[0][i];
11          }
12      }
13
14      /* 檢查對角線 */
15      if (hasWinner(board[0][0], board[1][1], board[2][2])) {
16          return board[0][0];
17      }
18
19      if (hasWinner(board[0][2], board[1][1], board[2][0])) {
20          return board[0][2];
21      }
22
23      return Piece.Empty;
24  }
25
26  boolean hasWinner(Piece p1, Piece p2, Piece p3) {
27      if (p1 == Piece.Empty) {
28          return false;
29      }
30      return p1 == p2 && p2 == p3;
31  }
```

這是一個不錯的解決方案，因為它相對容易理解。但問題在於有些值是寫死在程式碼中的，很容易不小心就輸入了錯誤的索引。

此外，將其擴展到 N×N 棋盤並不容易。

解決方案 #4：設計 3×3 的棋盤

有許多方法實作 N×N 棋盤。

巢式的 *for* 迴圈

最直覺的方法是利用一系列巢式的 for 迴圈做。

```
1   Piece hasWon(Piece[][] board) {
2       int size = board.length;
3       if (board[0].length != size) return Piece.Empty;
4       Piece first;
5
6       /* 檢查列 */
7       for (int i = 0; i < size; i++) {
8           first = board[i][0];
9           if (first == Piece.Empty) continue;
10          for (int j = 1; j < size; j++) {
11              if (board[i][j] != first) {
12                  break;
13              } else if (j == size - 1) { // 最後一個元素
14                  return first;
15              }
16          }
17      }
18
19      /* 檢查欄 */
20      for (int i = 0; i < size; i++) {
21          first = board[0][i];
22          if (first == Piece.Empty) continue;
23          for (int j = 1; j < size; j++) {
24              if (board[j][i] != first) {
25                  break;
26              } else if (j == size - 1) { // 最後一個元素
27                  return first;
28              }
29          }
30      }
31
32      /* 檢查對角線 */
33      first = board[0][0];
34      if (first != Piece.Empty) {
35          for (int i = 1; i < size; i++) {
36              if (board[i][i] != first) {
37                  break;
38              } else if (i == size - 1) { // 最後一個元素
39                  return first;
40              }
41          }
42      }
43
44      first = board[0][size - 1];
45      if (first != Piece.Empty) {
46          for (int i = 1; i < size; i++) {
47              if (board[i][size - i - 1] != first) {
48                  break;
49              } else if (i == size - 1) { // 最後一個元素
50                  return first;
```

```
51          }
52        }
53      }
54
55      return Piece.Empty;
56  }
```

說這寫法是相當醜陋都還客氣了。幾乎每次都在做同樣的工作，我們應該尋找一種重用程式碼的方法。

遞增遞減函式

我們可以更好地重用程式碼的一種方法是將值傳遞給另一個會遞增 / 遞減列和欄的函式。hasWon 函式現在只需要初始位置和遞增 / 遞減多少列和欄的數量。

```
1   class Check {
2     public int row, column;
3     private int rowIncrement, columnIncrement;
4     public Check(int row, int column, int rowI, int colI) {
5        this.row = row;
6        this.column = column;
7        this.rowIncrement = rowI;
8        this.columnIncrement = colI;
9     }
10
11    public void increment() {
12       row += rowIncrement;
13       column += columnIncrement;
14    }
15
16    public boolean inBounds(int size) {
17       return row >= 0 && column >= 0 && row < size && column < size;
18    }
19  }
20
21  Piece hasWon(Piece[][] board) {
22    if (board.length != board[0].length) return Piece.Empty;
23    int size = board.length;
24
25    /* 建立要拿來檢查的一列東西 */
26    ArrayList<Check> instructions = new ArrayList<Check>();
27    for (int i = 0; i < board.length; i++) {
28      instructions.add(new Check(0, i, 1, 0));
29      instructions.add(new Check(i, 0, 0, 1));
30    }
31    instructions.add(new Check(0, 0, 1, 1));
32    instructions.add(new Check(0, size - 1, 1, -1));
33
```

```
34    /* 檢查 */
35    for (Check instr : instructions) {
36      Piece winner = hasWon(board, instr);
37      if (winner != Piece.Empty) {
38          return winner;
39      }
40    }
41    return Piece.Empty;
42  }
43
44  Piece hasWon(Piece[][] board, Check instr) {
45    Piece first = board[instr.row][instr.column];
46    while (instr.inBounds(board.length)) {
47      if (board[instr.row][instr.column] != first) {
48        return Piece.Empty;
49      }
50      instr.increment();
51    }
52    return first;
53  }
```

上面的 Check 函式本質上運作起來有如一個迭代器。

迭代器

當然，另一種方法是去真的建立一個迭代器。

```
1   Piece hasWon(Piece[][] board) {
2     if (board.length != board[0].length) return Piece.Empty;
3     int size = board.length;
4
5     ArrayList<PositionIterator> instructions = new ArrayList<PositionIterator>();
6     for (int i = 0; i < board.length; i++) {
7       instructions.add(new PositionIterator(new Position(0, i), 1, 0, size));
8       instructions.add(new PositionIterator(new Position(i, 0), 0, 1, size));
9     }
10    instructions.add(new PositionIterator(new Position(0, 0), 1, 1, size));
11    instructions.add(new PositionIterator(new Position(0, size - 1), 1, -1, size));
12
13    for (PositionIterator iterator : instructions) {
14      Piece winner = hasWon(board, iterator);
15      if (winner != Piece.Empty) {
16        return winner;
17      }
18    }
19    return Piece.Empty;
20  }
21
```

```
22  Piece hasWon(Piece[][] board, PositionIterator iterator) {
23      Position firstPosition = iterator.next();
24      Piece first = board[firstPosition.row][firstPosition.column];
25      while (iterator.hasNext()) {
26          Position position = iterator.next();
27          if (board[position.row][position.column] != first) {
28              return Piece.Empty;
29          }
30      }
31      return first;
32  }
33
34  class PositionIterator implements Iterator<Position> {
35      private int rowIncrement, colIncrement, size;
36      private Position current;
37
38      public PositionIterator(Position p, int rowIncrement,
39                              int colIncrement, int size) {
40          this.rowIncrement = rowIncrement;
41          this.colIncrement = colIncrement;
42          this.size = size;
43          current = new Position(p.row - rowIncrement, p.column - colIncrement);
44      }
45
46      @Override
47      public boolean hasNext() {
48          return current.row + rowIncrement < size &&
49                  current.column + colIncrement < size;
50      }
51
52      @Override
53      public Position next() {
54          current = new Position(current.row + rowIncrement,
55                                  current.column + colIncrement);
56          return current;
57      }
58  }
59
60  public class Position {
61      public int row, column;
62      public Position(int row, int column) {
63          this.row = row;
64          this.column = column;
65      }
66  }
```

上面這些程式碼可能做過頭了些，但是值得和您的面試官討論一下。這個問題的重點放在您是否知道如何以乾淨和可維護的方式撰寫程式碼。

16.5 階乘中的 0：請寫一個演算法，計算 n 的階乘尾部有多少個 0。

pg 238

解答

一種簡單的方法是計算階乘，然後重複地除以 10 來計算尾端 0 的數量。不過，這樣做的問題是很快就會超出 `int` 的界限。為了避免這個問題，我們可以從數學上看這個問題。

若有一個階乘，比如 19！：

    19! = 1*2*3*4*5*6*7*8*9*10*11*12*13*14*15*16*17*18*19

尾端的 0 是由 10 的倍數建立的，而 10 的倍數是用 5 的倍數和 2 的倍數建立的。

例如，在 19！中，以下項次會產生尾隨的零：

    19! = 2 * ... * 5 * ... * 10 * ... * 15 * 16 * ...

因此，為了計算 0 的個數，我們只需要計算有幾對 5 和 2 的倍數。然而，2 的倍數的數量總是大於 5 的倍數，所以只要數 5 的倍數就足夠了。

這裡有一個「陷阱」是 15 貢獻了 1 個 5 的倍數（因此造就了一個尾端 0），而 25 貢獻了 2 個 5（因為 25 = 5 * 5）。

有兩種不同的方式來撰寫這段程式碼。

第一種方法是迭代從 2 到 n 的所有數字，計算每個數字中 5 倍數的數量。

```
1    /* 如果數字是5的次方，就回傳它是5的幾次方。例如：5 -> 1、
2     * 25 -> 2…等 */
3    int factorsOf5(int i) {
4      int count = 0;
5      while (i % 5 == 0) {
6        count++;
7        i /= 5;
8      }
9      return count;
10   }
11
12   int countFactZeros(int num) {
13     int count = 0;
14     for (int i = 2; i <= num; i++) {
15       count += factorsOf5(i);
16     }
17     return count;
18   }
```

這解法還行，但是我們可以透過直接計算因數 5 的數量來提高效率。使用這種方法，首先計算 1 和 n 之間的 5 的倍數（即 n/5），然後計算 25 的倍數（n/25），然後是 125，依此類推。

為了計算 n 中 m 的倍數，我們可以直接用 n 除以 m。

```
1   int countFactZeros(int num) {
2      int count = 0;
3      if (num < 0) {
4         return -1;
5      }
6      for (int i = 5; num / i > 0; i *= 5) {
7         count += num / i;
8      }
9      return count;
10  }
```

這個問題有點像腦筋急轉彎，但是可以從邏輯上解決（如上所示）。透過思考到底什麼會產生 0，您可以想出一個解決方案。您應該在事前想清楚您的規則，這樣您就可以正確地執行它。

16.6　最小差值：給定兩個整數陣列，請計算所有值對（兩個陣列各取一個值）的最小（非負）差值，並回傳該差值。

範例

輸入：$\{1, 3, 15, 11, 2\}, \{23, 127, 235, 19, 8\}$

輸出：3，也就是 $(11, 8)$ 對的差值。

pg 238

解答

讓我們先從暴力解決方案開始。

暴力法

簡單的暴力法是迭代所有值對，計算其差值，並將其與當前的最小差值進行比較。

```
1   int findSmallestDifference(int[] array1, int[] array2) {
2      if (array1.length == 0 || array2.length == 0) return -1;
3
4      int min = Integer.MAX_VALUE;
5      for (int i = 0; i < array1.length; i++) {
6         for (int j = 0; j < array2.length; j++) {
7            if (Math.abs(array1[i] - array2[j]) < min) {
```

```
8                   min = Math.abs(array1[i] - array2[j]);
9              }
10         }
11     }
12     return min;
13 }
```

我們可以在這裡執行的一個小優化是，如果發現差值為 0，立即回傳，因為 0 是可能的差值中最小的。然而，根據輸入的不同，這個優化實際上執行時間還可能變得更慢一些。

這個過程會變快的唯一條件是，差值為 0 的對要位於配對串列的前面才行。因為若是加入這個優化，我們每次都要執行額外的一行程式碼，所以這是有代價的；對於某些輸入來說會變快，有些則變慢。若考慮到它會增加閱讀程式碼時複雜度，所以最好不要使用它。

不管有沒有這種「優化」，演算法都花費 O(AB) 時間。

最佳解

更好的方法是對陣列進行排序，一旦陣列被排序，我們就可以透過迭代陣列來找到最小的差異。

假設有以下兩個陣列：

```
A: {1, 2, 11, 15}
B: {4, 12, 19, 23, 127, 235}
```

請用以下的步驟做：

1. 假設一個指標 a 指向 A 的開頭，一個指標 b 指向 B 的開頭。目前 a 和 b 的差值是 3，把 3 儲存為最小值。

2. 我們要如何（若有可能）縮小這種差值？由於 b 點的值大於 a 點的值，所以移動 b 只會讓差值更大。因此，我們移動 a。

3. 現在 a 指向 2，b（仍然）指向 4，此時差值是 2，所以我們應該更新最小值。接著要移動 a，因為它比較小。

4. 現在 a 指向 11，b 指向 4。接著要移動 b。

5. 現在 a 指向 11，b 指向 12，更新最小值為 1。接著移動 b。

以此類推。

```
1    int findSmallestDifference(int[] array1, int[] array2) {
2      Arrays.sort(array1);
3      Arrays.sort(array2);
4      int a = 0;
5      int b = 0;
6      int difference = Integer.MAX_VALUE;
7      while (a < array1.length && b < array2.length) {
8        if (Math.abs(array1[a] - array2[b]) < difference) {
9          difference = Math.abs(array1[a] - array2[b]);
10       }
11
12       /* 移動較小的值 */
13       if (array1[a] < array2[b]) {
14         a++;
15       } else {
16         b++;
17       }
18     }
19     return difference;
20   }
```

這個演算法需要花費 O(A log A + B log B) 時間來排序，需要花費 O(A + B) 時間來找出最小的差異。因此，總共的執行時間是 (A log A + B log B)。

16.7　最大值：請寫一個方法，該方法能在兩個數間找出誰比較大。請不要使用 if-else 或任何其他比較運算子。

pg 239

解答

實作 max 函式的一種常見方法是查看 a - b 運算後的正負號。但對這個題目來說，雖然我們不能對這個正負號使用比較運算子，但是我們*可以*使用乘法。

我們用 k 代表 a - b 的正負號，如果 a - b >=0，那麼 k = 1。否則，k = 0。然後設 q 為 k 的反相。

我們可以將這個敘述實作成下方程式碼：

```
1    /* 將1變成0，0變成1 */
2    int flip(int bit) {
3      return 1^bit;
4    }
5
6    /* 如果a是正數回傳1；是負數，則回傳0 */
7    int sign(int a) {
8      return flip((a >> 31) & 0x1);
9    }
```

```
10
11   int getMaxNaive(int a, int b) {
12       int k = sign(a - b);
13       int q = flip(k);
14       return a * k + b * q;
15   }
```

這段程式碼已幾乎可以解決問題。不幸的是,當 a - b 發生溢位時,它就失敗了。例如,假設 a 是 INT_MAX - 2,b 是 -15。在這種情況下,a - b 將大於 INT_MAX,並發生溢位,導致產生負值。

我們可以用同樣的方法來解決這個問題。目標是當 a > b 時保持 k = 1 的狀態。想實作這一點需要使用更複雜的邏輯。

b 什麼時候會發生溢位?只有當 a 為正 b 為負或 b 為正 a 為負時,它才可能會發生溢位。雖然發生溢位的情況可能很難檢測出來,但是我們可以檢測出 a 和 b 的正負號不同。注意,如果 a 和 b 有不同的正負號,那麼我們希望 k 等於 sign(a)。

程式邏輯是這樣的:

```
1    if a and b have different signs:
2        // 如果a > 0,則b < 0,且k = 1
3        // 如果a < 0,則b > 0,且k = 0
4        // 不管怎樣,k = sign(a)
5        let k = sign(a)
6    else
7        let k = sign(a - b) // 不可能發生溢位
```

下面的程式碼實作了這個邏輯,使用乘法取代了 if 述句。

```
1    int getMax(int a, int b) {
2        int c = a - b;
3
4        int sa = sign(a); // 如果a >= 0,則1,否則0
5        int sb = sign(b); // 如果b >= 0,則1,否則0
6        int sc = sign(c); // 取決於a - b是否溢位
7
8        /* 目標:定義一個k值,如果a > b,k是1;如果a < b,k是0
9         * (如果a = b,k的值無關緊要) */
10
11       // 如果a和b的正負號不同,則k = sign(a)
12       int use_sign_of_a = sa ^ sb;
13
14       // 如果a和b的正負號相同,則k=sign(a - b)
15       int use_sign_of_c = flip(sa ^ sb);
16
```

```
17     int k = use_sign_of_a * sa + use_sign_of_c * sc;
18     int q = flip(k); // k的反向
19
20     return a * k + b * q;
21  }
```

注意，為了清晰起見，我們將程式碼分成許多不同的方法和變數。這當然不是最緊湊或最有效的寫法，但它確實使我們正在做的事情更有條理。

16.8 英文數字：給定任意整數，請印出一個描述該整數的英文短語（例如，「One Thousand, Two Hundred Thirty Four」）。

pg 239

解答

這不是一個特別具有挑戰性的問題，它是一個有點乏味的問題。重點在於您如何有組織地處理問題，並確保您能想出一個好的測試用例。

我們可以將類似 19,323,984 這樣的數字轉換為每三個數字一段，然後在適當的地方插入「千」和「百萬」，即：

convert(19,323,984) = convert(19) + " million " + convert(323) + " thousand " + convert(984)

下面的程式碼實作了這個演算法。

```
1   String[] smalls = {"Zero", "One", "Two", "Three", "Four", "Five", "Six", "Seven",
2      "Eight", "Nine", "Ten", "Eleven", "Twelve", "Thirteen", "Fourteen", "Fifteen",
3      "Sixteen", "Seventeen", "Eighteen", "Nineteen"};
4   String[] tens = {"", "", "Twenty", "Thirty", "Forty", "Fifty", "Sixty", "Seventy",
5      "Eighty", "Ninety"};
6   String[] bigs = {"", "Thousand", "Million", "Billion"};
7   String hundred = "Hundred";
8   String negative = "Negative";
9
10  String convert(int num) {
11     if (num == 0) {
12        return smalls[0];
13     } else if (num < 0) {
14        return negative + " " + convert(-1 * num);
15     }
16
17     LinkedList<String> parts = new LinkedList<String>();
18     int chunkCount = 0;
19
20     while (num > 0) {
```

```
21      if (num % 1000 != 0) {
22          String chunk = convertChunk(num % 1000) + " " + bigs[chunkCount];
23          parts.addFirst(chunk);
24      }
25      num /= 1000; // 整段移動
26      chunkCount++;
27    }
28
29    return listToString(parts);
30  }
31
32  String convertChunk(int number) {
33    LinkedList<String> parts = new LinkedList<String>();
34
35    /* 轉換百位 */
36    if (number >= 100) {
37      parts.addLast(smalls[number / 100]);
38      parts.addLast(hundred);
39      number %= 100;
40    }
41
42    /* 轉換十位 */
43    if (number >= 10 && number <= 19) {
44      parts.addLast(smalls[number]);
45    } else if (number >= 20) {
46      parts.addLast(tens[number / 10]);
47      number %= 10;
48    }
49
50    /* 轉換個位 */
51    if (number >= 1 && number <= 9) {
52      parts.addLast(smalls[number]);
53    }
54
55    return listToString(parts);
56  }
57  /* 將一個字串組成的鏈結串列轉換為一個字串，用空格分隔 */
58  String listToString(LinkedList<String> parts) {
59    StringBuilder sb = new StringBuilder();
60    while (parts.size() > 1) {
61      sb.append(parts.pop());
62      sb.append(" ");
63    }
64    sb.append(parts.pop());
65    return sb.toString();
66  }
```

解決這類問題的關鍵是要思考到所有的特殊情況，而特殊情況有很多種。

16.9 運算：請寫一個方法，只用加號運算子去實作整數的乘、減、除運算，出來的結果都要是整數。

pg 239

解答

我們唯一能使用的是加法運算子。對於其他的運算來說，我們必須深入思考這些運算真正做了些什麼，或者如何利用其他運算（加法或我們要完成的其他運算）來描述它們是很有用的。

減法

我們如何用加法來描述減法呢？這個很簡單。計算 a - b 就是 a + (-1) * b。但是，因為沒有 *（乘法）運算子可用，所以必須實作一個 negate（補數）函式。

```
1   /* 將正號轉為負號或負號轉為正號 */
2   int negate(int a) {
3     int neg = 0;
4     int newSign = a < 0 ? 1 : -1;
5     while (a != 0) {
6       neg += newSign;
7       a += newSign;
8     }
9     return neg;
10  }
11
12  /* 對兩個數做減法，可藉由將b轉為負值再相加 */
13  int minus(int a, int b) {
14    return a + negate(b);
15  }
```

值 k 的反向是用將 -1 累加 k 次來實作的。注意這將花費 O(k) 時間。

如果優化是此時的重點，我們可以試著讓 a 更快地歸零（我們是假設 a 是正的）。要做到這一點，我們可以先把 a 減 1，然後減 2，然後減 4，然後減 8，依此類推。把這個每次減去的值稱為 delta。由於我們想讓 a 恰好達到 0，所以當 a 下一次減法會改變 a 的正負號時，我們把 delta 重新設回 1，然後重複這個流程。

例如：

```
a:     29   28   26   22   14   13   11   7   6   4   0
delta: -1   -2   -4   -8   -1   -2   -4  -1  -2  -4
```

以下程式碼實作了這個演算法。

```
1   int negate(int a) {
2      int neg = 0;
3      int newSign = a < 0 ? 1 : -1;
4      int delta = newSign;
5      while (a != 0) {
6         boolean differentSigns = (a + delta > 0) != (a > 0);
7         if (a + delta != 0 && differentSigns) { // 如果delta過大，就重設它
8            delta = newSign;
9         }
10        neg += delta;
11        a += delta;
12        delta += delta; // 將delta加倍
13     }
14     return neg;
15  }
```

我們需要稍微計算一下，才能算出這裡的執行時間。

每次砍成一半需要 O(log a) 的工作時間。為什麼呢？對於每一輪「將 a 砍半」的動作，a 和 delta 的絕對值總是加上相同的數字。delta 和 a 的值在 ³⁄₂ 處收斂。因為每次都要加倍，所以需要 O(log a) 步才能達到 a 的一半。

以下動作要做 O(log a) 次。

1. 將 a 減少到 ³⁄₂ 需要 O(log a) 時間。

2. 將 ³⁄₂ 減少到 ³⁄₄ 需要 O(log ³⁄₂) 的時間。

3. 將 ³⁄₄ 減少到 ³⁄₈ 需要 O(log ³⁄₄) 的時間。

以此類推，直到 O(log a) 次。

執行時間是 O(log a + log(³⁄₂) + log(³⁄₄) + ...)，運算式中會有 O(log a) 項。

請回憶一下 log 的兩條規則：

*   log(xy)=log x + log y

*   log(ˣ⁄ᵧ)=log x - log y

如果我們把兩條規則套用到上面的運算式，會得到：

1. O(log a + log(³⁄₂) + log(³⁄₄)+ ...)

2. O(log a + (log a - log 2) + (log a - log 4) + (log a - log 8) + ...

3. O((log a) * (log a) - (log 2 + log 4 + log 8 + ... + log a)) // O(log a) 項

4. O((log a) * (log a)-(1 + 2 + 3 + ... + log a)) // 計算 log 的值

5. O((log a) * (log a)- $\frac{(\log a)(1+\log a)}{2}$ // 套用 1 加 k 求和的方程式

6. O((log a)²) // 刪除步驟 5 中第 2 項

因此，執行時間是 O((log a)²)。

這個數學問題比大多數人在面試中所能做（或被期望做）的要複雜得多。您可以做一個簡化：您需要做 O(log a) 輪，最長的一輪需要做 O(log a) 的工作。因此，作為一個上界，negate 需要 O((log a)²) 時間。在這種情況下，上界恰好是實際需要的時間。

還有一些更快的解決方案。例如，與其在每輪中將 delta 重置為 1，不如將 delta 修改為先前的值。這樣做將對 delta 產生一種效果：「增量」2 的倍數，然後「減量」2 的倍數。這種方法的執行時間是 O(log a)。但是，這種實作需要用到一個堆疊、一個除法或位元位移（這些中的任何一種方式都可能違反問題的限制），當然您也可以和面試官討論這些實作。

乘法

加法和乘法之間的關聯同樣簡單明瞭。要計算 a 乘以 b，我們只要把 a 加到自己 b 次即可。

```
1    /* 利用a加到自己上b次，來進行a乘b */
2    int multiply(int a, int b) {
3      if (a < b) {
4        return multiply(b, a); // 如果b < a的話演算法會執行的比較快
5      }
6      int sum = 0;
7      for (int i = abs(b); i > 0; i = minus(i, 1)) {
8        sum += a;
9      }
10     if (b < 0) {
11       sum = negate(sum);
12     }
13     return sum;
14   }
15
16   /* 回傳絕對值 */
17   int abs(int a) {
18     if (a < 0) {
19       return negate(a);
20     } else {
```

```
21        return a;
22    }
23 }
```

在上面的程式碼中，我們需要注意的一件事是正確處理負數的乘法。如果 b 是負的，我們需要翻轉 sum 的值。所以，這段程式碼真正做的是：

```
multiply(a, b) <-- abs(b) * a * (-1 if b < 0)
```

我們還實作了一個簡單的 abs 函式來幫助計算。

除法

在這三個運算中，除法無疑是最難的。好在我們現在可以使用 multiply、subtract 和 negate 來實作除法。

我們想要計算 x = $\frac{a}{b}$ 的 x，也就等於是要求移項後算式 a=bx 中的 x。代表我們已經把這個問題轉變成一個可以用已知的乘法來表達的問題。

我們可以透過將 b 乘以逐漸變高的值來實作，直到得到 a。這樣的做法是相當低效的，特別是思考到我們的乘法實作中需要做大量的加法。

或者也可以看看方程式 a = xb，我們可以透過不斷地把 b 加到自身來計算 x，直到得到 a，我們需要做的次數等於 x。

當然，a 不能被 b 整除，這沒關係。我們被要求實作的就是整數除法，它應該把結果截斷。

下面的程式碼實作了這個演算法。

```
1   int divide(int a, int b) throws java.lang.ArithmeticException {
2     if (b == 0) {
3        throw new java.lang.ArithmeticException("ERROR");
4     }
5     int absa = abs(a);
6     int absb = abs(b);
7
8     int product = 0;
9     int x = 0;
10    while (product + absb <= absa) { /* 不超過a */
11       product += absb;
12       x++;
13    }
14
```

```
15    if ((a < 0 && b < 0) || (a > 0 && b > 0)) {
16      return x;
17    } else {
18      return negate(x);
19    }
20  }
```

在處理這個問題時，您應該要注意以下各點：

- 回到思考乘法和除法的運作邏輯很好用。請記住這一點，所有（好的）面試問題都可以用一種有邏輯、有條理的方式來解決！

- 面試官要的就是看到你想出一個有邏輯的解法。

- 這是一個能展示您撰寫乾淨程式碼的能力的問題，特別是展示您重用程式碼的能力。舉例來說，如果您正在撰寫這個解決方案，但未將 negate 寫成獨立的方法，那麼一旦您察覺自己將多次使用它時，就應該將它移動到獨立的方法中。

- 在撰寫程式碼時要小心做出假設，不要假設所有的數都是正數或者 a 必定大於 b。

16.10 活著的人： 設定一群人的出生和死亡年份，實作一個可計算哪一個年份有最多人活著的方法。您可以假設所有的人都出生在 1900 年到 2000 年之間。如果一個人在那一年的任何時候還活著，他應該被包括在那一年的統計數字中。例如，某人（出生 = 1908 年，死亡 = 1909 年），那麼他就應被包含在 1908 年和 1909 年的計數中。

pg 239

解答

我們要做的第一件事是勾勒出這個解的樣子。由於面試問題描述中沒有具體說明輸入的形式，在真正的面試中，可以詢問面試官我們會得到怎樣的輸入。或者，您可以定出自己（合理的）的假設。

在此處，我們需要做出自己的假設。假設拿到的是一個簡單的 Person 物件陣列：

```
1  public class Person {
2    public int birth;
3    public int death;
4    public Person(int birthYear, int deathYear) {
5      birth = birthYear;
6      death = deathYear;
7    }
8  }
```

我們也可以給 Person 撰寫 getBirthYear() 和 getDeathYear() 方法。有些人會認為這是更好的風格，但為了程式碼的緊湊和清晰，我們將把變數設定為 public。

這裡重點是實際上要如何使用 Person 物件。這比用整數陣列裝載出生年份和死亡年份（births[i] 和 deaths[i] 之間存在隱含的關聯）更好。有鑑於您不會有很多機會展示優秀的程式碼風格，因此好好利用您獲得的機會是有價值的。

有了這些想法後，讓我們從暴力演算法開始。

暴力法

暴力演算法直接坦白面對問題的表述。我們需要找到活著的人最多的那一年。因此，我們每年都要檢查那一年有多少人活著。

```
1   int maxAliveYear(Person[] people, int min, int max) {
2     int maxAlive = 0;
3     int maxAliveYear = min;
4
5     for (int year = min; year <= max; year++) {
6       int alive = 0;
7       for (Person person : people) {
8         if (person.birth <= year && year <= person.death) {
9           alive++;
10        }
11      }
12      if (alive > maxAlive) {
13        maxAlive = alive;
14        maxAliveYear = year;
15      }
16    }
17
18    return maxAliveYear;
19  }
```

注意，我們傳入了最小年份（1900）和最大年份（2000）到方法中。我們不應該將這些值寫死在程式碼中。

演算法的執行時間是 O(RP)，其中 R 是年的範圍（本例中是 100 年），P 是人的數量。

稍微好一點的暴力法

一種稍微好一點的方法是建立一個陣列，我們要用該陣列中追蹤每年出生的人數。然後，我們要迭代由人組成的 list，並根據他們活著的年份增加陣列中的值。

```
1   int maxAliveYear(Person[] people, int min, int max) {
2     int[] years = createYearMap(people, min, max);
3     int best = getMaxIndex(years);
4     return best + min;
5   }
6
7   /* 將每個人的年份加入到年份對照陣列中 */
8   int[] createYearMap(Person[] people, int min, int max) {
9     int[] years = new int[max - min + 1];
10    for (Person person : people) {
11      incrementRange(years, person.birth - min, person.death - min);
12    }
13    return years;
14  }
15
16  /* 增加陣列中所有位於left和right之間的值 */
17  void incrementRange(int[] values, int left, int right) {
18    for (int i = left; i <= right; i++) {
19      values[i]++;
20    }
21  }
22
23  /* 取得陣列中最大元素的索引 */
24  int getMaxIndex(int[] values) {
25    int max = 0;
26    for (int i = 1; i < values.length; i++) {
27      if (values[i] > values[max]) {
28        max = i;
29      }
30    }
31    return max;
32  }
```

注意第 9 行中陣列的大小。如果從 1900 年到 2000 年包括在內，那就是 101 年，而不是 100 年。這就是為什麼陣列的大小是 max - min + 1。

我們把它分成幾部分來思考執行時間。

- 建立一個大小為 R 的陣列，橫跨最小到最大年份。

- 然後，對於 P 個人，我們迭代每個人活著的年份（Y）。

- 然後，再次迭代 R 大小的陣列。

總共的執行時間是 O(PY + R)。在最壞的情況下，Y 會等於 R，所以這個解法並沒有比第一個演算法好。

更優的解決方案

讓我們建立一個範例（事實上，建立例子幾乎對所有的問題都有幫助。理想情況下，您應該已經建立好一個例子了）。下面的每一欄都是匹配的，同一欄中的兩個數字是同一個人的出生和死亡年份。考量篇幅，年份的部份我們只寫最後兩位數字。

```
birth: 12  20  10  01  10  23  13  90  83  75
death: 15  90  98  72  98  82  98  98  99  94
```

值得注意的是，其實這些年份是否匹配並不重要。反正有一個人出生就增加人數，每一個人死亡就減去人數。

由於我們實際上出生和死亡不需要匹配，所以讓我們對兩者都進行排序。按年份排序有助於我們解決這個問題。

```
birth: 01  10  10  12  13  20  23  75  83  90
death: 15  72  82  90  94  98  98  98  98  99
```

我們可以試著一個個看過這些年份。

- 第 0 年，沒有人活著。

- 第 1 年，有一個嬰兒出生。

- 從第 2 年到第 9 年，什麼都沒發生。

- 我們跳到第 10 年，第 10 年有兩個孩子出生，所以現在活著的人有三個。

- 第 15 年，1 人死亡。現在只剩兩個人還活著。

- 以此類推。

如果我們用這種方式去迭代兩個陣列，就可以追蹤每個時間點上的存活人數。

```
1   int maxAliveYear(Person[] people, int min, int max) {
2     int[] births = getSortedYears(people, true);
3     int[] deaths = getSortedYears(people, false);
4
5     int birthIndex = 0;
6     int deathIndex = 0;
7     int currentlyAlive = 0;
8     int maxAlive = 0;
9     int maxAliveYear = min;
10
11    /* 迭代陣列 */
12    while (birthIndex < births.length) {
13      if (births[birthIndex] <= deaths[deathIndex]) {
14        currentlyAlive++; // 增加出生人數
```

```
15        if (currentlyAlive > maxAlive) {
16            maxAlive = currentlyAlive;
17            maxAliveYear = births[birthIndex];
18        }
19        birthIndex++; // 移動出生年索引
20    } else if (births[birthIndex] > deaths[deathIndex]) {
21        currentlyAlive--; // 減去死亡人數
22        deathIndex++; // 移動死亡年索引
23    }
24  }
25
26  return maxAliveYear;
27 }
28
29 /* 複製出生年份或死亡年份（取決於copyBirthYear的值）
30  * 到整數陣列中，然後排序陣列 */
31 int[] getSortedYears(Person[] people, boolean copyBirthYear) {
32    int[] years = new int[people.length];
33    for (int i = 0; i < people.length; i++) {
34        years[i] = copyBirthYear ? people[i].birth : people[i].death;
35    }
36    Arrays.sort(years);
37    return years;
38 }
```

這裡有一些很容易出錯的地方。

在第 13 行，我們需要仔細思考這個應該是小於（<）還是小於或等於（<=）。我們需要擔心的情況是您看到在同一年有一個人出生和死亡（出生和死亡是否來自同一個人並不重要）。

當我們看到同一年的出生和死亡，我們想要**先**考慮出生的情況，再考慮死亡的情況，這樣我們就會把這個人算作是那一年的活人，這就是在第 13 行使用 <= 的原因。

我們還需要注意，要將 maxAlive 和 maxAliveYear 的更新放在何處。它需要在 currentAlive++ 之後，以便取得更新後的總數。但這又需要放在 birthIndex++ 之前，否則將拿不到正確的年份。

這個演算法將花費 O(P log P) 的時間，其中 P 是人數。

更優的解決方案（可能）

我們可以進一步優化嗎？為了優化前面的解決方案，我們需要去掉排序步驟。請回到處理未排序的值的情況：

```
birth: 12  20  10  01  10  23  13  90  83  75
death: 15  90  98  72  98  82  98  98  99  94
```

在前面的解法中用了一個邏輯，這個邏輯將出生只視為增加了一個人而死亡只是減少了一個人。因此，讓我們用這個邏輯來重新詮釋資料：

```
01: +1      10: +1      10: +1      12: +1      13: +1
15: -1      20: +1      23: +1      72: -1      75: +1
82: -1      83: +1      90: +1      90: -1      94: -1
98: -1      98: -1      98: -1      98: -1      99: -1
```

我們可以建立一個由年份組成的陣列，其中 array[year] 的值表示當年人口的變化情況。為了建立這個陣列，我們要迭代由人所組成的 list，並在他們出生時遞增，在他們死亡時遞減。

一旦有了這個陣列，就可以逐年追蹤當前人口（每次在 array[year] 中加入值）。

這種邏輯還算合理，但我們應該多想想。這真的行得通嗎？

我們應該思考的一個極端情況是，一個人在出生的那一年去世。遞增和遞減操作將相互抵消，沒有任何修改發生。但根據問題的描述，這個人應該算在那一年活著的人數中。

事實上，我們演算法中的「問題」比這更大，同樣的問題影響了所有的人。在 1908 年死亡的人，在 1909 年之前，不應該被從人口統計中剔除。

有一個簡單的解決方法：我們應該遞減 array[deathYear]，而不是遞減 array[deathYear + 1]。

```
1   int maxAliveYear(Person[] people, int min, int max) {
2       /* 建立人口差額陣列 */
3       int[] populationDeltas = getPopulationDeltas(people, min, max);
4       int maxAliveYear = getMaxAliveYear(populationDeltas);
5       return maxAliveYear + min;
6   }
7
8   /* 將出生和死亡年份加入到差額陣列中 */
9   int[] getPopulationDeltas(Person[] people, int min, int max) {
10      int[] populationDeltas = new int[max - min + 2];
11      for (Person person : people) {
12          int birth = person.birth - min;
13          populationDeltas[birth]++;
14
15          int death = person.death - min;
16          populationDeltas[death + 1]--;
```

```
17      }
18      return populationDeltas;
19  }
20
21  /* 計算滾動加總以及回傳最大值索引 */
22  int getMaxAliveYear(int[] deltas) {
23      int maxAliveYear = 0;
24      int maxAlive = 0;
25      int currentlyAlive = 0;
26      for (int year = 0; year < deltas.length; year++) {
27          currentlyAlive += deltas[year];
28          if (currentlyAlive > maxAlive) {
29              maxAliveYear = year;
30              maxAlive = currentlyAlive;
31          }
32      }
33
34      return maxAliveYear;
35  }
```

這個演算法花費 O(R + P) 的時間，其中 R 是年的範圍，P 是人的數量。雖然對於許多正常輸入來說，O(R + P) 可能比 O(P log P) 要快，但是此時您不能直接比較速度來指稱其中一個比另一個快。

16.11 **跳板：**您正在建造一個跳板，建造的方式是一堆木板端對端相接。木板有兩種類型，一種長度較短，另一種長度較長。您必須正好用 K 塊木板。請寫一個方法來生成跳板的所有可能長度。

pg 239

解答

解決這個問題的一個方法是思考我們在建造跳板時要做哪些選擇。這讓我們想到了遞迴演算法。

遞迴解決方案

在遞迴解決方案中，我們可以想像自己建立一個跳板。總共要做 K 個決定，每次選擇下一個要用哪種板子。一旦用完 K 塊板子，就得到一個完整的跳板，我們可以把它加到可能長度的串列中（假設這個長度之前沒出現過的話）。

我們可以按照這個邏輯來撰寫遞迴程式碼。注意，不需要記錄木板的順序，我們只需要知道當前的長度和還剩幾塊木板可用。

```
1   HashSet<Integer> allLengths(int k, int shorter, int longer) {
2     HashSet<Integer> lengths = new HashSet<Integer>();
3     getAllLengths(k, 0, shorter, longer, lengths);
4     return lengths;
5   }
6
7   void getAllLengths(int k, int total, int shorter, int longer,
8                      HashSet<Integer> lengths) {
9     if (k == 0) {
10      lengths.add(total);
11      return;
12    }
13    getAllLengths(k - 1, total + shorter, shorter, longer, lengths);
14    getAllLengths(k - 1, total + longer, shorter, longer, lengths);
15  }
```

我們將每種長度加入到雜湊集合中,這將自動防止加入重複的長度。

這個演算法花費了 $O(2^k)$ 的時間,因為每次遞迴呼叫都有兩個選擇,而且會遞迴到 K 的深度。

記憶化解決方案

在許多遞迴演算法中(特別是那些具有指數執行時間的演算法),我們可以透過記憶(一種動態程式設計形式)來優化它。

注意,一些遞迴呼叫在本質上是等價的。例如,選擇木板 1 和木板 2 等價於選擇木板 2 和木板 1。

因此,如果發現某個(長度,木板數)組合曾經出現過時,就要停止這個遞迴路徑。我們可以使用 HashSet,並將鍵定為(長度,木板數)來實作這一點。

> 許多面試者在這裡都會犯錯,當他們看到出現過的長度時就停下來了,而不是在看到出現過的(長度,木板數)對時才停下來,這是不正確的。因為木板數量不同,選擇兩塊長度為 1 的木板和選擇一塊長度為 2 的木板是完全不同的事,在記憶問題中,選擇鍵的時候要非常小心。

此方法的程式碼與前面的方法非常相似。

```
1   HashSet<Integer> allLengths(int k, int shorter, int longer) {
2     HashSet<Integer> lengths = new HashSet<Integer>();
3     HashSet<String> visited = new HashSet<String>();
4     getAllLengths(k, 0, shorter, longer, lengths, visited);
```

```
5      return lengths;
6   }
7
8   void getAllLengths(int k, int total, int shorter, int longer,
9                      HashSet<Integer> lengths, HashSet<String> visited) {
10     if (k == 0) {
11        lengths.add(total);
12        return;
13     }
14     String key = k + " " + total;
15     if (visited.contains(key)) { // 如果這個之前出現過，那直接離開
16        return;
17     }
18     getAllLengths(k - 1, total + shorter, shorter, longer, lengths, visited);
19     getAllLengths(k - 1, total + longer, shorter, longer, lengths, visited);
20     visited.add(key); // 記下我們曾看過這個
21  }
```

為簡單起見，我們將鍵設定為長度和當前木板數量的字串表示形式。有些人可能會說，最好使用資料結構來表示鍵值對。這樣做有優點也有缺點，值得與您的面試官討論這個取捨。

這個演算法的執行時間有點難以計算。

我們思考執行時間的一種方式是，去認知到我們基本上是在填寫一個表，表中的內容是長度加總與木板數量的關係表。最大可能的總長度是 K * LONGER，最大可能的木板數量是 K。因此，執行時間不會比 O(K² * LONGER) 更差。

當然，有些總和永遠用不到。我們可以得到多少個不重複的總和呢？注意，任何相同數量的同類型木板，不管怎麼排總和都會是相同的。因為每種類型最多可以有 K 塊木板，所以我們只能得到 K+1 個不同的總和。因此，該表格中實際上有 (K+1)² 個儲存格，執行時間為 O(K²)。

最優解

如果您仔細地重讀前一段，可能會注意到一些有趣的事情。我們只能得到 K 個不同的總和。這難道不是問題的關鍵嗎（找出所有可能的總和）？

我們實際上不需要迭代所有的木板，只需要迭代不重複的 K 組木板（集合，而不是順序！）。如果我們只有兩種不同的木板的話，揀選 K 塊木板只有 K+1 種方式：{A 類取 0，B 類取 K}，{A 類取 1，B 類取 K-1}，{A 類取 2，B 類取 K-2}，…

這可以簡單地用 for 迴圈完成。對於每種「序列」，只需計算出它們的總和即可。

```
1  HashSet<Integer> allLengths(int k, int shorter, int longer) {
2     HashSet<Integer> lengths = new HashSet<Integer>();
3     for (int nShorter = 0; nShorter <= k; nShorter++) {
4        int nLonger = k - nShorter;
5        int length = nShorter * shorter + nLonger * longer;
6        lengths.add(length);
7     }
8     return lengths;
9  }
```

為了與前面的解決方案保持一致，我們在這裡使用了一個 HashSet。不過這並不是必須的，因為我們不會有任何重複的情況。我們可以使用 ArrayList，如果這麼做，只需要處理兩種類型的板材長度相同的特殊情況。在本例中只會回傳大小為 1 的 ArrayList。

16.12 XML 編碼：由於 XML 非常冗長，所以你被指定要用一種方式去編碼 XML，在這種方式中，每個 XML 標記都映射到一個預定義的整數值。此語言／語法如下：

```
Element   --> Tag Attributes END Children END
Attribute --> Tag Value
END       --> 0
Tag       --> some predefined mapping to int
Value     --> string value
```

例如，下面的 XML 可能被轉換成下面的壓縮字串（假設映射方式為 family -> 1, person -> 2, firstName -> 3, lastName -> 4, state -> 5）：

```
<family lastName="McDowell" state="CA">
   <person firstName="Gayle">Some Message</person>
</family>
```

會變成：

```
1 4 McDowell 5 CA 0 2 3 Gayle 0 Some Message 0 0
```

請撰寫程式碼來印出映射過後的 XML 元素（傳入參數是 Element 和 Attribute 物件）。

pg 240

解答

由於已知會用 Element 和 Attribute 物件傳入 XML 元素，所以我們的程式碼相當簡單。我們可以透過類似樹的方法來實作它。

我們會反覆地為 XML 結構的各個部分呼叫 encode()，根據 XML 元素的類型以稍微不同的方式來處理編碼。

```
1   void encode(Element root, StringBuilder sb) {
2      encode(root.getNameCode(), sb);
3      for (Attribute a : root.attributes) {
4         encode(a, sb);
5      }
6      encode("0", sb);
7      if (root.value != null && root.value != "") {
8         encode(root.value, sb);
9      } else {
10        for (Element e : root.children) {
11           encode(e, sb);
12        }
13     }
14     encode("0", sb);
15  }
16
17  void encode(String v, StringBuilder sb) {
18     sb.append(v);
19     sb.append(" ");
20  }
21
22  void encode(Attribute attr, StringBuilder sb) {
23     encode(attr.getTagCode(), sb);
24     encode(attr.value, sb);
25  }
26
27  String encodeToString(Element root) {
28     StringBuilder sb = new StringBuilder();
29     encode(root, sb);
30     return sb.toString();
31  }
```

第 17 行使用了非常簡單的字串編碼方法，這樣做看起來有點多餘，因為它所做的僅僅就是插入字串和一個空格。但是，使用這樣的方法其實是種很好的方法，因為它確保每個元素都被一個空格包圍著。否則很容易因為忘記加入空字串而破壞編碼。

16.13 平分正方形：給定二維平面上的兩個正方形，請找出一條可以將這兩個正方形對半切開的直線。假設正方形的頂部和底部與 x 軸平行。

pg 240

解答

在開始之前，我們應該思考一下這個問題中「直線」的確切含義。直線是由斜率和 y 軸截距定義的嗎？或者是用直線上的任意兩點定義的嗎？或者，這條線其實是一條線段嗎？它的起點和終點都在正方形的邊緣？

為了使問題更有趣，我們將假設使用第三種選擇：直線應該在正方形的邊緣處結束。在面試中，您應該和面試官討論這個問題。

這條把兩個正方形切成兩半的線必須把正方形的兩個中點連接起來。我們可以很容易地計算出斜率 slope $= \frac{y_1 - y_2}{x_1 - x_2}$。我們使用兩個中點來計算斜率，也可以使用相同的方程式來計算線段的起點和終點。

在下面的程式碼中，我們將假設原點 (0, 0) 位於左上角。

```
1    public class Square {
2       ...
3       public Point middle() {
4          return new Point((this.left + this.right) / 2.0,
5                           (this.top + this.bottom) / 2.0);
6       }
7
8       /* 返回連接mid1和mid2的線段與正方形1的邊相交的點。
9        * 即，從mid2到mid1畫一條線，
10       * 然後繼續直到正方形的邊 */
11      public Point extend(Point mid1, Point mid2, double size) {
12         /* 找出mid2 -> mid1這條線的走向 */
13         double xdir = mid1.x < mid2.x ? -1 : 1;
14         double ydir = mid1.y < mid2.y ? -1 : 1;
15
16         /* 如果mid1和mid2具有相同的x值，則斜率計算將拋出一個除以0的異常，
17          * 所以，我們要獨立處理這個的計算 */
18         if (mid1.x == mid2.x) {
19            return new Point(mid1.x, mid1.y + ydir * size / 2.0);
20         }
21
22         double slope = (mid1.y - mid2.y) / (mid1.x - mid2.x);
23         double x1 = 0;
24         double y1 = 0;
25
26         /* 使用公式(y1 - y2) / (x1 - x2)計算斜率
27          * 注意：如果斜率為「陡峭」(>1)，
```

```
28           * 則線段的末端會在y軸上距離中點size / 2個單位。
29           * 如果斜率為「平緩」(<1) 則線段的末端會在
30           * x軸上距離中點size / 2個單位 */
31          if (Math.abs(slope) == 1) {
32              x1 = mid1.x + xdir * size / 2.0;
33              y1 = mid1.y + ydir * size / 2.0;
34          } else if (Math.abs(slope) < 1) { // 斜率平緩
35              x1 = mid1.x + xdir * size / 2.0;
36              y1 = slope * (x1 - mid1.x) + mid1.y;
37          } else { // 斜率陡峭
38              y1 = mid1.y + ydir * size / 2.0;
39              x1 = (y1 - mid1.y) / slope + mid1.x;
40          }
41          return new Point(x1, y1);
42      }
43
44      public Line cut(Square other) {
45          /* 計算通過兩個中點的線與
46           * 正方形邊緣相交的位置 */
47          Point p1 = extend(this.middle(), other.middle(), this.size);
48          Point p2 = extend(this.middle(), other.middle(), -1 * this.size);
49          Point p3 = extend(other.middle(), this.middle(), other.size);
50          Point p4 = extend(other.middle(), this.middle(), -1 * other.size);
51
52          /* 在上面的點中，找出起始點和結束點。
53           * 起始點是最左邊的點（平手則取較上方的點），
54           * 結束點是最右邊的點（平手則取較下方的點） */
55          Point start = p1;
56          Point end = p1;
57          Point[] points = {p2, p3, p4};
58          for (int i = 0; i < points.length; i++) {
59              if (points[i].x < start.x ||
60                  (points[i].x == start.x && points[i].y < start.y)) {
61                  start = points[i];
62              } else if (points[i].x > end.x ||
63                          (points[i].x == end.x && points[i].y > end.y)) {
64                  end = points[i];
65              }
66          }
67
68          return new Line(start, end);
69      }
```

這個問題的主要目的是看看您對程式碼有多小心，很容易就會被忽略掉一些特殊情況（例如，兩個正方形中點相同）。在您開始做這個問題之前，您應該把這些特殊情況列一個清單，並確保適當地處理它們。這是一個需要仔細和徹底測試的問題。

16.14 最好的線：給定一個二維圖，上面有一些點，找出一條經過最多點的直線。

pg 240

解答

這個解決方案一開始看起來很簡單，它（某種程度上）確實也很簡單。

我們只需要在每兩個點之間都「畫」出一條無限長的線（也就是說，不是線段），然後使用雜湊表追蹤哪條線最常出現即可。因為有 N² 個線段，所以將花費 O(N²) 時間。

將直線表示為斜率和 y 軸截距（而不是用兩個點表示），這使我們可以方便地檢查從 (x1, y1) 到 (x2, y2) 的直線是否等價於從 (x3, y3) 到 (x4, y4) 的直線。

為了找到最常出現的線，我們只需迭代所有線段，使用一個雜湊表來計算每一條線出現的次數。很容易！

然而，還是有一點複雜的地方。如果兩條直線的斜率和 y 軸截距相同，可定義這兩條直線相等。此外，我們還根據這些值（具體地說，根據斜率）對線進行雜湊運算。問題出在是浮點數不一定能用二進位精確地表示。我們將透過檢查兩個浮點數彼此間的差值是否在一個極小值內（epsilon）來解決這個問題。

這對雜湊表的影響又是什麼呢？這代表著斜率「相等」的兩條線可能不會被雜湊到相同的值。為了解決這個問題，我們將把斜率向下取整到下一個 epsilon 值，並使用得到的 flooredSlope 值作為雜湊鍵。然後，為了檢索所有可能相等的線，我們將搜尋雜湊表的三個位置：flooredSlope、flooredSlope - epsilon 以及 flooredSlope + epsilon。這將確保完整地檢查所有可能相等的線。

```
1   /* 找到經過最多點的直線 */
2   Line findBestLine(GraphPoint[] points) {
3     HashMapList<Double, Line> linesBySlope = getListOfLines(points);
4     return getBestLine(linesBySlope);
5   }
6
7   /* 將每對點作成一條線加入到串列中 */
8   HashMapList<Double, Line> getListOfLines(GraphPoint[] points) {
9     HashMapList<Double, Line> linesBySlope = new HashMapList<Double, Line>();
10    for (int i = 0; i < points.length; i++) {
11      for (int j = i + 1; j < points.length; j++) {
12        Line line = new Line(points[i], points[j]);
13        double key = Line.floorToNearestEpsilon(line.slope);
14        linesBySlope.put(key, line);
15      }
16    }
```

```
17       return linesBySlope;
18   }
19
20   /* 回傳最多相等的線 */
21   Line getBestLine(HashMapList<Double, Line> linesBySlope) {
22       Line bestLine = null;
23       int bestCount = 0;
24
25       Set<Double> slopes = linesBySlope.keySet();
26
27       for (double slope : slopes) {
28           ArrayList<Line> lines = linesBySlope.get(slope);
29           for (Line line : lines) {
30               /* 計算與當前線有多少相同的線 */
31               int count = countEquivalentLines(linesBySlope, line);
32
33               /* 如果出現的次數比當前出現最多次的線更多，則替換它 */
34               if (count > bestCount) {
35                   bestLine = line;
36                   bestCount = count;
37                   bestLine.Print();
38                   System.out.println(bestCount);
39               }
40           }
41       }
42       return bestLine;
43   }
44
45   /* 檢查hashmap中相等的線。注意，因為我們定義了兩條直線
46    * 差值在一個範圍內，就算是相等的，所以我們需要去檢查
47    * 比實際斜率高一個epsilon與低一個epsilon的斜率 */
48   int countEquivalentLines(HashMapList<Double, Line> linesBySlope, Line line) {
49       double key = Line.floorToNearestEpsilon(line.slope);
50       int count = countEquivalentLines(linesBySlope.get(key), line);
51       count += countEquivalentLines(linesBySlope.get(key - Line.epsilon), line);
52       count += countEquivalentLines(linesBySlope.get(key + Line.epsilon), line);
53       return count;
54   }
55
56   /* 找出在一個線組成的陣列中，與給定線
57    * 「相同」（斜率和y截距在一個極小值內）的線有多少條 */
58   int countEquivalentLines(ArrayList<Line> lines, Line line) {
59       if (lines == null) return 0;
60
61       int count = 0;
62       for (Line parallelLine : lines) {
63           if (parallelLine.isEquivalent(line)) {
64               count++;
65           }
```

```
66      }
67      return count;
68  }
69
70  public class Line {
71      public static double epsilon = .0001;
72      public double slope, intercept;
73      private boolean infinite_slope = false;
74
75      public Line(GraphPoint p, GraphPoint q) {
76          if (Math.abs(p.x - q.x) > epsilon) { // 如果x不同
77              slope = (p.y - q.y) / (p.x - q.x); //  計算斜率
78              intercept = p.y - slope * p.x; // 由y=mx+b算出y截距
79          } else {
80              infinite_slope = true;
81              intercept = p.x; // 這是x截距，因為斜率是無限大的
82          }
83      }
84
85      public static double floorToNearestEpsilon(double d) {
86          int r = (int) (d / epsilon);
87          return ((double) r) * epsilon;
88      }
89
90      public boolean isEquivalent(double a, double b) {
91          return (Math.abs(a - b) < epsilon);
92      }
93
94      public boolean isEquivalent(Object o) {
95          Line l = (Line) o;
96          if (isEquivalent(l.slope, slope) && isEquivalent(l.intercept, intercept) &&
97              (infinite_slope == l.infinite_slope)) {
98              return true;
99          }
100         return false;
101     }
102 }
103
104 /* HashMapList<String, Integer>是一個HashMap，從字串映射到
105  * ArrayList<Integer>，具體實作見附錄 */
```

我們在計算一條直線的斜率時要小心。這條直線可能是完全垂直的，這代表著它沒有 y 軸截距，而且它的斜率是無限大的。我們可以用一個獨立的旗標（infinite_slope）來追蹤它。我們需要在檢查相等的方法中檢查這個條件。

16.15 Master Mind：Master Mind 遊戲玩法如下：

> 電腦會有四個插槽，每個插槽裡有一個球，它可能是紅色（R）、黃色（Y）、綠色（G）或藍色（B）。例如，電腦插槽的狀態是 RGGB（槽 1 是紅色的，槽 2 和槽 3 是綠色的，槽 4 是藍色的）。

> 作為使用者的您，要猜出正確解答。例如，您可能會猜測 YRGB。

> 當您為正確的槽猜測正確的顏色時，您會得到一個「命中」，若您猜錯了一個顏色的槽，您會得到一個「偽命中」，請注意一個命中的槽就不會是偽命中。

> 例如，如果實際的解決方案是 RGBY，而您猜的是 GGRR，那麼您有一個命中和一個偽命中。請撰寫一個方法，傳入一個猜測並得到一個答案，該答案為命中次數和偽命中次數。

pg 240

解答

這個問題很簡單，但是很容易犯些小錯誤。您應該用各種測試用例徹底檢查您的程式碼。

我們將先建立一個頻率陣列來實作這段程式碼，該頻率陣列用來儲存每個字元在解答中出現的次數（排除特定插槽已「命中」的次數），然後透過迭代 guess 來計算偽命中的次數。

下面的程式碼實作了這個演算法。

```
1   class Result {
2     public int hits = 0;
3     public int pseudoHits = 0;
4
5     public String toString() {
6       return "(" + hits + ", " + pseudoHits + ")";
7     }
8   }
9
10  int code(char c) {
11    switch (c) {
12    case 'B':
13      return 0;
14    case 'G':
15      return 1;
16    case 'R':
17      return 2;
```

```
18      case 'Y':
19         return 3;
20      default:
21         return -1;
22      }
23   }
24
25   int MAX_COLORS = 4;
26
27   Result estimate(String guess, String solution) {
28      if (guess.length() != solution.length()) return null;
29
30      Result res = new Result();
31      int[] frequencies = new int[MAX_COLORS];
32
33      /* 計算點擊率和建立頻率表 */
34      for (int i = 0; i < guess.length(); i++) {
35         if (guess.charAt(i) == solution.charAt(i)) {
36            res.hits++;
37         } else {
38            /* 如果沒猜中的話，只增加頻率表（用於偽命中）。
39             * 如果有猜中的話，則代表該插槽就被「用掉」了 */
40            int code = code(solution.charAt(i));
41            frequencies[code]++;
42         }
43      }
44
45      /* 計算偽命中 */
46      for (int i = 0; i < guess.length(); i++) {
47         int code = code(guess.charAt(i));
48         if (code >= 0 && frequencies[code] > 0 &&
49             guess.charAt(i) != solution.charAt(i)) {
50            res.pseudoHits++;
51            frequencies[code]--;
52         }
53      }
54      return res;
55   }
```

請注意，解答問題的演算法越簡單時，撰寫乾淨、正確的程式碼就越重要。在本例中，我們將 code(char c) 獨立寫到一個方法中，並建立了一個 Result 類別來儲存結果，而不是直接印出結果。

16.16 子排序： 給定一個整數陣列，請寫一個方法來找到 m 和 n 的索引，這兩個索引的意義是，若您把 m 到 n 間的元素排序好，則整個陣列排序完成。n − m 必須是最小值（即求該序列的最小可能）。

範例

輸入：1, 2, 4, 7, 10, 11, 7, 12, 6, 7, 16, 18, 19
輸出：(3, 9)

pg 241

解答

在開始之前先確定一下要找尋什麼樣的答案。如果我們搜尋的只是兩個索引，這表明陣列中間的某些部分將需要被排序，而陣列的開始和結束已經按順序排序。

現在，讓我們藉由一個範例來解決這個問題。

  1, 2, 4, 7, 10, 11, 8, 12, 5, 6, 16, 18, 19

我們的第一個想法，是從陣列開頭處開始尋找出最長遞增的子序列，然後在結尾處找出最長的遞減子序列。

  1, 2, 4, 7, 10, 11   8, 12   5, 6, 16, 18, 19
              左   中   右

問題是，就算我們把中間排好，也不代表整個陣列就排好了啊。之所以能找出中間的部份，是因為中間的數字並沒有照順序排列。也就是說 `middle.start(8)` 小於 `left.end(11)`，而且 `middle.end` 大於 `right.start`。就算把中間部份排好，也必定無法得到整個排好的陣列。

解決方案 #1

那我們可以怎麼做呢？我們可以擴張 `middle` 的部份，直到排好中間的部份就可以使得整個陣列完全排序好，簡而言之，為了要達成這個目的，我們要讓：

    left <= middle <= right   //對所有元素而言都必須符合此條件

或，另外一種更精確的說法，是我們必須擴張中間部份，直到：

    max(left) <= min(middle) <= max(middle) <= min(right)

左邊和右邊的部份必定是排好序的（`right.min` 會在 `right.start`，而 `left.max` 會在 `left.end`），所以，這代表左右會被縮減直到：

```
left.end <= min(中間元素,包含right.start)
right.start >= max(中間元素,包含left.end)
```

現在我們就能得到演算法如下,可以開始實作了:

1. 找出排好序的左部份

2. 使得 `min=right.start`

3. 移動 `middle`,如果能找到更小的值,則更新 `min`

4. 縮減,直到 `left.end<min`

我們對右邊也要做一樣動作,以下的程式碼是這個演算法的實作:

```
1   void findUnsortedSequence(int[] array) {
2      // 搜尋左子序列
3      int end_left = findEndOfLeftSubsequence(array);
4      if (end_left >= array.length - 1) return; // 已排序
5
6      // 搜尋右子序列
7      int start_right = findStartOfRightSubsequence(array);
8
9      // 取得min和max
10     int max_index = end_left; // 左側的最大值
11     int min_index = start_right; // 右側的最小值
12     for (int i = end_left + 1; i < start_right; i++) {
13        if (array[i] < array[min_index]) min_index = i;
14        if (array[i] > array[max_index]) max_index = i;
15     }
16
17     // 向左滑動直到小於array[min_index]
18     int left_index = shrinkLeft(array, min_index, end_left);
19
20     // 向右滑動直到大於array[max_index]
21     int right_index = shrinkRight(array, max_index, start_right);
22
23     System.out.println(left_index + " " + right_index);
24  }
25
26  int findEndOfLeftSubsequence(int[] array) {
27     for (int i = 1; i < array.length; i++) {
28        if (array[i] < array[i - 1]) return i - 1;
29     }
30     return array.length - 1;
31  }
32
33  int findStartOfRightSubsequence(int[] array) {
34     for (int i = array.length - 2; i >= 0; i--) {
```

```
35        if (array[i] > array[i + 1]) return i + 1;
36    }
37    return 0;
38 }
39
40 int shrinkLeft(int[] array, int min_index, int start) {
41    int comp = array[min_index];
42    for (int i = start - 1; i >= 0; i--) {
43        if (array[i] <= comp) return i + 1;
44    }
45    return 0;
46 }
47
48 int shrinkRight(int[] array, int max_index, int start) {
49    int comp = array[max_index];
50    for (int i = start; i < array.length; i++) {
51        if (array[i] >= comp) return i - 1;
52    }
53    return array.length - 1;
54 }
```

這是一個好的演算法,但有點落落長。有更好的方法嗎?有的!

解決方案 #2

讓我們回顧一下必須滿足的條件。

```
left.end <= min(後面剩餘元素)
right.start >= max(前面剩餘元素)
```

左側和右側基本上是對稱的問題,所以我們現在只看左側問題就好。我們現在只要把注意力放在右側已排序的最後一個數字,其他的已排序數字都會比這個數字來得大。然後再試著找出第二塊要注意的地方:也就是比右邊的數字都更小的那些數字。

找出這些數字很容易,只要從右看到左,一路一直追蹤最小值就可以了。

值	1	2	4	7	10	11	8	12	5	6	16	18	19
從右到左的最小值	1	2	4	5	5	5	5	5	5	6	16	18	19
值 <= 最小值	Y	Y	Y	N	N	N	N	Y	Y	Y	Y	Y	Y

等一下!左邊那一連串的 Y(array[2] = 4 之前的那一串)是已經排好了的啊,所以我們左側的索引可以直接使用的。在這一區中每個元素相對於它左側的元素,都是正確的順序,而它右側的元素都會比它還大。

在實作上，根本不需要表格，我們只要從右看到左，一路持續追蹤最小值（min），也順帶追蹤一個 lastNo 值，用來追蹤我們要排序的數字部份從哪裡開始。

對於右側問題，我們只要反過來實作，改為追蹤最大值（max）即可。

```java
1   public class Range {
2       public int start, end;
3       public Range(int start, int end) {
4           this.start = start;
5           this.end = end;
6       }
7   }
8
9   Range findUnsortedSequence(int[] array) {
10      int leftSequenceEnd = findRightSequenceStart(array);
11      int rightSequenceEnd = findLeftSequenceEnd(array);
12      return new Range(leftSequenceEnd, rightSequenceEnd);
13  }
14
15  int findRightSequenceStart(int[] array) {
16      int max = Integer.MIN_VALUE;
17      int lastNo = 0;
18      for (int i = 0; i < array.length; i++) {
19          if (max > array[i]) {
20              lastNo = i;
21          }
22          max = Math.max(array[i], max);
23      }
24      return lastNo;
25  }
26
27  int findLeftSequenceEnd(int[] array) {
28      int min = Integer.MAX_VALUE;
29      int lastNo = 0;
30      for (int i = array.length - 1; i >= 0; i--) {
31          if (min < array[i]) {
32              lastNo = i;
33          }
34          min = Math.min(array[i], min);
35      }
36      return lastNo;
37  }
```

請注意這個解決方案中使用到的其他多個方法，雖然我們可以統統寫成一個方法。但是這樣就會讓程式碼變得很不好懂、不好維護和不好測式。在您的程式碼面試中，您應該考慮這些面向的重要性。

16.17 連續序列： 給定一個整數陣列（元素包括正整數和負整數）。求加總起來和最大的連續序列，回傳總和。

範例

輸入：2, -8, 3, -2, 4, -10

輸出：5（即：{3, -2, 4}）

pg 241

解答

這是一個具有挑戰性，也是一個非常常見的問題（通常被稱為最大子陣列問題（Maximum subarray Problem））。我們用一個範例來解：

2　　3　　-8　　-1　　2　　4　　-2　　3

如果我們把陣列看成是正值子序列和負值子序列交錯組成的，會發現答案裡不會只有負值子序列片段或正值子序列片段而已。為什麼呢？如果出現負值子序列的片段的話，只會讓總和變得更負，而且我們該做的是根本排除整段負值子序列。一樣的，出現正值子序列中的一段也很怪，因為整段正值子序列的總和不是更大嗎？

為了得到我們的演算法，可以把陣列看成是一個正負交替的數列。每個數字對應於一個正值子序列或一個負值子序列的和。對於上面的陣列，簡化完的新陣列將是：

5　　-9　　6　　-2　　3

簡化過的結果雖然無法立即給我們一個很好的演算法，但它確實有助我們更好地理解正在處理的東西。

以上面的陣列為例，{5, -9} 放在答案子序列中合理嗎？不。這些數字加起來是 -4，所以我們最好不要把這些數字納入答案，或者可能只把序列 {5} 放進答案子序列。

什麼時候會把負值放入到答案子序列中呢？只有當它讓我們連接兩個正值子序列，而且兩個正值子序列的總和大於該負值時。

我們可以從陣列中的第一個元素開始，逐步地處理它。

當我們看 5，這是迄今為止我們看到的最大的和。我們將 maxSum 設定為 5，sum 設定為 5。然後，接著看 -9。如果把它加起來，結果是負數，所以將子序列從 5 擴展到再加上 -9 是沒有意義的（它會讓子序列總和「減少」為 -4），因此只需重置 sum 的值（=0）。

現在接著看 6。這個子序列大於 5，所以我們要同時更新 maxSum 和 sum。

接下來看 -2。把這個加到 6 上，總和就是 4。由於這仍然有可能帶來「好處」（當與更大的序列連結時），所以我們可能想要 {6, -2} 在 max 子序列中。所以我們更新 sum，但不更新 maxSum。

最後來看 3。sum(4) 加 3 等於 7，因此我們更新 maxSum。因此，最大子序列是序列 {6, -2, 3}。

在完全展開的陣列中，邏輯也是相同的。下面的程式碼實作了這個演算法。

```
1   int getMaxSum(int[] a) {
2     int maxsum = 0;
3     int sum = 0;
4     for (int i = 0; i < a.length; i++) {
5       sum += a[i];
6       if (maxsum < sum) {
7         maxsum = sum;
8       } else if (sum < 0) {
9         sum = 0;
10      }
11    }
12    return maxsum;
13  }
```

如果整個陣列都是負數，那又該怎麼做才對呢？以這個簡單的陣列：{-3, -10, -5} 為例。您可清楚地說出最大和可以定為以下之一：

1. -3（假設子序列不能為空）

2. 0（假設子序列長度可為 0）

3. MINIMUM_INT（代表以錯誤情況處理）。

我們使用選項 #2（maxSum = 0），但這裡沒有所謂「正確」的答案。這是一個適合和您的面試官討論的好題材，它會顯示出您是多麼注重細節。

16.18 **樣式匹配**：給您兩個字串，pattern 和 value。pattern 字串僅由字母 a 和 b 組成，用來描述字串中的樣式。例如，字串 catcatgocatgo 匹配 aabab 樣式（其中 cat 是 a，go 是 b）。另外它也能匹配 a、ab 和 b 等樣式。請撰寫一個方法來確定 value 是否與 pattern 匹配。

pg 241

解答

一如既往，我們從簡單的暴力法開始。

暴力法

暴力演算法是嘗試所有可能的 a 和 b 的值，然後檢查是否符合。

我們可以透過迭代 a 的所有子字串和 b 的所有可能的子字串來做到這一點。長度為 n 的字串可以有 $O(n^2)$ 個子字串，所以這實際上需要花費 $O(n^4)$ 的時間。然後，對於每個 a 和 b，我們需要建立這個長度的新字串並檢查是否相等。建立 / 比較步驟需要花費 $O(n)$ 時間，所以最後全部的執行時間是 $O(n^5)$。

```
1   for each possible substring a
2     for each possible substring b
3       candidate = buildFromPattern(pattern, a, b)
4       if candidate equals value
5         return true
```

我的媽呀。

一種簡單的優化是注意到如果樣式以「a」開頭，那麼 value 的開頭必定以 a 字串開始（否則，value 的開頭必定以 b 字串開始）。因此，a 沒有 $O(n^2)$ 個可能的值；只有 $O(n)$ 個。

接下來的演算法是檢查樣式是以 a 還是 b 開頭。如果它以 b 開頭，我們可以「反轉」它（把每個 a 翻轉成 b，把每個 b 翻轉成 a），這樣它就會變成以 a 開頭。然後，迭代 a 的所有可能的子字串（每個都必須從索引 0 開始）和 b 的所有可能的子字串（每個都必須從 a 後面的某個字元開始）。與前面一樣，然後將此樣式的字串與原始字串進行比較。

這個演算法現在進步成花費 $O(n^4)$ 的時間。

我們還可以進行一個較小的（可用可不用）優化。如果字串以 b 而不是 a 開頭，實際上不需要進行這種「反轉」。buildFromPattern 方法可以處理這個問題。我

們可以將樣式中的第一個字元視為「主要」字元，將另一個字元視為替代字元。buildFromPattern 方法可以根據 a 是主字元還是替換字元建立適當的字串。

```
1    boolean doesMatch(String pattern, String value) {
2      if (pattern.length() == 0) return value.length() == 0;
3
4      int size = value.length();
5      for (int mainSize = 0; mainSize < size; mainSize++) {
6        String main = value.substring(0, mainSize);
7        for (int altStart = mainSize; altStart <= size; altStart++) {
8          for (int altEnd = altStart; altEnd <= size; altEnd++) {
9            String alt = value.substring(altStart, altEnd);
10           String cand = buildFromPattern(pattern, main, alt);
11           if (cand.equals(value)) {
12             return true;
13           }
14         }
15       }
16     }
17     return false;
18   }
19
20   String buildFromPattern(String pattern, String main, String alt) {
21     StringBuffer sb = new StringBuffer();
22     char first = pattern.charAt(0);
23     for (char c : pattern.toCharArray()) {
24       if (c == first) {
25         sb.append(main);
26       } else {
27         sb.append(alt);
28       }
29     }
30     return sb.toString();
31   }
```

我們應該繼續尋找更優的演算法。

優化版

讓我們思考一下當前的演算法。在所有值中搜尋出主要字串的速度相當快（需要 O(n) 時間）。慢的是搜尋替代字串：需要花費 O(n²) 時間，我們應該研究如何優化它。

假設有一個樣式 aabab，我們把它和 catcatgocatgo 字串相比較。一旦選擇「cat」當作 a 的值，那麼 a 字串將會用掉 9 個字元（3 個 a 字串，每個長度為 3 個字元）。因此，b 字串必須用掉其餘 4 個字元，每個字元的長度為 2。此外，我們實際上也知道它們必須出現在哪裡。如果 a 是 cat，樣式是 aabab，那麼 b 必須是 go。

換句話說，一旦我們選定了 a 是什麼，等同於也選定了 b，不需要迭代。收集關於樣式的一些基本統計資訊（a 的數量、b 的數量、a 與 b 的第一次出現的位置），並迭代 a（或任何主字串）的值就足夠了。

```java
1   boolean doesMatch(String pattern, String value) {
2      if (pattern.length() == 0) return value.length() == 0;
3
4      char mainChar = pattern.charAt(0);
5      char altChar = mainChar == 'a' ? 'b' : 'a';
6      int size = value.length();
7
8      int countOfMain = countOf(pattern, mainChar);
9      int countOfAlt = pattern.length() - countOfMain;
10     int firstAlt = pattern.indexOf(altChar);
11     int maxMainSize = size / countOfMain;
12
13     for (int mainSize = 0; mainSize <= maxMainSize; mainSize++) {
14        int remainingLength = size - mainSize * countOfMain;
15        String first = value.substring(0, mainSize);
16        if (countOfAlt == 0 || remainingLength % countOfAlt == 0) {
17           int altIndex = firstAlt * mainSize;
18           int altSize = countOfAlt == 0 ? 0 : remainingLength / countOfAlt;
19           String second = countOfAlt == 0 ? "" :
20                           value.substring(altIndex, altSize + altIndex);
21
22           String cand = buildFromPattern(pattern, first, second);
23           if (cand.equals(value)) {
24              return true;
25           }
26        }
27     }
28     return false;
29  }
30
31  int countOf(String pattern, char c) {
32     int count = 0;
33     for (int i = 0; i < pattern.length(); i++) {
34        if (pattern.charAt(i) == c) {
35           count++;
36        }
37     }
38     return count;
39  }
40
41  String buildFromPattern(...) {  /* 程式碼與之前相同 */ }
```

這個演算法會花費 $O(n^2)$ 時間，因為我們迭代了 $O(n)$ 個主字串的可能性，並執行 $O(n)$ 個工作來建立和比較這些字串。

請注意，我們還減少了去嘗試使用主字串的可能性。如果主字串有三個實例，則其長度不會超過原始字串 value 的三分之一。

優化（另一種版本）

如果您不喜歡只是為了比較字串（然後銷毀它）而去建立一個字串，那麼我們可以消除這件事。

相反地，我們可以像以前一樣迭代 a 和 b 的值。但是這一次，為了檢查字串是否與樣式匹配（給定 a 和 b 的值），我們改為迭代 value，將每個子字串與 a 和 b 字串的第一個實例進行比較。

```
1   boolean doesMatch(String pattern, String value) {
2     if (pattern.length() == 0) return value.length() == 0;
3
4     char mainChar = pattern.charAt(0);
5     char altChar = mainChar == 'a' ? 'b' : 'a';
6     int size = value.length();
7
8     int countOfMain = countOf(pattern, mainChar);
9     int countOfAlt = pattern.length() - countOfMain;
10    int firstAlt = pattern.indexOf(altChar);
11    int maxMainSize = size / countOfMain;
12
13    for (int mainSize = 0; mainSize <= maxMainSize; mainSize++) {
14      int remainingLength = size - mainSize * countOfMain;
15      if (countOfAlt == 0 || remainingLength % countOfAlt == 0) {
16        int altIndex = firstAlt * mainSize;
17        int altSize = countOfAlt == 0 ? 0 : remainingLength / countOfAlt;
18        if (matches(pattern, value, mainSize, altSize, altIndex)) {
19          return true;
20        }
21      }
22    }
23    return false;
24  }
25
26  /* 從頭到尾查看pattern和value，對於樣式中的每個字元，
27   * 檢查它是主字串還是替代字串。然後檢查值中的下一組字元
28   * 是否與這些字元的原始組合匹配
29   * （不論是主要或是替代）*/
30  boolean matches(String pattern, String value, int mainSize, int altSize,
31                  int firstAlt) {
32    int stringIndex = mainSize;
33    for (int i = 1; i < pattern.length(); i++) {
34      int size = pattern.charAt(i) == pattern.charAt(0) ? mainSize : altSize;
35      int offset = pattern.charAt(i) == pattern.charAt(0) ? 0 : firstAlt;
```

```
36        if (!isEqual(value, offset, stringIndex, size)) {
37            return false;
38        }
39        stringIndex += size;
40    }
41    return true;
42 }
43
44 /* 檢查兩個子字串是否相等，從給定偏移量開始，
45  * 一直到做到size */
46 boolean isEqual(String s1, int offset1, int offset2, int size) {
47    for (int i = 0; i < size; i++) {
48        if (s1.charAt(offset1 + i) != s1.charAt(offset2 + i)) {
49            return false;
50        }
51    }
52    return true;
53 }
```

這個演算法仍然需要 O(n²) 的時間，但是它的優點是，當匹配失敗時，它可以提前回傳（通常會這樣）。前面的演算法必須完成所有的工作後才會建出字串，也才能知道已經失敗了。

16.19 池塘的大小： 您有一個表示一塊土地的整數矩陣，裡面的值代表海拔高度。0 表示水。水以垂直、水平或對角連接成一個區域就稱為一個池塘，池塘的大小是連接在一起的水的總數量。請寫一個方法計算矩陣中所有池塘大小。

範例

輸入：

```
0 2 1 0
0 1 0 1
1 1 0 1
0 1 0 1
```

輸出：2, 4, 1（任意順序）

pg 241

解答

我們首先要做的就是迭代陣列。要找到哪裡是水很容易：只要是標記為 0 的地方，那就是水。

假設已知某個單位是水，我們如何計算附近有多少的水單位？如果這個單位沒有和任何的標記為 0 的單位相鄰，那麼這個池塘的大小是 1。如果有相鄰，那麼我們需要加入相鄰的位置，還要加上任何與這些相鄰單位相鄰的水單位。當然，我們要小心不要

重複計算任何水單位。我們可以使用修改後的廣度優先或深度優先搜尋來實作，一旦我們存取了一個單位，就會永久地將它標記為已存取。

對於每個單位，我們需要檢查八個相鄰的單位。雖然可以透過寫多行程式來檢查上、下、左、右，以及四個對角線的單位，不過，用迴圈來做就更簡單了。

```
1   ArrayList<Integer> computePondSizes(int[][] land) {
2     ArrayList<Integer> pondSizes = new ArrayList<Integer>();
3     for (int r = 0; r < land.length; r++) {
4       for (int c = 0; c < land[r].length; c++) {
5         if (land[r][c] == 0) { // 可寫可不寫，不管怎樣都會回傳
6           int size = computeSize(land, r, c);
7           pondSizes.add(size);
8         }
9       }
10    }
11    return pondSizes;
12  }
13
14  int computeSize(int[][] land, int row, int col) {
15    /* 如果超出界限或已經訪問過了 */
16    if (row < 0 || col < 0 || row >= land.length || col >= land[row].length ||
17        land[row][col] != 0) { // 已經訪問過了，或不是水
18      return 0;
19    }
20    int size = 1;
21    land[row][col] = -1; // 標記為已訪問過了
22    for (int dr = -1; dr <= 1; dr++) {
23      for (int dc = -1; dc <= 1; dc++) {
24        size += computeSize(land, row + dr, col + dc);
25      }
26    }
27    return size;
28  }
```

在本例中，我們透過將單位的值設定為 -1 來標記該單位已被存取過了。這讓我們能用一行式碼（`land[row][col] != 0`）檢查該值是否為一個有效土地或已存取過的土地。在這兩種情況下，值都是零。

您可能也會注意到，for 迴圈迭代 9 個單位，而不是 8 個。它也把目前的單位也迭代了。雖然我們可以加入一行程式碼，避免在 `dr == 0` 和 `dc == 0` 時執行遞迴，不過這並沒有幫我們節省多少力氣。因為我們將對 8 個不必要的單位執行這個 if 述句，只為了避免一次遞迴呼叫，而該次遞迴呼叫又會立即回傳，因為該單位被標記為已存取。

如果您不喜歡修改輸入矩陣的值，您可以建立第二個 visited 矩陣。

```
1   ArrayList<Integer> computePondSizes(int[][] land) {
2     boolean[][] visited = new boolean[land.length][land[0].length];
3     ArrayList<Integer> pondSizes = new ArrayList<Integer>();
4     for (int r = 0; r < land.length; r++) {
5       for (int c = 0; c < land[r].length; c++) {
6         int size = computeSize(land, visited, r, c);
7         if (size > 0) {
8           pondSizes.add(size);
9         }
10      }
11    }
12    return pondSizes;
13  }
14
15  int computeSize(int[][] land, boolean[][] visited, int row, int col) {
16    /* 如果超出界限或已經存取 */
17    if (row < 0 || col < 0 || row >= land.length || col >= land[row].length ||
18        visited[row][col] || land[row][col] != 0) {
19      return 0;
20    }
21    int size = 1;
22    visited[row][col] = true;
23    for (int dr = -1; dr <= 1; dr++) {
24      for (int dc = -1; dc <= 1; dc++) {
25        size += computeSize(land, visited, row + dr, col + dc);
26      }
27    }
28    return size;
29  }
```

兩種實作的時間複雜度都是 O(WH)，其中 W 是矩陣的寬度，H 是矩陣的高度。

> 注意：在講到時間複雜度時許多人會說「O(N)」或「O(N²)」，好像 N 有一
> 些固有的含義，但它沒有。假設這些時間複雜度用來形容一個方形矩陣。您
> 可以將執行時間描述為 O(N) 或 O(N²)，兩者都是正確的，差異取決於您對 N
> 的定義。執行時間是 O(N²) 時，其中 N 是指一條邊的長度。或者，如果定義
> N 代表水的一個單位，那麼就可以說時間複雜度是 O(N)。請小心您所說的 N
> 的定義，事實上，當 N 的含義不明確時，不使用 N 可能會更安全。

有些人會錯誤地將執行時間計算為 O(N⁴)，因為 computeSize 方法可能會花費 O(N²) 時
間，而您可能會呼叫 O(N²) 次（顯然也假設了一個 NxN 矩陣）。雖然這兩個時間表述基
本正確，但不能簡單地相乘。這是因為隨著 computeSize 呼叫變得越來越昂貴時，它
被呼叫的次數也減少。

例如，假設第一個呼叫 computeSize 的時候會迭代整個矩陣，這個動作可能需要 O(N²) 的時間，但是我們不會再次呼叫 computeSize 了。

另一種計算方法是去思考每個單位被這兩個呼叫「觸摸」到的次數。每個單位都將被 computePondSizes 函式處理一次。此外，雖然一個單位可能輪流被它鄰居單位都觸摸一次，但這觸摸數對每個單位來說都還是常數。因此，在 NxN 矩陣上整個執行時間是 O(N²)，或者更泛化地說是 O(WH)。

16.20 T9 輸入法： 在舊式的手機上，使用者用數字鍵盤做輸入，手機鍵盤上有一列與這些數字匹配的文字。每個數字都映射到一組 0 到 4 個字母。若給定一個數字序列，請您實作一個演算法來回傳匹配的單詞清單（用任何資料結構回傳都可以）。鍵盤映射如下圖所示：

1	2 abc	3 def
4 ghi	5 jkl	6 mno
7 pqrs	8 tuv	9 wxyz
	0	

範例

輸入：8733
輸出：tree, used

pg 242

解答

有多種方法可以解決這個問題，讓我們從暴力演算法開始。

暴力法

想像一下，如果不寫程式只能手動來解，您會如何解決這個問題。您可能會嘗試將每一個數字所有可能的值與所有其他數字的所有可能的值湊起來看。

這正是暴力演算法要做的。我們取第一個數字並迭代映射到該數字的所有字元。對於每個字元，我們將其加入到 prefix 變數並遞迴，把 prefix 向下層傳遞。一旦當字元用完時，如果 prefix 字串是有效的單詞，就印出 prefix（內容包含完整的單詞）。

我們將假定會傳入一個 HashSet 型態的單字清單。HashSet 的使用方法類似於雜湊表，但它的功能不是鍵 -> 值搜尋，而是在 O(1) 時間內告訴我們集合中是否包含單詞。

```
1   ArrayList<String> getValidT9Words(String number, HashSet<String> wordList) {
2       ArrayList<String> results = new ArrayList<String>();
3       getValidWords(number, 0, "", wordList, results);
4       return results;
5   }
6
7   void getValidWords(String number, int index, String prefix,
8                      HashSet<String> wordSet, ArrayList<String> results) {
9       /* 如果它是一個完整的單詞，印出它 */
10      if (index == number.length() && wordSet.contains(prefix)) {
11          results.add(prefix);
12          return;
13      }
14
15      /* 取得與該數字匹配的字元 */
16      char digit = number.charAt(index);
17      char[] letters = getT9Chars(digit);
18
19      /* 檢查所有剩餘選項 */
20      if (letters != null) {
21          for (char letter : letters) {
22              getValidWords(number, index + 1, prefix + letter, wordSet, results);
23          }
24      }
25  }
26
27  /* 回傳映射到該數字的字元陣列 */
28  char[] getT9Chars(char digit) {
29      if (!Character.isDigit(digit)) {
30          return null;
31      }
32      int dig = Character.getNumericValue(digit) - Character.getNumericValue('0');
33      return t9Letters[dig];
34  }
35
36  /* 數字到字母的映射 */
37  char[][] t9Letters = {null, null, {'a', 'b', 'c'}, {'d', 'e', 'f'},
38      {'g', 'h', 'i'}, {'j', 'k', 'l'},{'m', 'n', 'o'}, {'p', 'q', 'r', 's'},
39      {'t', 'u', 'v'}, {'w', 'x', 'y', 'z'}
40  };
```

執行這個演算法會花費 $O(4^N)$ 時間，其中 N 是字串的長度。這是因為每次呼叫 getValidWords 時，我們遞迴進行四次分支，然後持續遞迴直到呼叫堆疊深度為 N。

對於大字串來說，這是非常非常慢的。

優化解

讓我們回到當您是手動來解的時候，您是怎麼做的。請想像一個輸入例子是 33835676368（對應于 development 這個單詞）。如果您是手動操作，我打賭您會跳過以 fftf[3383] 開頭的解決方案，因為沒有單詞會是以這些字元開頭。

理想情況下，我們希望程式也可以進行同樣的優化：停止遞迴那些明顯會失敗的路徑。具體來說就是，如果字典中沒有以 prefix 變數開頭的單詞，就停止遞迴。

線索樹（Trie）資料結構（參見第 138 頁的「線索樹（字首樹）」）可以做到停止遞迴。當拿到一個無效字串開頭的字串時，就馬上退出。

```
1   ArrayList<String> getValidT9Words(String number, Trie trie) {
2     ArrayList<String> results = new ArrayList<String>();
3     getValidWords(number, 0, "", trie.getRoot(), results);
4     return results;
5   }
6
7   void getValidWords(String number, int index, String prefix, TrieNode trieNode,
8                      ArrayList<String> results) {
9     /* 如果是一個完整的單詞，就把它印出來 */
10    if (index == number.length()) {
11      if (trieNode.terminates()) { //判斷是完整的單詞
12        results.add(prefix);
13      }
14      return;
15    }
16
17    /* 取得與該數字匹配的字元 */
18    char digit = number.charAt(index);
19    char[] letters = getT9Chars(digit);
20
21    /* 檢查所有剩餘選項 */
22    if (letters != null) {
23      for (char letter : letters) {
24        TrieNode child = trieNode.getChild(letter);
25        /* 如果有單詞以prefix + 字母開頭
26         * 就繼續遞迴 */
27        if (child != null) {
28          getValidWords(number, index + 1, prefix + letter, child, results);
29        }
30      }
31    }
32  }
```

很難描述這個演算法的執行時間，因為它取決選用的語言。然而，這種「提前回傳」將使它的實作執行速度快得多。

最優解

信不信由您,我們只需要做一點預處理,就可以讓它跑得更快。但並不是要做什麼大事,只是為了建造線索樹做一些事。

這個問題要求我們列出 T9 鍵盤表示方式中一個特定數字表示的所有單詞。我們可以預先做好這件事,而不是試圖「即時」做這件事(然後處理許多可能的答案,但其中又有許多實際上是不能用的)。

我們的演算法現在有幾個步驟:

預先計算

1. 建立一個雜湊表,該雜湊表從數字序列映射到字串組成的 list。

2. 迭代字典中的每個單詞並將其轉換為其 T9 鍵盤表示形式(例如,APPLE -> 27753)。在上面的雜湊表中儲存這些資料。例如,8733 將映射到 {used, tree}。

詞搜尋

1. 只需在雜湊表中搜尋條目並回傳 list。

要做的只有這些!

```
1    /* 查單詞 */
2    ArrayList<String> getValidT9Words(String numbers,
3                                      HashMapList<String, String> dictionary) {
4        return dictionary.get(numbers);
5    }
6
7    /* 預先計算 */
8
9    /* 建立一個雜湊表,從一個數字映射到
10    * 所有符合該數字表示的所有單詞 */
11   HashMapList<String, String> initializeDictionary(String[] words) {
12       /* 建立一個雜湊表,從字母映射到數字 */
13       HashMap<Character, Character> letterToNumberMap = createLetterToNumberMap();
14
15       /* 建立單詞 -> 數字的映射 */
16       HashMapList<String, String> wordsToNumbers = new HashMapList<String, String>();
17       for (String word : words) {
18           String numbers = convertToT9(word, letterToNumberMap);
19           wordsToNumbers.put(numbers, word);
20       }
```

```
21     return wordsToNumbers;
22  }
23
24  /* 將數字 -> 字母的映射轉換為字母 -> 數字 */
25  HashMap<Character, Character> createLetterToNumberMap() {
26    HashMap<Character, Character> letterToNumberMap =
27      new HashMap<Character, Character>();
28    for (int i = 0; i < t9Letters.length; i++) {
29      char[] letters = t9Letters[i];
30      if (letters != null) {
31        for (char letter : letters) {
32          char c = Character.forDigit(i, 10);
33          letterToNumberMap.put(letter, c);
34        }
35      }
36    }
37    return letterToNumberMap;
38  }
39
40  /* 將字串轉換為它的T9表示形式 */
41  String convertToT9(String word, HashMap<Character, Character> letterToNumberMap) {
42    StringBuilder sb = new StringBuilder();
43    for (char c : word.toCharArray()) {
44      if (letterToNumberMap.containsKey(c)) {
45        char digit = letterToNumberMap.get(c);
46        sb.append(digit);
47      }
48    }
49    return sb.toString();
50  }
51
52  char[][] t9Letters = /* 和之前一樣 */
53
54  /* HashMapList<String, Integer> 是一個HashMap，從字串映射到
55   * ArrayList<Integer>，具體實作見附錄 */
```

取得映射到這個數字的單詞的這個動作將花費 O(N) 時間，其中 N 是數字的數量。O(N) 是花費在雜湊表查詢上（我們需要將數字轉換為雜湊表）。如果您知道這些單詞永遠不會超過某個最大大小，也可以將執行時間描述為 O(1)。

請注意，您很容易誤以為「哦，線性時間，所以執行的也不是很快」，但您要看它的線性是**取決於什麼**。若是單詞長度的線性時間是非常快的，字典長度的線性時間則不是那麼快。

16.21 加總交換：給定兩個整數陣列，找到一對值（每個陣列取一個值），將這一對值進行交換後，可使兩個陣列的和相同。

範例

輸入：{4, 1, 2, 1, 1, 2} 和 {3, 6, 3, 3}

輸出：{1, 3}

pg 242

解答

我們應該從弄清楚到底要找什麼開始。

我們有兩個陣列和它們各自的加總值，雖然可能沒有預先得到它們的加總值，但可以先假裝已經有了。畢竟，計算加總值是一個 O(N) 操作，而我們知道無論如何都無法打敗 O(N)。因此，計算加總值不會影響執行時間。

當我們將一個（正）值 a 從陣列 A 移動到陣列 B 時，A 的加總值減少了 a，同時 B 的加總值增加了 a。

我們正在尋找的兩個值 a 和 b，能要滿足以下條件：

    sumA - a + b = sumB - b + a

做一些簡單的數學計算後：

    2a - 2b = sumA - sumB
    a - b = (sumA - sumB) / 2

因此，我們尋找兩個具有特定差值的值：這個特定差值為 (sumA - sumB) / 2。

請注意，因為想要找出的目標差值必須是整數（畢竟，您交換兩個整數後差值不會是非整數），所以可以得出這樣的結論：兩個加總值之間的差值必須是偶數，這樣才是一對有效的值。

暴力法

暴力演算法非常簡單，要做的只有迭代陣列並檢查所有的值對。

我們可以用「天真」的方法來做（比較新的加總值），也可以透過尋找具有特定差值的一對值來實作。

天真的方法：

```
1   int[] findSwapValues(int[] array1, int[] array2) {
2      int sum1 = sum(array1);
3      int sum2 = sum(array2);
4
5      for (int one : array1) {
6        for (int two : array2) {
7            int newSum1 = sum1 - one + two;
8            int newSum2 = sum2 - two + one;
9            if (newSum1 == newSum2) {
10               int[] values = {one, two};
11               return values;
12           }
13       }
14     }
15
16     return null;
17  }
```

找尋特定差值的方法：

```
1   int[] findSwapValues(int[] array1, int[] array2) {
2      Integer target = getTarget(array1, array2);
3      if (target == null) return null;
4
5      for (int one : array1) {
6        for (int two : array2) {
7            if (one - two == target) {
8                int[] values = {one, two};
9                return values;
10           }
11       }
12     }
13
14     return null;
15  }
16
17  Integer getTarget(int[] array1, int[] array2) {
18     int sum1 = sum(array1);
19     int sum2 = sum(array2);
20
21     if ((sum1 - sum2) % 2 != 0) return null;
22     return (sum1 - sum2) / 2;
23  }
```

我們使用 Integer（內建的資料類型）作為 getTarget 的回傳值，這使我們能夠區分出發生「錯誤」情況。

該演算法的時間複雜度為 O(AB)。

最優解

這個問題被歸納為尋找一對具有特定差值的值。記得這一點,讓我們重新審視一下暴力法做了什麼。

在暴力法中,我們先迭代 A 中的每個元素,為每個元素在 B 中尋找一個能讓我們得到「正確的」差值的元素。如果 A 中取出的值是 5,目標差值是 3,那麼我們必須在 B 中尋找值 2。這是唯一可能做出目標差值的值。

也就是說,與其用 one - two == target 的概念,不如用 two == one - target 的概念。怎樣才能更快地在 B 中找到一個元素,而這個元素等於 one - target?

可以用一個雜湊表很快地做到這一點。把 B 中的所有元素放入一個雜湊表中,然後迭代 A 並在 B 中尋找適當的元素。

```
1    int[] findSwapValues(int[] array1, int[] array2) {
2       Integer target = getTarget(array1, array2);
3       if (target == null) return null;
4       return findDifference(array1, array2, target);
5    }
6
7    /* 搜尋一對具有特定差值的值 */
8    int[] findDifference(int[] array1, int[] array2, int target) {
9       HashSet<Integer> contents2 = getContents(array2);
10      for (int one : array1) {
11         int two = one - target;
12         if (contents2.contains(two)) {
13            int[] values = {one, two};
14            return values;
15         }
16      }
17
18      return null;
19   }
20
21   /* 將陣列的內容放入雜湊表中 */
22   HashSet<Integer> getContents(int[] array) {
23      HashSet<Integer> set = new HashSet<Integer>();
24      for (int a : array) {
25         set.add(a);
26      }
27      return set;
28   }
```

這個解需要 O(A+B) 時間。這是我們能想到的最佳執行時間（BCR），因為我們至少要觸摸兩個陣列中的所有元素。

替代解決方案

如果兩個陣列都是預先排序好的，我們可以迭代它們以找到合適的對。這將減少空間的需求量。

```
1   int[] findSwapValues(int[] array1, int[] array2) {
2       Integer target = getTarget(array1, array2);
3       if (target == null) return null;
4       return findDifference(array1, array2, target);
5   }
6
7   int[] findDifference(int[] array1, int[] array2, int target) {
8       int a = 0;
9       int b = 0;
10
11      while (a < array1.length && b < array2.length) {
12          int difference = array1[a] - array2[b];
13          /* 將差值與目標差值做比較，如果差值太小，
14           * 則透過將a移動到更大的值使其變大。如果太大，
15           * 那就透過將b移動到更大的值來減小。如果剛剛好，
16           * 回傳這一對 */
17          if (difference == target) {
18              int[] values = {array1[a], array2[b]};
19              return values;
20          } else if (difference < target) {
21              a++;
22          } else {
23              b++;
24          }
25      }
26
27      return null;
28  }
```

這個演算法會花費 O(A + B) 時間，但是需要對陣列進行排序。如果陣列沒有排序，仍然可以使用這個演算法，但必須額外先對陣列排序，那麼總共的執行時間就會是 O(A log A + B log B)。

16.22 **蘭頓螞蟻**：一隻螞蟻正坐在一個由無限多的白色和黑色方塊組成的網格上。最初，網格都是白色的而且螞蟻朝右走。在每一步都會執行以下操作：

（1）若螞蟻在白色方塊上，翻轉方塊的顏色，向右旋轉 90 度（順時針方向），向前移動一個單位。

（2）若螞蟻在黑色方塊上，翻轉方塊的顏色，向左旋轉 90 度（逆時針方向），向前移動一個單位。

請撰寫一個程式來模擬螞蟻的第 K 次移動，並將最終的盤面印出成網格。請注意，並沒有限定網格要用什麼資料結構呈現，您必須自己設計。方法的唯一輸入是 K。您應該印出最終的網格，然後什麼也不回傳。方法的宣告可能類似於 void printKMoves(int K)。

pg 243

解答

乍看之下，這個問題似乎非常簡單：建立一個網格，記住螞蟻的位置和方向、翻轉儲存格、轉向和移動。有趣的部分是如何處理一個無限的網格。

解決方案 #1：固定陣列

從技術上講，因為我們只執行前 K 步，所以能得到網格的最大大小。螞蟻在任何方向上的移動都不會超過 K 個。如果我們建立一個寬度為 2K，高度為 2K 的網格（把螞蟻放在中間），我們就確定它足夠大了。

這種定義的問題在於可擴展性不是很好。如果您走了 K 步，然後又想再走 K 步，您可能就要倒霉了。

此外，此解決方案還會浪費大量空間。雖然在一個特定的維度上移動的最大值是 K 個單位，但是螞蟻可能在原地打轉，所以您可能不需要這麼大的空間。

解決方案 #2：可調整大小的陣列

一種想法是使用可調整大小的陣列，比如 Java 的 ArrayList 類別。這允許我們根據需要去擴大陣列，同時仍然能把插入時間平攤在 O(1)。

問題是我們的網格需要在二維空間中增長，但是 ArrayList 只是一個單維的陣列。另外，「向後」走可能會讓位置變成負值，但 ArrayList 類別不支援負索引。

但是,我們採用類似的方法建立自己的可調整大小網格。每當螞蟻碰到邊界就把網格的尺寸擴大一倍。

那麼負值的部份呢?雖然在概念上我們可以說某物處於負值位置,但實際上不能存取具有負值的陣列索引。

處理這個問題的一種方法是建立「偽索引」,如果有隻螞蟻在座標 (-3, 10) 的話,我們可以追蹤某種偏移量或增量來將座標轉換成陣列索引。

然而,這實際上是不必要的,因為不需要公開螞蟻的位置,位置的定義也不沒有一致的標準(當然,除非面試官指定)。當螞蟻移動到負座標時,我們可以將陣列的大小加倍,將螞蟻和所有的儲存格移動到正座標。本質上,這個動作使得我們必須重新標記所有的索引。這種重新標記不會影響 Big O 時間,因為我們原來就必須建立一個新的矩陣。

```java
1   public class Grid {
2      private boolean[][] grid;    // false代表白,true代表黑
3      private Ant ant = new Ant();
4
5      public Grid() {
6         grid = new boolean[1][1];
7      }
8
9      /* 將舊值複製到新陣列中,
10      * 並偏移/位移該列和欄 */
11     private void copyWithShift(boolean[][] oldGrid, boolean[][] newGrid,
12                               int shiftRow, int shiftColumn) {
13        for (int r = 0; r < oldGrid.length; r++) {
14           for (int c = 0; c < oldGrid[0].length; c++) {
15              newGrid[r + shiftRow][c + shiftColumn] = oldGrid[r][c];
16           }
17        }
18     }
19
20     /* 確保給定的位置適用於該陣列。如果有必要,
21      * 加倍矩陣的大小,複製舊的值,並調整螞蟻的
22      * 位置使它處於一個正的範圍內 */
23     private void ensureFit(Position position) {
24        int shiftRow = 0;
25        int shiftColumn = 0;
26
27        /* 計算新的列數 */
28        int numRows = grid.length;
29        if (position.row < 0) {
30           shiftRow = numRows;
```

```
31          numRows *= 2;
32      } else if (position.row >= numRows) {
33          numRows *= 2;
34      }
35
36      /* 計算新的欄數 */
37      int numColumns = grid[0].length;
38      if (position.column < 0) {
39          shiftColumn = numColumns;
40          numColumns *= 2;
41      } else if (position.column >= numColumns) {
42          numColumns *= 2;
43      }
44
45      /* 如果有需要的話就加大陣列，也移動螞蟻的位置 */
46      if (numRows != grid.length || numColumns != grid[0].length) {
47          boolean[][] newGrid = new boolean[numRows][numColumns];
48          copyWithShift(grid, newGrid, shiftRow, shiftColumn);
49          ant.adjustPosition(shiftRow, shiftColumn);
50          grid = newGrid;
51      }
52  }
53
54  /* 翻轉儲存格的顏色 */
55  private void flip(Position position) {
56      int row = position.row;
57      int column = position.column;
58      grid[row][column] = grid[row][column] ? false : true;
59  }
60
61  /* 以順時針方向移動白格上的螞蟻（黑格用逆時針方向），翻轉顏色
62   * 並向前走一步，有必要時擴展網格 */
63  public void move() {
64      /* 在白格上順時針轉 */
65      ant.turn(!grid[ant.position.row][ant.position.column]);
66      flip(ant.position); // 翻轉顏色
67      ant.move(); // 移動
68      ensureFit(ant.position); // 擴展網格
69  }
70
71  /* 印出盤面 */
72  public String toString() { /* 請見下載程式碼範例 */ }
73  }
```

我們將螞蟻（Ant）程式碼放到一個單獨的類別中。這樣做的好處是，如果出於某種原因要使用多個螞蟻，我們可以很容易地擴展程式碼來支援這種情況。

```
1   public class Ant {
2      public Position position = new Position(0, 0);
3      public Orientation orientation = Orientation.right;
4
5      public void turn(boolean clockwise) {
6         orientation = orientation.getTurn(clockwise);
7      }
8
9      public void move() {
10        if (orientation == Orientation.left) {
11           position.column--;
12        } else if (orientation == Orientation.right) {
13           position.column++;
14        } else if (orientation == Orientation.up) {
15           position.row--;
16        } else if (orientation == Orientation.down) {
17           position.row++;
18        }
19     }
20
21     public void adjustPosition(int shiftRow, int shiftColumn) {
22        position.row += shiftRow;
23        position.column += shiftColumn;
24     }
25  }
```

Orientation 擁有自己的列舉值，以及一些實用的功能。

```
1   public enum Orientation {
2      left, up, right, down;
3
4      public Orientation getTurn(boolean clockwise) {
5         if (this == left) {
6            return clockwise ? up : down;
7         } else if (this == up) {
8            return clockwise ? right : left;
9         } else if (this == right) {
10           return clockwise ? down : up;
11        } else { // 向下
12           return clockwise ? left : right;
13        }
14     }
15
16     @Override
17     public String toString() {/* 請到CrackingTheCodingInterview.com查看程式碼 */}
```

我們也可以將 Position 做成一個簡單的類別，即可很容易地分別追蹤列和欄。

```
1   public class Position {
2     public int row;
3     public int column;
4
5     public Position(int row, int column) {
6       this.row = row;
7       this.column = column;
8     }
9   }
```

這是可行的,但這個解法比實際上需要的更複雜些。

解決方案 #3:HashSet

雖然使用矩陣來表示網格似乎是件「非常自然」的事,但實際上不這樣做更容易。我們真正需要的是一個由白色方塊(以及螞蟻的位置和方向)組成的串列。

我們可以透過使用裝著白色方塊的 HashSet 來做到這一點。如果一個位置在 HashSet 中,那麼方塊就是白色的。否則,它就是黑色的。

這個解法棘手點是如何印出盤面。從哪裡開始印出?在哪裡結束?

因為我們需要印出一個網格,所以可以追蹤網格的左上角和右下角。每當螞蟻移動時,會將螞蟻的位置與最左上角和最右下角的位置進行比較,並在必要時更新它們。

```
1   public class Board {
2     private HashSet<Position> whites = new HashSet<Position>();
3     private Ant ant = new Ant();
4     private Position topLeftCorner = new Position(0, 0);
5     private Position bottomRightCorner = new Position(0, 0);
6
7     public Board() { }
8
9     /* 移動螞蟻 */
10    public void move() {
11      ant.turn(isWhite(ant.position)); // 轉向
12      flip(ant.position); // 翻轉
13      ant.move(); // 移動
14      ensureFit(ant.position);
15    }
16
17    /* 翻轉儲存格的顏色 */
18    private void flip(Position position) {
19      if (whites.contains(position)) {
20        whites.remove(position);
21      } else {
```

```
22          whites.add(position.clone());
23       }
24    }
25
26    /* 透過追蹤最左上角和最右下角的位置來增大網格 */
27    private void ensureFit(Position position) {
28       int row = position.row;
29       int column = position.column;
30
31       topLeftCorner.row = Math.min(topLeftCorner.row, row);
32       topLeftCorner.column = Math.min(topLeftCorner.column, column);
33
34       bottomRightCorner.row = Math.max(bottomRightCorner.row, row);
35       bottomRightCorner.column = Math.max(bottomRightCorner.column, column);
36    }
37
38    /* 檢查方塊是否為白色 */
39    public boolean isWhite(Position p) {
40       return whites.contains(p);
41    }
42
43    /* 檢查方塊是否為白色 */
44    public boolean isWhite(int row, int column) {
45       return whites.contains(new Position(row, column));
46    }
47
48    /* 印出盤面 */
49    public String toString() {
50       StringBuilder sb = new StringBuilder();
51       int rowMin = topLeftCorner.row;
52       int rowMax = bottomRightCorner.row;
53       int colMin = topLeftCorner.column;
54       int colMax = bottomRightCorner.column;
55       for (int r = rowMin; r <= rowMax; r++) {
56          for (int c = colMin; c <= colMax; c++) {
57             if (r == ant.position.row && c == ant.position.column) {
58                sb.append(ant.orientation);
59             } else if (isWhite(r, c)) {
60                sb.append("X");
61             } else {
62                sb.append("_");
63             }
64          }
65          sb.append("\n");
66       }
67       sb.append("Ant: " + ant.orientation + ". \n");
68       return sb.toString();
69    }
```

Ant 和 Orientation 的實作和之前是一樣的。為了支援 HashSet 功能，Position 的實作稍微更新了一下，把位置當做是鍵，因此我們需要實作 hashCode() 函式。

```java
1   public class Position {
2      public int row;
3      public int column;
4
5      public Position(int row, int column) {
6         this.row = row;
7         this.column = column;
8      }
9
10     @Override
11     public boolean equals(Object o) {
12        if (o instanceof Position) {
13           Position p = (Position) o;
14           return p.row == row && p.column == column;
15        }
16        return false;
17     }
18
19     @Override
20     public int hashCode() {
21        return (row * 31) ^ column;
22     }
23
24     public Position clone() {
25        return new Position(row, column);
26     }
27  }
```

這個實作的好處是，如果我們需要在其他地方存取特定的方塊，我們將得到一致的列和欄標記。

16.23 用 Rand5 實作 Rand7： 給定一個 rand5()，請實作出一個 rand7() 方法。也就是說，給您一個生成 0 到 4（含）之間隨機整數的方法，請寫出一個能生成 0 到 6（含）之間隨機整數的方法。

pg 243

解答

為了正確地實作這個函式，我們必須以 1/7 的機率回傳 0 到 6 之間的每個值。

首次嘗試（固定呼叫次數）

第一次嘗試時，可以試著生成 0 到 9 之間的所有數字，然後把結果值對 7 取餘數（mod）。程式碼可能會長成這樣：

```
1    int rand7() {
2        return (rand5() + rand5()) % 7;
3    }
```

不幸的是，上面的程式碼生成各個值的機率不會相等。我們可以透過查看每次呼叫 rand5() 得到的值，和最後 rand7() 函式回傳的結果來瞭解這一點。

第一次呼叫	第二次呼叫	結果		第一次呼叫	第二次呼叫	結果
0	0	0		2	3	5
0	1	1		2	4	6
0	2	2		3	0	3
0	3	3		3	1	4
...	...	...		...	...	...

或者，您可以看到，當執行兩次 rand5() 呼叫時，您會得到 25 種組合，25 能夠平均分配給 7 個值嗎？不行，所以我們的 rand7() 函式的某些回傳值，必定會比其他的回傳值更常被回傳。我們的函式有問題；因為所有回傳結果的機率必須相等。

您可以試著修改 rand5() 函式，例如加上一些條件分支？或是把 rand5() 函式乘上某個因數？但就算這麼改了，還是會有問題。您將會呼叫 rand5() 若干次（讓我們定義它為 k 次），得到的結果表將會有 5^k 個列，而 5^k 是無法均勻整除 7 的。

這是否代表著這個問題無解？不完全是。嚴格地說，這代表只要我們想以 rand5() 的結果組合出 rand7() 的結果，函式就無法有分佈良好的結果。

我們仍然可以解決這個問題。只需要使用一個迴圈，並且認知到題目沒有限制迴圈只能執行幾次。

第二次嘗試（非確定的呼叫次數）

只要加入一個 while 迴圈，就會變得容易得多。我們只需要生成一個值範圍，其中每個值都是機率相等（並且該範圍至少有 7 個元素）。得到的元素比 7 個還多也沒關係，只會得到的元素不在我們的目標範圍內，那就再試一次即可。

其中一種做法（做法有很多種！）是利用兩次 rand5() 呼叫，產生一個兩位數的 5 進位數字。第一次 rand5() 呼叫生成第一個數字，第二次呼叫生成第二個數字。（如果

您一下沒想通的話，可以想像一下您如何利用 `rand10()`，逐個數字生成一個介於 0 到 99 間的數字那樣。)

每個數字出現的機率將會相等，範圍也會比 7 還大。將它用 `num=5*rand5()+rand5()` 轉換成 10 進位的話，我們就可以得到一個介於 0 到 24 之間的值。

可以在得到小於 7 的值時就直接回傳，大於 7 時重試一次。雖然這樣可行，但我們會丟掉一大堆值。

一個小小的改良是留下前 21 個值（0 到 20），然後回傳 `num%7` 的結果。如果超過這個範圍的話，才重新執行。

```
1   int rand7() {
2     while (true) {
3       int num = 5 * rand5() + rand5();
4       if (num < 21) {
5         return num % 7;
6       }
7     }
8   }
```

請注意，由於此方法中我們會丟棄了一些值，因此無法需要多少次 `rand5()` 呼叫才能取得回傳值，這就是所謂非確定性（`nondeterministic`）次數呼叫的意義。

16.24 符合特定和的整數對：請設計一個演算法，在陣列中找出符合指定和的整數對。

pg 243

解答

讓我們從定義開始。如果我們想找到一對數字，其和為 z 的話，x 的**補數**將是 z - x（補數就是可以拿來和 x 相加得到 z 的數）。例如，如果我們要找出一對和為 12 的數，那麼 -5 的補數就是 17。

暴力法

暴力解決方案是迭代所有值對，如果其和與指定的和相等，則輸出該值對。

```
1   ArrayList<Pair> printPairSums(int[] array, int sum) {
2     ArrayList<Pair> result = new ArrayList<Pair>();
3     for (int i = 0 ; i < array.length; i++) {
4       for (int j = i + 1; j < array.length; j++) {
```

```
5              if (array[i] + array[j] == sum) {
6                  result.add(new Pair(array[i], array[j]));
7              }
8          }
9      }
10     return result;
11 }
```

如果陣列中有重複的項（例如 {5, 6, 5}），則可能會有兩項符合指定的和。您應該和面試官討論這個問題。

優化解決方案

我們可以使用雜湊映射優化暴力解決方案，雜湊映射中的值代表「未配對」鍵的數量。我們會迭代陣列，在每個元素 x 處，會去檢查在 x 出現前，陣列中還有多少未配對 x 的補數。如果計數大於等於 1，代表有 x 的補數的未配對實例存在，由於這個元素已經結成對了，所以我們在結果中加入這一組值對並減少雜湊映射中此 x 補數在的數量。但如果數量為零，則遞增雜湊表中 x 的數量，用以表示 x 未被配對。

```
1   ArrayList<Pair> printPairSums(int[] array, int sum) {
2       ArrayList<Pair> result = new ArrayList<Pair>();
3       HashMap<Integer, Integer> unpairedCount = new HashMap<Integer, Integer>();
4       for (int x : array) {
5           int complement = sum - x;
6           if (unpairedCount.getOrDefault(complement, 0) > 0) {
7               result.add(new Pair(x, complement));
8               adjustCounterBy(unpairedCount, complement, -1); // 遞減補數的量
9           } else {
10              adjustCounterBy(unpairedCount, x, 1); // 遞增補數的量
11          }
12      }
13      return result;
14  }
15
16  void adjustCounterBy(HashMap<Integer, Integer> counter, int key, int delta) {
17      counter.put(key, counter.getOrDefault(key, 0) + delta);
18  }
19
```

若有多個值對符合條件，此解決方案會印出重複的值對，但不會重複使用相同的元素實例。它的時間複雜度為 O(N)，空間複雜度為 O(N)。

替代解決方案

或者，可以對陣列進行排序，然後只用一輪操作找出值對。我們以這個陣列為例：

```
{-2, -1, 0, 3, 5, 6, 7, 9, 13, 14}
```

讓 first 指標指向陣列的開頭，last 指標指向陣列的結尾。若想要找到 first 的補數，我們只要把 last 向開頭移動直到找到補數。如果 first + last < sum，則判定找不到 first 的補數，那麼就可以移動 first 指標。當 first 比 last 大時，我們就停止。

為什麼這樣一定能找出所有 first 的補數呢？因為陣列是排好序的，而且我們在找尋時是從大向小的數字找。當 first 和 last 的和小於指定和的時候，我們就知道再讓 last 變成更小也不可能讓我們找到補數。

為什麼這樣一定能找出所有 last 的補數呢？因為所有的值對必須由 first 和 last 組成。由於我們找出了 first 的所有補數，等於我們找到了 last 的所有補數。

```
1    void printPairSums(int[] array, int sum) {
2       Arrays.sort(array);
3       int first = 0;
4       int last = array.length - 1;
5       while (first < last) {
6          int s = array[first] + array[last];
7          if (s == sum) {
8             System.out.println(array[first] + " " + array[last]);
9             first++;
10            last--;
11         } else {
12            if (s < sum) first++;
13            else last--;
14         }
15      }
16   }
```

這個演算法需要 O(N log N) 的時間來排序，O(N) 的時間來找到配對。

注意，由於陣列可能是未排序的，所以站在 Big O 的角度而言，對每個元素進行二元搜尋以搜尋其補數的速度是一樣快的。所以演算法分成兩步，每一步都是 O(N log N)。

16.25 LRU 快取：請設計並建立一個「最近最少使用」的快取，該快取將用來排除最近最少使用的項目。快取的格式應該從鍵映射到值（key-value pair）（能讓您插入和檢索與特定鍵關聯的值），並使用最大大小初始化。當它裝滿時，就清除最近最少使用的項目。

pg 243

解答

應該先界定問題的範圍。我們的目標究竟是什麼？

* **插入鍵值對**：需要能夠插入（鍵值）對。

* **透過鍵檢索值**：需要能夠使用鍵檢索值。

* **找出最近最不常使用**：我們需要知道最近最不常使用的項目（也很有可能需要知道所有項目的使用次數順序）。

* **更新最近最常使用項目**：當用鍵去檢索一個值時，我們需要更新最近使用的項目順序。

* **清除**：快取應該有一個最大的容量，當它達到容量上限時應該刪除最不常使用的項目。

（鍵，值）映射告訴我們該使用雜湊表，使用雜湊表將使搜尋與特定鍵關聯的值變得很容易。

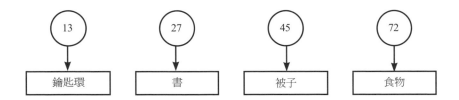

不幸的是，雜湊表通常不會配備快速刪除最近最不常使用的項目的方法。我們可以用一個時間戳記標記每個項目，並迭代雜湊表以刪除具有時間戳記最小的項目，但這麼做可能會導致速度變得相當慢（插入變成 O(N)）。

相反地，我們可以改為使用一個鏈結串列，按最近使用的順序排列。這樣就可以很容易地將一個項目標記為最近使用過的（只需將它放在串列的前面），或者刪除最近已使用最久的項目（刪除最後一個）。

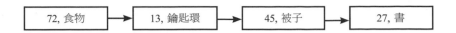

不幸的是，改為使用鏈結串列的話，就變得沒有提供透過鍵搜尋項目的快速方法。我們可以迭代串列並按鍵找到項目，但這可能也會讓速度變得非常慢（找出項目變成 O(N)）。

兩種方法都能很好地解決一半的問題（不同的一半），但兩種方法都無法很好地解決全部的問題。

我們可以得到兩種方法各別的長處嗎？可以，就是兩種都用！

鏈結串列看起來和前面的例子一樣，只差在它是一個雙鏈結串列。這允許我們輕鬆地從鏈結串列的中間刪除一個元素。雜湊表現在映射到每個串列節點，而不是值。

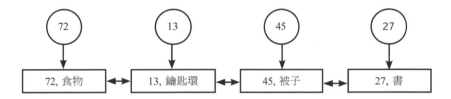

現在演算法的運作如下：

- **插入鍵值對**：用鍵值對建立一個鏈結串列節點，插入該節點到鏈結串列的開頭，然後插入鍵 -> 節點映射到雜湊表中。

- **透過鍵檢索出值**：在雜湊表中搜尋節點並回傳值。更新最近使用的項目（見下面）。

- **搜尋最近最不常使用的項目**：最近最少使用的項目會放在串列的尾端。

- **更新最近最常使用的項目**：將節點移動到鏈結串列的前面，不需要更新雜湊表。

- **清除**：刪除鏈結串列的尾部，從鏈結串列節點取得鍵並從雜湊表中刪除鍵。

下面的程式碼實作了這些類別和演算法。

```
1   public class Cache {
2      private int maxCacheSize;
3      private HashMap<Integer, LinkedListNode> map =
4         new HashMap<Integer, LinkedListNode>();
5      private LinkedListNode listHead = null;
6      public LinkedListNode listTail = null;
7
```

```
8    public Cache(int maxSize) {
9        maxCacheSize = maxSize;
10   }
11
12   /* 取得鍵的值，並標記為最近使用過 */
13   public String getValue(int key) {
14       LinkedListNode item = map.get(key);
15       if (item == null) return null;
16
17       /* 移動到清單的最前面，標記為最近使用過 */
18       if (item != listHead) {
19           removeFromLinkedList(item);
20           insertAtFrontOfLinkedList(item);
21       }
22       return item.value;
23   }
24
25   /* 從鏈結串列中移除節點 */
26   private void removeFromLinkedList(LinkedListNode node) {
27       if (node == null)  return;
28
29       if (node.prev != null) node.prev.next = node.next;
30       if (node.next != null) node.next.prev = node.prev;
31       if (node == listTail) listTail = node.prev;
32       if (node == listHead) listHead = node.next;
33   }
34
35   /* 在鏈結串列的前面插入節點 */
36   private void insertAtFrontOfLinkedList(LinkedListNode node) {
37       if (listHead == null) {
38           listHead = node;
39           listTail = node;
40       } else {
41           listHead.prev = node;
42           node.next = listHead;
43           listHead = node;
44       }
45   }
46
47   /* 從快取中刪除鍵/值對，從雜湊表和鏈結串列中刪除 */
48   public boolean removeKey(int key) {
49       LinkedListNode node = map.get(key);
50       removeFromLinkedList(node);
51       map.remove(key);
52       return true;
53   }
54
55   /* 將鍵值對放入快取。如果有需要就刪除舊的鍵值。
```

```
56       * 將鍵值對插入到鏈結串列和雜湊表中 */
57      public void setKeyValue(int key, String value) {
58         /* 如果已經存在，則刪除 */
59         removeKey(key);
60
61         /* 如果已滿，從快取中刪除最近最不常使用的項目 */
62         if (map.size() >= maxCacheSize && listTail != null) {
63            removeKey(listTail.key);
64         }
65
66         /* 插入新節點 */
67         LinkedListNode node = new LinkedListNode(key, value);
68         insertAtFrontOfLinkedList(node);
69         map.put(key, node);
70      }
71
72      private static class LinkedListNode {
73         private LinkedListNode next, prev;
74         public int key;
75         public String value;
76         public LinkedListNode(int k, String v) {
77            key = k;
78            value = v;
79         }
80      }
81   }
```

請注意，我們選擇把 LinkedListNode 寫成 Cache 的內部類別，是因為沒有其他類別需要存取該類別，而且它應該只需在 Cache 的範圍中存在。

16.26 計算機： 給您一個由正整數和 +、-、* 和 /（沒有括號）組成的數學方程式，請計算結果。

範例

輸入：2*3+5/6*3+15
輸出：23.5

pg 243

解答

我們首先應該意識到的是，從左到右做每個運算子是行不通的。乘法和除法被認為是「高優先順序」運算，這代表著它們必須發生在加法之前做。

舉例來說，如果您有一個簡單的方程式 3+6*2，則必須先執行乘法再執行加法。如果您只是從左到右處理這個方程式，您會得到錯誤的結果 18，而不是正確的結果 15。當然，這些您都知道，但還是有必要解釋一下它的含義。

解決方案 #1

我們仍然可以從左到右處理這個方程式；只需要用更聰明一點的方法做這件事。乘法和除法需要組合在一起，這樣每當看到這些運算時，就能立即按照其前後的項來執行它們。

例如，假設我們有這個運算式：

```
2 - 6 - 7*8/2 + 5
```

可以立即計算 2-6 並將其儲存到結果變數中。但是當看到 7*（某物）時，也知道必須將這個項次完整處理好之後，才將結果加到結果變數去。

我們可以透過從左到右讀取和維護兩個變數來實作。

- 第一個變數是 processing，它用來維護當前項集群的結果（包括運算子和值）。在加法和減法的情況下，項集群就是當前的項。在乘法和除法的情況下，它將是完整的一串東西（直到您看到下一個加法或減法）。

- 第二個變數是 result。如果下一項是加法或減法（或者沒有下一項），則馬上進行運算且處理結果。

對於上面的範例，我們將做以下工作：

1. 讀取 +2 把它放到 processing 中，然後算出 processing 的結果並放入 result，然後清除 processing。

    ```
    processing = {+, 2}   --> null
    result = 0            --> 2
    ```

2. 讀取 -6 把它放到 processing 中，然後算出 processing 的結果並放入 result，然後清除 processing。

    ```
    processing = {-, 6}   --> null
    result = 2            --> -4
    ```

3. 讀取 -7 把它放到 processing 中，看到下一個運算符號是 *。繼續做下去。

    ```
    processing = {-, 7}
    result = -4
    ```

4. 讀取 *8 把它放到 processing 中,看到下一個運算符號是 /。繼續做下去。

```
processing = {-, 56}
result = -4
```

5. 讀取 /2 把它放到 processing 中,下一個運算符號是 +,它終止了這個乘法和除法集群,算出 processing 的結果並放到 result,清除 processing。

```
processing = {-, 28} --> null
result = -4          --> -32
```

6. 讀取 +5 把它放到 processing。算出 processing 的結果並放入 result,清除 processing。

```
processing = {+, 5}  --> null
result = -32          --> -27
```

下面的程式碼實作了這個演算法。

```
1   /* 計算算數序列的結果。以從左到右讀取來實作
2    * 並將每個項套用到result中。當我們看到乘法或除法,
3    * 我們會將序列放入一個臨時變數 */
4   double compute(String sequence) {
5     ArrayList<Term> terms = Term.parseTermSequence(sequence);
6     if (terms == null) return Integer.MIN_VALUE;
7
8     double result = 0;
9     Term processing = null;
10    for (int i = 0; i < terms.size(); i++) {
11      Term current = terms.get(i);
12      Term next = i + 1 < terms.size() ? terms.get(i + 1) : null;
13
14      /* 將當前項放到processing */
15      processing = collapseTerm(processing, current);
16
17      /* 如果下一項是+或-,那麼這個集群就結束了,我們應該
18       * 將processing的結果放到result */
19      if (next == null || next.getOperator() == Operator.ADD
20          || next.getOperator() == Operator.SUBTRACT) {
21        result = applyOp(result, processing.getOperator(), processing.getNumber());
22        processing = null;
23      }
24    }
25
26    return result;
27  }
28
29  /* 使用後項的運算子
30   * 來計算兩個項 */
31  Term collapseTerm(Term primary, Term secondary) {
```

```
32      if (primary == null) return secondary;
33      if (secondary == null) return primary;
34
35      double value = applyOp(primary.getNumber(), secondary.getOperator(),
36                      secondary.getNumber());
37      primary.setNumber(value);
38      return primary;
39  }
40
41  double applyOp(double left, Operator op, double right) {
42      if (op == Operator.ADD) return left + right;
43      else if (op == Operator.SUBTRACT) return left - right;
44      else if (op == Operator.MULTIPLY) return left * right;
45      else if (op == Operator.DIVIDE) return left / right;
46      else return right;
47  }
48
49  public class Term {
50      public enum Operator {
51          ADD, SUBTRACT, MULTIPLY, DIVIDE, BLANK
52      }
53
54      private double value;
55      private Operator operator = Operator.BLANK;
56
57      public Term(double v, Operator op) {
58          value = v;
59          operator = op;
60      }
61
62      public double getNumber() { return value; }
63      public Operator getOperator() { return operator; }
64      public void setNumber(double v) { value = v; }
65
66      /* 將等算數序列解析為一個由項所組成的串列。例如，
67       * 3-5*6變成於：[{空白, 3}, {減, 5}, {乘, 6}]，
68       * 如果格式不正確，回傳null */
69      public static ArrayList<Term> parseTermSequence(String sequence) {
70          /* 在下載的解決方案中可以找到完整的程式碼 */
71      }
72  }
```

這個解決方案的時間複雜度為 O(N)，其中 N 是初始字串的長度。

解決方案 #2

或者，我們可以使用兩個堆疊來解決這個問題：一個用於數字，另一個用於運算子。

```
2 - 6 - 7 * 8 / 2 + 5
```

處理流程如下：

- 每次當我們看到一個數字，就會推送該數字到 numberStack（數字堆疊）上。

- 只要運算子的優先順序高於當前堆疊頂端，運算子就會被推送到 operatorStack 上。如果 priority(currentOperator) <= priority(operatorStack.top())，就「計算」堆疊的頂端：

  » 計算：從 numberStack 取出兩個元素，從 operatorStack 取出一個運算子，執行這個運算子運算，並將結果壓入 numberStack。

  » 優先順序：加減的優先順序相等，但比乘除（也相等）的優先順序低。

  這種計算會持續地做，直到上述條件被打破，然後我們將 currentOperator 推入 operatorStack。

- 最後，計算整個堆疊。

我們用一個範例來看執行流程：2 - 6 - 7 * 8 / 2 + 5

	動作	numberStack	operatorStack
2	numberStack.push(2)	2	[空]
-	operatorStack.push(-)	2	-
6	numberStack.push(6)	6, 2	-
-	collapseStacks [2 - 6] operatorStack.push(-)	-4 -4	[空] -
7	numberStack.push(7)	7, -4	-
*	operatorStack.push(*)	7, -4	*, -
8	numberStack.push(8)	8, 7, -4	*, -
/	collapseStack [7 * 8] operatorStack.push(/)	56, -4 56, -4	- /, -
2	numberStack.push(2)	2, 56, -4	/, -
+	collapseStack [56 / 2] collapseStack [-4 - 28] operatorStack.push(+)	28, -4 -32 -32	- [空] +
5	numberStack.push(5)	5, -32	+
	collapseStack [-32 + 5]	-27	[空]
	return -27		

下面的程式碼實作了這個演算法。

```
1   public enum Operator {
2      ADD, SUBTRACT, MULTIPLY, DIVIDE, BLANK
3   }
4
5   double compute(String sequence) {
6      Stack<Double> numberStack = new Stack<Double>();
7      Stack<Operator> operatorStack = new Stack<Operator>();
8
9      for (int i = 0; i < sequence.length(); i++) {
10        try {
11           /* 取得數字並推入堆疊 */
12           int value = parseNextNumber(sequence, i);
13           numberStack.push((double) value);
14
15           /* 移動到運算符號處 */
16           i += Integer.toString(value).length();
17           if (i >= sequence.length()) {
18              break;
19           }
20
21           /* 取得運算子,根據需要計算頂部,推入運算子到堆疊中 */
22           Operator op = parseNextOperator(sequence, i);
23           collapseTop(op, numberStack, operatorStack);
24           operatorStack.push(op);
25        } catch (NumberFormatException ex) {
26           return Integer.MIN_VALUE;
27        }
28     }
29
30     /* 做最後計算 */
31     collapseTop(Operator.BLANK, numberStack, operatorStack);
32     if (numberStack.size() == 1 && operatorStack.size() == 0) {
33        return numberStack.pop();
34     }
35     return 0;
36  }
37
38  /* 計算頂端直到priority(futureTop) > priority(top)。
39   * 計算的意思是取得數字堆疊中最上面的兩個數字和取得運算子
40   * 堆疊最上面的運算子,然後將計算結果推入數字堆疊*/
41  void collapseTop(Operator futureTop, Stack<Double> numberStack,
42                    Stack<Operator> operatorStack) {
43     while (operatorStack.size() >= 1 && numberStack.size() >= 2) {
44        if (priorityOfOperator(futureTop) <=
45            priorityOfOperator(operatorStack.peek())) {
46           double second = numberStack.pop();
```

```
47          double first = numberStack.pop();
48          Operator op = operatorStack.pop();
49          double collapsed = applyOp(first, op, second);
50          numberStack.push(collapsed);
51        } else {
52          break;
53        }
54      }
55    }
56
57    /* 回傳運算子的優先權，優先權需滿足：
58     *     加法 == 減法 < 乘法 == 除法 */
59    int priorityOfOperator(Operator op) {
60      switch (op) {
61        case ADD: return 1;
62        case SUBTRACT: return 1;
63        case MULTIPLY: return 2;
64        case DIVIDE: return 2;
65        case BLANK: return 0;
66      }
67      return 0;
68    }
69
70    /* 執行運算：left [op] right. */
71    double applyOp(double left, Operator op, double right) {
72      if (op == Operator.ADD) return left + right;
73      else if (op == Operator.SUBTRACT) return left - right;
74      else if (op == Operator.MULTIPLY) return left * right;
75      else if (op == Operator.DIVIDE) return left / right;
76      else return right;
77    }
78
79    /* 回傳偏移量處的數字 */
80    int parseNextNumber(String seq, int offset) {
81      StringBuilder sb = new StringBuilder();
82      while (offset < seq.length() && Character.isDigit(seq.charAt(offset))) {
83        sb.append(seq.charAt(offset));
84        offset++;
85      }
86      return Integer.parseInt(sb.toString());
87    }
88
89    /* 回傳偏移量處的運算子 */
90    Operator parseNextOperator(String sequence, int offset) {
91      if (offset < sequence.length()) {
92        char op = sequence.charAt(offset);
93        switch(op) {
94          case '+': return Operator.ADD;
```

```
95              case '-': return Operator.SUBTRACT;
96              case '*': return Operator.MULTIPLY;
97              case '/': return Operator.DIVIDE;
98          }
99      }
100     return Operator.BLANK;
101 }
```

這段程式碼也花費 O(N) 時間，其中 N 是字串的長度。

這個解決方案中有大量煩人的字串解析程式碼。記住，在面試中把完整細節全部交待清楚並不是那麼重要。事實上，您的面試官甚至可能接受這個運算式被預先解析成某種資料結構。

從一開始就將程式碼模組化，並將程式碼中乏味或不太有趣的部分「外包」給其他函式。您希望將重點放在讓核心計算函式的工作上，其餘的細節可以先放在一邊！

17

困難問題的解決方案

17.1 不用加號的加法： 請寫一個能將兩個數字相加的函式，不能使用 + 或任何算術
運算子。

pg 244

解答

對於這類問題，我們的第一直覺應該是必須使用到位元運算。為什麼？因為當您去掉
+ 號的時候，還有別的選擇嗎？而且，電腦本來就是這樣運作的！

下一個想法應該是深入理解加法是如何工作的。我們可以透過一個加法問題來看看是
否可以發現一些新的東西（一些模式），然後看是否可以用程式碼來複製它。

所以，現在來試做一道加法題。我們將以 10 為基數，這樣更容易看。

若要做 759 + 674，我通常會將 digit[0] 中的每個數字，與 digit[1] 中的每個數字相
加，進位為 1。您可以採用相同的方法來做二進位加法：將每個數字相加，並根據需
要進位。

能不能讓事情再簡化些？可以！想像一下，我決定把「加法」和「進位」的步驟分
開。也就是說，我會這麼做：

1. 759 + 674，但「忘記」進位。然後得到 323。

2. 759 + 674，只做進位，不做每個數字相加，然後得到 1110。

3. 將前兩個操作的結果相加（遞迴地，使用步驟 1 和步驟 2 中描述的相同流程）：
   1110 + 323 = 1433。

現在，我們怎麼用二進位表示呢？

1. 如果我把兩個二進位數字相加，但不做進位，只有當 a 和 b 的第 i 位相同（都是 0 或都是 1）時，和的第 i 位才會為 0，這等同於做 XOR。

2. 如果我把兩個數字加在一起，但是只取進位，那麼只有當 a 和 b 的第 i - 1 位都是 1 時，結果中的第 i 位才是 1，這等同於做 AND 以及位移一位。

3. 現在，遞迴執行直到沒有進位。

下面的程式碼實作了這個演算法。

```
1   int add(int a, int b) {
2     if (b == 0) return a;
3     int sum = a ^ b; // 不考慮進位的加法
4     int carry = (a & b) << 1; // 只考慮進位，但不要做加法
5     return add(sum, carry); // 將sum和carry代入遞迴
6   }
```

或者，您可以用迭代實作它。

```
1   int add(int a, int b) {
2     while (b != 0) {
3       int sum = a ^ b; // 不考慮進位的加法
4       int carry = (a & b) << 1; // 只考慮進位，但不要做加法
5       a = sum;
6       b = carry;
7     }
8     return a;
9   }
```

要求實作一些基本操作的問題很常見，比如加法和減法。所有這類問題的關鍵是深入研究這些操作通常是如何實作的，這樣就可以遵照問題給出的限制來重新實作它們。

17.2 洗牌：請寫一個洗牌的方法，這個方法一定要完美的洗牌，也就是說，一副牌的 52! 種組合的機會都是相等的。請假設您有一個完美的隨機數產生器可使用。

pg 244

解答

這是一個非常有名的面試問題，也是一個非常有名的演算法。如果您還不知道這個演算法的話，請繼續讀下去。

請想像我們有一個 n 元素陣列，它長成這樣：

[1] [2] [3] [4] [5]

使用我們的基本情況和建立方法（Base Case and Build approach），可以問這個問題：假設我們有一個能處理 n - 1 元素的方法 shuffle(...)。可以用它來洗牌 n 個元素嗎？

當然可以，事實上這很好解決。我們先洗牌前 n - 1 個元素，然後將第 n 個元素與陣列中的一個元素隨機交換，這樣就好了！

用遞迴寫出的演算法看起來是這樣的：

```
1    /* 取高（包含）低界限之間的隨機數 */
2    int rand(int lower, int higher) {
3       return lower + (int)(Math.random() * (higher - lower + 1));
4    }
5
6    int[] shuffleArrayRecursively(int[] cards, int i) {
7       if (i == 0) return cards;
8
9       shuffleArrayRecursively(cards, i - 1); // 洗前面部分的牌
10      int k = rand(0, i); // 選定一個隨機的索引與之交換
11
12      /* 交換元素k和i */
13      int temp = cards[k];
14      cards[k] = cards[i];
15      cards[i] = temp;
16
17      /* 回傳洗好的陣列 */
18      return cards;
19   }
```

如果改用迭代去寫這個演算法會是什麼樣子？讓我們想一想。它所做的就是在陣列中移動，對於每個元素 i，用一個在 0 和 i（包括）之間的隨機元素交換 array[i]。

這演算法實際上用迭代實作起來是非常乾淨的：

```
1    void shuffleArrayIteratively(int[] cards) {
2       for (int i = 0; i < cards.length; i++) {
3          int k = rand(0, i);
4          int temp = cards[k];
5          cards[k] = cards[i];
6          cards[i] = temp;
7       }
8    }
```

這個演算法通常都是用迭代寫的。

17.3 **隨機集合**：請寫一個方法，該方法會從一個大小為 n 的陣列中隨機生成一組 m 個整數，每個元素被選中的機率必須相等。

pg 244

解答

與前面的問題（第 678 頁第 17.2 題）類似，我們可以使用基本情況和建立方法（Base Case and Build approach）研究這個問題的遞迴解。

假設有一個演算法可以從大小為 n - 1 的陣列中隨機抽取 m 個元素。那麼要如何使用這個演算法從大小為 n 的陣列中隨機取出 m 個元素？

我們可以先從第 n - 1 個元素中隨機抽取一個大小為 m 的集合。然後只需要決定是否要把將 array[n] 插入到抽取出的子集合中即可（這需要隨機替換掉子集合中的一個元素）。一種簡單的方法是從 0 到 n 中隨機取一個 k。如果 k < m，則將 array[n] 插入到 subset[k] 中。這將「公平地」（即，以均等機率）將 array[n] 插入插入該子集合，並「公平地」從子集合中刪除一個隨機元素。

這個遞迴演算法的虛擬碼是這樣的：

```
1   int[] pickMRecursively(int[] original, int m, int i) {
2     if (i + 1 == m) { // 基本情況
3       /* 回傳original前方m個元素 */
4     } else if (i + 1 > m) {
5       int[] subset = pickMRecursively(original, m, i - 1);
6       int k =  random value between 0 and i, inclusive
7       if (k < m) {
8         subset[k] = original[i];
9       }
10      return subset;
11    }
12    return null;
13  }
```

迭代方法寫起來更簡潔。在這種迭代方法中，我們將陣列 subset 初始化為 original 陣列中的前 m 個元素。然後，我們迭代陣列，從元素 m 開始，每當 k < m 時，就將 array[i] 插入在子集合的（隨機）位置 k。

```
1   int[] pickMIteratively(int[] original, int m) {
2     int[] subset = new int[m];
3
4     /* 用original陣列的前面部分填充subset陣列 */
5     for (int i = 0; i < m ; i++) {
```

```
6        subset[i] = original[i];
7    }
8
9    /* 迭代剩餘的original陣列 */
10   for (int i = m; i < original.length; i++) {
11       int k = rand(0, i); // 0和i（包含）之間的隨機數
12       if (k < m) {
13           subset[k] = original[i];
14       }
15   }
16
17   return subset;
18 }
```

不意外，這兩種解決方案都與洗牌一個陣列的演算法非常相似。

17.4 **缺少的數字**：一個陣列 A 包含了從 0 到 n 的整數，但其中有一個數字不見了。這個問題限制我們不能用單一個操作存取 A 中的整數。A 的元素用二進位表示，唯一可以用來存取元素的操作是「獲取 A[i] 的第 j 位元」，這個動作需要常數時間。請撰寫程式碼來搜尋遺失的那個整數。您能在 O(n) 時間內完成嗎？

pg 244

解答

您以前可能看過一個非常類似的問題：給定一串從 0 到 n 的數字，但其中有一個數字不見了，請找出遺失的數字是那一個。解決這個問題可透過簡單地將數字加總並將該加總值與從 0 到 n 的實際總和 $\frac{n(n+1)}{2}$ 進行比較來解決，兩者的差值就是不見的數字。

我們可以依每個數字的二進位表示，來計算出每個數的值來解決這個問題，然後再計算總和。

該方案的執行時間為 n * length(n)，其中 length 為 n 的位元數。注意 length(n) = $\log_2(n)$，所以執行時間實際上是 O(n log(n))，這個結果不算太好！

還可以怎麼做呢？

實際上可以使用類似的解法，但改為更直接地利用位元的值。

請想像一堆二進位數字如下（其中 ----- 表示被刪除的值）：

00000	00100	01000	01100
00001	00101	01001	01101
00010	00110	01010	
-----	00111	01011	

上面被刪除的數字會造成最低有效位元（我們稱之為 LSB_1）的 1 和 0 的數量不平衡。對於 0 到 n 的數字來說，我們期望看到數量相同的 0 和 1（如果 n 是奇數），如果 n 是偶數，則期望看到的 0 會多一個。那就是：

```
if n % 2 == 1 then count(0s) = count(1s)
if n % 2 == 0 then count(0s) = 1 + count(1s)
```

注意，這代表著 count(0s) 必定大於或等於 count(1s)。

當我們從數列中刪除一個值 v 時，只要查看列表中所有其他值的最小有效位，就可以立即知道 v 是偶數還是奇數。

	n % 2 == 0 count(0s) = 1 + count(1s)	n % 2 == 1 count(0s) = count(1s)
v % 2 == 0 $LSB_1(v)$ = 0	被移除的是個 0 count(0s) = count(1s)	被移除的是個 0 count(0s) < count(1s)
v % 2 == 1 $LSB_1(v)$ = 1	被移除的是個 1 count(0s) > count(1s)	被移除的是個 1 count(0s) > count(1s)

所以，如果 count(0s) <= count(1s)，那麼 v 是偶數。如果 count(0s) > count(1s)，則 v 為奇數。

我們現在可以去掉所有 n 為偶數的情況，只關心 n 為奇數的情況，或者去掉所有 n 為奇數的情況，只關心 n 為偶數的情況。

好的，但是怎麼算出 v 的下一個位元是什麼呢？如果 v 包含在我們的（現在已變少的）可能值數列中，那麼我們應該看到以下的情況（其中 $count_2$ 告訴我們第二個最低有效位中 0 或 1 的數量）：

$$count_2(0s) = count_2(1s) \quad 或 \quad count_2(0s) = 1 + count_2(1s)$$

與前面的範例一樣，我們可以推導出 v 的第二個最小有效位（LSB_2）的值。

	$count_2(0s) = 1 + count_2(1s)$	$count_2(0s) = count_2(1s)$
$LSB_2(v) == 0$	被移除的是個 0 $count_2(0s) = count_2(1s)$	被移除的是個 0 $count_2(0s) < count_2(1s)$
$LSB_2(v) == 1$	被移除的是個 1 $count_2(0s) > count_2(1s)$	被移除的是個 1 $count_2(0s) > count_2(1s)$

我們得到同樣的結論:

* 如果 $count_2(0s) <= count_2(1s)$,則 $LSB_2(v) = 0$。

* 如果 $count_2(0s) > count_2(1s)$,則 $LSB_2(v) = 1$。

我們會對每一個位元重複做這個流程。在每次迭代中會計算第 i 位 0 和 1 的數量,以檢查 $LSB_i(v)$ 是 0 還是 1,然後丟棄 $LSB_i(x) != LSB_i(v)$ 的數字。也就是說,如果 v 是偶數,就丟棄奇數,以此類推。

到這個流程結束時,就可以計算出 v 中的所有位元。在迭代的過程中,一開始要觀察 n 個位元,然後 n / 2 個位元,然後 n / 4 個位元,以此類推。這將導致時間複雜度為 O(N)。

讓整個動作流程視覺化可能會更清楚。在第一次迭代中,我們從所有的數字開始:

```
00000        00100        01000        01100
00001        00101        01001        01101
00010        00110        01010
-----        00111        01011
```

因為 $count_1(0s) > count_1(1s)$,我們知道 $LSB_1(v) = 1$。現在拋棄所有 $LSB_1(x) != LSB_1(v)$ 的數字 x。

```
00000        00100        01000        01100
00001        00101        01001        01101
00010        00110        01010
-----        00111        01011
```

現在 $count_2(0s) > count_2(1s)$,我們知道 $LSB_2(v) = 1$。現在,丟棄所有 $LSB_2(x) != LSB_2(v)$ 的數字 x。

00000	00100	01000	~~01100~~
~~00001~~	~~00101~~	~~01001~~	~~01101~~
~~00010~~	00110	01010	
-----	00111	01011	

此時，$count_3(0s)$ <= $count_3(1s)$，我們知道 $LSB_3(v)$ = 0。現在拋棄所有 $LSB_3(x)$!= $LSB_3(v)$ 的所有數字 x。

00000	00100	01000	~~01100~~
~~00001~~	~~00101~~	~~01001~~	~~01101~~
~~00010~~	~~00110~~	01010	
-----	~~00111~~	01011	

我們只剩下一個數字了。在本例中，$count_4(0s)$ <= $count_4(1s)$，所以 $LSB_4(v)$ = 0。

當丟棄 $LSB_4(x)$!= 0 處的所有數字時，數列就清空了。當數列清空時，$count_i(0s)$ <= $count_i(1s)$，所以 $LSB_i(v)$ = 0。換句話說，一旦看到數列清空後，就可以用 0 來填充 v 剩下的位元。

對於上面的範例，這個流程將算出 v = 00011。

下面的程式實作此演算法。我們透過按位元值對陣列進行切分來實作丟棄的動作。

```
1   int findMissing(ArrayList<BitInteger> array) {
2       /* 從最低有效位元開始，逐步向上 */
3       return findMissing(array, 0);
4   }
5
6   int findMissing(ArrayList<BitInteger> input, int column) {
7       if (column < 0) // 做完了！
8           return 0;
9       }
10      ArrayList<BitInteger> oneBits = new ArrayList<BitInteger>(input.size()/2);
11      ArrayList<BitInteger> zeroBits = new ArrayList<BitInteger>(input.size()/2);
12
13      for (BitInteger t : input) {
14          if (t.fetch(column) == 0) {
15              zeroBits.add(t);
16          } else {
17              oneBits.add(t);
18          }
19      }
```

```
20    if (zeroBits.size() <= oneBits.size()) {
21      int v = findMissing(zeroBits, column - 1);
22      return (v << 1) | 0;
23    } else {
24      int v = findMissing(oneBits, column - 1);
25      return (v << 1) | 1;
26    }
27  }
```

在第 21 行和第 24 行中，我們遞迴地計算 v 的其他位元。然後，根據 $count_1(0s)$ 是否 <= $count_1(1s)$，插入 0 或 1。

17.5 字母和數字：給定一個填滿字母和數字的陣列，找出包含字母和數字數量相同的最長子陣列。

pg 244

解答

在前面的章節中，我們討論過建立一個非常好又兼具重要性的例子，是件非常重要的工作，這點無庸置疑。然而，理解什麼是所謂的重要也很重要。

在這種情況下，我們只要求相同數量的字母和數字，所以所有的字母都視為相同，所有的數字都視為相同。因此，可以只使用一個字母和一個數字來建立例子，或者，就用一堆 A 和 B、0 和 1、或東西 1 和東西 2 代表即可。

說到這裡，讓我們從一個例子開始：

    [A, B, A, A, A, B, B, B, A, B, A, A, B, B, A, A, A, A, A, A]

我們在尋找最大的子陣列，其中 count(A, subarray) = count(B, subarray)。

暴力法

我們從最明顯的解決方案開始。只要迭代所有子陣列，計算 A 和 B（或字母和數字）的數量，然後找到數量相等的最長子陣列即可。

我們可以做一個小小的優化。從最長的子陣列開始找，一旦找到一個能滿足這個條件的子陣列，就回傳它。

```
1    /* 回傳0和1相同數量的最大子陣列。
2     * 從最長子陣列的開始查看每個子陣列，
3     * 一旦我們找到一個字母和數字數量相等的就回傳
4    char[] findLongestSubarray(char[] array) {
```

```
5      for (int len = array.length; len > 1; len--) {
6        for (int i = 0; i <= array.length - len; i++) {
7          if (hasEqualLettersNumbers(array, i, i + len - 1)) {
8            return extractSubarray(array, i, i + len - 1);
9          }
10       }
11     }
12     return null;
13   }
14
15   /* 檢查子陣列中字母和數字的數量是否相等 */
16   boolean hasEqualLettersNumbers(char[] array, int start, int end) {
17     int counter = 0;
18     for (int i = start; i <= end; i++) {
19       if (Character.isLetter(array[i])) {
20         counter++;
21       } else if (Character.isDigit(array[i])) {
22         counter--;
23       }
24     }
25     return counter == 0;
26   }
27
28   /* 回傳陣列開始和結束點（包括）之間的子陣列 */
29   char[] extractSubarray(char[] array, int start, int end) {
30     char[] subarray = new char[end - start + 1];
31     for (int i = start; i <= end; i++) {
32       subarray[i - start] = array[i];
33     }
34     return subarray;
35   }
```

儘管我們做了一個優化，這個演算法仍然是 O(N³)，其中 N 是陣列的長度。

最優解

我們要做的是找到一個子陣列，這個子陣列中的字母數量等於數字數量。如果從頭開始，沿路計算字母和數字的數量會怎樣呢？

	a	a	a	a	1	1	a	1	1	a	a	1	a	a	1	a	a	a	a	a
#a	1	2	3	4	4	4	5	5	5	6	7	7	8	9	9	10	11	12	13	14
#1	0	0	0	0	1	2	2	3	4	4	4	5	5	5	6	6	6	6	6	6

當然，只要在某個索引處的字母的數量等於數字的數量時，可以說從索引 0 到那個索引處是一個「字母數字數量相等的」子陣列。

但它只能告訴我們從索引 0 開始起算的相等的子陣列，但要如何識別出所有相等的子陣列？

想像一下。假設在 a1aaa1 這樣的陣列之後插入一個相等的子陣列（比如 a11a1a），這將會如何影響計數？

```
     a 1 a a a 1 | a 1 1 a 1 a
#a 1 1 2 3 4 4 | 5 5 5 6 6 7
#1 0 1 1 1 1 2 | 2 3 4 4 5 5
```

研究 (4, 2) 之前的子陣列和結束 (7, 5) 之前的子陣列。您可能會注意到，雖然值不相同，但差異是相等的：4 - 2 = 7 - 5。因為它們加入了相同數量的字母和數字，差值相同是有道理的。

> 請注意，當差值相同時，子陣列是從相等處索引之後開始，並直到後方另一個相等處索引結束。這解釋了下面程式碼中的第 10 行。

讓我們用差值更新前面的陣列資訊。

```
    a a a a 1 1 a 1 1 a a 1 a a 1 a  a  a  a  a
#a  1 2 3 4 4 4 5 5 5 6 7 7 8 9 9 10 11 12 13 14
#1  0 0 0 0 1 2 2 3 4 4 4 5 5 5 6 6  6  6  6  6
 -  1 2 3 4 3 2 3 2 1 2 3 2 3 4 3 4  5  6  7  8
```

當回傳相同的差值時，就知道找到了一個相等的子陣列。為了找到最大的子陣列，只需要找到兩個相同差值，同時索引的距離又最遠的。

為了找到符合這些條件的兩個索引，我們使用一個雜湊表來儲存首次看到的特定差值。每次看到相同的差值，就會查看這個子陣列（從這個索引的第一次出現到當前索引）是否大於當前的最大值。如果是，就更新最大值。

```
1   char[] findLongestSubarray(char[] array) {
2     /* 計算數字計數和字母計數之間的差值 */
3     int[] deltas = computeDeltaArray(array);
4
5     /* 在deltas中搜尋值相同和最大跨度的兩個索引 */
6     int[] match = findLongestMatch(deltas);
7
8     /* 回傳子陣列。請注意，它的開頭
9      * 在差值出現處之後 */
10    return extract(array, match[0] + 1, match[1]);
11  }
```

```
12
13   /* 計算陣列開頭和每個索引間的
14    * 字母數量和數字之間的差值 */
15   int[] computeDeltaArray(char[] array) {
16     int[] deltas = new int[array.length];
17     int delta = 0;
18     for (int i = 0; i < array.length; i++) {
19       if (Character.isLetter(array[i])) {
20         delta++;
21       } else if (Character.isDigit(array[i])) {
22         delta--;
23       }
24       deltas[i] = delta;
25     }
26     return deltas;
27   }
28
29   /* 在deltas陣列中找到索引差最多,
30    * 而且又能匹配的值對 */
31   int[] findLongestMatch(int[] deltas) {
32     HashMap<Integer, Integer> map = new HashMap<Integer, Integer>();
33     map.put(0,  -1);
34     int[] max = new int[2];
35     for (int i = 0; i < deltas.length; i++) {
36       if (!map.containsKey(deltas[i])) {
37         map.put(deltas[i],  i);
38       } else {
39         int match = map.get(deltas[i]);
40         int distance = i - match;
41         int longest = max[1] - max[0];
42         if (distance > longest) {
43           max[1] = i;
44           max[0] = match;
45         }
46       }
47     }
48     return max;
49   }
50
51   char[] extract(char[] array, int start, int end) { /* 程式碼相同 */ }
```

這個解的時間複雜度為 O(N),其中 N 是陣列的大小。

17.6 **計算有幾個 2**：寫一個方法來計算在 0 和 n（包括）之間的所有數字中出現多少個 2。

pg 245

解答

解決這個問題的第一個方法可以是（也許也應該是）暴力解決方案。請記住，面試官想看出您是如何解決問題的，所以提出一個暴力解決方案是一個很好的開始方式。

```
1   /* 計算0到n之間的有多少個2 */
2   int numberOf2sInRange(int n) {
3       int count = 0;
4       for (int i = 2; i <= n; i++) { // 從2起算即可
5           count += numberOf2s(i);
6       }
7       return count;
8   }
9
10  /* 計算單個數字中2的數量 */
11  int numberOf2s(int n) {
12      int count = 0;
13      while (n > 0) {
14          if (n % 10 == 2) {
15              count++;
16          }
17          n = n / 10;
18      }
19      return count;
20  }
```

唯一有趣的部分是，將 numberOf2s 分開寫成獨立的方法會更整潔，這樣一來可展示您有多重視程式碼整潔度。

改進解決方案

讓我們每次用只看一個數字的角度，而不是看數字的範圍來解這個問題。請想像一串數字：

```
  0   1   2   3   4   5   6   7   8   9
 10  11  12  13  14  15  16  17  18  19
 20  21  22  23  24  25  26  27  28  29
...
110 111 112 113 114 115 116 117 118 119
```

我們知道，大約十分之一的情況下，最後一位數字會是 2，因為它在任何 10 個數的數列中只會出現一次。事實上，最後一位數字是 2 的機率大約是 $\frac{1}{10}$。

我們說「大約」是因為存在（非常常見的）邊界條件。例如，在 1 和 100 之間，10 位數的數字是 2 的機率正好是 $\frac{1}{10}$ th。然而，在 1 和 37 之間，10 的位數是 2 的機率會比 $\frac{1}{10}$ th 大很多。

我們可以各別觀察以下三種情況來計算出確切的比例：`digit < 2`、`digit = 2` 和 `digit > 2`。

digit < 2 的情況

假設 x = 61523 和 d = 3，則 x[d] = 1（即 x 的第 d 位為 1）。第 3 位是 2 的範圍是 `2000 - 2999`、`12000 - 12999`、`22000 - 22999`、`32000 - 32999`、`42000 - 42999` 和 `52000 - 52999`。範圍不包含 `62000 - 62999`，所以在第 3 位總共有 6000 個 2。這和我們去計算 1 到 60000 之間第 3 位有多少 2 是一樣的。

換句話說，可以把向下取整到最近的 10^{d+1}，再除以 10，來計算第 d 位是 2 的個數。

```
if x[d] < 2: count2sInRangeAtDigit(x, d) =
    let y = round down to nearest 10^{d+1}
    return y / 10
```

digit > 2 的情況

現在我們來看看 x 的第 d 位大於 2（x[d] > 2）的情況。我們可以用幾乎完全相同的邏輯看出 `0 - 63525` 範圍與 `0 - 70000` 範圍內的第 3 位數字是 2 的數量是相同的。所以，我們要做的是向上取整，而不是向下取整。

```
if x[d] > 2: count2sInRangeAtDigit(x, d) =
    let y = round up to nearest 10^{d+1}
    return y / 10
```

digit = 2 的情況

最後一種情況可能是最棘手的，但它也符合前面的邏輯。假設 x = 62523，d = 3，我們從之前的推論知道有 2 的範圍（即範圍 `2000 - 2999`、`12000 - 12999`、…和 `52000 - 52999`）。那麼，範圍從 `62000 - 62523` 中，第 3 位數字是 2 的有多少呢？應該很容易算出來是 524（62000、62001、…和 62523）。

```
if x[d] = 2: count2sInRangeAtDigit(x, d) =
    let y = round down to nearest 10^{d+1}
    let z = right side of x (i.e., x % 10^d)
    return y / 10 + z + 1
```

現在，您只需迭代數值中的每個數字即可。實作這段程式碼相當簡單。

```
1   int count2sInRangeAtDigit(int number, int d) {
2       int powerOf10 = (int) Math.pow(10, d);
3       int nextPowerOf10 = powerOf10 * 10;
4       int right = number % powerOf10;
5
6       int roundDown = number - number % nextPowerOf10;
7       int roundUp = roundDown + nextPowerOf10;
8
9       int digit = (number / powerOf10) % 10;
10      if (digit < 2) { // 在我們關心的位子上的數字是...
11          return roundDown / 10;
12      } else if (digit == 2) {
13          return roundDown / 10 + right + 1;
14      } else {
15          return roundUp / 10;
16      }
17  }
18
19  int count2sInRange(int number) {
20      int count = 0;
21      int len = String.valueOf(number).length();
22      for (int digit = 0; digit < len; digit++) {
23          count += count2sInRangeAtDigit(number, digit);
24      }
25      return count;
26  }
```

這個問題需要非常仔細的測試，請您做出一堆測試範例，並逐一處理它們。

17.7 嬰兒名：每年，政府發佈一份 10,000 個最常見嬰兒名及其使用頻率的清單（使用該名稱的嬰兒數量）。唯一的問題是有些名字有多種拼寫。例如，「John」和「Jon」本質上是相同的名字，但是它們卻會在清單中分別列出。假設有兩份清單，一份是名稱 / 頻率，另一份是等價名字，請撰寫一個演算法來印出每個名稱的真實頻率的新清單。注意，如果 John 和 Jon 是同義詞，而 Jon 和 Johnny 是同義詞，那麼 John 和 Johnny 就是同義詞（既有遞移性又有對稱性）。在最後產出的列表中，可以用其中任一名字當作「真實」姓名。

輸入：
　　名字：John (15), Jon (12), Chris (13), Kris (4), Christopher (19)
　　等價名字：(Jon, John), (John, Johnny), (Chris, Kris),
　　　　　　　(Chris, Christopher)
輸出：John (27), Kris (36)

pg 245

解答

讓我們以一個好範例開始。我們想要的好範例是有些名字擁有多個等價名字，而有些名字完全沒有等價名字。此外，我們希望等價名字列表具有多樣性，其中某些出現在左側的名字也會出現在右側。例如，在建立 John、Jonathan、Jon 和 Johnny 這些等價名字時，我們不希望 Johnny 總是被放在左邊。

以下列表應該能滿足我們的期待。

名字	使用次數
John	10
Jon	3
Davis	2
Kari	3
Johnny	11
Carlton	8
Carleton	2
Jonathan	9
Carrie	5

名字	等價名字
Jonathan	John
Jon	Johnny
Johnny	John
Kari	Carrie
Carleton	Carlton

最後得到的列表應該要是這樣：John (33)、Kari (8)、Davis(2)、Carleton (10)。

解決方案 #1

假設我們拿到的嬰兒姓名列表是一個雜湊表（如果不是，做一個也很容易）。

我們可以從等價名字列表中讀出一對對資料。當讀出 (Jonathan, John) 這一對時，可以合併 Jonathan 和 John 的名字使用次數。不過，我們需要記住曾經看到過這一對，因為我們在未來可能會發現 Jonathan 等價於其他名字。

我們可以使用一個雜湊表（L1），它可從一個名稱映射到它的「真實」名稱。我們還需要知道，若拿到一個「真實」名字，與其等價的名字有哪些。後者將儲存在雜湊表 L2 中。注意，L2 是 L1 的反向搜尋。

```
READ (Jonathan, John)
    L1.ADD Jonathan -> John
    L2.ADD John -> Jonathan
READ (Jon, Johnny)
    L1.ADD Jon -> Johnny
    L2.ADD Johnny -> Jon
READ (Johnny, John)
    L1.ADD Johnny -> John
    L1.UPDATE Jon -> John
    L2.UPDATE John -> Jonathan, Johnny, Jon
```

如果後來發現 John 等價於 Johnny，那麼就需要搜尋 L1 和 L2 中的名字，並合併與它們等價的所有名字。

這是可行的，但是追蹤這兩個列表並不需要做的這麼複雜。

相反地，我們可以把這些名字想像成「等價分類」，當找到一對 (Jonathan, John) 時，就把它們放在同一個集合（或稱等價分類）中。每個名稱都映射到它的等價分類，集合中的所有項目都映射到集合的相同實例。

如果需要合併兩個集合，則需將一個集合複製到另一個集合中，並更新雜湊表以指向新集合。

```
READ (Jonathan, John)
    CREATE Set1 = Jonathan, John
    L1.ADD Jonathan -> Set1
    L1.ADD John -> Set1
READ (Jon, Johnny)
    CREATE Set2 = Jon, Johnny
    L1.ADD Jon -> Set2
    L1.ADD Johnny -> Set2
READ (Johnny, John)
    COPY Set2 into Set1.
        Set1 = Jonathan, John, Jon, Johnny
    L1.UPDATE Jon -> Set1
    L1.UPDATE Johnny -> Set1
```

在上面的最後一步中，我們迭代 Set2 中的所有項目，並更新了指向 Set1 的參照。當我們這樣做的時候，同時也更新的名字出現的總次數。

```
1   HashMap<String, Integer> trulyMostPopular(HashMap<String, Integer> names,
2                                             String[][] synonyms) {
3       /* 解析列表並初始化等價分類 */
4       HashMap<String, NameSet> groups = constructGroups(names);
5
6       /* 將等價分類合併在一起 */
7       mergeClasses(groups, synonyms);
8
9       /* 轉換回雜湊映射 */
10      return convertToMap(groups);
11  }
12
13  /* 這是演算法的核心。逐對讀取每一對，合併它們的等價分類，
14   * 並將第二個等價分類的映射更新成
15   * 指向第一個集合*/
16  void mergeClasses(HashMap<String, NameSet> groups, String[][] synonyms) {
17      for (String[] entry : synonyms) {
18          String name1 = entry[0];
19          String name2 = entry[1];
20          NameSet set1 = groups.get(name1);
21          NameSet set2 = groups.get(name2);
22          if (set1 != set2) {
23              /* 總是把較小的集合合併到較大的集合 */
24              NameSet smaller = set2.size() < set1.size() ? set2 : set1;
25              NameSet bigger = set2.size() < set1.size() ? set1 : set2;
26
27              /* 合併列表 */
28              Set<String> otherNames = smaller.getNames();
29              int frequency = smaller.getFrequency();
30              bigger.copyNamesWithFrequency(otherNames, frequency);
31
32              /* 更新映射 */
33              for (String name : otherNames) {
34                  groups.put(name, bigger);
35              }
36          }
37      }
38  }
39
40  /* 取得所有（名字，使用次數）對，並初始化
41   * 名字的映射到NameSets（等價分類）*/
42  HashMap<String, NameSet> constructGroups(HashMap<String, Integer> names) {
43      HashMap<String, NameSet> groups = new HashMap<String, NameSet>();
44      for (Entry<String, Integer> entry : names.entrySet()) {
45          String name = entry.getKey();
46          int frequency = entry.getValue();
47          NameSet group = new NameSet(name, frequency);
48          groups.put(name, group);
49      }
```

```
50     return groups;
51   }
52
53   HashMap<String, Integer> convertToMap(HashMap<String, NameSet> groups) {
54     HashMap<String, Integer> list = new HashMap<String, Integer>();
55     for (NameSet group : groups.values()) {
56       list.put(group.getRootName(), group.getFrequency());
57     }
58     return list;
59   }
60
61   public class NameSet {
62     private Set<String> names = new HashSet<String>();
63     private int frequency = 0;
64     private String rootName;
65
66     public NameSet(String name, int freq) {
67       names.add(name);
68       frequency = freq;
69       rootName = name;
70     }
71
72     public void copyNamesWithFrequency(Set<String> more, int freq) {
73       names.addAll(more);
74       frequency += freq;
75     }
76
77     public Set<String> getNames() { return names; }
78     public String getRootName() { return rootName; }
79     public int getFrequency() { return frequency; }
80     public int size() { return names.size(); }
81   }
```

這個演算法的執行時間有點難以計算，一種計算方法是思考最壞的情況。

最壞的情況是所有的名字都是等價的（導致我們必須不斷地合併集合）。同時，在最壞的情況下，合併應該以最壞的方式進行：一直把集合抓對合併。每次合併都需要將集合的元素複製到現有集合中，導致這些項目必須更新指標。集合越大，速度越慢。

如果您聯想到平行執行的合併排序（您必須將單個元素陣列合併為兩個元素陣列，然後將兩個元素陣列合併為四個元素陣列，直到最後得到一個完整的陣列），您可能會猜測它是 O(N log N)。您的猜測是正確的。

如果您沒有聯想到平行的合併排序，下面有另一種思考方法。

假設我們有這些名字 (a, b, c, d, ..., z)。在最壞的情況下,先將這些項目配對成等價分類:(a, b), (c, d), (e, f), ..., (y, z),然後再合併這些對:(a, b, c, d), (e, f, g, h), ..., (w, x, y, z)。我們將繼續這樣做,直到最後全部只有一個類別。

對於每次「清理」要合併在一起的集合時,有一半的項目會被移動到一個新的集合中,這需要做 O(N) 次掃描(需要合併的集合越少時,每個集合都會變大)。

要清理幾次呢?每次清理,集合數量就比以前少一半,因此我們會做 O(log N) 次清理。

因為做 O(log N) 次清理,每次清理做 O(N) 次工作,所以總的執行時間是 O(N log N)。

這個成績還不錯,但我們看看能不能做得更快。

最佳解決方案

要優化舊的解決方案,我們應該思考到底是什麼使它變慢。本質上,讓它變慢的是指標的合併和更新。

如果我們不做這兩件事呢?如果僅標記兩個名字之間存在等價關係,但實際上不對資訊做任何處理,會怎麼樣?

在這種情況下,我們實際上是在建立一個圖形。

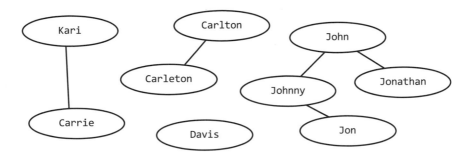

現在怎麼辦呢?從視覺上看,這似乎很簡單。每個元件都有一組等價的名字。我們只需要依據元件將名字進行分組,加總它們的使用次數,然後回傳一個列表,這個列表由每組任意選出的一個名字組成。

在實作中要怎麼做呢？我們可以選擇一個名字並執行深度優先（或廣度優先）搜尋，以將一個元件中所有名字的使用次數加總。我們必須確保每個元件都精確命中一次。這很容易做到：只要在圖搜尋時，將已訪問的節點標記為 visited 為 true，並只搜尋 visited 標記為 false 的節點。

```
1   HashMap<String, Integer> trulyMostPopular(HashMap<String, Integer> names,
2                                              String[][] synonyms) {
3       /* 建立資料 */
4       Graph graph = constructGraph(names);
5       connectEdges(graph, synonyms);
6
7       /* 找到元件 */
8       HashMap<String, Integer> rootNames = getTrueFrequencies(graph);
9       return rootNames;
10  }
11
12  /* 將所有名字做成節點加入到圖中 */
13  Graph constructGraph(HashMap<String, Integer> names) {
14      Graph graph = new Graph();
15      for (Entry<String, Integer> entry : names.entrySet()) {
16          String name = entry.getKey();
17          int frequency = entry.getValue();
18          graph.createNode(name, frequency);
19      }
20      return graph;
21  }
22
23  /* 連接等價名字 */
24  void connectEdges(Graph graph, String[][] synonyms) {
25      for (String[] entry : synonyms) {
26          String name1 = entry[0];
27          String name2 = entry[1];
28          graph.addEdge(name1,  name2);
29      }
30  }
31
32  /* 對每個元件做DFS。如果之前存取過某個節點，
33   * 則該節點的組件都已算好了 */
34  HashMap<String, Integer> getTrueFrequencies(Graph graph) {
35      HashMap<String, Integer> rootNames = new HashMap<String, Integer>();
36      for (GraphNode node : graph.getNodes()) {
37          if (!node.isVisited()) { // 這個元件之前就訪問過了
38              int frequency = getComponentFrequency(node);
39              String name = node.getName();
40              rootNames.put(name, frequency);
41          }
42      }
43      return rootNames;
```

```
44  }
45
46  /* 進行深度優先搜尋，找出該元件的總使用次數，
47   * 並把每個節點標記成已存取 */
48  int getComponentFrequency(GraphNode node) {
49    if (node.isVisited()) return 0; // 訪問過了
50
51    node.setIsVisited(true);
52    int sum = node.getFrequency();
53    for (GraphNode child : node.getNeighbors()) {
54      sum += getComponentFrequency(child);
55    }
56    return sum;
57  }
58
59  /* GraphNode和Graph的程式碼相當容易好懂，
60   * 可以在下載的程式碼範例中找到這些程式碼*/
```

為了分析執行效率，我們可以分開思考演算法的每個部分的效率。

- 資料的讀取與資料的大小成線性關係，因此時間複雜度為 O(B + P)，其中 B 是嬰兒名字的數量，P 是等價名字有多少對。因為我們對每個輸入資料只做了固定的工作，所以才能得到這個時間複雜度。

- 為了計算使用次數，在圖形搜尋時每條邊都只被「碰觸」一次，每個節點只被碰觸一次，以檢查它是否被存取過。這部分的時間複雜度是 O(B + P)。

因此，演算法的總時間複雜度為 O(B + P)。我們知道已無法做得比這更好，因為必須至少讀取 B + P 個資料。

17.8 馬戲團疊羅漢：馬戲團正在設計一套由人站在另一個人的肩膀上組成的疊羅漢表演。出於實際和審美的原因，每個人都必須比他或她下面的人更矮、更輕。您會得到馬戲團裡每個人的身高和體重，請寫一個方法來計算這樣一個疊羅漢可能的最大人數。

範例

輸入 (ht, wt)：(65, 100) (70, 150) (56, 90) (75, 190) (60, 95)
(68, 110)
輸出：最高疊羅漢 6 層，從上到下是：
(56, 90) (60,95) (65,100) (68,110) (70,150) (75,190)
提示：#637，#656，#665，#681，#698

pg 245

解答

當去掉這個問題的所有「裝飾」後，實際上我們可以把這個問題理解成這樣：

我們手上有一個項目對所組成的串列，找出前面項目與後面項目呈遞增的最長的序列。

首先要做的是依一個屬性對項目進行排序。這會很有幫助，但它不會讓我們得到答案。

接著依身高對項目進行排序，現在雖然我們得到了項目的相對身高順序，但仍然需要找到體重的最長遞增子序列。

解決方案 1：遞迴

一種方法是去試完所有的可能性，先按身高排序後，我們迭代陣列。在每個元素處有兩個選擇：將這個元素加入到子序列中（如果它合乎條件），或者不加入。

```
1   ArrayList<HtWt> longestIncreasingSeq(ArrayList<HtWt> items) {
2      Collections.sort(items);
3      return bestSeqAtIndex(items, new ArrayList<HtWt>(), 0);
4   }
5
6   ArrayList<HtWt> bestSeqAtIndex(ArrayList<HtWt> array, ArrayList<HtWt> sequence,
7                                   int index) {
8      if (index >= array.size()) return sequence;
9
10     HtWt value = array.get(index);
11
12     ArrayList<HtWt> bestWith = null;
13     if (canAppend(sequence, value)) {
14        ArrayList<HtWt> sequenceWith = (ArrayList<HtWt>) sequence.clone();
15        sequenceWith.add(value);
16        bestWith = bestSeqAtIndex(array, sequenceWith, index + 1);
17     }
18
19     ArrayList<HtWt> bestWithout = bestSeqAtIndex(array, sequence, index + 1);
20     return max(bestWith, bestWithout);
21  }
22
23  boolean canAppend(ArrayList<HtWt> solution, HtWt value) {
24     if (solution == null) return false;
25     if (solution.size() == 0) return true;
26
27     HtWt last = solution.get(solution.size() - 1);
28     return last.isBefore(value);
29  }
```

```
30
31  ArrayList<HtWt> max(ArrayList<HtWt> seq1, ArrayList<HtWt> seq2) {
32      if (seq1 == null) {
33          return seq2;
34      } else if (seq2 == null) {
35          return seq1;
36      }
37      return seq1.size() > seq2.size() ? seq1 : seq2;
38  }
39
40  public class HtWt implements Comparable<HtWt> {
41      private int height;
42      private int weight;
43      public HtWt(int h, int w) { height = h; weight = w; }
44
45      public int compareTo(HtWt second) {
46          if (this.height != second.height) {
47              return ((Integer)this.height).compareTo(second.height);
48          } else {
49              return ((Integer)this.weight).compareTo(second.weight);
50          }
51      }
52
53      /* 如果「this」應該排在「other」之前，則回傳true。
54       * 注意，有可能都回傳false。這與compareTo方法不同，
55       * 在該方法中如果a < b，則b > a */
56      public boolean isBefore(HtWt other) {
57          if (height < other.height && weight < other.weight) {
58              return true;
59          } else {
60              return false;
61          }
62      }
63  }
```

這個演算法將花費 $O(2^n)$ 的時間，我們可以使用記憶法（即快取最佳序列）來優化。

不過有一個更簡潔的方法。

解決方案 2：迭代

假設我們得到了以 A[0] 到 A[3] 為結尾的 4 個最長子序列，我們可以用這 4 個最長序列來求得以 A[4] 作為結尾的最長子序列嗎？

```
陣列：13, 14, 10, 11, 12
最長子序列（以A[0]結尾）：13
最長子序列（以A[1]結尾）：13, 14
最長子序列（以A[2]結尾）：10
```

最長子序列（以A[3]結尾）：10, 11
最長子序列（以A[4]結尾）：10, 11, 12

沒問題，我們只需要將 A[4] 附加到它所能附加到的最長子序列上即可。

現在實作起來相當簡單。

```
1   ArrayList<HtWt> longestIncreasingSeq(ArrayList<HtWt> array) {
2     Collections.sort(array);
3
4     ArrayList<ArrayList<HtWt>> solutions =  new ArrayList<ArrayList<HtWt>>();
5     ArrayList<HtWt> bestSequence = null;
6
7     /* 找到以每個元素作為結尾的最長子序列。
8      * 追蹤這些最長子序列中最長的一個子序列 */
9     for (int i = 0; i < array.size(); i++) {
10      ArrayList<HtWt> longestAtIndex = bestSeqAtIndex(array, solutions, i);
11      solutions.add(i, longestAtIndex);
12      bestSequence = max(bestSequence, longestAtIndex);
13    }
14
15    return bestSequence;
16  }
17
18  /* 找出以這個元素結束的最長子序列 */
19  ArrayList<HtWt> bestSeqAtIndex(ArrayList<HtWt> array,
20      ArrayList<ArrayList<HtWt>> solutions, int index) {
21    HtWt value = array.get(index);
22
23    ArrayList<HtWt> bestSequence = new ArrayList<HtWt>();
24
25    /* 找到我們可以將這個元素加入哪個最長子序列 */
26    for (int i = 0; i < index; i++) {
27      ArrayList<HtWt> solution = solutions.get(i);
28      if (canAppend(solution, value)) {
29        bestSequence = max(solution, bestSequence);
30      }
31    }
32
33    /* Append element. */
34    ArrayList<HtWt> best = (ArrayList<HtWt>) bestSequence.clone();
35    best.add(value);
36
37    return best;
38  }
```

該演算法的執行時間為 O(n²)。但，另外確實有 O(n log(n)) 演算法的存在，但它要複雜得多，而且在面試中您不太可能把它推導出來（即使獲得幫助也一樣）。但是，如

果您有興趣探索這個解決方案，快速的查一下網路資料將會找到許多關於這個解決方案的解釋。

17.9 第 K 個倍數：請設計一個能從數列中找出第 k 個數值的演算法，這個數列中數值的質因數只能是 3、5 和 7，注意 3、5 和 7 不一定全部都要是因數，但是不能有其他的因數。例如，列在前面的幾個數值將是（按順序）1、3、5、7、9、15、21。

pg 246

解答

我們先來看這個問題想求的是什麼，想求的是符合 $3^a * 5^b * 7^c$ 的第 k 個數字。我們先用暴力法來求這個解。

暴力法

我們知道第 k 個數的極限值是 $3^k * 5^k * 7^k$，所以，「愚蠢」解法是計算 $3^a * 5^b * 7^c$，其中所有的 a、b 和 c 都是介於 0 和 k 之間的值。我們可以把計算結果都放到一個串列中，對串列排序，然後選出第 k 小的值。

```
1   int getKthMagicNumber(int k) {
2     ArrayList<Integer> possibilities = allPossibleKFactors(k);
3     Collections.sort(possibilities);
4     return possibilities.get(k);
5   }
6
7   ArrayList<Integer> allPossibleKFactors(int k) {
8     ArrayList<Integer> values = new ArrayList<Integer>();
9     for (int a = 0; a <= k; a++) { // 3迴圈
10      int powA = (int) Math.pow(3, a);
11      for (int b = 0; b <= k; b++) { // 5迴圈
12        int powB = (int) Math.pow(5, b);
13        for (int c = 0; c <= k; c++) { // 7迴圈
14          int powC = (int) Math.pow(7, c);
15          int value = powA * powB * powC;
16
17          /* 檢查溢位 */
18          if (value < 0 || powA == Integer.MAX_VALUE ||
19              powB == Integer.MAX_VALUE ||
20              powC == Integer.MAX_VALUE) {
21            value = Integer.MAX_VALUE;
22          }
23          values.add(value);
24        }
25      }
```

```
26    }
27    return values;
28 }
```

這個方法的執行時間是什麼？我們有巢式 for 迴圈，每個迴圈執行 k 次迭代。allPossibleKFactors 的執行時間是 $O(k^3)$，然後可以在 $O(k^3 \log(k^3))$ 時間內（相當於 $O(k^3 \log k)$）對 k^3 個結果進行排序，所以這裡的時間複雜度為 $O(k^3 \log k)$。

您可以對這個解法進行許多種優化（以及把整數溢位處理的更好），但是說實話，礙於這種演算法相當慢，所以還不如把重點放在重新設計演算法上。

改善

想像一下結果會是什麼樣子。

1	-	$3^0 * 5^0 * 7^0$
3	3	$3^1 * 5^0 * 7^0$
5	5	$3^0 * 5^1 * 7^0$
7	7	$3^0 * 5^0 * 7^1$
9	3*3	$3^2 * 5^0 * 7^0$
15	3*5	$3^1 * 5^1 * 7^0$
21	3*7	$3^1 * 5^0 * 7^1$
25	5*5	$3^0 * 5^2 * 7^0$
27	3*9	$3^3 * 5^0 * 7^0$
35	5*7	$3^0 * 5^1 * 7^1$
45	5*9	$3^2 * 5^1 * 7^0$
49	7*7	$3^0 * 5^0 * 7^2$
63	3*21	$3^2 * 5^0 * 7^1$

問題是：下一個值是什麼？下一個值將是其中之一：

- 3 *（列表中前面的某數字）

- 5 *（列表中前面的某數字）

- 7 *（列表中前面的某數字）

如果您沒有馬上想通這個，可以這樣想：不管下一個值（讓我們叫它 nv）是什麼，將它除以 3，這個數字是不是在之前就已經出現過了呢？是的，只要 nv 有 3 這個因數，除出來的答案就必定出現過。把它除以 5 和 7 也是一樣的邏輯。

因此，我們知道 A_k 可以表示為 (3、5 或 7)*（{A_1, ..., A_{k-1}} 中的某個值）。根據定義，還能知道 A_k 是列表中的下一個數字。因此，A_k 將是最小的「新」數字（一個沒列在 {A_1, ...,A_{k-1}} 的數字），A_k 可以透過將列表中的某個值乘以 3、5 或 7 來獲得。

要怎麼找到 A_k？我們可以把列表中的每個數乘以 3、5 或 7，然後找出還未出現在列表中的最小數值。這個解決方案的時間複雜度是 $O(k^2)$，還算不錯，但我認為還可以做得更好。

不要想像 A_k 是想要從列表「拉出」一個前面的數值來用（透過將它們全部乘上 3、5 和 7），我們應該想成每個在列表中的值都會「推出」3 個後面的值。也就是說，對於列表中的 A_i 值，最終會在後面的列表中以下面的形式被使用：

- 3 * A_i

- 5 * A_i

- 7 * A_i

我們可以用這個想法來做事前計算。每次向列表中加入一個數字 A_i 時，都會把 $3A_i$、$5A_i$ 和 $7A_i$ 的值儲存在某個臨時列表中。想要生成 A_{i+1} 的時候，我們將搜尋這個臨時列表，找到裡面最小的值。

```
1    int removeMin(Queue<Integer> q) {
2       int min = q.peek();
3       for (Integer v : q) {
4          if (min > v) {
5             min = v;
6          }
7       }
8       while (q.contains(min)) {
9          q.remove(min);
10      }
11      return min;
12   }
13
14   void addProducts(Queue<Integer> q, int v) {
15      q.add(v * 3);
16      q.add(v * 5);
17      q.add(v * 7);
18   }
19
20   int getKthMagicNumber(int k) {
21      if (k < 0) return 0;
22
```

```
23    int val = 1;
24    Queue<Integer> q = new LinkedList<Integer>();
25    addProducts(q, 1);
26    for (int i = 0; i < k; i++) {
27        val = removeMin(q);
28        addProducts(q, val);
29    }
30    return val;
31 }
```

這個演算法當然比我們的第一個演算法好很多，但它仍然不是很完美。

最佳解

為了生成一個新的元素 A_i，我們要搜尋一個鏈結串列，其中每個元素看起來像：

- 3 * 前一個元素

- 5 * 前一個元素

- 7 * 前一個元素

可以除去哪些不必要的工作？

假設我們有個串列是這樣的：

$q_6 = \{7A_1,\ 5A_2,\ 7A_2,\ 7A_3,\ 3A_4,\ 5A_4,\ 7A_4,\ 5A_5,\ 7A_5\}$

當試圖在這個串列中搜尋最小值時，會先檢查是否 $7A_1$ < 最小值，然後再檢查 $7A_5$ 是否 < 最小值。這看起來有點傻，不是嗎？因為我們早就知道 $A_1 < A_5$，所以只需要檢查 $7A_1$ 就好了。

如果我們將串列依常數因數拆開的話，那麼只需要檢查 3、5 和 7 的倍數中最小的那一個即可，因為所有後面的元素都會更大。

也就是說，我們上面的串列被拆成：

$Q3_6 = \{3A_4\}$
$Q5_6 = \{5A_2,\ 5A_4,\ 5A_5\}$
$Q7_6 = \{7A_1,\ 7A_2,\ 7A_3,\ 7A_4,\ 7A_5\}$

我們只需要看每個佇列的開頭就可以得到最小值：

$y = min(Q3.head(),\ Q5.head(),\ Q7.head())$

一旦算出 y，我們需要把 3y 插入 Q3，5y 插入 Q5，7y 插入 Q7。但是，唯有在它們不在其他串列中時，我們才能插入這些元素。

拿 3y 來舉例，為什麼它可能會已存在某個佇列中呢？如果 y 是從 Q7 中抽出來的，那麼對 y=7x 來說，x 的值相對會比較小。如果 7x 是最小的值，那麼我們以前一定看過 3x。以前看到 3x 時，我們做了什麼？我們當時做的是把 7 * 3x 插入 Q7，因為 7 * 3x = 3 * 7x = 3y。

換句話說，如果從 Q7 中取出一個元素時，這個元素看起來會像 7 * 某個前置元素，而此時我們必定已處理過了 3 * 某個前置元素和 5 * 某個前置元素。因為當初在處理 3 * 某個前置元素時，我們將 7 * 3 * 某個前置元素插入到 Q7 中。在處理 5 * 某個前置元素時，我們在 Q7 中插入了 7 * 5 * 某個前置元素。所以唯一未被插入到 Q7 的值是 7 * 7 * 某個前置元素，所以我們只將 7 * 7 * 某個前置元素插入到 Q7 中。

我們用一個例子來說明會更清楚。

```
初始化：
        Q3 = 3
        Q5 = 5
        Q7 = 7
移除min = 3。在Q3中插入3*3，在Q5中插入5*3，在Q7中插入7*3。
        Q3 = 3*3
        Q5 = 5, 5*3
        Q7 = 7, 7*3
移除min = 5。3*5重複了，因為我們已經做過5*3了。將5*5插入Q5，將7*5插入Q7。
        Q3 = 3*3
        Q5 = 5*3, 5*5
        Q7 = 7, 7*3, 7*5.
移除min = 7。3*7和5*7重複了，因為我們已經做了7*3和7*5。在Q7中插入7*7。
        Q3 = 3*3
        Q5 = 5*3, 5*5
        Q7 = 7*3, 7*5, 7*7
移除min = 3*3 = 9。在Q3中插入3*3*3，在Q5中插入3*3*5，在Q7中插入3*3*7。
        Q3 = 3*3*3
        Q5 = 5*3, 5*5, 5*3*3
        Q7 = 7*3, 7*5, 7*7, 7*3*3
移除min = 5*3 = 15。3*(5*3)重複了，因為我們已經做過5*(3*3)了。在Q5中插入5*5*3，
在Q7中插入7*5*3。
        Q3 = 3*3*3
        Q5 = 5*5, 5*3*3, 5*5*3
        Q7 = 7*3, 7*5, 7*7, 7*3*3, 7*5*3
移除min = 7*3 = 21。3*(7*3)和5*(7*3)重複了，因為我們已經做了7*(3*3)和7*(5*3)。
在Q7中插入7*7*3。
        Q3 = 3*3*3
        Q5 = 5*5, 5*3*3, 5*5*3
        Q7 = 7*5, 7*7, 7*3*3, 7*5*3, 7*7*3
```

解決這個問題的虛擬碼如下：

1. 初始化 array 和佇列 Q3、Q5 和 Q7。

2. 將 1 插入 array。

3. 分別在 Q3、Q5、Q7 中插入 1*3、1*5、1*7。

4. 設 x 是 Q3、Q5、Q7 中的最小元素。將 x 加入 magic。

5. 如果在佇列中找到 x：

   Q3 -> 將 x*3、x*5 和 x*7 附加到 Q3、Q5 和 Q7。從 Q3 中移除 x。

   Q5 -> 將 x*5 和 x*7 加到 Q5 和 Q7。從 Q5 中移除 x。

   Q7 -> 將 x*7 加到 Q7。從 Q7 中移除 x。

6. 重複步驟 4-6，直到我們找到 k 個元素。

下面的程式碼實作了這個演算法。

```
1   int getKthMagicNumber(int k) {
2     if (k < 0) {
3       return 0;
4     }
5     int val = 0;
6     Queue<Integer> queue3 = new LinkedList<Integer>();
7     Queue<Integer> queue5 = new LinkedList<Integer>();
8     Queue<Integer> queue7 = new LinkedList<Integer>();
9     queue3.add(1);
10
11    /* 第0次到第k次迭代 */
12    for (int i = 0; i <= k; i++) {
13      int v3 = queue3.size() > 0 ? queue3.peek() : Integer.MAX_VALUE;
14      int v5 = queue5.size() > 0 ? queue5.peek() : Integer.MAX_VALUE;
15      int v7 = queue7.size() > 0 ? queue7.peek() : Integer.MAX_VALUE;
16      val = Math.min(v3, Math.min(v5, v7));
17      if (val == v3) { // 加入佇列3、5和7
18        queue3.remove();
19        queue3.add(3 * val);
20        queue5.add(5 * val);
21      } else if (val == v5) { // 加入佇列5和7
22        queue5.remove();
23        queue5.add(5 * val);
24      } else if (val == v7) { // 加入佇列7
25        queue7.remove();
26      }
27      queue7.add(7 * val); // 總是加入佇列7
```

```
28        }
29        return val;
30   }
```

當您遇到這個問題時,請盡您所能去解決它,即使它真的很難。您可以從一種暴力法開始(仍有挑戰性,但沒有那麼棘手),然後再開始嘗試優化它。或者,試著從數字中找出模式。

當您陷入困境時,您的面試官很可能會幫助您。無論怎樣都不要放棄!把想法和問題都說出來,並解釋您的思考過程。您的面試官可能會跳出來指導您。

記住,不會有人期待您把這個問題做到完美。您的表現是好還是不好,完全是相對於與其他面試者的表現,每個人碰到棘手的問題時也一樣都會痛苦掙扎。

17.10 **多數元素:**多數元素是指一個陣列中數量超過一半的元素。給定一個正整數陣列,請找出裡面的多數元素。如果沒有多數元素,則回傳 -1。請在 O(N) 時間和 O(1) 空間內完成。

範例

輸入:1 2 5 9 5 9 5 5 5
輸出:5

pg 246

解答

讓我們從一個範例開始:

```
3 1 7 1 3 7 3 7 1 7 7 7 7
```

在這裡可以注意到的一件事是,如果多數元素(在本例中為 7)在開始出現的頻率較低,那麼它在結尾出現的頻率一定會高得多。這是一個很好的觀察。

這個面試問題特別要求我們在 O(N) 時間和 O(1) 空間內完成,儘管如此,有時鬆綁其中一個要求對於開發演算法是有用的。讓我們試著鬆綁對時間的要求,但保持對 O(1) 空間的要求不變。

解決方案 #1(緩慢)

一種簡單的方法是迭代陣列並檢查每個元素是否為多數元素,這需要 O(N²) 時間和 O(1) 空間。

```
1   int findMajorityElement(int[] array) {
2     for (int x : array) {
3       if (validate(array, x)) {
4          return x;
5       }
6     }
7     return -1;
8   }
9
10  boolean validate(int[] array, int majority) {
11    int count = 0;
12    for (int n : array) {
13      if (n == majority) {
14         count++;
15      }
16    }
17
18    return count > array.length / 2;
19  }
```

雖然這並不能滿足問題的時間要求,但它可能是一個起點,我們可以接著思考如何優化。

解決方案 #2(優化)

讓我們思考一下前面演算法對一個特定的範例做了什麼,有什麼是可以不用做的嗎?

3	1	7	1	1	7	7	3	7	7	7
0	1	2	3	4	5	6	7	8	9	10

在第一輪驗證過程中,我們選擇了 3 並透過計算在它之後出現了多少個 3 來檢查它是否為多數元素。在檢查了後面幾個元素之後,我們只看到一個 3 和幾個非 3 的元素,此時需要繼續檢查 3 嗎?

一方面,是的。如果陣列後方有一堆 3,那麼 3 可以逆境重生,成為多數元素。

另一方面,也不是。如果後面確實有很多 3,那麼將在驗證後面其他數字時遇到那些 3。當「非 3」(countNo)的數量至少與 3(countYes)的數量相同時,就可以終止這個 validate(3) 動作。也就是說,我們在 countNo>=countYes 時終止 validate 的動作。

那後面的元素怎麼辦呢?既然這個方法可以用在第一個元素上,我們也可以把第二個元素視為一個新陣列的開頭元素。

執行起來會是什麼樣子呢？

```
validate(3) on [3, 1, 7, 1, 1, 7, 7, 3, 7, 7, 7]
    sees 3 -> countYes = 1, countNo = 0
    sees 1 -> countYes = 1, countNo = 1
    TERMINATE. 3 is not majority thus far.
validate(1) on [1, 7, 1, 1, 7, 7, 3, 7, 7, 7]
    sees 1 -> countYes = 0, countNo = 0
    sees 7 -> countYes = 1, countNo = 0
    TERMINATE. 1 is not majority thus far.
validate(7) on [7, 1, 1, 7, 7, 3, 7, 7, 7]
    sees 7 -> countYes = 1, countNo = 0
    sees 1 -> countYes = 1, countNo = 1
    TERMINATE. 7 is not majority thus far.
validate(1) on [1, 1, 7, 7, 3, 7, 7, 7]
    sees 1 -> countYes = 1, countNo = 0
    sees 1 -> countYes = 2, countNo = 0
    sees 7 -> countYes = 2, countNo = 1
    sees 7 -> countYes = 2, countNo = 1
    TERMINATE. 1 is not majority thus far.
validate(1) on [1, 7, 7, 3, 7, 7, 7]
    sees 1 -> countYes = 1, countNo = 0
    sees 7 -> countYes = 1, countNo = 1
    TERMINATE. 1 is not majority thus far.
validate(7) on [7, 7, 3, 7, 7, 7]
    sees 7 -> countYes = 1, countNo = 0
    sees 7 -> countYes = 2, countNo = 0
    sees 3 -> countYes = 2, countNo = 1
    sees 7 -> countYes = 3, countNo = 1
    sees 7 -> countYes = 4, countNo = 1
    sees 7 -> countYes = 5, countNo = 1
```

這時能說 7 是多數元素嗎？不一定。我們把最後一輪的 7 之前和之後的東西都消去了，但也可能多數元素根本不存在。從頭開始快速做一次 validate(7) 可以確認 7 是否實際上是多數元素。這個驗證步驟將花費 O(N) 時間，這也是我們能想到的最佳執行時間。因此，最後的 validate 步驟不會影響總執行時間。

這很好，但可試試看能不能讓它快一點。我們應該注意到有些元素被反覆「檢查」，能不要做反覆檢查嗎？

請看第一個 validate(3)。這在子陣列 [3, 1] 之後宣告失敗，因為 3 不是多數元素。但是，由於 validate 在某個元素不是多數元素時立即失敗，這也代表著該子陣列中的其他元素也不是多數元素。根據前面的邏輯，我們不需要呼叫 validate(1)，因為我們知道 1 出現的次數不會超過一半。如果它是多數元素，稍後還會再出現。

讓我們再試一次，看看是否可行。

```
validate(3) on [3, 1, 7, 1, 1, 7, 7, 3, 7, 7, 7]
    sees 3 -> countYes = 1, countNo = 0
    sees 1 -> countYes = 1, countNo = 1
    TERMINATE. 3 is not majority thus far.
skip 1
validate(7) on [7, 1, 1, 7, 7, 3, 7, 7, 7]
    sees 7 -> countYes = 1, countNo = 0
    sees 1 -> countYes = 1, countNo = 1
    TERMINATE. 7 is not majority thus far.
skip 1
validate(1) on [1, 7, 7, 3, 7, 7, 7]
    sees 1 -> countYes = 1, countNo = 0
    sees 7 -> countYes = 1, countNo = 1
    TERMINATE. 1 is not majority thus far.
skip 7
validate(7) on [7, 3, 7, 7, 7]
    sees 7 -> countYes = 1, countNo = 0
    sees 3 -> countYes = 1, countNo = 1
    TERMINATE. 7 is not majority thus far.
skip 3
validate(7) on [7, 7, 7]
    sees 7 -> countYes = 1, countNo = 0
    sees 7 -> countYes = 2, countNo = 0
    sees 7 -> countYes = 3, countNo = 0
```

好！我們得到了正確答案。但會不會只是運氣好呢？

我們應該停下來思考一下這個演算法在做什麼。

1. 從 [3] 開始展開子陣列，直到識別 3 不再是多數元素。我們在 [3, 1] 處失敗。在失敗的此刻，該子陣列沒有多數元素。

2. 然後到 [7] 並展開子陣列 [7, 1]。同樣地，我們終止，並且認為子陣列中沒有任何元素會是多數元素。

3. 移動到 [1] 並展開子陣列 [1, 7]。我們終止，沒有找到多數元素。

4. 到 [7] 並展開子陣列 [7 ,3]。我們終止，沒有找到多數元素。

5. 到 [7] 並展開子陣列直到陣列的尾端：[7, 7, 7]。我們找到了多數元素（現在必須驗證它）。

每次終止 validate 步驟時，代表子陣列沒有多數元素。這代表著至少有和 7 一樣多的非 7 數字。雖然實際上是從原始陣列中刪除了這個子陣列，但是在陣列的其餘部分仍

然可以找到多數元素，並且仍然保持多數狀態。因此，在某一時刻，我們可找到多數元素。

我們的演算法現在可以分兩步執行：一步是尋找可能的多數元素，另一步是驗證它。不是使用兩個變數計數（countYes 和 countNo），而是使用單個計數變數遞增和遞減。

```
1   int findMajorityElement(int[] array) {
2       int candidate = getCandidate(array);
3       return validate(array, candidate) ? candidate : -1;
4   }
5
6   int getCandidate(int[] array) {
7       int majority = 0;
8       int count = 0;
9       for (int n : array) {
10          if (count == 0) { // 在前面的集合中沒有多數元素
11              majority = n;
12          }
13          if (n == majority) {
14              count++;
15          } else {
16              count--;
17          }
18      }
19      return majority;
20  }
21
22  boolean validate(int[] array, int majority) {
23      int count = 0;
24      for (int n : array) {
25          if (n == majority) {
26              count++;
27          }
28      }
29
30      return count > array.length / 2;
31  }
```

該演算法在 O(N) 時間和 O(1) 空間內執行。

17.11 單詞距離：您有一個包含單詞的大文字檔。假設指定兩個單詞，請找出它們在檔中的最短距離（以距離幾個單詞數量為單位）。如果同一個檔會多次執行這個動作（但計算不同的單詞對距離），您能優化您的解決方案嗎？

pg 246

解答

對於這個問題，我們假設 word1 或 word2 哪一個先出現並不重要。但您應該詢問面試官這個問題。

為了解決這個問題，我們只需迭代檔案一次藉由迭代找出最後一次看到 word1 和 word2 的位置，並將這些位置儲存在 location1 和 location2 中。如果當前位置比我們已知最佳的位置更好，我們將更新最佳位置。

下面的程式碼實作了這個演算法。

```
1   LocationPair findClosest(String[] words, String word1, String word2) {
2     LocationPair best = new LocationPair(-1, -1);
3     LocationPair current = new LocationPair(-1, -1);
4     for (int i = 0; i < words.length; i++) {
5       String word = words[i];
6       if (word.equals(word1)) {
7         current.location1 = i;
8         best.updateWithMin(current);
9       } else if (word.equals(word2)) {
10        current.location2 = i;
11        best.updateWithMin(current); // 如果更近，則更新值
12      }
13    }
14    return best;
15  }
16
17  public class LocationPair {
18    public int location1, location2;
19    public LocationPair(int first, int second) {
20      setLocations(first, second);
21    }
22
23    public void setLocations(int first, int second) {
24      this.location1 = first;
25      this.location2 = second;
26    }
27
28    public void setLocations(LocationPair loc) {
```

```
29        setLocations(loc.location1, loc.location2);
30    }
31
32    public int distance() {
33        return Math.abs(location1 - location2);
34    }
35
36    public boolean isValid() {
37        return location1 >= 0 && location2 >= 0;
38    }
39
40    public void updateWithMin(LocationPair loc) {
41        if (!isValid() || loc.distance() < distance()) {
42            setLocations(loc);
43        }
44    }
45 }
```

如果需要對其他單詞對重複這個操作，那麼我們可以建立一個雜湊表，將每個單詞映射到它出現的位置。我們只需要把單詞全部讀一遍，之後就可以執行一個非常類似的演算法，但只需要直接迭代位置就好。

假設我們有以下位置組成的串列。

```
    listA: {1, 2, 9, 15, 25}
    listB: {4, 10, 19}
```

請想像我們有兩個指標 pA 和 pB 指向每個串列的開頭。我們的目標是讓 pA 和 pB 指向最接近的值。

第一對候選的值對是 (1, 4)。

我們能找到的下一對是什麼？如果移動 pB，那麼距離肯定會變大。但如果移動的是 pA，可能會得到一雙更近的值對，就這麼做。

第二對是 (2, 4)，這比前一對好，所以我們把它記為最好的一對。

再移動 pA，得到 (9, 4)，這比以前更差了。

由於 pA 指到的值大於 pB 指到的值，所以我們移動 pB，得到 (9, 10)。

然後是 (15, 10)，接著是 (15, 19)，再來是 (25, 19)。

我們可以將這個演算法實作如下。

```
1   LocationPair findClosest(String word1, String word2,
2                            HashMapList<String, Integer> locations) {
3     ArrayList<Integer> locations1 = locations.get(word1);
4     ArrayList<Integer> locations2 = locations.get(word2);
5     return findMinDistancePair(locations1, locations2);
6   }
7
8   LocationPair findMinDistancePair(ArrayList<Integer> array1,
9                                    ArrayList<Integer> array2) {
10    if (array1 == null || array2 == null || array1.size() == 0 ||
11        array2.size() == 0) {
12      return null;
13    }
14
15    int index1 = 0;
16    int index2 = 0;
17    LocationPair best = new LocationPair(array1.get(0), array2.get(0));
18    LocationPair current = new LocationPair(array1.get(0), array2.get(0));
19
20    while (index1 < array1.size() && index2 < array2.size()) {
21      current.setLocations(array1.get(index1), array2.get(index2));
22      best.updateWithMin(current); // 如果更近，則更新值
23      if (current.location1 < current.location2) {
24        index1++;
25      } else {
26        index2++;
27      }
28    }
29
30    return best;
31  }
32
33  /* 預先計算 */
34  HashMapList<String, Integer> getWordLocations(String[] words) {
35    HashMapList<String, Integer> locations = new HashMapList<String, Integer>();
36    for (int i = 0; i < words.length; i++) {
37      locations.put(words[i], i);
38    }
39    return locations;
40  }
41
42  /* HashMapList<String，Integer>是一個從字串映射到
43   * ArrayList<Integer>的HashMap，具體實作請見附錄 */
```

該演算法的預先計算部份的時間複雜度為 O(N)，其中 N 為字串中的字數。

找到最近的一對位置需要 O(A + B) 時間，其中 A 是第一個單詞出現的次數，B 是第二個單詞出現的次數。

17.12 BiNode：假設有一個稱為 BiNode 的簡單資料結構，它有兩個指向其他節點的指標。

```
public class BiNode {
    public BiNode node1, node2;
    public int data;
}
```

資料結構 BiNode 既可以用來表示二元樹（其中 node1 是左節點，node2 是右節點），也可以用來表示雙向鏈結串列（其中 node1 是前一個節點，node2 是下一個節點）。請實作一個方法，將二元搜尋樹（使用 BiNode 實作）轉換為雙向鏈結串列。值的順序應該保持一致，並執行 in place 操作（即在原始資料結構上進行操作）。

pg 246

解答

這個看似複雜的問題其實可以用遞迴優雅地實作，您需要很懂遞迴才能解出這個問題。

請想像有一棵簡單的二元搜尋樹：

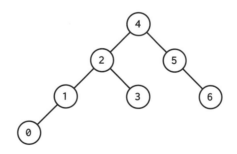

轉換（convert）方法應該要將上面的二元搜尋樹轉換成下面的雙鏈結串列：

$$0 <-> 1 <-> 2 <-> 3 <-> 4 <-> 5 <-> 6$$

讓我們從根節點（節點 4）開始，遞迴地處理這個問題。

我們知道，樹的左半邊和右半邊形成了鏈結串列中各自的「子部分」（子部分的意思是說，它們在鏈結串列中連續出現）。那麼，如果我們遞迴地將左右子樹轉換成雙鏈結串列，我們就能從這些分散的部分建立最終的鏈結串列嗎？

是的！我們只需合併不同的部分即可。

虛擬碼長得像這樣：

```
1   BiNode convert(BiNode node) {
2     BiNode left = convert(node.left);
3     BiNode right = convert(node.right);
4     mergeLists(left, node, right);
5     return left; // 左邊的前面
6   }
```

為了實際實作，需要獲得每個鏈結串列的頭部和尾部，我們有幾種不同的方法來獲得它們。

解決方案 #1：附加資料結構

第一種方法，也是比較簡單的方法，是建立一個名為 NodePair 的新資料結構，它包含鏈結串列的頭和尾，於是 convert 方法就可以回傳 NodePair 類型。

下面的程式碼實作了這種解決方案。

```
1   private class NodePair {
2     BiNode head, tail;
3
4     public NodePair(BiNode head, BiNode tail)  {
5       this.head = head;
6       this.tail = tail;
7     }
8   }
9
10  public NodePair convert(BiNode root) {
11    if (root == null) return null;
12
13    NodePair part1 = convert(root.node1);
14    NodePair part2 = convert(root.node2);
15
16    if (part1 != null) {
17      concat(part1.tail, root);
18    }
19
20    if (part2 != null) {
21      concat(root, part2.head);
22    }
23
24    return new NodePair(part1 == null ? root : part1.head,
25                        part2 == null ? root : part2.tail);
26  }
27
28  public static void concat(BiNode x, BiNode y) {
```

```
29    x.node2 = y;
30    y.node1 = x;
31  }
```

上面的程式碼仍然會 in place 地轉換 BiNode 資料結構。我們只是使用 NodePair 作為回傳額外資料的一種方式，還可以改為使用一個擁有雙元素 BiNode 陣列來實作，但是這樣一來它會看起來有點亂（而且我們喜歡乾淨的程式碼，特別是在面試中）。

不過，如果能在不用這些額外資料結構的情況下完成這項工作就太好了，而我們確實可以做到。

解決方案 #2：取得尾部

不使用 NodePair 回傳串列的頭部和尾部，我們可以改為只回傳頭部，然後使用頭部去搜尋出鏈結串列的尾部。

```
1   BiNode convert(BiNode root) {
2     if (root == null) return null;
3
4     BiNode part1 = convert(root.node1);
5     BiNode part2 = convert(root.node2);
6
7     if (part1 != null) {
8       concat(getTail(part1), root);
9     }
10
11    if (part2 != null) {
12      concat(root, part2);
13    }
14
15    return part1 == null ? root : part1;
16  }
17
18  public static BiNode getTail(BiNode node) {
19    if (node == null) return null;
20    while (node.node2 != null) {
21      node = node.node2;
22    }
23    return node;
24  }
```

除了呼叫 getTail 的部份之外，這段程式碼幾乎與第一個解決方案相同，但它不是很有效率。深度 d 處的葉節點將被 getTail 方法「觸摸」d 次（上面每個節點一次），從而導致整體時間複雜度為 $O(N^2)$，其中 N 是樹中的節點數。

解決方案 #3：建立一個循環鏈結串列

我們的第三種也是最後一種方法，可以用第二種方法為基礎。

這種方法需要使用 BiNode 回傳鏈結串列的頭和尾。我們可以透過回傳循環鏈結串列的頭來做到這一點。若需要得到尾部，我們就呼叫 head.node1。

```
1   BiNode convertToCircular(BiNode root) {
2     if (root == null) return null;
3
4     BiNode part1 = convertToCircular(root.node1);
5     BiNode part3 = convertToCircular(root.node2);
6
7     if (part1 == null && part3 == null) {
8       root.node1 = root;
9       root.node2 = root;
10      return root;
11    }
12    BiNode tail3 = (part3 == null) ? null : part3.node1;
13
14    /* 將左邊和root接合 */
15    if (part1 == null) {
16      concat(part3.node1, root);
17    } else {
18      concat(part1.node1, root);
19    }
20
21    /* 將右邊和root接合 */
22    if (part3 == null) {
23      concat(root, part1);
24    } else {
25      concat(root, part3);
26    }
27
28    /* 將左邊和右邊接合 */
29    if (part1 != null && part3 != null) {
30      concat(tail3, part1);
31    }
32
33    return part1 == null ? root : part1;
34  }
35
36  /* 將串列轉換為循環鏈結串列，然後斷開循環連接 */
37  BiNode convert(BiNode root) {
38    BiNode head = convertToCircular(root);
39    head.node1.node2 = null;
40    head.node1 = null;
41    return head;
42  }
```

請注意,我們已經將程式碼的主要部分移動到 convertToCircular 中。convert 方法會呼叫此方法來取得循環鏈結串列的頭部,然後斷開循環連接。

因為每個節點平均只被觸摸一次(或者更準確地說是 O(1) 次),所以這種解法需要 O(N) 時間。

17.13 重新分隔:噢,不!您不小心刪除了冗長文件中的所有空格、標點符號和大小寫。像「I reset the computer. It still didn't boot!」這樣的句子變成了「iresetthecomputeritstilldidntboot」。暫時先把標點和大寫放在一邊稍後再處理;現在讓我們先重新插入空格。大多數單詞都在字典裡,但也有少數不在。假設給定您一個字典(一個由字串組成的 list)和文件(字串),請設計一種演算法,重新拆分文件中的句子,所設計的拆分方法應使未識別字元數量最少。

範例

輸入:jesslookedjustliketimherbrother
輸出:<u>jess</u> looked just like <u>tim</u> her brother (7 個未識別字元)

pg 247

解答

有些面試官喜歡開門見山給您一些具體的問題,但有一些其他的面試官喜歡給您很多不必要背景資訊,就像這個問題一樣。面到這種情況時,釐清問題實際上是在問什麼是很有用的。

在這種情況下,真正的問題是找到一種方法,將字串分解成獨立的單詞,以便在解析過程中盡可能不要「遺漏」字元。

注意,我們不須嘗試去「理解」字串的意思。我們可以把「thisisawesome」解析成「this is a we some」,也可以解析成「this is awesome」。

暴力法

這個問題的關鍵是找到一種方法,根據其子問題決定如何拆分(即已拆分的字串),方法之一是去遞迴字串。

我們做的第一個選擇是要在哪裡插入第一個空格。在第一個字元之後?第二個字元之後?第三個字元之後嗎?

假設我們的字串是 thisismikesfavoritefood，我們會把第一個空白插入在哪裡？

- 如果在 t 後面插入空格，就會得到一個無效字元。

- 插在 th 後面，得到兩個無效字元。

- 插在 thi 後面，得到三個無效字元。

- 插在 this 後面，我們得到一個完整的詞，零無效字元。

- 插在 thisi 後面，得到五個無效字元。

- 以此類推。

在選擇好第一個空白要放在何處之後，接著遞迴選擇第二個空白，然後是第三個空白，以此類推，直到我們處理完字串。

我們從所有這些選擇中選出最好的（最少的無效字元）並回傳。

函式應該回傳什麼？我們需要遞迴路徑中無效字元的數量，也需要實際解析出來的東西。因此，我們透過使用一個自訂的 ParseResult 類別來同時回傳這兩種東西。

```
1   String bestSplit(HashSet<String> dictionary, String sentence) {
2     ParseResult r = split(dictionary, sentence, 0);
3     return r == null ? null : r.parsed;
4   }
5
6   ParseResult split(HashSet<String> dictionary, String sentence, int start) {
7     if (start >= sentence.length()) {
8       return new ParseResult(0, "");
9     }
10
11    int bestInvalid = Integer.MAX_VALUE;
12    String bestParsing = null;
13    String partial = "";
14    int index = start;
15    while (index < sentence.length()) {
16      char c = sentence.charAt(index);
17      partial += c;
18      int invalid = dictionary.contains(partial) ? 0 : partial.length();
19      if (invalid < bestInvalid) { // 提早回傳
20        /* 遞迴，在這個字元後面加空格。如果這比當前最佳選擇還優，
21         * 則替換最佳選擇 */
22        ParseResult result = split(dictionary, sentence, index + 1);
23        if (invalid + result.invalid < bestInvalid) {
24          bestInvalid = invalid + result.invalid;
25          bestParsing = partial + " " + result.parsed;
26          if (bestInvalid == 0) break; // 提早回傳
27        }
```

```
28          }
29
30          index++;
31      }
32      return new ParseResult(bestInvalid, bestParsing);
33  }
34
35  public class ParseResult {
36      public int invalid = Integer.MAX_VALUE;
37      public String parsed = " ";
38      public ParseResult(int inv, String p) {
39          invalid = inv;
40          parsed = p;
41      }
42  }
```

我們在這裡用了兩個提早回傳。

* 第一個在第 19 行：如果當前無效字元的數量超過了目前已知最好的，那麼就知道這個遞迴路徑不是最理想的，甚至連執行它的意義都沒有。

* 第二個在第 26 行：如果我們有一個沒有無效字元的路徑，那麼就知道無法得到再更好的結果，所以不妨接受這條路。

這個演算法的執行時間是多少呢？由於它受（英語）語言影響太大，所以很難真正描述說明執行時間。

其中一種看待執行時間的方法是去想像一種奇異的語言，在這種語言中，基本上在做遞迴時會把所有路徑都執行。在全部路徑都執行的情況下，我們會對每個字元都做兩個選擇，如果有 n 個字元，執行時間就是 $O(2^n)$。

優化解

通常當碰到指數執行時間的遞迴演算法時，我們會透過記憶（即快取結果）來優化它們。為此，我們需要找到共用的子問題。

遞迴路徑在哪裡重疊？也就是說，共用子問題會出現的地方在哪裡？

讓我們再拿字串 thisismikesfavoritefood 來當例子。一樣地，讓我們暫時假設所有字都是有效的字。

在本例中，假設我們嘗試在 t 和 th 之後插入第一個空格（以及許多其他選項），請您想想下一個選擇是什麼。

```
split(thisismikesfavoritefood) ->
      t  + split(hisismikesfavoritefood)
  OR th + split(isismikesfavoritefood)
  OR ...

split(hisismikesfavoritefood) ->
      h + split(isismikesfavoritefood)
  OR ...

...
```

在 t 和 h 之後加入空格與在 th 之後插入空格的遞迴路徑相同。因為計算
split(isismikesfavoritefood) 兩次會得到相同的結果，所以算兩次是沒有意義的。

我們應該快取結果。我們使用一個雜湊表來實作這一點，該表將當前子字串映射到
ParseResult 物件。

我們實際上不需要把當前的子字串作成鍵。用子字串的起始處的索引就可以充分
代表其子字串了。畢竟，如果我們要使用的子字串，實際上等於使用 sentence.
substring(start, sentence.length)，這個雜湊表將從起始索引映射到從該位置字串
尾端的最佳拆解結果。

而且，由於鍵是起始索引，所以其實根本不需要用真正的雜湊表。我們可以使用由
ParseResult 物件組成的陣列，它也可以實作從索引到物件的映射。

實作程式碼基本上與前面的函式相同，但現在改為接受一個記憶表格（快取）。在第
一次呼叫函式時進行搜尋，在回傳時設定表格內容。

```
1   String bestSplit(HashSet<String> dictionary, String sentence) {
2     ParseResult[] memo = new ParseResult[sentence.length()];
3     ParseResult r = split(dictionary, sentence, 0, memo);
4     return r == null ? null : r.parsed;
5   }
6
7   ParseResult split(HashSet<String> dictionary, String sentence, int start,
8                     ParseResult[] memo) {
9     if (start >= sentence.length()) {
10      return new ParseResult(0, "");
11    } if (memo[start] != null) {
12      return memo[start];
13    }
14
15    int bestInvalid = Integer.MAX_VALUE;
16    String bestParsing = null;
17    String partial = "";
18    int index = start;
```

```
19    while (index < sentence.length()) {
20      char c = sentence.charAt(index);
21      partial += c;
22      int invalid = dictionary.contains(partial) ? 0 : partial.length();
23      if (invalid < bestInvalid) { // 提早回傳
24        /* 做遞迴，在這個字元後面加空格。如果這比當前最佳選擇還優，
25         * 就替換最佳選擇 */
26        ParseResult result = split(dictionary, sentence, index + 1, memo);
27        if (invalid + result.invalid < bestInvalid) {
28          bestInvalid = invalid + result.invalid;
29          bestParsing = partial + " " + result.parsed;
30          if (bestInvalid == 0) break; // 提早回傳
31        }
32      }
33
34      index++;
35    }
36    memo[start] = new ParseResult(bestInvalid, bestParsing);
37    return memo[start];
38  }
```

這個演算法的執行時間甚至比前一個的解決方案更複雜。我們再次利用一個怪異的情況來做範例，假設基本上所有的東西看起來都像一個有效的單詞。

分析執行時間的其中一種方法是，對於 i 的每個值，split(i) 只計算一次。假設我們已經透過 split(n - 1) 呼叫了 split(i + 1)，那麼當呼叫 split(i) 時會發生什麼呢？

```
split(i) -> calls:
    split(i + 1)
    split(i + 2)
    split(i + 3)
    split(i + 4)
    ...
    split(n - 1)
```

每個遞迴呼叫都已經被計算過了，所以它們會立即回傳。在 O(1) 時間內執行 n - i 次呼叫，每個呼叫花費 O(n - i) 時間。這代表著 split(i) 最多需要 O(i) 時間。

我們現在可以對 split(i - 1)、split(i - 2) 和其他呼叫套用相同的邏輯。如果我們呼叫 split(n - 1) 計算一次，呼叫 split(n - 2) 計算兩次，呼叫 split(n - 3) 計算三次，…，呼叫 split(0) 計算 n 次，總共需要呼叫多少次？這答案等同從 1 到 n 的數字的和，也就是 $O(n^2)$。

因此，這個函式的執行時間是 $O(n^2)$。

17.14 **最小的 K 個數字**：請設計一個演算法來尋找陣列中最小的 K 個數字。

pg 247

解答

有許多方法可以解決這個問題，我們將用三個方法來解：排序（sorting），最大堆積（max heap）和選擇排名（selection rank）。

這些演算法中有些需要修改陣列，這是您應該和面試官討論的問題。但是請注意，即使修改原始陣列是不可接受的，也可以複製該陣列並在複製資料中進行修改。這不會影響任何演算法的 Big O 時間。

解決方案 1：排序

我們可以按昇冪排列元素，然後從中取出前 k 個數字。

```
1   int[] smallestK(int[] array, int k) {
2     if (k <= 0 || k > array.length) {
3        throw new IllegalArgumentException();
4     }
5
6     /* 排序陣列 */
7     Arrays.sort(array);
8
9     /* 複製前k個元素 */
10    int[] smallest = new int[k];
11    for (int i = 0; i < k; i++) {
12       smallest[i] = array[i];
13    }
14    return smallest;
15  }
```

這個解決方案的時間複雜度為 O(n log(n))。

解決方案 2：最大堆積

我們可以使用最大堆積來解決這個問題。首先為前 k 個數字建立一個最大堆積（最大的元素在頂部）。

然後，迭代串列。對於每個元素，如果它小於根節點，則將其插入堆中並刪除最大的元素（即根節點）。

在迭代結束時，我們將有一個包含最小 k 個數字的堆積。這個演算法的時間複雜度是 O(n log(k))。

```
1    int[] smallestK(int[] array, int k) {
2      if (k <= 0 || k > array.length) {
3        throw new IllegalArgumentException();
4      }
5
6      PriorityQueue<Integer> heap = getKMaxHeap(array, k);
7      return heapToIntArray(heap);
8    }
9
10   /* 建立含有最小k個元素的最大堆積 */
11   PriorityQueue<Integer> getKMaxHeap(int[] array, int k) {
12     PriorityQueue<Integer> heap =
13       new PriorityQueue<Integer>(k, new MaxHeapComparator());
14     for (int a : array) {
15       if (heap.size() < k) { // 如果有剩餘空間
16         heap.add(a);
17       } else if (a < heap.peek()) { // 如果滿了且頂部較大
18         heap.poll(); // 移除最大數字
19         heap.add(a); // 插入新元素
20       }
21     }
22     return heap;
23   }
24
25   /* 將堆積轉換為int陣列 */
26   int[] heapToIntArray(PriorityQueue<Integer> heap) {
27     int[] array = new int[heap.size()];
28     while (!heap.isEmpty()) {
29       array[heap.size() - 1] = heap.poll();
30     }
31     return array;
32   }
33
34   class MaxHeapComparator implements Comparator<Integer> {
35       public int compare(Integer x, Integer y) {
36           return y - x;
37       }
38   }
```

Java 使用 PriorityQueue 類別來提供類似堆積的功能。它預設是最小堆積，最小的元素在頂部。我們可以傳入一個不同的比較器，將它切換成最大的元素在頂部。

解決方案 3：選擇排名演算法（適用於元素不重複情況）

選擇排名是電腦科學中一個著名的演算法，它可以在線性時間內找到陣列中第 i 個最小（或最大）的元素。

元素不重複的情況下，您可以在期望的 O(n) 時間內找出第 i 小的元素。基本演算法如下：

1. 在陣列中隨機選擇一個元素並將它當成一個「樞紐（pivot）」，對樞紐左右的元素進行大小分區，並同時追蹤左側和右側元素的數量。

2. 如果左邊正好有 i 個元素，那麼只需要回傳左邊元素中最大的元素。

3. 如果左邊元素的數量比 i 大，就在陣列的左邊重複這個演算法。

4. 如果左邊元素的數量比 i 小，則在右邊重複此演算法，但要改為搜尋元素排名為 i-leftSize 的元素。

一旦找到第 i 小的元素，就知道比它小的所有元素都在它的左邊（因為你已經相對地對陣列進行了分區）。現在您已可以回傳最小的 i 個元素。

下面的程式碼實作了這個演算法。

```
1   int[] smallestK(int[] array, int k) {
2     if (k <= 0 || k > array.length) {
3       throw new IllegalArgumentException();
4     }
5
6     int threshold = rank(array, k - 1);
7     int[] smallest = new int[k];
8     int count = 0;
9     for (int a : array) {
10      if (a <= threshold) {
11        smallest[count] = a;
12        count++;
13      }
14    }
15    return smallest;
16  }
17
18  /* 取得指定排名的元素 */
19  int rank(int[] array, int rank) {
20    return rank(array, 0, array.length - 1, rank);
21  }
22
23  /* 在左索引和右索引之間取得指定排名的元素 */
24  int rank(int[] array, int left, int right, int rank) {
25    int pivot = array[randomIntInRange(left, right)];
26    int leftEnd = partition(array, left, right, pivot);
27    int leftSize = leftEnd - left + 1;
28    if (rank == leftSize - 1) {
29      return max(array, left, leftEnd);
30    } else if (rank < leftSize) {
```

```
31        return rank(array, left, leftEnd, rank);
32    } else {
33        return rank(array, leftEnd + 1, right, rank - leftSize);
34    }
35 }
36
37 /* 將樞紐周圍的元素依大小分區，使所有小於等於樞紐的元素
38  * 都排在大於樞紐的元素之前 */
39 int partition(int[] array, int left, int right, int pivot) {
40    while (left <= right) {
41        if (array[left] > pivot) {
42            /* 左側元素若大於pivot就換到右邊，
43             * 都排在大於樞紐的元素之前 */
44            swap(array, left, right);
45            right--;
46        } else if (array[right] <= pivot) {
47            /* 右側元素若大於pivot就換到左邊，
48             * 送到我們覺得它該去的地方 */
49            swap(array, left, right);
50            left++;
51        } else {
52            /* left和right均在正確的位置，加大兩邊範圍 */
53            left++;
54            right--;
55        }
56    }
57    return left - 1;
58 }
59
60 /* 取得範圍（包含邊界）內的隨機整數 */
61 int randomIntInRange(int min, int max) {
62    Random rand = new Random();
63    return rand.nextInt(max + 1 - min) + min;
64 }
65
66 /* 交換索引i和j的值 */
67 void swap(int[] array, int i, int j) {
68    int t = array[i];
69    array[i] = array[j];
70    array[j] = t;
71 }
72
73 /* 取得陣列中介於索引left與right之間的最大元素 */
74 int max(int[] array, int left, int right) {
75    int max = Integer.MIN_VALUE;
76    for (int i = left; i <= right; i++) {
77        max = Math.max(array[i], max);
78    }
79    return max;
80 }
```

如果元素是可重複的，微調整這個演算法也可以解決。

解決方案 4：選擇排名演算法（適用於元素重複情況）

需要做最大改變的是 partition 函式。在做依樞紐分區陣列中元素時，現在要改為分成三個區塊：小於樞紐，等於樞紐，大於樞紐。

這也需要對 rank 做小小的調整。現在我們要改為比較左邊和中間分區的大小。

```
1   class PartitionResult {
2       int leftSize, middleSize;
3       public PartitionResult(int left, int middle) {
4           this.leftSize = left;
5           this.middleSize = middle;
6       }
7   }
8
9   int[] smallestK(int[] array, int k) {
10      if (k <= 0 || k > array.length) {
11          throw new IllegalArgumentException();
12      }
13
14      /* 獲得排名為k - 1的東西 */
15      int threshold = rank(array, k - 1);
16
17      /* 複製小於閾值元素的元素 */
18      int[] smallest = new int[k];
19      int count = 0;
20      for (int a : array) {
21          if (a < threshold) {
22              smallest[count] = a;
23              count++;
24          }
25      }
26
27      /* 如果還有剩餘的空間，則該空間要用來裝等於閾值的元素。
28       * 把它們都複製進去 */
29      while (count < k) {
30          smallest[count] = threshold;
31          count++;
32      }
33
34      return smallest;
35  }
36
37  /* 搜尋陣列中排名為k的值 */
38  int rank(int[] array, int k) {
39      if (k >= array.length) {
```

```
40        throw new IllegalArgumentException();
41    }
42    return rank(array, k, 0, array.length - 1);
43 }
44
45 /* 在開始和結束之間的子陣列中找到排名為k的值 */
46 int rank(int[] array, int k, int start, int end) {
47    /* 將陣列元素依樞紐分區 */
48    int pivot = array[randomIntInRange(start, end)];
49    PartitionResult partition = partition(array, start, end, pivot);
50    int leftSize = partition.leftSize;
51    int middleSize = partition.middleSize;
52
53    /* 陣列的搜尋 */
54    if (k < leftSize) { // 排名為k的元素在左區塊
55       return rank(array, k, start, start + leftSize - 1);
56    } else if (k < leftSize + middleSize) { // 排名為k的元素在中間區塊
57       return pivot; // 中間區塊都是樞紐
58    } else { // 排名為k的元素在右區塊
59       return rank(array, k - leftSize - middleSize, start + leftSize + middleSize,
60                   end);
61    }
62 }
63
64 /* 分區為 < pivot，等於pivot -> 大於pivot */
65 PartitionResult partition(int[] array, int start, int end, int pivot) {
66    int left = start;   /* 定位在左區塊的（右）邊界 */
67    int right = end;    /* 定位在右區塊的（左）邊界 */
68    int middle = start; /* 定位在中間區塊的（右）邊界 */
69    while (middle <= right) {
70       if (array[middle] < pivot) {
71          /* 中間區塊比樞紐小，左邊可能較小或等於樞紐，
72           * 不管是哪一種，請交換它們，
73           * 然後中間和左邊應該要移動一位 */
74          swap(array, middle, left);
75          middle++;
76          left++;
77       } else if (array[middle] > pivot) {
78          /* 中間區塊比樞紐大，
79           * 右邊可能是任何值，
80           * 請交換它們，將右邊移動一位 */
81          swap(array, middle, right);
82          right--;
83       } else if (array[middle] == pivot) {
84          /* 中間區塊等於樞紐，移動一位 */
85          middle++;
86       }
87    }
88
```

```
89      /* 回傳左邊和右邊的大小 */
90      return new PartitionResult(left - start, right - left + 1);
91   }
```

請注意在 smallestK 中所做的修改。因為我們有重複項，所以不能簡單地將所有小於或等於 threshold 的元素複製到陣列中，可能有比 k 個元素更多的元素小於或等於閾值（也不能只是說「好的，只複製 k 個元素過去」，因為我們可能會不經意地在早期用「相等」的元素填充陣列，而沒有為較小的元素留下足夠的空間）。

這個問題的解決方案相當簡單：首先只複製較小的元素，然後在最後用相等的元素填充陣列即可。

17.15 最長單詞：給定一個由單詞組成的 list，請您撰寫一個程式，找出該 list 中由其他單詞組成的最長單詞。

範例

輸入：cat, banana, dog, nana, walk, walker, dogwalker
輸出：dogwalker

提示：*#474，#498，#542，#588*

pg 247

解答

這個問題似乎很複雜，我們把它簡化一下吧。假設我們想找出 list 中由兩個單詞能組出的最長單詞，該怎麼做呢？

我們可以迭代串列來解決這個問題，從最長的單詞迭代到最短的單詞，然後將每個單詞拆分成所有可能的左單詞右單詞對，再檢查左右兩邊是否都包含在串列中。

它的虛擬碼如下：

```
1    String getLongestWord(String[] list) {
2       String[] array = list.SortByLength();
3       /* 為方便搜尋所以建立map */
4       HashMap<String, Boolean> map = new HashMap<String, Boolean>;
5
6       for (String str : array) {
7          map.put(str, true);
8       }
9
10      for (String s : array) {
11         // 拆分出所有可能的單詞對
12         for (int i = 1; i < s.length(); i++) {
13            String left = s.substring(0, i);
```

```
14          String right = s.substring(i);
15          // 檢查陣列的兩邊是否都在串列中
16          if (map[left] == true && map[right] == true) {
17              return s;
18          }
19      }
20   }
21   return str;
22 }
```

當我們只想知道兩個單詞的組合時，這個方法非常有效。但是如果一個單詞可以由許多其他單詞組成呢？

在這種情況下，我們可以套用一種非常類似的方法，只做一個修改：不是簡單地查看陣列中是否有右側部份，而是改為遞迴查看是否可以用陣列中的其他元素建出右側。

下面的程式碼實作了這個演算法：

```
1  String printLongestWord(String arr[]) {
2    HashMap<String, Boolean> map = new HashMap<String, Boolean>();
3    for (String str : arr) {
4      map.put(str, true);
5    }
6    Arrays.sort(arr, new LengthComparator()); // 依長度排序
7    for (String s : arr) {
8      if (canBuildWord(s, true, map)) {
9        System.out.println(s);
10       return s;
11     }
12   }
13   return "";
14 }
15
16 boolean canBuildWord(String str, boolean isOriginalWord,
17                      HashMap<String, Boolean> map) {
18   if (map.containsKey(str) && !isOriginalWord) {
19     return map.get(str);
20   }
21   for (int i = 1; i < str.length(); i++) {
22     String left = str.substring(0, i);
23     String right = str.substring(i);
24     if (map.containsKey(left) && map.get(left) == true &&
25         canBuildWord(right, false, map)) {
26       return true;
27     }
28   }
29   map.put(str, false);
30   return false;
31 }
```

注意，在這個解決方案中做了一個小的優化。我們使用動態程式設計 / 記憶方法來快取呼叫的結果。這樣一來，如果需要反覆檢查「testingtester」可以用什麼建立的話，只需要計算一次即可。

上述優化中使用了布林旗標 isOriginalWord。我們會為原始單詞和每個子字串呼叫 canBuildWord 方法，這個方法的第一步是檢查快取，以獲得先前計算的結果。但對於原始單詞來說，會碰到一個問題：map 被初始化成 true，但是我們不想回傳 true（因為一個單詞不能單獨由它自己組成）。因此，對於原始單詞來說，我們只需使用 isOriginalWord 旗標繞過這個檢查就好。

17.16 女按摩師： 一位很受歡迎的女按摩師收到一連串的客戶預約，正在掙扎著該接受哪些預約。她需要在預約之間需有 15 分鐘的休息時間，因此她不能接受任何時間緊鄰的預約。若給定一堆的預約請求（所有的請求都是 15 分鐘的倍數，沒有重疊，也沒有可以移動的請求），請找出按摩師能夠滿足的最佳（最高預約總時間）預約組合，請回傳分鐘數。

範例

輸入：{30, 15, 60, 75, 45, 15, 15, 45}
輸出：180 分鐘（{30, 60, 45, 45}）。

pg 247

解答

讓我們從一個範例開始。為了更容易理解這個問題，我們將把範例畫出來。每個數字表示預約的分鐘數。

$r_0 = 75$	$r_1 = 105$	$r_2 = 120$	$r_3 = 75$	$r_4 = 90$	$r_5 = 135$

或者，我們也可以將所有值（除以 15 分鐘，得到陣列 {5, 7, 8, 5, 6, 9}。這和原來的範例是等效的，只是現在需要的休息時間變成 1。

這個範例的最佳預約組合是總共 330 分鐘，由 {r_0 = 75, r_2 = 120, r_5 = 135} 組成。請注意，我們故意把範例做成這樣，並不是只要交錯選擇就可找出最好的預約順序。

我們也應該認知到，先選擇最長的預約（「貪婪」策略）不一定是最優的，比方說 {45, 60, 45, 15} 序列的最佳集合中不會有 60。

解決方案 #1：遞迴

第一個會在腦中浮現的是遞迴解決方案。順著預約串列往下走的時候，我們會做一系列的選擇：要選用這個預約還是不選？如果選了預約 i 後，就必須跳過預約 i + 1，因為不能接受連續的預約，接下去能選的是預約 i + 2（但不一定是最佳選擇）。

```
1   int maxMinutes(int[] massages) {
2      return maxMinutes(massages, 0);
3   }
4
5   int maxMinutes(int[] massages, int index) {
6      if (index >= massages.length) { // 超出範圍
7         return 0;
8      }
9
10     /* 最好有這個預約 */
11     int bestWith = massages[index] + maxMinutes(massages, index + 2);
12
13     /* 最好沒有這個預約 */
14     int bestWithout = maxMinutes(massages, index + 1);
15
16     /* 回傳這個子陣列（從當前索引開始）的最佳值 */
17     return Math.max(bestWith, bestWithout);
18  }
```

這個解決方案的執行時間是 $O(2^n)$，因為我們對每個元素要做兩種選擇，總共要做 n 次選擇（其中 n 是按摩的次數）。

由於遞迴呼叫堆疊，所以空間複雜度為 $O(n)$。

我們也可以用遞迴呼叫樹來描述發生在長度為 5 的陣列上的遞迴行為，每個節點中的數字是呼叫 maxMinutes 時代入的索引值，例如，maxMinutes(massages, 0) 呼叫 maxMinutes(massages, 1) 和 maxMinutes(massages, 2)。

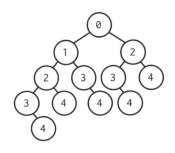

與許多遞迴問題一樣，我們應該檢查是否有可記憶的重複執行子問題，而這裡確實有。

解決方案 #2：遞迴 + 記憶

在相同的輸入時會重複呼叫 maxMinutes。例如，當決定是否接受預約 0 時，會把索引 2 代入呼叫。當決定是否接受預約 1 時，也會把索引 2 代入呼叫。所以，我們應該記住它的結果。

我們的記憶表格只用來儲存從索引到最大分鐘數的映射，因此一個簡單的陣列就足夠了。

```
1    int maxMinutes(int[] massages) {
2       int[] memo = new int[massages.length];
3       return maxMinutes(massages, 0, memo);
4    }
5
6    int maxMinutes(int[] massages, int index, int[] memo) {
7       if (index >= massages.length) {
8          return 0;
9       }
10
11      if (memo[index] == 0) {
12         int bestWith = massages[index] + maxMinutes(massages, index + 2, memo);
13         int bestWithout = maxMinutes(massages, index + 1, memo);
14         memo[index] = Math.max(bestWith, bestWithout);
15      }
16
17      return memo[index];
18   }
```

為了計算執行時間，我們將繪製與之前相同的遞迴呼叫樹，但將立即回傳的呼叫塗成灰色，同時完全刪除永遠不會發生的呼叫。

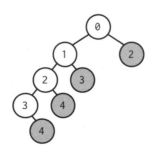

如果畫一個更大的樹，我們也會看到一個類似的模式。這棵樹呈現非常線性的形態，有著一根長長向左下生長的樹枝，所以時間複雜度會是 O(n)，空間複雜度為 O(n)。空間主要是被遞迴呼叫堆疊和記憶表所用掉的。

解決方案 #3：迭代

我們能做得更好嗎？由於我們必須查看每個預約，所以我們當然無法提昇目前的時間複雜度。然而，也許能夠提昇目前的空間複雜度，這也代表著不要使用遞迴去解決問題。

讓我們再看一下原來的範例。

$r_0 = 30$	$r_1 = 15$	$r_2 = 60$	$r_3 = 75$	$r_4 = 45$	$r_5 = 15$	$r_6 = 15$	$r_7 = 45$

如問題陳述中所指出的，我們不能接受相鄰的預約。

不過，我們可以得出另一個觀察結果：永遠不應該連續跳過三個預約。也就是說，如果我們想要取 r_0 和 r_3，那麼可以跳過 r_1 和 r_2。但是我們永遠不會連續跳過 r_1、r_2 和 r_3，不會做這種選擇的原因是，只要取用中間元素就能改進集合。

這代表著如果選了 r_0，我們就知道不得不跳過 r_1，然後一定會取 r_2 或者 r_3。這極大地減少了需要評估的選項，並打開了迭代解決方案的大門。

我們思考一下前面的遞迴 + 記憶解決方案，並試著顛倒一下邏輯；也就是說，讓我們嘗試迭代地處理它。

一種有用的方法是從陣列的尾端開始，然後移動到陣列的開頭。在每個點上，我們會找出子陣列的解答。

- best(7)：$\{r_7 = 45\}$ 的最佳選擇是什麼？如果我們選擇取 r_7，可以得到 45 分鐘。所以 best(7) = 45。

- best(6)：$\{r_6 = 15, ...\}$ 的最佳選擇是什麼？仍然是 45 分鐘，所以 best(6) = 45。

- best(5)：$\{r_5 = 15, ...\}$ 的最佳選擇是什麼？我們選項有：

  » 取 $r_5 = 15$ 並與 best(7) = 45 合併，或者：

  » 接受 best(6) = 45。

  第一種選項是 60 分鐘，所以 best(5) = 60。

- best(4)：$\{r_4 = 45, ...\}$ 的最佳選擇是什麼？我們選項有：

  » 取得 $r_4 = 45$ 並與 best(6) = 45 合併，或者：

  » 接受 best(5) = 60。

  第一種選項是 90 分鐘，所以 best(4) = 90。

- best(3)：{r_3 = 75, ...} 的最佳選擇是什麼？我們選項有：

  » 將 r_3 = 75 和 best(5) = 60 合併，或者：

  » 接受 best(4) = 90。

  第一種選項是 135 分鐘，所以 best(3) = 135。

- best(2)：{r_2 = 60, ...} 的最佳選擇是什麼？我們選項有：

  » 將 r_2 = 60 與 best(4) = 90 合併，或者：

  » 接受 best(3) = 135。

  第一種選項是 150 分鐘，所以 best(2) = 150。

- best(1)：{r_1 = 15, ...} 的最佳選項是什麼？我們選項有：

  » 取 r_1 = 15，合併 best(3) = 135，或者：

  » 接受 best(2) = 150。

  無論哪種方法，best(1) = 150。

- best(0)：{r_0 = 30, ...} 的最佳選項是什麼？我們可以：

  » 將 r_0 = 30 合併到 best(2) = 150，或者：

  » 接受 best(1) = 150。

  第一個是 180 分鐘，所以 best(0) = 180。

因此，我們最後回傳的時間是 180 分鐘。

下面的程式碼實作了這個演算法。

```
1   int maxMinutes(int[] massages) {
2       /* 在陣列中多放兩個額外的位置，
3        * 這樣我們就不用為第8行和第9行做邊界檢查 */
4       int[] memo = new int[massages.length + 2];
5       memo[massages.length] = 0;
6       memo[massages.length + 1] = 0;
7       for (int i = massages.length - 1; i >= 0; i--) {
8           int bestWith = massages[i] + memo[i + 2];
9           int bestWithout = memo[i + 1];
10          memo[i] = Math.max(bestWith, bestWithout);
11      }
12      return memo[0];
13  }
```

此解決方案的執行時間為 O(n)，空間複雜度也為 O(n)。

在某些方面來說它很好，因為它是迭代的，但是我們實際上並沒有「賺到」任何東西，因為遞迴解具有相同的時間和空間複雜度。

解決方案 #4：最優時間和空間複雜度的迭代解法

回顧上一個解決方案，我們可以看出，使用到 memo 表格值的時間非常的短。一旦超過某個索引後幾個元素，就再也不會使用那個元素的索引了。

事實上，對於任意指定的 i，我們只需要知道 i + 1 和 i + 2 的最佳值。因此，我們可以去掉記憶表格，改為只使用兩個整數。

```
1   int maxMinutes(int[] massages) {
2     int oneAway = 0;
3     int twoAway = 0;
4     for (int i = massages.length - 1; i >= 0; i--) {
5       int bestWith = massages[i] + twoAway;
6       int bestWithout = oneAway;
7       int current = Math.max(bestWith, bestWithout);
8       twoAway = oneAway;
9       oneAway = current;
10    }
11    return oneAway;
12  }
```

這個修改可得到最優的時間和空間：時間複雜度為 O(n) 和空間複雜度為 O(1)。

為什麼要從尾部開始倒過來看陣列？在許多問題中，逆向迭代陣列是一種常見的技術。

如果願意，我們可以向前看。向前看對一些人來說比較容易，對另一些人來說卻比較困難。在向前看的情況下，問的問題不是「以 a[i] 開頭的最佳集合是什麼？」，而是「以 a[i] 結尾的最佳集合是什麼？」

17.17 多目標搜尋：給定一個字串 b 和由一群較小字串組成的陣列 T，請設計一個方法在 b 中搜尋所有 T 中字串出現的地方，請回傳每個較小字串與該字串所有出現位置的映射串列。

pg 248

解答

讓我們從一個例子開始：

```
T = {"is", "ppi", "hi", "sis", "i", "ssippi"}
b = "mississippi"
```

注意，在範例中我們刻意讓一些字串（如「is」）在 b 中出現多次。

解決方案 #1

簡單的解決方案相當簡單，只需在較大的字串中搜尋較小字串的每個實例即可。

```
1    HashMapList<String, Integer> searchAll(String big, String[] smalls) {
2      HashMapList<String, Integer> lookup =
3        new HashMapList<String, Integer>();
4      for (String small : smalls) {
5        ArrayList<Integer> locations = search(big, small);
6        lookup.put(small, locations);
7      }
8      return lookup;
9    }
10
11   /* 在大字串中搜尋小字串的所有出現位置 */
12   ArrayList<Integer> search(String big, String small) {
13     ArrayList<Integer> locations = new ArrayList<Integer>();
14     for (int i = 0; i < big.length() - small.length() + 1; i++) {
15       if (isSubstringAtLocation(big, small, i)) {
16         locations.add(i);
17       }
18     }
19     return locations;
20   }
21
22   /* 檢查小字串是否出現在大字串的特定索引偏移量 */
23   boolean isSubstringAtLocation(String big, String small, int offset) {
24     for (int i = 0; i < small.length(); i++) {
25       if (big.charAt(offset + i) != small.charAt(i)) {
26         return false;
27       }
28     }
29     return true;
```

```
30    }
31
32    /* HashMapList<String, Integer>是一個HashMap，它從字串映射到
33     * ArrayList<Integer>。具體實作見附錄 */
```

我們也可以使用 substring 和 equals 函式來替代 isSubstringAtLocation。替代後會稍微快一點（雖然不是在 Big O 的世界裡變快），因為它不需要建立一堆子字串。

這將花費 O(kbt) 時間，其中 k 是 T 中最長字串的長度，b 是較大字串的長度，t 是 T 中較小字串的數量。

解決方案 #2

為了優化前一個解決方案，我們應該思考如何同時處理 T 中的所有元素，或者以某種方式重用已經做過的工作。

一種方法是使用較大字串中的後綴字串建立類似線索樹（trie）的資料結構。例如，對於字串 bibs，後綴字串列表應該是：bibs、ibs、bs 和 s。

該線索樹如下圖。

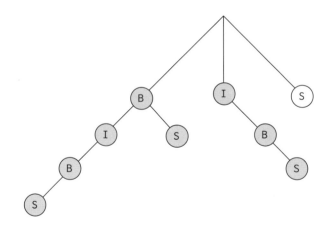

現在只需要在後綴字串樹中搜尋 T 中的每個字串。請注意，如果「B」是一個要搜尋的字，那麼您會得到兩個位置。

```
1    HashMapList<String, Integer> searchAll(String big, String[] smalls) {
2        HashMapList<String, Integer> lookup = new HashMapList<String, Integer>();
3        Trie tree = createTrieFromString(big);
4        for (String s : smalls) {
5            /* 取得每個實例的終止位置 */
```

```
6        ArrayList<Integer> locations = tree.search(s);
7
8        /* 調整起始位置 */
9        subtractValue(locations, s.length());
10
11       /* 插入 */
12       lookup.put(s, locations);
13   }
14   return lookup;
15 }
16
17 Trie createTrieFromString(String s) {
18   Trie trie = new Trie();
19   for (int i = 0; i < s.length(); i++) {
20     String suffix = s.substring(i);
21     trie.insertString(suffix, i);
22   }
23   return trie;
24 }
25
26 void subtractValue(ArrayList<Integer> locations, int delta) {
27   if (locations == null) return;
28   for (int i = 0; i < locations.size(); i++) {
29     locations.set(i, locations.get(i) - delta);
30   }
31 }
32
33 public class Trie {
34   private TrieNode root = new TrieNode();
35
36   public Trie(String s) { insertString(s, 0); }
37   public Trie() {}
38
39   public ArrayList<Integer> search(String s) {
40     return root.search(s);
41   }
42
43   public void insertString(String str, int location) {
44     root.insertString(str, location);
45   }
46
47   public TrieNode getRoot() {
48     return root;
49   }
50 }
51
52 public class TrieNode {
53   private HashMap<Character, TrieNode> children;
54   private ArrayList<Integer> indexes;
55
```

```
56      public TrieNode() {
57         children = new HashMap<Character, TrieNode>();
58         indexes = new ArrayList<Integer>();
59      }
60
61      public void insertString(String s, int index) {
62         if (s == null) return;
63         indexes.add(index);
64         if (s.length() > 0) {
65            char value = s.charAt(0);
66            TrieNode child = null;
67            if (children.containsKey(value)) {
68               child = children.get(value);
69            } else {
70               child = new TrieNode();
71               children.put(value, child);
72            }
73            String remainder = s.substring(1);
74            child.insertString(remainder, index + 1);
75         } else {
76            children.put('\0', null); // 字串結束字元
77         }
78      }
79
80      public ArrayList<Integer> search(String s) {
81         if (s == null || s.length() == 0) {
82            return indexes;
83         } else {
84            char first = s.charAt(0);
85            if (children.containsKey(first)) {
86               String remainder = s.substring(1);
87               return children.get(first).search(remainder);
88            }
89         }
90         return null;
91      }
92
93      public boolean terminates() {
94         return children.containsKey('\0');
95      }
96
97      public TrieNode getChild(char c) {
98         return children.get(c);
99      }
100 }
101
102 /* HashMapList<String, Integer>是一個HashMap，它從字串映射到
103  * ArrayList<Integer>，具體實作見附錄 */
```

建立樹需要 O(b²) 時間，搜尋位置需要 O(kt) 時間。

> 提醒您：k 是 T 中最長字串的長度，b 是較大字串的長度，t 是 T 中較小字
> 串的數量。

總執行時間是 O(b² + kt)。

如果不知道輸入會是什麼，就無法直接比較 O(bkt) 和 O(b² + kt) 哪個比較好，bkt 是
前一個解決方案的執行時間。如果 b 很大，則 O(bkt) 表現更好。但如果字串很多很
小，那麼 O(b² + kt) 可能更好。

解決方案 #3

另外一種解決方案是將所有較小的字串加入到線索樹中。例如，下面的線索樹是由字
串 {i, is, pp, ms} 所組成。掛在節點上的星號（*）表示一個單詞在該節點結束。

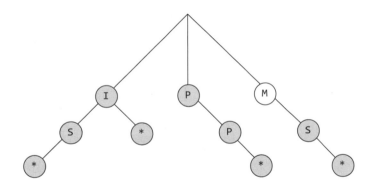

現在，當我們想找出 mississippi 中所有的單詞時，可在這個線索樹中搜尋每個單詞
開頭。

- m：m 是 mississippi 的第一個字母，所以我們會先在線索樹中搜尋以 m 開頭的字，
  下一個字是 i，但線索樹不符合 mi 所以終止工作。

- i：然後要去找 i 開頭的字，i 是 mississippi 的第二個字元，我們看到 i 本身即為
  一個完整的單詞，所以將它加入到串列中。我們還繼續從 i 看到 is，字串 is 也是
  一個完整的單詞，因此將其加入到串列中。這個節點沒有更多的子節點，所以我們
  轉移去找 mississippi 的下一個字元。

- s：我們看到 s。最上層節點中沒有 s，所以我們直接進入下一個字元。

- s：另一個 s。繼續下一個字元。

- i：接著看到另一個 i，所以又來到線索樹的 i 節點。我們看到 i 本身是一個完整的單詞，所以將它加入到串列中。之後還繼續從 i 看到 is。字串 is 也是一個完整的單詞，因此將其加入到串列中。這個節點沒有更多的子節點，所以我們轉移到 mississippi 的下一個字元。

- s：我們看到 s，最上層節點中沒有 s。

- s：另一個 s。繼續下一個字元。

- i：我們看到 i 節點。我們看到 i 是一個完整的單詞，所以將它加入到串列中。mississippi 的下一個字元是 p。由於沒有節點 p，所以終止此處的工作。

- p：我們看到一個 p，但沒有節點 p。

- p：另一個 p。

- i：我們看到 i 節點。我們看到 i 是一個完整的單詞，所以將它加入到串列中。在 mississippi 沒有更多的字元了，所以結束了所有的工作。

每當找到一個完整的「小」單詞，我們就把它和它在大單詞（mississippi）中的位置加入到一個串列中。

下面的程式碼實作了這個演算法。

```
1   HashMapList<String, Integer> searchAll(String big, String[] smalls) {
2     HashMapList<String, Integer> lookup = new HashMapList<String, Integer>();
3     int maxLen = big.length();
4     TrieNode root = createTreeFromStrings(smalls, maxLen).getRoot();
5
6     for (int i = 0; i < big.length(); i++) {
7       ArrayList<String> strings = findStringsAtLoc(root, big, i);
8       insertIntoHashMap(strings, lookup, i);
9     }
10
11    return lookup;
12  }
13
14  /* 將每個字串插入到線索樹中（提供的字串長度不超過maxLen） */
15  Trie createTreeFromStrings(String[] smalls, int maxLen) {
16    Trie tree = new Trie();
17    for (String s : smalls) {
18      if (s.length() <= maxLen) {
19        tree.insertString(s, 0);
20      }
21    }
```

```
22    return tree;
23  }
24
25  /* 在線索樹中搜尋以索引「start」開始的字串 */
26  ArrayList<String> findStringsAtLoc(TrieNode root, String big, int start) {
27    ArrayList<String> strings = new ArrayList<String>();
28    int index = start;
29    while (index < big.length()) {
30      root = root.getChild(big.charAt(index));
31      if (root == null) break;
32      if (root.terminates()) { // 若是完整的字串，則加入到清單中
33        strings.add(big.substring(start, index + 1));
34      }
35      index++;
36    }
37    return strings;
38  }
39
40  /* HashMapList<String, Integer>是一個HashMap，從字串映射到
41   * ArrayList<Integer>，具體實作見附錄 */
```

這個演算法需花費 O(kt) 時間來建立線索樹，花費 O(bk) 時間來搜尋所有字串。

> 提醒您：k 是 T 中最長字串的長度，b 是較大字串的長度，t 是 T 中較小字串的數量。

解決這個問題的總時間是 O(kt + bk)。

解決方案 #1 的時間複雜度是 O(kbt)，我們看的出來 O(kt + bk) 比 O(kbt) 快。

解決方案 #2 的時間複雜度是 O(b² + kt)，因為 b 總是大於 k（如果不是大於關係，那麼我們知道這個很長的字串 k 在 b 中找不到），所以我們知道方案 #3 也比方案 #2 快。

17.18 最短超數列：您有兩個陣列，其中一個較短（所有元素不重複），另一個較長。請在較長陣列中搜尋包含較短陣列中所有元素的最短子陣列，元素可以以任何順序出現。

範例

輸入：{1, 5, 9} | {7, 5, 9, 0, 2, 1, 3, <u>5, 7, 9, 1</u>, 1, 5, 8, 8, 9, 7}

輸出：[7, 10]（上面劃線部分）

pg 248

解決方案

通常從暴力法下手是一個好的開始方式。請試著想想如果您是用自己的手解題,您會怎麼做呢?

我們用問題中的範例來示範一下,將較小的陣列稱為 smallArray,較大的陣列稱為 bigArray。

暴力法

雖然緩慢但「簡單」的方法是迭代 bigArray 並執行重複的小迭代。

在 bigArray 中的每個索引處,向後掃描搜尋 smallArray 中每個元素將在何處出現。小陣列中元素最後出現的位置,即可告訴我們最短子陣列出現的位置(我們將這個概念稱為「closure(閉包)」,也就是說,closure 指的是在哪個元素能集滿子陣列的「全部」元素。例如,索引 3 的 closure(在本例中它的值為 0)是索引 9)。

透過搜尋陣列中每個索引的 closure,可以找到整個陣列中最短的子陣列。

```
1   Range shortestSupersequence(int[] bigArray, int[] smallArray) {
2     int bestStart = -1;
3     int bestEnd = -1;
4     for (int i = 0; i < bigArray.length; i++) {
5       int end = findClosure(bigArray, smallArray, i);
6       if (end == -1) break;
7       if (bestStart == -1 || end - i < bestEnd - bestStart) {
8         bestStart = i;
9         bestEnd = end;
10      }
11    }
12    return new Range(bestStart, bestEnd);
13  }
14
15  /* 給定一個索引,找到相對的closure
16   * (即,一個能集滿smallArray中的所有元素的完整元素子陣列)。
17   * 它會是smallArray中元素最後出現的位置 */
18  int findClosure(int[] bigArray, int[] smallArray, int index) {
19    int max = -1;
20    for (int i = 0; i < smallArray.length; i++) {
21      int next = findNextInstance(bigArray, smallArray[i], index);
22      if (next == -1) {
23        return -1;
24      }
25      max = Math.max(next,  max);
```

```
26      }
27      return max;
28  }
29
30  /* 從指定索引開始找元素的下一個實例 */
31  int findNextInstance(int[] array, int element, int index) {
32      for (int i = index; i < array.length; i++) {
33          if (array[i] == element) {
34              return i;
35          }
36      }
37      return -1;
38  }
39
40  public class Range {
41      private int start;
42      private int end;
43      public Range(int s, int e) {
44          start = s;
45          end = e;
46      }
47
48      public int length() { return end - start + 1; }
49      public int getStart() { return start; }
50      public int getEnd() { return end; }
51
52      public boolean shorterThan(Range other) {
53          return length() < other.length();
54      }
55  }
```

這個演算法可能會花費 $O(SB^2)$ 的時間,其中 B 是 bigArray 的長度,S 是 smallArray 的長度。這是因為 B 個字元中的每個字元處,我們都可能執行 $O(SB)$ 的工作:S 次掃描字串的其餘部分,其餘部份中可能包含 B 個字元。

解決方案 #2:還算快的解決方案

讓我們來思考如何優化它。導致它執行速度慢的核心問題是重複搜尋,有沒有一種更快的方法可以讓我們在給定索引的情況下找到某個特定字元下一次出現的位置?

我們用一個範例來思考。給定下面的陣列,有沒有一種方法可以讓我們快速從任意位置找到下一個 5?

```
7, 5, 9, 0, 2, 1, 3, 5, 7, 9, 1, 1, 5, 8, 8, 9, 7
```

有的。因為我們必須重複做這個工作，所以我們可以用一次（向後）掃描預先計算這個資訊。使用的方法是逆向迭代陣列，追蹤最後一次（最近一次）出現的 5。

對 {1, 5, 9} 中的元素都進行這樣的操作只需要做 3 次逆向掃描。

值	7	5	9	0	2	1	3	5	7	9	1	1	5	8	8	9	7
索引	0	1	2	3	4	5	6	7	8	9	10	11	12	13	14	15	16
下一個 1	5	5	5	5	5	5	10	10	10	10	10	11	x	x	x	x	x
下一個 5	1	1	7	7	7	7	7	7	12	12	12	12	12	x	x	x	x
下一個 9	2	2	2	9	9	9	9	9	9	9	15	15	15	15	15	15	x

現在可以不用再用 findNextInstance 函式做搜尋的工作了，直接使用這個表格來搜尋下一個出現的位置即可。

> 有些人會希望將其合併為一次逆向掃描就能處理好所有三個值。感覺上好像會快一些，但其實並不然。因為想用一次逆向掃描代表著在每次迭代中要進行三次比較。在串列中移動 N 步，每步進行 3 次比較並沒有比移動 3N 步和每步進行一次比較好，反而分開做還可以使程式碼比較乾淨整潔。

這個演算法的時間複雜度是 O(B * S)，空間複雜度是 O(B * S)，這個演算法的程式碼由於和下一個解決方案太相似，所以就不列出它的程式碼了。想要得到這個演算法程式碼的人，請到 *CrackingTheCodingInterview.com* 下載。

解決方案 #3：還算快，使用較少空間的解決方案

在前一個解決方案中，每個直欄中的最大值就代表該索引處的 closure 值，我們不需要維護每個數字「下次出現的位置」，我們只需要記下 closure 值即可。

所以，我們可以處理一下表格，只需要留下在每個索引處的 closure 值，也就是說在進行處理工作時，如果看到新的值更大的話，就覆寫掉原來的「下次出現的位置」。

處理完 1 之後的表格：

值	7	5	9	0	2	1	3	5	7	9	1	1	5	8	8	9	7
索引	0	1	2	3	4	5	6	7	8	9	10	11	12	13	14	15	16
最大索引	5	5	5	5	5	5	10	10	10	10	10	11	x	x	x	x	x

處理完 5 之後的表格：

值	7	5	9	0	2	1	3	5	7	9	1	1	5	8	8	9	7
索引	0	1	2	3	4	5	6	7	8	9	10	11	12	13	14	15	16
最大索引	5	5	7	7	7	7	10	10	12	12	12	12	x	x	x	x	x

處理完 9 之後的表格：

值	7	5	9	0	2	1	3	5	7	9	1	1	5	8	8	9	7
索引	0	1	2	3	4	5	6	7	8	9	10	11	12	13	14	15	16
最大索引	5	5	7	9	9	9	10	10	12	12	15	15	x	x	x	x	x

現在我們得到每個索引處的 closure 值了，為了要找出最短子序列，必需計算每個範圍的長度，並找出最小（短）的值。

值	7	5	9	0	2	1	3	5	7	9	1	1	5	8	8	9	7
索引	0	1	2	3	4	5	6	7	8	9	10	11	12	13	14	15	16
最大值（closure）	5	5	7	9	9	9	10	10	12	12	15	15	x	x	x	x	x
長度	6	5	6	7	6	5	5	4	5	4	6	5	x	x	x	x	x

以下是這個解決方案的程式碼：

```
1    Range shortestSupersequence(int[] big, int[] small) {
2        int[] closures = getClosures(big, small);
3        return getShortestClosure(closures);
4    }
5
6    /* 取得每個索引處的closure */
7    int[] getClosures(int[] big, int[] small) {
8        int[] closure = new int[big.length];
9        for (int i = 0; i < small.length; i++) {
10           sweepForClosure(big, closure, small[i]);
11       }
12       return closure;
13   }
14
15   /* 由後向前做處理，如果下次出現位置比closure值更大，
16    * 則用下次出現位置來更新closure值 */
17   void sweepForClosure(int[] big, int[] closures, int value) {
18       int next = -1;
19       for (int i = big.length - 1; i >= 0; i--) {
20           if (big[i] == value) {
21               next = i;
22           }
```

```
23        if ((next == -1 || closures[i] < next) && (closures[i] != -1)) {
24            closures[i] = next;
25        }
26    }
27 }
28
29 /* 取得最短closure */
30 Range getShortestClosure(int[] closures) {
31     Range shortest = new Range(0, closures[0]);
32     for (int i = 1; i < closures.length; i++) {
33         if (closures[i] == -1) {
34             break;
35         }
36         Range range = new Range(i, closures[i]);
37         if (!shortest.shorterThan(range)) {
38             shortest = range;
39         }
40     }
41     if (shortest.length() <= 0) return null;
42     return shortest;
43 }
```

這個演算法的時間複雜度為 O(B * S)，空間複雜度為 O(B)。

解決方案 #4：最優解決方案

請回顧暴力演算法，它做的其實就是走過整個 bigArray，用 i 代表子序列的起始索引，並為每個索引找出它的 closure。

值	7	5	9	9	2	1	3	5	7	9	1	1	5	8	8	9	7
	i					c											

暴力演算法運作起來相當直覺，要做的就是分別去找 smallArray 中的所有元素。

我們可以用一個雜湊表（讓我們稱它為 countedLookup）來改良暴力演算法，這個雜湊表用來記住 smallArray 中的元素已看過多少個了。只要走過一輪就可以建完這張雜湊表，當我們至少看到過 1 次 1、1 次 5 和 1 次 9 時（對我們的範例而言），就代表找到 closure 值了，例如 (7, 5, 9, 9, 2, 1)。

```
countedLookup for 0 ... 5:      1 --> 1      5 --> 1      9 --> 2
```

雖然這不是要回傳的最短子序列，但是它確是以 bigArray[0] 開頭的最短子序列。我們可以用同樣的手法找到下一個索引的最短子序列嗎？嗯，可以。

接下來讓我們找出以 bigArray[0] 開頭的最短子序列，當然我們必須將 c 重置為 i 值，然後重建 countedLookup。

但您有沒有看見一件有趣的事：當我們將 i 向右移動時，c 一定是留在原地，或是向右移動，所以我們只需要做出適用於 bigArray[1...c] 的 countedLookup 即可，但是當有了這個 countedLookup 後，只要繼續向後計算 c 就可以了。

我們的 countedLookup 已經相當符合需求，在前一步中，我們為 0 ... c 建好了 countedLookup，而現在我們需要的是為 1 ... 5 建立 countedLookup，兩者只差在 bigArray[0] 而已。是否可以藉由調整 countedLookup 來滿足這個差異呢？當然可以，我們只要減掉 countedLookup 中，該元素出現的次數就好（不過在此處該元素並不存在 countedLookup 中）。

```
countedLookup for 1 ... 5:  1 --> 1      5 --> 1      9 --> 2
```

值	7	5	9	9	2	1	3	5	7	9	1	1	5	8	8	9	7
		i				c											

上面表格中 bigArray[1] 的 closure 已標記為 c。

再將 i 向右跳一格，並將 countedLookup[5] 減 1：

```
countedLookup for 2 ... 5:  1 --> 1      5 --> 0      9 --> 2
```

現在，countedLookup 裡有元素未出現，所以讓我們移動直到元素都出現為止。

```
countedLookup for 2 ... 7:  1 --> 1      5 --> 1      9 --> 2
```

值	7	5	9	9	2	1	3	5	7	9	1	1	5	8	8	9	7
			i					c									

這些就是我們要做的事，持續地將 i 向右跳，並且調整 countedLookup 中的值。然後移動 c 直到 countedLookup 中的元素計數滿足條件。

那麼，這個流程的執行時間為何呢？很多人會說是 O(B)，但這裡面有個陷阱。看一下我們是怎麼查看 countedLookup 中值大於 1 的部份？

對於大多數的實作來說，會逐一檢視整個雜湊表，這會花去 O(S) 時間，所以整個演算法會花去 O(BS) 時間。

對於這樣的時間花費，有一個很不容易想到、但卻非常容易實作的修正。

我們需要做的就是一個追蹤工作而已，追蹤 countedLookup 中有多少的值（雜湊鍵）滿足條件（大於等於 1）。當 countedLookup 中的一個值從 0 變成 1 時，就遞增 fulfilled 變數的值，當 countedLookup 中的一個值從 1 變成 0 時，就遞減 fulfilled 變數的值。當 fulfilled 的值達到 countedLookup 中值的總數量時，就代表我們找到一個子序列了。在下面的程式碼中我們將 countedLookup 實作成獨立的類別，這個類別來防止我們修改雜湊表時，忘了要連帶修改 fullfilled。

```
1    /* CountedLookup是一個帶有遞增遞減功能的簡單雜湊表，
2     * 可以告訴您雜湊表中有多少值大於等於1。 */
3    public static class CountedLookup {
4       HashMap<Integer, Integer> lookup = new HashMap<Integer, Integer>();
5       int fulfilled = 0;
6       public CountedLookup(int[] array) {
7          for (int a : array) {
8             lookup.put(a, 0);
9          }
10      }
11
12      public boolean contains(int v) {
13         return lookup.containsKey(v);
14      }
15
16      public void incrementIfFound(int v) {
17         if (!contains(v)) return;
18         if (lookup.getOrDefault(v, 0) == 0) {
19            fulfilled += 1;
20         }
21         lookup.put(v, lookup.getOrDefault(v, 0) + 1);
22      }
23
24      public void decrementIfFound(int v) {
25         if (!contains(v)) return;
26         lookup.put(v, lookup.getOrDefault(v, 0) - 1);
27         if (lookup.getOrDefault(v, 0) == 0) {
28            fulfilled -= 1;
29         }
30      }
31
32      public boolean areAllFulfilled() {
33         return fulfilled == lookup.keySet().size();
34      }
35   }
36
37   /* 找出包含小陣列中所有元素的最短子陣列 */
38   Range shortestSupersequence(int[] big, int[] small) {
```

```
39      if (big.length < small.length) return null;
40
41      CountedLookup countedLookup = new CountedLookup(small);
42      Range best = null;
43      int right = 0;
44      countedLookup.incrementIfFound(big[0]); // 將陣列左側元素送入
45      for (int left = 0; left < big.length; left++) {
46          right = findClosure(big, right, countedLookup); // 將右側移動到closure端
47          if (!countedLookup.areAllFulfilled()) { // 找不到closure -> 中斷
48              break;
49          }
50
51          /* 更新最大範圍 */
52          int length = right - left + 1;
53          if (best == null || best.length() > length) {
54              best = new Range(left, right);
55          }
56          countedLookup.decrementIfFound(big[left]); // 去除最左元素
57      }
58      return best;
59  }
60
61  /* 為特定索引找closure，並且更新countedlookup */
62  int findClosure(int[] big, int startIndex, CountedLookup countedLookup) {
63      int index = startIndex;
64
65      /* 持續向前移動，直到所有東西都標示fulfilled */
66      while (!countedLookup.areAllFulfilled() && index + 1 < big.length) {
67          index++;
68          countedLookup.incrementIfFound(big[index]);
69      }
70      return index;
71  }
```

這個演算法的時間複雜度至少降到 O(B)，空間複雜度降到 O(U)（其中 U 是小陣列中的元素數量）。

此時，比較機靈的讀者會指出，我們要找的最短子序列，一定是以 shortArray 中的元素開頭（與結束）。所以，不用幫所有的 i 找 closure，只要 bigArray[i] 元素同時也出現在 smallArray 中，才進行搜尋。

這是正確的，不過這種「偶爾才去」搜尋 closure，並沒有帶給我們何好處。因為我們知道 c 一定會從左移動向右，也不會在特定元素上重複動作。「偶爾才去」搜尋 closure 只是把 c 移動到更後面的 i 而已，而這種延後會逼得我們不得不多寫幾行檢查用程式碼。所以，我個人會選擇不作延後檢查，每次都去找 closure。

17.19 缺了 2 個：您有一個陣列，所有從 1 到 N 中的數字都會出現一次，但其中少了一個數字。如何在 O(N) 時間和 O(1) 空間中找到遺失的數字？如果少了兩個數字呢？

pg 248

解答

讓我們從第一個問題開始解：在時間複雜度 O(N) 和空間複雜度 O(1) 內找到一個遺失的數字。

第一個問題：搜尋一個遺失的數字

這是一個限制非常多的問題，我們不能儲存所有的值（這將需要佔用 O(N) 空間），但還是需要對它們做一些「記錄」，以便能夠找出遺失的數字。

這代表我們需要對這些值做一些計算。但這個計算需要什麼特性呢？

- **唯一對應**：如果對兩個陣列做這個計算會得到相同的結果（符合問題中的描述），那麼這兩個陣列必須是等價的（相同的遺失數字）。也就是說，特定的陣列和遺失數字的計算結果必須與呈唯一對應關係。

- **可逆的**：我們需要一些方法從計算的結果推算出遺失的數字是哪個。

- **常數時間複雜度**：計算可能很慢，但對陣列中每個元素做的事必須是常數時間。

- **常數空間複雜度**：計算可能需要額外的記憶體，但只能用 O(1) 的記憶體。

「唯一對應」這個特性是最有趣的，也是最具挑戰性的。可以對一組數字執行哪些計算，以便發現遺失的數字？

實際上有很多可能性。

我們可以用質數做點什麼。例如，把陣列中的每個 x 乘以第 x 個質數。這樣做必定會得到一個唯一結果值（因為兩組不同的質數不可能有相同的乘積）。

那麼這做法是可逆的嗎？是的。我們可以用得到的乘積除以每個質數：2、3、5、7 等等。當除以第 i 個質數的結果不是整數時，我們就知道陣列中少了 i。

但這個方法能在常數的時間和空間中做完嗎？若我們有辦法在 O(1) 時間和 O(1) 空間中得到第 i 個質數的話，才會是常數時間和空間複雜度。但，我們做不到。

那麼還有哪些計算是我們能做的呢?其實我們甚至不需要用到質數,為什麼不把所有的數相乘就好呢?

- **唯一對應嗎?** 是的,假如我們有 1*2*3*...*n。現在,想像劃掉一個數字,得到的結果不會與劃掉其他數字相同。

- **常數時間和空間複雜度?** 是的。

- **可逆嗎?** 讓我們想想。如果我們將乘積與沒有移除數字的乘積進行比較,能找到遺失的數字嗎?當然,只要用 full_product 除以 actual_product,就可以知道 actual_product 中缺少哪個數字。

只有一個問題:若這個乘積真的、真的、真的很大時會產生問題。如果 n 是 20,那麼乘積將是大約 2,000,000,000,000,000,000。

我們仍然可以用這種解法,只是需要使用到 BigInteger 類別。

```
1    int missingOne(int[] array) {
2      BigInteger fullProduct = productToN(array.length + 1);
3
4      BigInteger actualProduct = new BigInteger("1");
5      for (int i = 0; i < array.length; i++) {
6        BigInteger value = new BigInteger(array[i] + "");
7        actualProduct = actualProduct.multiply(value);
8      }
9
10     BigInteger missingNumber = fullProduct.divide(actualProduct);
11     return Integer.parseInt(missingNumber.toString());
12   }
13
14   BigInteger productToN(int n) {
15     BigInteger fullProduct = new BigInteger("1");
16     for (int i = 2; i <= n; i++) {
17       fullProduct = fullProduct.multiply(new BigInteger(i + ""));
18     }
19     return fullProduct;
20   }
```

但是,其實沒有必要做這些,因為我們可以用加總來代替,因為加總也是一種唯一對應關係。

計算加總值還有另一個好處:有一個現有的封閉運算式 $\frac{n(n+1)}{2}$ 可用來計算 1 和 n 之間數字的和。

> 大多數的面試者可能不會記得計算 1 到 n 之間的數字加總的運算式,這沒關係。然而,您的面試官可能會要求您推導它。您可以這樣思考:將 $0 + 1 + 2 + 3 + ... + n$ 中的小值和大值抓成一對,可以得到 $(0, n) + (1, n-1) + (2, n-3)$ 等等。每一對的和都等於 n,總共有 $\frac{n+1}{2}$ 對。但如果 n 是偶數,導致 $\frac{n+1}{2}$ 不是整數怎麼辦?在本例中,將小值和大值配對,可得到 $\frac{n}{2}$ 個和為 n+1 的對。不管怎樣,結果都是 $\frac{n(n+1)}{2}$。

雖然改為計算加總值,可大幅度地延遲溢位問題,但仍不能完全阻止它發生。您應該和面試官討論這個問題,看他 / 她希望您如何處理。但對許多面試官來說,稍微提一下就可以了。

第二個問題:搜尋兩個遺失的數字

這題就難得多了。若把前面的解法套用到有兩個遺失的數字的情況,會發生什麼事。

- 加總:使用此方法將得到遺失的兩個值的和。

- 乘積:使用此方法將得到所缺少的兩個值的乘積。

不幸的是,知道總和是不夠的。例如,如果和是 10,那麼它可能對應 (1, 9)、(2, 8) 和其他一些對。乘積也是如此。

因此,我們又要回到問題的第一部分。需要一個可以使用的計算方法,使結果能唯一對應到所有潛在的失蹤數字。

也許有這樣的計算方法真的存在(用質數是可行的,但它無法守住常數時間),但是您的面試官可能不會期待您知道怎樣算。

還有什麼辦法呢?讓我們回到我們能做的事。我們可以得到 x + y,也可以得到 x * y。這兩種結果都給留下了一些答案的可能性,而且同時使用這兩種方法可以把答案縮小到特定的數字。

```
x + y = sum      -> y = sum - x
x * y = product -> x(sum - x) = product
                   x*sum - x² = product
                   x*sum - x² - product = 0
                   -x² + x*sum - product = 0
```

此時,我們可以應用二次公式來解出 x。一旦有了 x,就可以計算出 y。

實際上還有許多其他種計算可用。事實上，幾乎任何其他計算（除了「線性」計算）都可得到 x 和 y 的值。

所以讓我們捨棄 1 * 2 * … * n 的乘積，改用平方和：$1^2 + 2^2 + … + n^2$。這改變使得要不要使用 BigInteger 變得不那麼重要，因為程式碼只需要處理相對較小的 n 所衍生出來的值。我們可以和面試官討論這件事是否重要。

```
x + y = s          -> y = s - x
x² + y² = t        -> x² + (s-x)² = t
                      2x² - 2sx + s²-t = 0
```

請回憶一下二次公式：

```
x = [-b +- sqrt(b² - 4ac)] / 2a
```

對我們的範例來說：

```
a = 2
b = -2s
c = s²-t
```

現在實作就變得比較簡單了。

```
1   int[] missingTwo(int[] array) {
2     int max_value = array.length + 2;
3     int rem_square = squareSumToN(max_value, 2);
4     int rem_one = max_value * (max_value + 1) / 2;
5
6     for (int i = 0; i < array.length; i++) {
7       rem_square -= array[i] * array[i];
8       rem_one -= array[i];
9     }
10
11    return solveEquation(rem_one, rem_square);
12  }
13
14  int squareSumToN(int n, int power) {
15    int sum = 0;
16    for (int i = 1; i <= n; i++) {
17      sum += (int) Math.pow(i, power);
18    }
19    return sum;
20  }
21
22  int[] solveEquation(int r1, int r2) {
23    /* ax^2 + bx + c
24     * -->
25     * x = [-b +- sqrt(b^2 - 4ac)] / 2a
```

```
26      * 在這種情況下，它必須是a +而不是a - */
27     int a = 2;
28     int b = -2 * r1;
29     int c = r1 * r1 - r2;
30
31     double part1 = -1 * b;
32     double part2 = Math.sqrt(b*b - 4 * a * c);
33     double part3 = 2 * a;
34
35     int solutionX = (int) ((part1 + part2) / part3);
36     int solutionY = r1 - solutionX;
37
38     int[] solution = {solutionX, solutionY};
39     return solution;
40   }
```

您可能會注意到，二次公式通常會給出兩個答案（請參見公式中＋或-），但是在我們的程式碼中，我們只使用（+）結果，不去看（-）的答案。這又是為什麼呢？

第二個解的存在並不代表著其中一個是正確解，另一個是「假解」，它代表著 x 有兩個值可以正確滿足我們的方程式：$2x^2 - 2sx + (s^2-t) = 0$。

沒錯，真的有。那另一個到底是什麼？另一個值其實就是 y！

如果您不能馬上理解，請記得 x 和 y 是可以互換的。如果我們先解出 y 而不是 x，我們會得到一個相同的方程式：$2y^2 - 2sy + (s^2-t) = 0$。當然，y 可以滿足 x 的方程式，x 可以滿足 y 的方程式。它們有完全相同的方程式。因為 x 和 y 都是看起來像 $2[某物]^2 - 2s[某物] + s^2-t = 0$ 的方程式的解，那麼滿足這個方程式的另一個必須是 y。

還不相信嗎？好吧，我們可以算一下。假設我們取 x 的值：[-b - sqrt(b^2 - 4ac)] / 2a。那 y 會是什麼呢？

```
x + y = r₁
    y = r₁ - x
      = r₁ - [-b - sqrt(b² - 4ac)]/2a
      = [2a*r₁ + b + sqrt(b² - 4ac)]/2a
```

部分代入 a 和 b 的值，但保持方程式的其餘部分不變：

```
      = [2(2)*r₁ + (-2r₁) + sqrt(b² - 4ac)]/2a
      = [2r₁ + sqrt(b² - 4ac)]/2a
```

還記得 $b=-2r_1$ 吧。現在得到這個等式：

```
      = [-b + sqrt(b² - 4ac)]/2a
```

因此，如果使用 x = (part1 + part2) / part3，將得到 y 的值等於 (part1 - part2) / part3。

我們不關心哪個是 x 哪個是 y，所以可以用任意一個，最後的結果是一樣的。

17.20 連續中位數：有一些數值被隨機生成並傳遞給一個方法。請您撰寫一個程式，在生成新值時找出並維護中位數。

pg 248

解答

一種解決方案是使用兩個堆積：中位數以下的值使用最大堆積，中位數以上的值使用最小堆積。這將大致把元素分成兩半，中間的兩個元素會在兩個堆積的頂部。這使得求中值變得很簡單。

我們所說的「大致兩半」是什麼意思呢？「大致」代表著，如果有奇數個數值，其中一個堆積將會多一個元素。所以請注意以下事實：

- 如果 maxHeap.size() > minHeap.size()，則 maxHeap.top() 為中位數。

- 如果 maxHeap.size() == minHeap.size()，則中位數是 maxHeap.top() 和 minHeap.top() 的平均值。

透過重新平衡堆積的方法，將確保多出的那個元素將會被放置在 maxHeap 中。

演算法如下。當一個新值出現時，如果該值小於或等於中位數，則將其放置在 maxHeap 中，否則將其放置在 minHeap 中。堆積大小可以是一樣大，或者 maxHeap 多一個元素。透過將一個元素從一個堆積移動到另一個堆積，可以很容易地維護堆積的大小。因為只要查看頂部元素，所以可以在常數時間內得到中位數。更新則需要 O(log(n)) 的時間。

```
1   Comparator<Integer> maxHeapComparator, minHeapComparator;
2   PriorityQueue<Integer> maxHeap, minHeap;
3
4   void addNewNumber(int randomNumber) {
5     /* 注意：addNewNumber被用來維護條件：
6      * maxHeap.size() >= minHeap.size() */
7     if (maxHeap.size() == minHeap.size()) {
8       if ((minHeap.peek() != null) &&
9           randomNumber > minHeap.peek()) {
10          maxHeap.offer(minHeap.poll());
11          minHeap.offer(randomNumber);
12        } else {
```

```
13        maxHeap.offer(randomNumber);
14      }
15    } else {
16      if(randomNumber < maxHeap.peek()) {
17        minHeap.offer(maxHeap.poll());
18        maxHeap.offer(randomNumber);
19      }
20      else {
21        minHeap.offer(randomNumber);
22      }
23    }
24  }
25
26  double getMedian() {
27    /* maxHeap至少和minHeap一樣大。如果maxHeap是空的，
28     * 那麼minHeap也會是空的 */
29    if (maxHeap.isEmpty()) {
30      return 0;
31    }
32    if (maxHeap.size() == minHeap.size()) {
33      return ((double)minHeap.peek()+(double)maxHeap.peek()) / 2;
34    } else {
35      /* 如果maxHeap和minHeap的大小不同，那麼必定是maxHeap多一個元素，
36       * 回傳maxHeap的頂部的元素*/
37      return maxHeap.peek();
38    }
39  }
```

17.21 長條圖體積：請想像有一張長條圖（柱狀圖），如果有人把水倒在上面，請設計一個演算法來計算它能容納的水體積。您可以假設每個長條的寬度是 1。

範例

輸入：{0, 0, 4, 0, 0, 6, 0, 0, 3, 0, 5, 0, 1, 0, 0, 0}
　　　（黑色條是柱狀圖，灰色是水。）

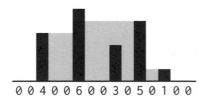

　　　0 0 4 0 0 6 0 0 3 0 5 0 1 0 0 0

輸出：26

pg 248

解答

這題有點難度,所以讓我們先做一個好的範例來幫助解題。

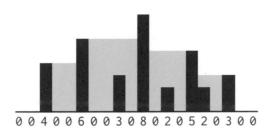

00400600308020520300

我們應該研究一下這個範例,看看能從中學到什麼。究竟是什麼決定了這些灰色區域的大小?

解決方案 #1

最高的長條體積為 8,這個長條扮演什麼角色呢?身為最高的長條,它的角色似乎很重要,但實際上如果那個長條的高度就算是 100 也不會造成影響,因為它不會影響水的體積。

最高的長條為它的左右兩邊形成了一個水的屏障,但是水的體積實際上是由左右兩邊的次高長條所控制的。

- **緊靠最高的長條左邊的水**:再往左邊的次長條的高度是 6。雖然我們可以用水填滿中間的區域,但是必須扣除最高和次高長條之間的每個長條的高度。這樣就求得了緊靠左邊的水體積:(6-0) + (6-0) + (6-3) + (6-0) = 21。

- **緊靠最高的長條右邊的水**:再往右邊的次高長條的高度是 5。我們現在可以把它的體積計算出來:(5-0) + (5-2) + (5-0) = 13。

但這只是總體積的其中一部分而已。

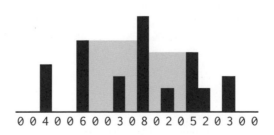

00400600308020520300

其餘的呢？

基本上，我們現在變成擁有兩個子圖，一個在左邊，一個在右邊。為了求得體積，我們必須重複做一個非常相似的流程。

1. 找到最大值（實際上，這是已知的。左子圖上最高的右側邊緣是 (6)，右子圖上最高的左側邊緣是 (5)）。

2. 在每個子圖中找到第二高的長條。在左子圖中，是 4。在右邊的子圖中，是 3。

3. 計算最高和第二高之間的水體積。

4. 在圖的邊緣做遞迴。

下面的程式碼實作了這個演算法。

```
1   int computeHistogramVolume(int[] histogram) {
2     int start = 0;
3     int end = histogram.length - 1;
4
5     int max = findIndexOfMax(histogram, start, end);
6     int leftVolume =  subgraphVolume(histogram, start, max, true);
7     int rightVolume = subgraphVolume(histogram, max, end, false);
8
9     return leftVolume + rightVolume;
10  }
11
12  /* 計算長條圖子圖的體積。最高的長條可能是start或end（取決於isLeft）。
13   * 然後找出第二高的長條，接著計算最高和第二高中間的體積。
14   * 然後再繼續計算子圖的體積 */
15  int subgraphVolume(int[] histogram, int start, int end, boolean isLeft) {
16    if (start >= end) return 0;
17    int sum = 0;
18    if (isLeft) {
19      int max = findIndexOfMax(histogram, start, end - 1);
20      sum += borderedVolume(histogram, max, end);
21      sum += subgraphVolume(histogram, start, max, isLeft);
22    } else {
23      int max = findIndexOfMax(histogram, start + 1, end);
24      sum += borderedVolume(histogram, start, max);
25      sum += subgraphVolume(histogram, max, end, isLeft);
26    }
27
28    return sum;
29  }
30
31  /* 在start和end之間找到最高的長條 */
32  int findIndexOfMax(int[] histogram, int start, int end) {
33    int indexOfMax = start;
```

```
34      for (int i = start + 1; i <= end; i++) {
35        if (histogram[i] > histogram[indexOfMax]) {
36          indexOfMax = i;
37        }
38      }
39      return indexOfMax;
40    }
41
42    /* 計算start和end之間的體積。假設最高的長條是start,
43     * 第二高的長條是end */
44    int borderedVolume(int[] histogram, int start, int end) {
45      if (start >= end) return 0;
46
47      int min = Math.min(histogram[start], histogram[end]);
48      int sum = 0;
49      for (int i = start + 1; i < end; i++) {
50        sum += min - histogram[i];
51      }
52      return sum;
53    }
```

在最壞的情況下,這個演算法需花費 $O(N^2)$ 的時間,其中 N 是長條圖中的長條數。這是因為我們必須反覆掃描長條圖來找到最大高度。

解決方案 #2(優化)

為了優化之前的演算法,讓我們思考一下導致之前演算法效率低下的確切原因是什麼。根本原因是老是不斷地呼叫 findIndexOfMax,這表示它是優化的重點。

我們應該注意的一件事是,傳遞到 findIndexOfMax 函式中的範圍並不是任意值。它實際上總是在求一個點到一條邊緣(無論是右側的邊緣還是左側的邊緣)間的最大值。有沒有一種更快的方法可以知道從一個點到每條邊緣的最大高度是多少呢?

沒錯,我們可以在 O(N) 時間內預先計算這個資訊。

只要對長條圖做兩次掃描(一次從右到左,另一次從左到右),我們可以建立一個表格,這個表格可以告訴我們,從任何索引 i 右邊的最大值的索引為何,以及左邊的最大值的位置為何。

索引：0 1 2 3 4 5 6 7 8 9

高度：3 1 4 0 0 6 0 3 0 2

左側最高索引：0 0 2 2 2 5 5 5 5 5

右側最高索引：5 5 5 5 5 5 7 7 9 9

演算法的其餘部分基本上以相同的方式進行。

雖然我們選擇使用 HistogramData 物件來儲存這些額外的資訊，但也可以使用二維陣列。

```
1   int computeHistogramVolume(int[] histogram) {
2      int start = 0;
3      int end = histogram.length - 1;
4
5      HistogramData[] data = createHistogramData(histogram);
6
7      int max = data[0].getRightMaxIndex(); // 取得全體最大值
8      int leftVolume =  subgraphVolume(data, start, max, true);
9      int rightVolume = subgraphVolume(data, max, end, false);
10
11     return leftVolume + rightVolume;
12  }
13
14  HistogramData[] createHistogramData(int[] histo) {
15     HistogramData[] histogram = new HistogramData[histo.length];
16     for (int i = 0; i < histo.length; i++) {
17        histogram[i] = new HistogramData(histo[i]);
18     }
19
20     /* 設定左邊最大索引 */
21     int maxIndex = 0;
22     for (int i = 0; i < histo.length; i++) {
23        if (histo[maxIndex] < histo[i]) {
24           maxIndex = i;
25        }
26        histogram[i].setLeftMaxIndex(maxIndex);
27     }
28
29     /* 設定右邊最大索引 */
30     maxIndex = histogram.length - 1;
```

```
31    for (int i = histogram.length - 1; i >= 0; i--) {
32      if (histo[maxIndex] < histo[i]) {
33        maxIndex = i;
34      }
35      histogram[i].setRightMaxIndex(maxIndex);
36    }
37
38    return histogram;
39  }
40
41  /* 計算長條圖子圖的體積。最高的長條可能是start或end（取決於isLeft）。
42   * 然後找出第二高的長條，接著計算最高和第二高中間的體積。
43   * 然後再繼續計算子圖的體積 */
44  int subgraphVolume(HistogramData[] histogram, int start, int end,
45                     boolean isLeft) {
46    if (start >= end) return 0;
47    int sum = 0;
48    if (isLeft) {
49      int max = histogram[end - 1].getLeftMaxIndex();
50      sum += borderedVolume(histogram, max, end);
51      sum += subgraphVolume(histogram, start, max, isLeft);
52    } else {
53      int max = histogram[start + 1].getRightMaxIndex();
54      sum += borderedVolume(histogram, start, max);
55      sum += subgraphVolume(histogram, max, end, isLeft);
56    }
57
58    return sum;
59  }
60
61  /* 計算start和end間的體積，
62   * 假設最高的兩個長條是在兩端 */
63  int borderedVolume(HistogramData[] data, int start, int end) {
64    if (start >= end) return 0;
65
66    int min = Math.min(data[start].getHeight(), data[end].getHeight());
67    int sum = 0;
68    for (int i = start + 1; i < end; i++) {
69      sum += min - data[i].getHeight();
70    }
71    return sum;
72  }
73
74  public class HistogramData {
75    private int height;
76    private int leftMaxIndex = -1;
77    private int rightMaxIndex = -1;
78
```

```
79    public HistogramData(int v) { height = v; }
80    public int getHeight() { return height; }
81    public int getLeftMaxIndex() { return leftMaxIndex; }
82    public void setLeftMaxIndex(int idx) { leftMaxIndex = idx; };
83    public int getRightMaxIndex() { return rightMaxIndex; }
84    public void setRightMaxIndex(int idx) { rightMaxIndex = idx; };
85  }
```

該演算法耗時 O(N)。礙於我們必須看過每一個長條,所以已無法做得比這更好。

解決方案 #3(優化簡化)

雖然無法在 Big O 的層級上提昇解答的速度,但我們可以簡化解答。我們再用一個例子來說明如何簡化演算法。

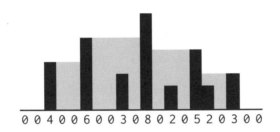

正如我們所看到的,特定區域的水的體積是由左邊和右邊的最高的長條決定的(具體來說,是由左邊的兩個最高的長條和右邊的兩個最高的長條中較短的一個決定的)。例如,水會填充高度為 6 的長條和高度為 8 的長條之間的區域,直到高度為 6 的長條為止。因為它是第二高的,所以決定了高度。

總水量是每個長條位置上方的水量,我們是否能有效率地計算出每個長條位置上方有多少水?

是的。在解決方案 #2 中,我們能夠預先計算每個索引左邊和右邊的最高長條的高度。這些值中的最小值將代表長條的「水位」。水位和這個長條位置的長條高度之間的差值就是水的體積。

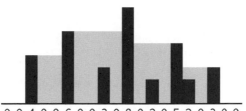

索引：0 0 4 0 0 6 0 0 3 0 8 0 2 0 5 2 0 3 0 0
高度：0 0 4 4 4 6 6 6 6 6 6 8 8 8 8 8 8 8 8 8
左側最大值：8 8 8 8 8 8 8 8 8 8 8 5 5 5 5 3 3 3 0 0
右側最大值：0 0 4 4 4 6 6 6 6 6 8 5 5 5 5 3 3 3 0 0
差值：0 0 0 4 4 0 6 6 3 6 0 5 3 5 0 1 3 0 0 0

我們的演算法現在只需要執行幾個簡單的步驟即可：

1.　從左到右掃描，追蹤您看到的最大高度，並設定左邊最大值。

2.　從右向左掃描，追蹤您看到的最大高度，並設定右邊最大值。

3.　掃過整張長條圖，計算每個索引的左最大值和右最大值之間的最小值。

4.　掃過整張長條圖，計算每個最小值和長條位置之間的差值，然後把差值加總。

在實際實作中，我們不需要儲存這麼多資料。步驟 2、3 和 4 可以合併到同一次掃描中。首先，在一次掃描中計算左邊最大值。然後再相反方向掃描，追蹤右邊的最大值。在每個元素上，計算左邊最大值和右邊最大值之間的最小值，然後計算其與長條高度之間的差值（「兩個最大值中的最小值」），並把差值加總。

```
1    /* 逐一看過每個長條位置，計算它上方的水的體積。
2     * 一個長條位置上水的體積 =
3     *    hight - min(左邊最高的長條，右邊最高的長條)
4     *    [上式為正時]
5     * 在第一次掃描時計算左邊最大值，然後再次掃描來計算右邊最大值、
6     * 最小的長條高度和差值 */
7    int computeHistogramVolume(int[] histo) {
8      /* 左邊的最大值 */
9      int[] leftMaxes = new int[histo.length];
10     int leftMax = histo[0];
11     for (int i = 0; i < histo.length; i++) {
12       leftMax = Math.max(leftMax, histo[i]);
13       leftMaxes[i] = leftMax;
14     }
15
16     int sum = 0;
17
18     /* 右邊的最大值 */
```

```
19      int rightMax = histo[histo.length - 1];
20      for (int i = histo.length - 1; i >= 0; i--) {
21          rightMax = Math.max(rightMax, histo[i]);
22          int secondTallest = Math.min(rightMax, leftMaxes[i]);
23
24          /* 如果左邊和右邊有更高的長條的話，那麼在這個長條上面就有水，
25           * 計算其體積並把它們加總 */
26          if (secondTallest > histo[i]) {
27              sum += secondTallest - histo[i];
28          }
29      }
30
31      return sum;
32  }
```

是的，整個程式碼就只有這麼多！雖然它仍然要花費 O(N) 時間，但是閱讀撰寫變得簡單得多。

17.22 單詞轉換器：給定字典中兩個長度相等的單詞，撰寫一個每次只改變一個字母的方法將一個單詞轉換成另一個單詞。您在每一步中得到的新單詞都必須在字典裡存在。

範例

輸入：DAMP, LIKE

輸出：DAMP -> LAMP -> LIMP -> LIME -> LIKE

pg 249

解答

讓我們先從一個簡單的解決方案開始，然後逐步找出一個更優的解決方案。

暴力法

解決這個問題的一種方法，是用所有可能的方式轉換單詞（當然，在每一步都必須檢查每個單詞是否為有效的單詞），然後看看我們是否能得到最終的單詞。

例如，單詞 bold 可被轉換成：

- <u>a</u>old, <u>b</u>old, ..., <u>z</u>old

- b<u>a</u>ld, b<u>b</u>ld, ..., b<u>z</u>ld

- bo<u>a</u>d, bo<u>b</u>d, ..., bo<u>z</u>d

- bol<u>a</u>, bol<u>b</u>, ..., bol<u>z</u>

如果字串不是一個有效的單詞，或者這個單詞已經出現過了，那麼我們將終止這條路（而不是繼續這個路徑）。

這本質上是深度優先的搜尋，如果兩個單詞之間只差一個編輯距離，那麼它們之間就存在一個「邊」。這個演算法找出來的不是最短路徑，它只能找到一條可行的路。

如果我們想要找出最短路徑，那麼就應該要使用廣度優先搜尋。

```
1   LinkedList<String> transform(String start, String stop, String[] words) {
2       HashSet<String> dict = setupDictionary(words);
3       HashSet<String> visited = new HashSet<String>();
4       return transform(visited, start, stop, dict);
5   }
6
7   HashSet<String> setupDictionary(String[] words) {
8       HashSet<String> hash = new HashSet<String>();
9       for (String word : words) {
10          hash.add(word.toLowerCase());
11      }
12      return hash;
13  }
14
15  LinkedList<String> transform(HashSet<String> visited, String startWord,
16                              String stopWord, Set<String> dictionary) {
17      if (startWord.equals(stopWord)) {
18          LinkedList<String> path = new LinkedList<String>();
19          path.add(startWord);
20          return path;
21      } else if (visited.contains(startWord) || !dictionary.contains(startWord)) {
22          return null;
23      }
24
25      visited.add(startWord);
26      ArrayList<String> words = wordsOneAway(startWord);
27
28      for (String word : words) {
29          LinkedList<String> path = transform(visited, word, stopWord, dictionary);
30          if (path != null) {
31              path.addFirst(startWord);
32              return path;
33          }
34      }
35
36      return null;
37  }
38
39  ArrayList<String> wordsOneAway(String word) {
40      ArrayList<String> words = new ArrayList<String>();
```

```
41    for (int i = 0; i < word.length(); i++) {
42      for (char c = 'a'; c <= 'z'; c++) {
43        String w = word.substring(0, i) + c + word.substring(i + 1);
44        words.add(w);
45      }
46    }
47    return words;
48  }
```

這個演算法效率不好的主要原因是，它要找出所有距離一個編輯距離的字串。它現在做的是找出所有一個編輯距離的字串，再消除無效的字串。

但我們只想要繼續處理那些有效的字串。

優化過的解決方案

為了只存取有效的單詞，顯然需要一種方法，將每個單詞轉換成由所有有效的相關單詞所組成的串列。

是什麼讓兩個詞「相關」（一個編輯距離）？如果除一個字元外所有字元都相同，就代表一個編輯距離。例如，ball 和 bill 只需要編輯一次，因為它們都擁有 b_ll 的格式。因此，一種方法是將所有看起來像 b_ll 的單詞集合在一起。

我們可以透過把整個字典建立成映射關係，一個從「萬用字元單詞」（如 b_ll）映射到符合此格式所有單字的串列。例如，假設我們有一個非常小的字典 {all, ill, ail, ape, ale}，映射的情況可能會如下：

```
_il -> ail
_le -> ale
_ll -> all, ill
_pe -> ape
a_e -> ape, ale
a_l -> all, ail
i_l -> ill
ai_ -> ail
al_ -> all, ale
ap_ -> ape
il_ -> ill
```

現在，當我們想知道與單詞 ale 只差一個編輯距離的單詞時，就可以在雜湊表中搜尋 _le、a_e 和 al_。

演算法其他部份本質上是相同的。

```
1   LinkedList<String> transform(String start, String stop, String[] words) {
2     HashMapList<String, String> wildcardToWordList = createWildcardToWordMap(words);
3     HashSet<String> visited = new HashSet<String>();
4     return transform(visited, start, stop, wildcardToWordList);
5   }
6
7   /* 深度優先搜尋從startWord到stopWord的路徑,
8    * 迭代每一個編輯距離的單詞 */
9   LinkedList<String> transform(HashSet<String> visited, String start, String stop,
10                         HashMapList<String, String> wildcardToWordList) {
11    if (start.equals(stop)) {
12      LinkedList<String> path = new LinkedList<String>();
13      path.add(start);
14      return path;
15    } else if (visited.contains(start)) {
16      return null;
17    }
18
19    visited.add(start);
20    ArrayList<String> words = getValidLinkedWords(start, wildcardToWordList);
21
22    for (String word : words) {
23      LinkedList<String> path = transform(visited, word, stop, wildcardToWordList);
24      if (path != null) {
25        path.addFirst(start);
26        return path;
27      }
28    }
29
30    return null;
31  }
32
33  /* 將字典中的單詞插入到萬用字元形式 -> 單詞的映射中 */
34  HashMapList<String, String> createWildcardToWordMap(String[] words) {
35    HashMapList<String, String> wildcardToWords = new HashMapList<String, String>();
36    for (String word : words) {
37      ArrayList<String> linked = getWildcardRoots(word);
38      for (String linkedWord : linked) {
39        wildcardToWords.put(linkedWord, word);
40      }
41    }
42    return wildcardToWords;
43  }
44
45  /* 取得與單詞關聯的萬用字元串列 */
46  ArrayList<String> getWildcardRoots(String w) {
47    ArrayList<String> words = new ArrayList<String>();
```

```
48      for (int i = 0; i < w.length(); i++) {
49        String word = w.substring(0, i) + "_" + w.substring(i + 1);
50        words.add(word);
51      }
52      return words;
53    }
54
55    /* 回傳一個編輯距離的單詞 */
56    ArrayList<String> getValidLinkedWords(String word,
57        HashMapList<String, String> wildcardToWords) {
58      ArrayList<String> wildcards = getWildcardRoots(word);
59      ArrayList<String> linkedWords = new ArrayList<String>();
60      for (String wildcard : wildcards) {
61        ArrayList<String> words = wildcardToWords.get(wildcard);
62        for (String linkedWord : words) {
63          if (!linkedWord.equals(word)) {
64            linkedWords.add(linkedWord);
65          }
66        }
67      }
68      return linkedWords;
69    }
70
71    /* HashMapList<String, String>是一個HashMap，它從字串映射到
72     * ArrayList<String>，具體實作請見附錄 */
```

這個解決方案是可行的，但我們仍然可以使它更快。

一種優化是從深度優先搜尋轉換到廣度優先搜尋。如果只有 0 條或 1 條路徑，則兩種演算法的速度相等。但是，如果有多個路徑，廣度優先搜尋能執行得更快。

廣度優先搜尋搜尋兩個節點之間的最短路徑，而深度優先搜尋則是搜尋任意路徑。這代表著即使兩個節點之間的實際距離非常靠近，深度優先搜尋也可能需要很長時間才能找到一個可行連接路徑。

最優解

如前所述，我們可以使用廣度優先搜尋來優化它。但這是我們能做到的最快速度嗎？不是。

假設兩個節點之間的路徑長度為 4。透過廣度優先搜尋，我們將存取大約 15^4 個節點才能找到它。

廣度優先搜尋開枝散葉的速度非常快。

相反地，如果我們同時從開始節點和目標節點做搜尋呢？在這種情況下，廣度優先的搜尋將在大約搜尋完兩層後發生碰撞。

- 從開始節點開始訪問的節點：15^2

- 從目標節點開始訪問的節點：15^2

- 節點總數：15^2+15^2

這個成果比傳統的廣度優先搜尋要好得多。

我們將需要追蹤經過的所有節點路徑。

為了實作這種方法，我們要使用了一個額外的類別 **BFSData**。**BFSData** 幫助我們讓程式碼更清淅，並讓我們在同步做兩節點的廣度優先搜尋時，維持相似的架構。如果不用它的話，就必須一直傳遞一堆獨立的變數。

```
1   LinkedList<String> transform(String startWord, String stopWord, String[] words) {
2      HashMapList<String, String> wildcardToWordList = getWildcardToWordList(words);
3
4      BFSData sourceData = new BFSData(startWord);
5      BFSData destData = new BFSData(stopWord);
6
7      while (!sourceData.isFinished() && !destData.isFinished()) {
8         /* 從開始節點開始搜尋 */
9         String collision = searchLevel(wildcardToWordList, sourceData, destData);
10        if (collision != null) {
11           return mergePaths(sourceData, destData, collision);
12        }
13
14        /* 從目的節點開始搜尋 */
15        collision = searchLevel(wildcardToWordList, destData, sourceData);
16        if (collision != null) {
17           return mergePaths(sourceData, destData, collision);
18        }
19     }
20
21     return null;
22  }
23
24  /* 搜尋一個層級，如果有衝突，回傳衝突 */
25  String searchLevel(HashMapList<String, String> wildcardToWordList,
26                     BFSData primary, BFSData secondary) {
27     /* 我們一次只想搜尋一個層級。計算目前層級有多少節點，
28      * 而且只處理這麼多節點。
29      * 我們將持續在尾端加入節點 */
30     int count = primary.toVisit.size();
```

```
31    for (int i = 0; i < count; i++) {
32      /* 取出第一個節點 */
33      PathNode pathNode = primary.toVisit.poll();
34      String word = pathNode.getWord();
35
36      /* 檢查它是否已經被存取過 */
37      if (secondary.visited.containsKey(word)) {
38        return pathNode.getWord();
39      }
40
41      /* 將朋友加入到佇列中 */
42      ArrayList<String> words = getValidLinkedWords(word, wildcardToWordList);
43      for (String w : words) {
44        if (!primary.visited.containsKey(w)) {
45          PathNode next = new PathNode(w, pathNode);
46          primary.visited.put(w, next);
47          primary.toVisit.add(next);
48        }
49      }
50    }
51    return null;
52  }
53
54  LinkedList<String> mergePaths(BFSData bfs1, BFSData bfs2, String connection) {
55    PathNode end1 = bfs1.visited.get(connection); // end1 -> source
56    PathNode end2 = bfs2.visited.get(connection); // end2 -> dest
57    LinkedList<String> pathOne = end1.collapse(false); // 前進
58    LinkedList<String> pathTwo = end2.collapse(true); // 回頭
59    pathTwo.removeFirst(); // 移除連結
60    pathOne.addAll(pathTwo); // 加入第二條路徑
61    return pathOne;
62  }
63
64  /* Methods getWildcardRoots、getWildcardToWordList和getValidLinkedWords方法
65   * 與前面的解決方案相同 */
66
67  public class BFSData {
68    public Queue<PathNode> toVisit = new LinkedList<PathNode>();
69    public HashMap<String, PathNode> visited = new HashMap<String, PathNode>();
70
71    public BFSData(String root) {
72      PathNode sourcePath = new PathNode(root, null);
73      toVisit.add(sourcePath);
74      visited.put(root, sourcePath);
75    }
76
77    public boolean isFinished() {
78      return toVisit.isEmpty();
```

```
79      }
80  }
81
82  public class PathNode {
83      private String word = null;
84      private PathNode previousNode = null;
85      public PathNode(String word, PathNode previous) {
86          this.word = word;
87          previousNode = previous;
88      }
89
90      public String getWord() {
91          return word;
92      }
93
94      /* 迭代路徑並回傳由節點組成的鏈結串列 */
95      public LinkedList<String> collapse(boolean startsWithRoot) {
96          LinkedList<String> path = new LinkedList<String>();
97          PathNode node = this;
98          while (node != null) {
99              if (startsWithRoot) {
100                 path.addLast(node.word);
101             } else {
102                 path.addFirst(node.word);
103             }
104             node = node.previousNode;
105         }
106         return path;
107     }
108 }
109
110 /* HashMapList<String, Integer>是一個HashMap，從字串映射到
111  * ArrayList<Integer>，具體實作見附錄 */
```

這個演算法的執行時間有點難以描述，因為它會受選用的語言，以及實際的開始和目標單詞所影響。一種表達執行時間方式是，如果每個單詞的一個編輯距離的單詞有 E 個，開始和目標距離為 D，那麼執行時間為 $O(E^{(D/2)})$，這就是兩個廣度優先搜尋各別的工作量。

當然，在面試中實作這麼大量的程式碼是不可能的。實際上來說，可能會遺漏很多細節。您可能只會撰寫 transform 和 searchLevel 的骨架程式碼，然後跳過其他部分。

17.23 最大黑方塊：假設您有一個方形矩陣，其中每個單元（像素）不是黑色就是白色，請設計一個演算法來找到四個邊框都被黑色像素填充的最大子正方形。

pg 249

解答

和許多問題一樣，解決這個問題有簡單的方法和困難的方法，兩種方法我們都會講。

「簡單」的解決方案：O(N⁴)

我們知道可能的最大正方形的長度是 N，大小為 NxN 的正方形只會有一個。我們可以很容易地檢查那個正方形，如果符合條件就回傳。

如果大小為 NxN 的正方形不符合條件，可以嘗試下一個可能的最大正方形：(N-1) x (N-1)。我們將迭代所有這個大小的正方形並回傳第一個符合條件的正方形，然後對 N-2、N-3 做同樣的處理。由於我們從大到小搜尋正方形，所以最先找到的正方形就是最大的。

程式碼如下：

```
1   Subsquare findSquare(int[][] matrix) {
2      for (int i = matrix.length; i >= 1; i--) {
3         Subsquare square = findSquareWithSize(matrix, i);
4         if (square != null) return square;
5      }
6      return null;
7   }
8
9   Subsquare findSquareWithSize(int[][] matrix, int squareSize) {
10     /* 在長度為N的邊上，有(N - sz + 1)個長度為sz的正方形 */
11     int count = matrix.length - squareSize + 1;
12
13     /* 迭代所有邊長為squareSize的正方形 */
14     for (int row = 0; row < count; row++) {
15        for (int col = 0; col < count; col++) {
16           if (isSquare(matrix, row, col, squareSize)) {
17              return new Subsquare(row, col, squareSize);
18           }
19        }
20     }
21     return null;
22  }
23
24  boolean isSquare(int[][] matrix, int row, int col, int size) {
25     // 檢查上下邊界
26     for (int j = 0; j < size; j++){
```

```
27        if (matrix[row][col+j] == 1) {
28            return false;
29        }
30        if (matrix[row+size-1][col+j] == 1){
31            return false;
32        }
33    }
34
35    // 檢查左右邊界
36    for (int i = 1; i < size - 1; i++){
37        if (matrix[row+i][col] == 1){
38            return false;
39        }
40        if (matrix[row+i][col+size-1] == 1) {
41            return false;
42        }
43    }
44    return true;
45 }
```

預處理解決方案：O(N³)

前一個「簡單」解決方案之所以緩慢，很大程度上是因為每次想要檢查一個可能的正方形時，都必須做 O(N) 的工作。透過預處理，可以將 isSquare 的時間縮短到 O(1)。所以，整個演算法的時間減少為 O(N³)。

如果我們分析 isSquare 的功能，就會發現它只需要知道特定儲存格的右側和下方的格子的 squareSize 是否為零。所以，我們可以直接用迭代的方式預先計算這些資料。

我們從右到左，從下到上進行迭代。對於每個格子，我們要做以下計算：

```
if A[r][c] is white, zeros right and zeros below are 0
else A[r][c].zerosRight = A[r][c + 1].zerosRight + 1
     A[r][c].zerosBelow = A[r + 1][c].zerosBelow + 1
```

下面是一個用來示範這些值的矩陣。

（右 0，下 0）

0,0	1,3	0,0
2,2	1,2	0,0
2,1	1,1	0,0

原始矩陣

W	B	W
B	B	W
B	B	W

現在，isSquare 方法不需要迭代 O(N) 個元素，只需檢查角落格子的 zerosRight 和
zerosBelow 即可。

這個演算法的程式碼如下。請注意，findSquare 和 findSquareWithSize 是等效的，差
異在呼叫 processMatrix，以及呼叫後處理一種新的資料類型。

```
1   public class SquareCell {
2       public int zerosRight = 0;
3       public int zerosBelow = 0;
4       /* 宣告介面方法（getter、setter） */
5   }
6
7   Subsquare findSquare(int[][] matrix) {
8       SquareCell[][] processed = processSquare(matrix);
9       for (int i = matrix.length; i >= 1; i--) {
10          Subsquare square = findSquareWithSize(processed, i);
11          if (square != null) return square;
12      }
13      return null;
14  }
15
16  Subsquare findSquareWithSize(SquareCell[][] processed, int size) {
17      /* 和第一個演算法相同*/
18  }
19
20  boolean isSquare(SquareCell[][] matrix, int row, int col, int sz) {
21      SquareCell topLeft = matrix[row][col];
22      SquareCell topRight = matrix[row][col + sz - 1];
23      SquareCell bottomLeft = matrix[row + sz - 1][col];
24
25      /* 分別檢查上、左、右和下邊緣 */
26      if (topLeft.zerosRight < sz || topLeft.zerosBelow < sz ||
27          topRight.zerosBelow < sz || bottomLeft.zerosRight < sz) {
28          return false;
29      }
30      return true;
31  }
32
33  SquareCell[][] processSquare(int[][] matrix) {
34      SquareCell[][] processed =
35          new SquareCell[matrix.length][matrix.length];
36
37      for (int r = matrix.length - 1; r >= 0; r--) {
38          for (int c = matrix.length - 1; c >= 0; c--) {
39              int rightZeros = 0;
40              int belowZeros = 0;
41              // 只需要處理黑色儲存格
```

```
42          if (matrix[r][c] == 0) {
43             rightZeros++;
44             belowZeros++;
45             // 下一欄在同一列
46             if (c + 1 < matrix.length) {
47                SquareCell previous = processed[r][c + 1];
48                rightZeros += previous.zerosRight;
49             }
50             if (r + 1 < matrix.length) {
51                SquareCell previous = processed[r + 1][c];
52                belowZeros += previous.zerosBelow;
53             }
54          }
55          processed[r][c] = new SquareCell(rightZeros, belowZeros);
56       }
57    }
58    return processed;
59 }
```

17.24 最大子矩陣： 給定一個由正整數和負整數組成的 NxN 矩陣，請撰寫程式碼找出加總值最大的子矩陣。

pg 249

解答

這個問題有各式各樣的解決方法。我們將從暴力法開始，然後再逐漸優化解決方案。

暴力法：O(N⁶)

像許多「取最大值」問題一樣，這個問題有一個簡單的暴力法解決方案。暴力法單純迭代所有可能的子矩陣，計算其和，並找到裡面最大的。

要迭代所有可能的子矩陣（不重複），只需依序抓對迭代所有列，然後再抓對迭代所有欄。

這個解的時間複雜度是 O(N⁶)，因為我們要迭代過 O(N⁴) 個子矩陣，而且需要 O(N²) 時間來計算每個子矩陣的面積。

```
1  SubMatrix getMaxMatrix(int[][] matrix) {
2     int rowCount = matrix.length;
3     int columnCount = matrix[0].length;
4     SubMatrix best = null;
5     for (int row1 = 0; row1 < rowCount; row1++) {
6        for (int row2 = row1; row2 < rowCount; row2++) {
7           for (int col1 = 0; col1 < columnCount; col1++) {
```

```
8            for (int col2 = col1; col2 < columnCount; col2++) {
9               int sum = sum(matrix, row1, col1, row2, col2);
10              if (best == null || best.getSum() < sum) {
11                 best = new SubMatrix(row1, col1, row2, col2, sum);
12              }
13           }
14        }
15      }
16   }
17   return best;
18 }
19
20 int sum(int[][] matrix, int row1, int col1, int row2, int col2) {
21   int sum = 0;
22   for (int r = row1; r <= row2; r++) {
23      for (int c = col1; c <= col2; c++) {
24         sum += matrix[r][c];
25      }
26   }
27   return sum;
28 }
29
30 public class SubMatrix {
31   private int row1, row2, col1, col2, sum;
32   public SubMatrix(int r1, int c1, int r2, int c2, int sm) {
33      row1 = r1;
34      col1 = c1;
35      row2 = r2;
36      col2 = c2;
37      sum = sm;
38   }
39
40   public int getSum() {
41      return sum;
42   }
43 }
```

將 sum 程式碼獨立寫在一個函式中是一個很好的實作,因為與其他程式碼相比,它是相當不同的程式碼。

動態規劃解決方案:O(N⁴)

請注意,上一個的解決方案由於乘上了 O(N²) 而變得更慢,而付出 O(N²) 的時間只是因為計算矩陣的和非常慢。那麼,我們可以縮短計算面積的時間嗎?是的!事實上,我們可以將計算時間減少到 O(1)。

假設有下面的矩形：

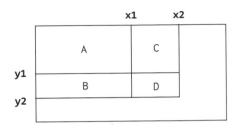

假設我們已知以下值：

```
ValD = area(point(0, 0) -> point(x2, y2))
ValC = area(point(0, 0) -> point(x2, y1))
ValB = area(point(0, 0) -> point(x1, y2))
ValA = area(point(0, 0) -> point(x1, y1))
```

每個 Val* 都是從原點開始，到子矩形的右下角結束。

根據這些值，我們知道以下內容：

```
area(D) = ValD - area(A union C) - area(A union B) + area(A)
```

或者，換一種寫法：

```
area(D) = ValD - ValB - ValC + ValA
```

我們可以使用類似以下的邏輯有效率地計算矩陣中的所有點：

```
Val(x, y) = Val(x-1, y) + Val(y-1, x) - Val(x-1, y-1) + M[x][y]
```

可以預先計算所有這些值，然後有效率地找到最大子矩陣。

下面的程式碼實作了這個演算法。

```
1   SubMatrix getMaxMatrix(int[][] matrix) {
2      SubMatrix best = null;
3      int rowCount = matrix.length;
4      int columnCount = matrix[0].length;
5      int[][] sumThrough = precomputeSums(matrix);
6
7      for (int row1 = 0; row1 < rowCount; row1++) {
8         for (int row2 = row1; row2 < rowCount; row2++) {
9            for (int col1 = 0; col1 < columnCount; col1++) {
10               for (int col2 = col1; col2 < columnCount; col2++) {
11                  int sum = sum(sumThrough, row1, col1, row2, col2);
12                  if (best == null || best.getSum() < sum) {
13                     best = new SubMatrix(row1, col1, row2, col2, sum);
```

```
14                      }
15                  }
16              }
17          }
18      }
19      return best;
20  }
21
22  int[][] precomputeSums(int[][] matrix) {
23      int[][] sumThrough = new int[matrix.length][matrix[0].length];
24      for (int r = 0; r < matrix.length; r++) {
25          for (int c = 0; c < matrix[0].length; c++) {
26              int left = c > 0 ? sumThrough[r][c - 1] : 0;
27              int top = r > 0 ? sumThrough[r - 1][c] : 0;
28              int overlap = r > 0 && c > 0 ? sumThrough[r-1][c-1] : 0;
29              sumThrough[r][c] = left + top - overlap + matrix[r][c];
30          }
31      }
32      return sumThrough;
33  }
34
35  int sum(int[][] sumThrough, int r1, int c1, int r2, int c2) {
36      int topAndLeft = r1 > 0 && c1 > 0 ? sumThrough[r1-1][c1-1] : 0;
37      int left = c1 > 0 ? sumThrough[r2][c1 - 1] : 0;
38      int top = r1 > 0 ? sumThrough[r1 - 1][c2] : 0;
39      int full = sumThrough[r2][c2];
40      return full - left - top + topAndLeft;
41  }
```

這個演算法花費 $O(N^4)$ 的時間,因為它迭代了每一對列和每一對欄。

優化解決方案:$O(N^3)$

信不信由您,還有一個更優的解決方案。如果我們有 R 列和 C 欄,我們可以在 $O(R^2 C)$ 時間內得到解答。

請回憶一下找到最大子陣列問題:「給定一個整數陣列,請找到加總值最大的子陣列。」在當時的解決方案中,我們可以在 $O(N)$ 時間內找到最大的子陣列。我們將利用這個解決方案來做優化。

每個子矩陣都可以由一個連續的列序列和一個連續的欄序列來表示。如果必須迭代每一個連續的列序列,那麼我們只需要找到哪些欄擁有最大的和即可。那就是:

```
1   maxSum = 0
2   foreach rowStart in rows
3     foreach rowEnd in rows
4         /* 我們有很多可能的子矩陣,其矩陣以rowStart為頂邊,
```

```
5        * rowEnd為底邊，要找到和為最大的
6        * colStart和colEnd為何 */
7       maxSum = max(runningMaxSum, maxSum)
8    return maxSum
```

現在的問題是，我們如何有效率地找到「最佳」colStart 和 colEnd？

請想像有一個範例子矩陣如下：

rowStart

9	-8	1	3	-2
-3	7	6	-2	4
6	-4	-4	8	-7
12	-5	3	9	-5

rowEnd

對於給定的一組 rowStart 和 rowEnd，我們想要找到能給出最大和的 colStart 和 colEnd。為此，我們可以對每一欄求和，然後套用在開始解這個問題時說到過的 maximumSubArray 函式。

以上面的範例來說，最大子陣列是第一到第四欄。這代表著最大的子矩陣是從 (rowStart, 第一欄) 到 (rowEnd, 第四欄)。

所以現在我們可以將虛擬碼寫成像下面這樣。

```
1    maxSum = 0
2    foreach rowStart in rows
3      foreach rowEnd in rows
4        foreach col in columns
5          partialSum[col] = sum of matrix[rowStart, col] through matrix[rowEnd, col]
6        runningMaxSum = maxSubArray(partialSum)
7        maxSum = max(runningMaxSum, maxSum)
8    return maxSum
```

計算第 5 行和第 6 行的總和需要花費 R*C 的時間（因為它必須迭代 rowStart 和 rowEnd），所以我們的時間複雜度為 $O(R^3C)$，不過我們還沒做完。

在第 5 行和第 6 行中，我們基本上會從頭加總 a[0]...a[i]，即使在外層 for 迴圈的前一次迭代中，我們已經加總過 a[0]...a[i-1] 也一樣，現在讓我們捨棄這種重複的工作吧。

```
1   maxSum = 0
2   foreach rowStart in rows
3     clear array partialSum
4     foreach rowEnd in rows
5       foreach col in columns
6         partialSum[col] += matrix[rowEnd, col]
7       runningMaxSum = maxSubArray(partialSum)
8     maxSum = max(runningMaxSum, maxSum)
9   return maxSum
```

我們的完整程式碼是這樣的：

```
1   SubMatrix getMaxMatrix(int[][] matrix) {
2      int rowCount = matrix.length;
3      int colCount = matrix[0].length;
4      SubMatrix best = null;
5
6      for (int rowStart = 0; rowStart < rowCount; rowStart++) {
7         int[] partialSum = new int[colCount];
8
9         for (int rowEnd = rowStart; rowEnd < rowCount; rowEnd++) {
10           /* 在rowEnd列加總值 */
11           for (int i = 0; i < colCount; i++) {
12              partialSum[i] += matrix[rowEnd][i];
13           }
14
15           Range bestRange = maxSubArray(partialSum, colCount);
16           if (best == null || best.getSum() < bestRange.sum) {
17              best = new SubMatrix(rowStart, bestRange.start, rowEnd,
18                                   bestRange.end, bestRange.sum);
19           }
20        }
21     }
22     return best;
23  }
24
25  Range maxSubArray(int[] array, int N) {
26     Range best = null;
27     int start = 0;
28     int sum = 0;
29
30     for (int i = 0; i < N; i++) {
31        sum += array[i];
32        if (best == null || sum > best.sum) {
33           best = new Range(start, i, sum);
34        }
35
36        /* 如果running_sum < 0，則沒有必要繼續加總該數列。將它設為0 */
37        if (sum < 0) {
38           start = i + 1;
```

```
39           sum = 0;
40         }
41      }
42      return best;
43    }
44
45    public class Range {
46      public int start, end, sum;
47      public Range(int start, int end, int sum) {
48         this.start = start;
49         this.end = end;
50         this.sum = sum;
51      }
52    }
```

這是一個極其複雜的問題。如果沒有面試官的幫助，您是不可能在面試中解決所有問題的。

17.25 單詞矩形：給定一個包含數百萬個單詞的串列，請設計一個演算法來建立盡可能大的字母矩形，字母矩形中每一列都是一個單詞（從左到右讀），每一欄也是一個單詞（從上到下讀）。您不需要照順序從串列中選擇單詞，但是所有的列必須具有相同的長度，所有的欄必須具有相同的高度。

pg 249

解答

許多和字典有關的問題都可以透過一些預處理來解題。那麼，我們可以在哪裡進行預處理呢？

如果要建立一個由單詞組成的矩形，我們知道每一列的長度必須相同，每一欄的長度也必須相同。所以，讓我們根據單詞的大小來分組。我們稱這個分組為 D，其中 D[i] 包含長度為 i 的單字串列。

接下來，有鑑於我們要尋找的是最大的矩形。有可能做出的最大的矩形是什麼？是 length(longest Word)^2，即最長單詞長度的平方。

```
1    int maxRectangle = longestWord * longestWord;
2    for z = maxRectangle to 1 {
3      for each pair of numbers (i, j) where i*j = z {
4         /* 嘗試做出矩形，如果成功就回傳 */
5      }
6    }
```

因為我們是從可能的最大矩形迭代到最小矩形，所以找到的第一個有效矩形就將會是最大矩形。

現在要來做困難的部分：makeRectangle(int l, int h)。該方法用來試圖建立一個長度為 l 且高度為 h 的單詞矩形。

一種方法是（照順序）迭代所有由 h 個單詞所組成的集合，然後檢查那些欄是否也是有效的單詞。這個想法是可行的，但效率很低。

假設我們要建立一個 6x5 的矩形，前幾列是：

```
there
queen
pizza
.....
```

此時，我們知道第一列是以 tqp 作為開始。我們知道（或者應該知道）字典裡不會有一個單詞是以 tqp 開頭的。當知道最終將無法建立有效的矩形時，何苦還要繼續建立矩形的工作呢？

這讓我們找到了一個更優的解決方案。我們可以建立一個線索樹簡化在字典中搜尋單詞開頭的動作。然後，當我們逐行建立矩形時，檢查這些欄是否都是有效的開頭。否則，立即判定建立失敗，而不是繼續嘗試建立這個矩形。

下面的程式碼實作了這個演算法。它很長，很複雜，所以我們將一步一步地研究它。

首先，我們做一些預處理來將單詞依長度分組。要先建立一個由線索樹組成的陣列（每個單詞長度對應一個線索樹），但會在稍後需要時才真的去建立線索樹。

```
1   WordGroup[] groupList = WordGroup.createWordGroups(list);
2   int maxWordLength = groupList.length;
3   Trie trieList[] = new Trie[maxWordLength];
```

maxRectangle 方法是我們程式碼的「主要」部分。它從最大可能的矩形區域（即 maxWordLength^2）開始，並嘗試建立該大小的矩形。如果失敗了，它會把範圍減去一個單位，然後嘗試下一個新的、更小的尺寸。第一個可以成功建立的矩形保證一定是最大的。

```
1   Rectangle maxRectangle() {
2      int maxSize = maxWordLength * maxWordLength;
3      for (int z = maxSize; z > 0; z--) { // 從最大的區域開始
4         for (int i = 1; i <= maxWordLength; i ++ ) {
5            if (z % i == 0) {
6               int j = z / i;
7               if (j <= maxWordLength) {
8                  /* 建立長度為i和高度為j的矩形。請注意i * j = z */
9                  Rectangle rectangle = makeRectangle(i, j);
```

```
10              if (rectangle != null) return rectangle;
11          }
12        }
13      }
14    }
15    return null;
16 }
```

maxRectangle 會呼叫 makeRectangle 方法，並嘗試建立一個特定長度和高度的矩形。

```
1  Rectangle makeRectangle(int length, int height) {
2    if (groupList[length-1] == null || groupList[height-1] == null) {
3      return null;
4    }
5
6    /* 若此長度的線索樹不存在則建構該線索樹 */
7    if (trieList[height - 1] == null) {
8      LinkedList<String> words = groupList[height - 1].getWords();
9      trieList[height - 1] = new Trie(words);
10   }
11
12   return makePartialRectangle(length, height, new Rectangle(length));
13 }
```

makePartialRectangle 方法是建立矩形的地方。它的參數是您想要的矩形長度和高度，然後建立一部分矩形。如果矩形已經達到最終高度，那麼我們只需檢查欄是否能構成有效的、完整的單詞，並回傳。

否則，我們將檢查欄是否具有效的開頭字串。如果沒有，那麼我們就會立即中斷，因為無法從這個部分的矩形建立一個有效的矩形。

如果做到目前為止一切正常，並且所有欄都是單詞的有效開頭字串，那麼我們將搜尋所有符合長度的單詞，將每個單詞追加到當前的矩形中，然後遞迴地去嘗試建立一個 { 目前矩形再加上新單詞 } 的矩形。

```
1  Rectangle makePartialRectangle(int l, int h, Rectangle rectangle) {
2    if (rectangle.height == h) { // 檢查矩形是否完成
3      if (rectangle.isComplete(l, h, groupList[h - 1])) {
4        return rectangle;
5      }
6      return null;
7    }
8
9    /* 比較欄和線索樹，查看是否為有效的rect */
10   if (!rectangle.isPartialOK(l, trieList[h - 1])) {
11     return null;
12   }
```

```
13
14    /* 把所有符合長度的單詞都看一遍。把每一個都加到當前部分矩形，
15     * 並嘗試遞迴地建立一個矩形 */
16    for (int i = 0; i < groupList[l-1].length(); i++) {
17       /* 建一個rect + new word新矩形 */
18       Rectangle orgPlus = rectangle.append(groupList[l-1].getWord(i));
19
20       /* 嘗試用這個新的部份矩形來建立一個矩形 */
21       Rectangle rect = makePartialRectangle(l, h, orgPlus);
22       if (rect != null) {
23          return rect;
24       }
25    }
26    return null;
27 }
```

Rectangle 類別是用來代表部分或完全做好的單詞矩形。可以呼叫 **isPartialOk** 方法來檢查矩形是否有效（也就是說，所有欄都是有效單詞的開始字串）。方法 **isComplete** 提供類似的功能，用來檢查每一欄是否由完整單詞構成。

```
1    public class Rectangle {
2       public int height, length;
3       public char[][] matrix;
4
5       /* 建造一個「空的」矩形。長度是固定的，
6        * 但高度隨著我們的增加單詞而變化 */
7       public Rectangle(int l) {
8          height = 0;
9          length = l;
10      }
11
12      /* 建造一個具以指定長度和高度的矩形字母
13       * 所組成陣列，並裝載指定的字母矩陣。
14       * （假設指定為參數的長度和高度與陣列參數
15       * 的尺寸一致） */
16      public Rectangle(int length, int height, char[][] letters) {
17         this.height = letters.length;
18         this.length = letters[0].length;
19         matrix = letters;
20      }
21
22      public char getLetter (int i, int j) { return matrix[i][j]; }
23      public String getColumn(int i) { ... }
24
25      /* 檢查所有欄是否有效。因為所有的列都是直接從字典裡加入的，
26       * 所以必定為有效單詞 */
27      public boolean isComplete(int l, int h, WordGroup groupList) {
28         if (height == h) {
29            /* 檢查每一欄是否字典中的一個單詞 */
30            for (int i = 0; i < l; i++) {
```

```
31          String col = getColumn(i);
32          if (!groupList.containsWord(col)) {
33             return false;
34          }
35       }
36       return true;
37    }
38    return false;
39 }
40
41 public boolean isPartialOK(int l, Trie trie) {
42    if (height == 0) return true;
43    for (int i = 0; i < l; i++ ) {
44       String col = getColumn(i);
45       if (!trie.contains(col)) {
46          return false;
47       }
48    }
49    return true;
50 }
51
52 /* 透過取得當前矩形的列和欄來建立一個新矩形，
53  * 並加上 s */
54 public Rectangle append(String s) { ... }
55 }
```

WordGroup 類別是一個簡單的容器，用於儲存特定長度的所有單詞。為了方便搜尋，我們將單詞儲存在雜湊表和 **ArrayList** 中。

WordGroup 中的串列是透過一個名為 **createWordGroups** 的靜態方法建立的。

```
1  public class WordGroup {
2     private HashMap<String, Boolean> lookup = new HashMap<String, Boolean>();
3     private ArrayList<String> group = new ArrayList<String>();
4     public boolean containsWord(String s) { return lookup.containsKey(s); }
5     public int length() { return group.size(); }
6     public String getWord(int i) { return group.get(i); }
7     public ArrayList<String> getWords() { return group; }
8
9     public void addWord (String s) {
10       group.add(s);
11       lookup.put(s, true);
12    }
13
14    public static WordGroup[] createWordGroups(String[] list) {
15       WordGroup[] groupList;
16       int maxWordLength = 0;
17       /* 找出最長的單詞的長度 */
```

```
18      for (int i = 0; i < list.length; i++) {
19          if (list[i].length() > maxWordLength) {
20              maxWordLength = list[i].length();
21          }
22      }
23
24      /* 將字典中的單詞依長度分組到各單詞串列。
25       * groupList[i]將包含單詞串列，每個單詞的長度為(i+1) */
26      groupList = new WordGroup[maxWordLength];
27      for (int i = 0; i < list.length; i++) {
28          /* 我們處理的是wordLength - 1而不是wordLength，因為它是索引，
29           * 而且沒有長度為0的單詞 */
30          int wordLength = list[i].length() - 1;
31          if (groupList[wordLength] == null) {
32              groupList[wordLength] = new WordGroup();
33          }
34          groupList[wordLength].addWord(list[i]);
35      }
36      return groupList;
37  }
38 }
```

這個問題的完整程式碼，包括 Trie 和 TrieNode 的程式碼，可以在本書程式碼中找到。請注意，對於這種複雜的問題，您很可能只需要撰寫虛擬碼。在如此短的時間內撰寫整個程式碼幾乎是不可能的。

17.26 稀疏相似度：兩個文件（文件中的內容不會重複）的相似度定義為交集的大小除以聯集的大小。例如，如果文件內容是整數，那麼 {1, 5, 3} 和 {1, 7, 2, 3} 的相似度是 0.4，因為交集的大小是 2，聯集的大小是 5。

我們有一大堆相似度被認為是「稀疏」的文件（每個文件中的值都不會重複，每個文件都有一個相關聯的 ID），也就是說，隨便選擇任何兩個文件得到的相似度都很可能為 0。請設計一個演算法，這個演算法能回傳一對對文件 ID 組成的 list，和文件對的相似性。

請只印出相似度大於 0 的文件對，空的檔不要印出。為簡單起見，可以用一個擁有不重複值的陣列代表各個文件。

範例

輸入：

```
13: {14, 15, 100, 9, 3}
16: {32, 1, 9, 3, 5}
19: {15, 29, 2, 6, 8, 7}
24: {7, 10}
```

輸出：

```
ID1, ID2 : SIMILARITY
13, 19   : 0.1
13, 16   : 0.25
19, 24   : 0.14285714285714285
```

pg 250

解答

這聽起來是一個相當棘手的問題，所以讓我們從暴力法開始。不為了別的，只是用它來幫助我們理解這個問題。

請記住，每個文件都是一個裝載不重複「單詞」所組成的陣列，每個單詞都用一個整數代替。

暴力法

暴力演算法只會去將所有陣列與所有其他陣列做比較。在每次比較時，我們計算兩個陣列的交集和聯集的大小。

注意，我們只希望在相似度大於 0 時才印出這一對文件。兩個陣列的聯集不可能是零（除非兩個陣列都是空的，在這種情況下不會印出它們）。因此，我們實際上只在交集大於 0 時印出相似度。

如何計算交集和聯集的大小？

交集表示共有元素的數量。因此，我們只需迭代第一個陣列（A）並檢查每個元素是否在第二個陣列（B）中。如果是就遞增交集計數變數。

為了計算聯集，我們需要確保不會重複計算同時出現在兩個陣列中的元素。一種方法是計算 A 中所有不存在 B 中的元素。然後，加上 B 中的所有元素。這個做法可避免重複計算，因為當元素重複時只會計算 B 中的那個。

或者，我們可以這樣想。如果我們真的重複計數元素，這代表著在交集的元素（同時存在 A 和 B 中）被計數兩次。因此，簡單的修復方法就是刪除這些重複的元素。

    聯集(A, B) = A + B - 交集(A, B)

這代表我們真正需要做的就是計算交集，然後可以推導出聯集，從而得出相似性。

這個演算法比較兩個陣列（或文件）的時間複雜度為 O(AB)。

但是，我們必須對所有 D 個文件都做這個工作。如果我們假設每個文件最多有 W 個單詞，那麼執行時間就是 $O(D^2 W^2)$。

比暴力法稍好一點的解決方案

有一個快速修改的方法可優化兩個陣列的相似度的計算。具體來說，我們要做的是優化交集的計算。

我們需要知道兩個陣列之間共有的元素數量。所以，我們可以把 A 的所有元素都放到雜湊表中，然後對 B 進行迭代，每次找到也在 A 中出現的元素時就增加交集元素的計數。

這需要 $O(A + B)$ 時間。假設每個陣列的大小都是 W，我們又必須對 D 個陣列做這件事，那麼我們整體的時間複雜度會是 $O(D^2W)$。

在實作這個解決方案之前，讓我們先思考一下需要用到那些類別。

我們需要回傳由文件對組成的串列及文件對的相似性。為此，我們將會用到 DocPair 類別。確切的回傳類型是一個雜湊表，它從 DocPair 映射到一個用來表示相似性的 double 值。

```
1    public class DocPair {
2      public int doc1, doc2;
3
4      public DocPair(int d1, int d2) {
5        doc1 = d1;
6        doc2 = d2;
7      }
8
9      @Override
10     public boolean equals(Object o) {
11       if (o instanceof DocPair) {
12         DocPair p = (DocPair) o;
13         return p.doc1 == doc1 && p.doc2 == doc2;
14       }
15       return false;
16     }
17
18     @Override
19     public int hashCode() { return (doc1 * 31) ^ doc2; }
20   }
```

用一個類別代表文件也會很有幫助。

```
1   public class Document {
2      private ArrayList<Integer> words;
3      private int docId;
4
5      public Document(int id, ArrayList<Integer> w) {
6         docId = id;
7         words = w;
8      }
9
10     public ArrayList<Integer> getWords() { return words; }
11     public int getId() { return docId; }
12     public int size() { return words == null ? 0 : words.size(); }
13  }
```

嚴格地說，我們不需要用這些類別。然而，可讀性是很重要的，ArrayList<Document>
比 ArrayList<ArrayList<Integer>> 更容易閱讀。

做這類提昇可讀性的事情不僅能顯示出您擁有良好的程式設計風格，還能讓您在面試
中更輕鬆、減少很多您需要寫的東西（除非您有額外的時間或者面試官要求，否則您
不需去寫出整個文件類別的定義）。

```
1   HashMap<DocPair, Double> computeSimilarities(ArrayList<Document> documents) {
2      HashMap<DocPair, Double> similarities = new HashMap<DocPair, Double>();
3      for (int i = 0; i < documents.size(); i++) {
4         for (int j = i + 1; j < documents.size(); j++) {
5            Document doc1 = documents.get(i);
6            Document doc2 = documents.get(j);
7            double sim = computeSimilarity(doc1, doc2);
8            if (sim > 0) {
9               DocPair pair = new DocPair(doc1.getId(), doc2.getId());
10              similarities.put(pair, sim);
11           }
12        }
13     }
14     return similarities;
15  }
16
17  double computeSimilarity(Document doc1, Document doc2) {
18     int intersection = 0;
19     HashSet<Integer> set1 = new HashSet<Integer>();
20     set1.addAll(doc1.getWords());
21
22     for (int word : doc2.getWords()) {
23        if (set1.contains(word)) {
24           intersection++;
25        }
26     }
27
```

```
28      double union = doc1.size() + doc2.size() - intersection;
29      return intersection / union;
30  }
```

請注意第 28 行發生了什麼？為什麼要將 union 定為 double 型態，它明明就是 integer？

這樣做是為了避免整數除法的 bug。如果不這樣做，除法就會「無條件捨去」到整數。這樣相似度幾乎總是回傳 0，那就不好了！

比暴力法稍好一點的（另一個）解決方案

如果所有文件內容是被排序過的，那麼您在計算兩個文件之間的交集時，就可以依排序順序來進行，和您在進行兩個陣列的排序合併時所做的工作非常相似。

這需要花費 O(A + B) 時間，雖然時間花費與當前的演算法相同，但是使用的空間更少。在含有 W 個單詞的 D 個文件上執行此操作將花費 O(D² W) 時間。

因為不知道陣列是否已排好序了，所以先對它們做排序。這將花費 O(D * W log W) 的時間，所以全部的執行時間是 O(D * W log W + D² W)。

我們不能說這第二種解法一定比前面第一種「更好」，因為它並不一定如此。它取決於 D 和 log W 的大小。因此，必須在時間複雜度中保留這兩個項次。

（也許更）優化

建立一個更大的範例有助於理解真正的問題。

```
13: {14, 15, 100, 9, 3}
16: {32, 1, 9, 3, 5}
19: {15, 29, 2, 6, 8, 7}
24: {7, 10, 3}
```

首先，我們可以嘗試用各式各樣的技術來更快地消除可能的比較數目。例如，我們可以計算每個陣列中的最小值和最大值嗎？如果我們這樣做了，那麼就會知道陣列的某個範圍不會有重疊所以不需要進行比較。

問題是這並沒有真正解決執行時間上的問題。到目前為止，最好的執行時間是 O(D² W)，就算做了這個修改，我們仍然要比較所有 O(D²) 個文件對，只是 O(W) 部分有時會變成 O(1)。但當 D 變大時，O(D²) 部分會變成一個大問題。

因此，讓我們專注於減少 O(D²) 的影響，它就是我們解決方案中的「瓶頸」。具體地說，這代表著，對於給定一個文件 docA，我們希望找到所有與它有相似性的文件，而且我們希望不用與每個文件「交流」就能找到。

怎樣的文件才會與 docA 有相似性呢？也就是說，是什麼特徵定義了與某個文件相似度 >0？

假設 docA 是 {14, 15, 100, 9, 3}。如果一個文件與它的相似度 >0 的話，代表該文件至少需要有一個 14、15、100、9 或 3。如何快速地找出包含這些元素之一的文件所組成的串列？

緩慢的方法（實際上也是唯一的方法）是從每個文件中讀取每個單詞，以找到包含 14、15、100、9 或 3 的文件。這將花費 O(DW) 時間，不是個好方法。

但是，請注意我們會重複做這件事，所以可以將一個呼叫得到的資訊在下一個呼叫重複使用。

如果我們建立一個雜湊表，將一個單詞映射到包含該單詞的所有文件，就可以很快地知道所有與 docA 重疊的文件。

```
1 -> 16
2 -> 19
3 -> 13, 16, 24
5 -> 16
6 -> 19
7 -> 19, 24
8 -> 19
9 -> 13, 16
...
```

當我們想要知道與 docA 重疊的所有文件有哪些時，只需在這個雜湊表中搜尋 docA 中的每個單詞，就可以得到所有擁有重疊內容的文件串列。接著要做的就是將 docA 與這些文件進行比較。

如果相似度為 >0 的有 P 對，每個文件都有 W 個單詞，那麼時間複雜度是 O(PW)（再加上了建立和讀取這個雜湊表的時間 O(DW)）。由於我們認為 P 比 D² 小得多，所以這個結果比之前好多了。

優化（更好的）

讓我們思考一下前面的演算法，有沒有什麼方法可以讓它變得更優？

如果我們思考一下執行時間 O(PW + DW)，會知道可能無法消除其中的 O(DW)，因為每個單詞至少要接觸一次，並且總共有 O(DW) 個單詞。因此，如果存在可行的優化方法的話，它比較可能是在 O(PW) 項次。

要消除 O(PW) 中的 P 部分是很困難的，因為我們至少要印出所有的 P 對（需要 O(P) 時間）。那麼，最好把注意力放在 W 的部份。有沒有什麼方法可以讓我們對每一對相似的文件做的工作減少到 O(W) 以下呢？

其中一種破解方法是分析雜湊表提供的資訊。假設有以下由檔案組成的串列：

```
12: {1, 5, 9}
13: {5, 3, 1, 8}
14: {4, 3, 2}
15: {1, 5, 9, 8}
17: {1, 6}
```

如果我們在雜湊表中搜尋文件 12 中的元素，會得到：

```
1 -> {12, 13, 15, 17}
5 -> {12, 13, 15}
9 -> {12, 15}
```

這個結果告訴我們，文件 12 和文件 13、15 和 17 有相似性。在當前的演算法下，我們現在需要比較文件 12 和文件 13、15 和 17，以查看文件 12 與每個文件共享的元素數量（即交集的大小）。可以從文件大小和交集計算聯集，就像之前做的那樣。

但是請注意，文件 13 在雜湊表中出現了兩次，文件 15 出現了三次，文件 17 出現了一次。我們之前沒有使用這個資訊，但是可以將它派上用場嗎？有些檔案出現過多次，有些沒有出現過多次，這代表什麼意義呢？

文件 13 出現了兩次，因為它有兩個公共的元素（1 和 5）。文件 17 只出現過一次，因為它只有一個公共元素（1）。文件 15 出現了三次，因為它有三個公共的元素（1、5 和 9）。這個資訊可以直接告訴我們交集的大小。

我們可以迭代每個文件，搜尋雜湊表中的項目，然後計算每個文件在每個項目的串列中出現的次數。但，其實還有一個更直接的方法。

1. 和前面一樣，為由文件所組成的串列建立雜湊表。

2. 建立一個新的雜湊表，該雜湊表將文件對映射為整數（整數用來表示交集的大小）。

3. 透過迭代每個由文件組成的串列來讀取第一個雜湊表。

4. 對於每個由文件組成的串列，迭代該串列中的對，為每一對遞增交集的計數。

比較這個執行時間與前一個執行時間有點棘手。我們可以這樣看，之前需要對每個可能有相似度的文件對做 O(W) 工作，是因為一旦發現到兩個文件有相似性，我們就會去觸摸每個文件中的每個單詞。在這個演算法中只觸摸重疊的單詞。所以，最壞的情況仍然不變，但是對於許多非最壞情況的輸入，這個演算法會更快。

```
1   HashMap<DocPair, Double>
2   computeSimilarities(HashMap<Integer, Document> documents) {
3     HashMapList<Integer, Integer> wordToDocs = groupWords(documents);
4     HashMap<DocPair, Double> similarities = computeIntersections(wordToDocs);
5     adjustToSimilarities(documents, similarities);
6     return similarities;
7   }
8
9   /* 建立雜湊表，從每個單詞映射到它出現的地方 */
10  HashMapList<Integer, Integer> groupWords(HashMap<Integer, Document> documents) {
11    HashMapList<Integer, Integer> wordToDocs = new HashMapList<Integer, Integer>();
12
13    for (Document doc : documents.values()) {
14      ArrayList<Integer> words = doc.getWords();
15      for (int word : words) {
16        wordToDocs.put(word, doc.getId());
17      }
18    }
19
20    return wordToDocs;
21  }
22
23  /* 計算文件的交集。迭代每個由文件所組成的串列
24   * 然後迭代該串列中的每個對，增加交集的數量 */
25  HashMap<DocPair, Double> computeIntersections(
26      HashMapList<Integer, Integer> wordToDocs {
27    HashMap<DocPair, Double> similarities = new HashMap<DocPair, Double>();
28    Set<Integer> words = wordToDocs.keySet();
29    for (int word : words) {
30      ArrayList<Integer> docs = wordToDocs.get(word);
31      Collections.sort(docs);
32      for (int i = 0; i < docs.size(); i++) {
33        for (int j = i + 1; j < docs.size(); j++) {
34          increment(similarities, docs.get(i), docs.get(j));
35        }
36      }
37    }
38
39    return similarities;
40  }
```

```
41
42   /* 增加每個文件對交集的大小 */
43   void increment(HashMap<DocPair, Double> similarities, int doc1, int doc2) {
44      DocPair pair = new DocPair(doc1, doc2);
45      if (!similarities.containsKey(pair)) {
46         similarities.put(pair, 1.0);
47      } else {
48         similarities.put(pair, similarities.get(pair) + 1);
49      }
50   }
51
52   /* 將交集值轉換為相似度 */
53   void adjustToSimilarities(HashMap<Integer, Document> documents,
54                             HashMap<DocPair, Double> similarities) {
55      for (Entry<DocPair, Double> entry : similarities.entrySet()) {
56         DocPair pair = entry.getKey();
57         Double intersection = entry.getValue();
58         Document doc1 = documents.get(pair.doc1);
59         Document doc2 = documents.get(pair.doc2);
60         double union = (double) doc1.size() + doc2.size() - intersection;
61         entry.setValue(intersection / union);
62      }
63   }
64
65   /* HashMapList<Integer, Integer>是一個從Integer映射到
66    * ArrayList<Integer>的HashMap，具體實作見附錄 */
```

這個演算法在處理一堆稀疏相似性的文件時，執行時間將比原始的簡單演算法快得多，因為原始演算法會直接比較所有文件對。

優化（另一種）

有些面試者可能會想到另一種演算法，這種演算法速度稍微慢一點，但仍然很好。

回想一下前面用過的演算法，該演算法透過排序計算兩個文件之間的相似性。我們可以將這種方法擴展到多個文件。

想像一下，我們把所有的單詞，標記來源是哪個原始文件，然後排序。之前那個由檔案組成的串列會變成這樣：

1_{12}, 1_{13}, 1_{15}, 1_{16}, 2_{14}, 3_{13}, 3_{14}, 4_{14}, 5_{12}, 5_{13}, 5_{15}, 6_{16}, 8_{13}, 8_{15}, 9_{12}, 9_{15}

現在我們的方法和之前一樣，迭代這個元素列表。若看到相同的數個元素，就增加對應文件對的交集計數。

我們將使用一個 Element 類別來儲存單詞和及其來源文件。當我們對串列進行排序時，將先對單詞進行排序，順序相同時再依文件 ID 做子排序。

```
1   class Element implements Comparable<Element> {
2     public int word, document;
3     public Element(int w, int d) {
4       word = w;
5       document = d;
6     }
7
8     /* 當我們排序單詞時，這個函式將被用來比較單詞 */
9     public int compareTo(Element e) {
10      if (word == e.word) {
11        return document - e.document;
12      }
13      return word - e.word;
14    }
15  }
16
17  HashMap<DocPair, Double> computeSimilarities(
18        HashMap<Integer, Document> documents) {
19    ArrayList<Element> elements = sortWords(documents);
20    HashMap<DocPair, Double> similarities = computeIntersections(elements);
21    adjustToSimilarities(documents, similarities);
22    return similarities;
23  }
24
25  /* 將所有單詞放入一個串列，依單詞排序，排名相同時再依文件排序 */
26  ArrayList<Element> sortWords(HashMap<Integer, Document> docs) {
27    ArrayList<Element> elements = new ArrayList<Element>();
28    for (Document doc : docs.values()) {
29      ArrayList<Integer> words = doc.getWords();
30      for (int word : words) {
31        elements.add(new Element(word, doc.getId()));
32      }
33    }
34    Collections.sort(elements);
35    return elements;
36  }
37
38  /* 增加每個文件對的交集大小 */
39  void increment(HashMap<DocPair, Double> similarities, int doc1, int doc2) {
40    DocPair pair = new DocPair(doc1, doc2);
41    if (!similarities.containsKey(pair)) {
42      similarities.put(pair, 1.0);
43    } else {
44      similarities.put(pair, similarities.get(pair) + 1);
45    }
```

```
46  }
47
48  /* 將交集值轉換為相似度 */
49  HashMap<DocPair, Double> computeIntersections(ArrayList<Element> elements) {
50    HashMap<DocPair, Double> similarities = new HashMap<DocPair, Double>();
51
52    for (int i = 0; i < elements.size(); i++) {
53      Element left = elements.get(i);
54      for (int j = i + 1; j < elements.size(); j++) {
55        Element right = elements.get(j);
56        if (left.word != right.word) {
57          break;
58        }
59        increment(similarities, left.document, right.document);
60      }
61    }
62    return similarities;
63  }
64
65  /* 將交集值轉換為相似度 *
66  void adjustToSimilarities(HashMap<Integer, Document> documents,
67                            HashMap<DocPair, Double> similarities) {
68    for (Entry<DocPair, Double> entry : similarities.entrySet()) {
69      DocPair pair = entry.getKey();
70      Double intersection = entry.getValue();
71      Document doc1 = documents.get(pair.doc1);
72      Document doc2 = documents.get(pair.doc2);
73      double union = (double) doc1.size() + doc2.size() - intersection;
74      entry.setValue(intersection / union);
75    }
76  }
```

這個演算法的第一步比之前的演算法要慢,因為它需要做排序而不是只做加入到串列的工作而已。第二步本質上是相同的。

但兩種演算法的執行速度都比原始的演算法快得多。

進階主題

XI

雖然這一章的內容超過面試的範圍，但有時候還是會出現，如果不熟悉這些題目也無需驚訝，你可以自由選擇是否要研究這些題目，若有時間壓力，可以將它們安排在後面。

進階主題

當 我在寫本書第六版的時候，有很多主題不知道應不應該寫進書裡。紅黑樹要寫嗎？Dijkstra's 演算法要寫嗎？拓撲排序（Topological sort）呢？

一方面，我收到了許多要我把這些主題寫進書裡的請求，因為有些人堅持認為這些主題是種會「一直」被問到的主題（每個人對「一直」這個詞的理解也非常不同），但顯然有人會覺得多學點也無妨，對吧？

另一方面，我知道這些主題雖然的確會被問到，但其實很少被問到。面試官是獨立的個體，他們可能對面試的「公平性」或「相對表現」有自己的想法。但其實這些問題很少被問到，當它出現的時候，如果您不懂也不會有太大的影響。

> 不可否認，我在當面試官時，曾經向面試者問過一些問題，那些問題的解決方案本質上是這些演算法中的一個應用。在極少數情況下，會碰到熟知這些演算法的面試者，但他們並沒有因為知道這些知識而受益（也沒有因此受到傷害）。我想評估的是您解決一個以前沒見過的問題的能力，所以我自然會將您是否已知其底層演算法怎麼運作納入考量。

我認為應該讓面試者有一個合理的預期，而不是把他們嚇得過度學習。我也沒有興趣讓這本書變得更「未卜先知」，以幫助您節省時間和精力，好讓書可以多賣一點。那樣對您是不公平的，也是不對的。

（另外，我也不想給面試官們（我知道他們也會閱讀本書）留下他們可以或者應該問這些更進階的主題的印象。我想對面試官們說：如果您問這些問題，代表您在測試對方的演算法知識，您最終會錯失很多非常聰明的人。）

但也有許多踩在邊線上的「重要」主題，這些主題雖然不常被問，但有時會被問。

最後，我決定把決定權交給您。畢竟，您比我更清楚您需要把準備做到多充足。如果您想做一個徹底的準備，請閱讀這個章節。如果您只是單純地喜歡學習資料結構和演算法，也請閱讀本章。如果您想看到解決問題的新方法，也請閱讀本章。

但如果您時間緊迫，這類學習的優先順序可以放低一些。

▶ 有用的數學

這裡有一些在解某些問題中可能會用上的數學。您可以在網路上找到更多證明，但這裡主要是讓您了解背後的觀念，您可以把這裡的內容當成是一些非正式的證明。

整數 *1* 到 *N* 的和

1 + 2 + . . . + n 會等於什麼？讓我們透過把低值和高值配對來找出答案。

如果 n 是偶數的話，把 1 和 n 配對，把 2 和 n - 1 配對，以此類推。我們共有 $\frac{n}{2}$ 對，每對的和是 n + 1。

如果 n 是奇數的話，把 0 和 n 配對，把 1 和 n - 1 配對，以此類推。我們共有 $\frac{n+1}{2}$，每對的和是 n。

n 是偶數			
第幾對	a	b	a + b
1	1	n	n + 1
2	2	n - 1	n + 1
3	3	n - 2	n + 1
4	4	n - 3	n + 1
. . .	. . .	. . .	. . .
$\frac{n}{2}$	$\frac{n}{2}$	$\frac{n}{2}+1$	n + 1
總和：	$\frac{n}{2}*(n+1)$		

n 是奇數			
第幾對	a	b	a + b
1	0	n	n
2	1	n - 1	n
3	2	n - 2	n
4	3	n - 3	n
. . .	. . .	. . .	. . .
$\frac{n+1}{2}$	$\frac{n-1}{2}$	$\frac{n+1}{2}$	n
總和：	$\frac{n+1}{2}*n$		

不管是偶數還是奇數總和都是 $\frac{n(n+1)}{2}$。

在巢式迴圈中也可以做這種推理。例如，假設我們有以下程式碼：

```
1    for (int i = 0; i < n; i++) {
2      for (int j = i + 1; j < n; j++) {
3        System.out.println(i + j);
```

```
4        }
5    }
```

在外部 for 迴圈的第 1 次迭代中，內部 for 迴圈會迭代 n - 1 次。在外部 for 迴圈的第 2 次迭代中，內部 for 迴圈會迭代 n - 2 次，然後 n - 3，然後 n - 4，以此類推，內部 迴圈總共做 $\frac{n(n-1)}{2}$ 次迭代，所以這個程式碼的時間複雜度為 O(n²)。

2 的冪次方和

假設有一個數列：$2^0 + 2^1 + 2^2 + \cdots + 2^n$，請問它會等於什麼？

解決這個問題的一種好方法是用二進位去看那些值。

	冪次方	二進位	十進位
	2^0	00001	1
	2^1	00010	2
	2^2	00100	4
	2^3	01000	8
	2^4	10000	16
加總：	2^5-1	11111	32 - 1 = 31

因此，用 2 進位來看 $2^0 + 2^1 + 2^2 + \cdots 2^n$，會等於 (n + 1) 個 1 組成的數列，也等於 $2^{n+1} - 1$。

訣竅：一個 2 的冪次方數列的和大約等於這個數列中的下一個值。

Log 的底數

假設我們有一個 $\log_2$ 的值（以 2 為底的對數），如何把它轉換成 $\log_{10}$ 呢？也就是說，$\log_b k$ 和 $\log_x k$ 之間是什麼關係？

讓我們做一些數學計算，假設 $c = \log_b k$，$y = \log_x k$。

```
logₑk = c --> bᶜ = k           // 這是log的定義
logₓ(bᶜ) = logₓk               // 對bᶜ = k兩邊取對數
c logₓb = logₓk                // log的規則，你可以藉此去掉指數
c =  logₑk = logₓk/logₓb       // 除以上式，代入c
```

因此，如果我們想把 $\log_2 p$ 轉換成 $\log_{10}$，只需這樣做：

$$\log_{10}p = \frac{\log_2 p}{\log_2 10}$$

訣竅：不同基底的對數只差在一個常數因數，基於這個原因，我們不太去管一個 Big O 運算式中 log 底數是什麼。因為我們在 Big O 運算中會把常數去掉，所以底數無關緊要。

排列

n 個不重複字元的字串有多少種排列方式？嗯，您有 n 個選擇來決定第一個字元的位置，然後有 n - 1 個選項來決定第二個位置的位置（前面選掉了一個），然後有 n - 2 個選項來決定第三個位置的位置，依此類推。因此，字串的總數是 n!。

$$n! = \underline{n} * \underline{n-1} * \underline{n-2} * \underline{n-3} * ... * \underline{1}$$

如果改成要從 n 個不重複字元挑出 k 個字元，做出一個長度為 k 的字串（字元都不重複）的話，會變成怎麼樣呢？您可以循類似的邏輯，但是您應該更早地停止選擇／乘法。

$$\frac{n!}{(n-k)!} = \underline{n} * \underline{n-1} * \underline{n-2} * \underline{n-3} * ... * \underline{n-k+1}$$

組合

假設您有 n 個不同的字元，選出 k 個字元放到一個新的集合（順序不重要）的方法有多少種？也就是說，n 個不同的字元，可以做出多少個 k 個元素的集合？這就是運算式 n 取 k 的意義，這個運算式通常寫成 $\binom{n}{k}$。

想像我們先把所有長度為 k 的子字串全部列出來，然後再去掉重複的。

從前一個排列小節得知，我們會有 $\frac{n!}{(n-k)!}$ 個長度為 k 的子字串。

因為每一個大小為 k 的子集合都有 k! 種方法可以重新排列變成字串，在這個由子字串組成的串列中，每個子集合都將被複製 k! 次。因此，我們需要除以 k! 把重複的東西去掉。

$$\binom{n}{k} = \frac{1}{k!} * \frac{n!}{(n-k)!} = \frac{n!}{k!(n-k)!}$$

用歸納法證明

歸納法是一種證明某事為真的方法，它與遞迴有著密切的關係，其形式如下。

任務：證明敘述 P(k) 對所有 k >= b 成立。

- 基本情況：證明 P(b) 是正確的，這通常只要代入數字即可。

- 假設：假設 P(n) 為真。

- 歸納步驟：證明敘述如果對 P(n) 成立，則對 P(n+1) 也會成立。

這就像骨牌，如果第一個骨牌倒下了，並且總是有一個骨牌會撞倒下一個，那麼所有的骨牌都會倒下。

我們用它來證明一個 n 元素的集合可以有 2^n 個子集合。

- 定義：令 S = {a_1, a_2, a_3, ..., a_n} 為一個 n 個元素集合。

- 基本情況：證明 {} 有 2^0 個子集合，這是成立的，因為 {} 的唯一子集是 {}。

- 假設 {a_1, a_2, a_3, ..., a_n} 有 2^n 個子集合。

- 證明有 {a_1, a_2, a_3, ..., a_{n+1}} 有 2^{n+1} 個子集合。

  由於 {a_1, a_2, a_3, ..., a_{n+1}}，恰好有一半包含 a_{n+1}，而另一半不包含 a_{n+1}。

  不包含 a_{n+1} 的子集就是 {a_1, a_2, a_3, ..., a_n}，根據我們的假設它會有 2^n 個子集合。

  因為有 x 的子集和沒有 x 的一樣多，所以包含 a_{n+1} 的子集合也有 2^n 個。

  因此，我們有 2^n + 2^n 個子集合，也就是 2^{n+1} 個子集合。

許多遞迴演算法都可用歸納法證明有效性。

▶ 拓撲排序

有向圖的拓撲排序是對節點排序的一種方式，如果 (a, b) 是圖中的一條邊，那麼在串列中 a 將出現在 b 之前。如果一個圖中存在循環或者沒有方向，就不能使用拓撲排序。

拓撲排序有很多應用。例如，假設有一張圖用來表示生產線上的元件。邊（把手，門）表示您需要在組裝門之前先組裝把手。拓撲排序可為生產線提供有效的排序。

我們可以用以下方法建構一個拓撲排序。

1. 找出所有沒有入邊的節點，並將這些節點添加到拓撲排序結果中。

    » 我們知道一開始就加入這些節點不會有問題，因為在它們之前不會加入任何東西。快速把它們處理好就好！

    » 我們知道，如果不存在循環，就必定存在沒有入邊的節點。畢竟，如果我們隨便選定一個任意的節點後，可以任意地向反方向走。我們若不是在某個節點停下（在這種情況下，代表找到了一個沒有入邊的節點），就一定會走到一個之前已走過的節點（在這種情況下，代表存在一個循環）。

2. 完成上述操作後，刪除在圖中那些節點的出邊。

    » 那些節點已經被加入到拓撲排序結果中了，所以基本上就不用管它們了，我們也用不上那些邊了。

3. 重複上述操作，持續加入沒有入邊的節點並刪除它們的出邊。當所有的節點都被添加到拓撲排序結果中時就完成了。

這個演算法更正式的描述是這樣的：

1. 建立一個 order 佇列，它被用來儲存最終的拓撲排序結果，目前它是空的。

2. 建立一個 processNext 佇列。此佇列被用來儲存要處理的下一個節點。

3. 計算每個節點的入邊的數量，並設定一個 node.inbound 類別變數。節點通常只會儲存它們的出邊。然而，您可以透過迭代每個節點 n 並遞增每個節點的出邊 (n, x) 計數來算出 x.inbound。

4. 再次迭代這些節點，並將 x.inbound == 0 的任何節點加到 processNext 中。

5. 當 processNext 不是空的時候，執行以下操作：

    » 從 processNext 中刪除第一個節點 n。

    » 對於每條邊 (n, x)，遞減 x.inbound。如果 x.inbound == 0，就將 x 加到 processNext。

    » 將 n 加到 order。

6. 如果 order 已囊括了所有節點，就代表完成了。否則，拓撲排序由於迴圈而失敗。

這種演算法有時會出現在面試問題中。您的面試官可能不會指望您知道這個演算法。然而，即使您以前從未見過它，面試官要求您推導它是合理的。

▶ Dijkstra's 演算法

在一些圖中，我們可能想要放入帶有權重值的邊。如果圖用來表示城市，則每條邊可能表示一條道路，其權重可能表示旅行時間。在這種情況下，我們可能會像 GPS 地圖系統一樣想知道從當前位置到另一個點 p 的最短路徑是什麼？這就是 Dijkstra's 演算法派上用場的時候了。

Dijkstra's 演算法是一種尋找加權有向圖（可能存在循環）中兩點之間最短路徑的方法。所有的邊的權重值都必須是正的。

我們將不直接說明 Dijkstra's 演算法是什麼，先嘗試推導它。請參照第 4 章的寬度優先搜尋圖，我們可花實際的時間走過所有可能路徑，來找到從 s 到 t 的最短路徑（噢，還需要請很多我們的複製人來幫忙走路）。

1.　從 s 開始。

2.　對於 s 的每個出邊，我們複製自己並讓複製人開始行走每個出邊。如果這條邊 (s, x) 的權值是 5，我們實際上就應該花 5 分鐘到達那裡。

3.　每次我們到達一個節點，就要檢查之前是否已經有人到過了。如果是這樣，那就停止吧，因為我們的速度一定不如另一條路快，因為有某個也從 s 出發的人擊敗了我們。如果之前沒有人來過這個節點，那就再度複製自己，向所有可能的方向前進。

4.　第一個到達 t 的人獲勝。

這是一種可行的解法。但是，在找出最短路徑演算法中我們並不想用上計時器。

想像一下，每個複製人可以立即從一個節點跳轉到它的相鄰節點（不考慮邊的權重），但是它會儲存一個 `time_so_far` 的記錄，用來記錄如果以「真正」的速度行走，它所走的路程需要多少時間。此外，每次只有一個人移動，而且那個人必須是時間最短的那個人。這就是 Dijkstra's 演算法的工作原理。

Dijkstra's 演算法可以找到從一個起始節點 s 到圖中**任意**節點的最小加權路徑。

假設我們有一張範例圖如下。

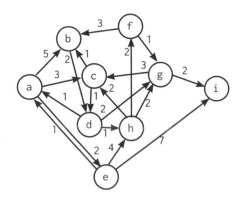

假設要找出從 a 到 i 的最短路徑。我們將使用 Dijkstra's 演算法來找到從 a 到所有其他節點的最短路徑，自然就能得到從 a 到 i 的最短路徑。

首先要做的是初始化幾個變數：

- `path_weight[node]`：從每個節點映射到最短路徑的總權重值。除了 `path_weight[a]` 被初始化為 0 之外，所有值都初始化為無窮大。

- `previous[node]`：將每個節點映射到（當前）最短路徑中的前一個節點。

- `remaining`：圖中所有節點的優先佇列，其中每個節點的優先順序由其 `path_weight` 定義。

初始化好這些值之後，就可以開始調整 `path_weight` 的值了。

> （最小）**優先佇列**是一種抽象的資料類型，這種抽象的資料類型（至少在這種情況下）支援插入物件和鍵，能刪除對應到最小鍵的物件，也可以減低一個鍵的優先順序（可將它看作一個典型的佇列，只是它不是刪除最舊的項目，而是刪除具有最低或最高優先順序的項目）。它是一個抽象的資料類型，因為它是由其行為（動作）定義的。它的底層實作可以有很多種，您可以使用陣列或最小（或最大）堆積（或許多其他資料結構）實作優先佇列。

我們要迭代 remaining 中的節點（直到 remaining 為空），過程中執行如下操作：

1. 選擇 remaining 中 path_weight 值最小的節點，讓我們稱這個節點為 n。

2. 對於每個相鄰節點，將 path_weight[x]（即從 a 到 x 的當前最短路徑的權值）與 path_weight[n] + edge_weight[(n, x)] 進行比較。這個比較的意思是說，我們是否可以藉由經過 n 得到一條權重比現從 a 到 x 的路徑還小的路徑？如果是，更新 path_weight 和 previous。

3. 將 n 從 remaining 中移除。

當 remaining 被清空時，path_weight 中儲存的就是從 a 到每個節點的當前最短路徑的權值。我們可以透過追溯 previous 來重建這條路徑。

讓我們用上面的圖做一次。

1. n 的第一個值是 a 節點。我們查看它的相鄰節點（b、c 和 e），更新 path_weight（更新成 5、3 和 2）和 previous（更新成 a）的值，然後刪除 remaining 中的 a。

2. 然後看下一個最小的節點，也就是 e。我們之前將 path_weight[e] 更新為 2，它的相鄰節點是 h 和 i，因此我們更新 path_weight（更新成 6 和 9）和 previous。

    請注意 6 等於 path_weight[e]（等於 2）+ 邊 (e, h) 的權重值（等於 4）。

3. 下一個最小的節點是 c，它的 path_weight 為 3。它的相鄰節點是 b 和 d。path_weight[d] 的值是無窮大，因此我們將其更新為 4（即 path_weight[c] + 邊 (c, d) 的權重值）。先前已將 path_weight[b] 的值設定為 5。但是，由於 path_weight[c] + 邊 (c, b) 的權重值（即 $3 + 1 = 4$）小於 5，所以我們將 path_weight[b] 更新為 4，並將 previous 的值設為 c。這表明我們將藉由繞道 c 來改進從 a 到 b 的路徑。

我們會一直繼續這個動作，直到 remaining 被清空。下圖顯示了在每一步中對 path_weight（左）和 previous（右）的修改。最上面一列顯示了 n 的當前值（我們將從 remaining 中刪除的節點）。若節點被刪除的話，就會把它塗黑。

	初始值		n=a		n=e		n=c		n=b		n=d		n=h		n=g		n=f		最終值	
	wt	pr	wt	pr	wt	pr	wt	pr	wt	pr	wt	pr	wt	pr	wt	pr	wt	pr	wt	pr
a	0	-							刪除										0	-
b	∞	-	5	a			4	c					刪除						4	c
c	∞	-	3	a							刪除								3	a
d	∞	-					4	c					刪除						4	c
e	∞	-	2	a							刪除								2	a
f	∞	-											7	h			刪除		7	h
g	∞	-									6	d			刪除				6	d
h	∞	-			6	e					5	d			刪除				5	d
i	∞	-	∞	-	9	e									8	g			8	g

完成這張圖後，可以沿著這個表往回看，從 i 開始找出路徑是什麼。在本例中，最小權值路徑的權重值為 8，路徑為 a -> c -> d -> g -> i。

優先佇列和執行時間

如前所述，我們的演算法使用了優先佇列，但是這個資料結構可以用不同的方式實作。

該演算法的執行時間在很大程度上依賴於優先佇列的實作方式。假設您有 v 個頂點和 e 個節點。

- 如果使用陣列實作優先佇列，那麼最多只會呼叫 remove_min v 次。每個操作將花費 $O(v)$ 時間，所以您將花費 $O(v^2)$ 時間呼叫 remove_min。此外，每個邊最多更新一次 path_weight 和 previous 的值，所以更新這些值的時間是 $O(e)$。e 一定會小於等於 v^2，因為您的邊不會比頂點對更多。因此，總共的執行時間是 $O(v^2)$。

- 如果使用最小堆積實作優先佇列，那麼 remove_min 呼叫將花費 $O(\log v)$ 時間（插入和更新鍵也是花這麼多時間）。我們將為每個頂點執行一次 remove_min 呼叫，所以它是 $O(v \log v)$（v 個頂點每個花費 $O(\log v)$ 時間）另外，在每條邊上，我們可以呼叫一個更新鍵或插入操作，所以是 $O(e \log v)$，總共的執行時間是 $O((v + e) \log v)$。

哪一種實作表現的比較好呢？那得看情況。如果這個圖有很多條邊，那麼 v^2 就會接近 e。在這種情況下，使用陣列實作可能更好，因為 $O(v^2)$ 比 $O((v + v^2) \log v)$ 更好。然

而，如果圖是稀疏的，那麼 e 就比 v² 小得多。在這種情況下，最小堆積實作可能表現的更好。

▶ 雜湊表衝突的解法方案

基本上，任何雜湊表都可能發生衝突。有很多方法可以解決這個問題。

搭配鏈結串列

使用這種方法（這也是最常用的方法），雜湊表的陣列會映射到一個由項目所組成的鏈結串列。我們只需將項目加到這個鏈結串列中。只要碰撞的次數相當少，這個方法就會是相當有效率的。

在最壞的情況下，搜尋的時間複雜度是 O(n)，其中 n 是雜湊表中的元素數量。這只會發生在一些資料非常奇怪或雜湊函式非常糟糕（或兩者同時發生）的情況下。

搭配二元搜尋樹

我們可以改為將衝突儲存在二元搜尋樹中，而不是將衝突儲存在鏈結串列中。這將使最壞情況下的執行時間改進到 O(log n)。

在實務中很少採用這種方法實作，除非預期看到一個非常不均勻的分佈。

開放定址與線性探測

在這種方法中，當發生衝突時（即已經有一個項目儲存在指定的索引中），我們只需將陣列索引向後移動，直到找到一個開放的位置（或者，也可以用其他的固定距離，比如 index + 5）。

如果碰撞的次數很低，這是一個非常快速、也很節省空間的解決方案。

這樣做的一個明顯缺點是，雜湊表中的項目總數受到陣列大小的限制，而前面搭配鏈結串列和二元搜尋樹的兩種方法沒有這個問題。

還有一個問題。若有一個使用開放定址實作的雜湊表，其底層陣列的大小為 100，其中索引 20 到 29 已被填充（其他空間是空白的）。下一次插入時索引落在 30 的機率是多少？機率為 10%，因為映射到 20 到 30 之間的任何索引的項目全部都將在索引 30 處。這會導致一個名為 **集群**（*clustering*）的問題。

二次探測和雙雜湊

探測某個位置是否為空白與探測下一個空白的距離不需要是線性的。例如,可以透過二次方增加探測距離。或者,可以使用第二個雜湊表函式來決定探測距離。

▶ Rabin-Karp 子字串搜尋

在更大的字串 B 中搜尋子字串 S 的暴力解會花費 $O(s(b-s))$ 時間,其中 s 是 S 的長度,b 是 B 的長度。暴力解是搜尋 B 開頭處的 b - s + 1 個字元,然後對於每個字元,檢查後面的 s 個字元是否與 S 匹配。

Rabin-Karp 演算法則是透過一個小技巧優化了暴力解:這個技巧是,如果兩個字串是相同的,它們必須具有相同的雜湊值(反之不成立,因為兩個不同的字串也可以有相同的雜湊值)。

如果可以有效率地預先計算 B 中的每個長度為 s 字元序列的雜湊值,就可以在 $O(b)$ 時間內找到 S 的位置,然後我們只需要驗證這些位置是否和 S 匹配即可。

舉例來說,假設我們的雜湊函式只簡單用每個字元的和來實作(其中空格 = 0、a = 1、b = 2,以此類推)。如果 S 是 ear,而 B = doe are hearing me,那麼我們要尋找的就是總和為 24(e + a + r)的序列。總和 24 的情況共發生過三次。對於這三個位置,我們會去檢查字串是否真的是 ear。

字元:	d	o	e		a	r	e		h	e	a	r	i	n	g		m	e
編碼:	4	15	5	0	1	18	5	0	8	5	1	18	9	14	7	0	13	5
後 3 個字元總和:	24	20	6	19	24	23	13	13	14	24	28	41	30	21	20	18		

如果計算總和的方法是先算 hash('doe'),然後算 hash('oe '),然後再算 hash('e a'),…,仍然需要花費 $O(s(b-s))$ 時間。

相反地,若改用 hash('oe ') = hash('doe') - code('d') + code(' ') 來計算雜湊值,就只需要花費 $O(b)$ 的時間來計算所有的雜湊值。

您可能會認為,在最壞的情況下,這將花費 $O(s(b-s))$ 時間,因為許多雜湊值需要比對。對於這個雜湊函式來說,這是絕對正確的。

在實務中,我們會使用更好的**滾動雜湊函式**(*rolling hash function*),例如 Rabin-Karp。這實際上是將像 doe 這樣的字串轉換為基數 128(或字母表中有多少字元)的數字。

$$\text{hash('doe')} = \text{code('d')} * 128^2 + \text{code('o')} * 128^1 + \text{code('e')} * 128^0$$

這個雜湊函式讓我們可以刪除 d，移動 o 和 e，然後把空白加進去。

$$\text{hash('oe ')} = (\text{hash('doe')} - \text{code('d')} * 128^2) * 128 + \text{code(' ')}$$

這將大大減少需要去檢查是否匹配的數量。儘管最壞的情況是 O(sb)，但使用像這樣一個好的雜湊函式將使我們獲得 O(s + b) 的時間複雜度。

這種演算法在面試中經常出現，所以您若是知道可以在線性時間內識別子字串將會有用。

▶ AVL 樹

AVL 樹是實作平衡樹的兩種常見方法之一。我們將只在這裡討論插入，但是如果您感興趣，可以另外去搜尋關於刪除的資訊。

特性

AVL 樹在每個節點中儲存該節點的子樹的高度。然後，對於任何節點必須高度平衡：左子樹的高度和右子樹的高度之間的差異不超過 1。這可以防止樹變得不平衡。

$$\text{balance(n)} = \text{n.left.height} - \text{n.right.height}$$
$$-1 <= \text{balance(n)} <= 1$$

插入

當您插入一個節點時，一些節點的平衡值可能會變為 -2 或 2。當「展開」遞迴堆疊時，我們檢查並修復每個節點上的平衡性。方法是使用一系列的旋轉來做。

旋轉可以是向左旋轉，也可以是向右旋轉。右旋轉是左旋轉的逆向動作。

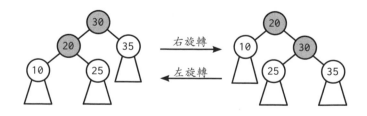

根據不同平衡值和不平衡發生的地方，我們要用不同的修復方法。

情況 1：平衡值為 2

在這種情況下，左邊的高度比右邊的大 2。如果左側較高，則左側子樹的額外節點一定是掛在左側（如左左形狀）或是掛在右側（如左右形狀）。如果它看起來像左右形狀，用下面的旋轉將它轉換成左左的形狀，然後再轉換成平衡。如果它看起來已經像左左形狀，那就只要再轉換成平衡即可。

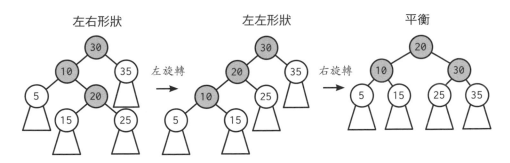

情況 2：平衡值為 -2

這種情況是前一種情況的鏡像，樹看起來可能是右左形狀，也可能是右右形狀。執行下面的旋轉將可把它轉換成平衡。

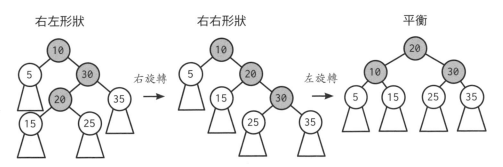

在這兩種不平衡的情況中，「平衡」僅僅代表著樹的平衡值在 -1 和 1 之間。這並不代表著高度差為 0。

沿樹向上做遞迴，修正任何不平衡的部份。如果把子樹的平衡值做成了 0，就知道已經完成了所有的平衡工作。樹的這區塊不會害另一個更高的子樹的平衡值變成 -2 或 2。如果不是以遞迴做這件工作，此時就可以從迴圈中跳出來了。

▶ 紅黑樹

紅黑樹（一種自平衡的二元搜尋樹）並不能保證能嚴格的平衡，但是這種平衡足以保證插入、刪除和檢索可以在 O(log N) 內做完。它們需要的記憶體量更少，並且可以更快地重新平衡（這代表著有能力更快地插入和刪除），因此它們通常用於需要頻繁修改樹的情況。

紅黑樹的運作方式是強制使用一種紅黑交替的顏色（根據下面描述的某些規則），然後要求從一個節點到它的葉子的每條路徑都有相同數量的黑色節點。這樣就得到了一個合理平衡的樹。

下圖為一棵紅黑樹（紅色節點用灰色表示）：

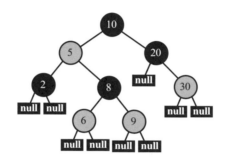

特性

1. 每個節點不是紅色就是黑色。

2. 根節點是黑色的。

3. 葉節點（那些 NULL 節點）要當成是黑色的。

4. 每個紅色節點必須有兩個黑色子節點。也就是說，一個紅色節點不能有紅色的子節點（但一個黑色節點可以有黑色的子節點）。

5. 從任一個節點走到它底下的葉節點的每條路徑必須有相同數量的黑色子節點。

為什麼它能平衡

特性 #4 的意思是路徑中兩個紅色節點不能相鄰（例如，父節點和子節點）。因此，任一條路徑中的紅色節點不會超過一半。

假設從某一個節點（比如根節點）到其葉節點有兩條路徑，那麼這兩條路徑必須具有相同數量的黑色節點（特性 #5），因此讓我們盡可能假設它們的紅色節點計數差很多：一個路徑包含最小數量的紅色節點，另一個路徑包含最大數量的紅色節點。

- 路徑 1（最少紅色節點）：紅色節點的最小數量為零。因此，路徑 1 總共有 b 個節點。

- 路徑 2（最多紅色節點）：紅色節點的最大數量為 b，因為紅色節點必須有黑色子節點，且需要有 b 個黑色節點。因此，路徑 2 共有 2b 個節點。

因此，即使在最極端的情況下，路徑長度的差異也不會超過 2 倍。這足以確保搜尋和插入可以在 O(log N) 時間內執行完畢。

如果我們可以維護好這些特性，就可以得到一個（足夠）平衡的樹，足以確保插入和搜尋可在 O(log N) 內完成。接下來的問題是如何有效率地維護這些屬性。這裡我們只討論插入，但是您可以自己搜尋關於刪除的資訊。

插入

若想瞭解如何在紅黑樹中插入新節點，首先您必須瞭解如何在一個典型的二元搜尋樹做插入。

- 新節點是被插入到葉節點，這代表著它們會替換掉一個黑色節點。

- 新節點總是用紅色表示，並帶有兩個黑色葉節點（NULL）。

完成後，接著要修復任何由上面動作產生違反紅黑特性的違規。有兩種可能的違規：

- 紅色違規：一個紅色節點有一個紅色的子節點（或者根節點是紅色的）。

- 黑色違規：一條路徑比另一條路徑有更多的黑色節點。

被插入的節點一定是紅色的，所以不會改變到葉節點路徑上的黑色節點數量，所以我們知道不會產生黑色違規，但可能會產生紅色違規。

若碰到根節點是紅色的特殊違規情況，可以放心地把它變成黑色來滿足特性 2，這個變化不會違反其他的條件。

如果發生的是一般紅色違規，則表示在一個紅色節點下有一個紅色節點。糟糕！

讓我們稱 N 為當前插入的節點，P 是 N 的父節點，G 是 N 的祖父節點，U 是 N 的叔叔和 P 的兄弟姐妹。我們知道現況如下：

• N 是紅色的，P 是紅色的，所以有一個紅色違規。

• G 肯定是黑色的，因為之前沒有紅色違規。

未知部分為：

• U 可以是紅色的，也可以是黑色的。

• U 可以是一個左子節點或右子節點。

• N 可以是左子節點，也可以是右子節點。

透過簡單的組合可知需要考慮的情況有八種。幸運的是，其中一些情況是相同的。

• 案例 1：U 為紅色

不用管 U 是左子節點還是右子節點，也不用管 P 是左子節點還是右子節點。我們可以把八種情況中的四種合併成一種。

如果 U 是紅色的，我們可以切換 P、U 和 G 的顏色。將 G 從黑色變成紅色，將 P 和 U 從紅色變為黑色。這個變色的動作不會改變任何路徑上的黑色節點數量。

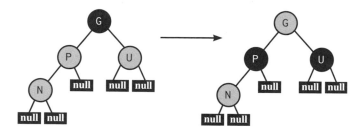

然而，將 G 變成紅色的這個動作，可能會使 G 和 G 的父節點產生紅色違規。如果產生了紅色違規，我們遞迴地套用處理一個紅色違規的邏輯，在處理過程中要把 G 視為新的 N。

注意，在一般的情況下，N、P 和 U 也可能有黑色 NULL（如圖中所示的葉節點）節點。在情況 1 中，由於樹結構保持不變，這些子樹連接到的父節點也保持相同。

- **案例 2：U 為黑色**

  我們需要考慮 N 和 U 在樹的哪裡（左 vs 右子節點）。不管是哪種情況，我們的目標都是修復紅色違規（紅色節點上面是紅色節點），同時又不能：

  » 打亂二元搜尋樹的順序。

  » 產生黑色違規（一條路徑上的黑色節點比另一條路徑上的黑色節點多）。

  如果能滿足以上的條件，就解決問題了。在下面的每一種情況中，紅色違規都是透過保持節點順序的旋轉來修復的。

  所以，下面的旋轉不會改變樹中所有通過受影響區域路徑的黑色節點數量，不管旋轉部份的下方是 NULL 節點或是子樹，都不會受到影響。

  情況 A：N 和 P 都是左子節點

  如下圖，在經過旋轉 N、P 和 G，另外再做一些重新上色後，我們修復了紅色違規。如果您在此時做中序尋訪的話，您可以看到旋轉後的結果仍保持節點的順序（a <= N <= b <= P <= c <= G <= U）。該樹向下的所有子樹（a、b、c 和 U（可能是 NULL））的路徑裡的黑色節點數量保持不變。

  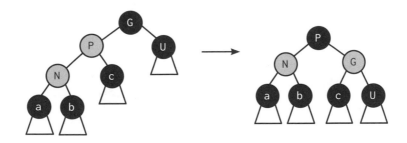

  情況 B：P 是左子節點，N 是右子節點

  情況 B 的旋轉解決了紅色違規並維持相同的中序尋訪順序：a <= P <= b <= N <= c <= G <= U。同樣，在每條向下到葉節點（或子樹）的路徑中，黑色節點的數量保持不變。

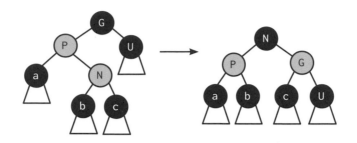

情況 C：N 和 P 都是右子節點

這是情況 A 的鏡像。

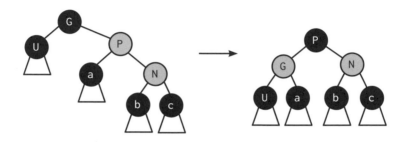

情況 D：N 是左子節點，P 是右子節點

這是情況 B 的鏡像。

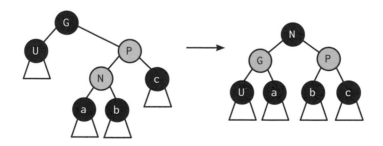

在案例 2 的每一個子情況中，在 N、P 和 G 於中間的那個元素會被旋轉變成 G 子樹的根節點，而且這個元素會和 G 交換顏色。

也就是說，不要背下這些情況，而是去研究為什麼可以這樣處理。如何確保每種情況都不會產生紅色違規，不會產生黑色違規，而且也不會違背二元搜尋樹的特性？

▶ MapReduce

MapReduce 被廣泛用於處理大量資料的系統設計中。顧名思義，MapReduce 程式需要您撰寫一個 Map 步驟和一個 Reduce 步驟，然後把其餘的事都交由系統處理。

1. 這個系統會把資料分散到不同的機器上。

2. 每台機器都開始執行使用者提供的 Map 程式。

3. Map 程式獲取一些資料並發出一個 <key, value> 對。

4. 依系統提供的 Shuffle 程序重新組織資料，以便讓所有與指定鍵關聯的 <key, value> 對，都將會被派到同一台機器上的 Reduce 程式處理。

5. 使用者所提供的 Reduce 程式的參數是一個鍵和一堆相關的值，並以某種方式「簡化（reduce）」這些值，然後發出一個新的鍵和值。這個簡化的結果可能會回饋給 Reduce 程式以利未來的簡化工作。

MapReduce 的經典使用範例（基本上是 MapReduce 的「Hello World」）是計算一組檔案中單詞出現的頻率。

當然，您也可以選擇將程式寫成一個能讀取所有資料的函式，利用雜湊表計算每個單詞出現的次數，然後輸出結果。

MapReduce 讓您能夠平行地處理檔案。用 Map 函式讀取一個檔案，並發送每個單詞和計數（此值總是 1）。然後用 Reduce 函式讀取鍵（單詞）和關聯的值（計數）。它會發送計數的總和，而這個總和可能會打包變成另一個接受相同的鍵值的 Reduce 呼叫的輸入（如圖所示）。

```
1   void map(String name, String document):
2     for each word w in document:
3       emit(w, 1)
4
5   void reduce(String word, Iterator partialCounts):
6     int sum = 0
7     for each count in partialCounts:
8       sum += count
9     emit(word, sum)
```

下圖顯示在這種使用範例下，MapReduce 是怎麼工作的？

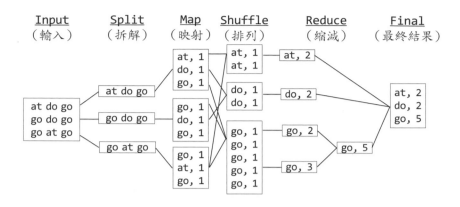

下面是另一個範例：假設您有一個由資料所組成的串列，其格式 {City, Temperature, Date}。請計算每個城市每年的平均氣溫。例如 {(2012, Philadelphia, 58.2)、(2011, Philadelphia, 56.6)、(2012, Seattle, 45.1)}。

- Map：Map 步驟要輸出一個鍵值對，其中鍵為 `City_Year`，值為 (`Temperature`, 1)。其中的「1」表示這個平均溫度是平均了 1 個數據點得到的。這對於 Reduce 步驟非常重要。

- **Reduce**：`Reduce` 步驟將得到特定城市和年份相對應的溫度所組成的串列。它必須使用這些來計算這個輸入的平均溫度，您不能單純地把溫度全部加起來然後除以數字的個數。

    舉例來說，假設我們有一個特定城市和年份的 5 個資料點：25、100、75、85、50。Reduce 步驟可能一次只取出其中一些資料。如果您取 {75, 85} 的平均值，您會得到 80。但 80 可能最後變成另一個包含 50 的 Reduce 步驟的輸入，僅僅天真地直接平均 80 和 50 是錯誤的，因為 80 的比重更大。

    因此，我們的 Reduce 步驟會取得輸入 {(80, 2), (50, 1)}，然後把溫度做加權求和。所以是 80 * 2 + 50 * 1 然後除以 (2 + 1) 得到平均溫度 `70`。然後發送的結果為 (70, 3)。

    另一個 Reduce 步驟可以將 {(25, 1),(100, 1)} 縮減成 (62.5, 2)。如果將 (62.5, 2) 和 (70, 3) 再做一次縮減，我們得到最終的結果 (67, 5)。換句話說，這個城市今年的平均溫度是 67 度。

我們也可以用其他的方法來做，改用城市當作鍵，其對應值為 (年份 , 溫度 , 計數)。Reduce 步驟本質上仍維持做同樣的事情，但必須按年進行分組。

在大部份情況下，先想好 Reduce 步驟應該做什麼是很有用的，然後再圍繞這個想法設計 Map 步驟，以及 Reduce 需要什麼樣資料才能工作？

▶ 延伸學習

那麼,現在您已經掌握了前面那些內容,還想學更多嗎?好吧。以下是一些可以幫助您開始學習更多的主題:

* **Bellman-Ford 演算法**:在具有正加權數邊和負加權數邊的加權有向圖中,找到某一個節點出發的最短路徑。

* **Floyd-Warshall 演算法**:在具有正加權數邊或負加權數邊(但不會有負加權循環)的加權圖中尋找最短路徑。

* **最小生成樹(Minimum Spanning Tree)**:在一個加權的、連通的、無向的圖中,一個生成樹是一個連接所有頂點的樹。最小生成樹指的是具有最小加權值的生成樹。有很多演算法可以做出最小生成樹。

* **B-Tree**:一種自平衡搜尋樹(不是二元搜尋樹),通常用於磁碟或其他存放裝置。它類似於紅黑樹,但使用較少的 I/O 操作。

* **A★**:搜尋開始節點與目標節點(或多個目標節點之一)之間的最小成本路徑。它是 Dijkstra's 演算法的擴展,利用啟發式演算法獲得了更好的效能。

* **區間樹(Interval Tree)**:平衡二元搜尋樹的擴展,但改為儲存區間值(低 -> 高範圍)而不是簡單的值。飯店可以使用它來儲存所有預訂的清單,然後有效率地檢測誰在特定的時間範圍內住在飯店。

* **圖著色(Graph coloring)**:圖中節點著色的一種方法,使相鄰的兩個頂點不會是相同的顏色。有各式各樣的演算法可用來做一些事情,比如用來辨認一個圖是否可以只用 k 種顏色。

* **P、NP、NP-complete**:P、NP、NP-complete 指的是問題的分類。P 問題是可以快速解決的問題(「快速」代表著在多項式時間內可解決)。NP 問題是指在給定一個解的情況下,該解可以被快速驗證的問題。NP-complete 問題是 NP 問題的一個子集,所有 NP-complete 問題都可以相互簡化(也就是說,如果您找到了一個問題的解,您可以在多項式時間內調整解來解決集合中的其他問題)。

  P 是否等於 NP 這個問題,是一個公開的(也是非常著名的)問題,但人們普遍認為答案是否定的。

- **組合和機率**：在這領域中您可以學到很多種東西，比如隨機變數、期望值和 n 取 k 問題。

- **二部圖（Bipartite Graph）**：二部圖是這樣的一種圖，您可以把它的節點分成兩個集合，每條邊都橫跨這兩個集合（也就是說，在同一個集合裡的兩個節點之間不存在邊）。有一個演算法可以檢查圖是否是二部圖。注意，二部圖等價於可以用兩種顏色著色的圖。

- **正規表達式（Regular Expression）**：您應該知道有正規表達式這種東西，以及它們可以（大致）用在哪。您還可以學習演算法是如何匹配正規表達式的。學習正規表達式中的一些基本語法也很有用的。

當然其他還有更多的資料結構和演算法。如果您有興趣更深入地研究這些主題，我建議您閱讀那本厚厚的《*Introduction to Algorithms*》（演算法概論）（作者為「CLRS」，他們分別是 Cormen、Leiserson、Rivest 和 Stein）或《*Algorithm Design Manual*》（作者為 Steven Skiena）。

函式庫

XII

實作本書的程式時，有些特定的程式經常出現。我們嘗試過完整列出程式，但有些部分顯得太過冗贅。

此附錄提供部分最實用的程式段。

完整的程式可從 *www.CrackingTheCodingInterview.com* 下載。

函式庫

在實作本書程式碼時，有些特定的程式經常出現。我們嘗試過完整列出程式，但有些部分顯得太過冗贅。

本附錄提供了一些最實用的程式碼。

本書的所有程式碼都可以從 *CrackingTheCodingInterview.com* 網站下載。

▶ HashMapList<T, E>

HashMapList 類別基本上是 HashMap<T, ArrayList<E>> 的簡稱。它讓我們可從類型為 T 的項目映射到類型為 E 的 ArrayList。

例如，我們可能需要一個從整數映射到由字串所組成的串列資料結構。通常會這樣寫：

```
1   HashMap<Integer, ArrayList<String>> maplist =
2       new HashMap<Integer, ArrayList<String>>();
3   for (String s : strings) {
4       int key = computeValue(s);
5       if (!maplist.containsKey(key)) {
6           maplist.put(key, new ArrayList<String>());
7       }
8       maplist.get(key).add(s);
9   }
```

但現在，我們可以改為這樣寫：

```
1   HashMapList<Integer, String> maplist = new HashMapList<Integer, String>();
2   for (String s : strings) {
3       int key = computeValue(s);
4       maplist.put(key, s);
5   }
```

雖然變化看起來不是很大，但是它使我們的程式碼變得更簡單了。

```
1   public class HashMapList<T, E> {
2      private HashMap<T, ArrayList<E>> map = new HashMap<T, ArrayList<E>>();
3
4      /* 依鍵將項目插入串列 */
5      public void put(T key, E item) {
6         if (!map.containsKey(key)) {
7            map.put(key, new ArrayList<E>());
8         }
9         map.get(key).add(item);
10     }
11
12     /* 依鍵將串列插入 */
13     public void put(T key, ArrayList<E> items) {
14        map.put(key, items);
15     }
16
17     /* 依鍵取得項目串列 */
18     public ArrayList<E> get(T key) {
19        return map.get(key);
20     }
21
22     /* 檢查hashmaplist是否包含鍵 */
23     public boolean containsKey(T key) {
24        return map.containsKey(key);
25     }
26
27     /* 檢查鍵的串列中是否包含值 */
28     public boolean containsKeyValue(T key, E value) {
29        ArrayList<E> list = get(key);
30        if (list == null) return false;
31        return list.contains(value);
32     }
33
34     /* 獲取鍵串列 */
35     public Set<T> keySet() {
36        return map.keySet();
37     }
38
39     @Override
40     public String toString() {
41        return map.toString();
42     }
43  }
```

▶ TreeNode（二元搜尋樹）

雖然情況允許時儘量使用內建的二元樹類別是不會有問題的（甚至是很好的），但是還是會碰到不能用的時候。在許多問題中，我們需要存取到節點類別或樹類別的內部（或者需要做一些調整），因此不能使用內建類別庫。

TreeNode 類別支援各式各樣的功能，我們通常不會在每個問題 / 解決方案都用上這些功能。例如，TreeNode 類別具有追蹤該節點的父節點的功能，即使我們通常不會用到它（或者被禁止使用它）。

為簡單起見，我們將此樹儲存的資料實作為整數。

```
1  public class TreeNode {
2      public int data;
3      public TreeNode left, right, parent;
4      private int size = 0;
5
6      public TreeNode(int d) {
7          data = d;
8          size = 1;
9      }
10
11      public void insertInOrder(int d) {
12          if (d <= data) {
13              if (left == null) {
14                  setLeftChild(new TreeNode(d));
15              } else {
16                  left.insertInOrder(d);
17              }
18          } else {
19              if (right == null) {
20                  setRightChild(new TreeNode(d));
21              } else {
22                  right.insertInOrder(d);
23              }
24          }
25          size++;
26      }
27
28      public int size() {
29          return size;
30      }
31
32      public TreeNode find(int d) {
33          if (d == data) {
34              return this;
35          } else if (d <= data) {
```

```
36          return left != null ? left.find(d) : null;
37       } else if (d > data) {
38          return right != null ? right.find(d) : null;
39       }
40       return null;
41    }
42
43    public void setLeftChild(TreeNode left) {
44       this.left = left;
45       if (left != null) {
46          left.parent = this;
47       }
48    }
49
50    public void setRightChild(TreeNode right) {
51       this.right = right;
52       if (right != null) {
53          right.parent = this;
54       }
55    }
56
57 }
```

這棵樹被實作為二元搜尋樹，但您可以將它用於其他地方。您只需要使用 setLeftChild/setRightChild 方法，或 left 和 right 變數。基於這個原因，這些方法和變數設為 public，我們解決許多問題時都可以用上這些變數。

▶ LinkedListNode（鏈結串列）

與 TreeNode 類別一樣，我們經常需要用一種內建串列類別不支援的方式存取串列的內部。由於這個原因，我們實作自己的類別並將它應用於許多問題上。

```
1    public class LinkedListNode {
2       public LinkedListNode next, prev, last;
3       public int data;
4       public LinkedListNode(int d, LinkedListNode n, LinkedListNode p){
5          data = d;
6          setNext(n);
7          setPrevious(p);
8       }
9
10      public LinkedListNode(int d) {
11         data = d;
12      }
13
14      public LinkedListNode() { }
15
```

```
16   public void setNext(LinkedListNode n) {
17      next = n;
18      if (this == last) {
19         last = n;
20      }
21      if (n != null && n.prev != this) {
22         n.setPrevious(this);
23      }
24   }
25
26   public void setPrevious(LinkedListNode p) {
27      prev = p;
28      if (p != null && p.next != this) {
29         p.setNext(this);
30      }
31   }
32
33   public LinkedListNode clone() {
34      LinkedListNode next2 = null;
35      if (next != null) {
36         next2 = next.clone();
37      }
38      LinkedListNode head2 = new LinkedListNode(data, next2, null);
39      return head2;
40   }
41 }
```

同樣，我們將方法和變數設為 public，因為我們經常需要存取它們。雖然這樣的設定讓使用者有機會「破壞」鏈結串列，但是實際上是需要這種功能來達到目的。

▶ Trie & TrieNode

在本書一些問題中使用了線索樹資料結構，以便更容易地在字典（或有效單字串列）中搜尋一個單詞是否是任何其他單詞的開頭。當我們在用遞迴建立單詞時，通常會用線索樹來及早回傳無效單詞的情況。

```
1   public class Trie {
2      // 這個線索樹的根節點
3      private TrieNode root;
4
5      /* 以一個字串組成的串列為參數，
6       * 建構能儲存這些字串的線索樹 */
7      public Trie(ArrayList<String> list) {
8         root = new TrieNode();
9         for (String word : list) {
10           root.addWord(word);
11        }
```

```
12        }
13
14
15        /* 用參數傳入的開頭字串,
16         * 檢查這個線索樹是否包含字串 */
17        public Trie(String[] list) {
18            root = new TrieNode();
19            for (String word : list) {
20                root.addWord(word);
21            }
22        }
23
24        /* 檢查線索樹是否帶有傳入參數前綴
25         * 的字串 */
26        public boolean contains(String prefix, boolean exact) {
27            TrieNode lastNode = root;
28            int i = 0;
29            for (i = 0; i < prefix.length(); i++) {
30                lastNode = lastNode.getChild(prefix.charAt(i));
31                if (lastNode == null) {
32                    return false;
33                }
34            }
35            return !exact || lastNode.terminates();
36        }
37
38        public boolean contains(String prefix) {
39            return contains(prefix, false);
40        }
41
42        public TrieNode getRoot() {
43            return root;
44        }
45    }
```

Trie 類別使用了 TrieNode 類別,TrieNode 實作如下。

```
1     public class TrieNode {
2         /* trie中此節點的子節點 */
3         private HashMap<Character, TrieNode> children;
4         private boolean terminates = false;
5
6         /* 儲存在此節點中的資料為字元 */
7         private char character;
8
9         /* 建構一個空的trie節點,並將其子節點組成的串列初始化為一個空的雜湊映射。
10         * 僅用於建構trie的根節點時 */
11        public TrieNode() {
12            children = new HashMap<Character, TrieNode>();
13        }
```

```
14
15      /* 建構一個trie節點，並將此字元儲存為節點的值。
16       * 將此節點的子節點串列初始化為空的雜湊映射 */
17      public TrieNode(char character) {
18          this();
19          this.character = character;
20      }
21
22      /* 回傳此節點中儲存的字元資料 */
23      public char getChar() {
24          return character;
25      }
26
27      /* 將這個單詞添加到trie中，然後遞迴地建立
28       * 子元素節點 */
29      public void addWord(String word) {
30          if (word == null || word.isEmpty()) {
31              return;
32          }
33
34          char firstChar = word.charAt(0);
35
36          TrieNode child = getChild(firstChar);
37          if (child == null) {
38              child = new TrieNode(firstChar);
39              children.put(firstChar, child);
40          }
41
42          if (word.length() > 1) {
43              child.addWord(word.substring(1));
44          } else {
45              child.setTerminates(true);
46          }
47      }
48
49      /* 搜尋該節點的一個子節點，該子節點的資料等於char參數。
50       * 如果trie中沒有這樣的子節點，則回傳null */
51      public TrieNode getChild(char c) {
52          return children.get(c);
53      }
54
55      /* 回傳該節點是否代表一個完整單詞的結尾 */
56      public boolean terminates() {
57          return terminates;
58      }
59
60      /* 設定此節點是否為完整單詞的結尾 */
61      public void setTerminates(boolean t) {
62          terminates = t;
63      }
64  }
```

提示

面試官通常不會只把問題丟給你就期望你作答,他們通常會在你卡住時提供指引,特別是困難的題目。一本書無法完全的模擬面試流程,但這些提示可幫助你進入狀況。

請盡可能自己解題,但有麻煩時可以尋求一些幫助。再說一次,卡住是很正常的。

我將提示隨意排列,使同一題的提示不會放一起,如此能避免你在看第一個提示時不小心看到第二個提示。

資料結構提示

#1.   1.2   請描述兩個字串互為變位字的含義。現在,請看一下您所作的定義。您可以依照該定義檢查字串嗎?

#2.   3.1   堆疊只是一種資料結構,它會優先刪除最後加入的元素。您可以使用陣列模擬單個堆疊嗎?請記住,可能的解決方案有很多,而且各有各的優缺點。

#3.   2.4   這個問題有很多解決方案,其中大多數執行時間同樣都是最優的。有些程式碼比其他程式碼短一些。您能想出多種解決方案嗎?

#4.   4.10   如果 T2 是 T1 的子樹,T2 的中序尋訪與 T1 的中序尋訪差在哪裡?前序和後序尋訪又差在哪裡?

#5.   2.6   回文是從前面和後面開始寫都相同的東西。如果您試試反轉鏈結串列會怎樣?

#6.   4.12   請嘗試簡化問題。如果路徑必須從根節點開始,會怎麼樣?

#7.   2.5   當然,您可以將鏈結串列轉換為整數,然後計算總和,然後將其轉換成一個新的鏈結串列。如果您是在面試中這樣做,那麼您的面試官可能會接受答案,然後想想看您是否可以不轉換成數字。

#8.   2.2   如果您知道鏈結串列的大小呢?找倒數 k 個元素和找到第 X 元素之間有什麼區別?

#9.   2.1   您是否嘗試過雜湊表?您應該能夠掃過鏈結串列一次就解掉問題。

#10.   4.8   如果每個節點都有指向其父節點的連結,我們可以利用第 126 頁問題 2.7 的方法。但是,面試官可能不會讓我們做這個假設。

#11.   4.10   中序尋訪不會告訴我們太多訊息。畢竟無論結構如何,具有相同值的每個二元搜尋樹都將具有相同的中序尋訪。這就是中序尋訪的意義,即內容是以中序排列(如果它無法用於特定的二元搜尋樹,那麼它更無法用於一般的二元樹)。前序尋訪更能告訴我們一些事情。

#12. 3.1 我們可以將陣列的前三分之一分配給第一個堆疊，中間三分之一分配給第二個堆疊，最後三分之一分配給第三個堆疊來在一個陣列中模擬三個堆疊。可是某個堆疊可能比其他的需要更多空間，我們可以更靈活地劃分空間嗎？

#13. 2.6 請嘗試使用堆疊。

#14. 4.12 別忘了路徑可能重疊。例如，如果您要尋找的總和為 6，則路徑 1->3->2 和 1->3->2->4->-6->2 都符合。

#15. 3.5 排序陣列的其中一種方法是迭代陣列，然後將每個元素按排序順序插入新陣列。你能用堆疊做到這一點嗎？

#16. 4.8 第一個共同祖先是最深的節點，p 和 q 都是它的後代。請想一下如何找出此節點。

#17. 1.8 如果每當您找到 0 時就清除列和欄，那您很可能會清除整個矩陣的內容。在對矩陣進行任何更改之前，請先嘗試找出所有裝著 0 的單元。

#18. 4.10 您可能已經得到了一個結論，如果 T2.preorderTraversal() 是 T1.preorderTraversal() 的子字串，則 T2 是 T1 的子樹。除了沒思考到樹可以具有重複的值之外，這幾乎是正確的。假設 T1 和 T2 都具有重複值，但結構不同。即使 T2 不是 T1 的子樹，前序尋訪的結果看起來也將相同。您如何處理這種情況呢？

#19. 4.2 最小二元樹在每個節點的左側與右側擁有大約相同的節點數。現在讓我們把注意力放在根節點。如何確保根節點的左側和右側的節點數量相同？

#20. 2.7 您可以在時間複雜度 O(A+B) 和空間複雜度 O(1) 中完成此操作。也就是說，雖然您可以選擇使用雜湊表，但其實不需要使用它。

#21. 4.4 請思考一下平衡樹的定義。您要怎麼檢查單個節點的條件？您要怎麼檢查每個節點的條件？

#22. 3.6 我們可以思考把貓和狗放到同一個鏈結串列，然後迭代它以找到第一個「狗」或「貓」。這樣做時需要注意什麼？

#23. 1.5 從簡單的事情開始思考。您可以分別檢查出每種情況嗎？

#24.   2.4   思考到元素不必保持相同的相對順序。我們只需要確保小於樞紐的元素必須位於大於樞紐的元素之前。這個提示可以幫助您提出更多解決方案嗎？

#25.   2.2   如果您不知道鏈結串列的大小，您可以計算出來嗎？這對執行時間有何影響？

#26.   4.7   請建立一個表示依賴關係的有向圖。每個節點都是一個項目，如果 B 依賴於 A，則 A 到 B 之間必須存在一個邊。如果您有更方便的方法，也可以用其他方式構建它。

#27.   3.2   請注意到最小元素不會經常改變，只有在添加更小的元素或彈出最小的元素時，它才會更改。

#28.   4.8   您如何判斷 p 是否為節點 n 的後代？

#29.   2.6   假設您知道鏈結串列的長度，您可以用遞迴實作出來嗎？

#30.   2.5   請嘗試遞迴。假設有兩個串列：A = 1->5->9（代表 951）和 B = 2->3->6->7（代表 7632），還有一個能處理剩餘串列（5->9 和 3->6->7）的函式。您能用它來建立出求和的方法嗎？ sum(1->5->9, 2->3->6->7) 和 sum(5->9, 3->6->7) 有怎樣的關係？

#31.   4.10   儘管問題似乎來自於有重複值，但其實不止是這樣。真正問題在於，前序尋訪之所以看起來結果相同，是因為存在 null 點，而我們跳過了 null 節點（因為它們是空節點）。當您到達 null 節點時，請思考在前序尋訪字串中插入一個佔位值。將 null 節點當成「實際」節點看，以便讓您區分出不同的結構。

#32.   3.5   想像一下您的第二個堆疊已排好序了。請問您是否可以按順序將第一個堆疊中的元素插入其中？您可能需要一些額外的儲存空間，可以用什麼來當作儲存空間？

#33.   4.4   如果您已經開發好了暴力解決方案，請注意其執行時間。如果您會去計算每個節點的子樹高度，那麼您的演算法效率可能會很低。

#34.   1.9   如果一個字串是另一個的旋轉，那麼它是以某個特定點為中心做旋轉。例如，「在第 3 字元處旋轉 waterbottle」的意思是，在第 3 字元處切斷 waterbottle，並將右半邊的「erbottle」放在左半邊的「wat」之前。

#35. 4.5 如果您使用中序尋訪遍歷樹並且看到元素確實在正確的順序，這是否表明樹實際上是按順序排列的？若有重複元素會發生什麼情況？如果元素可以重複，則必須放在特定的一側（通常是左側）。

#36. 4.8 從根節點開始看。您是否可以判斷根節點是否是第一個共同祖先？如果不是，可以判斷第一個共同祖先在根節點的哪一側嗎？

#37. 4.10 或者，我們可以遞迴地解決這個問題。若從 T1 內取一個特定節點，我們可以檢查其子樹是否匹配 T2？

#38. 3.1 如果想要能靈活的劃分使用範圍，您可以移動堆疊。您可以確定所有可用容量都被充份使用了嗎？

#39. 4.9 每個陣列的第一個值必定是什麼？

#40. 2.1 若不使用額外的空間，您將需要 O(N²) 時間。請嘗試使用兩個指標，在第一個指標的前方用第二個指標做搜尋。

#41. 2.2 嘗試遞迴地實作它。如果您可以找到倒數第 K-1 個元素，那您就可以找到倒數第 K 個元素。

#42. 4.11 解這個問題要非常小心，以確保每個節點的機率均等，並且注意您的解決方案不能減慢標準二元搜尋樹演算法（如它的 insert、find 和 delete）的速度。另外，請記住，即使您假設它是平衡的二元搜尋樹，也並不意味著該樹是完滿 / 完整 / 完美的。

#43. 3.5 請保持第二堆疊的排序順序（最大的元素放在頂部，將第一個堆疊拿去儲存其他的東西）。

#44. 1.1 請試著使用雜湊表。

#45. 2.7 建立一個例子會有幫助。請畫出兩個相交的鏈結串列和兩個內容相同但不相交鏈結串列的圖。

#46. 4.8 請嘗試遞迴方法。檢查 p 和 q 是否是左子樹和右子樹的後代。如果它們是不同子樹的後代，則當前節點是第一個共同祖先。如果它們是同一子樹的後代，則該子樹擁有第一個共同祖先。現在，您必須想一下該如何有效率地實作這件事？

#47. 4.7 看看這張圖。有沒有方法可以判斷出可以先建立的節點？

#48. 4.9 根節點必定是每個陣列中的第一個值。您能說出左子樹中的值與右子樹中的值的順序嗎？左子樹的值是否需要在右子樹之前插入？

#49.	4.4	如果您可以修改二元樹節點以儲存其子樹的高度？
#50.	2.8	這個問題實際上有兩個部分。首先，檢測鏈結串列是否具有循環。其次弄清楚循環從哪裡開始。
#51.	1.7	請嘗試逐層思考。您可以旋轉特定層嗎？
#52.	4.12	如果每個路徑都必須從根節點開始，我們可以看過從根節點開始的所有可能路徑。我們可以隨時更新總和，每次找到符合目標總和的路徑時，就遞增 totalPaths。現在，我們如何將其擴展到路徑可以從任何節點開始。請記住，只需完成暴力演算法即可。您可以之後再進行優化。
#53.	1.3	通常，最容易修改字串的方法是從尾端修改到開頭。
#54.	4.11	這是您自有的二元搜尋樹類別，因此只要它沒有其他負面影響（比方說降低 insert 速度），您能自由地使用任何想要的樹結構或在節點加入任何訊息。實際上，面試問題之所以要指定從無到有開發自有類別是有原因的，您可能需要儲存一些其他訊息才能有效率地實作解決方案。
#55.	2.7	先將注意力放在判斷相交是否存在。
#56.	3.6	假設我們分別為貓和狗準備了各自的串列。我們如何找出任何指定動物中呆最久的那隻，要用點創意喔！
#57.	4.5	要成為二元搜尋樹，僅靠每個節點的值 left.value <= current.value < right.value 是不夠的。左側的每個節點值都必須小於當前節點值，當前節點值必須小於右側的所有節點的值。
#58.	3.1	請嘗試思考陣列是循環的，也就是陣列的尾端會「繞回」到陣列的開頭。
#59.	3.2	如果我們想在每個堆疊節點上儲存額外資料要怎麼做？哪種資料可能幫助解決問題呢？
#60.	4.7	如果您確定一個節點沒有任何入邊，那麼它肯定可以被建構。請找出這種節點（可能有多個）並將其加入到構建順序中。再思考這對它的出邊又是什麼意思呢？

#61. 2.6 在遞迴方法中（我們有串列的長度），中間節點是基本情況：isPermutation(middle) 為 true。若 x 節點緊靠在中間節點左邊：該節點可以做什麼以檢查出 x->middle->y 是否形成回文？現在假設檢查完成後，那前一個節點呢？如果 x->middle->y 是回文，那麼如何檢查 a->x->middle->y->b 是回文呢？

#62. 4.11 若是思考「暴力」演算法，您可以使用樹尋訪演算法來實現該演算法嗎？其執行時間是什麼呢？

#63. 3.6 想想您在現實生活中會如何做。您具有按時間順序排列的狗串列和按時間順序排列的貓串列。尋找呆最久的動物需要什麼資料？您將如何維護此資料？

#64. 3.3 您將需要維護每個子堆疊的大小。當一個堆疊已滿時，您可能需要建立一個新堆疊。

#65. 2.7 請注意，只要兩個鏈結串列有相交，那最後一個節點必定是相同的。一旦它們相交，之後的所有節點都將相等。

#66. 4.9 左子樹值和右子樹值之間的關係本質上可以是「任何關係」。可以將左子樹值插入右子樹之前，也可以倒過來（右子樹值插入左子樹前）或其他任何順序。

#67. 2.2 您可能會發現回傳多個值很實用。某些語言不直接支持這種功能，但基本上任何語言都有解決方法。請問這些解決方法有哪些？

#68. 4.12 要將其擴展到從任何地方開始的路徑，我們只需對所有節點重複此流程即可。

#69. 2.8 要判斷是否存在循環，請嘗試使用第 124 頁所述的「Runner」技巧。讓一個指標移動得比另一個指標快。

#70. 4.8 在比較簡單的演算法中，我們有一個方法可標示出 x 是否為 n 的後代，還有另一個方法可以遞迴以找到第一個共同祖先。它們都是在子樹中重複搜尋相同的元素。我們應該將其合併成為一個 firstCommonAncestor 函數。什麼樣的回傳值可提供我們所需的訊息呢？

#71. 2.5 請確認您有考慮到鏈結串列長度不一樣的情況。

#72. 2.3 請把串列想像成 1->5->9->12，刪除 9 將使其看起來像 1->5->12。您只能訪問值為 9 的節點。你能使它看起來像正確答案嗎？

#73. 4.2 您可以利用找到下一個要加入的「理想」元素並重複呼叫 `insertValue` 來實現此目的。這將有點效率低下，因為您將不得不反覆地遍歷樹。請嘗試遞迴代替。你能把這個問題分為幾個子問題嗎？

#74. 1.8 您可以只用 O(N) 的額外空間而不要使用 O(N²) 額外空間嗎？您真正需要從值為零的格子串列中獲得的是哪些訊息呢？

#75. 4.11 另外一個解決方案，是可以做隨機尋訪直到選定的隨機深度時停止，請仔細思考一下，這樣能解決問題嗎？

#76. 2.7 走到兩個鏈結串列的末端並比較它們的結尾元素，可以判定兩個鏈結串列是否相交。

#77. 4.12 如果您已照著說明設計好了演算法，那麼在平衡樹中您的演算法時間複雜度為 O(N log N)。這是因為共有 N 個節點，每個節點的深度最差為 O(log N)。一個節點會被其上方的每個節點都觸摸一次。因此，N 個節點將被觸摸 O(log N) 次。有一種優化讓我們得到 O(N) 演算法。

#78. 3.2 請思考看看讓每個節點知道其「子堆疊」(即其下面的所有元素(包括自身))的最小值。

#79. 4.6 思考一下中序尋訪是如何工作的，並嘗試對它做「逆向工程」。

#80. 4.8 `firstCommonAncestor` 函數可以回傳第一個共同祖先(如果 p 和 q 都在樹中)，如果 p 在樹中而 q 不在時回傳 p，如果 q 在樹中而 p 不在時回傳 q，否則回傳 `null`。

#81. 3.3 從特定的子堆疊中彈出一個元素意味著某些堆疊未達到最大容量，這會是一個問題嗎？這裡並沒有正確的答案，但是您應該思考如何處理這樣的情況。

#82. 4.9 將其分解為子問題，並使用遞迴去解。如果您已知左子樹和右子樹所有可能的序列，那麼如何為整個樹創建所有可能的序列？

#83. 2.8 您可以使用兩個指標，其中一個指標的移動速度是另一個指標的兩倍。如果有循環存在的話，兩個指標將發生衝突。它們將同時落在同一地點，它們會落在哪裡呢？為什麼會在那裡？

#84. 1.2 有一種解決方案的時間複雜度是 O(N log N)。另一種解決方案會多使用一些空間，但時間是 O(N)。

#85. 4.7 一旦決定構建一個節點，就可以刪除它的出邊。完成此操作後，您可以找出其他可構建的節點嗎？

#86. 4.5 如果左邊的每個節點都一定小於或等於當前節點，則這與說左邊的最大節點一定小於或等於當前節點是同一件事。

#87. 4.12 當前的暴力演算法中有哪些工作是重複的？

#88. 1.9 我們本質上是在問是否有一種方法可以將第一個字串分為 x 和 y 兩部分，使得第一個字串為 xy，第二個字串為 yx。例如：x = wat、y = erbottle。第一個字串是 xy = waterbottle，第二個字串是 yx = erbottlewat。

#89. 4.11 隨機選擇深度不會對我們有多大幫助。首先，在選中較低深度處的節點多於較高深度處的節點。其次，即使我們重新平衡了這些機率，也可能會遇到「死路」，「死路」的意思是我們打算在深度 5 處選擇一個節點，但葉節點卻在深度 3。不過，重新平衡機率是一個有趣的問題。

#90. 2.8 如果您尚未確定兩個指標的位置模式，請嘗試以下方法。使用鏈結串列 1->2->3->4->5->6->7->8->9->?，? 連結到另一個節點。請嘗試使 ? 設成第 1 個節點（即 9 指向 1，以使整個鏈結串列成為一個循環）。然後再試著將 ? 設為第 2 個節點，然後再設定節點 3，然後是節點 4，此處的模式是什麼？你能解釋為什麼發生這種情況嗎？

#91. 4.6 以下是解題邏輯的第一步：特定節點的後繼者是右子樹的最左節點。但如果沒有右子樹該怎麼辦？

#92. 1.6 簡單的事情先做。壓縮該字串，然後比較長度。

#93. 2.7 現在，您需要找到鏈結串列相交的位置。假設鏈結串列的長度相同，你會怎麼做？

#94. 4.12 思考將根節點開始的每條路徑（有 N 條這樣的路徑）作成陣列。我們的暴力演算法真正在做的是取得每個陣列並找到具有特定總和的所有連續子序列。我們透過計算所有子陣列及其總和來做到這一點，把注意力放在這個小的子問題可能會很有幫助。假設給定一個陣列，您要如何找到具有特定總和的所有連續子序列？同樣地，再思考一下暴力演算法中有哪些的重複工作。

#95. 　2.5　　您的演算法是否適用於 9->7->8 和 6->8->5 之類的鏈結串列？請仔細想一想。

#96. 　4.8　　小心！您的演算法有能力處理只有一個節點存在的情況嗎？會發生什麼情況？您可能需要稍微調整回傳值。

#97. 　1.5　　「插入字元」選項和「刪除字元」之間的關係是什麼？是否需要進行兩次獨立的檢查？

#98. 　3.4　　佇列和堆疊之間的主要差異在於元素的順序。佇列刪除最舊的項目，堆疊刪除最新的項目。如果您只能訪問最新的項目，要怎麼才能從堆疊中刪除最舊的項目呢？

#99. 　4.11　許多人會想天真地在 1 到 3 之間選擇一個隨機數。如果選擇 1，則回傳當前節點。如果是 2，回傳左分支，如果選擇 3，回傳右分支。這個解決方案是行不通的，為什麼行不通呢？有什麼辦法可以調整它使它變得可用呢？

#100. 1.7　　旋轉特定的一層代表著只是交換四個陣列中的值。如果要求您交換兩個陣列中的值，您會怎麼做？然後您可以將其擴展為交換四個陣列值嗎？

#101. 2.6　　請回到上一個提示。請記住，有多種方法可以回傳多個值。您可以使用一個新類別來完成此操作。

#102. 1.8　　您可能需要一些資料儲存空間，來維護一個 list，該 list 由需要被清成零的列和欄所組成。透過使用矩陣本身進行資料儲存，您能否將額外的空間使用量減少到 O(1)。

#103. 4.12　我們正在尋找總和為 targetSum 的子陣列。請注意到我們可以在常數時間內得到 $runningSum_i$ 的值，該值是從元素 0 到元素 i 的總和。為了算出元素 i 到元素 j 的子陣列的 targetSum，$runningSum_{i-1}$ + targetSum 必須等於 $runningSum_j$（請嘗試繪製陣列或數線圖）。假設我們可以在過程中一直維護 runningSum 的值，那我們如何快速查找出使前面方程式成立時的索引 i 的數量？

#104. 1.9　　想想前面的提示，然後思考一下當您將 erbottlewat 連接到它自己時會發生什麼事，你會得到 erbottlewaterbottlewat。

#105. 4.4 您不需要修改二元樹類別來儲存子樹的高度。您的遞迴函數可以計算每個子樹的高度，同時檢查節點是否平衡嗎？請嘗試讓函數回傳多個值。

#106. 1.4 您不必（也不應該）生成所有排列，這將是非常沒有效率的。

#107. 4.3 請嘗試修改圖搜尋演算法以維護根節點開始起算的深度。

#108. 4.12 嘗試使用一個雜湊表，該雜湊表從 runningSum 值映射到具有該 runningSum 的元素數量。

#109. 2.5 延伸題的提示：當鏈結串列的長度不相同時，一個鏈結串列的頭可能代表 1000 的位置，而另一個鏈結串列的開頭則代表 10 的位置。如果您使它們具有相同的長度會怎樣？有沒有辦法修改鏈結串列，同時又不修改它代表的值來做到這一點呢？

#110. 1.6 注意不要重複連接字串，這可能是非常沒效率的。

#111. 2.7 如果兩個鏈結串列的長度相同，您可以一路向後走直到您找到共享的元素。現在，您如何在串列長度不同時也做這個動作呢？

#112. 4.11 前面的解決方案（選擇 1 到 3 之間的隨機數）之所以行不通的原因是選中每個節點的機率不相等。例如，即使樹中有 50 個以上的節點，但選中根節點的機率還是 $\frac{1}{3}$，很顯然不可能每個節點的機率都是 $\frac{1}{3}$，所以所有節點的機率不相等。我們可以藉由在 1 到 size_of_tree 間挑選一個隨機數來解決這個問題。不過這只解決了根節點的問題，其他的節點要怎麼解決呢？

#113. 4.5 我們不去驗證目前節點值是否在 leftTree.max 和 rightTree.min 之間，而是將這個邏輯翻轉呢？驗證左樹的節點，以確認所有節點都比 current.value 小。

#114. 3.4 我們可以藉由重複彈出最新的項目（將那些項目插入臨時堆疊中），直到我們剩下一個元素為止，來從堆疊中刪除最舊的項目。然後，再藉由重複從臨時堆疊取得最新項目，將所有元素放回原處。這樣做的問題是，需要連續做彈出的動作，而每次都需要做 O(N) 次。我們可以針對連續做彈出的動作進行優化嗎？

#115. 4.12 一旦您修整演算法，讓它能找到陣列中具有給定總和的所有連續子陣列後，再嘗試將其應用於樹。請記住，由於您會一邊遍歷和一邊修改雜湊表，所以當您回頭時，請務必「還原修改」。

#116.   4.2   假設我們有一個 `createMinimalTree` 方法,它為給定的陣列回傳一個最小的樹,但是出於某種奇怪的原因,它不能在樹的根節點上執行。您可以讓它能在樹的根上進行動作嗎?可以為函數寫一個基本案例嗎?太棒了,這基本上就是整個功能了。

#117.   1.1   加入位元向量會有幫助嗎?

#118.   1.3   您可能會發現需要知道空格的數量,您能數一下嗎?

#119.   4.11   前面的解決方案的問題在於,節點的一側可能比另一側更多。因此,我們需要根據每側節點的數量來加權左右移動的可能性。這到底要怎麼做呢?我們如何知道節點數?

#120.   2.7   嘗試利用兩個鏈結串列的長度之間的差異。

#121.   1.4   回文排列的字串具有什麼特徵?

#122.   1.2   加入雜湊表會用嗎?

#123.   4.3   從層級編號映射到該級別節點的雜湊表或陣列可能會有幫助。

#124.   4.4   實際上,您只需要一個 `checkHeight` 函數即可同時執行高度計算和平衡檢查。回傳值的整數可以用來表示兩者的結果。

#125.   4.7   有一種完全不同的解法:請思考從任意節點開始進行深度優先搜尋。這種深度優先搜尋與有效構建順序之間的關係是什麼?

#126.   2.2   您可以用迭代做到嗎?請想像一下,如果有兩個指向相鄰節點的指標,並且它們在鏈結串列中以相同的速度移動。當一個到達鏈結串列的尾端時,另一個會在哪裡?

#127.   4.1   有兩種著名的演算法可以做到這一點,它們之間的權衡是什麼?

#128.   4.5   請思考將 `checkBST` 函數寫成遞迴函數,並確保每個節點要都在 (`min`, `max`) 範圍內。一開始,這個範圍是無限的。當我們向左移動時,`min` 是負無窮大,`max` 是 `root.value`。您能否實作此遞迴函式並在遍歷樹時適當調整這些範圍?

#129.   2.7   如果您將較長鏈結串列中的指標向前移動,移動距離為長度的差值,然後您可以在鏈結串列相等時套用類似的方法。

#130.   1.5   您能一輪做完所有三項檢查嗎?

#131. 1.2 兩個變位字串應擁有相同的字元，只是順序不同。你能將它們的字元照順序排好嗎？

#132. 1.1 您能在 O(N log N) 時間中解決這個問題嗎？這樣的解決方案會是怎樣的呢？

#133. 4.7 隨意選擇一個節點並在其上進行深度優先搜尋。一旦到達路徑的尾端，我們便知道此節點可以是最後一個建立的節點，因為沒有節點依賴它。那在它之前的節點又意味著什麼呢？

#134. 1.4 您是否嘗試使用過雜湊表？您應該可以將解決這題的時間降 O(N) 內。

#135. 4.3 您應該能夠想出一種涉及深度優先搜尋和寬度優先搜尋的演算法。

#136. 1.4 利用位元向量可以減少空間使用嗎？

觀念與演算法提示

#153. 7.1 請注意,「一副牌」的意思可能非常廣泛。您可能需要思考一下問題的合理範圍。

#154. 6.7 請注意到每個家庭將只有一個女孩。

#155. 8.13 排序箱子有幫助嗎?

#156. 6.8 這其實是一個演算法問題,您應該把它當演算法般處理,先想一個暴力解,計算出最壞情況要丟雞蛋幾次,然後嘗試對其進行優化。

#157. 6.4 它們在什麼情況下不會發生碰撞?

#158. 9.6 假設其餘的電子商務系統已經處理完畢,而我們只需要處理銷售排名的分析部分。購買發生時,我們會以某種方式得到通知。

#159. 5.3 從暴力法解決方案開始,你能去試所有的可能性嗎?

#160. 6.7 請思考一下將每個家庭所生的孩子寫成 B 和 G 的序列。

#161. 8.8 您可以在印出它們之前(或將其添加到串列之前)做檢查,找出是否有重複來解決此問題。您可以使用雜湊表來執行此操作。在哪種情況下這種解法適用?在哪種情況下卻不是很好的解決方案?

#162. 9.7 此應用程式是偏重寫入還是偏重讀取?

#163. 6.10 解決方案 1:有一種相對簡單的解法在最壞的情況下可以在 28 天之內達到目的,不過仍有更好的方法。

#164. 11.5 假設為兒童用筆。這代表什麼意思?不同使用範例的差異在何處?

#165. 9.8 請仔細地觀察問題,您在系統中需要解決和不需要解決的問題是什麼?

#166. 8.5 思考將 8 乘以 9 來計算寬度為 8 且高度為 9 的矩陣中有多少元素。

#167. 5.2 在 .893(以 10 底數)這樣的數值中,每個數字表示什麼?然後想一下在 .10010(以 2 為底數)中每個數字代表什麼?

#168. 8.14 我們可以將每種可能性視為可以放括號的每個位置。這代表運算式會在運算元的前後被切開。請問此時的基本情況是什麼?

#169. 5.1 要清除位元,請創建一個「位元遮罩」,該位元遮罩看起來像是一連串的 1 和 0。

#170. 8.3 請從暴力演算法開始。

#171.   6.7   儘管很困難，但您可以靠數學解決這一題。您可能會發現，限制住家庭大小（比方說最多六個孩子）可能會更容易估算。雖然這不能幫助您做出一個很好的數學證明。但是，它可能會為您指出答案的正確方向。

#172.   6.9   在整個流程結束後，在何種情況門會維持在打開的狀態？

#173.   5.2   像 .893（以 10 為基數）這樣的數字代表 $8 * 10^{-1} + 9 * 10^{-2} + 3 * 10^{-3}$，請將基數為 2 的數字也套用到類似此系統上。

#174.   8.9   假設我們手上有寫兩對括號的所有有效方法，怎樣才能用它們來獲得寫三對括號的所有有效方法？

#175.   5.4   下一個最小的較大數字：請假想您有一個二進位數字（就是整個是由一堆 1 和 0 組成的數字）。假設您可將 1 翻轉為 0，將 0 翻轉為 1，那麼在什麼情況下數字會變大呢？

#176.   9.6   想一想對資料的新鮮度和準確性有什麼樣的期望。資料是否總是需要 100% 是最新的？某些產品的準確性是否比其他產品重要？

#177.   10.2   您如何檢查兩個單詞是否互為易位構詞呢？請思考一下「易位構詞」的定義是什麼。用你自己的話詮釋它。

#178.   8.1   如果我們知道第 100 階之前到達每個階的路徑數，是否可以計算出到達第 100 階的路徑數？

#179.   7.8   白棋和黑棋應該使用同一類別嗎？這有什麼優點和缺點？

#180.   9.7   請注意到雖然匯入很多資料，但是人們可能不會很頻繁地讀取資料。

#181.   6.2   請計算贏得第一場比賽和贏得第二場比賽的機率，然後將它們進行比較。

#182.   10.2   如果兩個單詞包含相同的字元，只是順序不同，則它們是易位構詞。你要做什麼才能使字元對齊？

#183.   6.10   解決方案 2：為什麼我們的測試和結果之間會有這樣的時間間隔？問題中的描述並不是問「最少幾輪測試可以得到結果」，存在時間間隔是有理由的。

#184.   9.8   您認為流量分配的平均程度如何？所有文件被使用時間都差不多久嗎？還是有一些文件可能非常受歡迎呢？

#185. 8.7 方法 1：abc 的排列代表所有排序 abc 的方式。現在，我們要得到 abcd 的所有排列順序。假設取其中一個 abcd 的特定排列順序，例如 bdca。這個 bdca 字串也代表一種 abc 的順序：只要將 d 刪除，則得到 bca。假設給定字串 bca，您是否也可以建出所有包含 d 的排列順序？

#186. 6.1 您只能使用一次天平。這意味著必須使用全部或幾乎所有的瓶子。還必須以不同的方式處理它們，否則您將無法區分它們。

#187. 8.9 我們可以嘗試利用兩對括號的解並加入第三對來生成三對括號的解決方案。我們必須將第三對括號放在之前、圍繞和之後，即：`()<SOLUTION>`, `(<SOLUTION>)`, `<SOLUTION>()`。這樣加能解決問題嗎？

#188. 6.7 用邏輯解可能會比用數學解容易。請想像一下，我們將每一次出生都寫成一個由 B 和 G 組成的巨大字串。加入字串的下一個字元是 B 或 G 的機率是多少？請注意，不需要考慮屬不屬於同一個家庭。

#189. 9.6 購買行為將發生地非常頻繁，您可能想限制資料庫寫入次數。

#190. 8.8 如果您尚未解決題目 8.7，那就先去解決 8.7。

#191. 6.10 解決方案 2：請思考怎麼一次執行多個測試。

#192. 7.6 解決拼圖遊戲時，一個常見的技巧是將邊緣和非邊緣部分分開。您將如何以物件導向的角度來表示呢？

#193. 10.9 請從簡單的解決方案開始（但希望不要真的想的太簡單，您應該要利用矩陣已排序的事實）。

#194. 8.13 我們可以在任意維度對箱子進行降冪排序。這將在某個層面上排序好箱子，陣列後方的箱子必須出現在陣列前方的箱子之前。

#195. 6.4 它們不會碰撞的唯一方法是，三隻螞蟻都朝同一方向行走。三隻螞蟻全都順時針行走的機率是多少？

#196. 10.11 請假想陣列是按升冪排序的。您有什麼辦法可以把它「修改」成峰谷交替出現的狀態嗎？

#197. 8.14 基本情況是當我們拿到單一個 1 或 0 值時。

#198. 7.3 首先確定問題的範圍，並列出您的假設。做出合理的假設通常會被接受，但是您需要明確描述它們。

#199. 9.7 該系統擁有繁重的寫入工作：大量的資料會被匯入，但很少被讀取。

#200. 8.7 方法 1：給定諸如 bca 的字串，您可以透過將 d 插入每個可能的位置來建立 abcd 所有的排列。將 {a，b，c} 集合排成 bca 的順序，然後在每個可能的位置插入 d：dbca、bdca、bcda、bcad。所以只要給定所有 abc 的排列，你就可以建立出 abcd 的全部排列嗎？

#201. 6.7 注意生物學定律不會改變，只是家庭停止生育孩子的條件改變了。每次懷孕有 50% 的機會生男孩，有 50% 的機會生女孩。

#202. 5.5 如果 A & B == 0 代表什麼？

#203. 8.5 如果想要計算 8×9 矩陣中有多少格子，則我們可以先計算 4×9 矩陣中有多少格子，然後將其加倍。

#204. 8.3 您的暴力演算法的時間複雜度可能是 O(N)。如果您想擊敗這樣的執行時間，您認為您能將時間降低到什麼程度呢？

#205. 6.10 解決方案 2：請試著一個位數一個位數地找出瓶子編號。您如何檢測有毒瓶子的第一位數字？第二位數字呢？第三位數字呢？

#206. 9.8 您將如何處理生成 URL？

#207. 10.6 請思考合併排序與快速排序，您能利用其中一個達到目的嗎？

#208. 9.6 建議您減少做 join 的次數，因為它們可能非常昂貴。

#209. 8.9 前面提示所建議的解決方案的問題在於，可能會有重複的值。我們可以透過使用雜湊表消除這種情況。

#210. 11.6 請注意您的假設。使用者是誰？他們在哪裡使用它？答案看似很明顯，但實際答案可能並不是你所想的那樣。

#211. 10.9 我們可以在每一列中進行二分法搜尋。這要花多長時間？我們如何做得更好？

#212. 9.7 思考一下諸如您將如何獲取銀行資料之類的問題（它是用主動抓取，還是靠推播）、系統將支持什麼功能…等等。

#213. 7.7 和往常一樣，請定義問題的範圍。「朋友關係」是互相的嗎？是否存在狀態訊息？是否支持群組聊天？

#214. 8.13 嘗試將其分解為子問題。

#215.　5.1　要建立開頭或結尾為 0 的位元遮罩很容易。但是，您要如何在遮罩中間建立一串零的位元呢？請用簡單的方法做：為左側建立一個位元遮罩，然後再為右側建立另一個位元遮罩。然後合併它們。

#216.　7.11　文件和目錄之間的關係是什麼？

#217.　8.1　我們可以透過 99、98 和 97 階來計算 100 階，99、98 和 97 對應於孩子最後跳 1 階 2 階或 3 階。我們是將它們相加還是相乘呢？即：f(100) = f(99) + f(98) + f(97) 或 f(100) = f(99) * f(98) * f(97)？

#218.　6.6　這是一個邏輯問題，不是一個文字遊戲問題，請使用邏輯／數學／演算法來解決。

#219.　10.11　請嘗試看一遍已排序的陣列，您是否能透過交換元素來修改陣列呢？

#220.　11.5　您是否把使用情境和非使用情境都思考進去了（例如，「書寫」等）？那安全性問題呢？您不會想要兒童用的筆帶有危險性。

#221.　6.10　解決方案 2：小心邊界情況。如果瓶號中的第三位數字與第一位或第二位數字相同怎麼辦？

#222.　8.8　嘗試獲取每個字元的數量。例如，ABCAAC 具有 3 個 A，2 個 C 和 1 個 B。

#223.　9.6　不要忘記，一個產品可以列在多個分類中。

#224.　8.6　您可以輕鬆地將最小的圓盤從一個塔移動到另一個塔。將最小的兩個圓盤從一個塔移動到另一個塔也很容易。您可以移動最小的三個圓盤嗎？

#225.　11.6　在真實的面試中，建議您與面試官討論可以使用哪種測試工具。

#226.　5.3　將 0 翻轉為 1 可以合併兩個 1 的序列，但前提是兩個序列僅被一個 0 隔開。

#227.　8.5　思考一下這種情況下如何處理奇數。

#228.　7.8　應該用什麼類別維護分數。

#229.　10.9　如果您正在思考要不要搜尋特定的欄，請問有沒有一種方法可以將其快速排除（至少在某些情況下）。

#230.　6.10　解決方案 2：您可以再進行一天的測試，以其他方式檢查數字 3。但是再次強調這裡要非常注意邊界情況。

#231. 10.11 請注意，如果您能確認峰在適當位置，那麼谷就會在適當的位置。因此，陣列的迭代可跳過所有其他元素。

#232. 9.8 如果您的 URL 是隨機生成的，那麼您是否需要擔心衝突（兩個具有相同 URL 的文件）？如果需要，您將如何處理呢？

#233. 6.8 作為第一種解決方案，您可以嘗試二分法搜尋之類的方法。將雞蛋從 50 樓開始丟下，然後到 75 樓丟下，然後再到 88 樓丟下，依此類推。問題是，如果第一個雞蛋在 50 樓破了，那麼您將需要從 1 樓開始丟下第二個蛋，然後逐樓上升。最壞的情況下，這可能需要放 50 次（第一次在 50 樓，然後接著 1 樓，然後 2 樓，直到 49 樓）。你能想出更好的方法嗎？

#234. 8.5 如果在不同的遞迴呼叫中有重複的工作，您可以把工作結果預先儲存起來嗎？

#235. 10.7 使用位元向量會有幫助嗎？

#236. 9.6 哪裡會是預存資料或儲存任務的好地方？

#237. 8.1 當情況是「先做這個再做那個」時，我們要將值乘起來，如果情況是「先做這個或做那個」時，要把值加起來。

#238. 7.6 想一想，當您找到一塊拼圖時，要如何記錄它的位置。是否應按列和欄儲存？

#239. 6.2 若要計算第二局獲勝的可能性，要從計算使第一次投投中，第二次投也投中，但第三次投不中開始。

#240. 8.3 您能在 $O(\log N)$ 時間內解決問題嗎？

#241. 6.10 解決方案 3：思考一下把每個試紙當作有毒 vs 無毒的二進位指示器。

#242. 5.4 下一個最小的較大數字：如果將 1 翻轉為 0，將 0 翻轉為 1，則當 0->1 位元比 1->0 位元所在位置要高時，值會變大。您如何使用這個觀察來建立（擁有相同 1 數量的）下一個最大數字。

#243. 8.9 另外一個解法是，我們可以思考透過在字串中移動並在每一步添加左右括號來實現此目的。這會消除重複嗎？我們如何判斷是否可以添加左邊或右邊的括號？

#244. 9.6 根據您所做的假設，您甚至可能根本不需要資料庫。這是什麼意思？不用資料庫這是個好主意嗎？

#245. 7.7 這是一個思考主要的系統元件或技術的好問題。

#246. 8.5 如果您正在做 9*7（兩者均為奇數），那麼您就可以改做 4*7 和 5*7。

#247. 9.7 請嘗試減少不必要的資料庫查詢。如果您不需要將資料永久儲存在資料庫中，則可能根本不需要把資料放在資料庫中。

#248. 5.7 您能創建一個僅代表偶數位元的數字嗎？然後您可以將偶數位位移一個位子嗎？

#249. 6.10 解決方案 3：如果每個測試條都是一個二進位指示器，我們是否可以將「整數鍵」映射到一組 10 個二進位指示器，讓每個鍵具有唯一的「映射」配置？

#250. 8.6 思考將塔 Z=1 當作臨時存放點，將最小的圓盤從塔 X=0 移到塔 Y=2，當作 f(1, X=0, Y=2, Z=1) 的解。移動最小的兩個圓盤為 f(2, X=0, Y=2, Z=1)。假設給您 f(1, X=0, Y=2, Z=1) 和 f(2, X=0, Y=2, Z=1) 的解，您是否可以解決 f(3, X=0, Y=2, Z=1)？

#251. 10.9 由於每一欄都已經過排序，因此您知道該值小於此欄的最小值時，就不可能在該欄中。這個事實還告訴了你什麼？

#252. 6.1 如果您從每瓶藥中取出一顆藥放在天平上會怎樣？

#253. 10.11 您是否真的需要對陣列進行排序？您是否可以直接拿未排序的陣列來用？

#254. 10.7 若想要用更少的記憶體做到這一點，您可以嘗試多做幾輪嗎？

#255. 8.8 要獲得 3 個 A、2 個 C 和 1 個 B 的所有排列，您需要首先選擇一個起始字元：A、B 或 C。如果選中 A，那麼您將需要使用 2 個 A、2 個 C 和 1 個 B 的所有排列。

#256. 10.5 嘗試修改二分法搜尋以解決此問題。

#257. 11.1 該程式碼有兩個錯誤。

#258. 7.4 停車場是否有多個樓層？它支持什麼「功能」？它是否為收費停車場？能停什麼類型的車輛？

#259. 9.5 您可能需要做出一些假設（部分原因是因為這裡沒有面試官）。沒關係，請使這些假設明確些。

#260. 8.13 思考一下您必須做出的第一個決定，第一個決定是決定哪個箱子會位於底部。

#261. 5.5 如果 A & B == 0，則意味著 A 和 B 在同一位元位置永遠不會同時為 1，請將這個邏輯套用到問題中的方程式。

#262. 8.1 這種方法的執行時間是什麼？請仔細思考。你能優化它嗎？

#263. 10.2 您可以利用標準的排序演算法嗎？

#264. 6.9 注意：如果整數 x 可被 a 整除且 b = x / a，則 x 也可被 b 整除。這是否意味著所有數字都有偶數個因數呢？

#265. 8.9 在每一步加入左或右括號將消除重複工作。每個子字串在每一步中都將是唯一的。因此，整個字串將是唯一的。

#266. 10.9 如果 x 的值小於欄的開頭，那麼它也不會在右邊的任何欄中。

#267. 8.7 方法 1：您可以利用計算出 abc 的所有排列，然後將 d 插入其中的每個可能位置來建立 abcd 的所有排列。

#268. 11.6 我們想測試哪些不同的功能和用途？

#269. 5.2 如何取得 .893 中的第一位數字？如果您將它乘以 10，就可以將這個值位移得到 8.93。如果乘以 2，會發生什麼事呢？

#270. 9.2 要找到兩個節點之間的連接路徑，最好先進行廣度優先搜尋或深度優先搜尋。

#271. 7.7 您如何知道用戶是否登出了？

#272. 8.6 注意到哪個塔是來源、目的地或緩衝區實際上並不重要。您可以藉由先執行 f(2, X=0, Y=1, Z=2)（從塔 0 移動兩個圓盤到塔 1，使用塔 2 當緩衝區），然後將圓盤 3 從塔 0 移至塔 2，然後執行 f(2, X=1, Y=2, Z=0)（從塔 1 移動兩個圓盤到塔 2，使用塔 0 做為緩衝區。該如何重複這個流程呢？

#273. 8.4 如何利用 {a, b} 的所有子集，構建 {a, b, c} 的所有子集？

#274. 9.5 想一想在一台機器上要如何設計。你會想要使用雜湊表嗎？要怎麼用呢？

#275. 7.1 你要怎麼處理 A？

#276. 9.7 應該異步完成盡可能多的工作。

#277. 10.11 假設您有三個元素 {0, 1, 2}。請寫下這些元素的所有可能排序，以及如何調整它們以使 1 成為峰。

#278. 8.7 方法 2：如果您擁有兩個字元字串的所有排列，那就可以生成三個字元字串的所有排列。

#279. 10.9 以列的角度再思考一下前一個提示。

#280. 8.5 或者，如果您正在做 9*7，則可以改為做 4*7 再乘 2，然後再加 7。

#281. 10.7 請嘗試使用一輪檢查將其降至某個值的範圍，然後嘗試進行第二輪檢查以查找特定值。

#282. 6.6 假設剛好藍眼睛的人只有 1 個。這個人會看到什麼情況？他什麼時候會離開？

#283. 7.6 哪一塊是最容易拚的？您可以從那些最容易拚的拚圖塊開始嗎？

#284. 6.2 如果兩個事件是互斥的（它們永遠不會同時發生），則可以將它們的機率加在一起。您能在三投兩勝中找出一組互斥的事件嗎？

#285. 9.2 做廣度優先搜尋可能會更好。即使最短的路徑實際上很短，深度優先搜尋找出的路徑也可能很長。是否可對廣度優先搜尋進行修改，使其更快呢？

#286. 8.3 二分法搜尋的執行時間為 O(log N)，您能對問題套用二分法搜尋嗎？

#287. 7.12 為了處理衝突，雜湊表應為一個由鏈結串列所組成的陣列。

#288. 10.9 如果我們嘗試使用陣列來持續追蹤，將會發生什麼情況？好處壞處各是什麼？

#289. 10.8 你可以使用位元向量嗎？

#290. 8.4 任何 {a, b} 的子集也會是 {a, b, c} 的子集。請問哪些是 {a, b, c} 的子集，但又不是 {a, b} 的子集？

#291. 10.9 我們可以使用之前的提示在列和欄做向上、向下、向左、向右移動嗎？

#292. 10.11 重新看看您剛剛寫出的 {0, 1, 2} 的序列集合。請想像最左邊的元素之前還有元素。您確定交換元素不會使陣列的前面部分失效嗎？

#293. 9.5 您可以同時用上雜湊表和鏈結串列的優點嗎？

#294.   6.8   第一次丟雞蛋其實低一點更好。例如,您可以在第 10 樓,然後第 20 樓,然後第 30 樓,以此類推。最差的情況是 19 次(10、20、...、100、91、92、...、99)。您能擊敗這個次數嗎?請試著不要隨意猜測不同的解決方案。而是請更深入地思考。這個最壞情況是怎麼定出來的?在最壞情況下每顆蛋落下的次數如何?

#295.   8.9   我們可以透過計算左右括號的數量來確保此字串是有效的,只要括號數量沒有超過括號對的總數,我們都可以加入左括號。只要 count(left parens) <= count(right parens) 成立的情況下我們都可以加入右括號。

#296.   6.4   您可以試著把它視為(3 隻螞蟻順時針行走的)機率 +(3 隻螞蟻逆時針行走的)機率。或者,您可以將其視為:第一隻螞蟻選擇一個方向的情況下,其他螞蟻選擇相同方向的機率是多少?

#297.   5.2   想一想對於那些無法用二進制準確表示的值會發生什麼事?

#298.   10.3   您可以修改二分法搜尋來解題嗎?

#299.   11.1   unsigned int 有什麼問題?

#300.   8.11   請嘗試將其分解為子問題。您會先選哪個硬幣處理?

#301.   10.10   使用陣列的問題是插入數字會很慢。我們還可以使用什麼其他資料結構?

#302.   5.5   如果 (n & (n-1)) == 0,這意味著 n 和 n - 1 在同一位置永遠不會同時為 1,為什麼會這樣呢?

#303.   10.9   思考這個問題的另一種方式是,如果您從一格畫一個延伸到矩陣右下方的矩型,則該格子中的值將大於此正方形中的所有項目。

#304.   9.2   有沒有什麼辦法可以同時從起始節點和目標節點開始進行搜尋?出於什麼原因或在哪種情況下這可能會更快呢?

#305.   8.14   如果您的程式碼看上去真的很長,裡面有很多 if(為每個可能的運算子、「目標」布林結果,以及左右側),請思考一下不同部分之間的關係。嘗試簡化您的程式碼,它不需要大量的 if 述句。例如,思考一下 <LEFT> 或 <RIGHT> 與 <LEFT> 與 <RIGHT> 形式的表達式。兩者都可能需要知道 <LEFT> 會被評估為 true 的方式的數量,請看看那些程式碼您可以重用。

#306. 6.9 數字 3 有偶數個因數（1 和 3），數字 12 也有偶數個因數（1、2、3、4、6、12）。哪些數字沒有偶數個因數？這個告訴您哪些門的資訊？

#307. 7.12 請仔細思考鏈結串列中的節點需要包含哪些訊息。

#308. 8.12 我們知道每一排都一定會有一個皇后，你能試遍所有的可能性嗎？

#309. 8.7 方法 2：要生成 abcd 的排列，您需要選擇一個初始字元，這個初始字元可以是 a、b、c 或 d。然後，您可以置換其餘字元。您如何使用這種方法來生成完整字串的所有排列？

#310. 10.3 演算法的執行時間是多少？如果陣列中有重複的元素，將會發生什麼情況？

#311. 9.5 您如何將其擴展到更大的系統？

#312. 5.4 下一個最小的較大數字：您可以將 0 翻轉為 1 來創建下一個最大的數字嗎？

#313. 11.4 請思考要設計怎樣的負載測試來進行測試。網頁負載的影響因素有哪些？用什麼標準來判斷網頁在高負載下的表現是否令人滿意？

#314. 5.3 可以透過將每個序列與相鄰序列（如果有的話）合併或只翻轉緊鄰的零來延長每個序列。您只需要找出最佳選擇是什麼。

#315. 10.8 請思考如何實作自己的位元向量類別。這是一個很好的練習，也是這個問題的重要組成部分。

#316. 10.11 您應該能夠設計出一個 O(n) 演算法。

#317. 10.9 一個格子會大於其下方和右側的所有項目。它將小於其上方和左側的所有格子。如果想先消除最多的元素的話，我們應該將 x 值與什麼進行比較？

#318. 8.6 如果您在遞迴方面遇到問題，請嘗試更信任遞迴流程。一旦弄清楚如何將最上面的兩個圓盤從塔 0 移動到塔 2，就請相信您已經做完了。當您需要移動三個圓盤時，可以將兩個圓盤從一個塔移動到另一個塔。現在已移動了兩個圓盤，那麼您要如何處理第三個圓盤？

#319. 6.1 請想像一下，若只有 3 個瓶子，其中 1 瓶中的藥是較重的。假設您將每個瓶子上的藥丸數量按不同比例分配，例如，「1 號瓶 5 顆」、「2 號瓶 2 顆」、「3 號瓶 9 顆」。天平會顯示出什麼？

#320. 10.4 請思考一下二分法搜尋的工作原理，單純以二分法搜尋實作會出現什麼問題？

#321. 9.2 請說明您將如何在現實世界中實現這些演算法和系統。您可能會進行哪種優化？

#322. 8.13 一旦我們選了最底下的箱子後，我們接著要選擇第二個箱子，然後選第三個。

#323. 6.2 三次投球中投中兩球的機率是（第 1 球命中，第 2 球命中，第 3 球沒中）＋（第 1 球命中，第 2 球沒中，第 3 球命中）＋（第 1 球沒中，第 2 球命中，第 3 球命中）＋（第 1 球命中，第 2 球命中，第 3 球命中）的機率。

#324. 8.11 如果是您在算零錢，那麼您要做的第一個選擇是使用幾個 25 美分。

#325. 11.2 同時思考一下程式內部和程式外部（系統其餘部分）的問題。

#326. 9.4 請估計需要多少空間。

#327. 8.14 請看看你的遞迴，您是不是到處都做了一樣的呼叫？可以將結果預先記下嗎？

#328. 5.7 二進位值 1010 在十進制為 10，在十六進制為 0xA，那麼 101010 的序列在十六進制中是怎麼表示的呢？這就是去思考如何在一個由 1 和 0 組成的序列中，1 位於奇數位時要怎麼呈現？那如果反過來呢（1 在偶數位）？

#329. 11.3 極端情況和一般情況都要思考進去。

#330. 10.9 如果將 x 與矩陣 A 的中心元素進行比較，我們可以消除矩陣中大約四分之一的元素。

#331. 8.2 為了使機器人到達最後一個格子，它必須找到走到倒數第二個格子的路徑。為了找到倒數第二個格子的路徑，它必須找到倒數第三個格子的路徑。

#332. 10.1 請嘗試從陣列的結尾做到開頭。

#333. 6.8 如果我們以固定間隔（例如，每 10 層）丟下雞蛋 1，則最壞的情況是雞蛋 1 的最壞情況 + 雞蛋 2 的最壞情況。我們之前的解決方案的問題在於，隨著雞蛋 1 的工作量增加，雞蛋 2 的工作量將減少。理想情況下，我們希望對此有所平衡。隨著雞蛋 1 的工作量增加（從更多次落下倖存下來），雞蛋 2 的工作量應減少。這代表著什麼呢？

#334. 9.3 請思考一下無限循環為什麼會發生。

#335. 8.7 方法 2：要生成 abcd 的所有排列，請選擇每個字元（a、b、c、或 d）作為起始字元，並將剩餘的字元做排列接在起始字元之後，請使用相同邏輯的遞迴流程。

#336. 5.6 您如何計算兩個數字之間有多少不同位元？

#337. 10.4 二分法搜尋需要將元素與中點進行比較，而獲得中點需要知道長度。我們不知道長度。我們可以找出長度為何嗎？

#338. 8.4 包含 c 的集合是 {a, b, c} 的子集合，不會是 {a, b} 的子集合。您可以利用 {a, b} 的子集合建立這些子集合嗎？

#339. 5.4 下一個最小的較大數字：將 0 翻轉為 1 將會建立出一個更大的數字。當索引越靠近右邊，則建立出來的數字越小。如果我們有一個類似 1001 的數字，我們就會翻轉最右邊的 0（得到 1011）。但如果我們有 1010 這樣的數字，就不會翻轉最右邊的 0。

#340. 8.3 給定特定的索引和值，您可以識別魔術索引是在其之前還是之後？

#341. 6.6 現在請假設有 2 個藍眼睛的人，他們會看到什麼？他們會知道什麼？他們什麼時候會離開？請記住從先前的提示中得到的答案，並假設他們知道早先提示的答案。

#342. 10.2 您是否甚至需要真正的「排序」？還是只是重組串列就足夠了？

#343. 8.11 一旦您決定使用兩個 25 美分來湊出 98 美分零錢，那麼現在您需要弄清楚剩下的 48 美分，要用多少的 10 美分、5 美分和 1 美分硬幣。

#344. 7.5 請思考一下一個網上閱讀系統必須支援的所有功能。您不必做任何事情，但是您應該思考怎麼使您的假設明確。

#345. 11.4 你能建立自己的工具嗎？它會是怎樣的工具？

#346. 5.5 n 與 n - 1 看起來有什麼樣的關係？請做一次二進位減法。

#347. 9.4 您需要多輪執行嗎？

#348. 10.4 我們可以透過使用指數增長來找到長度。首先檢查索引 2、然後 4、然後 8、然後 16，依此類推。這個演算法的執行時間是多少？

#349. 11.6 哪些東西我們可以自動化？

#350. 8.12 每列必須有一個皇后。從最後一行開始，您可以在八個不同的欄上放置一個皇后。你能嘗試把皇后都放上去嗎？

#351. 7.10 數字格子、空白格子和炸彈格子應分開使用不同類別嗎？

#352. 5.3 請嘗試在線性時間內，只做一輪，而且只用 O(1) 空間做到。

#353. 9.3 您將如何檢測出頁面是同一個？同樣的頁面代表什麼意思？

#354. 8.4 您可以透過將 c 添加到 {a, b} 的所有子集合中來構建其餘的子集合。

#355. 5.7 請嘗試用 0xaaaaaaaa 和 0x55555555 遮罩以選擇偶數和奇數位元。然後嘗試左右移動偶數和奇數位元以建立正確的數字。

#356. 8.7 方法 2：您可以用一個會傳回字元串列的遞迴函式，然後在其前面加上起始字元來實現此方法。或者您可選擇將開頭字元沿遞迴呼叫向下傳。

#357. 6.8 請試著在開始時以較大的間隔丟下雞蛋 1，然後逐漸以更小的間隔丟下雞蛋 1。這樣做的想法是使雞蛋 1 和雞蛋 2 的落下總和保持盡可能恆定。雞蛋 1 每增加一次落下，就可讓雞蛋 2 減少一次落下。請問間隔該怎麼訂？

#358. 5.4 下一個最小的較大數字：我們應該翻轉最右邊但又不是位於末端的 0，例如把數字 1010 變為 1110，完成該操作後，我們需要將 1 個 1 翻轉成 0，以使數字盡可能小，但同時又大於原始數字（1010）。我們該怎麼做呢？如何縮小該數值？

#359. 8.1 請嘗試使用記憶法來優化效率低下的遞迴程式。

#360. 8.2 藉由先確定路徑是否存在來稍微簡化此問題，然後修改您的演算法以找出該路徑。

#361. 7.10 將炸彈放在遊戲板上的演算法是什麼？

#362. 11.1 請查看 printf 的參數。

#363. 7.2 在寫程式之前，請先列出您需要的物件，然後把常見的演算法看一次，想像一下程式碼會長怎樣？你已備好你所需的一切嗎？

#364. 8.10 將此當成一張圖來看。

#365. 9.3 您如何定義兩個頁面是否相同？用 URL 判斷嗎？還是用內容判斷？兩者都有其缺陷，為什麼？

#366. 5.8 請先嘗試天真的解法，您是否可以設置特定「像素」的顏色？

#367. 6.3 想像一下有一張骨牌躺在板子上，請問它覆蓋多少個黑色方格？

#368. 8.13 一旦您實作了基本的遞迴演算法，請思考是否可以對其進行優化，其中有無重複的子問題？

#369. 5.6 思考一下 XOR 表示什麼。如果您執行 a XOR b，結果中哪裡會有 1？哪裡會有 0？

#370. 6.6 從此處基礎開始逐步建立，思考如果有 3 個藍眼睛的人怎麼辦？如果有 4 個藍眼睛的人呢？

#371. 8.12 將此分解為較小的子問題。第 8 列的皇后必須在第 1、2、3、4、5、6、7、或 8 欄。若有一隻皇后位於第 8 列和第 3 欄，您是否可以印出所有可能放置八個皇后的地點？然後您需要檢查在其他 7 列中放置一個皇后的所有方式。

#372. 5.5 當您做二進位減法時，會將最右邊的 0 翻轉為 1，直到碰到 1 時停止（同樣也翻轉），在左邊的所有數字（1 和 0）都會保持原樣。

#373. 8.4 您也可以透過將每個子集合映射到二進位數值來完成此操作。第 i 個位元可以用來代表一個的「boolean」旗標，用來指出元素是否在集合中。

#374. 6.8 令 X 為雞蛋 1 的第一次落下。這意味著如果雞蛋 1 破裂，雞蛋 2 會做 X - 1 次落下。我們希望盡量使雞蛋 1 和雞蛋 2 的總落下量保持恆定。如果雞蛋 1 在第二次落下時破裂，則表示我們希望雞蛋 2 做 X - 2 次落下。如果雞蛋 1 在第三次落下時摔破了，那麼我們希望雞蛋 2 做 X - 3 次落下，這樣可以使雞蛋 1 和雞蛋 2 的總和保持恆定。請問 X 怎麼定？

#375. 5.4 下一個最小的較大數字：我們可以透過將所有 1 移到翻轉位元（盡可能）的右邊，來縮小數字（在過程中刪除 1 個 1）。

#376. 10.10 使用二元搜尋樹會有幫助嗎？

#377.   7.10   為了要將炸彈隨機放置在遊戲板：思考一下洗牌的那個演算法。你能運用類似的技巧嗎？

#378.   8.13   或者，我們可以將重複做選擇的行為這樣看：第一個箱子是否在堆疊上？第二個箱子在堆疊上嗎？…等等。

#379.   6.5   如果您裝滿 5 夸脫的水罐，然後用它裝滿 3 夸脫的水罐，那您的 5 夸脫的水罐中會剩下 2 夸脫。您可以選擇將這 2 夸脫保留在原來的位置，也可以將較小的水罐中的水清空，並將 2 夸脫倒入其中。

#380.   8.11   請分析您的演算法。其中有重複的工作嗎？可以優化嗎？

#381.   5.8   當您畫一條長線時，您將會把整個位元組變成 1 的序列。你能一次做完這個動作嗎？

#382.   8.10   您可以使用深度優先搜尋（或寬度優先搜尋）來實作。每個擁有「正確」顏色的相鄰像素就是一個相連的邊。

#383.   5.5   請想像 n 和 n-1，為了要從 n 中減去 1，您將最右邊的 1 翻轉為 0，並將其右邊的所有 0 翻轉為 1。如果 n & n - 1 == 0，則代表第一個 1 的左邊沒有任何的 1，這對 n 的意義是什麼？

#384.   5.8   那一條線的起點和終點呢？您需要個別設定這些像素嗎？還是可以一次全部設定完成呢？

#385.   9.1   請將此視為真實世界的應用程式，您需要思考哪些不同的因素？

#386.   7.10   你如何計算一個格子附近的炸彈數量？

#387.   6.1   您應該可以弄出一個方程式，該方程式根據重量告訴您較重的瓶子是哪個。

#388.   8.2   再思考一下您的演算法效率，你能優化它嗎？

#389.   7.9   `rotate()` 的時間複雜度應能夠在 O(1) 內。

#390.   5.4   一旦能「得到下一個數字」，就嘗試將邏輯轉換為「取得上一個數字」。

#391.   5.8   您的程式碼是否可以處理 x1 和 x2 在同一位元組中的情況？

#392.   10.10   請想像有一個二元搜尋樹，其中每個節點儲存了一些附加資料。

#393.   11.6   您是否思考過安全性和可靠性？

#394.   8.11   請嘗試使用記憶法。

#395. 6.8 在最壞的情況下，我丟了 14 次雞蛋。那你呢？

#396. 9.1 這裡沒有正確的答案，請討論幾種不同的技術實作。

#397. 6.3 板面上有多少個黑色方塊？多少個白色方塊？

#398. 5.5 我們知道，如果 n & (n-1) == 0，則 n 必須只有一個 1，而什麼樣的數字會只有一個 1 呢？

#399. 7.10 當您點擊空白的格子時，打開相鄰空白格子的演算法是什麼？

#400. 6.5 一旦您找到了解決此問題的方法，請更廣泛地思考它。如果給您一個大小為 X 的水罐和另一個大小為 Y 的水罐，您是否可以始終使用它們來量出水量 Z？

#401. 11.3 是否可能完整測試所有東西？您將如何對測試進行優先排序？

知識基礎問題提示

#402.　12.9　首先把注意力放在概念上，再去煩惱確切的實作。SmartPointer 應該長得怎樣？

#403.　15.2　上下文切換（context switch）是在兩個程序之間切換所花費的時間，也就是當您執行一個程序並將現有程序切換出去時，就會發生這種情況。

#404.　13.1　請思考誰可以訪問 private 方法。

#405.　15.1　站在記憶體的角度來看，這兩者有何差異？

#406.　12.11　請回想一下，二維陣列本質上是由陣列所組成的陣列。

#407.　15.2　理想情況下，我們會想記錄一個程序「停止」時的時間戳記和另一個程序「開始」時的時間戳記。但是我們要如何知道這種交換何時發生呢？

#408.　14.1　GROUP BY 子句可能可以派上用場。

#409.　13.2　finally 塊什麼時候執行？有沒有什麼情況它不會執行？

#410.　12.2　我們可以 in-place 做到嗎？

#411.　14.2　將方法分為兩部分可能會有所幫助。第一部分是獲取每個建築物 ID 和開放承租的數量。之後，我們可以得到建築物的名稱。

#412.　13.3　請考慮因為它們應用的地方不同，所以其中的某些含義可能會有所不同。

#413.　12.10　通常，malloc 只會給我們記憶體中一個任意的區塊。如果我們不能改變這種行為，要怎麼利用它來做到想做的事呢？

#414.　15.7　從實作單執行緒的 FizzBuzz 開始。

#415. 15.2 請嘗試準備兩個程序，並在它們之間來回傳遞少量資料。這將促使系統停止一個程序並導入另一個程序。

#416. 13.4 它們的目的可能有點相似，但是在實作上有何不同呢？

#417. 15.5 我們如何確保在呼叫 `second()` 之前 `first()` 就已終止？

#418. 12.11 一種方法是為每個陣列呼叫 `malloc`，請問我們如何釋放這裡取得的記憶體？

#419. 15.3 當存在誰要等誰的循環次序時，就可能會發生死鎖。我們怎樣才能打破或防止這種循環呢？

#420. 13.5 請思考一下基礎資料結構。

#421. 12.7 請想想我們為何使用虛擬方法。

#422. 15.4 如果每個執行緒必須提前聲明可能需要什麼，我們可以提前發現可能的死鎖嗎？

#423. 12.3 兩者背後的基礎資料結構是什麼？其含義是什麼？

#424. 13.5 `HashMap` 使用一系列鏈結串列所組成的陣列，`TreeMap` 使用紅黑樹，而 `LinkedHashMap` 使用雙向連結的桶（bucket）。這意味著什麼？

#425. 13.4 請考慮使用內建類型。在使用這些類型時，它們還有什麼不同？

#426. 12.11 我們可以取得連續的記憶體區塊嗎？

#427. 12.8 雖然這種資料結構可以被想像成二元樹，但這不是必要的。另外還要考慮如果結構中存在循環該怎麼辦？

#428. 14.7 您可能需要學生、他們的課程以及其他表格，來建立學生與課程之間的關係。請注意，這是多對多關係。

#429. 15.6 `synchronized` 關鍵字能確保兩個執行緒不能同時執行同一個實例的同步方法。

#430. 13.5 思考一下它們在透過鍵進行迭代的順序方面可能有何不同。為什麼您想要選擇其中一個選擇而不是其他選擇？

#431. 14.3 首先嘗試獲取所有相關公寓的 ID（只有 ID）所組成的串列。

#432. 12.10 假設我們有一個連續的整數集合（3、4、5、...）。這個集合需要多大才能確保其中一個數字可以被 16 整除。

#433. 15.5 為什麼使用 boolean 旗標來做是一個壞主意？

#434. 15.4 把請求的順序看成一張圖，該圖中的死鎖看起來會是什麼樣的？

#435. 13.6 物件反射允許您獲取有關物件中方法和欄位的訊息。這有什麼用處呢？

#436. 14.6 要特別注意哪些關係是一對一，哪些是一對多，哪些是多對多。

#437. 15.3 一個想法是，如果一個哲學家拿不到另一支筷子，那就不要讓他拿著另一支筷子。

#438. 12.9 思考一下為什麼要維護參照的數量。這個數量將告訴我們什麼？

#439. 15.7 不要試圖對單執行緒版本有神奇的幻想，只要把它寫成簡單易讀即可。

#440. 12.10 我們將如何釋放記憶體？

#441. 15.2 如果您的解決方案不是很完美，也沒關係。達到完美也許是不可能的，請和面試官討論您的方法的優缺點。

#442. 14.7 選擇前 10％時，請仔細思考如何處理平手的情況。

#443. 13.8 一個簡單的方法是選擇一個隨機大小為 z 的子集合，然後迭代所有元素，將元素放入集合中的機率 z/list_size。但，這為什麼這行不通呢？

#444. 14.5 去正規化意味著將冗餘資料添加到表格中，它通常用於超大型系統，它有什麼功用呢？

#445. 12.5 淺複製只會複製初始資料結構，深複製除了會執行此操作之外，並且還會複製任何底層資料。這就是為什麼您會使用其中一個，而捨棄另外一個的原因。

#446. 15.5 semaphore 派得上用場嗎？

#447. 15.7 請概述多執行緒的結構，結構要怎麼設計才不用擔心同步問題。

#448. 13.7 思考一下如何先不使用 lambda 表達式來實作。

#449. 12.1 如果已經知道文件的總行數了，那我們該怎麼做呢？

#450. 13.8 選擇一個擁有 n 個元素的集合的所有子集合所組成的串列。對於任何指定的 x 項目，會有一半子集合包含 x，另一半不包含 x。

#451. 14.4 描述 INNER JOIN 和 OUTER JOIN。OUTER JOIN 還分作多種類型：左、右和完整（left join、right join 和 full join）。

#452. 12.2 注意 null 字元。

#453. 12.9 我們可能會想要覆寫的方法 / 運算元有哪些？

#454. 13.5 普通操作的執行時間是多少？

#455. 14.5 思考一下大型系統上的 join 成本。

#456. 12.6 關鍵字 volatile 用來表示變數可能會被程序外所修改，例如被另一個程序更改。為什麼有使用它的必要呢？

#457. 13.8 不要提前決定子集合的長度。您不需要。你應該做的是選擇是否將每個元素放入集合中。

#458. 15.7 一旦您決定了所有執行緒要做什麼的結構後，請思考一下您需要進行同步的內容。

#459. 12.1 假設我們不知道文件的總行數。有沒有一種方法可以在不先計算行數的情況下解掉問題？

#460. 12.7 如果解構函數沒有標示為 virtual，會發生什麼事？

#461. 13.7 請將這個問題分為兩部分：過濾國家 / 地區，然後求和。

#462. 12.8 請考慮使用雜湊表。

#463. 12.4 這裡要討論的重點是 vtable。

#464. 13.7 您可以不進行 filter 操作嗎？

更多面試題目提示

#465. 16.12 請考慮使用一種遞迴或類似樹的方法。

#466. 17.1 請用手（慢慢地）做二進位加法，並嘗試真正了解其中發生的事情。

#467. 16.13 畫一個正方形和一堆可以將它切成兩半的線。這些線會在哪裡？

#468. 17.24 請從暴力解開始。

#469. 17.14 實際上有幾種解法，請好好的想這些方法，從天真的方法開始也無所謂。

#470. 16.20 請考慮使用遞迴。

#471. 16.3 所有的線都會相交嗎？如何確定兩條線是否相交？

#472. 16.7 如果 a > b 則令 k 為 1，否則 k 為 0。如果給定您一個 k，您可以回傳最大值嗎（不使用比較或 if-else 邏輯的話）？

#473. 16.22 棘手的部份是處理無限網格。對於這個問題，您有什麼選擇？

#474. 17.15 請嘗試簡化這個問題。如果您只需要知道串列中其他兩個單詞組成的最長單詞，該怎麼辦呢？

#475. 16.10 解決方案 1：您能算出每年活著的人數嗎？

#476. 17.25 首先將字典按單詞的長度分組，因為您知道每一欄的長度必須相同，每一列的長度也必須相同。

#477. 17.7 請先用天真的方法，即當名稱是同義詞時就合併名稱的數量。您如何識別遞移關係呢？A == B、A == C 和 C == D 意味著 A == D == B == C。

#478. 16.13 任何將正方形切成兩半的直線都會穿過正方形的中心。那你怎麼找到一條將兩個正方形切成兩半的線？

#479. 17.17 從暴力解開始，暴力解的執行時間為何？

#480. 16.22 選項 #1：您實際上是否需要一個無限的網格？請再次閱讀問題，你知道網格的最大大小嗎？

#481. 16.16 知道最長的已排序數列的開始和結束點是否有幫助？

#482. 17.2 請嘗試用遞迴解決此問題。

#483. 17.26 解決方案 1：請從一個簡單的演算法開始，將所有文件與所有其他文件進行比較。您將如何加快計算兩個文件的相似度？

#484. 17.5 到底是哪個字母或數字並不重要。您可以將這個問題簡化為只有 A 和 B 的一個陣列。然後，您將尋找具有相等數量的 A 和 B 的最長子陣列。

#485. 17.11 先想一想如果只執行一次演算法，則首先思考查找最接近的距離的演算法。您應該能夠在 O(N) 時間內執行完此操作，其中 N 是文件中的單詞數。

#486. 16.20 您可以遞迴地嘗試所有可能性嗎？

#487. 17.9 要清楚這個問題問的是什麼。它問的是求第 k 個形式為 $3^a * 5^b * 7^c$ 的最小數字。

#488. 16.2 思考一下此問題最好的執行時間是什麼。如果您的解決方案的執行時間與可能的最佳執行時間一樣，那麼您可能無法再改進了。

#489. 16.10 解決方案 1：請嘗試使用雜湊表或陣列，將出生年份映射到年份有多少人活著。

#490. 16.14 有時，暴力法會是一個很好的解決方案。你能嘗試所有可能的線嗎？

#491. 16.1 請嘗試在數線上繪出兩個數字 a 和 b。

#492. 17.7 問題的核心部分是將名字相等的分作一組。這樣一來，會相對容易找出頻率。

#493. 17.3 如果您還沒有解決第 244 頁的問題 17.2，請先解決該題。

#494. 17.16 對於此問題，有遞迴和迭代兩種解決方案存在，但是從遞迴解決方案開始可能更容易。

#495. 17.13 請嘗試遞迴方法。

#496. 16.3 無限的線幾乎總是會相交，除非它們是平行的。平行線仍有可能會「相交」，如果它們是相同的線。這對線段來說代表著什麼意義？

#497. 17.26 解決方案 1：若要計算兩個文件的相似度，請嘗試以某種方式重新組織資料。要做排序嗎？或使用其他資料結構嗎？

#498. 17.15 如果我們只想知道串列中，由其他單詞組成的那個最長單詞，那麼我們可以迭代所有單詞，從最長迭代到最短的單詞，檢查每個單詞是否可以由其他單詞組成。為了對此進行檢查，我們需要在所有可能的位置分割字串。

#499. 17.25 您能找到指定長度和寬度的單詞矩形嗎？如果你把所有指定長度寬度都做完呢？

#500. 17.11 把您的演算法從適合執行一次，調整成適合重複執行。哪裡是最慢的部分？可以優化嗎？

#501. 16.8 嘗試把三位數字分成一組來思考數字。

#502. 17.19 從第 1 部分開始：如果只缺少一個數字，去找出遺失的數字。

#503. 17.16 遞迴解決方案：每次預約您都有兩個選擇（接受預約或拒絕預約）。如果是採用暴力解，您可以遞迴所有可能性。但是請注意，如果您接受預約請求 i，則遞迴演算法就該跳過請求 i + 1。

#504. 16.23 要非常注意您的解決方案實際上必須以相等的機率回傳從 0 到 6 的每個值。

#505. 17.22 請從暴力解開始，也就是遞迴解決方案。直接建立一個單詞的一個編輯距離的所有單詞，請檢查它們是否存在字典中，然後繼續找出路徑。

#506. 16.10 解決方案 2：如果您依年份進行排序會怎樣？

#507. 17.9 用暴力解獲得的 $3^a * 5^b * 7^c$ 的第 k 個最小值是什麼？

#508. 17.12 請嘗試遞迴方法。

#509. 17.26 解決方案 1：您應該能夠想出一個時間複雜度為 O(A+B) 演算法來計算兩個文件的相似性。

#510. 17.24 暴力解需要我們連續計算每個矩陣的和。我們可以優化這個嗎？

#511. 17.7 值得去試的一件事是維護每個名稱與其「真實」拼寫的映射。您還需要將真實拼寫映射到所有同義詞。有時，您可能需要合併兩組不同的名稱。請嘗試使用該演算法，看看是否可以使其工作。然後查看是否可以簡化 / 優化它。

#512. 16.7 如果當 a > b 時 k 為 1，否則為 0，則您可以回傳 a * k + b *(not k)。但請問您要怎麼創造 k？

#513. 16.10 解決方案 2：您實際上是否需要匹配出生年和死亡年？特定人的死亡時間是否重要？還是只需要列出死亡年串列？

#514. 17.5 請從暴力解開始。

#515. 17.16 遞迴解決方案：您可以透過記憶法優化此方法。請問這種方法的執行時間是多少？

#516. 16.3 我們如何找到兩條線之間的交點？如果兩個線段相交，那麼此交點與它們的「無限」延長時相同。請問該交點是否存在於兩條線段內呢？

#517. 17.26 解決方案 1：交集與聯集之間的關係是什麼？

#518. 17.20 請回想一下，中位數是指一半數字比它大而另一半數字比它小。

#519. 16.14 您無法真正試完世界上所有可能的線（因為有無限多條）。但是您知道，「最佳」的線必須至少相交兩點。您可以將每對點兩兩相連嗎？您可以逐一檢查每條線是否確實是最好的線嗎？

#520. 16.26 我們可以只從左到右處理表達式嗎？

#521. 17.10 請從暴力解開始。你能檢查一下每個值，看看該值是否是多數元素嗎？

#522. 16.10 解決方案 2：請注意到人們是「可替代的」。某個人的出生和死亡的時間無關緊要。您只需要列出出生年份和死亡年份。這可能使您更容易對人的串列進行排序。

#523. 16.25 首先確定問題的範圍。您想要做什麼功能？

#524. 17.24 您可以進行預先計算來計算子矩陣 O(1) 的總和嗎？

#525. 17.16 遞迴解決方案：您的記憶方法的執行時間應為 O(N)，且空間為 O(N)。

#526. 16.3 請仔細思考如何處理斜率和 y 截距相同的線段。

#527. 16.13 若想要把兩個正方形切成兩半，一條線必須穿過兩個正方形的中間。

#528. 16.14 您應該能得出一個 O(N²) 解決方案。

#529. 17.14 請思考以某種方式重組資料或使用其他資料結構。

#530. 16.17 將陣列想成一個正負數的交替序列。請注意到我們不會只包含正序列或負序列。

#531. 16.10 解決方案 2：嘗試建立出生年份所組成的排序分類串列和已排序死亡年份組成的分類串列。您是否可以同時迭代這兩者？找出任意時間點尚在世的人數呢？

#532. 16.22 選項 #2：思考 ArrayList 的工作原理。您可以把 ArrayList 用在這個解答中嗎？

#533. 17.26 解決方案 1：為了解兩個集合的聯集和交集之間的關係，請用維恩圖（Venn diagram）進行思考，即一個圓與另一個圓重疊的圖。

#534. 17.22 有了暴力解決方案後，請嘗試尋找一種更快的方法來獲得所有一個編輯距離的有效單詞。由於絕大多數字串不是有效的字典單詞，建議您不要建立所有一個編輯距離的字串。

#535. 16.2 您可以使用雜湊表來優化重複情況嗎？

#536. 17.7 一種更簡單的方法是使每個名稱都映射到同義拼寫串列。當一組中的名稱被認定為與另一組中的名稱相同時會發生什麼情況？

#537. 17.11 您可以建立一個查找表格，該查找表格將一個單詞映射到每個單詞出現的位置串列。您要如何找到最近的兩個位置呢？

#538. 17.24 如果您預先計算了從左上角開始到每個格子的子矩陣之和呢？您需要多長時間計算出這些？如果您這樣做了，那麼您是否能在 O(1) 時間內得到任意子矩陣的和。

#539. 16.22 選項 #2：使用 ArrayList 不是不可能，但是這很麻煩。也許建立自己的矩陣類別會更容易。

#540. 16.10 解決方案 3：每次看到出生時增加一個人，每次看到死亡時減去一個人。請嘗試寫一個「有一堆出生和死亡年份」的範例，然後將其重新格式化為年份組成的串列，其中 +1 表示出生，-1 表示死亡。

#541. 17.16 迭代解法：把遞迴解拿出來仔細研究。您可以用迭代實作類似的策略嗎？

#542. 17.15 將前面的解決方法擴展到適用多個詞。我們能以各種可能的方式分解每個單詞嗎？

#543. 17.1 您可以把二進位加法視為對數字進行逐位元迭代，逐一對兩個位元做加法，然後在必要時進位。您也可以將操作分段思考。如果您首先將每個位元直接加在一起（不做任何進位）會怎麼樣？做完之外，再處理進位。

#544. 16.21 在這裡做一些數學運算，並試著套用一些範例。這一對對值看起來應該是什麼樣的？您會怎麼描述它們的值？

#545. 17.20 請注意，您必須儲存您已看到的所有元素。前 100 個元素中的最小元素最後也有可能成為中間值。您不能直接拋棄非常小或非常大的元素。

#546. 17.26 解決方案 2：次要優化很容易吸引您的注意力。舉例來說，追蹤每個陣列中的最小和最大元素是很誘人的，然後您就可以（在特定情況下）快速找出兩個陣列沒有重疊。這裡的問題在於（以及其他對內容的優化方法），您仍然需要將所有文件與所有其他文件進行比較。它沒有利用相似性稀疏這一事實。有鑑於我們有很多文件，我們真的不需要將所有文件與所有其他文件進行比較，即使該比較非常快也一樣。所有此類解決方案的時間複雜度將為 $O(D^2)$，其中 D 為文件數。我們不應該將所有文件與所有其他文件進行比較。

#547. 16.24 請從暴力解開始。暴力解的執行時間是什麼？對於此問題，最佳的執行時間是什麼？

#548. 16.10 解決方案 3：如果您創建一系列年份以及每年的人口變化的陣列如何？您能找到人口最高的年份嗎？

#549. 17.9 在尋找 $3^a * 5^b *7^c$ 的第 k 個最小值時，我們知道 a、b 和 c 將小於或等於 k。你能生成所有這樣的數字嗎？

#550. 16.17 請注意，如果一串值相加起來是負值，那麼它將永遠不會是目標數列的開始或結束（如果這一串值是用來連結另外兩個數列的話，它們仍可能出現在目標數列中）。

#551. 17.14 你能排序數字嗎？

#552. 16.16 我們可以思考將陣列分為三個子陣列：LEFT、MIDDLE、RIGHT。LEFT 和 RIGHT 都已排序。MIDDLE 元素的順序是任意的。我們需要擴展 MIDDLE，直到我們排好那些元素，那麼整個陣列就會排序完成了。

#553. 17.16 迭代解決方案：從陣列的結尾開始並向前處理可能是最簡單的。

#554.   17.26   解決方案 2：如果我們不能將所有文件與所有其他文件進行比較，那麼我們需要深入並開始在元素級別上進行研究。請思考一個簡單的解決方案，再看看是否可以將其擴展到多個文件。

#555.   17.22   為了快速獲得一個編輯距離的有效單詞。請嘗試以一種有效率的方式對字典中的單詞進行分組。請注意，所有 b_ll 形式的單詞（例如 bill、ball、bell 和 bull）都是一個編輯距離。但是，一個編輯距離的單詞並不止這些。

#556.   16.21   當您將值 a 從陣列 A 移到陣列 B 時，A 的總和減少 a，而 B 的總和增加 a。那麼若您交換兩個值時會發生什麼情況？交換兩個值並獲得相同的總和需要什麼條件？

#557.   17.11   如果您擁有一個由每個單詞出現次數組成的串列，那麼您實際上要做的就是在兩個陣列中尋找一對差值最小的值（每個陣列中挑出一個值）。這可能與您的初始演算法非常相似。

#558.   16.22   選項 #2：另一種解法是在螞蟻移動到邊緣時直接將陣列大小加倍。您將如何處理螞蟻移動到負坐標的問題？陣列不能具有負索引。

#559.   16.13   給定一條線（斜率和 y 軸截距），您可以找到與另一條線相交的位置嗎？

#560.   17.26   解決方案 2：思考這一個問題的另一種方法是，我們需要能夠非常快速地取得與特定文件有相似度的所有文件組成的串列（這裡也一樣，我們不要「查看所有文件並迅速消除不同的文件」，因為這種做法的時間複雜度至少 $O(D^2)$）。

#561.   17.16   迭代解決方案：請注意您永遠不會連續跳過三個預約。為什麼會這樣呢？因為您必定能選取中間的那個預約。

#562.   16.14   您是否嘗試過使用雜湊表？

#563.   16.21   如果您交換兩個值 a 和 b，則 A 的總和為 sumA - a + b，而 B 的總和為 sumB - b + a。這些總和必須相等。

#564.   17.24   如果您可以預先計算左上角到每個格子的和，則可以在 O(1) 時間中得到任意子矩陣的總和。請想像一個特定的子矩陣如下，先將所有子矩陣做好預先計算。使用上方的（C），左邊的（B）以及左上方的（A），您要如何算出 D 的總和？

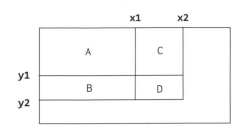

#565.　17.10　請思考一下暴力解決方案。我們會選擇一個元素，然後透過計算相同元素和不相同元素的數量來驗證它是否為多數元素。假設，針對第一個元素，幾次檢查下來顯示有七個不相同元素和三個相同元素。那麼是否還有必要繼續檢查此元素？

#566.　16.17　從陣列的開頭開始，隨著子序列變大，它仍然是最佳子序列。一旦變為負數，它就變得無用了。

#567.　17.16　迭代解決方案：如果您接受預約 i，那麼您就不能接受預約 i + 1，但您將必定接受預約 i + 2 或 i + 3。

#568.　17.26　解決方案 2：以先前的提示為基礎，我們可以問與 {13, 16, 21, 3} 之類的文件相似的文件所組成的串列要怎麼定義。該串列具有哪些特性？我們將如何收集所有此類文件？

#569.　16.22　選項 #2：注意到問題中沒有規定說坐標的標籤必須保持相同。您可以將螞蟻和所有格子移動到正坐標嗎？換句話說，當您需要往負的方向加大陣列時，會發生什麼情況？您會將所有索引重新標記過，讓它們變成正的嗎？

#570.　16.21　您正在尋找 a 和 b 值，其中 sumA - a + b = sumB - b + a。請進行數學運算，得出這對於 a 和 b 的值代表著什麼。

#571.　16.9　從減法開始一步一步地解決這些問題。完成一項功能後，您可以使用已完成功能來實現其他功能。

#572.　17.6　請從暴力解開始。

#573.　16.23　請從暴力解開始。在最壞的情況下，它呼叫 rand5() 幾次？

#574.　17.20　對此的另一種思考方式是：您可以記下比較小的一半元素和比較大的一半元素嗎？

#575. 16.10 解決方案 3：請小心此問題中的小細節。您的演算法 / 程式碼是否能處理同一年出生又死亡的人呢？此人應被加到人口總數中。

#576. 17.26 解決方案 2：與 {13, 16, 21, 3} 相似的文件所組成的串列包括所有具有 13、16、21 與 3 的文件。我們如何才能有效率地找出此文件串列？請記住，我們將對許多文件執行此操作，因此可以進行一些預先計算。

#577. 17.16 迭代解決方案：請建立一個範例，然後由後往前做。您可以輕鬆找到子陣列 $\{r_n\}$、$\{r_{n-1}, r_n\}$、$\{r_{n-2}, ..., r_n\}$ 的最優解。您將如何使用它們快速找到 $\{r_{n-3}, ..., r_n\}$ 的最優解？

#578. 17.2 假設您有一個 shuffle 方法，可以用在最多 n - 1 張牌的牌堆上。您能否使用此 shuffle 方法來實作一個新的 shuffle 方法，讓該方法可以適用於最多 n 張牌的牌堆？

#579. 17.22 請建立一個從萬用字元形式（如 b_ll）到符合該形式的所有單詞的映射。然後，當您想查找所有距離 bill 一個編輯距離的單詞時，可以在這個映射中查找 _ill，b_ll，bi_l 和 bil_。

#580. 17.24 D 的總和就是 sum(A&B&C&D) - sum(A&B) - sum(A&C) + sum(A)。

#581. 17.17 你可用線索樹嗎？

#582. 16.21 如果用數學運算做，對於我們正在尋找一對值，必須滿足 a - b = (sumA - sumB) / 2，然後原本的問題就縮小到尋找具有特定差異的一對值。

#583. 17.26 解決方案 2：請嘗試建立一個雜湊表，從每個單詞映射到包含該單詞的多個文件。這將使我們能夠輕鬆找到與 {13, 16, 21, 3} 有相似性的所有文件。

#584. 16.5 n! 的結果中後面的零是怎麼產生的？它的意義為何？

#585. 17.7 如果每個名字都映射到其他拼寫方式組成的串列，則在您將 X 和 Y 設置為同義詞時，可能必須更新很多個串列。如果 X 是 {A, B, C} 的同義詞，而 Y 是 {D, E, F} 的同義詞，則您需要將 {Y, D, E, F} 分別加到 A、B 以及 X 的同義詞串列中。有鑑於像上面 {Y, D, E, F} 的情況，我們可以加快速度嗎？

#586. 　17.16　迭代解決方案：如果您接受了一個預約，您將無法接受下一個預約，但是之後您接受後面任何預約。因此，optimal(r_i, ..., r_n) = max(r_i + optimal(r_{i+2}, ..., r_n), optimal(r_{i+1}, ..., r_n))。您可以用反過來的順序來迭代地解決此問題。

#587. 　16.8　您是否思考過負數的情況？您的解決方案是否適用於 100,030,000 之類的值？

#588. 　17.15　當您的遞迴演算法效率非常低時，請嘗試找出重複的子問題。

#589. 　17.19　第 1 部分：如果必須在 O(1) 空間和 O(N) 時間中找到遺失的數值，則只能對陣列進行常數次數的迭代，並且只能儲存少數幾個變數。

#590. 　17.9　請查看 $3^a * 5^b * 7^c$ 的所有值的串列。注意串列中的每個值將是 3 *（某些前面出現過的值），5 *（某些前面出現過的值）或 7 *（某些前面出現過的值）。

#591. 　16.21　暴力解決方案是只單純瀏覽所有對值，以找到具有正確差異的值。這看起來會像是外迴圈迭代過所有 A，內迴圈迭代 B。對於每個值，計算差異並將其與我們正在尋找的差異進行比較。我們可以在此處做的更具體些嗎？假設給定 A 中的值和目標差異嗎？我們是否知道在 B 中尋找的元素的確切值？

#592. 　17.14　使用某種堆積或樹如何？

#593. 　16.17　如果我們追蹤滾動總和，只要子序列變為負數，我們就應立即將其歸零。我們絕不會將一個負序列加到另外一個子序列的開頭或結尾。

#594. 　17.24　使用預先計算，您應該能夠達到 O(N^4) 的執行時間。你能使它更快嗎？

#595. 　17.3　請嘗試遞迴。假設您有一種演算法可以從 n - 1 個元素中獲取大小為 m 的子集合。您能否開發一種從 n 個元素中獲取大小為 m 的子集合的演算法。

#596. 　16.24　我們可以用雜湊表加速嗎？

#597. 　17.22　您先前的演算法可能類似於深度優先搜尋。你能使它更快嗎？

#598. 　16.22　選項 #3：還要思考的另一件事是，您在解這個題目時，是否真的需要用上一個網格。您實際上在問題中需要的訊息是什麼？

#599.   16.9   減法：反函數（可以將正整數轉換成負整數）可派上用場嗎？您可以用反函數來實作加法嗎？

#600.   17.1   現在讓我們只關注在其中一個動作，如果您「忘記」進位 1 的話，這加法會看起來像什麼？

#601.   16.21   暴力解的真正作用是在 B 內尋找等於 a - target 的值。您如何更快地找到該元素呢？什麼方法可以幫助我們快速找出一個元素是否存在一個陣列中呢？

#602.   17.26   解決方案 2：一旦有一種可輕鬆找到與特定文件相似的文件的方式，您就可以使用簡單的演算法來計算與這些文件的相似度。您能加快它的速度嗎？具體來說，您可以直接利用雜湊表計算出相似度嗎？

#603.   17.10   多數元素起初不一定看起來像多數元素。例如，多數元素出現在陣列的第一個元素，然後在接下來的八個元素中不再出現。但是，在那種情況下，多數元素可能將在陣列的後面出現（事實上，陣列後方出現很多次）。對於已經看起來「不太可能」的元素，就沒有必要繼續檢查元素是否為多數元素。

#604.   17.7   相反地，X、A、B 和 C 應該映射到集合 {X, A, B, C} 的同一個實例。Y、D、E 和 F 應該映射到 {Y, D, E, F} 的同一個實例。當我們將 X 和 Y 設置為同義詞時，我們可以將其中一個集合複製到另一個集合中（例如將 {Y, D, E, F} 加到 {X, A, B, C}）中）。我們還可以怎麼去改變雜湊表呢？

#605.   16.21   我們可以在這裡使用雜湊表，也可以嘗試排序。兩者都可以幫助我們更快地找出元素。

#606.   17.16   迭代解決方案：如果您仔細思考什麼才是您真正需要的資料，應該可以在 O(n) 時間和 O(1) 的空間中解決此問題。

#607.   17.12   這樣想吧：如果您有一個名為 convertLeft 和 convertRight 的方法，可以將左右子樹轉換為雙向鏈結串列，您可以將它們組合在一起，將整個樹轉換為雙向鏈結串列嗎？

#608.   17.19   第 1 部分：如果將陣列中的所有值加起來會怎樣？這樣您就能找出遺失的數字嗎？

#609.   17.4   您需要花費多久時間，才能找出遺失數字的最低有效位元？

#610. 17.26 解決方案 2：請想像一下，您正在使用一個從單詞映射到文件的雜湊表來查找與含有 {1, 4, 6} 的文件有相似性的文件。查找時，同一文件 ID 會出現多次，這代表了什麼？

#611. 17.6 與其計算每個數值裡面有多少個 2，不如逐位數思考。也就是第一位數中 2 的數量（對每個數值），然後計算第二位數有幾個 2（對每個數字），然後計算第三位數有幾個 2（對每個數字），以此類推。

#612. 16.9 乘法：使用 add 實現 multiply 很容易，但是你要怎麼處理負數呢？

#613. 16.17 您可以在 O(N) 時間和 O(1) 空間中解決此問題。

#614. 17.24 假設只有一個陣列。我們該如何計算具有最大和的子陣列？請參見 16.17 的解決方案。

#615. 16.22 選項 #3：您真正需要的只是一個可得知格子是白色還是黑色的方法（當然還有螞蟻的位置）。你能維護一個儲存所有白格的串列嗎？

#616. 17.17 一種解決方案是將較大字串的每個後綴字元插入到線索樹中。例如，dogs 這個詞，其結尾字串「dogs」、「ogs」、「gs」和「s」。這一點可以幫您解決問題嗎？這裡的執行時間是什麼？

#617. 17.22 廣度優先搜尋通常會比深度優先搜尋更快（不只是在最壞的情況下，而是在許多情況下）。為什麼？你能做些比廣度優先搜尋更快的事嗎？

#618. 17.5 直接從頭開始算出到目前為止您已經看到的 A 的數量和 B 的數量如何？（請製作一個表格，該表格中有陣列，以及到索引位置為止出現的 A 與 B 個別的數量。）

#619. 17.10 也請您注意，多數元素也必定是某些子陣列的多數元素，並且任何子陣列都不會擁有多個多數元素。

#620. 17.24 假設我只是想請您找到從 r1 列開始到 r2 列結束的最大子矩陣，那您怎麼能最有效率地做到這一點呢？（請參見前面的提示。）如果我現在想請您找出從 r1 到 (r2+2) 的最大子陣列，您要怎樣有效率的做到這件事呢？

#621. 17.9 因為每個數字都是 3、5 或 7 乘上串列中上一個值，所以我們可以檢查所有可能的值並選擇下一個尚未出現過的值。這將導致大量重複的工作。我們如何避免這種情況？

#622. 17.13 你能嘗試所有的可能性嗎？做起來像是怎樣的呢？

#623. 16.26 乘法和除法是較高優先級的運算。在 3*4 + 5*9/2 + 3 這樣的表達式中，乘法和除法部分需要被組合在一起。

#624. 17.14 如果您任意選擇了一個元素，您需要花費多久時間才能確定該元素的排名（即有多少元素大於或小於該元素）？

#625. 17.19 第 2 部分：我們現在要找兩個遺失的數字，我們將其稱為 a 和 b。第 1 部分中的方法告訴我們 a 和 b 的總和，但實際上不會告訴我們 a 和 b 各是什麼。那麼，我們還能做其他什麼計算嗎？

#626. 16.22 選項 #3：您可以考慮儲存所有白色格子的雜湊集合。您將如何印出整個網格？

#627. 17.1 加法會做些轉換 1 + 1 -> 0、1 + 0 -> 1、0 + 1 -> 1、0 + 0 -> 0。您如何在沒有 + 號的情況下執行此操作？

#628. 17.21 長條圖中最高的長條扮演什麼角色？

#629. 16.25 什麼資料結構對查找東西最有用？什麼樣的資料結構對了解和維護項目順序最有用？

#630. 16.18 請從暴力破解開始。你能嘗試所有可能的 a 和 b 嗎？

#631. 16.6 如果您把陣列做排序會怎樣嗎？

#632. 17.11 您可以使用兩個指標迭代兩個陣列嗎？您應該能夠在 O(A+B) 時間中做完這個操作，其中 A 和 B 是兩個陣列的大小。

#633. 17.2 您可以透過將第 n 個元素和之前的任何元素做交換來遞迴地構建此演算法。這個動作如果改為迭代會是什麼樣子呢？

#634. 16.21 如果 A 的總和為 11，B 的總和為 8，有沒有一對數字剛好符合差值呢？請檢查您的解決方案是否正確處理了這種情況。

#635. 17.26 解決方案 3：還有另外一種解決方案。請思考取得所有文件中的所有文字，將它們全都丟進一個巨大的串列中，並且排序該串列。假設你知道某個字是從哪個文件來的，您要如何找出相似的配對呢？

#636. 16.23 請製作一張可以指出數次呼叫 rand5() 映射到 rand7() 的結果的表。舉例來說，如果你用 (rand2() + rand2()) % 3 實作 rand3()，則該表格可能會長得像下面這樣，請分析這張表，它能告訴您什麼事呢？

	第一次	第二次	結果
	0	0	0
	0	1	1
	1	0	1
	1	1	2

#637. 17.8 這個問題要求我們在一對對數值都不斷增加的情況下，建出最長的數列。先想想如果您只需要讓一對中的一個數值符合條件，該怎麼做？

#638. 16.15 請嘗試首先建立一個陣列，陣列中裝載每個項目出現的頻率。

#639. 17.21 請想像最高的長條，然後是左邊的第二個最高長條，然後是右邊的第二個最高長條。水將填滿兩者之間的區域。你能算出那個面積嗎？

#640. 17.6 有沒有一種更快的方法來計算一個數字範圍內有多少個 2 ？數字會是 2 的機率大概是 $\frac{1}{10}$，但這只是個概約值，你如何使它更精確？

#641. 17.1 您可以使用 XOR 進行相加。

#642. 16.18 請注意，a 或 b 子字串其中之一必定是字串的開頭，這可有效減少可能性。

#643. 16.24 如果陣列被排序會如何？

#644. 17.18 從暴力解開始。

#645. 17.12 一旦您有了基本的遞迴演算法，您可能會陷入這個困境：有時，您的遞迴演算法需要回傳鏈結串列的開頭，有時需要回傳結尾。解決這個問題有多種方法，請盡量去想其中的一些方法。

#646. 17.14 如果您任意選擇一個元素，那麼最終您平均會得到第 50 個百分位標記附近的元素（即有一半元素比它大，有一半元素比它小）。如果您一直重複做這件事會怎樣呢？

#647. 16.9 除法：如果您要計算 x = $\frac{a}{b}$，要記住 a = bx，您能找到 x 的近似值嗎？請記住，這是整數除法，x 應該是整數。

#648. 17.19 第 2 部分：我們可以嘗試許多不同的計算。例如，我們可以將所有數字相乘，但這只能讓我們得出 a 和 b 的乘積。

#649. 17.10 請嘗試做這件事：對於一個給定元素，請在以它為開頭的子陣列中，檢查它是否為多數元素。一旦它變得「不太可能」是多數元素（出現次數少於一半），就開始檢查下一個元素（子陣列中的下一個元素）。

#650. 17.21　您可以藉由迭代長條圖並減去最高長條與左側最高長條間的長條，來計算出區域的面積。您可以在右側執行相同的操作。請問您該如何處理圖表的其餘部分呢？

#651. 17.18　一種暴力解決方案是取得每個起始位置並繼續前進，直到找到包含所有目標字元的子序列。

#652. 16.18　不要忘記處理 pattern 中第一個字元是 b 的可能性。

#653. 16.20　在現實世界中，我們應該知道某些前綴 / 子字串不是合理的單詞開頭。例如，假設有個數字是 33835676368，儘管 3383 對應於 fftf，但沒有以 fftf 開頭的單詞。在這種情況下有沒有辦法使我們提早回傳？

#654. 17.7　另一種方法是用圖來思考，請問這該如何進行？

#655. 17.13　您可以有兩種方式去思考遞迴演算法要做出的選擇：（1）在每個字元處，我是否應該在此處放置一個空格？（2）我應該把下一個空格放在哪裡？您可以遞迴地解決這兩種問題。

#656. 17.8　如果只需要加大對中的一個數字，那麼您只需對那個數字的所有值進行排序即可。實際上，你能得到的最長序列，最大就是含所有的對（不會有任何重複物件，因為最長序列需要嚴格遵守遞增）。這對於解決原始問題有什麼啟示？

#657. 17.21　您只需重複此流程即可處理圖表的其餘部分：找到最高的長條和第二高的長條，然後減去兩者之間的長條。

#658. 17.4　為了要找到遺失數字的最低有效位元，請注意到您其實知道自己期望看到多少個 0 和 1。例如，如果您看到最低有效位中有三個 0 和三個 1，那麼您遺失的數字最低有效位元必定為 1。請思考一下：對於 0 和 1 組成的連續數列來說，最低有效位元一定是先看 0，然後看到 1，然後再看到 0，接著再看到 1，以此類推。

#659. 17.9　不必用串列中的所有值（乘上以 3、5、和 7）來找出串列中的下一個值，請這樣思考：當您插入一個 x 值到串列時，你可以「建立」3x、5x 和 7x 供稍後使用。

#660. 17.14　請多思考一下前面的提示，特別是快速排序的部份。

#661. 17.21　您如何才能更快地找到每一側的下一個最高長條的速度？

#662. 16.18　在您分析執行時間時要小心。如果您迭代 O(n²) 子字串，並且每個子字串都進行 O(n) 字串比較，則總執行時間為 O(n³)。

#663. 17.1　現在再把注意力放在進位上，請問在什麼情況下值會進位？

#664. 16.26　請這樣想，當您看到乘法或除法符號時，即跳轉至另外的「流程」以計算該部份的結果。

#665. 17.8　如果您依身高對值進行排序，那麼這將告訴您最終數值對的順序。最長序列必定與這種順序匹配（但不一定包含所有對）。現在，您只需要找出重量遞增的最長子序列，同時可使項目保持相同的相對順序即可。這本質上與擁有整數陣列並嘗試查找可以構建的最長數列（而不對這些項目重新排序）是相同的問題。

#666. 16.16　假設有三個子陣列 LEFT、MIDDLE 和 RIGHT。請仔細想想這個問題：您可以只對 MIDDLE 部分進行排序，然後就完成對整個陣列的排序嗎？

#667. 16.23　請再次查看該表格，請注意列數將為 5^k 列，其中 k 是對 rand5() 的最大呼叫數。為了使 0 到 6 之間的每個值具有相等的機率，1/7 的列必須映射到 0，1/7 的列必須映射到 1，以此類推。這是可能做到的嗎？

#668. 17.18　關於暴力破解的另一種思考方式是，我們取得每個起始索引，然後在目標字串中找到每個元素的下一個實例。所有這些下一個實例的最大值標示出包含所有目標字元的子序列的結尾。請問執行時間是多少？我們怎樣才能使其更快呢？

#669. 16.6　請想想如何合併兩個已排序的陣列。

#670. 17.5　當表格（從索引 0 開始）中 A 和 B 的數量相等時，代表整個子陣列中的 A 和 B 的數量相等。您要如何使用此表查找符合條件但又不是從索引 0 開始的子陣列呢？

#671. 17.19　第 2 部分：將這些數字相加會告訴我們 a + b 的結果。將這些數字相乘將得出 a * b 的結果。我們如何獲得 a 和 b 的確切值呢？

#672. 16.24　如果我們排序陣列，就可以對數字的補數進行多次的二分法搜尋。如果給我們的陣列是已排序的，那我們就能在 O(N) 時間和 O(1) 空間內解決問題嗎？

#673. 16.19　如果給您代表水的格子的列和欄，您要如何找到所有連通的空間呢？

#674. 17.7 透過 X 和 Y 節點之間加入一條邊，代表我們將 X 和 Y 視為同義詞。那我們如何找出所有的同義詞組呢？

#675. 17.21 您可以以預先計算的方式，計算出每側的下一個最高長條嗎？

#676. 17.13 該遞迴演算法會重複遇到相同的子問題嗎？可以使用雜湊表進行優化嗎？

#677. 17.14 當您選擇一個元素時，您就進行「交換」元素呢？（讓比較小的元素位於比較大的元素的前面，就像您在快速排序中所做的那樣）如果一直持續這樣做，您可以找出最小的一百萬個數字嗎？

#678. 16.6 請想像一下，您已對這兩個陣列做完了排序，並且正在迭代它們。如果第一個陣列中的指標指向 3，第二個陣列中的指標指向 9，那麼移動第二個指標將對值對的差產生什麼影響？

#679. 17.12 為了處理您的遞迴演算法是要回傳鏈結串列的開頭還是結尾，您可以嘗試向下傳遞一個標示參數。但這不能解決問題，問題出在當您呼叫 convert(current.left) 時，您想獲得 left 的鏈結串列的結尾，這樣您就可以將鏈結串列的尾端加入到 current 中。但如果 current 是其他人的右子樹，則 convert(current) 就必須回傳鏈結串列的開頭（而實際上這是 current.left 的開頭）。實際上，您同時需要鏈結串列的開頭和結尾。

#680. 17.18 思考前面的暴力解決方案。瓶頸在於反覆詢問特定字元的下一個實例在哪裡。有沒有一種方法可以優化這件事？您應該能夠在 O(1) 時間內完成此操作。

#681. 17.8 請嘗試一種會評估所有可能性的遞迴方法。

#682. 17.4 一旦您確定最低有效位元是 0（或 1），就可以排除所有最低有效位元不是 0 的數字。這個問題與前面的問題有何不同？

#683. 17.23 請從暴力解開始。你能先從最大的方形開始試嗎？

#684. 16.18 假設您決定某個特定值為樣式中的「a」，那 b 有多少種可能性？

#685. 17.9 將 x 加入到前 k 個值的串列中時，您可以將 3x、5x 和 7x 加入到一些串列中。您如何使它盡可能最有效率？使用多個值的佇列是否有意義？是否總是需要插入 3x、5x 和 7x？或，有時您只需要插入 7x？您要避免看到相同的數字兩次。

#686.   16.19   請嘗試遞迴計算水格子的數量。

#687.   16.8   思考將數字分成由三個數字組成的數列。

#688.   17.19   第 2 部分：兩種我們都能做到。如果我們知道 a + b = 87 和 a * b = 962，那麼可以求解 a 與 b：a = 13 與 b = 74。但這也將導致必須乘上非常大的數字，所有數字的乘積可能大於 10^{157}。有辦法簡化計算嗎？

#689.   16.11   請思考建立一個跳水板，您有些什麼選擇？

#690.   17.18   您可以預先計算從每個索引開始的下一個特定字元的實例嗎？請嘗試使用多維陣列。

#691.   17.1   進位將在您執行 1 + 1 時發生，您如何將進位套用於數字上？

#692.   17.21   作為替代解決方案，請從每個長條的角度來思考。每個長條上面都有水。每個長條上方有多少水？

#693.   16.25   雜湊表和雙向鏈結串列都將很有幫助，你能把兩者結合使用嗎？

#694.   17.23   最大可能的正方形是 NxN。因此，如果您首先嘗試檢驗該正方形，如果它符合條件，那麼您知道您已經找到了最佳正方形。否則，您可以嘗試下一個比較小的正方形。

#695.   17.19   第 2 部分：我們可以想出的幾乎所有「方程式」在這裡都適用（只要它不等於一個線性和）。只是將總和保持在很小即可。

#696.   16.23 5^k 將不可能整除 7，這是否意味著您不能使用 rand5() 實現 rand7()？

#697.   16.26   您可以維護兩個堆疊，一個用於運算子，一個用於數字。每次看到數字，便將其壓入堆疊。那如果看到運算子該怎麼辦呢？什麼時候從堆疊中彈出運算子並將它們套用於數字上？

#698.   17.8   思考這個問題的另一種方法是，如果您擁有從 A[0] 到 A[n-1] 之間的最長數列，您可以使用它找到在元素 A[n- 1] 結束的最長數列嗎？

#699.   16.11   請思考一個遞迴解決方案。

#700.   17.12   此時很多人會陷入困境，不確定該怎麼做。有時他們需要鏈結串列的開頭，有時他們需要結尾。給定節點不一定知道在其 convert 呼叫中會回傳什麼。有時簡單的解決方案也是最簡單的：總是回傳兩者。您可以透過哪些方式做到這一點？

#701. 17.19 第 2 部分：嘗試加總值的平方和。

#702. 16.20 線索樹可能可以幫助我們提早回傳，將整個單詞串列儲存在線索樹中如何？

#703. 17.7 每個連接的子圖表示一組同義詞。為了找出每個組，我們可以進行多次的廣度優先或深度優先搜尋。

#704. 17.23 請描述暴力解決方案的執行時間。

#705. 16.19 您如何確定不會訪問到相同的格子？請思考一下圖上的廣度優先搜尋或深度優先搜尋是如何工作的。

#706. 16.7 當 a > b，則 a - b > 0，你能得到 a - b 的正負號嗎？

#707. 16.16 為了能夠對 MIDDLE 進行排序並使整個陣列排序，您需要 MAX (LEFT) <= MIN(MIDDLE 和 RIGHT) 和 MAX (LEFT 和 MIDDLE) <= MIN(RIGHT)。

#708. 17.20 如果您使用一個堆積或兩個堆積怎麼辦？

#709. 16.4 如果您能多次呼叫 hasWon，您的解決方案可能會有什麼不一樣？

#710. 16.5 n! 中的每個零代表 n 可被 10 整除。這代表什麼意思？

#711. 17.1 您可以使用 AND 操作來計算進位。你要怎麼利用它？

#712. 17.5 假設此表中的索引 i 中有 count(A, 0-> i) = 3，以及 count(B, 0-> i) = 7。這代表著 B 比 A 多 4 個。如果找到一個後繼的點 j，且 j 的差值相同（count(B，0-> j) - count(A，0-> j)）的話，則表示子陣列 A 和 B 的數目相等。

#713. 17.23 您可以利用預先處理以優化此解決方案嗎？

#714. 16.11 一旦您有了一個遞迴演算法，請思考其執行時間。你能使它更快嗎？怎麼使它更快？

#715. 16.1 令 diff 為 a 和 b 之差，您可以拿 diff 值來做什麼嗎？然後您就可以擺脫此臨時變數了？

#716. 17.19 第 2 部分：您可能需要用到二次公式。如果你不記得的話，這也沒什麼大不了的。大多數人不會記得，記住有這樣的東西就足夠了。

#717. 16.18 由於 a 的值能決定 b 的值（反之亦然），並且 a 或 b 必須在值的開頭開始，因此您應該只有 O(n) 種拆解樣式的方法。

#718.   17.12   您可以用多種方式回傳鏈結串列的開頭和結尾。您可以回傳一個由兩個元素組成的陣列。您也可以定義一個新的資料結構來存放開頭和結尾。您可以重用 BiNode 資料結構。如果您使用的語言支持回傳多個回傳值（像 Python 之類的語言），您可以直接回傳多個值。您可以利用循環串列來解此問題，將起始位置的前一個指標指向結尾（然後使用一個包裝方法將循環串列斷開）。請探索這些解決方案。請問您最喜歡哪一個，為什麼？

#719.   16.23   您可以使用 rand5() 來實現 rand7()，但是您不能很明確地知道到底要呼叫 rand5() 幾次（您只確定在數次呼叫後一定會中止）。有鑑於此，請撰寫一個可行的解決方案。

#720.   17.23   您應該能夠在 O(N³) 的執行時間中執行此操作，其中 N 是正方形其中一個維的長度。

#721.   16.11   思考使用記憶法優化執行時間。請仔細思考您需要快取的內容。執行時間是什麼？執行時間與記憶法表格的最大大小有著密切相關。

#722.   16.19   對於 NxN 矩陣您應該有一個 O(N²) 演算法。如果您的演算法不是 O(N²)，請思考您是否錯誤地計算了執行時間、或演算法不是最優的。

#723.   17.1   您可能需要多次執行相加 / 進位操作。在總和上加上進位可能會導致新值進位。

#724.   17.18   找到預先計算解決方案後，請思考如何減少空間複雜度。您應該可以將時間複雜度簡化成 O(SB)，時間複雜度簡化為 O(B)（其中 B 是較大陣列的大小，而 S 是較小陣列的大小）。

#725.   16.20   我們可能會多次執行此演算法。如果我們做更多的預先處理，那是否是一種可以優化它的方法？

#726.   16.18   您應該可以找出 O(n²) 內的演算法。

#727.   16.7   您有沒有想過怎麼處理 a - b 時產生的整數溢位。

#728.   16.5   n! 中的每個因數 10 表示 n! 可被 5 和 2 整除。

#729.   16.15   為了簡化與更清楚的實作，您可能需要使用到其他方法和類別。

#730.   17.18   另一種思考的方式是：假設您有一個列出每個項目出現的索引所組成的串列。您能否找到所有元素的第一個可能的子序列？您能否找到第二個子序列？

#731. 　16.4 　如果您要為 NxN 遊戲板設計解決方案，那麼您的解決方案會有何變化？

#732. 　16.5 　你能數出有因數 5 和 2 的數字？你需要兩者都數嗎？

#733. 　17.21 　每個長條上方的水都與左邊最高的長條和右邊最高的長條的最小值匹配。即 `water_on_top[i] = min(tallest_bar(0->i), tallest_bar(i, n))`。

#734. 　16.16 　您能擴展 middle 直到滿足前一個提示的條件嗎？

#735. 　17.23 　當您檢查某個特定的正方形是否合乎條件（所有邊框均為黑色）時，您會檢查在一個坐標之上或之下的多少黑色像素，以及該坐標的左側或右側的多少黑色像素。您可以預先計算給定像素上方和左側的黑色像素數嗎？

#736. 　16.1 　您也可以嘗試使用 XOR。

#737. 　17.22 　如果您從起源單詞和目標單詞同時開始進行廣度優先搜尋，會怎麼樣？

#738. 　17.13 　在現實生活中，我們會知道一些路徑不會是合法的單詞。例如，沒有任何以 `hellothisism` 開頭的單詞。在我們已知行不通的路徑上，能否提早終止？

#739. 　16.11 　有一個替代的聰明（而且非常快速）的解決方案。實際上，您可以在線性時間內執行此操作而無需遞迴。你知道怎麼做嗎？

#740. 　17.18 　思考使用堆積。

#741. 　17.21 　您應該能夠在 O(N) 時間和 O(N) 空間中解決此問題。

#742. 　17.17 　或者，您可以將每個較小的字串插入到線索樹中。這將如何幫助您解決問題？執行時間為何？

#743. 　16.20 　透過預先處理，我們實際上可以將查找時間降低到 O(1)。

#744. 　16.5 　您是否認為 25 實際上是由兩個 5 因素構成的？

#745. 　16.16 　您應該能夠在 O(N) 時間內解決此問題。

#746. 　16.11 　這樣想吧。您想要選擇 K 個木板，木板有兩種不同的類型。不管你怎麼選，只要選擇 10 塊第一種類型木板和選擇 4 塊第二種類型木板的長度總和都相同。您可以迭代所有可能的選擇嗎？

#747. 17.25 當矩形看起來不合需求時，您可以使用線索樹提前終止嗎？

#748. 17.13 為了提早終止，請嘗試使用線索樹。

XIV

關於作者

Gayle Laakmann McDowell 在軟體開發擁有深厚的背景，而且在招聘與被招聘均有豐富的經驗。

她曾在 Microsoft、Apple 和 Google 擔任軟體工程師。她曾在 Google 工作了三年，在當時她是最優秀的面試官之一，並在招聘委員會任職。她面試過來自美國或海外數百名候選人，為招聘委員會評估過數千份候選人面試資料，還審查過超過數千份履歷。

她曾經接受 Microsoft、Google、Amazon、IBM 和 Apple 等 12 家科技公司的面試，並收到這些公司的聘書。

Gayle 創立了 CareerCup，宗旨為使面試者在這些極具挑戰性的面試中做出最好的表現。CareerCup.com 提供大眾一個資料庫，其中包含了來自一些大型公司的數千個面試考題，以及一個面試建議討論區。

除了本書外，Gayle 還有另外兩本著作：

*   《*Cracking the Tech Career: Insider Advice on Landing a Job at Google, Microsoft, Apple, or Any Top Tech Company*》。這本書提供大型科技公司的面試流程的大觀，提供一些建議給想在這些公司謀職的人，不論這些人是社會新鮮人或是行銷專業人士。

*   《*Cracking the PM Interview: How to Land a Product Manager Job in Technology*》。本書的焦點放在新創公司及大型科技公司的產品經理職位上，幫助您瞭解這類工作角色，以及幫助想轉換跑道到科技業的人如何準備產品經理的面試。

Gayle 在 CareerCup 的職務是為高科技公司的招聘流程提供諮詢，教授科技職務面試訓練班，以及指導新創公司的工程師如何為收購面試做準備。

她擁有 University of Pennsylvania（賓夕法尼亞大學）的計算機科學學士學位和碩士學位，以及 Wharton School（沃頓商學院）的工商管理碩士學位。

她和丈夫、兩個兒子、狗和許多計算機科學書籍一起住在加州的 Palo Alto，至今仍每天寫程式。

提升程式設計師的面試力｜189 道面試題目與解答第六版修訂版

作　　　者：Gayle Laakmann McDowell
譯　　　者：張靜雯
企劃編輯：蔡彤孟
文字編輯：王雅雯
設計裝幀：張寶莉
發 行 人：廖文良

發 行 所：碁峰資訊股份有限公司
地　　　址：台北市南港區三重路 66 號 7 樓之 6
電　　　話：(02)2788-2408
傳　　　真：(02)8192-4433
網　　　站：www.gotop.com.tw
書　　　號：ACL046731
版　　　次：2021 年 01 月二版
　　　　　　2023 年 07 月二版八刷
建議售價：NT$980

國家圖書館出版品預行編目資料

提升程式設計師的面試力：189 道面試題目與解答 / Gayle
　Laakmann McDowell 原著；張靜雯譯. -- 二版. -- 臺北市：
　碁峰資訊, 2021.01
　　面；　　公分
　譯自：Cracking the Coding Interview, 6th ed.
　ISBN 978-986-502-552-6(平裝)
　1.就業　2.面試　3.電腦程式設計
542.77　　　　　　　　　　　　　　　　　　　109009070

讀者服務

● 感謝您購買碁峰圖書，如果您對本書的內容或表達上有不清楚的地方或其他建議，請至碁峰網站：「聯絡我們」\「圖書問題」留下您所購買之書籍及問題。(請註明購買書籍之書號及書名，以及問題頁數，以便能儘快為您處理)
http://www.gotop.com.tw

● 售後服務僅限書籍本身內容，若是軟、硬體問題，請您直接與軟體廠商聯絡。

● 若於購買書籍後發現有破損、缺頁、裝訂錯誤之問題，請直接將書寄回更換，並註明您的姓名、連絡電話及地址，將有專人與您連絡補寄商品。